U0137691

诗词谈艺丛录

张伯驹集

张伯驹 著

图书在版编目(CIP)数据

张伯驹集：诗词谈艺丛录 / 张伯驹著. —— 上海：
上海古籍出版社，2023.7
　ISBN 978-7-5732-0759-3

　Ⅰ.①张… Ⅱ.①张… Ⅲ.①张伯驹(1898-1982)
—文集 Ⅳ.①Z429.7

中国国家版本馆 CIP 数据核字(2023)第 134839 号

张伯驹集：诗词谈艺丛录

张伯驹　著

上海古籍出版社出版发行

(上海市闵行区景路 159 弄 1-5 号 A 座 5F　邮政编码 201101)

　(1) 网址：www.guji.com.cn

　(2) E-mail：guji1@guji.com.cn

　(3) 易文网网址：www.ewen.co

苏州市越洋印刷有限公司印刷

开本 890×1240　1/32　印张 21.875　插页 9　字数 568,000

2023 年 7 月第 1 版　2023 年 7 月第 1 次印刷

ISBN 978-7-5732-0759-3

Ⅰ·3740　定价：98.00 元

如有质量问题,请与承印公司联系

张伯驹像（摄于 20 世纪 30 年代）

张伯驹在北京北海公园（1965 年）

张伯驹与夫人潘素（1978 年）

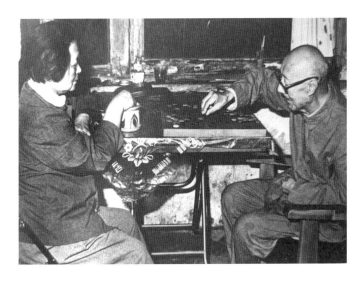

张伯驹与夫人潘素（1980 年）

盛年张伯驹（右）出演京剧《四郎探母》

晚年张伯驹（右）出演京剧《打渔杀家》

张伯驹画作

鍾太傅薦季直表非真蹟且已毀平原此帖過
為法帖之祖前賢交贊無待重言就余所見帖
或為唐摹或為宋臨觀大三希堂可知矣矣
誠未能如董思翁所云世傳晉蹟未有若此而無
疑義者余初獲觀於鄂災展覽會望洋興嘆
者久矢終以傳沅姝年伯力心舍王孫毅然相讓
以項子京收藏之富清高宗搜羅之廣而獨未得
此帖余何幸得之不能不謂天待我獨厚也

中州張伯駒識

見字下遠晉字

张伯驹手迹

［隋］展子虔《游春图》（局部）

现藏故宫博物院，张伯驹捐献藏品之一

張好好詩

牧大和三年佐故吏部沈
公江西幕好好年十三始
以善歌舞來樂籍中後二年
好好於宣城籍中後二年
沈著作述師以雙鬟納
之又二歲余於洛陽東
城重睹好感舊傷懷
故題詩贈之

君為豫章姝十三嬈
娜婷婷十三余
蓮含喜鳳生尾丹脣
妖特使華堂輔之公
娉娉嫋嫋唐氏地試君
瑤江連碧唐氏地試君
顧四座始詩未御謝吳
旌旄引贊佇彼書語
襄綃可高下滿座
青娥...於三嵐由

［唐］杜牧《張好好詩》卷（局部）
現藏故宮博物院，張伯駒捐獻藏品之一

出 版 说 明

　　张伯驹(1898—1982)，号丛碧，别署春游主人、好好先生，1898 年 2 月 12 日生于河南项城的官宦世家，本名家骐。其本生父张锦芳，曾任清度支部郎中。六岁时过继给伯父张镇芳，改名伯驹，即随父去天津入塾读书。张伯驹幼年时聪慧过人，九岁能诗，被称为"神童"。此一时期他开始接触京剧，并产生了持续一生的浓厚兴趣。张镇芳曾署直隶总督兼任盐业银行董事长，又与袁世凯有姻亲，张伯驹十八岁时入袁世凯举办的中央陆军混成模范团学习，二十岁毕业即任安武军全军营务处提调，二十八岁时他退出军界，任盐业银行经理兼总稽核。三十岁时他得到平生第一件藏品——康熙御笔"丛碧山房"横幅（因自号"丛碧"），从此便一发不可收，倾其心血致力于收藏，被启功誉为"前无古人，后无来者"的"民间收藏第一人"。他在这一时期开始向余叔岩学京剧，并倾力填词，后来在这两个领域都取得了骄人的成绩。又与袁世凯二公子克文交好，与张学良、溥侗、袁克文一起被称为"民国四公子"。

　　1949 年后张伯驹历任故宫博物院专门委员，国家文物局鉴定委员会委员，吉林省博物馆副研究员、副馆长，中央文史研究馆馆员等。1956 年后他把自己倾尽心血和财力珍藏的包括晋陆机《平复帖》，唐李白《上阳台帖》、杜牧《张好好诗》卷、宋范仲淹《道服赞》卷、黄庭坚草书卷等国宝，陆续无偿捐献给国家，实现了"予所收蓄不必终予身为予有，但使永存吾土，世传有绪"的收藏理想。张伯驹是位集收藏鉴赏家、书画家、词人和京剧艺术家于一身的文化奇人。

　　2013 年，张伯驹先生 115 周年诞辰之际，经其女张传綵女士和女婿楼宇栋先生授权，我社将其作品结集成《张伯驹集》出版，以资纪念。该集收录了张伯驹现存作品，共八种：《红毹纪梦诗注》、《续洪宪纪事诗补注》、《丛碧词定稿》（包括《丛碧词》、《春游词》、《秦游词》、《雾中词》、《无名词》、《续断词》）、《丛碧词话》、《素月楼联语》、《春游琐谈》、《丛碧书画录》、《乱弹音韵辑要》。其中《素月楼联语》我社曾出过单行本，《续洪宪纪事诗补注》曾收入我社出版的《洪宪纪事诗三种》，另外几种作品亦曾经出版，该次结集即以诸通行本作为底本。唯《乱弹音韵辑要》虽曾在 20 世纪 60 年代被改为《京剧音韵》出版过，然该集仍以最初在《戏剧丛刊》第二期、第三期上连载者为底本并施以标点。《丛碧词定稿》以文物出版社 2008 年版《张伯驹词集》为底本，其中标点系楼宇栋、楼宇烈所加。诸作品非成于一时一地，内容上虽偶有重复之处，亦均保持原貌，不作改动。《红毹纪梦诗注》、《续洪宪纪事诗补注》两种收诗众多，为便于读者查阅，收入该集时每首前加了编号。该次结集还做了校订、刊误工作，书中显误径改，存疑处则出页下注。

今改用简体字重排此集，以飨读者。唯《乱弹音韵辑要》一种，鉴于韵书用字的特殊性，仍保留原版繁体字、异体字，不以通用文字规范简化。

上海古籍出版社

2023 年 6 月

总 目

尘劫难移爱国志

——泪忆岳父张伯驹[①]

（代序）

楼宇栋

已往人们每每爱用"九岁能诗，人称神童"、"与清季镇国将军溥侗、袁世凯次子袁寒云、张学良交谊甚厚，并称四大公子"等辞来赞誉我岳父，其实他的一生何尽于此。倒是国画大师刘海粟先生在忆及我岳父一生成就时有过一段肺腑之言，发人深思。他说："丛碧词兄是当代文化高原上的一座峻峰。从他广袤的心胸，涌出了四条河流，那便是书画鉴藏、诗词、戏曲和书法。四种姊妹艺术互相沟通，又各具性格。堪称京华老名士，艺苑真学人。"在我与岳父共同生活的三十余年中，完全领悟到海老所言之中肯。

我岳父出生在大官僚家庭中，曾在天津新学书院读过书，十九岁入袁世凯兼团长的中央陆军混成模范团骑科，毕业不久即任安武军全军营务处提调（当时安徽督军为倪嗣冲）。后又在曹锟、张作霖、吴佩孚部下任职，厕身于官场。但他十分不满军阀那套腐败生活，更看不惯上层人物那种在洋人面前奴颜婢膝，对老百姓却敲骨吸髓，彼此之间又尔虞我诈的虚伪行径，一日都不愿同此辈小人厮混在一起，决心离开旧军队，辞去一切挂名差事。谁知家庭里又作主将他在自己

---

① 本文原系楼宇栋 1987 年为纪念张伯驹逝世 5 周年而作，征得楼先生同意，收入本书，以代序。

父亲首创的北方第一家商业银行——盐业银行中挂了个常务董事之名。我岳父对商人的斤斤计较、毛票换大洋的事更无兴趣。他最怕名缰利锁。他最大的志趣在于祖国的文学艺术。他虽挂了个常务董事之名，但银行之事却从来不闻不问。这样做别人求之不得。从此，他以更多的精力从事诗词创作，鉴藏名画墨宝，研究戏曲表演艺术。从此，他走上了探索艺术真谛的征途。

人生"三十而立"，无独有偶，我岳父走上艺术之路岁正三十。他一生的艺术之路坎坷不平，尘劫伴随他始终。尽管如此，可他从来未懊丧过，也从未回头过。记得 1979 年夏，岳父偶患腹疾，在病榻上和我聊及张勋复辟事和他一生鉴藏书画事时告诫我说："人生在世，爱国是大事，决不能糊涂，小事满可不必计较。"当时我并不真正明了其用意所在，所指为何。只是在往后的日子里，渐闻我岳父一生中的所作所为，尤其是为了保存书画瑰宝的件件辛酸事，才逐渐明白当时岳父所谓"爱国是大事"的真正用意。

从 1927 年起，岳父开始收藏名画墨迹，至 1957 年止，前后整整三十年，与名收藏家并列，且以知识丰富、独具慧眼闻名中外，但内中一些辛酸磨难细事，鲜为外界所知。兹当岳父逝世 5 周年、90 周年诞辰之际，约略写出他如何为保护祖国文物奋斗一生之事，一方面有助于年轻人了解我们的昨天，另一方面拜奠于恩师。

1941 年，汪精卫手下师长丁雪山在上海驻扎，经常绑票，大发横财。有一天，我岳父刚步出巷口，蓦地被一帮强人持枪绑去，索价 300 万（伪币），不然"撕票"。这可哭坏了我岳母潘素，到处哀告，一时哪里能筹集到这笔巨款？不久，土匪派人通知我岳母，说岳父连日绝食，已昏迷不醒，但求一见。得见时，岳父已憔悴不堪，岳母不免唏嘘。可我岳父已将生命置之度外，却悄悄关照岳母：宁死魔窟，决不许变卖所藏古代书画赎身。他对国之瑰宝之爱已超过了自己的生命。如是僵持了近 8 个月，土匪见敲诈无望，自动将赎身价降到了 40 万。经过岳母多方奔波借贷，总算赎出了岳父。怪的是当我岳父堂叔慕契先生去大中华旅馆交钱给土匪代表时,警察局和租界的特务正陪着他们在打牌。这是什么世界!

西晋陆机《平复帖》是我国留存至今的一件时代最早的墨宝。卢沟桥事变前一年,岳父在上海闻溥心畬所藏韩幹《照夜白图》卷被沪估叶某买去。时宋哲元主政北平,岳父深恐该图卷被转手出境,急函宋氏,请止出境,但为时晚矣,已被叶某转售英国。《平复帖》真迹,岳父在湖北赈灾书画展览会曾见过,担心重蹈《照夜白图》覆辙,立倩阅古斋韩君往商于溥心畬,勿再使流出国外,并请让。但溥开口要价20万元,事未成。1937年,叶遐庵举办上海文献展览会,岳父又挽张大千先生致意溥氏,愿以6万元求让,心畬先生不肯,事又未成。至夏,卢沟桥事变起,岳父由沪抵京。腊月二十七日岳父从天津回京度岁,车遇傅沅叔先生,谈及心畬先生遭母丧,经沅老说合,终以4万元将《平复帖》让出,岳父欣喜若狂,庆幸此宝未被商估转手流出国外。1941年秋,岳父携全家入秦。一路中,将国宝《平复帖》缝入衣被,虽经乱离跋涉,未尝去身,可见用心之苦。

隋代展子虔《游春图》是保留至今的我国年代最早的一幅画迹。1946年,故宫散失于东北之书画陆续出现于市场。有识之士建议故宫收购,但由于种种人事关系,加之南京政府不肯拨专款,遂使不少名迹落入厂商之手。《游春图》卷被琉璃厂玉池山房马霁川收入。我岳父亟虞此等国宝又被商人转手售出国外,立即走询马霁川,不意竟索价八百两黄金。我岳父和于省吾先生转告故宫博物院院长马衡先生收购,惜不应。后又闻马要以两万余美元售于外人,我岳父只好自告厂商留画,并立倩墨宝斋马宝山先生出面洽商。时岳父屡收宋元巨迹,手头已十分拮据,只好忍痛将弓弦胡同原购李莲英的一处占地13亩的房院出售,凑够240两黄金(原议定220两,马借口金子成色不佳,又硬加了20两)付于马霁川,终将此件国宝保存了下来。不然此仅存之国珍,已不在国内矣!月余后,南京政府张群来京,意欲出价四五百两黄金入藏,遭我岳父婉言谢绝,张氏也只好悒然作罢。

　　解放军包围北平时，我岳父和邓宝珊将军、侯少白先生（傅作义高级顾问）为至交，三人在不同场合劝说傅作义将军要保护首都文物，保护老百姓的生命财产安全。傅对岳父的意见比较尊重。这些事，岳父从来不和我们小辈谈及，后来还是从长辈口中知晓一二，从中更可想见他的人品与心胸。

　　1956年，我岳父出于赤诚的爱国心，与岳母共商，从30年蓄藏的书画名迹中挑出8件精品无偿捐赠给国家，以偿宿愿，收到文化部长沈雁冰的褒奖状，内写："张伯驹、潘素先生将所藏晋陆机《平复帖》卷、唐杜牧《张好好诗》卷、宋范仲淹《道服赞》卷、蔡襄自书诗册、黄庭坚草书卷等珍贵法书八件捐献国家，化私为公，足资楷式，特予褒扬。部长沈雁冰。1956年7月。"我岳父认为这是平生最可欣慰的一件事，谁知1957年却换来了一顶"铁冠"。20年后，岳父在大连棒槌岛与刘海粟先生结邻而居，闲谈间海老问及岳父："戴上'右派'帽子后有什么感想？"岳父苦笑一阵，说出了肺腑之言："先父任过直隶总督，又是第一批民族资本家，说我是资产阶级，有些道理。但是我平生不会赚钱，全部积蓄，包括卖字的钱，都花在收藏上了。这些东西捐赠国家之后，我已成了没有财产的教授，靠劳动吃饭。戴什么帽子，我倒无所谓。一个渺小的凡人，生死得失，无关大局。但说我反党，实在冤枉。而且担心：老张献出这么多国宝，换了一顶'铁冠'，传到海外，对党的威信不利。本想见见周总理、陈总，一吐为快，后来饱受打击歧视，见领导人已极难，我又不愿为个人荣枯浪费他们时间，一拖就是4年。……1961年，去吉林离京前，陈公派车接我到中南海，问到生活、写作、爱人作画等方面有什么困难，十分细致。然后询及去东北后的打算。我说可以教诗词、书法和古画鉴定。陈总说：'这正是你们当行的事情。关于"右派"的事，有些想不通吧？'我老老实实地说：'此事太出我意料，受些教育，未尝不可，但总不能那样超脱，做到无动于衷。在清醒的时候也能告诫自己：国家大，人多，个人受点委屈不仅难免，也算不了什么，自己看古画也有过差错，为什么不许别人错送我一顶帽子呢？……我只盼望祖国真正富强起来！'陈公说：'你这样说，我代表党谢谢你了。你把一生所收藏的珍贵文物都献给国家，怎么会反党呢？……我通知你们单位，把结论改成拥护社会主义，拥护毛主席，拥护共产党。'我们珍重道别，心里暖烘烘的……"一席话，听得海老默然。火辣辣的一颗爱国心隐于话间。岳父在我们面前常常言及陈毅元帅坦率恳切、平易近人的风仪。陈总不幸逝世后，岳父挥泪写了对联：

仗剑从云，作干城，忠心不易，军声在淮海，遗爱在江南，万庶尽衔哀，回望大好山河，永离赤县；

挥戈挽日，接尊俎，豪气犹存，无愧于平生，有功于天下，九原应含笑，伫看重新世界，遍树红旗！

挽联充分表达了岳父对陈总的无限哀思，也吐露了对陈总为国为民的无限倾慕。两颗爱国心，紧紧相扣。

小小短文，不可能道出岳父"艺苑真学人"的全部，只能约略写出他热爱祖国文物，保护祖国文物的一二事。

红毹纪梦诗注

目　　录

序

　　甲寅，余年七十有七，患白内障目疾，不出门，闲坐无聊，因回忆自七岁以来，所观乱弹昆曲、其他地方戏，以及余所演之昆乱戏，并戏曲之佚闻故事，拉杂写七言绝句一百七十七首，更补注，名《红毹纪梦诗注》。其内容不属历史，无关政治，只为自以遣时。但后人视之，则如入五里雾中；同时同好者视之，则似重览日记，如在目前。于茶余酒后，聊破岑寂，以代面谈可也。

甲寅初冬中州张伯驹序

第一部 余自七岁起所观昆乱
演员及各地方戏演剧

一

油布遮车驶铁轮,端阳时节雨纷纷。飞叉大闹金钱豹,凛凛威风欲夺魂。

余七岁,随先君居天津南斜街,值端阳雨,乘东洋车(后称人力车,铁轮,座为椅,前两木把,人于中挽之。)遮油布,不能外视,车把上插黄蓝野花,以示过节。直驶下天仙茶园观戏,大轴为杨小楼《金钱豹》,亮相扔叉,威风凛凛。大喊一声:"你且闪开了!"观众欲为夺魂。后大街小巷齐学"闪开了"不绝。此为余生平观乱弹戏之首次。至今已七十年,其印象犹似在目前也。

二

洪钟韵响落梁尘,三派程门一继人。七十二沽新子弟,无时不道老乡亲。

程长庚三弟子:汪桂芬、谭鑫培、孙菊仙。孙声如洪钟,一句唱后,欲落梁尘。孙天津人,是以天津好戏剧者皆以"老乡亲"称之。但孙得此名号亦有原因,因孙曾去烟台演戏,烟台有票友帮,势力甚大,凡演员去烟台演戏,必须先去票房拜客送礼,演出始能顺利;否则,或终场无一好声,或票友手提一灯,将灯点着,出场而去,后之观众,亦随而去,至空场停演。孙至烟台,对票房疏于礼节,首场演出《空城计》,自出场至城楼,台下无一好声,孙唱至末句"我面前缺少个知音的人"孙改为"我面前只可惜对牛弹琴",台下大哗,即令其停演,在台上磕头陪礼。时烟台亦有天津帮,乃天津人在此地经商任职者,亦在观戏,乃起而抗言,谓孙改唱戏词,固为非礼,但孙为天津人,是我们老乡亲,而票房对其演戏,自始至终,无一好声,就是渺视我们天津人。可于明日找一地方说理,武打文打,概所不计。此时已成僵局,乃另有观戏者,出面调停,认两方各失礼,次日由孙重演《空城计》,两方言归于好。次日孙演出《空城计》,自出场至终场好声不绝。此后孙演戏,即将孙菊仙名易为"老乡亲"。余七岁时,曾在下天仙观其演《朱砂痣》,当时即能学唱"借灯光"一段,至今其唱法尚能记忆。

三

　　张李齐名共一班,人人都去下天仙。白袍薛礼演来肖,街巷争传独木关。

　　李吉瑞黄派武生,张黑武丑同班,在下天仙演戏。吉瑞拿手戏为《独木关》,一时大街小巷,齐学喊"在月下惊碎了英雄苦胆"之唱腔。

四

　　燕子身轻水不沉,念来口白尚乡音。不平路遇多扶弱,疑是当年出绿林。

　　武丑张黑,身段矫捷,惟念白仍多乡音,似为京东人。性豪侠,相传腊冬封箱,彼还家路遇数盗徒,拦劫一商人,彼将数盗徒打跑,救护商人上路,人疑其为出身绿林而隐于伶者。

五

　　天仙丹桂市东西,文武全班角色齐。许处专能袍带戏,传人应是白文奎。

天津南市大街为最热闹场所,下天仙茶园在其东,丹桂茶园在其西。有一戏班经常于两园演出,老生为白文奎,武生为薛凤池,且有时为坤角,亦有时为梆子旦角。当时袍带老生汪桂芬派外,更有许(荫棠)处派,皆字正音长,绝少花腔,白文奎乃传许处之一派者也。

六

九阵风名已久传,童时看演下天仙。泗州城剧花招好,浑似霓裳舞玳筵。

余七岁时在天津下天仙观戏,大轴为杨小楼《金钱豹》,前为九阵风《泗州城》,打出手极为精彩,以正在童时,甚爱看之。九阵风名阎岚秋,为武旦中之前辈。

七

童伶两派各争强,丹桂天仙每出场。唱法桂芬难记忆,十三一是小余腔。

当时有两童伶:一小小余三胜(即余叔岩),谭派;一小桂芬,汪派。小小余三胜出演于下天仙,小桂芬出演于丹桂。余皆曾观其戏。桂芬唱法已不记忆,小小余三胜演《捉放宿店》,"一轮明月","一"字转十三腔,名"十三一"。叔岩成名后,不复作此唱法矣。

八

买赠佳人金屋娇,封疆擢任气何豪!启霖多事煞风景,却上弹章拆凤巢。

袁项城督直时,庆王奕劻长子载振至津,项城本与奕劻为一系,因善为款待,命巡警总办段芝贵专司其事。段为设筵演剧,有女伶杨翠喜,色艺并佳,载振为之颠倒,段乃以巨金买翠喜并厚奁资以赠载振。振回京言于奕劻,段芝贵乃由候补道一擢而署理黑龙江巡抚。事为御史赵启霖所知,折奏弹劾,载振遂不敢纳,翠喜归盐商王某,载振以查无实据了结。段则另以他事革职,永不叙用。记余八岁时,曾在天津北大关茶园观杨翠喜演戏,已不复记忆。段芝贵革职后,返回天津,彼来拜晤先君,余曾见之,穿元青外褂,无补服,戴纬帽,无顶戴。此亦戏剧中一史料也。

九

梆子皮黄共一班,永龙关胜众人传。元元红与小荣福,钟鼓楼东别有天。

记余八九岁时,先君任长芦盐运使,使署在鼓楼之东,使署西有元昇茶园,距署咫尺,余常往观戏。武生红净程永龙,余曾观其演《古城会》、《水淹七军》、《刮骨疗毒》、《九江口》等戏,程尤以《收关胜》著名,关胜被擒时,扎靠、厚底靴,登上两张桌子,磕子摔下,最为警绝。旦角为坤角小荣福,大轴子戏则为梆子老生元元红。此虽是一小茶园,而其声誉则不在南市下天仙、丹桂之下也。

一〇

韵醇如酒味堪夸,疑是清明醉杏花。皆道元元红绝艺,辕门斩子胜谭家。

唐人诗:"清明时节雨纷纷,路上行人欲断魂。借问酒家何处有?牧童遥指杏花村。"杏花村即山西汾酒产地,元元红山西梆子老生唱法,人谓其韵味醇厚,如杏花村之酒。有人谓其《辕门斩子》一剧,尤胜于谭鑫培。余曾观其演《辕门斩子》,其神情作风,必极精彩。惜在八九岁时,不能领会。惟尚记对八贤王一段唱辞如下:"戴乌纱好一似愁人的帽,穿蟒袍好一似坐了监牢。登朝靴好一似绊马索,这玉带好一似捆人的绳。不做官来不受困,食王的爵禄当报王的恩。"童时余还能学唱,后不知元元红归何处,梆子戏亦不再看矣。

一一

雅韵国风昔尚闻,谭孙刘并鼎三分。歌声更出行辕外,谥法人嘲杨制军。

清末,天津有票房名"雅韵国风",内分三派:一、谭派,为盐商王君直;二、孙派,为盐商陈子臣;三、刘派,为窦雁峰。颇极一时之盛。又袁项城任军机,由杨士骧继任直隶总督。杨性贪婪,极惧内,曾自为联云:"平生爱读货殖传,到死不知绮罗香。"杨尤好唱二黄,有专司伺候之琴师。吾友陈鹤荪曾为其文案,即专陪其公余清唱者,傍晚歌声时达行辕以外。杨殁于直督任,赐谥文敬。有人为联嘲之曰"曲文戏文所以为文,冰敬炭敬是之谓敬",此亦为有关戏剧史料者。

一二

节到端阳入暑初,门悬龙虎避邪符。茶园戏看混元盒,致美斋尝抓炒鱼。

余十岁时,先叔任度支部郎中,居潘家河沿,余入京省视。时盐运使署医官陈华甫君亦来京,值端阳,陈君同余及友三四人去致美斋午酌,食抓炒鱼,极美。街市热闹非常,商店皆门悬龙虎山天师符,各茶园皆演连本《混元盒》。余等饭后去广德楼观戏,当时情景,似犹在目前。

一三

回思观剧在童时,谭字高标纸上题。朱粲但看花脸好,不知谁是叫天儿。

余十一岁时,入京省视先叔婶,偶过文明茶园,见门口黄纸大书

"谭"字,时昼场已将终,乃买票入园,正值谭鑫培演《南阳关》,朱粲方上场,余甚欣赏其脸谱扮像,而竟不知谁是谭鑫培也。

一四

供奉内廷最有名,时时涕泪感恩承。慈宫亲点天雷报,演与今皇默默听。

清光绪帝继同治大位乃西太后那拉氏所主持。及光绪引用康有为及"六君子"行新政,母子间积不相能。每遇宫廷庆宴,西太后则点谭鑫培演《天雷报》一剧,以刺光绪帝,谓其忘恩负义,帝观之默然。在抗日时,余居西安,曾游兰州,与王福山演此剧于西北公路局剧场,台下堂客,竟有落泪者,此剧之移人可知!

一五

宫廷供奉不寻常,几得人间看一场?演出欲求谭贝勒,请安需要那中堂。

谭鑫培一号"谭贝勒",因谭供奉内廷,外间少演出。尚书那桐最嗜谭戏,一日约其饭,求其外间演戏,谭曰:"中堂要鑫培演戏,须中堂向我请安。"那桐即向谭请一安,谭乃于外间演一场,一时传为话柄。盖按清制,大臣请安礼,对贝勒、郡王、亲王始行之。此"谭贝勒"外号之由也。

一六

汾河湾在县龙门,合演谭王有定论。鄂语道来兼蜀语,那知抄手是馄饨。

王瑶卿清末与谭鑫培齐名,曾合演《汾河湾》,有照片传世。按此戏入窑后,老生白:"讲了半天,口渴了,有香茶来用。"旦白:"香茶没有,有白开水。"生白:"拿来。"旦递碗,生唱:"用手接过白开水,将水泼在地埃尘。"白:"腹内饥饿,有什么吃的?"旦白:"有鲜鱼羹。"生白:"好,拿来用。"旦递碗,生接碗唱:"用手接过鲜鱼羹,冷冷腥臭实难闻。"将碗交旦,打呵伸道:"困了。"旦白:"待我与你打扫后窑。"下。但瑶卿于生唱"冷冷腥臭实难闻"交碗时,忽问:"你要吃什么?"谭说:"我要吃抄手。"王白:"窑内无有。"谭即打呵伸说:"困了。"王说:"待我与你打扫后窑。"下。王多问"你要吃什么"一句,在内行谓之阴。生如对答不出,即被阴。而二人对答如系原辞,足见火候。湖北、四川谓馄饨曰"抄手",王瑶卿亦未必知也。三十年前余过成都,有小食店名"吴抄手",最著名。下午四时始开门,卖至子夜,余每日必往食,极美腴。凡过成都者必往一尝。

一七

离亭谁与送征鞍,胆怯心惊独去洹。惜别亲朋无一个,却教风义出伶官。

项城军机大臣开缺后,祸福莫测,即连夜去彰德,长子克定亦即去,时亲朋无敢送行者,惟京伶姜妙香亲送至洹上村,居数日始还,不图风义出于艺人。

一八

棒字一评最允宜,武工原自有名师。老乡亲演朱砂痣,陪唱曾看拍板时。

王瑶卿于四大名旦各有一字之评,尚小云评为"棒"字,以其武工最有根柢也。余十八岁时,居北池子,先君寿日演戏宴客,"老乡亲"演《朱砂痣》,是时小云始出科,陪演新娘子。余在台下观,见小云唱时,尚于袖内拍板也。

一九

皇子亲来上寿卮,三千珠履尽开眉。南昆北曲无人赏,忍睡提神待碰碑。

先君寿日项城命寒云来拜寿,时寒云从赵子敬学昆曲,已能登场,但不便演,介绍曲家演昆曲三出。后为谭鑫培《托兆碰碑》,时已深夜,座客皆倦,又对昆曲非知音者,乃忍睡提神以待谭戏。谭来后,在余室休息,雷震春事招待,与对榻,为其烧烟。谭扮戏时,余立其旁,谭著破黄靠,棉裤彩裤罩其外,以胭脂膏于左右颊涂抹两三下,不数分钟即扮竣登场,座客为之一振,惜余此时尚不知戏也。

二〇

独占花魁三庆园,望梅难解口垂涎。此生一吻真如愿,顺手掏来五十元。

清末民初,坤伶颇极一时之盛。刘喜奎色艺并佳,清末演于天津下天仙,民初演于北京三庆园,以《独占花魁》一剧最著,人即以"花魁"称之,为其颠倒者甚众。一日刘演于三庆园,夜场散戏后,刘卸妆归家,至园门口,遽有某人向前拥抱吻之,警察来干涉,某即掏出银元五十元,曰:"今日如愿矣!"扬长而去。盖警察条例,调戏妇女,罚洋五十元。

二一

当年艳帜竞刘鲜,樊易魂迷并为颠。垂老声名人不识,一场空演翠屏山。

民初坤伶刘喜奎、鲜灵芝并称。刘演于三庆园,鲜演于广德楼,每出场皆满座。樊樊山、易实甫皆捧鲜灵芝者。后喜奎嫁参谋部司长崔承炽，武清县人，乃喜奎同乡。鲜亦不见出演。某岁，忽见戏报，鲜于第一舞台演出《翠屏山》，计此时鲜当已五十五六岁，余乃往观，则座客寥寥，盖时移世换，无人知其名矣。

二二

才子张灵是后身，抚棺恸哭泪沾巾。拚将叹凤伤麟意，来吊生龙活虎人。

易实甫顺鼎，湖南龙阳人，号龙阳才子，自谓为明张灵后身，酷喜捧坤伶。民初坤伶刘喜奎、鲜灵芝、金玉兰齐名。玉兰病卒，易往其家吊之，抚棺恸哭，并挽以诗，内有句"拚将叹凤伤麟意，来吊生龙活虎人"。玉兰家人大诧异，不知为谁，因询其车夫，乃印铸局局长也。

二三

要命弯弓足架肩，杏花仙是荡魂仙。捧场文墨皆余事，更赋琼瑶坐御筵。

洪宪时，易实甫日于广德楼捧鲜灵芝、张小仙。小仙擅演《小放牛》一剧，《小放牛》一名《杏花村》，故小仙有"杏花仙子"之称。小仙缠足有武工，能扳左右两腿，足架于肩，故实甫捧小仙诗有"要命弯弓足架肩"句。时项城赐宴瀛台赋诗，实甫亦与焉。

二四

胜朝忍复梦升平，每念慈恩涕泪零。惟有传人余范秀，亲承说戏失街亭。

谭鑫培最为那拉后所宠眷，每念恩无不涕零，入民国尚偶出演于前门文明茶园，余曾聆其剧。总统府传演，款遇不复似那拉后之优渥,时余三胜之孙余叔岩为府内尉,乃延谭于庶务司司长王某处殷勤招待。谭向不收弟子,叔岩专学谭戏,乃经王说项,拜谭为师,谭亲为说《失街亭》饰王平一剧。谭字英秀,故叔岩以"范秀"名其轩。《失街亭》饰王平一角,后叔岩传于余。

二五

慈恩盛日忍相忘？凝碧池头梦一场。此曲竟非天上有,苗瑶亦复效周郎。

项城逝世后,时谭鑫培已年过七十,居家不再出演。广西督军陆荣廷来京,政府事招待,强谭氏出演,谭不得已,演《洪羊洞》一出。陆本瑶族不知戏,谭演时,陆稍坐即去后面打麻雀牌。但谭演后归家即病,旋逝世矣。

二六

马氏淮西大脚娘,坤宫正位配僧皇。当年安武司营务,花鼓亲看闹凤阳。

淮西大脚,自明已是。乱弹有《凤阳花鼓》一剧,余二十一岁在蚌埠任安武军全军营务处提调,街上演花鼓戏,一男一女,挎腰鼓,头盘髻,插花,大脚穿搬尖鞋,与乱弹扮像唱调无异,则知乱弹每戏皆有由来也。

二七

工半声高久绕梁,字音莫论但听腔。童时对戏无知识,敲骨求金看一场。

刘鸿声唱在工半调以上,惟不懂音韵,字每念倒,只听其腔耳。余在童时,曾于北京东安市场丹桂茶园观其《敲骨求金》一剧,当时谭、刘、孙并名，但余在童时尚不懂戏，孰为高下，则不知也。

二八

跻工台上最精奇，曾见宛城刺婶时。一自颜衰嫌老丑，无人能演卖胭脂。

田桂凤老辈花旦，多与谭鑫培伴演，清末颇负名，以《卖胭脂》一剧为观客所赏。后以年老色衰不更出演。余叔岩演《战宛城》烦其偶饰婶娘，余曾观之，跻工台步极佳，刺婶时跌扑更精彩，毕竟老辈之工力不同。

二九

十三旦已久名驰，色相真教动一时。老年犹是英风在，台上曾看八大锤。

侯俊山号十三旦，擅长武小生及武旦，《伐子都》及《八大锤》为其拿手之戏。多出演于张家口，京津少能观其戏，年老已不再出演。记余二十五岁时，张勋寿日演剧，宴客，特烦其演《八大锤》。是日各名角皆有，台下座客全满，余与张勋坐台上观之，俊山演来极为卖力，战四锤将，至为精彩，虽已老年，英风犹在，盖亦因张之寿日，各角无不精神奋发也。

三〇

嗓高专唱唢呐腔，更多腹笥不寻常。堪夸好学陈家婿，礼聘班中做戏囊。

李顺亭号大李五，嗓左音高，专唱唢呐腔，能老生戏极多，有"戏包袱"之称。余叔岩倒嗓时甚穷困，多赖其岳父陈德霖周济，助其学戏。叔岩极好学，凡老辈及与谭鑫培配角下手场面，无不虚心请教。

嗓音恢复后,组班演唱,礼聘顺亭入班,专与其学戏,故叔岩能老生戏甚多也。

三一

强寇无端敢叩关,翠翎金甲舞姗姗。瑶台一曲真精绝,红蚁当称李寿山。

昆曲《瑶台》演槐安国故事,短折,白蚁公主载歌载舞,极为精彩,苏昆、高阳昆皆未见演过。梅兰芳演此剧,余曾观之。红蚁一角会者极少,惟李寿山饰此,姜妙香饰白蚁,配搭整齐。寿山并能演《风筝误》之丑小姐,"问病""偷诗"之老夫人。乱昆旧例,演丑角须兼演老旦,演武净者须兼演老旦、丑旦,后辈已不能矣。

三二

匏系微官可弃捐,梨园贱隐又谁怜?人间势力殊堪笑,桶水难收泼马前。

汪笑侬清末为候补知县,感朝政日非,微官匏系,终无下场,乃弃而为伶,以《马前泼水》剧著名,及《张松献地图》皆其自编者,别具一种唱调。民初学之者甚众,今已无传矣。

三三

歌来断续比诗吟,遮月微云半哑音。到处于今皆马派,不曾听过贾洪林。

贾洪林为谭鑫培之里子老生,谭必须其陪唱,始相得益彰。贾嗓音时哑时亮,如微云遮月,唱法时断时续,比诗人之吟,极饶韵味,马连良初学其唱,后竟不似矣。

三四

菊坛四老并超群,一剧争传钓孟津。只在前台悭识面,不知君是汴梁人。

龚云甫原名处,梨园在清末前以票友转为伶者谓之"下海",皆名"处",如孙菊仙名"孙处",许荫棠名"许处"是。龚为乱弹剧中老旦之泰斗,与陈德霖、钱金福、王长林并称"四老"。《钓金龟》(一名《孟津河》)为其著名之戏。余常聆其唱,惜未至后台与周旋,后知其为汴梁人,于同乡竟失之交臂矣。

三五

德劭年高气自祥,喜看桃李满门墙。平生风义兼师友,一别音容两渺茫。

陈德霖正工青衣,嗓音亮,《祭江》一剧无能继者。人慈祥和蔼,梨园旦角皆其弟子,故有"老夫子"之称。某岁逝世,袁寒云代王瑶卿集唐诗,挽以联云"平生风义兼师友,一别音容两渺茫",最为工切,合两人之身份。

三六

莫不师承拜老钱,乱昆文武艺能全。五雷阵与飞叉阵,演出无人并失传。

钱金福文武昆乱不挡,钱家脸谱把子在梨园中尊为范臬,如杨小楼、余叔岩、梅兰芳、王凤卿身段把子,无不经其指点。余亲见其为叔岩说《一捧雪》,又《五雷阵》《飞叉阵》两剧无会者,余曾学身段,打法极多精彩,惜未登台演唱,久已忘之,并失传矣。

三七

两判从来久不闻，钟馗嫁妹与山门。单刀赴会芦花荡，一例无传少继人。

昆曲分京昆、苏昆、高阳昆三派，余则以京昆为正宗，念唱用中州韵。苏昆，丑、小生、旦见长，京昆亦须有苏丑，即刘赶三也。惟净，苏昆、高阳昆皆不佳，惟钱老独步。余曾见其演"火判"，身段精美绝伦，高阳昆之"火判"远不能望其项背。《牡丹亭》"花判"一剧，苏昆、高阳昆皆无人会。余只曾观其《刀会》饰周仓及《花荡》、《火判》并《山门》之照片，钱氏之昆净无继人矣。

三八

程鲍钱王武与文，玉皇端赖捧红云。如何晚景病腰脚，只许登场饰太君。

余叔岩演戏全赖程继先、鲍吉祥、钱金福、王长林搭配，如红云之捧玉皇，绿叶之扶牡丹。王文武丑并见长，叔岩演《问樵》、《出箱》，彼饰樵夫，钱饰煞神，堪称精绝。余曾观其《祥梅寺》、《打瓜园》、《跑驴子》、《审头刺汤》、《天雷报》及棕帽戏等。晚年忽病腰脚，艰于步履，只能饰四郎探母之太君，八姐九妹扶而出之。旋逝世。

三九

花果称王勇绝伦，交锋惟赖二郎神。安天会号杨猴子，妙偶犹传李象寅。

名武生杨小楼清末以演《安天会》著名，人皆称杨猴子，而竟或不知其名。当时有陕西翰林李象寅者，人以对杨猴子，妙偶也，载《清朝野史大观》。

四〇

蟠桃会后闹天堂,两派京昆有郝杨。若是演来相比较,
分明猴子与猴王。

高阳昆文武老生郝振基及杨小楼皆以演《安天会》著名,郝做作
猴吃桃时惟肖,昆班中誉为活猴;但与小楼比,杨乃猴王,郝则一马猴
子也。演者之身份不同,而观者之身份亦不同耳。

四一

堪称绝后与空前,高艺难能半子传。归宿一生何处好?
白云观与百花山。

杨小楼武生可称绝后空前,俞菊笙余未得观,有人云:俞艺虽
佳,而尚输杨之神韵。杨无子,婿刘砚芳随同居,及子刘宗杨亦未能
传其艺。小楼好道,常去白云观,每年并去百花山小住参道。

四二

请来翰苑为题鸿,俗吏堪嗤礼未通。岂可哀荣分贵贱,
王三杨大不相同。

旧时题主,须请科甲中翰林进士以为荣,以官翰林院、礼部、詹事
府、国子监、学政以至府县教授、教谕、训导为宜。官刑部、吏部以及
地方官则不宜。襄题亦须科甲中翰林、进士、举人任之。赞礼则须请
秀才,著襕衫,仍明朝服。清则易纬帽、金雀,民国则圆顶礼帽。在清
代,童生中秀才后,由其岳家制襕衫赠予其婿,成为定例。先母逝世,
归葬项城,由翰林王肖庭父挚题主,以本邑两举人襄题。本邑秀才赞
礼,著襕衫,宽袍大袖,古风俨然。上海哈同之丧,题主,状元刘春霖
为鸿题,榜眼朱汝珍、探花商衍鎏为襄题。谢礼,鸿题一万元,襄题各

五千元，轰动一时。卢沟桥事变次年，杨小楼病逝，其婿刘砚芳请予
为请人题主，余乃为请傅沅叔增湘鸿题，傅翰林，清官直隶提学使，民
国官教育总长，正相宜。襄题为请会元陆彤士、进士陈宗蕃。砚芳又
请警署长邓宇安、警局秘书吉士安为陪题。至题主时，邓、吉两人径
就襄题位，陆、陈两襄题不能入位。此时余只好拉邓、吉两人下座，使
两襄题就位。邓、吉两人对砚芳大加斥责，一怒而去。题主后，砚芳
另备礼向邓、吉陪罪，后邓、吉向人谈及此事，人曰陪题者，陪鸿题、襄
题也，邓、吉始知自己失礼。对此事，有人谓余曰："杨小楼伶人也，也
要题主？"时北京沦陷，日人组伪政府，王叔鲁克敏任委员长，值其六
十岁生日，广发征寿文启，设筵庆寿，余对曰："王三老爷汉奸能作寿，
杨大老爷伶人岂不能题主乎？"其人不能答。一时梨园传为快事。

四三

　　杨俞名并派非同，敦厚常如长者风。拳术工夫分内外，
惊人锤震晋阳宫。

　　尚和玉亦武生老辈，其人敦厚如长者，与杨小楼、俞振庭齐名，而
派别不同，亦如拳术有内工、外工之分。小楼内工，和玉外工也。《铁
龙山》、《英雄义》等戏皆佳，尤以《晋阳宫》为其特作。余有友曾向其
学此剧，家尚有二锤，余持之甚重，以余之力不能要也，足见尚氏之
工夫。

四四

　　家传武剧自称豪，长坂坡迎八将曹。勇猛见长风度少，
赢来绰号小毛包。

　　俞菊笙子振庭，武生戏为家传，以《长坂坡》著。起打极勇猛，惟
少风度。后与余叔岩共一班。其人荒于色，以病不能演，甚为潦倒。

四五

北马南船出自然，始知步法有真传。莲花湖上评身手，落后常为盖叫天。

北人骑马，南人乘船，未能较胜，乃理之自然。上海武生盖叫天自以武工超群，欲与杨小楼一较身手，乃合演《莲花湖》，起打盖每每落后，始知内江派步法自有真传，非外江派所能及也。

四六

英秀齐名在胜朝，满门桃李老堪豪。演来文武皆精绝，更有传人一撮毛。

王瑶卿亦旦角先辈，曾陪谭鑫培演戏，名噪一时，《十三妹》、《得意缘》为其杰作。晚年广收弟子，有"通天教主"之称。有票友章一山，号一撮毛，专学其唱作。

四七

早岁齐名共一坊，樊江关戏最擅场。余生坎坷垂垂老，今世何知有二芳？

王蕙芳色艺并佳，清末、民初与梅兰芳同班。演唱《樊江关》，蕙芳饰樊梨花，兰芳饰薛金莲，有"兰蕙齐芳"之喻，以年衰名遂不振，后甚坎坷，于四川教戏，卒于成都，无复知当时有二芳者矣。

四八

喜剧演来岂是淫？茶余酒后可开心。诸如香亦成先辈，更少人知陆凤林。

喜剧内行谓为玩笑戏，多以彩旦为主，如《背凳》、《双摇会》、《打皂王》、《探亲》、《查关》、《一匹布》等戏是。诸如香亦彩旦先辈,常演之;更有陆凤林能此戏甚多,但人不重之,无知其为喜剧戏包袱者矣。

四九

龙种八旗子弟闲,愿为优孟不为官。一声直上行云遏,激愤悲凉唱叫关。

德珺如,满洲人,清末、民初时亦小生先辈。嗓音高亮,《罗成叫关》一剧,无人能与之抗也。

五○

群英会上镇风流,公瑾当年孰与俦?北曲南昆皆笨伯,无人能继雅观楼。

程继先,程长庚之孙,清末民初为小生泰斗,即非空前,亦称绝后。《群英会》能表现周公瑾雄姿英发、风流儒雅之气度。如《监酒令》等翎子戏,皆以风采见长。其他文戏《奇双会》、《玉堂春》、《连升店》等演来神情无不绝妙。余曾从其学《雅观楼》,每一唱一念,其身段皆有特殊处。彼云非过三十几岁不能懂戏。南昆俞振飞、北昆白云生皆拜其为师。继先对余曰:"怎么教也不能领会,皆笨人也。"《雅观楼》两人皆终未学会,此剧更无继人矣。

五一

名并继先久已闻,彬彬风度似儒巾。演来喜剧闺房乐,却误鸥波是素云。

朱素云当时与程继先并名,以演文小生见长。《闺房乐》饰赵子昂,颇有文士风流之度。尤以《马思远》一剧,饰刑部郎中,惟妙惟肖,因其见过清末官场中人物,能自然心领神似也。

五二

演出红楼饰雪芹，将钗作弁亦风神。一生忠厚兼谦抑，赢得梨园号圣人。

姜妙香早岁为青衣，后改小生，陪梅兰芳演戏，兰芳排演《红楼》剧，妙香饰宝玉，亦能表现其娇憨气。妙香人极忠厚，且谦虚，不多言，梨园中称为"姜圣人"。余曾向其问《雅观楼》，彼曰"我此戏远不如程先生"，足见其谦抑风度。

五三

骂世敢嘲李合肥，方巾难演是耶非。赶三一死无苏丑，唯有春山唱打围。

清末前，戏班皆昆乱兼演，老辈无不能昆者。苏昆以丑角特见优，故乱弹班亦极重苏丑。庚子前以刘赶三最有名，刘一日演戏曾嘲及李鸿章，有"拔去三眼花翎"一语，而受责罚。甲午后，李一力主和，士大夫轻之。赶三病卒，有人为联嘲李云："赶三已死无苏丑，李二先生是汉奸。"一时传之。方巾丑属于比较有身份、有文学之剧中之丑，如《回营打围》中之太宰嚭，《群英会》中之蒋干，《审头》中之汤勤是，应较其他丑戏难演。民初后唯郭春山能演此类戏，因其有苏丑根柢。袁寒云《群英会》蒋干，《审头》汤勤，即从郭所学者。余于福全馆演《空城计》，开场烦其演《回营打围》，郭对人曰："何人还叫演此戏耶？"已见知音者少，而老戏失传者多也。

五四

高悬白日映红莲，翠盖遮来水底天。惟有萧家能此曲，纳凉遥望荡湖船。

《荡湖船》丑角扮绍兴师爷,戴眼镜,穿纱马褂,纱长衫,白口须说绍兴话。惟萧长华能此戏,余曾观之。

五五

音乐堂中一现身,梨园早是白发新。文孙却爱词章事,不意萧家有后人。

萧长华曾于音乐堂饰《四郎探母》国舅,时已八十余岁。其孙盛萱之子,爱词章、文物,时来就余请益,萧氏可谓有后矣。

五六

父子祖孙语绝伦,心传口授只劳神。栽花有意花难发,枉恨余三是继人。

谭鑫培一生不收弟子,后迫于总统府庶务司王某之托,不得不收余叔岩为弟子,但不教其戏,叔岩所能谭戏,皆为偷学,终成谭氏继人。谭氏刻意教其子小培,盼其成名,而小培却乏材料,不能领会,一生演戏平平而已。有人嘲小培,代小培与其子富英语云:"你的爸爸不如我的爸爸,我爸爸的儿子不如我的儿子。"可谓谑而虐矣。

五七

纷纷大雪走南天,飘荡神魂见八仙。唱法平常身段少,乘龙虽是岂真传?

王佑宸为谭鑫培婿,以演《南天门》著名,嗓音甚甜,但唱法少精彩,身段、武工皆不见长,虽为谭氏佳客,实未得谭氏之艺也。

五八

腔高身矮亦恢谐,指上兰花写得来。两出平生拿手戏,逍遥津与上天台。

时慧宝专演王帽戏,当为许荫棠之一派,拿手戏为《上天台》《逍遥津》。其演《上天台》穿黄帔,戴便王冠,持折扇,唱时以扇摇摆,如与姚期对话。然有人谓王凤卿用脑后音,挺身拔气,身子越唱越高。时慧宝则身子越唱越矮。亦梨园中之趣语。时能以指画兰花,书魏碑字,曾赠予一扇,今已失之。

五九

发音脑后比洪钟,汪派传人此正宗。更好法书亲翰墨,时临真迹仿刘翁。

王凤卿唱法用脑后音,为汪派传人。《过昭关》《浣纱计》《鱼肠剑》《取成都》《战长沙》皆其拿手戏。饰《战长沙》关羽,以胭脂揉脸,不打油红脸,乃取法程大老板。凤卿好书法,常临刘石庵、翁同龢书。余曾赠以刘石庵书册,彼甚宝之。

六〇

儒雅风流自不差,绕梁韵似月笼沙。庚寅喜得同生日,好继骚人与画家。

余叔岩多与文人交游,亦有儒雅之致,其嗓音为云遮月,最富神韵。叔岩庚寅年生,与屈原及明画家文徵明同生日。余曾赠其"惟庚寅吾以降"印章一方。

六一

魄力恒心不畏难,愚公坚志重移山。武工学自钱金福,音韵传由魏铁珊。

叔岩自嗓倒呛后,甚潦倒,由其岳父陈德霖资助,坚苦学戏,从钱金福学把子身段,音韵则由老翰林魏铁珊教之。常研究《李氏音鉴》一书。学谭戏时,无论配角、龙套、场面,皆以相问。孔文子"敏而好学,不耻下问",叔岩有之,故成名亦自有以也。

六二

中华大国号堂堂,却是男装扮女装。日法美苏吾不去,只惟印度可商量。

梅兰芳曾出演于美、苏、日,得博士学位。程艳秋出演于法国。有人问叔岩何不也去外国出演?叔岩曰:"吾国乃中华大国,而出演皆系男扮女装,未免少失国体。美、法、日、苏吾不再去,唯印度可商量耳。"人问为何愿去印度,叔岩曰:"印度有大土,我可过瘾也。"

六三

守业名仍是狗名,葫芦玳瑁刻工精。严冬门外天飞雪,怀内秋虫尚有声。

叔岩喜玩秋虫葫芦,有各种样式,盖顶玳瑁,刻子孙万代、葡萄等花样。葫芦内贮蟋蟀、金钟、油葫芦。严冬门外飞雪,怀内秋虫尚鸣以为乐。刻盖顶者名李狗,自以为名不雅,求叔岩之友为易一名,有友曰"可易名守业",李喜而去。但守业叶音守夜,仍狗也。

六四

笑他势力岂能移?直节干霄竹是师。纵使沪滨难再到,不来出演杜家祠。

上海帮首杜月笙建筑家祠,告成,款待贺客,遍约京沪名演员演剧。京梅、杨以及各演员皆到,独叔岩一再约不去。杜使人传语曰:"如不去,此生休想再到上海滩。"叔岩曰:"宁此生不到上海,也不去杜家演戏。"此足见叔岩之气节。

六五

菊部祖孙是世家,五朝声誉满京华。严妆仪态谁能比?此是梨园富贵花。

梅兰芳五世为伶,自清末腾誉京华,已经五朝。余十八岁时,认豫王福晋为义母,见福晋严妆仪态,俨若天神。梅演《四郎探母》公主,余睹之,雍容华贵,与福晋无二,在花中人以花王誉之非虚。王瑶卿对四大名旦各有一字之评,对梅评一"样"字,亦甚恰当。

六六

感时溅泪对烽烟,绕树惊乌少一椽。民族独存真气节,谋生卖画隐南天。

卢沟桥事变前,梅兰芳迁居上海,北平沦陷又迁居香港,始终未演剧。居港时,生活颇艰,曾以卖画谋生。京沪梨园中人,独保民族气节者,惟畹华、叔岩两人而已。

六七

交游契合比芝兰,好义人称梅尚间。更是武工根柢好,鼓声犹忆战金山。

尚小云与梅兰芳在梨园中人缘最好,交友重然诺,能急人之难。四大名旦中,小云武工独有根柢,如《湘江会》、《战金山》无人能比,而《战金山》之擂鼓,尤为生色。王瑶卿对其一字之评为"棒"字,正合。

六八

梆子休从论出身,浮花浪蕊亦天真。牡丹犹似端端在,只少纯阳吕洞宾。

荀慧生原出身梆子班,后改演乱弹花旦。余十八岁,先君寿日,慧生演《破洪州》,是时彼始出科,艺名"白牡丹"。《吕洞宾三戏白牡丹》,元曲或有此剧,如慧生排演皮黄戏正好。又唐人赠妓李端端诗:"觅得骅骝披绣鞍,善和坊里取端端。长安借问谁能似?一朵能行白牡丹。"王瑶卿对慧生一字之评为"浪"字,以其演花旦戏能入神也。

六九

师生斗法竞先鞭,北院空头只委员。梅去美苏程去法,张冠李戴至今传。

李石曾以退回庚子赔款成立中华戏曲音乐院,内设南京分院、北平分院。南京分院属程艳秋,北平分院属梅兰芳。南京分院并不在南京,仍在北平,院内并附设戏曲音乐学校。北平分院则只成立一委员会,梅兰芳、冯耿光、齐如山、余及王绍贤为委员,既无附设学校,亦无研究机构。李又以庚款支持程赴法国出演,一时程大有凌驾乃师梅兰芳之上之势。此时由冯、齐、王及余倡议,梅、余(叔岩)合作,成立国剧学会,此为师生斗法之事。至外传张冠为张宗昌,非是,乃中国银行总裁张嘉璈也。中国银行有冯耿光、张嘉璈两派。冯捧梅,张捧程。后李石曾自对人言云,支持程艳秋乃受张公权(嘉璈字)之托也。此内幕非外人所能知者。艳秋自法回国后,余曾往观其演出,旧时红缎金绣门帘台帐换了一灰布帐子,场面皆在灰布帐子之内。按旧戏场面,须与演员心神相接,尤其在身段上打鼓师须随时相应。中国戏曲之技术与西洋戏曲之技术自有不同,而台上设置亦不能同。但艳秋只重在唱,却亦无妨。王瑶卿对艳秋一字之评为"唱"字,身段武工,在其次矣。

七〇

将军长腿好胡为,断袖偷桃事果奇。是假是真难自辨,潇湘馆里问香妃。

张宗昌号长腿将军,外传其山东督军卸任后,曾在妓院潇湘馆香妃处与程艳秋叙旧,事之有无,须问香妃。姑妄言之、姑妄听之而已。

七一

北曲高阳独出群,曾师赵叟共寒云。大名传世终长在,元老三朝已不闻。

袁寒云曾从赵子敬学昆曲,韩世昌后亦从赵子敬学昆曲,盖与寒云同师,故其唱念皆用中州韵,无高阳口音,演出身段风度,亦臻上乘。徐世昌事清、民国、洪宪,人谓其三朝元老,后继任总统,韩世昌与同名,有人讽韩改名,韩不改。事闻于捧韩者,乃于报端对徐大事抨击,成一时笑闻。今徐世昌已成腐草朽木,无人道及,而韩世昌则名自长在也。

七二

缟妆纱帽满台飞,国泰排来意有讥。梆子乱弹皆妙绝,喜荣归与丑荣归。

民初后,花旦以于连泉(筱翠花)为矫矫者。《丑荣归》(《小上坟》)为乾隆时山东巡抚国泰所编排者,意盖在讥骂刘墉。清末多演此戏,后少演者,惟翠花能演,以其跷工见长也。余于福全馆演《空城计》,特烦其与王福山演之。梆子有《喜荣归》,与《丑荣归》并为滑稽喜剧。

七三

风生座上喜谈论,款待殷勤主与宾。缀玉班中司管理,
不唯专演四夫人。

姚玉芙善谈论,梅兰芳宾客多由其招待,在梅家班为管事。梅演
《四郎探母》,四夫人一角则必由玉芙饰之。

七四

唱片惟传牧虎关,微云笼月渺茫间。二进宫真三鼎足,
韵胜金家老少山。

裘桂仙民初后为铜锤正宗,其嗓音虽不及金秀山、少山之亮,而
韵则胜之,盖嗓音亦近于云遮月者。其唱片甚少,余只听过《牧虎关》
一片,与陈德霖、余叔岩合演《二进宫》,可称鼎足而三,余屡于戏院聆
之。一日余在叔岩家,陈老夫子亦在座,安徽督军陈调元来访,叔岩
是日颇有兴趣,乃约桂仙来,于室内合唱《二进宫》,较台上尤精彩。
可谓"此曲只应天上有,人间那得几回闻"矣。

七五

炉火纯青自不奇,演来衬托总相宜。南阳关外韩擒虎,
后影须看靠背旗。

鲍吉祥为里子老生之上乘,唱演炉火纯青,与叔岩配演,衬托相
宜。余二十四岁时,在三庆园观叔岩演《南阳关》,吉祥饰韩擒虎,台
下颇多票友,闻彼等语云:"吉祥步法整齐,靠旗不乱,后影真好
看也。"

七六

两山各有套连环,想见英风盗马还。老辈只余侯喜瑞,

演来犹似窦河间。

宣化府有山名连环套,古北口亦有山名连环套,皆云为窦尔敦所据处。按《连环套》剧,黄天霸词为"保镖路过马兰关",当以古北口为是。架子武花面侯喜瑞民初后最驰名,《取洛阳》、《战宛城》、《武文华》、《五人义》等戏皆擅长,而《连环套》一剧尤能表现出窦河间之英风豪气,其老年曾在音乐堂与孙毓堃演出此剧。

七七

红逼宫与白逼宫,演来文武不相同。笑他依样葫芦画,后果前因一贯通。

《逍遥津》为《白逼宫》。《红逼宫》一名《定中原》,司马师扮象,红蟒佩剑、翎子、红三块瓦脸谱。前后因果,依样葫芦。架子花面郝寿臣能此剧,与《审七长亭》并为拿手戏。

七八

包衣祖上旧中堂,下海登场演二黄。都道传人言五子,映山隔岭学谭腔。

言菊朋祖上为包衣,满制包衣乃奴仆之称,曾为其主家奴仆,虽官至极品,其主家有喜寿丧事则须去其主家当差。菊朋祖上官至尚书,值其主家丧事,尚书至主家前击鼓迎客,见《清朝野史大观》。菊朋后下海演老生,宗谭鑫培,自命为谭派传人。梨园内行嘲其为"言五子":扮象低网子,短胡子,薄靴子,洗鼻子(谭因闻鼻烟,上妆前洗鼻子,言上妆前亦洗鼻子),最后则为装孙子。按言亦知音韵,如阴平高念,阳平低念,上声滑念,去声远念,入声短念之类;但不知变化运用,每韵尚有三级之妙;又以嗓左,遂至学谭反而映山隔岭,奇腔怪调,无一是处。

七九

字虽不正嗓音高，派异程门亦自豪。庆奎病后谁能继？无人更唱斩黄袍。

乱弹戏入北京后，老生程长庚派外，则为刘鸿昇派，高庆奎为刘派传人，字虽不正，而嗓音高亮。后忽病喉，唱不出声，《斩黄袍》一剧遂无人更演。庆奎人颇谦抑，曾与余云彼只有一条嗓子，论唱较余叔岩先生差之远矣。

八〇

平平正正亦堪夸，嗓左高时每出叉。宁武关难教不会，只能学唱铁莲花。

老生贯大元演出平平正正，虽无精彩，亦无毛病，系左嗓，有时发花，曾欲向余叔岩学《宁武关》，叔岩为其比试一场，彼云不能学会，叔岩教其《铁莲花》一剧，余及大元将剧钞下，皆未演出。

八一

武侯未必有神通，战舰何知用火攻？为识胸中晴雨表，东风不是是台风。

马连良初师贾洪林，后亦不似，《借东风》为其拿手戏。但武侯知天文学，计时应有台风，因用火攻破曹军，非能借东风也。连良演此戏，竟使武侯如一妖道，乃腹无文学之故。

八二

一海一京不共流，麒麟童并有王周。大红袍演多牵误，沪上无能更出头。

北京老生王荣山,上海老生周信芳,皆号"麒麟童"。王知老戏颇多,从事教戏,不出规矩。周在沪海派中负盛名。余曾观其演《四进士》,颇合宋士杰之身份。其演《战太平》、《定军山》、《打渔杀家》等旧戏则一无是处。如《空城》,南周北马皆不能演,以扮出即不似也。晚年以演《大红袍》牵误,不再出演。

八三

京沪菊坛各一帮,何分北调与南腔? 秦琼饰演天堂县,谁道洪春是外江!

文武老生李洪春,或谓其为海派,余曾观其演《天堂县秦琼表功》,身段一招一式皆有准绳,绝非"外江"也。

八四

子午相和八字形,两拳须忌一般平。老生靠背谁差好? 应是荣奎与凤卿。

叔岩常云:"身段必须子午相,足要八字形,两拳亦不可平,演文戏亦然,两手端玉带,亦一高一低,否则如拉洋车矣。靠背戏子午相更重要。"余问叔岩:"靠背戏谁较好?"叔岩云:"张荣奎与王凤卿较好,惟荣奎稍过火,凤卿稍板耳。"凤卿把子靠背戏学自钱金福。张荣奎余曾见其教叶庸方排《南阳关》,确如叔岩所云,知子午相而稍过火也。

八五

一样演出总嫌松,唱念高低韵不同。三世传家名自在,老年乐得运亨通。

谭富英自胜其父小培,但演出身段总嫌松懈,唱高念低韵有不足,但三世名家,老运亨通,可乐也。

八六

短视小生茹富兰,歌台尺寸走如盘。试看舞剑群英会,进退都无步法难。

文武小生茹富兰,极度近视眼,对面只见人影,但在台上对打及《群英会》舞剑,进退步法不失尺寸,因有武工根柢、台上经验,始能如此也。

八七

长靠短衣并有名,氍毹曾是与同登。能教武戏来文演,小振庭过老振庭。

武生孙毓堃号小振庭,虽曾向俞振庭学,却宗师杨小楼,武戏文演。余曾同演出音乐堂,彼与侯喜瑞演《连环套》,绰有小楼之风。

八八

演出老生并武生,两春冰炭不相能。正宗曾学安天会,童岁登场早有名。

武生李万春并能老生,童岁出演以《两将军》著名。余二十二岁时曾于天津陶园观其演《断臂说书》、《安天会》,学自载涛,乃张淇林之真传也。与李少春为郎舅,但素不相能。

八九

霹雳声如裂琵琶,听来何问韵微差。佛心更有慈悲念,犬马猫猴共一家。

金少山嗓音洪亮,声如霹雳,不失乃父之风。人性情真率,爱动物,畜犬马猫猴如家人然。

九〇

绝技耍牙饰煞神,乱昆衣钵并传真。演来一出英雄会,始信钱家有后人。

钱老金福尽以其艺传其子宝森,《打棍出箱》煞神耍牙为钱家绝技。昆曲,钱老谓无人知者,不传,余请钱老传之,余愿随学,钱老始将《刀会》《火判》《嫁妹》《山门》等昆曲传之。余于福全馆演《空城计》,宝森与杨小楼演《英雄会》,时齐如山观之,曰:"钱家真有后人矣!"

九一

祥梅寺剧见丰神,隔水樵夫更问津。老旦并能开口跳,福山以外少传人。

王福山能传其父长林艺,饰《祥梅寺》了空、《问樵》樵夫及棕帽戏《宁武关》周母、《天雷报》张母并佳。曾见其弟子叶盛章演《祥梅寺》,能卖力而无韵,是把式匠而不是和尚,乃是有外工而无内心,越用劲而越不美观也。

九二

自言唱法出长庚,念字尖团并五声。名是胜孙孙胜祖,谈来从不让阿兄。

同仁堂周某,余三十岁时,彼已八十余岁,听过程长庚戏。叔岩之弟余胜孙,曾从其学唱,并亦讲尖团五声。云《捉放曹》陈宫唱词"多蒙老丈美言奖","奖"字是尖音,其唱成"美言讲",非是。谈下对其兄从不相让。余曾观其《托兆碰碑》,身段较差,唱即不如其兄而胜过言菊朋多矣。

九三

后来居上迈王陈，未入程门座上春。时向外行求指点，学余的是有心人。

王少楼、陈少霖、杨宝森皆后辈老生。王曾拜余叔岩为师，而并未学戏，只列空名。陈为叔岩内弟，叔岩虽教之而不能领会，叔岩常吵骂之，少霖视为畏途，避而不学。宝森未得拜叔岩为师，叔岩每出演时，彼必往观，勤学默记。彼家在叔岩家椿树头条之北，余去叔岩家，有时过其家，彼能操琴，为余调嗓，故能得余唱法。彼嗓有宽音而无立音，能运用其宽音，学叔岩唱，时求余指点，余曾教其《战樊城》一剧，其声誉后竟出王、陈之上矣。

九四

香烟缭绕烛光明，沪上争传师弟名。犹记郑虔曾眼见，亲教一剧战樊城。

李少春后拜叔岩为师，教其《战太平》一剧。余曾观其演《定军山》、《打渔杀家》，非叔岩所教也。日本投降后，余由京去上海，时少春亦在沪，托友来说愿拜余为师，乃于友家设香烛酒宴行礼，上海小报纷传此事。余回京移居帽儿胡同，少春来学戏，余教其《战樊城》，时北京大学秘书长郑天挺在座，观余教完始去，每对人言之。

九五

滹沱河上久沉沦，奚管称名事已陈。犹记百花齐放日，虚心来学祭头巾。

老生奚啸伯、管绍华一时并名，奚曾演自编《儒林外史》"范进中

举"。各地方戏在北京汇演后,余改编湘剧《祭头巾》为四平调弹戏,
啸伯来学,后啸伯班在石家庄出演,颇悒悒不得意。

九六

黄金佩印演苏秦,各尽欢颜主与宾。先辈开眸看后辈,
四家名旦有传人。

某岁尚小云成立"荣春社"科班,在丰泽园宴客,宴前由学生演
《苏秦拜相》昆曲一折,苏秦戴相貂,佩金印,下手捧金元宝,演毕,各
学生向来宾敬酒。张君秋即此科班中学生,四大名旦有传人矣。

九七

梨园应是女中贤,余派声腔亦可传。地狱天堂都一梦,
烟霞窟里送芳年。

女老生孟小冬曾从叔岩琴师李佩卿学戏,后拜叔岩为师,时叔岩
已病,教其文戏有《搜孤救孤》、《御碑亭》、《捉放宿店》、《武家坡》、《奇
冤报》等。在学余唱中,平心推之,只差神韵稍过火耳。小冬曾归梅
兰芳,后又离异。上海帮首杜月笙患肺病已重,其室姚玉兰与小冬
善,乃作合使小冬嫁杜,盖为杜死可分其遗产也。小冬嫁杜后,随杜
去香港,旋杜死,小冬得分其遗产一部。而小冬染鸦片癖,病死于香
港。"地狱天堂"乃方地山挽袁寒云语,以寒云家世为天堂,后入帮沦
于地狱矣。

九八

窃符救赵剧新编,窑变名伶有素娟。多谢琴师徐督办,
梅家班作陆家班。

以妓而为伶者谓之"窑变"。南妓陆素娟因与王绍贤关系,从徐

兰沅学梅派戏,曾与余演《游龙戏凤》、《打渔杀家》。东北失陷后,梅移居上海,徐组梅之班助陆演唱,并为编排《窃符救赵》一剧。督办乃徐之别号也。

九九

四旦独能唱绝伦,斧声烛影事曾论。可怜骂殿看家戏,断送程门后学人。

李一尊之女世济,为程艳秋弟子,李与马彦祥为至友,以马介绍世济入北京剧团为演员。《骂殿》乃程之拿手唱工戏,系根据旧传"烛影斧声"之事而编者,世济以演此剧之牵误,后不复再出演。

一〇〇

演来灰面剧诙谐,身段曾从问讯来。黑夜猎獾谈遇鬼,亦如志异看聊斋。

耿一,谭鑫培之鼓师,昔叔岩常向其请益,彼打鼓时,当知谭老某处之身段如何。某岁叔岩之夫人寿日,晚演戏为欢,余演《空城计》,耿一演《送灰面》,演完后,进晚点,闲谈,耿一言及彼与友黑夜出广安门猎獾,于一破庙遇鬼事,一时如重读《聊斋》然。

一〇一

腔调谭梅知最深,戏材积似等身金。不来兰竹轩中看,谁解胡琴是八音?

徐兰沅曾为谭鑫培操琴,后为梅兰芳操琴,知谭、梅腔调最深,并多知戏剧材料,开设兰竹轩胡琴店。按胡琴内行谓为八音,弦上之铜钩为金,杆上之玉片为石,弦为丝,杆为竹,筒为匏,松香为土,蛇皮为革,两轴为木,乃八音也。

一〇二

余派鼓师独此存，真应檀板对金樽。津门子弟无人继，只合排场地下魂。

杭子和为余叔岩鼓师，打叔岩之戏得心应手，严丝合缝，可以金樽对檀板喻之。余演戏及杨宝森演戏皆由子和打鼓。及宝森病卒，余亦不演，子和入天津戏曲学校教授打鼓，但继承亦无人，因既无人演余派之戏，鼓亦无所施其技，后子和病卒，只合于地下作排场矣。

一〇三

琴手梅孙孰继承？外行陈老久传名。王花朱稳分优劣，难及当年李佩卿。

梅雨田，谭鑫培之琴师；孙佐臣，孙菊仙之琴师。当时皆称胡琴圣手。外行则为陈彦衡，亦曾与老谭操琴。叔岩之操琴者为李佩卿，余演出调嗓亦佩卿操琴。佩卿故后，由朱家奎为余调嗓，经过一时期，朱知余派戏渐多，叔岩亦用其操琴。后与陈香雪去广德楼观言菊朋演《碰碑》，唱无足取，而其琴师王瑞芝则为可造之才，更令其为余调嗓。此时余用两琴师，演出时演两出，一由朱操琴，一由王操琴。后孟小冬、叔岩亦皆用瑞芝操琴。朱以平稳见长，王以花梢见长，各有优劣，而终难及李佩卿也。

一〇四

名师虽拜未曾传，子弟无多亦领先。鼓吏三挝差较胜，操琴却是野狐禅。

杨宝忠早拜叔岩为师，但未学戏，在富英、少楼、少春、小冬辈则为学长矣。《击鼓骂曹》宝忠打鼓最擅长，操琴不知衬托提补，但耍花腔,则野狐禅也。

一〇五

不从上辈学猴儿,只傍梅花玉笛吹。已是曲终人不见,改弦若似有前知。

迟月亭为杨小楼配角,小楼演《金钱豹》皆由其饰猴儿,自清末久已驰名。曾对人云彼饰《金钱豹》之猴,仍是《安天会》之猴王,于滑稽中显神通,对金钱豹以游戏处之,金钱豹自以为飞叉厉害,而竟无如之何也。子景荣未从其父学戏,为昆曲笛师,小楼、畹华演昆曲,叔岩及余演《别母乱箭》,皆其吹笛。北京沦陷时随余去西安,后在陕西工矿调整处任职员,愿弃其场面业,今昆曲已濒失传,景荣欲改弦更张,若有前知者矣。

一〇六

东瀛有客号行家,论戏评人或不差。接洽时常称种种,报端自署辻听花。

《顺天时报》有日人辻听花者,在报上专有评戏一栏,由其执笔。对演员有褒无贬,每云"种种接洽,至为欣慰"等语。是以竟有坤伶为能常名见报端,而认其为义父者。后《顺天时报》停版,此人亦遂回国。

一〇七

诗品渔洋有定论,词家禅境宋唐辰。眼前六十余年梦,神韵堪当只五人。

王渔洋诗主神韵,有论诗品诗,如其《过露筋祠》诗云:"翠羽明珰尚俨然,湖云祠树碧于烟。行人解缆月初堕,门外野风开白莲。"即富于神韵者。词以到禅境为最佳，如南唐后主词"流水落花春去也，天上人间"，北宋晏小山词"落花人独立，微雨燕双飞"，皆臻禅境，亦即神韵。余自七岁观剧，而认为堪当"神韵"二字者只有五人，乃昆乱钱金福、杨小楼、余叔岩、程继先，曲艺刘宝全也。汪桂芬余未赶上，谭鑫培、孙菊仙余曾赶上，但在童时，尚不懂戏也。

<h2 style="text-align:center">一〇八</h2>

东西两派各分流，民族千年气节遒。皇帝至今仍姓赵，金元音韵尚中州。

余曾写有《河南戏民族气节》一文，河南剧种颇多，主要为梆子戏，有豫东梆子、豫西梆子，另有南阳曲子戏、越调、漯确戏、二家弦等剧种。戏班中以老生为主角，但不曰老生戏而曰红脸戏。红脸非关羽，乃赵匡胤也。相传有人用《今古奇观》"媳钗俏矣儿书废，哥罐闻焉嫂棒伤"体，咏观戏诗云："西山一漯确，李五王二多。赵京人争扒，好剥劣渣窝。"乃云：确山有一班漯确戏，李五为红脸戏演员，王二为旦角戏演员，演出赵匡胤送京娘。台下人争扒着戏台上看，演得好则剥粽子往台上扔，演得不好则拿豆腐渣、窝窝头往台上扔。此诗正是写人之喜爱红脸戏，亦即是喜爱赵匡胤。抗日时，余由北京去西安，路过河南周家口止宿，一日，有戏园在演南阳曲子戏，余往观之，所演为刘墉事：有二女子在乡受恶霸凌辱，恶霸之父乃朝中一权奸，二女子向县署控告，县官不理，斥责后逐之。二女乃上京拦舆控诉。一日遇一官，即拦舆呈状，官适为权奸之友，将二女痛打后，逐之。一日二女又遇一乘马官，再呈状，官云："我乃武将，不理民事，最好你能告到刘墉那里，方能雪你之冤。但你须先问他名姓，果是刘墉，才可递状。"二女子记之。一日果遇刘墉，二女子拦舆控诉，刘墉索阅状子，二女子云，须问老爷高姓大名，始呈递状子。刘墉唱云："你老爷行不更名，坐不改姓。你老爷是清官，我叫刘墉。我保过康熙和雍正，又保过二主爷名叫赵乾隆。"此戏词可堪捧腹,但未可厚非。说明河南戏经过金元异族之统治,而保存民族气节,犹奉赵宋正朔,所谓"二主爷",乃赵匡义也。即昆曲戏中有破不喇、也么哥等元语,而音韵仍用中州韵,对中国民族文化不能移,不惟不能亡中国,而反为中国所同化。大矣哉!

一〇九

难把东西论后先,闻香一队满秦川。洛阳因预同场会,我亦名登捧狗团。

豫东梆子陈素真,豫西梆子常香玉,为河南名旦角演员。陈出演于开封、洛阳,常出演于西安。河南人观戏者亦分两派,捧常者名"闻香队",捧陈者,因陈小名狗妞,名"捧狗团"。余在洛阳曾与陈同场演出《战太平》,名因列入"捧狗团"矣,且余亦豫东人也。

一一〇

就义从容气堂堂,唱念神情只一场。台下观时如不懂,定知腹内少文章。

抗日战争时,余曾至成都与画家张大千相晤,大千对予设宴款待,约川剧名丑角周企何作陪,并观其戏。各地方戏来京汇演,川剧中余以为《柴市节》一剧为最佳。此剧只一场,文天祥出场后,即坐法场桌内,唱念。至就义时,换衣冠念下,表演只在内心,主要是文天祥之身份、神情、气度。川剧演员贾某演出最好,周企何饰留梦炎,虽所饰是丑,但亦不失状元宰相之态度,受文天祥之嘲骂,能作惭愧心情。后余将此戏改为二黄,于小经厂实验剧场演出,余甚觉得意,但台下甚不满意,亦如不在庙堂弹而于闹市弹琴,自无知音者也。

一一一

湘江名剧祭头巾，外史儒林有继人。昏睡不闻雨打点，小楼但听猫叫春。

湘戏以《祭头巾》为第一佳戏，各地方之丑角戏应无能及者，演员邱吉彩演来是活脱一冬烘老举子，《儒林外史》中人物，因余与前清老翰林、进士、举人接触最多，故最能知之。余问邱何以能演到如此程度，彼云其曾从湖南一老举人研究数年，故稍能知其生活态度。后余将此剧改为四平调，加上自念在科场所作之八股及试帖诗，诗题为《赋得小楼一夜听春雨得春字》，诗云："一夜昏昏睡，无精又少神。不闻雨打点，但听猫叫春。"老举子自念其诗文后，怪老师有眼无珠而懊恼，余改编此剧，颇以自未能演出为憾。

一一二

跷工甩发并精奇，帽翅飘来更可师。北乱南昆无此艺，却教绝技出山西。

山西蒲州梆子跷工、甩发、耍纱帽翅称为绝技。乱弹《战宛城》一场，张绣与典韦打时，张绣应丢盔、甩发，即叔岩演时，亦不能为之。火牌军、削刀手操演后，张绣下场应耍纱帽翅，小楼、叔岩亦皆不能为之。独山西梆子能两翅同耍，或单耍左一翅，单耍右一翅，诚绝技也。

第二部　所观票友戏

一一三

八旗子弟气轩昂，歌唱从军号票房。大小金川争战地，不教征戍尽思乡。

非伶人演戏者称票友，其聚集排演处称票房。其始在乾隆征大、小金川时，戍军多满洲人，万里征戍，自当有思乡之心，乃命八旗子弟从军歌唱曲艺，以慰军心，每人发给执照，执照即称为票。后凡非伶人演戏者，不论昆乱曲艺，即沿称为票友矣。如清亲贵澂贝勒之子溥侊、恭王奕䜣之孙溥僡，皆善唱牌子曲，有由来矣。

一一四

龙套非惟站两房，领头走唱不寻常。差官侍卫排班立，伺候王爷好扮妆。

龙套并非易为者，尤以为首之龙套，走场、唱牌子皆由其领头，如《战樊城》、《长亭》、《申包胥》，一场至少须十二个龙套走场、唱牌子，此一出戏始能生色。传清某王爷专票龙套，在后台坐，差官侍卫排立伺候，有持烟袋者，有持茶水者，至将上场时，差官上前请安曰"请王爷上妆"，王爷遂穿上龙套衣帽，手持杆旗，演完一场，尽兴而归。亦趣事也。

一一五

亲贵当年旧郡王，贵妃醉酒似余庄。芦花荡并安天会，亡国今犹唱隔江。

清贝勒郡王衔军谘府大臣载涛,曾从余庄学《贵妃醉酒》,从钱金福学《芦花荡》,从张淇林学《安天会》。其府中有戏台,学某戏即传某人到府出演,故所会戏皆地道,清亡而其戏不废也。晚年与予同组京剧社,余曾观其演《芦花荡》一戏。

一一六

将军红豆问如何,昆乱兼全腹笥多。惨睹当推曹子建,搜山传自沈金戈。

清宗室镇国将军溥侗号红豆馆主,能戏,文武昆乱不挡,皆学自名老艺人。余曾观其《弹词》、《刀会》、《风筝误》之丑小姐,《群英会》之周瑜。与余同演《战宛城》,彼饰曹操,惟《惨睹》一剧则须让袁寒云。因寒云有家国身世之感,演来凄凉悲壮,合其身份。《搜山打车》,学自苏州沈金戈,但红豆演来更生动沉郁,饰建文为廖书筠女士,饰严震直为包丹庭。

一一七

揄扬风雅赖民谊,红豆当年为主持。只惜余三腔调少,提笼架鸟问琴师。

红豆后为国民党中央候补监察委员,褚民谊在南京设剧社,红豆共与主持。叔岩琴师李佩卿故后由谭鑫培之子谭二为调嗓,谭技殊不佳,谭老《桑园寄子》唱即其操琴,可以知之。后谭二亦故去,叔岩一时无调嗓者,为叔岩养鸟者某能拉一两下胡琴,技尚不及谭二,叔岩有时令其调嗓,跟着跑而已。彼在南京剧社自称为余叔岩之琴师,剧社之人颇敬之。时余任南京盐业银行经理,彼闻之,来谒云“在此混饭吃,请照顾”,余自当允之,后余亦未加入此剧社。

一一八

飘泊天涯剩琵琶,故京犹念帝王家。更看烽火连三月,风景江南正落花。

杜工部诗:"岐王宅里寻常见,崔九堂前几度闻。正是江南好风景,落花时节又逢君。"乃咏李龟年流落江南事,即弹词所演也。红豆以弹词最著名,去南京亦似龟年。后日人投降,褚民谊以汉奸罪判刑,红豆无人闻问,贫病以死,以王孙而结局尚不及李龟年,可惨也。

一一九

慷慨淋漓唱八阳,悲歌权当哭先皇。眼前多少忘恩事,说法惟应演刺汤。

项城逝世后,寒云与红豆馆主爨演昆曲,寒云演《惨睹》(一名《八阳》)一剧,饰建文帝维肖,悲壮苍凉,似作先皇之哭,后寒云又善演《审头刺汤》一剧,自饰汤勤,回看龙虎英雄,门下厮养,多少忘恩负义之事,不啻现身说法矣。

一二○

琵琶声歇郁轮袍,酒意诗情兴尚豪。门外雪花飞似掌,胭脂醉对快挥毫。

某岁冬,与寒云、红豆共演剧于开明戏院,寒云与王凤卿演《审头刺汤》,余及红豆演《战宛城》。余饰张绣,红豆饰曹操,九阵风饰婶娘,钱宝森、许德义饰典韦、许褚,夜已二时,戏尚未终,未至刺婶遂散场。寒云兴犹未尽,同至妓馆夜饮,天大雪,时求寒云书者多,妓为研墨伸纸,寒云左持盏而右挥毫,书毕已四时许,余始冒雪归。寒云及余各有《踏莎行》词纪此事。

一二一

乐也无涯生有涯，寿州孙老善诙谐。梨园丑角知多少？演出谁能也是斋。

寿州孙家鼐清状元宰相，先君乃其门生，其孙孙多禔履安，先君官长芦盐运使时，彼任使署监印官，入民国任淞江运副。彼曾从罗寿山学丑角戏，能《老黄请医》、《定计化缘》、《打樱桃》等剧。善于台上临时抓哏。记其与坤伶于慧莲演《打樱桃》，彼已六十余岁，题诗云："平儿生来可人怜，他的名字于慧莲。我想与他成婚配，还要倒退四十年。"又《也是斋》一剧为其拿手，后无人能演者矣。

一二二

听歌郑重岂寻常，一记胡琴一记腔。七十二沽诸后辈，无人不敬四爷王。

天津盐商王君直，专学谭鑫培。老谭每出演，彼与陈彦衡同往听，陈记胡琴工尺，王记腔调，在天津为谭派票友前辈，后辈票友称王四爷而不名，惟能唱而身段稍差，文戏尚可登台。某岁叔岩至天津出演，余亦去津，曾约其到余家，由李佩卿操琴，彼唱《空城计》、《洪羊洞》各一段，学谭确极地道。

一二三

三派齐称记析津，真传戏学老乡亲。只因嗓近云遮月，改唱铜锤味更醇。

天津雅韵国风票房，清末时甚盛，有谭、孙、刘三派，皆盐商，学孙者为陈子臣，孙菊仙即住其家，子臣之侄陈香雪，戏亦为孙所亲教，惟嗓音稍闷，余劝其改唱铜锤，颇有似裘桂仙处。余在福全馆演《空城计》，饰司马懿者，即香雪也。

一二四

的是外行胜内行，小生文武各擅长。同台曾更饰周母，训子谆谆气激昂。

论戏有外行中之内行、内行中之外行。外行中之内行实胜于内行中之外行也。包丹庭能文武小生，如《探庄》、《奇双会》皆其擅长之戏，并能靠背老生、《天雷报》之老旦。余演《别母乱箭》，彼饰周母，谆谆训子，能表现出节烈之气，此所谓外行胜内行者，因其内心有戏也。

一二五

小盖齐称不论年，叫天名号一时传。外行更有分京沪，牛叫天同马叫天。

因谭鑫培号叫天，后遂有小叫天、盖叫天之名。北京西河沿第一楼茶馆，每日有清唱，一马姓票友为主角，学谭，唱《空城计》将引子"两代贤臣"改念"两代贤君"，人称其为"马叫天"。上海票友许某，自称为谭派嫡传，按其年岁，不及听过谭，因"许"字旁"午"字如"牛"字，人遂以"牛叫天"呼之。

一二六

谁道莲花似六郎，昌宗不是是宗昌。人才驸马真堪比，卸甲丢盔作下场。

程霭如能老生戏，余每演出，必由其在开场陪演，皆以老票友称之。有时使其演大轴《双沙河》，饰人才驸马张天龙。张作霖为大元帅时，张宗昌任山东督军，彼姓名只与武则天时之张昌宗颠倒一字，彼最爱看《双沙河》一剧，尝语人曰，彼甚似张天龙其人，后与南军一战而溃,卸甲丢盔,果如其言。

一二七

度支管理列朝班,戎马仓皇挂印还。尚老亲传拿手戏,金钱豹与铁笼山。

朱有济作舟,张作霖为大元帅时,任财政部次长,奉军战败出关,彼卸任去天津从尚和玉学《金钱豹》、《铁笼山》两剧,屡演出。子能武旦,女能青衣,一家皆剧中人也。

一二八

敝帚岂为席上珍?开滦往事亦伤神。恋头破帽终难落,可是龙山会里人?

天津王庾生能老生戏,与王君直有老王、小王之称。余二十五六岁时,曾去开滦矿务局票房观其演《南阳关》、《打渔杀家》。后以牵误,不再从事戏曲。

一二九

不碍上班说骂曹,上司下属兴皆豪。进宫一剧须多演,牙笏持来作板槽。

李仲恩能老生戏,在印刷局任职员,局长某亦戏迷,上班时为说《骂曹》,一时豪兴俱至,竟忘公事。李好演《二进宫》,因此剧并无身段,手持牙笏,可以拍板。余演《蚍蜡庙》,必由其反串贺人杰,因其体胖,可使人捧腹也。

一三〇

始知范秀艺超群,刘派声腔莫更闻。什刹海边同彩唱,王平小像误花云。

天津票友刘子朴能刘鸿声老生戏,后与余常来往,始知叔岩之艺为绝佳,乃改唱余派。某岁夏白寿芝五十寿,约其来京,在什刹海会贤堂同彩唱,彼演《空城计》,余为饰王平,钱宝森饰马谡。演后余拍一小照,《上海画报》登之,谓为《战太平》之花云,不知为王平,因两扮像相同也。范秀为叔岩轩名,因老谭号英秀,故叔岩因以此名其轩。

一三一

骰子掏来似六爻,小生反串会双摇。嘴边黑痣无能掩,此是平生第一遭。

某次余演剧,大轴为反串《双摇会》,由罗福山饰大奶奶,王福山饰二奶奶,鲍吉祥饰公子,钱宝森饰书童,老票友程霭如、丑票陈挚甫饰两邻居。演后吉祥问余曰:"何以要我饰此角?"余曰:"君嘴边有一大黑痣,戴髯口可看不见,饰小生则掩盖不住矣。"鲍曰:"我生平演戏不戴髯口还是第一次也。"

一三二

琴手一人不易兼,演来趣剧寨珠帘。天鹅地鹕难同调,笑煞前台余叔岩。

某次余演戏,前场由生票张木斋、杨西铭演《珠帘寨》"解宝"一场,张饰李克用唱扒字调,杨饰程敬思左嗓唱工半调,观宝对唱,琴师不能拉两调,乃由两琴师操琴,一调极高,一调极低。时叔岩在前台观戏,笑不能止曰:"此真天鹅地鹕也。"

一三三

后面人推始出帘,眼前只见黑黢黢。一招一式都忘却,谁料歌台不向南。

　　某次余拟于一个月后演出,前场定演反串《空城计》,由钱宝森饰诸葛亮,四将皆票友,一个月前即排练,学起霸。陈香雪之子某,程度较差,以其饰马岱,因起霸后站场,派令即下,排练好后演出。陈不知四击头,何时出场,乃由人于后推之,但出场后,起霸,一招一式全行忘记,只有一直走到台前,将右手搭在左手念一诗句,随三将站立。演完后,人问曰:"排练一个月,都已纯熟,何以全忘?"陈曰:"在家是向南排练的,一出台眼前一片黑,戏台是否向南都不知道,所以全忘矣。"

一三四

　　羽扇纶巾两代贤,谭余以后演来难。怕看不像空城计,却像行军诸葛丹。

　　中孚银行孙某等在福全馆彩唱,内有《空城计》一出。余与鲍吉祥往观,饰武侯者唱尚能知板眼,身段亦稍能走步,余问鲍:"如何?"鲍曰:"我看不像《空城计》,乃诸葛行军丹创牌子也。"北京有制卖暑药诸葛行军丹者,用木纸做成诸葛亮站像,手持羽扇,八卦衣纶巾,以小四轮矮车推之而行。前面敲锣打鼓,有时还放爆竹,吸引行人以广招徕。吉祥此语可谓谑而虐矣。

一三五

　　水晶宫外雪迷离,前导一灯佩剑宜。玉带龙袍休更御,夜来岂是上朝时?

　　昆票叶仰曦为昆曲老生正宗,于《九宫大成》夙有研究,并善吹笛。某次余观其演《雪夜访普》,唱工字圆韵永,惟扮妆御蟒袍玉带,戴朝冠,前有龙套非是。按此剧为宋太祖出宫微行,应戴便冠,上加红风帽,内御黄帔,外加蓝褶子,更加红斗篷,佩剑,一太监持灯前导,以表示雪夜微行情景。盖为管租戏箱者,不知此戏乃皇帝微行,就租了皇帝上朝之衣冠,而演者亦无可如何,只有如此妆扮矣。

一三六

斜看雁阵列长空,绿减秋蘋莲脱红。小宴演来风雅甚,曲家前后两袁同。

余曾观袁寒云演《小宴》,其时寒云貌清癯,极风雅之至。后又观袁珏生之女敏轩演此剧,其出场唱时斜看雁阵,前看秋蘋红莲,亦风度飘逸。

一三七

京票群称此老人,丰神和蔼亦堪亲。同台曾演空城计,谭派今余顾赞臣。

北平谭派票友无多,顾赞臣其一也。人甚和蔼,于小经厂剧场曾由其演《空城计》,余为饰王平。

一三八

外行腹笥亦非空,说戏荣山是正宗。十老安刘盗宗卷,陈平风度不龙钟。

刘曾复从王荣山学老生戏,荣山所能戏多旧派,曾复曾与余演《盗宗卷》,饰陈平,风度大方,演来极为称意。

一三九

昆乱原来是一家,词人更唱浣溪沙。不知畏虎初生犊,小女居然演扫花。

余曾写有《京剧来源探讨》一文,以昆乱为同时剧,三大徽班入京后,昆乱同演,能乱弹之演员,无不能昆曲,当时词人亦多能昆曲,谓谭鑫培皮黄为靡靡之音。余某次演昆曲,开场以小女传彩演《扫花》,如初生之犊不畏虎,亦能唱作自如。

一四〇

外行琴手孰成名? 苦忆当年陈彦衡。丛乐高张庞杜辈,洛阳难及郑先生。

琴师票友以陈彦衡为最。后余去洛阳,有郑君者,惜忘其名,能诗、能书、能操琴,彦衡外更无二人。余在洛阳演《战太平》,即其操琴。有时在其家,由其操琴。余唱《碰碑》,极相合。如丛鸿逵、乐朴孙、高某(同仁堂乐家之戚)、张鼎权、庞朗(在西安为余操琴者)、杜某(天津杜蓉之弟),皆为较优琴师票友,但无能及洛阳郑先生也。

第三部　个人所学及所演之戏

一四一

归来已是晓钟敲，似负香衾事早朝。文武乱昆皆不挡，未传犹有太平桥。

余三十一岁从余叔岩学戏，每日晚饭后去其家。叔岩饭后吸烟过瘾，宾客满座，十二时后始说戏，常至深夜三时始归家。次晨九时，钱宝森来打把子，如此者十年，叔岩戏文武昆乱传余者独多。记有《奇冤报》《战樊城》《长亭》《定军山》《阳平关》《托兆碰碑》《空城计》《群英会》《战宛城》《黄金台》《武家坡》《汾河湾》《二进宫》《洪羊洞》《卖马当锏》《断臂说书》《捉放宿店》《战太平》《凤鸣关》《天水关》《南阳关》《御碑亭》《桑园寄子》《游龙戏凤》《审头刺汤》《审潘洪》《朱痕记》《鱼肠剑》《法场换子》《上天台》《天雷报》《连营寨》《珠帘寨》《摘缨会》《盗宗卷》《伐东吴》《四郎探母》《青石山》《失印救火》《打渔杀家》《打棍出箱》，《蚅蜡庙》之褚彪、《回荆州》之鲁肃、《失街亭》之王平、《别母乱箭》《弹词》等。其他未排身段、零段之唱不计。犹有《太平桥》一剧，为叔岩向谭老所学者未传，叔岩曰："过桥一场，一足登椅，一足登桌，敌将一枪刺前胸，须两手持枪硬僵尸摔下。饰敌将者、检场者皆须在行，否则易出危险。"故彼不主张余演此戏，是以不传也。

一四二

先矮后高调最宜，二黄唱罢唱西皮。马鞍山与叹兄弟，外面人听问是谁？

叔岩调嗓先自六字调起，逐渐至工字调，后再回至六字调，调两段。必先调二黄后调西皮，而头一段必唱《马鞍山》一段"老眼昏花路难行"原板，或《桑园寄子》一段"叹兄弟"，一向如此，已成定例。夏日院内置藤椅竹床，客坐于外，余与叔岩在室内调嗓，彼唱《桑园寄子》，余则唱《马鞍山》；彼唱《马鞍山》，余则唱《桑园寄子》。外面客不能分为谁唱，必至室内问询，始知也。

一四三

乌盆计事亦荒唐，包案犹传刘世昌。两地各多绸缎业，苏州城是是南阳？

余从叔岩学戏，第一出为《奇冤报》。某次叔岩应天津剧院约演出，余同去津。由叔岩家至车站，在车内一路说《奇冤报》反调。叔岩在津演出《奇冤报》、《空城计》、《战太平》三剧，又同回京，即排练身段，穿上厚底靴，走台步，滚桌子，排完后，即在饭庄演唱。按《乌盆计》一剧，已见元曲，谭鑫培唱词为"家住在南阳城关外，离城十里太平街"。孙菊仙唱词为"家住在苏州城阊门以外，贩卖绸缎颇有家财"。而南阳、苏州皆出绸缎，究以何地为是？余曾到南阳，游城西卧龙岗，城西十里处，竟有刘世昌坟，是否亦如西安城南之武家坡，以讹传讹耶？须再查元曲及《包公案》。总之，事出荒唐，即元曲、《包公案》亦不足为凭。

一四四

演来凛凛有威风，甩发扔枪见武工。看到后场精彩甚，抱鞭夹铜更开弓。

《战樊城》一剧精彩短炼，为叔岩之拿手戏。余从叔岩学戏，为第二出。此戏一出场即表现出兄弟二人风度各有不同。兄为忠厚长者;弟则英俊机警,威风凛凛,使下书人见而生畏。与武成黑对打时,打小快枪要下场,右手推枪扔出,左手接枪,甩发,举右手而下。后场扫武成黑,扒虎,右手抱马鞭,右腿夹铜,开弓射死武成黑,精彩之至。时叔岩出演于开明戏院,每星期六、星期日各演一次。有人烦其演他戏,叔岩不应。第一日演《战樊城》,第二日演《奇冤报》,专为余看,甚可感也。

<h2 style="text-align:center">一四五</h2>

悲惨神情见七郎,唱来反调更凄凉。雕弓难打南来雁,精彩刀花要下场。

《托兆碰碑》为凄凉悲壮之剧。叔岩云:"梦见七郎时,面目须表现出悲惨之状,唱反二黄亦须与凄凉情景相结合,刀花下场既美观,还显出衰老之态……"叔岩为余说此戏,甚为详尽。

<h2 style="text-align:center">一四六</h2>

战后城关尚驻兵,赶来又是误行程。下车直到开明院,玉兔金乌第一声。

某岁张作霖与冯玉祥军战,冯军撤南口,张军入京,城关车站皆驻兵,时叔岩在开明戏院演《托兆碰碑》,余自天津来京观戏。津至京车为下午四时余,因军事误车,至八时始开行,至东便门已十时,车站已驻兵不得入。忽见河南岸来一车,乃余之司机见车站不能入而径来此接者,即过河上车直去开明戏院。始入座,正唱"金乌坠,玉兔升,黄昏时候"第一句倒板,亦巧矣。

<h2 style="text-align:center">一四七</h2>

应是何时摘帽时,全凭领会自家知。剧中结构能寻眼,

到此无须更问师。

叔岩云彼曾问谭老"《天雷报》应在何时摘掉帽子"，谭老云："你要想死，摘帽子也能死，不摘帽子也能死。"碰了一个钉子。后来才明白凡戏都有"结构眼"。例如《碰碑》卸甲要解一钮扣，在何时解，就是"那旁还有一行小字，待我看来"，用靠肚搏土，尘土眯眼，即在此时解扣。此时眯眼动作，就是结构眼。《天雷报》则是看到姥姥死了，还拿着二百钱，左手把钱接过，右手摘帽扔出，起翻，走左前场。接钱就是结构眼，知道结构眼与起翻，则无须更问师矣。

一四八

先在家中调几回，行腔上下句安排。全厅坐满都无地，不觉天台是舞台。

张作霖为大元帅时，杨毓珣时任陆军次长，其母寿，在金鱼胡同那家花园设宴演剧宴客。倩叔岩演《上天台》，叔岩不常演此戏，由李佩卿先到家调唱。余即于戏单上写戏词。余问叔岩如何唱法，叔岩曰："就是一个上句，一个下句，安排一下好了。"后来了解音韵，知五声之念法，与三级韵之运用，就是这样，自能结合剧情，安排唱腔，同身段一样，知道结构眼、起翻、内外工、子午相，也自能安排身段。是日余同叔岩去那家花园，全厅已无隙地。叔岩演戏，余坐于台上地毯上，听了一出《上天台》。记得倪嗣冲寿日，其家堂会，叔岩与荀慧生演《打渔杀家》，台原搭在院外，忽天雨，乃移客厅内地毡上演出。余坐地毡前左方，至"天气炎热将船摇在芦苇之中，凉爽凉爽"时，萧恩亦坐前左方。余与叔岩在一起互相谈话。今日回忆，皆为趣事，都如一梦矣。

一四九

演来须重内心情，身份由来有定评。能耍骨头能变脸，书生难比宋公明。

余请叔岩为说《坐楼杀惜》，叔岩曰："每一个演员不能每一出戏都能演好，因为其人身份与剧中人之身份大有不同。其内心即表演不出，做工神情即差。宋江是一个坏人，是县衙门书吏身份，'坐楼'全是要骨头，'杀惜'突然变脸，凶恶情状毕露。你是一个好人，是儒雅潇洒书生身份。如你演《空城计》《问樵闹府》《盗宗卷》《御碑亭》《游龙戏凤》《断臂说书》《审头》等戏一定好，因为你本身就是戏。饰宋江不会要骨头，没有其凶恶本质，表演不出其内心，演的不会出色，所以不主张演此。"叔岩所说至为有理，是以能成大家也。

一五〇

改姓易名困大辽，纵然插翅也难逃。宋营灯火刀枪满，带剑谁能起吊毛？

《四郎探母》"坐宫"后一场换妆带剑，再一场至雁门关亦带，至宋营一场则剑交于小番，分明是告知台下，此场要翻吊毛，所以不能带剑，是一缺露。余与叔岩研究，应带剑起吊毛，余并作好一个身段，起唱、走场、吊毛，都在板中。叔岩以为甚好，并云老辈是带剑，自谭老起已不带剑。但余与叔岩，后皆未演此戏。

一五一

是真是假两无疑，台上如疯台下痴。台上演来头与尾，不教台下事先知。

演戏本以假写真，但演者、观者皆不必问是真是假。演者如疯子，以假作真者演；观者如傻子，以假作真者观。台上演第一场，不能使台下知第二场为何，始多兴趣。演员与非演员观剧不同，演员观技术，非演员观情节，即"内行看门道，外行看热闹"之谓。场上更不能预示知所演为何事,即余与叔岩研究《四郎探母》"宋营"一场,不带剑预示为翻吊毛是。某岁有河南京剧团来京演出,有《断臂说书》一剧,趋时用布景,"断臂"一场设两桌,桌后设一屏风,上挂一宝剑,此即预示此一场为"断臂",一桌为看书用,一桌及剑为断臂用,可谓拙笨之极。不知戏剧为艺术,写实应虚写也。

一五二

老态龙钟自有威,连营四面火成围。演来跌扑多身段,怕损白龙一箭衣。

叔岩为余说《连营寨》唱念皆与一般不同,扑火身段特佳。按应穿白绣金龙箭衣,以扑火易损,演员多不制,仍穿白素箭。惟余特制白龙箭衣一袭,因此剧亦为余拿手戏之一。

一五三

贵贱无分父子亲,从中摆布实传神。擅场喜剧胭脂褶,江汉余家有二人。

《失印救火》为一喜剧,极滑稽风采之致。叔岩为余说此戏,其中绝妙之身段甚多,而唱只有四句摇板:"昔日曹操下江南,孔明借风半壁天。黄公覆他把苦肉计献,再学个庞统献连环。"四句须连唱下去,如在"苦肉计献"句唱断,一起锣鼓,下面之好身段,即难表现出来,余与王福山在上海演出一次,叔岩及汉剧余洪元演此剧,余曾观之,并皆佳绝。

一五四

天子风流事尚闻,梅余演出更超群。居庸关外曾凭吊,一片荒凉玉姐坟。

《游龙戏凤》曾经叔岩与畹华重排,为其合作戏之一,虽为一短剧,而轰动一时。叔岩为余说此戏,余亦喜演之。余曾至居庸关外凤姐葬处,土人称凤姐为玉姐,其坟名玉姐坟。

一五五

寿母莱衣有雪暄,游龙戏凤急须看。夜深犹是人无倦,台上如何尚未完?

安徽省政府主席陈雪暄为其母寿,在上海寓中演戏宴客,约余演《游龙戏凤》,时已深夜,坐客皆待观余演出。台上某演员正在演一剧,陈大声曰:"怎么还不完哪?"台上乃马前演完。

一五六

玉姐坟前吊夕阳,游龙戏凤已终场。留音不共留香住,一别于今梦渺茫。

荀慧生曾与余约合灌《游龙戏凤》唱片,时局忽有惊变事,未果行。后慧生病逝,且未晤面也。

一五七

法驾来临青石山,云端慧眼看人间。左肩背带纯阳剑,右鬓斜簪白牡丹。

叔岩与小楼在开明戏院合演时,元旦后开箱戏,第一日叔岩必演《定军山》。第二日叔岩于前演一短戏,大轴与小楼演《青石山》,叔岩饰吕仙。此戏之唱,只二黄倒板后一段原板,写符时一段原板。惟扮像极美,绰有仙风之致。穿黄帔,戴道冠,持拂尘,背宝剑,剑柄向左,右鬓插一牡丹花。余亦喜演此戏。春节时,厂肆有卖唐花者,内有牡丹,余即买一盆,演此戏时,摘而簪之,台下观时鲜艳夺目。某日余去谭小培家,正值其吊嗓,余唱《青石山》一段,小培对富英曰:"此是我家戏词,快抄下来!"因知小培不会此戏。

一五八

遮月嗓音近似余,登场初似出茅庐。一时座客皆喷饭,腹内原藏万卷书。

余嗓音亦为云遮月,故唱颇能近于叔岩。叔岩为余说《断臂说书》,余即于袁绍明兄寿日演出。至"说书"一场,王佐见陆文龙白:"这些日,蒙那些平章们,不是请我吃酒啊,就是要我说评书,所以少来殿下这里请安哪。"陆文龙白:"啊呀!你还会说书呀?"王佐拍自腹白:"诺,一肚子的书呀!"余演至此,座客哄堂大笑,盖笑余原有一肚子书也。

一五九

老夫越老越精神,让我黄忠战几春。难得点头夸一语,工夫原是不亏人。

叔岩为余说《阳平关》,"趟马"、"请令"数场,与徐晃对打几场,则与钱宝森排练。此剧余屡演之。国剧学会成立,演戏招待来宾,余演《阳平关》,由姜妙香饰赵云,钱金福在台下观,点头曰:"工夫不亏人。"能使钱老相许,实为难得。

一六〇

蚰蜡庙前捉巨奸,亲承圣命下淮安。于今只剩黄天霸,褚老英雄早化烟。

国剧学会成立演剧,大轴为反串《蚰蜡庙》。梅兰芳饰褚彪,余饰黄天霸,朱桂芳饰费得功,程继先饰朱光祖,徐兰沅饰关泰,钱宝森饰张桂兰,王蕙芳饰费兴,姚玉芙饰院子,朱作舟饰小姐,白寿芝饰金大力,陈鹤荪饰施公,李仲恩饰贺人杰,程霭如饰老妈,陈香雪饰老道,姜妙香饰王栋,王泊生饰王梁。演前畹华练习甩髯口数次,此为其演戏戴髯口之第一次。叔岩是日因病未参加演出。今畹华逝世已十三年,只余黄天霸尚在矣。

一六一

　　小异大同有后先,花云乱箭此中传。宝森能继钱家法,合缝严丝打一鞭。

　　叔岩为余比试《宁武关》"别母"一场,身段异常繁重,余以为此生难会此戏,后竟会,而且为余之拿手戏。《战太平》"乱箭"一场即系根据《宁武关》"乱箭"身段。按京昆《宁武关》有三派:一为钱金福派;一为杨小楼派,传自张淇林;一为余叔岩派,传自姚增禄。身段皆大同小异。"别母"场"习什么剑和枪",钱老谓一锣打在"枪"字后初眼上,叔岩则谓应打在"枪"字板上,皆有理。打在初眼,盖为起后面"登"字身段;打在板上,是当然节奏。余演出则一锣仍打在板上,在初眼加一钹,为"仓扎",乃解决两人之争执。余某次演《宁武关》,钱宝森饰一只虎,梅畹华、姚玉芙在台下观,演至"乱箭"各起一蹦子,打一只虎一鞭,玉芙拍掌对畹华曰:"真严丝合缝也。"余曾观苏昆及高阳昆演此剧,苏昆稍可,高阳昆较差,皆不能望京昆之项背。

一六二

　　人人皆演戏非殊,合作余梅庆顶珠。一式一招皆有谱,排来匝月费工夫。

　　《打渔杀家》一剧为一普通老生戏,凡老生皆能演之。此剧与《游龙戏凤》经叔岩与畹华重排,身段、念白、神情,大与一般不同,成为两人合作极精彩之戏。余之戏靠背戏已演出不少场,与叔岩学此戏,叔岩曰："此戏并不易演，不能同一般演者，一招一式皆须有准谱，必须下工夫排练。"乃于每日下午四时去叔岩家，自出场走步起，船桨渔网摇法撒法，上下船一招一式，内心神情，仔细排练，每日不断。如文戏，不过说三四次，靠背戏不过说七八次，即上场演出。此戏则排练一个月始完。余出演于会贤堂，由陆素娟饰桂英，叔岩在台下观。演完后，叔岩曰："成功矣！"此戏遂为余极有根柢之拿手戏。他演员演此剧者，皆不足观矣。

一六三

梁山招后暂求安，父女谋生事亦艰。花旦桂英终不似，只因表演内心难。

余于上海演出《打渔杀家》，以芙蓉草饰桂英。演完后，台下评论谓桂英配不上，盖芙蓉草为花旦，对此戏桂英身份和内心表达不出。按此戏原委是在梁山招安后，阮小二隐于渔民，地传在武昌珞珈山，有一小河通大江，打鱼在江下，居住在河下，故戏词每有江下、河下之分。此戏情节，前场为女爱其父，见父打渔劳累，劝父放弃打渔生活。父则以女与花荣之子花逢春订婚，为完成女之婚事，百般忍耐。后场则为父爱其女，知丁府意必抢劫桂英，隐忍亦不可免，乃突变决绝，必去杀家，自作牺牲，放女逃往花家。女则又劝父忍耐，见父必去，乃亦同去。里面女爱父、父爱女，夹杂矛盾，故内心表演不出，则全剧即无精神，故不能以此戏为一普通戏视之也。

一六四

门生虽小亦堪夸，祝寿称觞演杀家。对唱一场精彩甚，真如锦上更添花。

清直隶总督陈夔龙为先君之师，余其小门生也。居上海，值其八十岁寿日，称觞演戏，是日演出者，记有畹华及红豆馆主。余第一日演《问樵闹府　打棍出箱》。第二日与尚小云演《打渔杀家》，小云大为卖力，内行谓之曰"啃"，是日对啃，演来极为精彩，台下甚为满意。后有人云"尚小云未啃倒张某人"，一时传为话柄。

一六五

身段虽多却是儒，精神错乱问樵夫。一场前后分来学，百衲犹如宋版书。

《问樵闹府　打棍出箱》一剧，身段甚多，既要俐落，又不能过火，必须表现出书生身份。"问樵"一场，精神错乱，有时又清楚。余学此戏，不是从头至尾排练，叔岩有时为说"问樵"一场，有时为说"出箱"一场，有时为说"闹府"一场，有时再回说"问樵"。每场皆学会后，再穿连一起。犹如珍贵的百衲宋版书一样。余演出后，再由叔岩改正；叔岩演出，余再学，此戏遂告成功。

一六六

羽扇纶巾饰卧龙，帐前四将镇威风。惊人一曲空城计，直到高天尺五峰。

余四十岁生日，叔岩倡议演剧为欢，值河南去岁发生旱灾，乃以演戏募捐赈灾，出演于福全馆。开场为郭春山《回营打围》，次为程继先《临江会》，因畹华在泸，改由魏莲芳演《起解》，次为王凤卿《鱼肠剑》，次为杨小楼、钱宝森《英雄会》，次为于连泉、王福山《丑荣归》，大轴为《空城计》。余饰武侯，王凤卿饰赵云，程继先饰马岱，余叔岩饰王平，杨小楼饰马谡，陈香雪饰司马懿，钱宝森饰张郃，极一时之盛。后遍载各戏剧画报，此为乱弹到北京后称为京剧之分水岭。本年夏，即发生卢沟桥事变，叔岩病重，小楼病逝，继先、凤卿亦先后去世，所谓京剧至此下了一坡又一坡矣。

一六七

城门失火事眉燃,吕布还添虎翼全。议剑司徒思报国,此时孟德尚非奸。

叔岩夙患溺血病,自与余合演《空城计》后,病加剧。卢沟桥事变后,经德国医院割治。病为膀胱癌,一年后癌扩散,又由协和医院割治,于小腹通一皮管作溺。是年余四十五岁,将于重阳后离北京去西安,行前一日晚,往视叔岩,已知叔岩病不能愈,此为生离死别之最后一面。叔岩卧于东室,余只作寻常语,不言余离京事,恐说出彼此难免一哭,但余泪不觉自下,乃赴外室拭之。相对两时余离去,十余年之交情,遂至此结束。次年二月在西安陇海铁路局观戏,遇上海《戏剧月刊》主编张君云明日即回上海,余乃托其带致陈鹤孙兄一信,内为挽叔岩联,联云:"谱羽衣霓裳,昔日悲歌传李峤;怀高山流水,只今顾曲剩周郎。"旋接鹤孙回信,叔岩已于三月某日故去,挽联送至灵前矣。

一六八

明朝行色正仓皇,十老安刘演一场。虽是同台还不识,回头已换几沧桑。

余自西安去重庆,值抗战期间,行旅困难,客多车少,至成都自宝鸡上汽车,有候两三星期者,余以有人照料,候三日即成行。至四川广元为一站,须止宿换车,此处觅车尤难,上车与行李夹杂一起,不好坐卧,与司机并坐则特客也。四川多有爱戏剧者,此地亦有票房,旅馆经理即票友,知余名,殷勤招待。余亦往拜票房,两日即有车,且与司机并座。至成都晤画家张大千,彼盛馔宴余,由川剧名丑角周企何相陪,并观其演戏。游武侯祠,正殿供武侯像,东庑内为自庞士元以下文臣像,西庑为赵子龙以下武臣像,后殿为先主、关、张像。余有词记之,词云:"丞相祠前,锦官城外,下车拜问前程。尚森森翠柏,映草色青青。似当年、纶巾羽扇，指挥若定，谁解谈兵。看江流石在，寒滩犹咽孤城。　　吕伊伯仲，贯精诚、神鬼堪惊。系一发千钧，三分两代，生死交情。忍诵杜陵诗句，还空听、隔叶鹂声。正中原荆棘，沾襟来吊先生。"调寄《扬州慢》，和姜白石韵。对武侯像，回忆余演《空城计》，感慨系之。成都至重庆，日有客车，不似陕蜀道之难。余居重庆十余日，回西安前夜，值张伯苓六十寿日，约我必为演戏，乃仓促间为演《盗宗卷》一场，配饰陈平者亦不知为何人。后于役长春，遇吉林省京剧团长丁鸣岐，彼云昔在重庆，曾饰陈平，陪余演《盗宗卷》。昔同台不相识，而于三十年后相见于异乡，沧桑已几换矣。

一六九

　　流人此地有周郎，觞咏何知在异乡？青海一游归路远，赶回黑夜尚登场。

　　余居西安，西北公路局长何竞武约余夫妇游兰州，钱宝森、王福山、迟景荣、乐元可随去。兰州外地人居此者皆好戏剧，西北公路局、西北盐务局、兰州市政府皆有票房组织，并各有剧场。余居西北公路局，于西北大厦演出八场戏，有《问樵闹府　打棍出箱》、《打渔杀家》、《战太平》、《汾河湾》、《定军山》、《阳平关》、《审头刺汤》、《战宛城》。于西北盐务局演出《托兆碰碑》、《游龙戏凤》。于西北公路局演出《天雷报》。时近腊冬，兰州市政府预定各票房演出"窝窝头会"，余定演《别母乱箭》，大轴反串《蚆蜡庙》，余反串朱光祖。乃于此时，余夫妇及乐元可去青海一游，再回兰州演戏，余居青海三日，游塔儿寺。回兰州，行至乐都车坏，青海公路局再派车来，在乐都停二日。至兰州，天已昏黑，"窝窝头"戏即是日演出，稍食即赴剧场，如时出演。后在西安晤何竞武，余戏曰："尊局一车已坏，几误我演出。余愿买之，免再害他人。"何曰："君如买我局之车，须要全买，所有我局之车皆坏车也。"相与一笑。

一七〇

宫墙偷笛只空吹，旧曲无闻白纻辞。惊梦至今真一梦，名园忆共上场时。

文艺百花齐放时期，提倡昆曲，南昆、北昆各成立剧团剧院。余与北昆演出于清华园，侯永奎演《夜奔》，余演《别母乱箭》，韩世昌、白云生演《游园惊梦》，回首忽已十年。白云生病逝，余挽以联云："玉笛空吹，旧曲不堪歌白纻；霓裳同咏，名园犹忆舞红氍。"

一七一

凝碧池头梦短长，众仙无复咏霓裳。曲终罢鼓湘灵瑟，音乐堂中能几场？

四大徽班入京后，汪桂芬、谭鑫培、孙菊仙为一鼎盛时期；杨小楼、余叔岩、梅兰芳为又一鼎盛时期。自此以后，一落千丈，已成曲终人渺之势。余曾于音乐堂组织演出数场，有余之《盗宗卷》，于连泉之《一匹布》，孙毓堃、侯喜瑞、王福山之《连环套》，李桂春之《独木关》，侯喜瑞、王福山之《五人义》等戏。此盖为回光返照也。

一七二

一朝天子一朝臣，舞榭歌台梦已陈。啼笑皆非马思远，中州断送老词人。

旧历史一朝天子则有一朝之臣，一艺之兴衰亦如是也。非天不变而道亦不变者。《马思远》为清代戏，余以支持于连泉演出，而受牵误。世换景迁，不应再谈戏曲矣。

结　语

一七三

汉祚存亡在一躬,空城计在注裴松。亦知此举为孤注,剑胆琴心示两童。

余曾见昆曲钞本,除工尺外,并注身段。按《空城计》,《三国志》不载,但裴松之有注记之,乃实有其事也。余写有《〈空城计〉研究》一书,说明当时之局势、地理及各人之身份、性格,注唱法之工尺,各人之身段,失街亭时马谡、王平、张郃之打法、妆饰、脸谱、锣鼓等。此写法颇不易,须包括各角及鼓师、琴师共同合作,非一人之所能为。叔岩曾云:"武侯一出场,视线须看台毡,表示其一身担负汉祚兴亡重任,有沉郁之气。两童一抱琴,一抱剑,以示成则以琴退敌,败则以剑自决也。"

一七四

发音吐字有辙辕,中州韵后续中原。琴焚鹤煮悲何似,不废江河望继源。

昆曲乱弹唱念皆重《中州韵》以为辙辕,《中州韵》为宋人编订,元代续有《中原音韵》,迄今研究音韵者渐少。余曾与叔岩写有《乱弹音韵》一书,载于国剧学会出版之《戏剧丛刊》。叔岩逝世二十周年,余更事增补订正,易名《京剧音韵》,以纪念叔岩;并愿后继前源,以使江河不废也。

一七五

赐福演来有两班，财神跳罢跳灵官。扫台童子双双上，此式开场难再看。

旧戏开场，先打男加官及女加官，再跳财神。财神为金脸，手托金元宝，穿绿蟒，亮四门斗后下，再跳魁星，下后再跳灵官。灵官为四位，持鞭上，各挂爆竹一串，点着后，走圆场亮相下。上两童子以帚扫去鞭炮，然后演开场戏，大赐福。此式于国剧学会演剧曾为之，后难再见矣。

一七六

华筵寿酒醉金花，夜已深深静不哗。待到出场龙虎斗，纷纷座客尽归家。

旧时堂会戏多为庆祝寿日，自午饭后即开演，直至深夜三时后始终场。终场时例演唢呐腔《龙虎斗》，名送客戏。此戏一上，座客即纷纷归家，戏未演完，而前台全空矣。

一七七

世间万事换新陈，过眼休论幻与真。一艺有生生有灭，后来须问后来人。

世间万事，新陈互换，真幻休论，一艺亦有生有灭。元时不见参军戏，今亦不见元曲。今之后或亦不见昆曲、乱弹。后之戏曲为何，须问后来之人。余多饶舌矣。

补　遗

一

　　梁山往事已尘埃，父女江河事隐埋。身段都从生活出，余梅合作更重排。

　　《打渔杀家》一剧，情节极好，但一般演员认为系一普通小戏，人人能演，演出毫无精彩之处。后经叔岩、畹华重排，费一个月工夫，身段神情，与一般大不相同，成为两人合作极精彩之戏。出场桂英唱倒板后，萧恩快步过打鼓处，前小蹉步，亮相。桂英出场，在帘前，即是船身距离。以后走圆场，一切船上动作，皆依此距离。桂英唱快板。一般老生甩须，独叔岩不是甩须，而是须自然飘摆，表示因摇桨及江风所吹，而左右飘动，此一动作要比甩须难，而且好看。萧恩唱至"父把网撒"，托须、扔须，两手送船桨，解绳，将船帆托下，一般演员无此身段。后看水转身，取鱼网，将网藏于身后，恐惊鱼也。再看水，然后撒网，从右至左，撒一大圆形，渔人撒网，即是这样(余曾观谭富英和他演员，演此戏撒网，把网向前面水中一扔，不惟网未撒开，把鱼也吓跑了)。撒网后，沉静一下，再看水，似觉网有动静，鱼已入网，然后拉网，一把两把三把，前栽后仰，桂英即搀扶。两人将网抬至船后转身，萧恩自捶腰。桂英即说："爹爹年迈，河下生意不做也罢。"以捶腰引起桂英之话，极为细致。在系缆后，跳上船，一般演员是身子上下蹲，叔岩则左右摇晃，因船在水中有重物上去，只能飘摇，不能升沉。送李俊、倪荣去后，桂英问"二位叔父他是何人？"萧恩云："儿问的就是他，儿呀！"此处一般演员身段，是萧恩与桂英对磕手，换上下场，好像父女打架，极无道理，叔岩、畹华则是萧恩小云手，垫步，指，"儿呀"，甩须挎通袖山门归下场，桂英山门退步归上场，既没有像打架的身段，而又美观。第二场一般演员皆穿上斗衣，独叔岩是披斗衣出场，两手打呵呻，为一般演员所无，因两手打呵呻，所披斗衣要往下落，但须掌握使其落右肩下，打呵呻后，将右臂一抖，仍然披好，即唱"昨夜晚吃酒醉"一句。此后每句皆有身段，至"桂英儿取茶来为父解渴"，正好坐下。"杀家"一场，萧恩要去杀家，桂英拦阻，至"桂英也要前去"，自出门一路对白极为重要，全为表达内心，即为两演员"对唷"之处。叔岩与教师对打为大锁喉或打批竿子。以上仅将身段重要处予以笔述，其他不及备举。此戏叔岩只传余，余则无人可传，俗云"有师传而无徒弟"，一艺之传亦不易也。

二

　　一椎博浪刺强秦，报国投刘愿失身。更有自宫酬素志，赵高首是汉功臣。

　　张子房博浪沙椎刺秦始皇，误中副车，大索不获，子房实匿赵高家。赵高乃赵国后，为赵报仇，自宫事秦，与子房投刘邦，为韩报仇，同一心志。赵高执秦政，指鹿为马，尽坏秦之法治，秦遂以亡。此说见平步青《霞外攟屑》及金湜生著《粟香随笔》、缪荃孙《云自在龛随笔》。按阉寺，京剧中王振、刘瑾，昆曲中之魏忠贤皆无髯口，独《宇宙锋》赵高则带髯口，一因其有女，说明其为自宫者；二为其为赵国报仇而褒之，当时排剧者亦有所本。此剧余曾观梅兰芳及汉剧陈伯华演出，皆精彩。陈在汉口艺名"小牡丹花"，冯玉祥之参谋长刘骥菊村亦汉口人，两人相爱。余三十八岁在南京司盐业银行事，菊村来南京，曾相晤，问余曰彼与一姝相爱，请教应如何始可，时余亦正与室人潘素相爱，对曰："你向我请教，我又向谁请教？"后吾两人皆如《老残游记》结语："愿天下有情人皆成了眷属，是前生注定事莫错过因缘。"芦沟桥事变后,陈重登歌场,迫于势与菊村离异,但不更嫁,菊村之生活,仍由其担负,义可风也。

三

英雄落魄困天堂,卖马堪怜泪两行。双锏耍来身段好,四门斗是异寻常。

《卖马当锏》一剧谭派老生皆能演之,身段唱念大同小异。卖马表现出英雄落魄神情,耍锏则换一面目。惟叔岩耍锏与一般演员不同,白口"献丑了"后,拉山门,左手锏交右手,归上场右后方;云手,分锏踢腿,穿手踢腿,耍锏花裹脑,归下场左前方;亮相,穿手踢腿耍锏花,云手,归上场右前方;亮相,穿手分锏踢腿,耍锏花,锏随腿蹦子转身,甩须,举双锏亮相;四门斗完以后,耍锏,与一般相同,但此四门斗已无传矣。

四

同登寿域共欢娱,白口入禅语自殊。台上抓哏台下笑,却教凤姐感糊涂。

某岁有西康活佛来京传法,值其寿辰,其弟子等为设宴演戏为祝,约余演《游龙戏凤》。饰凤姐者为坤伶,已忘其名。至凤姐唱:"月儿弯弯照天下,问声军爷你住哪家?"正德唱:"凤姐不必细盘查,天底下就是我的家。"凤姐白:"一个人不住在天底下,难道还住在天上边不成?"正德白:"为军的住处与人大不相同。"凤姐白:"你住在那里?"正德白:"为军的住在北京城,大圈圈之内,有个小圈圈,小圈圈之内,有个黄圈圈,那就是为军的住处。"余当时改白"那才是为军的坛城",台下大笑。按"坛城"为密宗语,乃佛之住处。至"要大姐打发打发",凤姐白:"原来是个要饭花子,待我……"正德白:"不是那样的打发。"凤姐白:"是怎样的打发?"正德白"偌大的丫头,连'打发'二字都不懂么?"余则改白"偌大的丫头,连'事业手印'都不懂么?"台下又大笑。按"事业手印"为密宗语双身法之谓。余以佛语于台上抓哏,台下皆佛弟子,知之大笑;而饰凤姐者则不知而感糊涂矣。记某岁梅兰芳、余叔岩于银行公会演出《游龙戏凤》,至正德问:"梅龙镇上就是这样的酒饭么?"凤姐白:"有三等。"正德白:"哪三等?"凤姐白:"上、中、下三等。"正德白:"那上等的何人所用?"凤姐白:"来往官员所用。"畹华则改白"银行家所用",一时哄堂大笑。亦是随时抓哏。

五

青石山中事捉妖,关周神将下天曹。斩狐更有纯阳剑,魔法终无道法高。

杨小楼、余叔岩同班于开明戏院演出,每岁开箱戏必演《青石山》。小楼饰关平,叔岩饰吕仙,钱金福饰周仓,王长林饰道士,九阵风饰九尾仙狐,此角色之搭配可称绝无仅有矣。王道士捉妖一场甚滑稽,长林、福山父子演此并擅长,因其信奉道教,与后门火神庙道士友善,故能描写道士之神情、动作。接一场上吕仙,扮相唱腔极动听。接关帝传旨,命关平、周仓下界降妖,关帝下,此一场关平、周仓身段很多,念白对舞,接刀、扔刀极美观。关平四击头下后,周仓蹉步下。再场关平与九尾玄狐对打,末场为吕仙给周仓纯阳剑,周仓斩狐。此一场独钱家父子能演,其他武净皆不会也。此剧一场接一场,紧张,使观众精神不能休息,余屡演此戏饰吕仙,其次并曾串演饰关平,钱宝森饰周仓。

六

祖孙三世论交亲,花甲初逢庆寿辰。一出樊城拿手戏,演来祝嘏避来宾。

寿州孙履安,其祖父清状元宰相孙家鼐,为先君座师,余与其为三世交。芦沟桥事变次年，余以事去上海，值其六十岁寿日，约余为演戏。时有友曾劝余，北京、上海皆已沦陷，在此国难期间，勿事演戏，而一方又以交情难辞，原定烦余次日晚演出《奇冤报》，但演后各小报必予登载，经考虑结果，乃于次日午前演《战樊城》，专为主人祝寿，但后仍有一小报登载，谓提前演出，不使来宾观看为怪事，余致函该报，道我苦衷了事。

七

游龙戏凤又登场，天子微行宝暗藏。流水无情花有意，抽薪釜底费周张。

某岁余去上海，中国实业银行总经理刘君及孙履安、仰农父子款余，共演戏为欢。刘君有外室陈女士，原为舞女，与余演《游龙戏凤》。演毕，刘君约去饭店晚餐，陈必与余同坐一车。次日又在其家盛馔宴余，席间对余极表爱慕之意。两日后余回北京，旋接陈来信，云彼即拟来京学戏，托余介绍教师。余已知其意，来即归余。乃函仰农告知此事，托其为釜底抽薪之计。数日接仰农回信，谓已办妥，陈与刘君离异，回芜湖原籍。陈后又回沪，仍业舞女，颇著艳名。

八

本章十道始知情，挂带宫门计不成。若唱李渊王帽戏，也能更饰褚先生。

《宫门带》李渊、褚遂良，叔岩皆能演，但余未看过叔岩演此戏。只看过刘景然演此戏饰褚遂良，《三击掌》、《九更天》、《战蒲关》饰刘忠皆其拿手戏，其唱法别具一种腔调，人以"叫街刘"称之。按《宫门带》，一般演员皆以褚遂良为正角，李渊为配角。叔岩演出李渊，则为王帽，唱工老生，等于《上天台》之光武。兹录其唱辞如下："(正板)劝皇儿休得要珠泪滚滚，孤王的心中明如灯，将二妃打至在冷宫院，他自羞自惭自丧残生。无德的君迈虎步忙下龙庭,用手儿搀起了褚先生,满朝中文武臣各有议论,怎比得先生你赤胆忠心!为皇儿在朝房与群臣议论,为皇儿全不顾性命残生,为皇儿装尽了疯魔病症,为皇儿哪顾得全家满门,为皇儿你把君臣大礼全然不问,为皇儿衣冠不整来见当今,为皇儿连奏过十道保本,为皇儿你把那夏桀、商纣历代的昏君比与孤听。孤封卿吏部大堂代管都察院,太子太保陪伴寡人,再赐卿上方剑如山压定,压定文臣武将大小官员,不遵国法先斩后奏一本一本奏与寡人。你是开国老臣。(原板)好一个孝道世民子,赤胆忠心褚先生!孤的皇儿残生命亏你救应,明日里命皇儿拜为师生,内侍臣与孤王筵宴摆定,孤与皇儿的先生来压惊。左手带定世民子,右手带定了褚先生。孤的皇儿李世民,孤的先生褚爱卿。你本是皇儿的恩人,孤的爱卿,劝皇儿休流泪免悲声放大了胆,一步一步随定寡人。"

九

蒸豚碗酒醉昏昏,倒拔垂杨气欲吞。罗汉神形如塑像,湘昆曾看演山门。

湘剧有昆戏、弹戏、花鼓戏三种,昆戏余曾观其《刀会》、《出塞》,武净谭宝成演《醉打山门》,以单腿独立,摆出十八罗汉神形,此为其特有工夫,至脸谱工架,则不如京昆钱家之庄严美观。

一〇

南北湘昆岂绝伦?只多勇猛少风神。钱家演出芦花荡,身段看来似美人。

《芦花荡》,南昆、北昆余皆未见其演过。某岁在长沙观湘剧,谭宝成演此戏,若与钱金福相比,则有天渊之别。其饰张桓侯说是梁山泊之李逵亦无不可,钱老演此戏主要表演桓侯之身份、形神、风度,故其身段虽多,而全从一个"美"字表出,越勇猛越不似张桓侯,此则各昆剧演此戏皆不能望京昆钱家之项背者也。载涛昔曾从钱老学此戏,余曾观其晚年演出,虽身段稍走样,但无过火处,不失桓侯身份、风度,乃是昔日学有根柢。余亦从钱老学过此戏,知之而已,未敢演出也。

一一

　　二进宫辞久少传,秋冬春夏数花妍。渔樵耕读名人事,书画琴棋更唱全。

　　《二进宫》为纯唱工戏,须生、铜锤、青衣各须互相争胜,只在唱上一高浪过去,又接一高浪,抓住台下听众。按须生"吓得臣"一段唱辞旧传有"渔樵耕读"、"四季花"、"琴棋书画",但后"琴棋书画"辞失传。叔岩之唱辞为:"吓得臣低头不敢望,战战兢兢启奏皇娘。臣昨晚修下了辞王表章,今日里进宫来辞别皇娘。臣要学姜子牙钓鱼渭上,臣要学钟子期采樵山岗,臣要学诸葛亮躬耕陇上,臣要学吕蒙正苦读寒窗。春来百花齐开放,夏至荷花满池塘,秋来菊花金钱样,冬至蜡梅带雪霜。望国太开恩将臣放,学一个清闲自在无是无非,说什么兵部侍郎,臣要告职还乡。"后叔岩拟将"琴棋书画"唱全,余为拟四句云:"弹一曲瑶琴流泉声响,看一局残棋烂柯山旁,写一篇法书晋唐以上,画一幅山水卧游徜徉。"阴阳平仄正与上唱法合,后叔岩未再演此戏,亦未灌片,颇为遗憾。

一二

　　两国交兵各逞强,摘缨爱将楚庄王。宫袍特有金龙箭,神武津门演一场。

　　《摘缨会》为叔岩之拿手戏,饰楚庄王之扮相、身段、唱法皆美,角色老生、武小生、旦角、丑角搭配齐全。余向叔岩学此戏后,特买宫内一件绣金龙黄蟒，演此戏正用，曾在天津春和戏院及故宫神武门上各演出一场。此戏叔岩灌有唱片，但以时间限制，唱辞未予唱全。原辞为："劝梓童休得要把本奏上，听孤王把前情细说端详。都只为斗越椒欺君傲上，他父子掌兵权搅乱家邦。孤摘他司马印惟恐犯上，又谁知这老儿心怀不良。孤兴兵灭陆戎狼烟扫荡，中途路行叛逆与孤争强。天降下养由基英雄良将，只杀得这老儿四窜奔忙，斗越椒生得来情性倔强，清河桥比箭法老贼身亡。孤还朝在渐台论功行赏，命梓童代孤王赐过琼浆。又谁知一时间狂风下降，吹灭了满堂中灯烛无光。文武臣坐筵前四无声响，竟有那无知徒酒后颠狂。孤若是查明了把罪下降，恐怕那文武官议论短长。论国法本不该君臣放荡，也是孤一时间失了主张。劝梓童把此事休挂心上，劝梓童把此事付于汪洋。宫娥女掌银灯引归罗帐，孤与你同偕老地久天长。"以上唱辞共二十六句。按京剧初入京，名四大徽班，余叔岩之祖余三胜即徽派老生，唱辞皆三四十句，以至七八十句。二黄如《上天台》《宫门带》，西皮如《长亭》《天水关》《火焚纪信》《凤鸣关》以及《摘缨会》，皆系徽派之戏，尤以西皮为主。叔岩自有其家传，直至谭鑫培，始无徽班之称。因谭老为黄陂人，遂有人谓二黄乃出于黄陂、黄冈，不曰"弹戏"，不曰"京戏"，而径曰"黄戏"，此则为沿俗，而并无关于戏剧史也。自来研究戏剧史者对京剧源流皆莫能考定，余曾写《京剧源流探讨》一文，余以南宋戏亦有京朝戏、地方戏两种，元军入杭州宋亡，南宋戏一支流亡于安徽，一支流亡于江西，即不知南宋戏为何种唱法，而于中州音韵，则为昆曲乱弹之所宗。流亡于江西之戏当为京朝戏，后成为弋腔、昆曲。流亡于安徽之戏，当为地方戏种，后成为乱弹。乱弹包括各种腔调，如《奇双会》《百草山》《打面缸》《探亲家》《凤阳花鼓》、《丑荣归》等。在元代，南宋戏成为地方戏，而京朝戏则为元曲矣。某岁余去长沙观湘剧汇报演出，有常德某班传流记载在明永乐时已有弹剧演出，自南宋亡(1276年)至明永乐元年(1403年)为一百二十七年。弹戏自安徽入湖南，在安徽当还有一个时期。弹戏入京在清嘉庆年间，即以道光元年论，1821 年至今 1975 年，为一百五十四年，这说明一个戏剧时代甚长。对于京剧源流，除湖南常德班之流传记载外，无其他文献可考，只能作一探讨推断。可以肯定者几点：一、京剧之历史甚长；二、京剧之源，出于安徽；三、昆曲、京剧同时并有；四、京剧在明及清末入京以前应属于地方戏。

一三

褒功卸甲爵封王，老喜承欢笏满床。惟有余家徽派戏，打金枝唱辙江阳。

《打金枝》一剧旧本各角戏词皆为"医欺"、"灰堆"合辙。唐代宗唱辞云："金乌东升玉兔坠，景阳钟三响把王催，忆昔唐室遭颠沛，国乱只为杨贵妃。安禄山在范阳反兵起，兵破长安夺帝基，陈玄礼兵变起反意，将先王驾逼在蜀西。杨玉环遭困马嵬驿，可叹一命丧沟渠。太白先生本奏起，举荐皇兄郭子仪，血战三载狼烟息，才把逆贼剑下劈。到如今乐享太平世，河清海晏凤来仪。内侍摆驾金銮里，孤王有道福寿齐。"独余叔岩家传此徽派戏，唐代宗唱辞则为"江阳"辙如下："忆昔唐室初开疆，高祖爷坐镇在晋阳，隋炀帝坐江山荒淫放浪，开河道下扬州万民遭殃。宇文贼行叛逆炀帝命丧，群雄起争强霸各动刀枪。有秦王统雄师四路扫荡，灭群雄在长安创立家邦。传至在先王爷太平景象，宠贵妃大小宴歌舞霓裳。杨国忠为丞相朝政执掌，安禄山贼造反起兵渔阳。先王爷奔西川六军反抗，逼得那杨贵妃命付悬梁。多亏了郭子仪统领兵符，收神京灭贼寇重扶大唐。孤封他汾阳王安荣同享，将郭暖招驸马匹配鸾凰。到如今享太平乾坤浩荡，君有道民安乐喜气洋洋。内侍臣摆御驾王登殿上，且看那文武臣有何本章？"此戏叔岩未演过，即在家调嗓亦未曾唱过，只记此戏辞而已。

一四

问樵处处表神情，甩发出箱技更精。起霸工夫全在内，一招一式是书生。

　　《问樵闹府　打棍出箱》一剧，神情身段俱极繁重，演员非有极好根柢者此剧不能演好，装饰左丝条挂一本书最有意义，就是表此一人之身份，所以神情身段，莫不与此一本书有关。"问樵"一场，神情有时清醒，有时昏乱，身段则有极纯熟之起霸工夫，化为内工，水袖、云手用时甚多，但既美观漂亮，而又表出是书生姿态。例如"问樵"一场，樵夫白"随我来呀"，走小圆场，步法也要走出像书生的步法，"就在前面八字粉墙、黑漆门楼、金字牌匾，两竖大旗杆，那就是贼府"。大边小边，抬右腿左腿，一般落腿为塌步，即落右腿塌于左腿后，落左腿塌于右腿后，叔岩则落于原地，因塌步则难免似武生身段，此为一般演员所不能意会到者。第二场出场，两手揣水袖，神经在乱想，锣鼓紧打、步法慢走，过打鼓一愣，忽然想起有事来，紧走三步，甩须，两手抓衣领，唱一句，腔后，"空匡"乃是甩鞋的结构眼，我是用右足甩鞋，"空匡"时，即将右足置于前面，甩鞋要腰腿并用，鞋恰至头顶，用手扶方巾上再掉下来，谭老、叔岩都是这样，因为方巾不是平顶，没有能搁在上边的。但甩鞋很不容易，用力大则鞋跑掉，用力小，鞋到不了头顶，是一个功劲，即内行所说的寸劲。吊毛"巴打、仓仓仓、崩登仓"，自起翻至落地皆在板上，起吊毛时，还须甩两水袖，此一作工，除叔岩与我外，他人则皆不会。"闹府"打老太师时要好看，还要表现是书生不会打的形状。来书房一场，三段四平调，是清醒的时候，初更、二更、三更各有神情。见煞神后，僵尸须直挺，捡场者以枕托头，直挺倒下，若是腰一软，就不能直挺了。出箱，叔岩和我皆用铁板桥式，即是以两手扶箱将身直挺于箱外，再翻下，两差役递棍接时，须起左右小云手。前走、后走，以甩发领之，与两差役一挤两挤，漫头转身时，亦须用甩发，抓两差役帽子，三笑后，扔第一个帽子，扔第二个帽子时，须压在第一个帽子上，此为最后之一绝活，一般演员皆不能。《问樵闹府》为叔岩最拿手之戏，余择其要点记之，惜无传人矣。

一五

须生靠背几人才,把子钱家学自来。三出凤卿拿手戏,两关一战未登台。

王凤卿靠背老牛戏和把子皆学自钱金福,梅兰芳在第一舞台演戏时,叔岩、凤卿皆同班,于前场分演靠背戏,凤卿演者为《战长沙》、《雄州关》、《凤鸣关》、《磐河战》;叔岩演者为《定军山》、《阳平关》、《战太平》、《战樊城》、《南阳关》、《汜水关》等。余曾向凤卿学《磐河战》、《雄州关》、《凤鸣关》三剧,并编一剧,将《天水关》、《祭马超》、《凤鸣关》、《收姜维》合为一剧,名《出师表》,但此三剧皆未演过。

一六

大旗高举挂人头,老将丰神孰与俦?趟马一场精彩甚,勒缰三笑镇风流。

《阳平关》亦叔岩之拿手戏。四击头出场,亮相看人头,表现出老将丰神眉飞色舞之神情,三步,快步加鞭,勒马,快步至左前场,捋须持鞭转身,云手,快步至右上场,加鞭,快步至左下场,勒马转身三笑,云手,踢左腿,鞭打左靴底,撕开起云手,转身亮相看人头,加鞭下,这一场最为精彩,即抓住全台下精神。

一七

身段戏辞尽不同,激昂气度逞英风。却因一误连营寨,鼎足三分付火攻。

中国戏曲研究院整理之剧本《连营寨》一戏唱辞,与叔岩唱辞小有异同,而道白不同处甚多。如祭奠后,刘备白"来将一干仇人拿去开刀",叔岩则是"来将一干仇人等推出斩了",似比前辞好念。又下念诗："满腔怒气冲霄汉，要把东吴踏平川。"叔岩辞则是"冲昊天"，第八场刘备上念诗："起居梦寐恨吴寇，不报冤仇誓不休。"这两句诗念来甚为蹩扭。叔岩念则是"冤仇不报难消恨，要把东吴一扫平"。马良上："启禀主公东吴已拜陆逊为帅了。"刘备白："啊，那陆逊是甚等样人？"马良白："乃九江都尉陆骏之子。"刘备白："喽，黄口孺子，何足道哉！"马良白："此人虽然年幼，颇有谋略，前者袭取荆州，实乃此人诡计，主公不可不防。"刘备白："哦，害孤二弟就是这孺子的诡计，待孤兴兵会他。"马良白："且慢，如今天气炎热，兵屯于赤火之中，又恐汲水不便，三军多生疾病，主公不可进兵。"刘备白："不妨，就将人马移至茂林深处，扎下七百里连营大寨，待等夏末秋初，再与那贼决一死战。"马良白："主公若要移营，何不画成图本，问过丞相？"刘备白："喽，孤用兵老矣，些须小事，何必又问丞相啊？"马良白："自古道兼听则明，偏听则蔽，望主公思之！"刘备白："如此就命你将山势营盘画成图本，送与丞相观看，倘有不妥，即速回来，再为定夺。"马良领旨下。刘备白："关兴、张苞就此择日移营者！"以上剧辞与叔岩剧辞相差远甚。叔岩剧词全是文言文，念时可以将刘先主之帝王气度、老年神情表现出来。马良、张南、关兴、张苞上，刘备上念诗，坐，刘备念："孤自兴兵以来，我国的人马，屡屡得胜；他国的人马，节节败缩，势如破竹一般。只杀得那些吴狗望风而逃，此乃诸将之功也。"众白："乃我主洪福，臣等何功之有？"刘备白："诸将俱各有功。近闻东吴孙权又挂陆逊为帅，想陆逊乃一懦弱书生，岂不怕贻笑大方？"马良白："此人虽然年幼，颇有谋略，主公不可不防！"刘备白："喽，黄口孺子，有多大能为？既敢当此重任，就该领兵前来，与孤对敌。战又不战，退又不退，其情可恼。看看天气炎热，溽暑难当，孤意欲将人马移至茂林深处，若到暑末秋初，再与吴狗决战可也。"马良白："主公欲要移营，何不画成图本，问过丞相？"刘备白："喽，孤用兵老矣，何必再问丞相？"马良白："自古道兼听则明，偏听则蔽，望主公思之！"刘备白："如此就命你将山势营盘画成图本，送与丞相观看，倘有不便，即速回来，再作裁处!"马良领旨下。刘备、关兴、张苞,刘白:"就此移营者!"下。余演此戏念这一段白,自觉余已是先主。杨宝森在台下观戏,他不会此一段戏辞,他说念时极有神气,请我教之。再一场移营,出场过打鼓,鞭垂下向左上场看,再加鞭慢走至右上场,勒马向左下场看,急加一鞭,快步下,此一场亦是要好之一场。即是打鼓者与台上演员精神一致,而生出精彩。再一场刘备上念:"月当空乌鸦乱叫,帅字旗迎风自飘。"叔岩辞是"帅字旗无风自飘",一字之差,意义自有不同。报子上报满营起火,刘备白:"再探!"报子下。刘接:"不、不、不好了!"〔扑灯蛾〕:"看看看,风助火威狂,火趁猛风扬,满天飞烈焰,遍地闪金光。叫张南带丝缰,带丝缰!"从此牌子辞句,看来这些戏曲研究者和内行演员是不懂身段的。叔岩辞是"风助火威狂",作手势,"火趁猛风扬",向上作手势,走蹉步,"满天飞烈焰",作手势,"遍地闪金光",向下作手势,走蹉步,转身向上场门,面看天,背手念,"祸从天降",顿足,"祸从天降",转身甩右袖,捡场者接袖脱帔,"寻不着路当阳",一摸两摸,"快带丝缰",拿马鞭上马,吴将一枪,马鞭挡正在缰字上。这一牌子连念带身段、带板相合,念完正好。若按戏曲研究院整理词,也就前四句胡乱比划一阵,后面就没有身段了。后"扑火"三场,上场打车毂轮,下场吊毛,中场僵尸,再场见赵云。赵云白:"参见主公。"刘备白:"四弟,杀呀!"叔岩辞是:"四弟呀,你看孤被他们烧的乌焦巴弓的了哇!"这是谭老原辞。后刘备白:"前面什么所在?"赵云白:"白帝城。""瓜仓"一惊,一个像小气椅的身段,乃白帝城托孤的一个引线。

一八

汪孙演出久名垂,别母专诸世不知。余范秀能开一派,板槽唱法更精奇。

自《战樊城》至《鱼肠剑》,全剧名《鼎盛春秋》,或名《伍子胥》。

《战樊城》为叔岩拿手戏，《文昭关》为汪派拿手戏。《浣纱记》、《鱼肠剑》为汪、孙两派拿手戏。而叔岩亦能演《鱼肠剑》，其唱法与汪、孙两派不同。"一事无成两鬓斑"一段，叔岩已有唱片。另一段原板转快板叔岩戏辞是："姜太公无事垂钓溪，运败时衰鬼神欺，周姬昌梦飞熊宝帐里，渭水河访贤臣扶保社稷。东迁洛邑王纲坠，各国的诸侯把心离。吴子寿孟行仁义，力压过诸侯服四夷。某单人匹马弃楚地，要见那姬光恨无期。父母的冤仇沉海底，眼见得含冤化灰泥。落魄在天涯谁周济？只落得吹箫暂充饥。""王纲坠"句转板在二六快板之间，"眼见得含冤化灰泥"句才成为快板，此唱法甚精奇。此戏叔岩及余皆未演过。

一九

　　杨家报国秉精忠，枪法梅花甩手工。临颍曾过争战地，小商桥上吊英雄。

　　按《镇潭州》一剧岳飞、杨再兴皆是主角，故亦可名《九龙山》。依身段论，杨再兴的身段为重，起霸一场，甚为精彩。又如岳飞赶上，白："杨将军，你我再决胜负。"杨再兴白："岳飞，你乃天下都招讨兵马大元帅，军令不严，岂不被天下英雄耻笑？"三笑后下。右手甩枪，左手掏翎子，衔口内，转身，枪交左手，右手掏翎子，亮相，吐口内翎子，呔，下。此下场，极其美观。余曾向钱老学过此戏，至岳飞因身份关系，身段不能多，唱辞亦不能多，须表现其庄严气度。叔岩说，岳飞对岳云白："大胆的奴才，想那杨再兴乃将门之后，只望收服于他，故而不许旁人助战，你众位叔父不敢违抗为父的将令，惟有你这小畜生，你敢犯我的军规么？"小畜生的"畜"字念法不上口。后上唱："在阵前打一仗龙争虎斗，胜不过杨再兴脸带含羞。叫人来传一令小心防守，收服了杨再兴方展眉头。"只四句。中国戏曲研究院本多加了四句唱辞，若多行腔，并不相宜。后为"入梦"，杨景唱"我杨家梅花枪暗藏甩手",岳唱"老先生传枪法万古名留"。杨唱"望元帅收服他鞍前马后",岳唱"他本是将门子一定封侯"。杨唱"花喇喇打开了玲珑甲胄"。戏曲研究院本改为:"且住,今日阵前杨再兴倒有几合勇战,实不愧将门之子,此人若不收服,何日直捣黄龙? ……有了,想当年跟随周侗老师学艺之时,曾教我绝命三枪,暗藏撒手铜,百发百中,明日两军阵前,使用撒手铜,定能成功。杨再兴啊,杨再兴! 管教你马前归顺也。"唱散板:"猛想起周侗师教授撒手,为国家求良将费尽机谋,但愿得明日里大功成就,(进位)收服了杨再兴好灭金酋。"改写这一段戏辞,唱散板进位入睡是可以的,但撒手铜的身段打法又如何安排? 何不改写为:"有了,想当年跟随周侗老师学艺之时,曾传俺梅花枪暗藏甩手,明日两军阵前用此枪法定能成功。杨再兴啊,杨再兴! 管教你马前归顺也。"唱:"周侗师梅花枪暗藏甩手……"这样改,可以照原来的打法,不须再事安排,岂不省事? 所以写剧辞者,应当知道身段把子。杨再兴后与金兵战死于小商河,在现临颍县小商桥,余曾过其地。

二〇

平生绝艺感相传,才慧多怜不永年。片羽吉光留合影,交期忍忆隔天渊。

叔岩夙有才慧,平生绝艺大多传于余,惟不永年,至为可惜。某岁召摄影者至家,拍摄戏装像照片,有与钱金福合拍之《宁武关》,自拍之《洗浮山》,与余合拍之《四郎探母》,余饰四郎,叔岩饰六郎。余戏装照片多佚失,独此合照至今犹存箧中,十余年交情得留此吉光片羽,回首前尘,已隔天渊。

二一

两世相传唱懊侬,名高沪渎继流风。演来曾看渔家乐,韵用中州是正宗。

　　俞振飞两世皆善昆曲,在上海夙有名。戏曲百花齐放时,倡昆曲南北皆成立昆曲院。北昆、南昆于上海合演,余曾往观,俞振飞演《渔家乐》,唱念皆用中州韵,乃其家传,洵为昆曲正宗也。

<h2 style="text-align:center">二 二</h2>

　　学来梅派亦传人,同客辽西是比邻。礼貌能知前后辈,提前演出玉堂春。

　　坤伶梁小鸾师梅兰芳,在长春任吉林省京剧院副院长。余时亦于役长春,比邻。某岁夏,吉林省政校举行晚会,吴某演《捉放曹》,余演《打渔杀家》,小鸾演《玉堂春》,当应《玉堂春》为大轴,但小鸾以余为前辈,坚不肯演大轴,终于演在《打渔杀家》前场。余演完,小鸾为余卸装拭汗,执弟子礼甚恭。内行之对前辈者如此,可风也。

续洪宪纪事诗补注

一

一瞬泡沤世渺茫，笑他败寇与成王。沐猴冠带无今古，不止袁家有假皇。

人生短促，世事渺茫。痴者为权势名利相争夺杀伐，一部《资治通鉴》，不过成王败寇。皇帝也，总统也，执政也，大元帅也，沐猴冠带，等而视之可矣，固不止袁氏有假皇也。武昌刘成禺君著《洪宪纪事诗本事簿注》，其中事实有不详尽者，有出入者，亦有全非事实者，盖听传闻，非身所经历。项城叛清负国，不待盖棺，即已论定。但此一代史事，至为繁多，亦不能以袁氏一人之罪而掩饰之、颠倒之。吴则虞兄既示余刘氏《洪宪纪事诗》，并谓当时事知者今无存人，属余作《纪事诗补注》。余与项城同邑，又属戚谊，但仍从旁观者著笔，是即是，非即非，不拘时，不限事，要供后人之不知者。又余与寒云交独厚，写其事多讳辞，亦如魏武帝之雄武诡谲，陈思王之文采风流，固两事也。

二

亲颁密诏敢承担，莫喜珊瑚顶换蓝。祸福一身难料理，只因受得侍郎衔。

戊戌，项城任直隶按察使，特命以侍郎候补。此"六君子"谭嗣同之谋。谭密见项城，云上意要其杀荣禄，率兵围颐和园。请训时，光绪颁给密诏。此事关系项城一身之生死祸福。从旁观来想，何以为之，当不出三途：一、将密诏阁置。但时久必泄露，对光绪则有不奉诏之罪，对那拉后则有不告密之罪。二、依诏行事。则尚有聂士成、宋庆之军及北京旗营是否皆听命。即杀荣禄、封电报铁路，如此大事，尚有外国使馆消息，光绪是否会先被害。三、告密。当是熟虑并与所部将领密商，终出告密一途，卖帝卖友，举国同愤。但此三途皆不能免罪。即候补侍郎一命,为灾星照临,无可回避。项城《戊戌纪略》亦云"自知非分,汗流浃背"。无寸功受重赏,决不为福,项城早已知之,诚奸雄也。

三

灭洋遽起义和拳,国祚垂危庚子年。日下苍黄烽火急,鲁齐犹是好桑田。

庚子,义和拳以"扶清灭洋"为号召。八国联军侵犯京师,帝后出走,烽火苍黄。时项城任山东巡抚,不许义和团入境;齐鲁二邦,男耕女织,犹是太平景象也。

四

倚马才华目一空,蒲卢掷罢卧芙蓉。材官四访无寻处,却在花街柳巷中。

阮忠枢斗瞻,项城督直时,即为幕府,笔利而快,项城折奏文札,皆出其手。有芙蓉癖,喜作麻雀牌戏,并好狎邪游。尝见其与先父数人打麻雀牌,日以继夜,皆于牌桌及烟榻上饮食,倦则自以腰带捆于椅背上。项城有要公,需彼属稿,时时不见,命材官四寻,则已入勾阑中矣。

五

到死不知绮罗香,更喜公余唱二黄。若使当时身尚在,功臣首列泗州杨。

项城入军机,向庆王奕劻保荐杨士骧继任直隶总督。士骧性贪婪,极惧内,不敢纳妾。曾自为联云:"平生爱读货殖传,到死不知绮罗香。"时粤人蔡书堂任津海关道,缺最肥,士骧见蔡,每谩骂之。先父一日谓士骧曰："彼亦道员，何可如此对之？"士骧曰："老同年不知也，小骂则地毯皮货衣料来矣，大骂则金银器皿来矣，是以不可不骂。"一日士骧谓先父曰："请老同年给你两个侄子弄个挂名差使，每人二百两银子，作其读书费用。"先父曰："须要起个名字，一叫'杨应享'，一叫'杨应得'可矣。"士骧又喜唱二黄，有专事伺候之琴师；吾友陈鹤孙曾为其文案，即专陪其公余清唱者。士骧泗州人，为北洋派皖系文人之首。侄毓珣，项城婿，即寒云之妹倩。杨殁于直督任，予谥"文敬"，有人为联云："曲文戏文，所以为文；冰敬炭敬，是之谓敬。"洪宪时如在，则国务卿非彼莫属，赵秉钧、徐世昌犹当在其后也。《洪宪纪事诗》谓项城喜二黄一段，盖为传闻之传闻，全非事实，或为杨士骧喜唱二黄之误。项城不惟不会唱二黄，且并不喜观戏。袁乃宽在项城督直时为卑属，先父兼任粮饷局总办，派其为提调；洪宪时，乃宽办理拱卫军粮饷事务。项城对属下向庄重，何有如此轻率之事？而乃宽为属下，亦无带子见项城之理。袁英名家驹，为乃宽次子，素无行，乃宽极不喜之。《洪宪纪事诗》著者盖未考虑，人随有说，即据以记载也。

六

　　文人雅兴快飞翰，烛影摇红到夜阑。杜断房谋三害去，诗钟一语换肥官。

　　张文襄之洞喜为诗钟，督两江时，夜为诗钟集，限"蛟、断"三唱。蔡乃煌一联云："射虎斩蛟三害去，房谋杜断两贤同。"正切时事。文襄即函告项城，向庆王推毂，蔡即得任上海关道。"房谋"、"杜断"，指文襄与项城；"三害"指瞿鸿禨、岑春萱及盛宣怀。时瞿鸿禨已罢军机，岑及盛皆先后去任。及项城为帝制筹经费，派蔡赴粤办理鸦片专卖，为龙济光枪杀。

七

霹雳一声祸有因,包车风帽到天津。姻亲不避层层党,赠与存余卅万银。

清末,项城闻开缺命,即于晚车戴红风帽,独坐包车,暗去天津,住英租界利顺德饭店。直督杨士骧未敢往见,命其子谒项城,并赠银六万。先父往相晤,劝项城次晨即返京,速去彰德。先父兼任粮饷局总办,有结余银三十万两未动,即以此款赠项城,为后日生计。先父在北洋,至辛亥迄任长芦盐运使。时管盐政大臣为泽公(载泽),见先父谓为袁党。先父对曰:不惟为袁党,且有戚谊。故先父纪事诗,有"抗言直认层层党"一语。后项城五子克权曾对余云:其父开缺时,五舅极为可感。但洪宪时却不甚卖力。此事项城诸子稍长者皆知之。

八

离亭谁与送征鞍,胆怯心惊独去洹。惜别亲朋无一个,却教风义出伶官。

项城军机大臣开缺后,祸福莫测,即连夜去彰德。后克定亦即去,时亲朋故旧无敢送行者;惟京伶姜妙香亲送克定至洹上村,居数日始还,不图风义出于艺人。

九

韬居指顾望铜台,不数阿瞒横槊才。犹记雄风传诗句,一行猎马急归来。

世谓项城为武夫,不通翰墨,不尽然。项城能诗,大有阿瞒横槊之概。罢军机韬居彰德,园墅在洹水之北,漳水之南,当与铜雀台相邻。记其《冬日即目》诗有句云："数点征鸿迷处所，一行猎马急归来。"气象开阔。又有一笔记曾载一则，谓项城年十三四岁，书一春联云："大泽龙方蛰，中原鹿正肥。"塾师为之咋舌，知非凡器。又京兆尹王达之父王翁植轩，曾语吴则虞兄云：泾川吴氏某女适潘，女年方二十岁，其夫病笃，女吞金殉，而夫竟起；以烈妇请褒于朝，托王翁入内疏通。项城命吴闿生、王式通各拟一匾额以进。项城览之皆不称，立捷书"一死回天"四字，语妙双关，群皆叹服。此额在抗日战争前，犹悬古溪潘氏宗祠。又四川万县师范学校校长钟正楸，为章太炎先生弟子，元月朝贺，项城赐宴，酒半语钟曰："你老师和我过不去，你去劝一劝。中国向来有两块万岁牌，一块是大成至圣先师，一块是当今皇帝，太炎何不让一块给我？"钟辞去时，项城问何求，曰：求为题数字。项城书一联云："天生我材必有用，他人爱子亦如余。"集句正切合师范校长身份，书大如斗。则虞与钟多年同事，此联彼曾见之。

一〇

一举待看局可戮，勒兵不许过江南。乃翁自有囊中计，何用勋封一等男。

辛亥武昌事起，项城再出，饬冯国璋、段祺瑞率兵攻克武汉。冯国璋军一举下汉阳，清廷封冯一等男爵。时军事政令，皆集中彰德，克定闻之大骂。旋项城电令冯勒兵勿过江，不久即有南北议和、清廷逊位之事。时先父在彰德总办后路粮台，为先父所亲知者。

一一

垂帘女后误司晨，已兆当时鼎革新。亡国保皇前后事，如何都是姓梁人？

清祚之亡，实由于那拉后垂帘听政。戊戌政变，康有为祖诒、梁任公启超为保皇党首领。清末开经济特科，梁士诒本取列第一，西后视其籍贯曰："此人得勿是梁启超本家否？"军机大臣闻之，乃斥列于后，仍黜不用。时张南皮颇赏识士诒。有某尚书谓张曰："此人一定是维新党。单看其名字，头是梁启超之'梁'，尾是康祖诒之'诒'。"南皮大笑，一时遂有"梁头康尾"之谣。此见李伯元《南亭笔记》。士诒以此深为引恨。辛亥项城再出，士诒言于项城：将来功高震主，祸且不测，无如乘此时机，改变国体。项城遂决意促清室逊位。保皇、亡国，皆出于姓梁之人，亦巧矣！

一二

断袖分桃事果真，后庭花唱隔江春。撒娇慎勿高声语，隔壁须防五大人。

克定有断袖癖，左右侍僮，皆韶龄姣好。辛亥，先父在彰德总办后路粮台，居室与克定室隔壁。一日夜，有僮向克定撒娇，克定曰："勿高声，隔壁五大人听见不好。"盖先父兄弟行五，项城诸子称先父"五舅"，左右皆称先父"五大人"也。但先父已闻之矣。

一三

依然乘马褐轻貂，何论新朝与旧朝。亲贵不知亡国恨，侍从争愿佩军刀。

清室逊位后，荫昌为总统府侍从武官长，清亲贵如溥伦、载洵、载涛，皆请愿充侍从武官，著军服佩刀以为荣，竟不知亡国之恨矣。

一四

双双宝马驾云銮，皇子金衣绘影看。新莽门前严警卫，行人莫进铁阑干。

南北议和，项城就任总统。王湘绮有西苑门联曰："民犹是也，国犹是也,何分南北? 总而言之,统而言之,不是东西!"上额为"新莽门"。昔新华门临通衢,后筑短墙铁阑干,于门前围一广场,车马由东西门出入,严警卫。余曾见项城诸子,乘双马车,著金花燕尾服,门前摄影。

一五

依然头脑是冬烘,早岁从龙起沛丰。为政只能称好好,封疆重任误痴聋。

高景祺,项城县邻邑沈丘人。项城初总督直隶时,高即教项城诸子蒙学。洪宪前,项城任其为山东巡按使。高头脑冬烘,不谙政治,凡省中要事,部属向其请示,不能可否,但连说好,好。时青岛为德国占领,德人为经济侵略,欲修青岛至某地铁路,谒高商谈。巡按使应禀承北京国务院,经指示后再为答复,高则又连称好,好。项城知之,恐其偾事,遂予以免职。

一六

挂带宫门事已殚,忍看骨肉起波澜。南奔得脱陈王罪,应感方家四品官。

扬州方地山,项城任军机时,课项城诸子。曾捐四品衔,于城南赁屋三间,置一妾非缠足者,自署其门曰"大方家"。室内撰一联云:"捐四品官,无地皮可刮;赁三间屋,以天足自娱。"项城三子克良有精神病,洪宪时言于项城,谓寒云与项城某妾有暧昧事。项城盛怒,寒云将罹不测,地山急挈寒云去沪。后项城知为莫须有之事,意解,寒云始归京。

一七

歌喉莺啭遏停云,兖沂谐音亦妙闻。斗筲敢窥丰沛地,列营且看护陵军。

唐天喜,沈丘人,少时在乡戏班演旦角,投军历擢至旅长,后任山东兖沂镇守使。项城族弟世德,曾与余谈及唐事曰:"天喜任兖沂镇守使,岂非开玩笑?"盖"兖沂"与"眼子"同音也。民国二年,豫匪白狼窜扰皖豫间。时先父为河南都督,以项城为袁氏祖墓所在,防匪窜及,檄唐旅趋项城县,以野操为名,列营城外。匪闻之远遁,唐旅旋亦撤回。

一八

皇子亲来上寿卮,三千珠履尽开眉。南昆北曲无人赏,忍睡提神待碰碑。

洪宪前岁,先父寿日,项城命寒云来拜寿。时寒云从赵子敬学昆曲,已能登场,但不便演,介绍曲家演昆曲三场,后为谭鑫培《托兆碰碑》。时已深夜,坐客皆倦,又对昆曲非知音者,乃忍睡提神,以待谭剧。谭来后,在余室休息。雷震春任招待,与对榻,为其烧烟。谭扮戏时,余立其旁。谭著破黄靠,棉裤外着彩裤,以胭脂膏于左右颊涂抹两三下,不数分钟即扮竣登场,坐客为之一振。惜余此时尚不知戏也。

一九

拜贺春元纪岁华,皇恩始感浩无涯。褒嘉数语消英气,赐物先人已到家。

洪宪前岁元旦,先父命余去给项城拜年。项城在居仁堂,立案前,余行跪拜礼。项城以手扶掖之,问余年岁。余对:"十八岁。"项城曰:"你到府里当差好吧?"余对:"正在模范团上学。"项城曰:"好好上学,毕了业就到府里来。回去代我问你父亲过年好。"余辞退回家,甫入门,所赐之礼物已先到,为金丝猴皮褥两副,狐皮、紫羔皮衣各一袭,书籍四部,食物等四包。时余正少年,向不服人,经此一事,英气全消,不觉受牢笼矣。

二〇

智囊一去政纷纭,内阁人才迥不群。龙凤麒麟今不见,集灵囿内只余君。

赵秉钧卒后,段祺瑞代总理,旋由熊希龄继任,梁任公、汪大燮皆任总长,当时称人才内阁。国务院在三海集灵囿。王湘绮入京,一日见熊,笑谓曰:“今日集灵囿,只余君矣。”盖谑其为龟也。

二一

买赠佳人金屋娇,封疆擢任气何豪。启霖多事煞风景,却上弹章拆凤巢。

项城督直时,庆王奕劻长子载振去津。项城本与奕劻为一系,因善为款待,命巡警总办段芝贵专司其事。段为设筵演剧,有女伶杨翠喜,色艺并佳,载振为之颠倒。段乃以巨金买翠喜,并厚奁资,以赠载振。振回京,言于奕劻,段芝贵乃由候补道一擢而署理黑龙江巡抚。事为御史赵启霖所知,折奏弹劾,载振遂不敢纳翠喜,归盐商王某。载振以“查无实据”了结,段则另以他事革职,永不叙用。

二二

三边节制宠超群,秽史流传事尚闻。一夜枪声行署外,可怜吓走上将军。

段芝贵卑鄙佞幸,而项城宠信之;各“武”字将军皆督理一省军务,独芝贵为镇安上将军,封一等公,督理奉天军务,兼节制吉林、黑龙江军务。但杨翠喜一案，秽事流传，东三省人固尚未忘，而芝贵更以位尊，恃宠而骄，奉天师长张作霖以次皆不服。张派其参谋赵锡嘏持函谒先父，谓项城何用此人。先父回函云：可径以兵撵之。张又派赵持函来，谓如此办法，恐项城怪罪。先父又复函，并对赵云："项城方面，有我负责。"张遂命军队，夜于上将军署外鸣枪示威，段遂踉跄逃回北京。先父即向项城力保作霖继任奉天将军。后芝贵知之，恨先父刺骨。

二三

惟善用人善相人，颐张声哑定非纯。一生巧宦差能似，岂谓英雄是使君。

吴鼎昌，浙江人；其父在清代曾官四川，又称四川人。日本留学洋翰林，清末任职大清银行，入民国，任天津造币厂厂长。初依附研究系，后又依附交通系。复辟失败后，以日本留学夤缘识徐树铮，又识倪嗣冲之驻京代表王乐三，得陪段芝贵打麻将。先父创办盐业银行，总处设北京，京、津、沪、汉各设分行。先父任总理，张勋、袁乃宽任协理。先父复辟败后，羁押于陆军部，段芝贵乃派吴接收盐业银行为总理，但吴并非股东。先父移交大理院，北京行经理岳乾斋承吴意旨，不得余家人同意，延律师汪有龄作辩护人，律师费则为盐业银行股票十万元。大理院检察长为张孝移（后日伪时为汉奸，日本投降，自服药死），坚持判先父死刑。汪辩护，改判无期徒刑。汪、张、吴、岳皆喝绍兴酒、打麻将朋友，乃先事谋好者。吴又通告盐业银行各股东，凡认股尚未交款者，限于年终前将款交齐，否则由他人认股交款。此皆为削减先父盐业银行股权之手段。先父案结后，经友相助，始将股款交足。段祺瑞成立亲日内阁，吴任财政部次长，仍兼造币厂长，又接办《大公报》。盐业银行成立董事会，吴提议每年提三万元捐作经济研究费用，此即办《大公报》之资金；吴云《大公报》为其独资经营者,非是。直皖战,皖系失败。吴有日本妻,乃避匿日本租界,以造币厂结余三十万元献于曹锐,得未被通缉。时余去沈阳见张作霖,述盐业银行经过,张大愤慨,乃买盐业银行股票五万,致电盐业银行总处,质问吴本非股东,何以任盐业银行总理。吴闻之,托北京行经理岳乾斋、副理朱虞生求张勋出面调解,结果以先父任盐业银行董事长了事。后吴又联合盐业、金城、中南、大陆,成立四行储蓄会,吴任主任,钱永铭任副主任。国民党时,吴主持《大公报》,以小骂大帮忙姿态捧蒋,对蒋则称"浙江人";为蒋拉拢四川军阀,则又以"四川人"出面,复成蒋嫡系中之重要人物,而"四行"亦纳入蒋系之浙江财阀中。先后任蒋政府实业部长、贵州省政府主席、蒋之文官长。吴诚属巧宦,而又奸刻憸薄,但其子弟品质皆劣。吴亦尝自语人,彼一生用巧,失于忠厚,天理报应,固不应有佳子弟也。洪宪时,梁士诒对吴曾向项城推荐。项城召见后,谓梁曰:"此人两颐外张,有声无音,当非纯品,吾不用之。"吴每对人以此自豪,谓以项城之雄才大略,对彼犹畏忌之。项城能用人亦能相人,盖谓吴之险诈非正,外见于形。吴以比曹孟德之于刘使君,何狂妄之甚!

二四

王国辽东足自豪,曙村败去镇安逃。平生风义兼师友,帖子门生感报桃。

张作霖既赶走段芝贵,先父向项城保其继任奉天将军。张感先父之助,派参谋赵锡嘏送来门生帖子。直皖战,皖系败后,时孟恩远为吉林督军,张为占取吉林,以军攻之。孟以兵力不能敌,经调解,愿让出吉林地盘,率其师入关,张以鲍贵卿继任。黑龙江督军朱庆澜亦辞退,张以吴俊陞继任。张为东三省巡阅使,一日与先父夜谈,张曰:昔承相助,今为辽东王矣。

二五

夜夜羊车幸八宫,争承欢宠亦劳躬。事烦纵是食非少,滋补还须赖鹿茸。

项城有八妾,高丽人二,一为寒云母,一为四子克端母。克端,天津盐商纲总何仲瑾婿。五子克权,端方婿。七子克齐,孙宝琦婿。八子克轸,周馥婿。项城身后无多财产,皆由先父处理,子女每人分到现款二三万元,股票二三万元。克端母只生克端一人,故早即困窘。六子克桓及八子克轸、九子、十一子同母,分产为多。其母为项城第五妾,项城最所宠爱。克桓代表袁家启新洋灰公司股票股权,任总经理,于诸子中最富,然于诸子中品德亦最坏,其兄弟中艰窘者,坐视不予周恤。《洪宪纪事诗》"便殿凝烧凤蜡红"一首失实,谓皇四子母为第一宫。四子母为高丽人,不当为第一宫;即高丽人可为第一宫,亦当为克文之母。又,获宠幸者非五子之母,此为道听途说者。项城食量甚健,每食除看菜外,食大馒头二枚,面糊涂一碗;更多食鹿茸,制成粉置案上,随时食之。项城之病,亦因肾亏多食鹿茸有以致之也。

二六

日日飙车去似飞,进呈乡味到京畿。黑冈赤尾黄河鲤,那似淇泉巨鲫肥。

项城喜食鱼。黄河鲤鱼以开封北黑冈口赤尾者为佳,开封令每日进奉。又淇水之源有一泉,产巨鲫,身扁数寸,名淇鲫,肥美胜于黑冈口赤尾河鲤。卫辉县令每日命人捞取,贮泉水于大木桶中,由火车运京,项城更喜食之。

二七

胜朝忍复梦升平,每念慈恩涕泪零。惟有传人余范秀,亲承说戏失街亭。

　　谭鑫培最为那拉后所宠眷,每念恩无不涕零。入民国,尚偶出演于前门文明茶园,余曾往聆其剧。总统府传演,款遇不复似那拉后之优渥。时余三胜之孙余叔岩为府内尉,乃延谭于庶务司司长王某处,殷勤招待。谭向不收弟子,叔岩专学谭戏,乃经王介绍,拜谭为师,谭亲为其说《失街亭》(饰王平)一剧。谭字英秀,故叔岩以"范秀"名其轩。《失街亭》后叔岩传于余。《纪事诗》之注,似出传闻之误。

二八

　　将才培育习韬钤,报主他年继耿弇。天上恩荣龙虎榜,钦加卫侍武官衔。

　　项城成立陆军混成模范团,内分步、骑、炮、工、辎及机关枪六科。项城以陆海军大元帅自兼团长,盖为培育将才,编练亲军。第一期毕业学员考取前十名者,皆加卫侍武官衔。叨此隆遇,无不感激图报矣。

二九

　　广收贺礼启华筵,金铸还嫌小八仙。更有言辞传妙噱,全团捧腹尽哗然。

　　第一期模范团,陈光远任团附。学员毕业举行典礼,团附例训话。陈不学,然又好作文语,以避人讥其无学。陈训话云:"你们已经毕业,由大元帅亲手培养。大元帅对你们期望很大,你们要好好的干,将来你们都不堪设想呵!"不可限量,说成"不堪设想",全团为之大哗。后由模范团编成一师,陈率之任江西督军,极贪婪,值其寿日,广收贺礼,商会以赤金铸八仙人一堂为祝,陈连称好,好。后又曰:"只可惜小一点。"人传以为笑柄。

三〇

跟跄列队大街游,请愿声高索报酬。向背人心何用问,真民意最爱袁头。

洪宪前,各省请愿代表列队游行至新华门前,高呼万岁,完毕,每人各赠路费百元,远道者二百元。各代表请增费,至于狂骂,后各赠二百元,纠葛始寝。见《洪宪纪事诗》"金尽床头有甲兵"一首。按昔时银洋以站人者银质为优,次为光绪元宝,次为鹰洋;民国后,项城像银洋银质更优,号"袁头"钱,人争要之,乃真民意也。

三一

新朝营建启宏谋,犹胜三都作帝州。四十年来歌舞梦,朱家姊弟尚风流。

洪宪时,朱启钤任内务总长,筹备开国大典,修整城阙宫殿,皆出其手。女三小姐风流一时。有作《京都竹枝词》者,诗有"一辆汽车灯市口,朱三小姐出风头"之句。其六女公子嫁张学良之弟学铭,子朱光沐为学良之机要秘书,时见于歌台舞榭中,四十年来风流未减。

三二

筹安会里互争先,记者称臣古未传。佐命即无功不世,大名千古有佳联。

筹安会六君子顾鳌,与薛大可齐名。薛上项城文,函内称"记者臣某",人多笑之。当时有以"顾鳌薛大可"对"潘驴邓小闲",此联足以传矣。

三三

连城和璧只空传,不见祯符命受天。皇帝赵家称白版,枉思淘井效孙坚。

传国玺,李斯为篆,为秦六玺之一。子婴降汉,献于高帝,历王莽迄魏晋犹在(孙坚井中所得,或别是一玺)。永嘉乱后,玺遂失。赵宋太宗无玺,称"白版皇帝"。洪宪时向清宫索传国玺,当系庶务司所为,不知学问。比取至,印文为"皇帝之宝",并有满文,不能用,始谋另制一玺。

三四

提线逢场傀儡牵,黄袍耀日冕朝天。珍珠龙眼应无价,鱼目还疑薏苡圆。

洪宪时,备御极黄龙袍,由前门大栅栏瑞蚨祥承制,绣金龙,双目皆嵌以精圆珍珠。时日本有人造珍珠,光彩圆润,与真者莫辨,故此金龙双目之珍珠亦有伪者,当为庶务司经办中饱,已不赘矣。又如项城赐给大员五色五角星帽章,五色为玉质,中嵌一小钻石,项城诸子,及内官总长级,外官将军、巡按使,始得受赐。余视先父之帽章上小钻石为假者。或项城诸子帽章上小钻石为真,其他皆假,然报销则以真者论价。此与清内务府差缺之最能致富同。

三五

佞险人云似士奇,移花手段化为私。收藏博得专家号,开国因烧洪宪瓷。

庶务司郭葆昌,为人机警险佞,颇似高士奇。洪宪时,郭进言应制洪宪瓷器,以为开国庆典,并请用故宫所藏精品作样本。项城允之,任郭为景德镇关监督,专司其事。郭乃提取文华殿大量精美瓷器,携以赴任。洪宪瓷制成,胎极薄,彩色图样皆美。项城逝后,郭提取文华殿之瓷器,尽归其私有,并多以善价鬻于美国;更于国内收买,郭遂成收藏瓷器专家。宣统寓天津张园时,郭又买得《三希堂法帖》之二希:王献之《中秋帖》、王珣《伯远帖》,曾与余商,索价二十万元售于余。以价昂不能收,郭死后归其子。以朱启钤居间言于宋子文,郭子将所有瓷器捐于故宫,给奖金美金十万元。按郭藏瓷器精品,早于其生前鬻出,此捐者皆普通之品。所以奖给如此巨款者,乃郭子将"二希"法帖献于宋子义,此其代价也。后余于上海《新民晚报》揭露之,宋又将帖退还郭子。郭子携以去香港。后由故宫博物院以重价将"二希"法帖购回。

三六

要命弯弓足架肩,杏花仙是荡魂仙。捧场文墨皆余事,更赋琼瑶坐御筵。

洪宪时,易实甫日于三庆园、广德楼捧坤伶刘喜奎、鲜灵芝、张小仙。小仙擅演《小放牛》一剧(刘成禺君《洪宪纪事诗本事簿注》"两班脚本斗金钗"诗注,谓鲜灵芝演《小放牛》,乃张小仙之误)。《小放牛》一名《杏花村》,故小仙有"杏花仙子"之称。小仙有武工,能扳左右两腿,足接于肩,实甫捧小仙诗有"要命弯弓足架肩"句。项城赐宴瀛台赋诗,实甫亦与焉。

三七

兄不友于弟不恭,可堪桐叶事加封。乡居豪横民皆愤,何似陈桥宋太宗!

项城六弟世彤,无学问,项城在籍田产两千余亩,皆为其所有,居乡豪横,多行不义,人闻袁六大人之名,皆畏避之,故兄弟向不睦。刘君《纪事诗》载其致项城信,信中所云"挑灯织履,次晨市之",非实。又清停科举后,兴新学,项城与先父捐资于本县百冢铺(即古南顿,离城三十里)创办学堂,建筑为平瓦房。信中所云建宫殿四间及先父回项城,非实。后世彤将学堂房舍拆毁,砖瓦木料器具尽运去其家,项城县人尽知之,学堂遂废。世彤性情,极如孔子所谓"近之则不逊,远之则怨"者。洪宪时曾来京,居中南海数月,复归里,余曾去西车站相送。项城子无李世民,弟无赵光义,亦失败之一因。

三八

不在家乡学种田,长门长子谱中传。封侯只待无他事,更向奇人学剑仙。

袁克明伯达,为项城长兄之长子,凤居乡。洪宪事起,自以为长门长子,当有封侯之望,遂由家乡来京,寓余家无他事,专待封爵。时有衡阳龙佐才者,自称为剑侠,段祺瑞任国务总理,尚给以谘议名义。余曾见于拱卫军索团长家。彼伸左手,以右手抚之,肉中即现八卦太极形。又由余随写文语,彼去别室,余写毕再唤其来(余所写为余之志愿,内错写一字,经涂抹改易,写毕呼其来),彼出所写与余同,所涂抹改易之字,彼亦涂抹改易。但未见其剑。次年余又访之,问其剑,彼出一桃木小剑,谓彼曾与袁伯达看,放出若流星然,伯达愿拜彼为师。时帝制已取销,伯达已回里,无能问龙是否剑侠,今尚疑之,或亦日本催眠术之类。

三九

龙蟠虎踞势开场,岂愿离山作子房。公爵何如男爵贵,清皇毕竟胜京皇。

辛亥,冯国璋率军攻下汉阳,清廷封冯一等男爵;洪宪时督理江苏军务,封一等公爵。段祺瑞投靠日本,冯与通谋,为倒袁之中坚。冯曾言彼虽不赞成共和,今不能再从袁氏作孽。项城调冯任参谋总长,冯以为调虎离山,不去京,乃遥领参谋部。项城命内使监阮忠枢斗胆去南京晤冯,劝其以北洋团体为重。冯除于阮到日设筵接风外,日必与阮烟榻对谈,余时则由秘书长恽宝惠公孚陪伴,并暗中密示应付机宜。阮此一行,只是双方敷衍。最后决定召集南京会议。阮致项城密电,冯签字,交秘书长送电报室拍发。电文开首曰"北京皇帝陛下"。但此时冯之视北京皇帝,犹不如视清皇及日本天皇之高尊也。

四〇

　　诤言岂是出真忱,保护身家敢自任。劝退电文原有意,只堪一笑论诛心。

　　冯国璋召集南京会议劝项城退位,外邀张勋、倪嗣冲。张代表为张文生,倪则亲到。张不发一言,倪则向冯诘责,不应破坏北洋团体。后山东代表丁世峄谓袁信誉已隳,虽退就总统,亦难维持。倪厉声反对,丁即退席。后又开会一次,两方皆不多言,无结果而散。数日后,冯发劝退电文,内有"请敝庿尊荣,生命财产由国璋担保"等语。此为恽公孚兄对余所言。公孚当时为冯之秘书长,亦即草此电文者。按冯劝退电文,非如严范孙先生剀切陈辞为袁氏谋之一片真诚,不仅劝项城取消帝制,并劝退总统位。电文内"生命财产由国璋担保"一语,及山东代表丁世峄之言,已昭然若揭。盖冯深恨于项城,若清室复辟,彼仍当封爵,共和则彼有继任总统之望;但无人为诛心之论耳。

四一

　　但思何以利吾身,朋友交情岂有真。三变识时君子事,倒皇人是保皇人。

　　王祖同,先父任河南都督时为民政厅长,与陆荣廷有旧交。洪宪中,项城任为广西巡按使,盖对陆事羁縻也。冯国璋密电陆,介绍梁任公去广西晤谈。任公在戊戌为保皇首领,时号"康梁";项城为总统时,任公曾出任总长;复辟之役,任公又随段祺瑞反对。君子有三变,识时务者为俊杰。任公与陆晤,详述当前局势,陆遂宣告独立,而王不知也。陆旋护送王回京。梁任公去广西事,乃恽公孚兄对余言者。

四二

六军散去再收难,绿叶全无剩牡丹。南粤赵佗空有梦,龙王失水困沙滩。

龙济光,洪宪时督理广东军务,特加郡王衔,后任两广巡阅使。帝制取消后,与革命军战败,溃逃北京,犹携两广巡阅使印自随。

四三

纵使龙兴鼎革新,后来谁是继承人。邺台只有陈思俊,惜少唐家李世民。

洪宪初,先父曾劝项城勿为,谓即使成功,难以为继,试看后人谁为李世民耶?清室逊位,洪宪帝制,克定皆力主持;但与筹安会之流谋,皆文人徒事空言,无实力武功。迨直、皖诸将尽不用命,项城始感克定非李世民之才,然已晚矣。

四四

跪拜礼行最解颐,不知大事势都移。东宫储位何尝定,却笑空言太子辞。

克定本无雄才大略,洪宪时以太子自居,见人对其行跪拜礼则喜。帝制势渐非,项城颇懊丧,对克定时加诃责。克定不自安,一日见先父曰:"辞去太子可乎?"先父曰:"储位本未定,何从言辞耶?"克定嗒然无语。

四五

鹓行无与列朝班,礼聘蒲轮师友间。太子何尝生羽翼,嵩山终不似商山。

洪宪时,赵尔巽、李经羲、严范孙、徐世昌为嵩山四友,不以臣视;但与皇储殊少见,亦非拥护帝制者,非似商山之四皓也。

四六

群言举世已滔滔,假印刊章孰捉刀? 袁氏家规惩大过,一场戏演打龙袍。

克定伪印《顺天时报》,皆言日本如何赞成帝制。洪宪势渐非,项城颇不怡。一日寒云之妹以花生米进,包花生米之纸,则为真《顺天时报》。项城见之,始知所阅之《顺天时报》,皆克定伪印,盛怒,命对克定施夏楚。袁氏家规,子弟有过,尊长令旁人挞之;但他人对皇储,何敢如此,只作比画而已,亦如演一出《打龙袍》戏也。

四七

抗节书生已可钦,陈王义更感人深。五元一命兰亭本,早见琼楼玉宇心。

吴则虞族人吴步蟾茂才,有《落水兰亭帖》,后有鲜于学士诸跋,乃得自海源阁杨至堂家者。帖中尚夹有包慎伯、丁俭卿致杨至堂论《兰亭》各一札。茂才阻帝制,上书忤项城,几不测,乃挟此帖求援于王式通。王固重安吴书法,见札细阅,因留茂才饭。适寒云至,王告以故。寒云帖果留下,云:"我愿送君到天津买船行。"茂才曰:"甚愿。"寒云挈之赴前门登车。时囊无寸铢,向仆从索得五元,买车票去。茂才曰:"《落水兰亭》可易名曰'五元一命兰亭'。"及归,安吴书札属式通,《兰亭》则归寒云,果易题曰《五元一命兰亭》。后此帖归于右任,然"五元一命"四字,辄不可考,以质柳翼谋,柳亦不知其本事。江彤侯与茂才卝角交,曾记其事。后茂才为村塾师以老。段祺瑞执政时,有京兆尹某,延茂才入幕。茂才不愿远行,曰:"吾无第二《落水兰亭》,也无第二寒云公子;五元难得,一命难全,不再入京矣!"即此一事,足佩寒云之落落,已早见"琼楼玉宇"之心矣。

四八

小树风随大树风,六军不进敌相通。陈侯赤手终何济,伫看新华梦已空。

项城任陈宧督理四川军务,封一等侯,以当滇军,倚畀甚重。陈所率军队,为冯玉祥部。冯为人叵测,见段祺瑞、冯国璋皆反对帝制,乃与敌通而不战。陈非有意反袁,惟赤手空拳,无可奈何,为保自身,遂亦宣告独立。至此新华梦已近终场矣。

四九

举国皆知是莽操,歌功颂德亦徒劳。人心已去军心散,誓愿空余背八条。

洪宪时,凡在军籍,每人皆发给一小手册,内载八条,有报国、保主、爱民、守纪律、服从上级等,须宣誓背诵。但有历史知识,对项城推倒清室,自为帝制,莫不知为操、莽之事。人心未孚,军心亦未固,虽宣誓背诵此八条,亦具文耳。

五〇

泉源本自出东君,水到渠成势已分。狗监虎贲皆反噬,大功坐付蔡将军。

反帝倒袁,实为日本所操纵,势已水到渠成;段祺瑞、冯国璋皆反噬,诸军不战,蔡松坡固坐享其成也。按项城固当反,但段、冯之反袁,尚有不同者。冯于清室,犹未忘恩,对项城负清,帝制自为,有鄙恨意;

又见人心向背，国际形势，已于项城不利，且为自身尚有后望。段则投靠日本，扩张其皖系势力，作卖国走狗，其罪尤甚于项城也。

五一

筹安会散可如何，禅位不为误共和。捧日有心终不达，况当乱国墨西哥！

洪宪帝制取消，杨度呈辞参政文内，有"捧日有心，当墨西哥之乱国"等语，全文载《春游琐谈》。

五二

地脉如何出假龙，两朝四世位三公。一场短短新华梦，却负空山卧雪风。

项城县相传有李铁拐《过项歌》，谓地脉应出一假皇帝及将相。项城实袁安后。袁安至袁绍四世三公，出一袁术；自袁甲三至项城，亦皆位三公，而有洪宪之事，负卧雪家风矣。或谓寒云演昆曲饰建文帝，乃以假作真。余表叔高采臣者，人殊鄙俗，与余不相能；余喜演剧，又饰老生，高乃谮于先父曰：彼实应为将帅，做大官，但因演戏，破坏了风水。项城县风水，不意竟为寒云与余所坏？

五三

八千子弟一人无，兴叹黄须望霸图。段虎白狼如有约，长城自坏失陪都。

民元、二年，先父任河南都督。河南原有陆军一师，一混成旅，及镇嵩军、巡防营等约两万人。计划更编练五师：以一师驻信阳，控制湖北；一师驻洛阳，控制陕西；一师驻归德，控制江苏；一师驻彰德，巩固冀、鲁；一师驻郑州，互作策应。定洛阳为陪都，作根本之计。时豫匪白狼窜扰豫、皖间，围剿尚未竣功。段祺瑞任陆军总长，与先父不相能，言于项城，谓先父不谙军事。项城将先父调京，豫人遂无有兵权者。而项城之后人，不惟无李世民，即黄须曹彰亦无。洪宪时，项城颇悔之，乃有创办模范团之事，然已缓不济急矣。

五四

根本计疏固梓桑，大风歌竟不还乡。国贤尽节延年死，猛士无人守四方。

项城疏于"江东"之谋。昔豫人统兵者，有刘永庆延年，项城人，清任江北提督，卒于任；赵国贤，项城人，任潮州总兵，辛亥尽节于潮州；先父任河南都督，民二调京任文职。统兵者皆直、皖两系，不为用。猛士无人，项城遂不能归故乡为《大风》之歌矣。

五五

世界空云到大同，折冲尊俎互争雄。后台竟作阋墙事，致使宏图误近攻。

项城之为帝制，其主因，乃实由英、德两国之倡赞。英、德皆帝国，谓中国政体尚不宜共和，实为妒日本对中国侵略独获其利。项城以有两大国之奥援，国内为其所掌握，用远交近攻之策，日本器小易盈，容易对付，帝制自为，百无一失。不意欧战发生，英、德成交战国，自顾不暇，日本遂提出二十一条，对项城压迫，又买走段祺瑞，拆散项城之班底，帝制遂失败。成败主因，实在国际而不在国内也。

五六

铸成两错欲全难，尚有留侯志报韩。不起沉疴王气尽，枉谋借箸事偏安。

项城为帝制,先父初不赞助,彼此间至有隔膜。取消帝制时,先父谓项城:为帝制是大错,今取消帝制,即彻底垮台,退为总统,亦未能久,仍是大错。宜回河南,以直、鲁、豫三省为根据地,作负隅之计,再图后谋。先父命张钫伯英去豫,与督理军务赵倜及河南各将领商谈:总统府迁洛阳,以赵倜为副总统。时赵倜知大事已去,恐项城或先父到豫,反于彼不利,乃将伯英羁留于督署,欲坐以煽动军队之罪杀之。赵、张两家,夙相往来,赵内眷乃泄于伯英,托人于外间电先父求救。先父由统率办事处电令赵倜,将伯英押解来京,交军政执法处。雷震春知此事,大骂赵倜而将伯英释放。时项城病已渐重,月余即逝世矣。

五七

惟剩岩峣土一丘,新林不见郁松楸。丰碑镌去书标语,大盗身为窃国侯。

项城逝后,葬其园墅东北方,筑一高丘,周围植松楸,号"袁林"。洹上村车站树神道碑。后镌去,书刻"窃国大盗"四字。

五八

北来曾未以臣名,驴背何须见太平。一瞬千年同是梦,安心高枕听鸡鸣。

方地山课寒云及诸子,放浪不羁,洪宪时未居官。有挽项城联云:"论琼楼风雨之诗,南国亦知公有子;承便殿共和明问,北来未以我为臣。"又自书洪宪时代题室中窗帘诗云:"千年大睡浑闲事,何必陈抟见太平。利且不为何况善,安心高枕听鸡鸣。"想见其风概,亦非赞成帝制者。

五九

慷慨淋漓唱八阳，悲歌权当哭先皇。眼前多少忘恩事，说法惟应演刺汤。

项城逝世后，寒云与红豆馆主溥侗时爨演昆曲。寒云演《惨睹》（一名《八阳》）一剧，饰建文帝维肖。吴则虞兄曾至贵州某僻地，有小庙，祀建文及殉难诸臣像，与剧中像无二。旁有联云："祖以僧为帝，孙以帝为僧，弹指阅兴亡，法席难追皇觉寺；君不死竟归，臣不归竟死，抚膺伤往昔，钟声错认景阳宫。"寒云演此剧，悲歌苍凉，似作先皇之哭。后寒云又喜演《审头刺汤》一剧，自饰汤勤。回看龙虎英雄，门下厮养，有多少忘恩负义之事，不啻现身说法矣。

六○

亦似非臣亦似臣，封王异姓迈懿亲。津门夺印成终局，难作逢场木偶人。

洪宪时，黎元洪封武义亲王，未受亦未拒，态度在模棱间。项城逝世，在徐世昌前后继任总统，依违军阀间，政令不出总统府门。至曹锟欲为总统，令警察罢岗，财政部不支给各机关经费，黎携总统印出走天津。至天津车站，由直隶省长王承斌将总统印夺去。黎之政治生命，至此告终。

六一

书生投笔事从戎，圣代曾无佐命功。扰攘看他门外事，早知藏尾似神龙。

王士珍为清秀才，项城小站练兵，往投军，在北洋派中资位最老。洪宪时，从不言赞成与反对。项城逝后即不仕，杜门谢客；北洋派内哄,皆不与闻,诚所谓"神龙见首不见尾"者。

六二

儿皇竟欲父东瀛,小站都忘事练兵。再起东山成画虎,围棋端不救苍生。

段祺瑞在洪宪时,即与日人勾结,故敢对项城反噬。复辟之役,段又成立亲日内阁。盖其"鹅毛扇"徐树铮为日本士官学校留学生,有由来也。段原配亡,继室张夫人,其父仕清,卒于任。张伶仃无依,认项城正室于夫人为义母,于夫人抚养之。辛亥年,于夫人为媒,于归于段。洪宪时,段一日在家大骂项城。夫人曰:"你今日之位从何而来?何无良心至此!"段闻之怒,掌夫人两颊。时项城长孙家蓉,方十岁,以此事见段骂之。段言于项城,项城曰:"彼小孩子不知礼,无须与计较。"此为家蓉对余言者。直、奉战,直系败后,段重为执政。时有力者为张(作霖)、冯(玉祥)两系。冯去天津晤张,张欲扣押之。段以为两系俱存,彼可从中操纵,派人去津见张,力劝勿为此举,乃后竟为冯所挟制。冯既枪杀徐树铮于廊房,又怂恿学生将火烧执政府。昔日之虎,竟成今日之犬。段不得已,乃退位。又段好围棋,以"国手"自命,棋艺实甚劣。国手往与段对棋,阍者必先告以勿胜,国手则故负一二子以示弱,而段不知也。何可与东山谢太傅媲美哉!

六三

虽承大统减威风,德位谁尊大树冯;兄弟称呼成习惯,朝仪难起叔孙通。

冯国璋继任总统,如张勋、倪嗣冲、张怀芝、雷震春、段芝贵等与函札,上称"华甫总统大哥",下署"弟某",仍从北洋袍泽例,不以领袖视之。虽叔孙通再生,亦难起朝仪也。

六四

　　未料他年竭泽渔，银牌空挂戏红蕖。哀联谁拟传佳句，太息北洋狗已无！

　　中南海，明嘉靖、清慈禧皆有放生鱼，翅带金牌。传洪宪时，豫省进黄河鲜鲤，项城亦择巨者，翅贯银牌，上镌"洪宪"字，放生海中。《洪宪纪事诗》并有注甚详。冯国璋继任总统时，尽捕中南海巨鱼出售。中南海为历代放生之所，未料鱼亦有此一劫。冯卒于任，有人挽以联云："南海鱼何在；北洋狗已无。"谑而虐矣！

六五

　　利国无能但利身，虚名开济两朝臣。笑他药性如甘草，却负黄花号菊人！

　　徐世昌，清末为军机大臣，项城时为国务卿。两朝开济之臣，利国虽不足，而利身有余，其圆滑机变，当过于长乐老。洪宪时在半推半就间，既恐成功失其位，又恐失败毁其名，终为"嵩山四友"，此《缙绅录》糊名之由也。复辟时欲为内阁总理，并要求以其女为宣统后；后命曹汝霖去日使馆探询日本对复辟之态度，使馆方面云，对复辟坚决反对，徐遂避不露面。人谓徐如药性中之甘草，虽号"菊人"，有负黄花矣。

六六

　　胜清品级溯从头，起自微官未入流。枉自大名称快马，新朝犹恨不封侯。

　　张锡銮继先父任直隶总督。彼自云：官清代自佐杂未入流起，至正一品，一级未遗。张任东边道时，有某将军善乘快马，一日张与并骑,驰而过之,人因称以"快马张"。见李伯元《南亭笔记》。洪宪前卒,否则亦当封侯矣。

六七

地瘠兵多措养难,阋墙势欲启争端。岂因不信堪舆说,病榻军符付幼丹。

倪嗣冲为北洋宿将,洪宪时以安武将军督理安徽军务,封一等公。虽属皖系,但不背袁而反对清室复辟。后任长江巡阅使兼安徽督军。复辟失败后,皖系正当权,时李纯为江苏督军,倪以安徽地瘠,不足养兵,欲占取江苏,战端有箭在弦上之势。蚌埠形势,淮河自南来,又由西而东,河东南有一小山,上皆丛冢。堪舆家言,此山关蚌埠地脉,不宜建筑;倪未信其说,掘去丛坟,于山上修建房舍。不久,倪竟病瘫,欲取江苏之事遂寝,由其子倪幼丹代行军务。至直、皖战,皖系失败,倪始辞去督军,由军务帮办马联甲继任。

六八

总镇天津继霸天,大名三冒久相传。武夫却亦耽风景,买宅清流七二泉。

相传黄天霸为绿林中"四霸天"之一,后任天津镇总兵,夜被盗杀头,置于署门外旗杆斗中。按黄天霸实有其人其事,并有谥法。张怀芝在项城督直时,任天津镇总兵,性爽快,人以"张三冒"称之,虽武夫而心细。庚子义和团围攻东交民巷各国使馆时,张统带炮兵在城上布置炮位,对使馆炮一发,使馆可毁。张乃向荣禄请示云:"炮已安好,须待中堂发令始开炮。"荣不答。张云:"中堂不给令,卑职不能去。"荣曰:"你的炮一响,里面就知道了。"张大悟,即辞去,将炮口安对天空,放了几炮了事。后张任山东督军,买宅泉水区。宅内有两泉,澄澈见底,荇藻参差,余曾往游览。

六九

小站投军溯北洋，督军方面剧堂皇。出身不忘锡天宝，老鸨犹呼姐妹行。

孟恩远少时，为天津锡天宝妓院伙计。项城小站练兵时，孟往投军。洪宪时任镇安左将军，督理吉林省军务。督军团反黎元洪通电，孟为领衔。虽贵但未忘本，每至天津，必去锡天宝，见鸨母，犹以姐妹相称，并于锡天宝设筵，广为招揽贵客。在天津妓院中，锡天宝遂盛于一时。

七○

慈恩盛日忍相忘，凝碧池头梦一场。此曲竟非天上有，苗人亦复效周郎。

谭鑫培为西太后所赏，宠遇优渥，鑫培无时忘恩，晚年不复登场演剧。项城逝世后，陆荣廷来京，当局设筵演剧以事欢迎，逼鑫培出演。陆为广西苗族，本不知曲。谭不得已，勉演《洪洋洞》，回家不久即病逝。

七一

敢因世易负初心，辫子盘头发不簪。福禄长生牌位供，愚忠岂是感人深。

张勋入民国后，仍蓄发拖辫子，其军队亦皆辫子盘头，示始终忠于清室；但云有项城在，则不为复辟之举。洪宪时，张与冯国璋曾联电致项城，劝勿为帝制，然亦不为倒袁之事。项城逝世，清室遗老又至南京，见冯国璋言其事。冯极赞成，云事勿犹疑，彼可派兵两师北上。某遗老又去徐州见张，而张反云事宜从缓，遂寝。据传闻，张之参谋长万绳栻曾受倪嗣冲四万元,劝张以时机未到,勿遽为复辟,张为所惑而犹豫。迨黎、段龃龉,督军团通电反黎,开徐州会议,始作复辟之议。各督军或亲至,或有代表,对复辟俱赞成签字。段祺瑞之代表为丁士源,而签名者尚有谭延闿。复辟宣告文草,徐世昌曾亲笔改易数字。后张率兵入京,仓卒间宣告复辟,一包大揽,自为领班议政大臣兼直隶总督。按北洋派势力为直、皖两系,而皖尤专横。段早于洪宪时即与日本勾结,已知日人不愿中国有安定统一局面。而欲为皖系之扩张,复辟无其权位,遂至马厂,以李长泰师入京讨张。张所率兵只二千人,寡不敌众,乃归失败。张避居荷兰使馆,曾扬言要将各方签名之复辟宣告,公之报端。后张向万绳栻索此文告稿,万云已烧毁,实徐树铮以四万元向万绳栻买去也。有人于徐家清理文件时,曾见此宣告稿,故知签字者有谭延闿之名。复辟若在某遗老见冯国璋时为之,事可成;后以儿戏为之,事遂败。张忠而无谋,实负清室。余偶为分咏诗钟,题为"张勋"、"番风",联云:"更使至尊忧社稷,递催花信到清明。"盖讥之也。忆余居西城弓弦胡同似园时,街西有一小庙,中有一道士。一日余偶入庙游,道士供茶,旋引余至一室,供神像,像后取出一牌位,上书"张忠武公勋长生福禄之位"。岂是张感人之深?道士固愚昧,当时市民亦有愿复辟而即悬龙旗者,盖亦有愤于袁氏之叛清而自为帝制也。

七二

同袍未料记恩仇,缧绁犹荣作楚囚。今日香山楼尚在,毁家助振捍洪流。

复辟之役,先父任度支部尚书、议政大臣,雷震春任陆军部尚书。复辟失败,先父以彼此皆北洋旧人,无所顾虑,与雷同去天津,至丰台被扣,押解陆军部。时段芝贵为京畿卫戍总司令,即段所为,盖报复先父指使张作霖赶彼之事。雷震春归军事法庭裁判,先父移大理院判徒刑。住医院看守时，近畿发生水灾，熊希龄为近畿水灾振务督办，彼与先父至友王祖同肖庭商，希先父捐款助振，可救济灾童流离失所者。肖庭言于先父，允之，由余出名捐公债、交通票、现洋各十万元，毁家以助振。熊即以此捐款收留被水灾难童，办香山慈幼院，于香山建一楼，名"镇芳楼"，以纪念先父。后先父与雷震春以发往前敌效力结案，对余则给予二等大绶嘉禾章、简任职存记结案。先父六十寿及先叔寿，余发征寿文启。记康南海联云："述孝承先，兄弟相携，永锡难老；以忠获罪，缧绁之中，虽败犹荣。"即言先父被囚禁事也。

七三

遗老调停不解纷，长辛店上战云殷。投鞭难断黄河水，飞檄空传北路军。

直、皖战后，直、奉战即将起时，张勋绍轩欲去徐州重领其军队，须张作霖致中央一电推毂，乃托先父致函张作霖，由余携往见张说项。余见张，谓绍帅至徐州领其旧部，如战事起，可与河南赵偶军联系一起，前后夹攻。张云：现赵次帅已出面调停，你明日即回去，请你尊翁也出来共作调解；绍帅之事，以后再讲。次日余行时又往见张，张云：我不打他，他要打我，现在非打不可了。余云：绍帅之事如何？张云：现我已不承认中央，不能打电写信，你拿我一张片子见周自齐（时周为总理），说我同意绍帅去徐州。余回京与周约晤面，至时周避不见。后知徐世昌（时任总统）意以两系俱在，可于中操纵；如战事起，有胜败，只有一系，于彼不利。绍轩去徐州，彼认为反有助于战事。又奉军副司令张景惠，时任察哈尔都统，颇接近直系，有通电主和。周曾与商，彼亦不主张绍轩去徐州，故事寝。旋战事发，张作霖通电，有"投鞭断黄河之水，走马看洛阳之花"等语。张作霖入关至军粮城，余同商衍瀛、刘佑常往见。张曰：现开战，各方皆不动，如战不胜，关外尚有三十万人，必将倾巢而来。又云：绍轩要干就出来干。

余等又至秘书处,秘书长谭国桓谓势甚危急,摇旗呐喊也好,乃拟一通电。张勋为北路军总司令,参加对直系作战;奉军右翼在长辛店西,为张景惠部队。冯玉祥从马鞍山(戒台寺)向右翼侧击,张景惠军先退,未一星期,奉军即全线溃败。后绍轩居津,抑郁病卒。

七四

报胜传来一电乖,可怜爨演割须谐。赵家天下归乌有,无复珍珠玩睡鞋。

赵倜,汝南人,为驻河南毅军统领。美须髯,颇有外表。先父卸任河南都督,电项城保赵继任。后极贪婪专横,厅道局县,皆其私人,一时有"赵家天下赵家官"之说。灵宝县,古弘农郡,为杨贵妃生地,故俗传灵宝多出美人。赵纳一灵宝妾,称"西屋太太",极宠昵。有候补县知事车云者,乃异想天开,进献西屋太太睡鞋一双,上以珍珠串绣车及朵云,合其名姓。赵大喜,车云遂屡任优缺。直、皖战,皖系败,赵外敷衍。直、奉战起,奉军势蹙垂败,张作霖急电赵,谓已战胜,促赵从后方攻击,迟则失机。赵不知奉已败,即出兵攻郑州,吴佩孚以冯玉祥师当之,赵军披靡,赵倜乃割须而逃。

七五

森严执法少连株,皖系中间是独夫。有命一条钱没有,小儿还要喝糊涂。

雷震春,洪宪前后任军政执法处长,人直率,任职时少所株连。籍安徽宿州,但与皖系不接近。张勋复辟之役,任陆军部尚书。复辟失败,与先父同去天津,至丰台被扣,押解陆军部,移军事法庭。裁判长为陆锦。询问时,雷甚倔强,曰:你是陆军部侍郎,凡事都知道,问我何为? 后与先父同发往前敌效力了事。一日余往候,问在羁押时,段方是否意欲要钱,雷曰:要命一条,要钱没有,还留着小儿喝糊涂哩！河南、皖北一带,以面作粥,名曰糊涂。

七六

胡天万里失封疆,空恨俄皇爱日皇。虎旅三军新训练,却将内战作边防。

复辟之役后,段祺瑞重执政权,当时称亲日政府;徐树铮、曹汝霖、王揖唐各掌军事、外交政权,而尤以徐树铮为重要,夙称段祺瑞之灵魂,向日本借得巨款购买武器。徐任蒙疆经略使,但俄国已占领库伦,外蒙独立,空有经略之名,竟以边防军移作内战,借图消灭直系势力。奉天张作霖以为直系失败,彼亦难图存,因与直系联合,共抗边防军,于琉璃河一带开战。边防军溃败,皖系遂垮台。

七七

鬼子一时势未谐,雄心竟欲捣龙潭。回师未捷身先死,断送袁朝小小男。

直、奉战,因冯玉祥倒戈,直系失败。后张作霖取得江苏、安徽,任杨宇霆、姜登选为督军。奉军军团长郭松龄,号"郭鬼子",以未得地盘怀恨,因与冯玉祥勾结倒戈,攻沈阳,战于新民,军败被获身死。洪宪时,林长民为上大夫、政事堂参议,项城命书新殿匾额。书就呈阅,项城大嘉许。长民笑向人曰:他日小小男爵,总有一位。见《洪宪纪事诗》"筒瓦参差建宝蓝"诗。后林加入研究系,与原参议院长王家襄作政治活动;时又加入郭军,中流弹身死。

七八

韩侯胯下辱非奇,万事权宜在识时。但为前途开道路,将军胡子亦堪师。

叶恭绰誉虎,洪宪时任交通次长,有干才。梁士诒任总长,深倚畀之。后在青岛湛山建梵宇,刻经典,收藏书画,著《广箧中词》,有功于佛学文苑。人云其曾拜张作霖为师。盖罢官久,部属投闲者多,无啖饭地;受辱胯下,再为冯妇,亦非得已。但拔茅连茹,获赐者众矣。

七九

提督九门壁垒森,五朝出处阅人深。破枪老卒归淘汰,唱和惟同李杜吟。

清步军统领,俗称九门提督,至民国仍存其职。士兵皆清末所招募者,年近四十岁矣;枪枝为旧毛瑟枪,只摆样子耳。江朝宗自清末,经民国,洪宪,冯、黎、徐继任总统,及复辟之役,始终任是职。其家大门,有"三定京师"一匾额,亦即五朝元老。后归淘汰,江乃办悟善社。日寇入侵,又任伪北京市长。一日与夏仁虎枝巢遇,江问近作何消遣,枝巢对以偶作诗。江曰:我亦常作诗,每与李白、杜甫唱和。盖谓扶乩,李、杜降坛赋诗也。

八〇

倩影离魂误著辞,看花雾里眼迷离。如何多为云郎事,开罪北门旧上司。

傅增湘沅叔,清末任直隶提学使。项城五子规庵让余《紫云出浴图》,余更浼人题跋。陈庸庵制军题诗后,并于引首书"倩影离魂"四字,人皆以为不称体。沅翁题诗有句云:"嗤他海上庸庵叟,雾里看花恐未真。"陈见之甚怒,复题诗让之。沅翁乃肃函谢罪。谓余曰:罗瘿公为程艳秋征诗,彼诗用紫云事,被罗退回;今又以紫云开罪旧上司,何紫云对彼之不利耶?

八一

警卫无军守近畿,南征东讨事都非。残棋难续新华梦,蛇尾徒羞号虎威。

曹锟,洪宪时始为师长,后任直隶督军、直鲁豫巡阅使、虎威上将军。既败皖系,又败奉军,遂贿买国会议员,逐黎元洪,任总统;南赶走浙督卢永祥,又东征奉天。乃吴佩孚对冯玉祥用而又疑,疑而又用,后方无备,京畿无守军,因冯之倒戈而失败。号称虎威,以蛇尾收场。自项城至曹后,遂无总统。此为北洋派阋墙最后之一战,至此北洋派即将寿终正寝矣,实则为英美战胜日本也。

八二

不栉才人久负名,洛神未赋亦多情。宓妃有枕无留处,惆怅词媛吕碧城。

吕碧城为近代女词人,曾见其词集《晓珠词》,前有陈沅序,言其与寒云以词相知,有人愿为媒,使成为姻缘;但寒云已婚于刘氏,遂罢。此亦一恨事也。

八三

季子藏书富一时,风流儒雅亦相知。海南红豆多情种,不负陈王题画诗。

浙人王季欢,曾为财政部金事,喜藏书。妇为温彝曧女,工诗能画,寒云为题诗。季欢辑寒云题画诗一卷,中有寒云外室沈某一跋,钤"海南红豆多情种"一印。沈疑为粤人也。此书后入金涛花近楼。

八四

一廛百宋孰能俦,充栋何须汗九牛。记是观书钤小像,清癯玉骨不胜秋。

寒云藏书,只收宋版精本,不以多为胜。余曾见寒云藏宋版书影印本,后钤一印,刻寒云观书小像,极雅肖。印为张瘦梅制,张本寒云弟子。寒云昔体削瘦,貌清癯,玉骨横秋,若不胜衣。此正演《惨睹》之时。后体渐丰腴,登场则只演《群英会》中之蒋幹、《审头》中之汤勤矣。

八五

宓妃留枕待陈王,公子挥金喜若狂。杂剧谱成无价宝,千年真见凤随凰。

黄荛圃得宋本《鱼玄机诗》,内有余秋室写《玄机诗思图》,王惕甫、曹墨琴夫妇题词。后归长沙黄鹤汀观察,转至周海珊处,寒云以八百金得之。吴霜厓为谱《无价宝》杂剧。叶郎园题诗有云:"书棚宋甲胜麻沙,刻画无盐到我家。闻道佳人嫁厮养,请君重谱凤随鸦。"此诗竟谓寒云为厮养,殊使人不平。试问藏书者谁非厮养?玄机诗应何人始可藏?余则谓使玄机而在,必谓寒云为有情郎,当有留枕之意,决不以厮养视之。此宋本玄机诗归寒云,不惟非"凤随鸦",而直"凤随凰"也。

八六

危语倾听独与筹,无人谏疏似韩休。当年共立程门雪,犹忆春风戒酒楼。

戒酒楼,为严范孙先生别墅。昔在天津国民饭店对面。辛亥年,余及项城四、五、六、七诸子,同肄业新学书院,下课即在此午饭,范孙先生有时来视,并考问功课,训勉有加。洪宪时,先生入京见项城,力劝帝制不可为,为袁氏谋者,言无不尽。项城虽为所动,但以群小包围,不能决然停止筹安会,以至失败,惜哉!

八七

　　三公四世竟忘恩,不恤遗羞到子孙。青史千秋谁得似,阿爹端合比桓温。

　　某岁,余与项城四、五、六、七、八诸子,同车往彰德洹上村,祝项城正室于夫人寿。于车中谈及项城在历史上比何人。克端曰:操、莽耳。克权曰:可比桓温。众论乃定。

八八

　　礼问曾无在盛时,宫廷未见注朝仪。高堂洹上随诸子,婺女星明进寿卮。

　　洪宪时,项城正室于夫人年节寿日,余皆未曾拜贺,仪注如何,故无所知。项城逝后,于夫人居彰德洹上村。某岁值夫人寿辰,余随项城四、五、六、七、八子往祝寿,见于后堂;行家人礼,淳朴有乡风,举止殊不似皇后之尊严也。

八九

　　方大狂名沽上传,争教红粉乞佳联。甑尘堆满炊无米,犹玩氤氲避火钱。

　　方地山居天津,以联圣称。勾阑妓乞其书联悬室内,则其声价倍增。寒云曾为印《无隅偶语》一册。藏一古钱,一面铸春宫图,一面书刻"天地氤氲"四字,常摩挲之。贫甚时无米以为炊,但不改其乐也。

九〇

　　尚有立锥在一隅,阮囊争奈哭穷途。多情应谢袁公子,让我云郎出浴图。

项城五子克权规庵,为端方婿。奁赠有《紫云出浴图卷》,陈鹄画。紫云浴后,披宝蓝衫坐石上,右置一箫,发鬖鬖,凝睇若有所思。后有冒巢民、王渔洋以次康熙中鸿博题者七十四人。余欲得此卷。时方地山先生甚贫窘,居一斗室,囊空无以为炊。余与地山谋,议价从丰,余多出,规庵少得,以助地山。乃由地山居间,议价三千元。规庵毅然割爱,收价一半,以一半归地山。此不惟为一雅事,亦足见师友之义。

九一

奁赠宋刊雅事齐,风流无那羡金闺。洛神即让陈王赋,亦有诗才似玉谿。

有孔氏者,与安徽孙鼎臣孙女联姻,以宋刻小字本《通鉴》为奁赠。项城五子克权规庵为端午桥婿,端以百衲本《史记》及仇十洲《腊梅水仙》幅、陈鹄《紫云出浴图》为奁赠,同一雅事。项城诸子有文采者,除寒云外则为规庵,诗学李义山。寒云亦曾言及五弟之诗,可入玉谿之室。

九二

犹留玉印在人间,相对胡卢一笑看。沽上艳名传小翠,风流今尚说三元。

项城逝世后,四子克端以次,皆居天津小白楼,余时相过往。诸子皆有皇子印。一日余至项城八子克轸室,见其案上皇八子印,余笑谓曰:"使项城为王,君印文为何?"相顾一笑。天津有妓小翠者,绝色也,贵人富贾争趋之。海关监督袁某、袁乃宽之子骏伯,及克轸,皆与小翠识,时人号为"三元":某监督为解元,为解款者;骏伯为会元,为汇款者;克轸为状元,实事求是者也。

九三

琵琶声歇郁轮袍,酒意诗情兴尚豪。门外雪花飞似掌,
胭脂醉对快挥毫。

某岁冬,与寒云及红豆馆主,共演剧于开明戏院。寒云与王凤卿
演《审头刺汤》,余及红豆演《战宛城》。余饰张绣,红豆饰曹操,九阵
风饰婶娘,钱宝森、许德义饰典韦、许褚。夜已二时,戏尚未终,未至
刺婶,遂散场。寒云兴犹未尽,同至妓馆夜饮。天大雪,时求寒云书
者多,妓为研墨伸纸,寒云左持盏而右挥毫,书毕已四时许,余始冒雪
归。寒雪及余各有《踏莎行》词纪此事。

九四

公子齐名海上闻,辽东红豆两将军。中州更有双词客,
粉墨登场号二云。

人谓近代四公子,一为寒云,二为余,三为张学良,四一说为卢永
祥之子小嘉,一说为张謇之子孝若。又有谓:一为红豆馆主溥侗,二
为寒云,三为余,四为张学良。此说盛传于上海,后传至北京。前十
年余居海甸,人亦指余曰:此四公子之一也。余登台演剧,以冻云楼
主名,又有人谓为中州二云者。沽上词人王伯龙题余《丛碧词》云:
"洹上起寒云,词坛两俊人。"

九五

日课拉丁文字攻,凌晨起步态龙钟。皇储谁谓无风雅,
秃笔还能画草虫。

云台(克定字)居余展春园,每晨起散步。因昔于彰德坠马伤足,

且年已过七十,步履颇龙钟。回室后,即读拉丁文。曾为室人潘素画花卉草虫数开,虽不工而笔亦古拙。又有题潘素画诗。今画已失,而诗尚存。

九六

行年六十已平头,贝子园中汔可休。门下英雄龙虎狗,到时一例等蜉蝣。

卢沟桥事变后,克定居万牲园。值六十岁寿,余往祝,寿以联云:"桑海几风云,英雄龙虎皆门下;蓬壶多岁月,家国山河半梦中。"时王士珍、冯国璋早卒,段祺瑞闻亦殁于庐山。曾几何时,北洋派之龙虎狗,皆一例蜉蝣矣。

九七

三公四世是吾宗,大马金刀亦可风。气节不移严出处,难兄难弟后先同。

日寇侵华,北平沦陷,日人用王克敏组织伪政府。时克定居三贝子花园。日人欲畀以高位,克定闻之,登报声明以病任何事不闻问,并拒见宾客。后有人将其声明报纸裱为册页,题诗以彰之,惜此册页已遗失。袁乃宽,河南正阳县人,认项城为本宗,执子侄礼。项城任直隶总督时,彼官候补知府,为先父门生。先父兼粮饷局总办,任其为提调。项城总统任时,彼为侍从武官,专司拱卫军军需事,办事锋利,有大马金刀之风。曹锟任总统时,彼任农商总长。北平沦陷,日人欲用为河南省长,先约其办理河南振灾,后即任为省长。余闻之,夜往与谈,劝其勿出。次日乃宽遂托病不出面,终保令名。日寇投降,余归自西安,河南旅京同乡会开会,对乃宽皆以乡长尊之。乃宽与克定称兄弟,先后守气节,严出处,亦袁氏之佳事也。

九八

焚券还珠有至亲,抚松轩内更何人。田家已萎荆花树,
不义堪嗤富食贫。

项城为军机时,其住宅在锡拉胡同,有池馆花木之胜。有孤松一
株,松后一室名抚松轩。项城曾借先父银四万两,以此宅予先父;迄
项城逝世后,先父亦未收此宅。项城诸子,以六子克桓后任启新洋灰
公司董事长、总经理,多作弊。卢沟桥事变后,复与公司董事、盐业银
行副经理石某,勾结日本人开一公司,买卖房产货物。时锡拉胡同宅
为日人占住,欲买之。克桓托石某商于余。余曰:以与袁氏关系,前
赈不算。即退还此宅,克桓遂卖于日人。按所得之钱,应袁氏诸子共
分,且诸子中有极穷困者,克桓乃竟独归己有,富而不仁,及于兄弟,
可耻可叹。

九九

池水昆明映碧虚,望洋空叹食无鱼。粗茶淡饭仪如旧,
只少宫詹注起居。

云台晚岁艰困,租居颐和园。一九三八年,余亦于颐和园租一房
舍,时相往来。见其餐时,无鱼肉肴蔬,以窝窝头切片,佐以咸菜,但
仍正坐,胸带餐巾。似此之生活,不堪梦皇储时矣。

一〇〇

新移园墅小轩堂,明月中秋照夜凉。怪底多为遗臭事,
生来不爱桂花香。

余自展春园移居海淀园墅,云台居园之后轩。时近中秋,院内有
盆桂数株,馥郁袭人。云台命移置他处,云不惯闻桂花香气。北京地

寒,桂树不能活,即盆桂买亦不易,云台竟不爱桂花香,亦不可解。

一〇一

悲歌对酒各天涯,涕泪新亭日又斜。却恨故人成宿草,不曾沽上吊桃花。

寒云殁于某岁正月。余去天津,至其家拜年,相见一面,回京不数日,寒云即逝矣。余挽以联云:"天涯落拓,故国荒凉,有酒且高歌,谁怜旧日王孙,新亭涕泪;芳草凄迷,斜阳黯淡,逢春复伤逝,忍对无边风月,如此江山。"寒云葬西沽,大方为书碣。西沽以桃花名。庚戌春,余与张牧石往访西沽某诗人,问寒云墓,欲往一吊,云寒云墓已为其家人迁去,不知移葬何处,为之惘然。

一〇二

诗钟分咏作招魂,一痛车茵忍更论。洹上词余蛇尾集,褒城家住马头村。

昔与寒云,每在天津国民饭店为词集唱和,名"蛇尾集",盖取虎头蛇尾之意。词登《北洋画报》。后与沽上词人寇梦碧、陈机峰、张牧石作诗钟分咏,有"寒云、奇双会"一题,余一联云:"洹上词余蛇尾集,褒城家住马头村。"下句乃《奇双会》戏词也。寒云亦曾演《奇双会》中之巡按李泰。沽上词人多谈及寒云事,每有余痛。

一〇三

乡号重瞳旧比邻,红梅共画痛姻亲。兴亡阅尽垂垂老,我亦新华梦里人!

项城为项羽先世封地,城东尚有项羽城。其地又旧属陈州府,为舜都地。太史公《项羽本纪》云:"舜重瞳子,羽亦重瞳子。"故余有印曰"重瞳乡人"。余与袁氏既同邑,又有姻亲,而与寒云交厚,时共填词演剧。记曾合画红梅,余写枝干,寒云点花,并题词其上。此幅已失。自昔迄今四十余年,兴亡阅尽,垂垂老矣。回思前事,我亦新华梦里人也。

丛碧词定稿

目　　录

丛碧词

春游词

秦游词

雾中词

无名词

续断词

丛 碧 词

八声甘州 _{三十自寿}

几兴亡、无恙旧河山，残棋一枰收。负陌头柳色，秦关百二，悔觅封侯。前事都随逝水，明月怯登楼。甚五陵年少，骏马貂裘。　玉管珠弦欢罢，春来人自瘦，未减风流。问当年张绪，绿鬓可长留？更江南、落花肠断，望连天、烽火遍中州。休惆怅、有华筵在，仗酒销愁。

踏莎行 _{送寒云宿霭兰室}

银烛垂消，金钗欲醉，荒鸡数动还无睡。梦回珠幔漏初沉，夜寒定有人相忆。　酒后情肠，眼前风味，将离别更嫌憔悴。玉街归去暗无人，飘摇密雪如花坠。

浪淘沙

香雾湿汍澜，乍试衣单。小楼消息雨珊珊。斜卷珠帘人病起，无奈春寒。　愁思已无端，又减华颜。年年几见月团圆。燕子不来花落去，莫倚阑干。

人月圆 _{晚归和寒云韵}

戍楼更鼓声迢递，小院月来时。绮筵人散，珠弦罢响，酒剩残厄。　　锦屏寒重,帘波弄影,花怨春迟。愁多何处,江南梦好,难慰相思。

浪淘沙 金陵怀古

春水远连天,潮去潮还。莫愁湖上雨如烟。燕子归来寻旧垒,王谢堂前。　　玉树已歌残,空说龙蟠。斜阳满地莫凭阑。往代繁华都已矣,只剩江山。

虞美人 将有吴越之行,筵上别诸友

离怀易共韶光老,总是欢时少。西风昨夜损华颜,不及春花秋月自年年。　　一身载得愁无数,都付江流去。别筵且复按红牙,明日青衫飘泊又天涯。

浪淘沙

零露欲成团,北斗阑干。乱虫泣语夜凉天。窗外西风吹又急,怕到秋残。　　瘦减带围宽,添上炉檀。卷帘犹自怯轻寒。一病沈郎如小别,谢了芳兰。

如梦令

寂寞黄昏庭院,软语花阴立遍。湿透凤头鞋,玉露寒侵苔藓。休管,休管,明日天涯人远。

调笑令

明月,明月,明月照人离别。柔情似有还无,背影偷弹泪珠。珠泪,珠泪,落尽灯花不睡。

卜算子

落叶掩重门,桂子香初定。今夜月明分外寒,照澈双人影。　　薄袂倚虚廊,天外银河耿。街鼓无声未肯眠,忘却霜华冷。

浣溪沙

飒飒霜寒透碧纱,可堪锦瑟怨年华。风前独立鬓丝斜。　　宛转柔情都似水,飘摇残梦总如花。人间何处不天涯。

前调

霜压高城画角寒,黄花满地雁横天。无边凄咽晚风前。　　落叶打门声似雨,残灯支枕夜如年。那堪憔悴为秋怜。

摸鱼儿 同南田登万寿山

试登临、秋怀飘渺,长空澄澈如浣。关河迢递人千里,目断数行新雁。杨柳岸，犹瘦曳烟丝，似诉闲愁怨。天低水远。正黄叶纷纷，白芦瑟瑟，一片斜阳晚。　　空怀感，到处离宫荒馆，消歇燕娇莺婉。旧时翠辇经行处，惟有碧苔苍藓。君不见，残弈局、频年几度沧桑换。兴亡满眼。只山色余青，湖光剩绿，待付谁家管。

八声甘州

忆长安、春夜骋豪游，走马拥貂裘。指银瓶索酒，当筵看剑，往事悠悠。三月莺花已倦，一梦觉扬州。襟上啼痕在，犹滞清愁。　　又是登临怀感，听数声渔笛，落雁汀洲。看残烟堆叶，零乱不胜秋。碧天长、白云无际，盼归期、帆影送轻鸥。倚阑处、才斜阳去，月又当楼。

摊破浣溪沙

相见时难别也难，背人无语怨春残。忍忆旧时回首地，泪偷弹。　　眉叶懒描螺黛浅，鬓云愁映镜花寒。细雨一楼人寂寂，卷珠帘。

生查子

去年相见时，花好银蟾缺。明月正团圞，又奈人离别。　　相逢复几时，还望花如雪。再别再相逢，明镜生华发。

浣溪沙

隔院笙歌隔寺钟，画阑北畔影西东。断肠人语月明中。　　小别又逢金粟雨，旧欢却忆玉兰风。相思两地总相同。

念奴娇 中秋寄内

无人庭院，坠夜霜、湿透闲阶堆叶。月是团圞今夜好，可奈个人离别。倚遍云阑，立残花径，触绪添凄咽。满身清露，更谁低问凉热。　　记得去年今日，盈盈双袖，满地明如雪。只影那堪重对此，美景良辰虚设。玉漏无声，银灯息焰，总是愁时节。谁家歌管，任他紫玉吹彻。

蝶恋花

眼底江山零落尽，愁雨愁风，更是重阳近。乌帽青衫尘扑鬓，重思往事眉痕晕。　　孤馆凄凉灯一寸，睡也无聊，醒又无聊甚。明日朱颜成瘦损，夜长不管离人恨。

前调

欲诉离怀音信杳，雁影双双，又过西楼了。惆怅亭皋秋渐老，天涯遍是红心草。　　纵说江南无限好，病酒疼花，暗损人年少。总为多情成懊恼，去时知悔来时早。

前调

深掩云屏山六扇,对语东风,依旧双双燕。小院酒阑人又散,斜阳犹恋残花面。　　流水一分春一半,有限年华,却是愁无限。禁得日来情缱绻,任教醉也凭谁劝。

尉迟杯 伟卿病甚,送其归里。依清真韵

归时路,又日晚、杜宇啼深树。无边芳草凄迷,绿到天涯何处。东风应恨,吹不散、浓雾暗南浦。共销魂、且进离尊,阳关休唱西去。　　回首旧梦成尘,犹恋此黄昏,一霎相聚。泪向君前双双落,肠断处、飞花乱舞。如今是、萧条别院,步芳径、斜阳独自语。记当时、剩袂零襟,梦魂空想前侣。

东风第一枝 春雪

落地声微,沾衣力软,风欺弱絮无主。蓦催万树花开,旋湿一庭翠妩。熏炉重熨,恁禁得、轻寒如许。待卷帘、双燕来时,应共落梅衔去。　　灯黯黯、小楼雨误。泥滑滑、玉街路阻。怕消剩粉江山,暗融糁银院宇。檐声凄断,怨身世、不胜高处。问谁怜、零霰残霙,借乞宿阴留护。

长亭怨 重九西山看红叶,寄南田

扫残叶、西风门掩。犹记春时,海棠开宴。烛照红妆,夜

深花睡影零乱。回思前梦,空陈迹,成秋苑。酒醒雁声沉,问唤起、离愁何限。　　凄黯,只知佳节近,不道看花人远。茱萸插帽,纵风雨、登高还懒。最怕是、旧地重游,又尘浼、青衫泪满。对十里霜红,犹向斜阳留恋。

桂枝香 岁暮同蔼仁、南田、华甫夜话,时山茶、水仙并开,去年风景犹如昨日,词以写之

云留月榭,正戍鼓谯楼,寒更初下。小院重门深闭,酒阑歌罢。去年风景依稀似,弄幽姿、冬花低亚。丹砂堆锦,玉盘剪雪,对人如画。　　记春日、贪欢到夏。认前度刘郎,又归来也。值此江关岁晚,奈何良夜。十年尘梦随流水,更西窗、剪灯同话。不知身外,长安弈局,一劫犹打。

鹧鸪天 甲戌正月下旬偕韵绮,同西明,夜至无锡,借笼灯入梅园宿。次日冒雨登鼋头渚,望太湖,归谱此词

为惜疏香此小留,碎阴满地语声柔。花光照眼还如雪,湖水拍天欲上楼。　　风细细,雨飕飕,计程明日又苏州。客中过了春多少,只替春愁不自愁。

高阳台 西湖春感

万绿凝烟,千红泣雨,我来春已堪怜。楼外阴阴,倚阑莫卷帘看。裙腰不见当时路,最伤心、苏小坟前。雨缠绵,春去无声,花落无言。　　明朝酒醒逢寒食,怅客中风月,劫后湖山。柳下笙歌,销魂第六桥边。旧时燕子犹相识,又双双、飞

上湖船。莫留连,处处啼莺,处处啼鹃。

霓裳中序第一 西山赏雪归作

江山倏换色,万象无声都一白,桥下流冰瀄瀄。看亘野玉田,凌空银壁,荆关画笔。唼朔风、飞雁迷迹。凭阑望、一天黯淡,更莫辨南北。　　清寂,埋愁三尺。玉街暗、繁云冻逼。归车难识旧宅,又夜永如年,酒寒无力。烛盘红泪滴,梦里觉、梅花扑鼻。铜瓶冷、竹窗萧瑟,月影映丛碧。

清平乐 诸暨至金华道中

酒痕诗意,梦里都难记。帽影红尘摇玉辔,马上春风如醉。　　李花开后桃花,送人直到金华。但愿年年花好,不妨人在天涯。

浪淘沙 广州至汉口飞机上作

乱雨湿江天,晓雾漫漫。万峰叠翠到人前。归梦又随春去也,日近长安。　　百丈响风鸢,俯视云烟。岳阳城下浪花翻。一镜空濛三万顷,飞过君山。

秋霁 中秋同韵绮、鹤孙、西明泛舟昆明湖赏月,迟景荣吹笛,王瑞芝操弦和之

千里婵娟,与玉阙琼楼,共一颜色。寒似层冰,皎如圆

镜，照来水天双澈。一叶剪碧，荇飘翠带鱼盈尺。隔树阴、蛩语、长桥横卧少人迹。　　歌板暗诉，怨抑沉沉，夜阑秋声，都入瑶笛。倚兰桡、临流顾影，人间未应有今夕。疑是广寒天上客。素娥何处、应似桂殿同游，满身清露，去时还湿。

鹧鸪天　西湖旅夜

二月春寒未放晴，炉香烟细冷云屏。灯花照影愁先觉，湖水摇窗梦不成。　　一阵阵，一声声，斜风细雨到天明。问人夜睡何曾著，燕子无须唤客醒。

兰陵王　金陵客中。依清真韵

晚烟直，春草无人自碧。吴门外、官道夕阳，怕见青青柳丝色。红尘望故国，谁识、飘零旧客。来时路、天外片帆，不尽江流泪千尺。　　萍踪问前迹，又酒剩空尊，花落残席。小楼夜雨过寒食。忆十里迢递，几番寒暖，亭长亭短又一驿。念家在天北。　　悲恻，恨凝积。叹客意阑珊，归梦沉寂。芳春有尽愁无极。听卖杏深巷，唤饧长笛。寒宵孤枕，更漏断，似泪滴。

西河　金陵怀古，答南田。依清真韵

形胜地，兴亡梦里谁记。寒流北望接天低，怒潮又起。归帆去棹送征人，斜阳冉冉无际。　　曲阑畔，曾共倚，桃叶渡口船系。当年第宅剩春风，燕泥故垒。昔游回首几经年，应知愁似江水。　　绿杨白板旧酒市,想枇杷、花下门里,换了繁华人世。只秦淮、片月凄凉,相对曾照南朝,歌声里。

菩萨蛮

乱红转眼随春去,只余满院黄昏雨。妆罢倚阑干,琵琶和泪弹。　　玉颜人易妒,更为多情误。妾命薄如花,愿郎休去家。

金缕曲 题《寒云词》后

一刹成尘土。忍回头、红毹白雪,同场歌舞。明月不堪思故国,满眼风花无主。听哀笛、声声凄楚。铜雀春深销霸气,算空余、入洛陈王赋。忆属酒,对眉妩。　　江山依旧无今古。看当日、君家厮养,尽成龙虎。歌哭王孙寻常事,芳草天涯歧路。漫托意、过船商贾。何逊白头飘零久,问韩陵、片石谁堪语。争禁得,泪如雨。

临江仙

帘影故家池馆,笛声旧日江城。一春深院少人行。微风花乱落,小雨草丛生。　　驿路千山千水,戍楼三点三更。繁华回忆不分明。离尊人自醉,残烛梦初醒。

浪淘沙慢 恨别。依清真韵

晚春近、烟迷路柳,树隐云塪。南浦年年草发。愁歌进酒一阕。正缀雪、丁香初绾结,曲阑外、忍与轻折。念久客归人今又去,情怀倍凄绝。　　悲切。远天望里空阔。见渡口烟波停桡处,北去江水咽。记执手沾巾,花里离别,笛声渐竭。更水程山驿,疏星残月。闲馆云屏遮重叠。罗衣解、暗香未歇。问消息、菱花圆又缺。晓来看、昨夜东风,甚作剧,吹残满架蔷薇雪。

六州歌头 登黄山天都峰绝顶

擎天拔地,声势走雷霆。俯台荡,睨衡岱,摘辰星,接通明。造化融元气,钟神秀,东南圻,撑半壁,排云雾,划昏暝。翼翼乘风,直上四天外,极望濛溟。看银涛出没,长啸万峰青。岩壑齐鸣,暗魂惊。　　渐流霞灿,残烟断,斜晖晚,月华生。收万象,归神照,证飞升,缅容成。来日方多难,悯虫劫,吊愚氓。巢燕幕,酣龙战,竞蛮争。依恋每瞻北斗,铜驼泣、荆棘神京。欲呼河汉水,一为洗膻腥,寰宇澄清。

南浦

欲行还住,似乌衣、旧燕已无家。过眼风流人物,尘劫幻虫沙。底事相争鹬蚌,问茫茫、天意一长嗟。向燕台酹酒,新亭洒泪,风雨吊黄花。　　回忆当年全盛,更何堪、镜里梦繁华。旧时凄凉谁诉,肠断又天涯。叹息皇都冠冕,只空余、山色蓟门斜。忍伤心重看,云中城阙噪栖鸦。

双双燕 咏新燕。依梦窗韵

掠烟剪水,参差趁东风,乍窥庭户。香巢觅定,相认应非前度。杨柳楼台静锁,问门掩、梨花何处。江南又是残春,怕说天涯同住。　　轻举,乌衣翠羽。帘卷待归来,乱红如雨。新妆初试,解向玳筵歌舞。凭寄离思倦绪,念身世、飘零谁诉。还愁更对夕阳,一片江山无语。

扬州慢 归故都感作。和白石韵

云驿星津,雨轮风楫,倦游早计归程。豁迎眸一发,认故国山青。向谁洒、伤时涕泪,洗戈银汉,何日销兵?敛西风、残照余晖,犹恋高城。　　少年俊侣,奈如今、潘鬓堪惊。纵万里乘槎,千金买赋,难慰深情。回首十年前事,疏帘外、酒醒钟声。只愁如春水,无人随去随生。

淡黄柳 记游苏州。和白石韵

垂杨岸曲,路入飞花陌。小雨轻阴寒恻恻。旧侣今番又到,惟有春风笑相识。　　念孤寂,他乡几寒食。掩苔径,那家宅,正桃红染尽胭脂色。莫倚桥栏,近来人瘦,怕照春波影碧。

惜红衣 忆游西湖，和白石韵

水贴轻云，风熏丽日，暗添吟力。细浪平波，奁函净澄碧。浓妆淡抹，沉醉得、南来词客。喧寂，秾李冶桃，闹春光消息。 车尘巷陌，倦游归来，征衫酒痕藉。贪欢不恋旧国，隔天北。为想柳边花外，能有几番游历。待甚时重到，轻载一船山色。

角招 赏菊。和白石韵

比花瘦。罗衣耐、西风又到疏柳。紫翠明远岫。别院曲阑，随处垂手。经年别久，几负得、黄华盈亩。傲骨凌霜，问肯共、桃李斗芳菲，向东皇低首。 犹有，绮筵舞袖，延秋暂住，花面颜争秀。燕声歌自溜。易得匆匆，重阳时候。登临念旧。恁醉醒、何堪残酒。静理琴弦独奏。又寒雁、过西楼，人归后。

徵招 東香雪、西明沪上。和白石韵

关河冷落西风里，离怀易悲秋士。景物异前时，看江山如此。天涯人倦矣，应知有、莼鲈乡思。别后江南，酒痕征泪，满衣都是。 故旧半飘零，重相忆、全非眼前风味。夜雨又西窗，冷云屏十二。世情徒尔尔。早消尽、欢场豪致。念残岁，满地烽烟，奈欲归无计。

凄凉犯 故都寒冱,梅种难活。去岁江南归来,载取四株,种植庭前,只活一本。纸窗草薦,勤加护持,词以纪之。和白石韵

美人载得同归去,伊谁为缔红索。作花管领,安排纸帐,画阑楼角。霜寒忒恶。倚修竹、衣单袖薄。似明妃、胡天不惯,抱恨向沙漠。　　闻道江南事,尘劫初惊,暗消欢乐。怕辜胜赏,想东风、早经零落。唤住冰魂,好重叠、龙绡护著。有前盟、卧雪晚岁肯负约。

翠楼吟 焦山怀古。和白石韵

北固南徐,江天一览,当年榜书宸赐。巡游曾驻跸,忆箫鼓、龙舟繁吹。螺鬟双峙。倚杰阁崇楼,飞丹流翠。春波丽。浪花帆影,鲤鱼风细。　　此地,犹属焦生,笑紫髯雄据,直如儿戏。白云人事远,望烟树、迷离千里。梵钟禅味。只梦逐潮声,愁销江气。危阑外,海门东下,一天晴霁。

长亭怨慢 大梁

记前梦、鸿泥花絮。旧巷师师,月明窥户。李主前身,道君今问在何许。雪天回首,空目断,离宫树。怨曲谱山亭,忆剩得、缠绵如此。　　薄暮。望樊楼不见,绕树乱鸦无数。前朝去矣,只荒漠、夕阳留付。甚作赋、早减邹枚,旧宾客、梁园谁主。算只有、登高怀远,河流如缕。

暗香 岳阳楼。和白石声韵

四天一色,问几人到此,偷听吹笛。万顷银涛,直上乘槎斗能摘。三醉楼头事杳,长留得、君山仙笔。更望极、玉界琼田,帆影落杯席。　　南国,梦却寂。剩数点黛痕,翠竹丛积。暮花暗泣,绡縠明珰耿相忆。应是湘娥倚处,但照彻、孤光寒碧。看镜里、飞过也,朗吟记得。

疏影 七里泷严子陵钓台。和白石声韵

澄江净玉,唱数声欸乃,岩下初宿。十里苍烟,三尺清波,空山自响风竹。几人雪涕追皋羽,看对矗、双台南北。倚瘦筇、直上孤峰,顾觉此身高独。　　争羡羊裘避世,素丝坐钓久,千籁俱绿。赤帝歌风,白水图云,那抵严家茅屋。鸬鹚一片惊飞处,又乍起、笛声渔曲。早此时、尽息尘心,已入九峰绡幅。

凄凉犯 壮岁入秦从戎,虽滥得勋赏,狗尾羊头,殊不抵画眉妆阁也。和白石声韵

玉骢翠陌,封侯悔、秦关忆赋离索。酒家醉饮,飞花路外,秦筝城角。残愁镇恶,向烟晚、情怀淡薄。望当年、樊川杜曲,迤逦剩荒漠。　　追念长安事,宝马貂裘,晚来游乐。少年队里,想英姿、射雕双落。误我羊头,怎还念、春闺梦著。盼归期、绿尽路柳,负后约。

角招 故都侨寓,几换沧桑,岁月不留,中年倏过,
残夕灯影,感慨万端,歌以遣之。和白石声韵

暗消瘦。何堪问、当年汉殿人柳。倦看云恋岫。半着已
输,休问棋手。王城梦久,早负却、锄云梅亩。一室秋灯缥
渺,向残夕忆春华,几沧桑回首。　　　还有,玉颜翠袖,朱楼
买醉,人共唐花秀。泪辞明烛溜。易得悲欢,黄昏时候。风
光似旧。念一往、情怀如酒。锦瑟凄凉自奏。劝哀乐、莫关
心,中年后。

湘月 石湖为白石旧游地,丙子暮秋同友买舟往游,红叶满山,清溪照影。
船娘为具酒肴,不觉微醉。歌《暗香》、《疏影》之曲,老仙宛在。
今复隔世相和,其亦有宿缘乎? 和白石声韵

买舟俊约,记湖塘向晚,犹恋清景。暝入秋光,渐露柳荻
雪,添成幽兴。暮野苍烟,斜阳红树,一片胭脂冷。螺鬟梳
洗,黛痕乍敛妆镜。　　　相与醉倚兰桨,清波照鬓,起飞凫成
阵。却少词仙,看座客、犹似当年名胜。旧雨星星,垂虹渺
渺,岁晚迟梅信。俞琴千载,絮因石上谁省。

琵琶仙 听莲琴女校书弹琵琶。依白石韵

夜月楼头,有谁谱、旧怨荻花枫叶。纤指轻拨重挑,回肠
倍凄绝。疑塞上、秋风带雁,似堤外、绿杨听鸪。苪自同心,
弦能解语,幽意难说。　　　又还看、遮面无言,怕偷换、年华

误芳节。忍惜落花身世,等飞蓬飘荚。应不惯、胡沙渐远,恨玉颜、马上驮雪。相遇同是天涯,更休轻别。

满江红 题黄三君坦《天风海涛楼图》

楼外天垂,遥望尽、齐烟九点。惊残劫、梦回孤枕,浪翻潮卷。关塞秋生鸿雁思,风雷夜挟鱼龙惨。指星河、万里泛仙槎,沧波剪。　　思旧泽,芳徽远。怀故国,兵戈满。纵怒涛千尺,客愁难浣。人海倦看朝市改,吾庐幸在山河变。算只余、泪眼对红桑,斜阳晚。

多丽 余所居为李莲英旧墅,同人于此作词社第二集,即席赋

禁城偏,园林旧属中官。仿官家、飞廊架宇,翠华传驻云辂。廊宇建造仿排云殿规模落成,传西后曾临幸,未知是否。走黄尘、门喧车马,拥绛雪、花压阑干。园内海棠最胜。骄宠谁伦,恩荣无比,当时炙手焰薰天。自弈局、长安换劫,人世几桑田。空留得、堂前旧燕,解话开元。　　又今日、异时新主,吟俦重续词坛。绿天深、风摇蕉扇,红日晚、雨打荷钱。梦影难留,芳尘易逝,袯愁长应近尊前。更休再、歌骚谱怨,且共惜余欢。人归后、斜阳在树,酒醒鸣蝉。

新雁过妆楼 七夕北海游宴。和梦窗声韵

斗汉高寒,银湾渡、佳期再度今年。解歌长恨,箫凤试奏连环。花倚交鸳桥影外,镜浮画鹢水光间。醉无眠,碎珠露

湿,长夜阑干。　　　兰舟珠灯宴乐,看晕脂秀靥,舞袖便娟。怨弦如诉,飞鸿不寄遥天。年时梦尘回首,怕容易、秋风吹鬓鬟。铜琶响,唱念家山破,休怅飘鸾。

秋思 秋夜同慧素宿丛碧山房,不寐起吟。用梦窗韵

推枕银床侧。掩画屏、还透一庭凉色。风动树声,露侵兰气,秋宽愁窄。伴吟苦幽窗、乱虫如助诉怨抑。爇细香,烟篆碧。念旧日情怀,好花时候,邂逅解征鞍处,暗魂长忆。　　　寒夕,更残漏滴。看那人、早卸容饰。韵停瑶瑟。昏灯明灭,坠蟾犹白。弄绿影、蕉阴印纱,摇翠旗凤翼。叹久客,谁省识,便过眼悲欢,重寻无梦记得。况隔天南水北。

浣溪沙 咏海棠

金屋深深合护持,春风倚槛斗腰支。玉颜微醉晕胭脂。　　　百样娉婷难入画,十分富丽不宜诗。含情无语夕阳时。

睡态惺忪唤未醒,云鬟斜嚲看轻盈。人间那有此倾城。　　　若待流觞春亦醉,不须烧烛夜还明。直疑香国梦中行。

戚氏 己卯上巳北海镜清斋修禊,分韵得"师"字

燕双飞,余芳争舞去年枝。献赋华林,引觞琼苑,忆当时。依稀,梦都迷。恩波空自涨龙池。回廊暗藉尘土,夕阳

垂手步行迟。劫换红桑，云迷丹阙，一枰看惯残棋。纵花飞不语，春晚犹在，休负佳期。　　　芳草绿遍天涯，烽火匝地，去去更何之。宫莺啭、不关兴废，但诉离思。望依依，槛外殿阙参差，晚树处处鹃啼。感时涕泪，恨别心情，肠断应少人知。　　　怕照临流影，当年俊侣，却减丰姿。已自薰桃染柳，怪东风、又上鬓边丝。及时好引朋欢，落花尊酒，相对前朝士。驻翠华、曾是宸游地，伤往事、愁咏将离。更莫辞、消尽残卮。看江山、问又属伊谁。镇销魂处，当筵解唱，只有师师。

浣溪沙　社稷坛白牡丹

雪縠冰绡障晓寒，娥眉素面欲朝天。瑶台结队下群仙。　　　珠箔浑疑来燕燕，绣鞍只合赠端端。张灯还碍月中看。

八宝妆　故宫牡丹

恩宠当时深雨露，咫尺日近天颜。赭袍香惹，风定却妒炉烟。金粉横披青玉案，霓裳罢舞翠云盘。醉琼筵，侍臣载笔，仙仗随銮。　　　无那繁华顿改，叹鼎湖去远，劫换长安。记得三郎一笑，忍梦开天。含愁犹傍御砌，只留与、寻常百姓看。斜阳里，剩倩魂离影，谁问凋残。

浣溪沙　题心如、公渚、慧素合画《寒林晚照图》

萧瑟西风一雁过，遥天渺渺洞庭波。秋心宛转奈愁何。　　独向霜林伤晚景，听来落叶已无多。只余残照此山河。

风入松　题枝巢主人《楼台梦影图》

绿杨门巷背河街，灯火旧秦淮。玉钩罗幕春时梦，记昨宵、故国重回。红粉飘零有恨，白头流落堪哀。　　江山龙虎气沉埋，歌舞剩荒台。前朝多少兴亡事，只空城、潮去潮来。燕子不知世改，琼花犹向人开。

西子妆　己卯中元液池泛月。依梦窗韵

星点珠光，月摇镜影，隔岸疏灯沉雾。曲阑垂柳碧阴阴，望双虹、卧波桥堍。风梧乍舞，渐到耳、秋声难住。问罗衣、逗一襟凉意，能禁多许。　　欢时误，戍鼓楼钟，甚又催人去。只余酒气和烟痕，尚依回、画船深树。清词丽句，看都是、离歌别赋。待何时、后会重招旧雨。

浣溪沙　秋意

黯淡云山展画叉，笛声楼外雁行斜。镜中容易换年华。　　庭际渐衰书带草，墙阴初放玉簪花。西风昨夜梦还家。

前调　秋梦

砧杵声声万里思，西堂虫语沸如丝。轻随落叶只灯

知。　　偏是乡遥嫌夜短，多因醒早恨眠迟。刀环盼寄总成痴。

前调 秋心

孤客沉吟意暗伤，春人憔悴况冬郎。客中偏是觉秋长。　　碎绿蕉声摇夜雨，怨红草色送斜阳。眼前愁绪太凄凉。

前调 秋声

听到无声更可怜，长宵未许教人眠。客魂销尽一灯前。　　风栝怕惊愁里梦，霜钟欲破定中禅。开门只见月当天。

前调 秋影

霜鬓萧萧独倚阑，帘波掩映夕阳前。西风相对总无言。　　一叶梧飘穿月破，数行雁过印江寒。画桡不点镜中天。

前调 秋痕

新月挑成爪样钱，海棠红湿泪阑干。眉峰暗锁小屏闲。　　凋碧欲迷烟外路，残青难画雨中山。看来都在有无间。

换巢鸾凤 故宫五色鹦鹉

花外斜曛,漫神依紫篆,梦绕红云。倚笼思故主,下笔记郎君。贞元朝士共销魂,暂偷活、何尝忘旧恩。伤迟暮,自爱惜、羽毛谁认。　　犹问,西母讯。情恋旧枝,私语啼痕晕。世换红桑,石填碧海,瞥眼兴亡休论。空有文章只关愁,更无歌舞能传恨。听春鹃,望山头、一样凄损。

前调 再赋故宫五色鹦鹉

天上瑶宫,怅传愁彩笔,寄怨雕笼。梦回江草碧,凄对洛花红。人前无语诉东风,只空望、云车回六龙。开元事,漫更话、旧时恩宠。　　春梦,前代送。惊换劫尘,枉把金经讽。苑日寒鸦,垒泥旧燕,兴废伤心还共。归路长迷海中洲,夕阳谁吊城南冢。怜飘零,费词人、曲按鸾凤。

天香 蜇园赏桂

阶扫珠尘,帘飘钿粟,庭阴罨雾如水。午院风凄,天街月冷,吹下蟾宫遗子。金霏翠霭,正帝里、秋光初霁。天上曾沾旧泽,恩袍麝痕休洗。　　飘然独超浊世,擢孤枝、小山高倚。记说托根瑶阙,解闻仙珮,莫问前身梦里。又露砌烟窗伴秋士,暗惜星星,轻盈似泪。

昭君怨 斋中兰蕙正开，又将南行，枝巢词来乞借，因移赠二丛，词以答之

小院深深人静，帘外幽香风定。兰蕙正齐花，又天涯。　　寂寞孤芳无主，相问还思旧雨。赠与一枝秋，带离愁。

水调歌头 题胡可复《松泉图》

千籁答松响，万壑激泉鸣。峰峦回互苍莽，烟霭幻晴冥。结宇阴崖绝涧，招邀猿侪鹤侣，起我故山情。眼底净云雾，纸上战秋声。　　径元宋，追董巨，祖关荆。肯落吴门窠臼，宗派启金陵。留取名山事业，不羡浮云富贵，老去隐丹青。卧看龙蛇动，坐对雨风生。

绕佛阁 秋阴。依清真声韵

黯云四敛。闲院悄寂，风动梧馆。残昼又短。半庭氅水，沉香透帘幔。桂阴渐满。楼外向暝，凭望天远。霜气凄婉，数行指点，归鸿下芦岸。　　暮日倍萧瑟，断浦平林烟似线。还认暗尘，空濛遮水面。看作意添愁，摧换流箭。旅思谁见。叹又几西风，秋便零乱。锁眉峰、翠痕难展。

倦寻芳 蛰云郊园海棠秋日重花。依王元泽韵咏之

嗅空雁远,迎翠山明,郊墅晴昼。乍见轻盈,翻讶剪绡裁绣。破星唇,凝红泪,春心未了秋心透。怅重来,算韶光又是、断肠时候。　　念芳事、去才几日,向岁题诗,曾共携手。妒杀妖娆,羞忆尹邢相斗。西府临妆犹似昨,东风回首浑非旧。画帘前,对斜阳,也如人瘦。

木兰花慢 题马湘兰画山水

数南都艳迹,繁华梦,去如烟。看堑限金汤,城围铁瓮,无奈降幡。帘前,画眉彩笔,有佳人、写出旧江山。风月魂销故国,莺花劫换勾阑。　　连环,小字印玄玄,半偈忏情禅。想镜槛隔灯,芸窗倚翠,螺墨金笺。当年,练裙宝扇,问风流、惟剩夜潮还。只有秦淮一水,无情送尽红颜。

前调 重至沪上,寄故都诸词友

看重来似旧,只多我,鬓霜稠。笑地借桃源,生同葛蔓,早忘神州。温柔,选歌逐舞,似隔江、商女不知愁。花月欢情未减,河山涕泪全收。　　风流,一醉换貂裘,梦早觉青楼。甚不衫不履,形骸放浪,顾我还羞。归休,就荒菊径,逞霜容、犹待主人秋。都道不如去也,相招先谢吟俦。

满庭芳 题国花堂图卷。依黄山谷韵

花放文官，妆凝命妇，丽春争媚幽亭。野塘清浅，荷小误风蘋。堂额虚悬旧迹，笼纱碧、墨护疏棂。怀前社，风流渐歇，寥落剩晨星。　　时听。红雨坠，游鳞唼水，絮点浮萍。看墙外山峦，层翠开屏。半日曾无客到，林鸟过、风动花铃。庭阶畔，年年草色，犹上旧袍青。

瑶华 咏斋中蜡梅。依草窗韵

辰逢佛粥，破冻春回，忆一年长别。凝酥缀蕊，香乍弄、又见禁风冲雪。菊分颜色，更丰韵、梅添清洁。问世间，谁识芳名，只有苏黄词杰。　　多情栀貌檀心，看伴我年年，为客京阙。冰天高卧，镇共守、不惹闲蜂游蝶。嚼来无味，笔世事、对君羞说。梦家山、寄到封书，烛泪滴残窗月。

八声甘州 寄枝巢诸词友。依屯田韵

怯轻寒、帘卷近黄昏，经春病如秋。望家山寥廓，平芜变色，怕上层楼。燕子能窥客意，才去说归休。酒浅深凝恨，不似江流。　　却念西园俦侣，料欢情都减，歌咏全收。数东风花信，开也为谁留。问征人、今番何处？正江南、烟雨在孤舟。沧波渺、又行程远，更引回眸。

鹧鸪天 过厦门

枕上寒潮断梦残,客愁离绪一番番。语随地换知家远,花盼春留待主还。　　山叠叠,水弯弯,海乡风景近南天。小船逐队飞如鸟,细雨声中卖蜜柑。

酹江月 客中清明

断肠时节,又天涯寒食,犹滞征鞭。店舍花残烟火冷,归期怕误春前。枌社吹箫,柴门插柳,触景倍凄然。风灯微暗,夜来有梦先还。　　望里冉冉斜阳,青青荠麦,十里尽平川。暝色千山虚霭暮,远树更听啼鹃。芳草招魂,东风不语,时簌纸灰钱。家乡此日,野花开遍坟园。

菩萨蛮 偕慧素南游,春暮未归,客邸忆故园海棠作

画帘日暖春如醉,酒波夜照胭脂睡。道是海棠时,思归泪暗垂。　　天涯春又晚,楼外回双燕。今日误看花,明年何处家。

阑干落尽梨花雪,春归剩有双飞蝶。一望恨绵绵,断肠芳草天。　　玉笙花外弄,醒后情如梦。是梦也难留,灯残人更愁。

清平乐 贵州道中

野营空戍,榛莽游狐兔。四外烽烟天欲暮,风雨伏波铜柱。　　春来燕子先还,天涯客意阑珊。只有一身愁梦,却过无数关山。

鹧鸪天 灌县

今古浮云玉垒关,天开形胜锁丸函。一声羌笛愁杨柳,三月山城卖牡丹。　　峰积雪,水翻澜,地通西域近番蛮。平原望里东南尽,两派江流下锦官。

扬州慢 武侯祠。依白石韵

丞相祠前,锦官城外,下车拜问前程。尚森森翠柏,映草色青青。似当年、纶巾羽扇,指挥若定,谁解谈兵。看江流石在,寒滩犹咽孤城。　　吕伊伯仲,贯精诚、神鬼堪惊。系一发千钧,三分两代,生死交情。忍诵杜陵诗句,还空听、隔叶鹂声。正中原荆棘,沾襟来吊先生。

谒金门

春夜悄,青草池塘蛙闹。日久离家归梦少,睡来还盼晓。　　一晌弄晴天好,碧柳丝丝轻袅。满地胭脂红不扫,落花人起早。

六州歌头 偕慧素登峨嵋山绝顶

相携翠袖,万里看山来。云鬟整,风鬓艳,两眉开,净如揩。独秀西南纪,镇梁益,通井络,齐瓦屋,蟠岷嶓,接邛崃。绝壁坪深洞古,神龙会、隐蓄风雷。听下方钟磬,烟雾起芒鞋。飞瀑喧豗,挂丹崖。　　又神灯灿,佛光幻,卿云烂,锦霞堆。开粉本,图鳞甲,砌琼瑰,绝尘埃。玉立千峰迥,银色界,雪皑皑。渺人海,笑万事,等飞灰。阴壑阳岩苍莽,看缥缈、双影徘徊。载将西阁笔,直上睹光台,一扫昏霾。

木兰花慢 题夏枝巢御史著《清宫词》

郁巫闾莽莽,钟王气,定幽燕。看万国衣冠,六宫粉黛,歌舞朝天。无端,祸兴燕啄,竟河山、大好误垂帘。鼙鼓惊残绮梦,胭脂染作烽烟。　　长安,剩粉拾钗钿,遗事说开元。似杜陵幽抑,颍川旖旎,花蕊缠绵。谁怜,北来庾信,有飘零、前代旧言官。不见白头宫女,落花又遇龟年。

扬州慢 昆明黑龙潭观唐梅

金马峰高,碧鸡关耸,大州旧郡云南。作西川锁钥,蔽上国屏藩。更滇海、波涛百里,汤池堑限,津塞泥丸。自诸葛七纵,千年蛮汉相安。　　九华殿阙,是吴家、赚了圆圆。笑返旆三军,冲冠一怒,却为红颜。成败尽如春梦,问今日、几换江山。只唐梅无恙,依然开落空潭。

临江仙 游西湖,遇雨,避一别墅亭中,先有一人携丽于雨中吹笛,情景如画,词以记之

垂柳阴阴雾锁,湖天漠漠烟笼。胭脂染透小桃红。鱼儿三尺水,燕子一帘风。　　亭榭谁家寂寂,楼台到处重重。一声玉笛破空濛。山光微雨外,人影落花中。

南乡子 扬州

杨柳舞宫腰,匀注胭脂上碧桃。春水如衾塘外路,吹箫,明月扬州廿四桥。　　金粉易魂销,玉树琼枝唱绿幺。人物风流何处去,烟消,只有青山似六朝。

兰陵王 秋日忆别。依清真韵

断烟直,街柳庭梧减碧。宫城外、流水夕晖,影带昭阳暮鸦色。西风忆故国,都识,春明寓客。关山路、孤雁远音,欲寄家书泪垂尺。　　鸿泥梦爪迹。记月射华灯,香递茵席,行厨共约花间食。有几日欢聚,几番吟啸,鞭丝衣影又客驿。一身倏南北。　　悲恻,乱愁积。叹岁月侵寻,消息岑寂。绵绵不尽情何极。想引烛行酒,倚楼吹笛。如今羁旅,更阵阵、雨夜滴。

菩萨蛮 辛巳七夕寄慧素

声声何处吹箫管,可怜一曲长生殿。唱到断肠时,君王

也别离。　　露零罗扇湿，疑是双星泣。不忍望银河，人间泪更多。

前调　中秋寄慧素

怕听说是团圆节，良宵可奈人离别。对月总低头，举头生客愁。　　清辉今夜共，砧杵秋闺梦。一片白如银，偏多照泪痕。

梦还家　自度曲。难中卧病，见桂花一枝，始知秋深，感赋寄慧素

无人院宇，静阴阴，玉露湿珠树。井梧初黄，庭莎犹绿，乱虫自诉。凉宵剪烛瑶窗，记与伊人对语。而今只影飘流，念故园，在何处？想他两地两心同，比断雁离鸳，哀鸣浅渚。　　近时但觉衣单，问秋深几许？病中乍见一枝花，不知是泪是雨。昨夜梦里欢娱，恨醒来，却无据。谁知万绪千思，那不眠更苦。又离家渐久还遥，梦也不如不做。

虞美人　十一月下旬，雪，接慧素信，词以寄之

野梅做蕊残冬近，归去无音信。北风摇梦客思家，又见雪花飘落似杨花。　　乡书昨日传鱼素，多少伤心语。枕头斜倚到天明，一夜烛灰成泪泪成冰。

菩萨蛮

　　银灯影射唐花艳,金盘椒酒团圆宴。爆竹一声声,催人华发生。　　春晖无限好,自看年犹少。两字报平安,今年胜去年。

　　庭前犹积残年雪,良辰又到元宵节。人寿月团圆,红妆围绮筵。　　银花开火树,竞看龙灯舞。装点似承平,繁华不夜城。

　　玉𬟁垂影桥如带,龙池水暖冰初解。芳信到迎春,柳黄初未匀。　　春风吹路草,又绿长安道。小雨润香泥,闲花逐马蹄。

　　氤氲香篆盘炉凤,貂裘不脱春寒重。明日是花朝,雪中开小桃。　　阴阴琼岛路,冷圻胭脂树。杨柳锁楼台,去年双燕来。

　　池波微皱风初起,鱼苗三寸生春水。照影倚红阑,分明镜里天。　　苔痕墙外道,傍晚人行少。背立夕阳斜,开残绿杏花。

　　小庭悄悄重门隔,梅枝鹊踏飘香雪。一曲琵琶催,南花入北来。　　胡天环珮冷,怜写红罗影。名士唱新词,佳人借口脂。

　　出墙红杏春风闹,鞦韆墙里佳人笑。冲破绿杨烟,罗裙直上天。　　断肠寒食道,何处无芳草。花落子规啼,楼头日又西。

　　锦屏十丈阑干倚,妖娆无限东风里。一片雾中天,海棠占大年。　　夜深春睡懒,更觉红妆艳。灯下对倾城,花光夺月明。

双薰茉莉浮香茗，软酥初熟藤萝饼。飞雪午晴天，浑身沾柳绵。　一庭风过处，四面飘红雨。花片入残卮，招来蝴蝶飞。

石家不见黄金屋，绿珠怜对人如玉。春日上浓妆，娇容羞海棠。　碧梧栖彩凤，都是多情种。日日早归家，为伊迟看花。

牡丹时节春风丽，一尊相对贞元士。金殿夜朝天，白头思少年。　残阳楼外挂，返照琉璃瓦。泪眼看花枝，此情鹦鹉知。

牡丹凋谢荼蘼老，锦茵不忍残英扫。春事已阑珊，销魂芍药栏。　烽烟仍满地，未碍芳时丽。再作看花人，明年花更新。

浪淘沙

帘外雨纷纷，静掩重门。梨花满院易黄昏。一穗银灯窥壁影，却印双人。　烟篆泛层云，龙脑香薰。好添兽炭凤炉温。怕是年年三二月，多病伤春。

谪仙怨　长安八仙庵

京华东望烽烟，夷虏频惊犯关。君后当时巡幸，王孙何日归还。　看花萧寺城外，系马高楼柳边。依旧长安酒肆，不逢游侠神仙。

风流子 骊山华清池

周唐天子太多情,掷宝器,换佳人。看烽火虚惊,褒姬微笑,浴波偷觑,妃子轻嗔。甚羯鼓,无端催绮梦,云雨散成尘。犬裔东来,神移九鼎,马嵬西去,变起三军。 蛾眉非误国,鸳鸯知倚傍,未解司晨。争似喧宾夺主,牝雉金轮。叹钿盒同心,有人补恨,屦弧遗血,何地招魂。想有龙漦化水,千古犹温。

清平乐 灞桥

柳丝垂线,袅娜春风晚。看惯离人都不管,最是无情青眼。 桥上谁唱阳关,桥下灞水潺湲。纵使声声流去,也难听到江南。

浣溪沙 兰州

落日平沙没汉营,黄河依旧绕金城。春风杨柳玉关情。 西北高楼歌舞夜,梨花满地月空明。管弦一片带边声。

临江仙 洛阳

金谷园荒芳草没,当年歌舞成尘。杜鹃声里又残春。落花满地,来吊坠楼人。 风物依然文物尽,才华空忆机云。

珮环不见洛川神。牡丹时节,斜日一销魂。

浣溪沙 渝州春阴

客里芳春已半休,冻桐时节似凉秋。恼人天气在渝州。 花片散为千点泪,雨丝织得几多愁。半江烟水上层楼。

一丛花 题君武《夜坐庵图》

漫漫长夜静如年,更断漏声残。昏灯晕碧摇窗竹,照无睡、心冷于禅。十载客尘,迷离梦影,剩有旧青毡。 为谁惟悴到明天,风雨替花怜。邻钟未报春犹在,画屏掩、初觉衣单。子细著寒,有人相劝,还要早些眠。

谒金门 丁亥上巳稷园水榭修禊,分韵得"载"字

春意态,染柳薰桃无赖。水暖波柔鹅鸭载,池塘帘影外。 白社风流难再,绿鬓华年易改。病酒怜花都是债,断肠无可奈。

谒金门

春信息,节近清明寒食。一树小桃如雪色,才开三四日。 残雨阶前还湿,门外东风又急。不忍对花吹玉笛,夕阳人独立。

宴清都 <small>咏瓶花簃瓶中芍药</small>

开落身如幻。春无几、剩花残粉犹恋。钩帘坐对,添香护取,堕鬟休怨。东风纵肯还留,怎奈是、蜂慵蝶倦。向画筵、怕说将离,芳尊贮泪深浅。　　家家旧日池台,阑干倚处,曾记栽遍。浓香隔雾,晴光映日,恁时庭院。如今梦醒扬州,却不道、繁华暗换。算只有、书记清狂,相看醉眼。

念奴娇 <small>和正刚咏金陵。用高青邱韵</small>

韶华依旧,春来去、送尽兴亡如许。三月秦淮莺乱舞,听唱隔江商女。燕子双双,飞花点点,欲对斜阳语。降幡一片,四天烽火齐举。　　谁问涕泪新亭?天涯芳草,歧路伤行旅。剩水残山余画稿,难忘离宫禾黍。金剑沉埋,琼枝销歇,惟有愁长伫。黯然王气,几能禁得风雨。

前调 <small>和正刚韵</small>

杜鹃声里,惜芳菲、又减新来情力。愁梦一场春事了,惟有昼阴长日。风拂鸣琴,月窥吟烛,触景全非昔。旧时游宴,剩看池水凝碧。　　曾记白练听歌,青衫浥泪,憔悴京华客。陵谷几经朝市换,残弈浑难收拾。对酒伤多,登楼望远,烟树沉沉黑。平芜尽处,夕阳犹恋山额。

人月圆 己丑中秋与正刚、敏庵燕园步月

分明镜里楼台影，夜气幻山河。清光依旧，年年长好，秋意偏多。　　前游休问，相逢客里，无酒无歌。与君不睡，今宵同赏，明岁如何？

惜黄花 中秋后四夕，圆月渐缺，节序暗移，与正刚、敏庵夜饮，赋此

丹枫霜染，黄花金绽。倚朱楼，近残秋、夕阳庭院。歌罢断魂惊，酒入回肠转。况又是、月明还满。　　星稀云淡，露华向晚。下帘钩，背灯愁，夜阑人散。心事自家知，醉也谁来管。恨未有、玉笙传怨。

霜花腴 己丑重阳，枝巢、稊园诸公邀集稷园上林春为登高之会，分韵得"空"字

上林盛事，正晚霜澄莹，霁色高空。星拱神都，日销兵气，八方际会云从。啸歌菊丛，看策筇、随步龙钟。有当时、贞元朝士，晚花辉映傲秋容。　　百岁长安棋局，便浮云过眼，几幻沙虫。无恙山川，有情烟月，还欣故旧重逢。此生转蓬，似塞鸿、争奈西风。问今朝、酒上衰颜，可如坠叶红？

花犯 窗梅初开，词以赏之。依清真韵

镇厌厌，欢娱渐减，思来甚情味。小梅初缀。看冻蕊疏

花,依旧幽丽。横斜顾影阑干倚,枝间鹊报喜。更好是、夜窗残月,寒香留翠被。 如今鬓丝老何郎,盈盈似有意,相怜憔悴。开未了,须惆怅,褪粉轻坠。曾经记、去年胜赏,应想见、人间如梦里。又暗转,东风消息,二分还似水。

寰海清 庚寅上元,同正刚、敏庵饮展春园,夜阑尽欢,送两君步月归,用王庭珪韵记之

丽景光天,恍然图画,鳌岛蓬仙。今日共欣宴赏,人月同圆。停杯数残漏,欢娱尽、翻不觉,长夜如年。 何须宝马云轩,灭绛烛隔窗,更是鲜妍。流水琤淙,寂寞曲径桥边。谁人有此闲情性?任归来,缓步轻穿。百年如一掷,可能经,几婵娟。

满庭芳 和敏庵韵

燕子来时,清明过后,无人寂寞庭园。沉阴天气,小雨逗轻寒。花外流莺啼处,看新绿、草长如毡。思前事,酒空余泪,旧恨减新欢。 年年。春似客,暗随流水,又到人间。只可惜,浑非镜里朱颜。转眼乱红无迹,芳菲去,欲别还难。斜阳晚,一帘飞絮,独自绕池阑。

念奴娇 和枝巢翁《展春园坐雨》词

海棠时候,廉纤雨、做就浓阴天气。一夜溪流添绿涨,晓看池波平地。金粉香残,胭脂红晕,花雾流光里。风帘不卷,

满庭深掩苔翠。　　当日南浦孤篷,西窗短烛,梦影谁能记?旧侣如今无一半,忍问飘零芳事。三月伤春,十年作客,襟上犹余泪。银灯自剔,不来深巷嘶骑。

前调 春暮夜雨,正刚、敏庵来访,即和敏庵韵

万红千紫,都过眼、换了一庭新绿。才说春来春又去,几日悲欢相续。帘映苔痕,泥黏屐齿,小径阑干曲。忽来佳客,夜阑同剪窗烛。　　应似乘兴山阴,论交中散,酒阵消愁斛。今古浮云余一笑,何用穷途阮哭。好景难留,名花如幻,转瞬韶光速。自开还落,不关风雨荼毒。

玲珑四犯 同枝巢翁雨后访稷园牡丹,和原韵

羞对倾城,问两鬓霜华,添又多少。且作欢娱,同续寻芳图稿。连日雨骤风狂,剩看取、半妆犹好。更扑面、柳絮濛濛,春被杜鹃啼老。　　沧桑瞥眼人间小,镇销魂、苑花宫草。重来只有园丁识,当日朋欢半了。休忆梦里霓裳,富贵应难长保。步玉阑干畔,吟未尽,啼还笑。

鹧鸪天 春尽病中作

不是关情也有情,十年愁病损兰成。颜衰怕见时藏镜,眼倦难明每近灯。　　花自落,草新生,东风吹到儿时停。才能拭了伤春泪,帘外莺啼又数声。

乍卷疏帘觉晓凉,扶筇缓步小银塘。池波滟滟容新雨,

花木欣欣恋早阳。　　　茶鼎沸，药炉香，谁知过却好时光。近来一病一回老，身似秋林不耐霜。

水龙吟 杨花。依章质夫、苏东坡唱和韵

乍开谁当花看，幻身一现旋教坠。隋堤路远，章台非旧，有何情思。摇荡春魂，懵腾酒梦，重门深闭。算颠狂成性，飘零经惯，最容易，因风起。　　　抛撇故乡何处，料天涯、枝头难缀。飞时有迹，捉来无影，欲团还碎。乱扑征衣，轻窥离席，又随流水。怪年年作态，将人勾引，洒东风泪。

前调 杨花。悼杨君武同社。依章质夫、苏东坡唱和韵

可怜身似秋蓬，恁无归梦随抛坠。浮生瞬息，飘零半世，绵绵离思。吹尽香尘，只余残照，一春长闭。恨质轻易散，缘悭难住，芳魂去，谁呼起？　　　沾惹青衫如雪，和脂香、酒痕犹缀。愁风妒雨，人间天上，柔肠都碎。判委泥沙，不如早谢，总随流水。共飞灰化作，庄生蝴蝶，染啼鹃泪。

金缕曲 庚寅端午。和敏庵韵

天节当重午。画堂开、艾香蒲绿，暑风清序。如雪鲥鱼来江市，味压葡萄新醑。算未抵、伤时情绪。落尽春华红榴烂，隔高枝、蝉噪莺无语。芳日换，问谁主。　　　千年沉怨空回顾，甚当时、纫兰佩芷，早随尘土。湘水无灵悠悠去，剩有龙舟箫鼓。看众醉、独醒更苦。泽畔行吟谁知者，等词人、泪

眼歌金缕。休赋鹏,且投黍。

六州歌头 居庸关长城吊古

陇云辽海,迤逦亘西东。走黄漠,临紫塞,踞层峰,列崇墉。气象谁能似,三千里,开河道,栽杨柳,隋炀帝,失争雄。二世曾无旋踵,看刘项、先入关中。问蒙恬何在,霸业遽成空。一炬秦宫,烛天红。 又飞狐口,马兰峪,屏畿辅,拱居庸。土木变,急边警,肆妖凶,更尘蒙。青史沉冤事,乘舆返,是谁功。于忠肃,岳忠武,恨终同。未有龙城飞将,应难息、羯鼓狼烽。纵重关绝险,只不度春风,还仗和戎。

金缕曲 题《庚寅词集图》

金粉南唐绪。十年来、延秋衣钵,展春旗鼓。多少缠绵兰荃意,半是伤心泪语。怜我辈、情怀最苦。到死春蚕丝方尽,枉雕琼镂玉终何补。长更是,招人妒。 江山几换谁为主。但满眼、粘天芳草,飞花飘絮。看遍人间兴亡事,惟有啼莺解诉。算身世、斜阳今古。真幻难明罴俀梦,破樱桃、生怕歌樊素。只风月,还如故。

酒泉子

斜月西楼,楼外残莺啼晓。夜难眠,还起早,懒梳头。 胭脂匀了恹恹地,鹦哥那解人意。理琴弦,弹流水,恨悠悠。

青杏黄时，还记花开那日。月朦胧，吹玉笛，影参差。　　近来才减伤春恨，昼闲长觉困。镜奁中，惊瘦损，没人知。

菡萏池塘，叶底鸳鸯双戏。柳风来，花露坠，羽毛香。　　拈针绣上红罗被，夜来相对睡。暗寻思，真胜似，薄情郎。

绿印窗纱，知是芭蕉深处。一声声，摇夜雨，梦天涯。　　玉郎消息难寻问，兰房灯影晕。敛蛾眉，思又恨，不还家。

天香 题启元白《紫幢寄庐图》。元白寄寓杨氏趣园，庭有双楸，二百年物也。顷园易新主，元白写图纪之。和君坦韵为题

疏雨桐花，番风楝子，误他旧日吟馆。桐花似楸花而大，楝花似楸花而小，故乡甚多，北地所无。蒨蒨生烟，涓涓垂露，缥缈雾香吹散。湘帘卷处，轻点入、芸窗几案。浓荫时妨早起，都因午晴遮黯。　　京华俊游未倦，记钿车、碾尘寻艳。正是牡丹时节，夕阳梵院。崇效寺楸树亦乾嘉以上物，牡丹将谢，楸花正开。几度棋枰过眼，看第宅、王侯又新换。最感飘零，乌衣谢燕。

清平乐 落叶

洞庭波起，渺渺人千里。楼外夕阳多憔悴，雁背带来秋意。　　残灯支枕无眠，声声只在林间。一夜西风卷尽，开门又见青山。

萧萧渐急，堆满阑干侧。穿月飘风无气力，谁共落花怜

惜。　　春红夏绿凋零，一般同是伤情。拾取欲题无语，凭他去做秋声。

莺娇燕婉，转瞬繁华换。抱影声嘶蝉噪晚，也怨浓阴忒短。　　如何一夜霜飞，无端飘坠谁依。今日堆尘委路，原来曾在高枝。

人月圆 庚寅八月十三日，词社同人于稷园作中秋预集

相看座上须眉古，我亦鬓成霜。楼台寂寞，承平回首，莫问霓裳。　　金瓯依旧，浮云便有，不碍清光。酒如长满，人如长聚，老也无妨。

将圆已放圆时彩，更不待团圞。芳华豆蔻，娉婷恰似，好好当年。　　秋光几易，贞元人老，殿阙依然。及时须赏，阴晴难定，欲买无钱。

秋光何似春光好，见月易思家。忘年俦侣，青衫白发，同是天涯。　　宫城咫尺，红墙一水，银汉微斜。嫦娥不识，人间兴废，几换繁华。

扬州慢 题杜牧之赠张好好诗墨迹卷

秋碧传真，戏鸿留影，黛螺写出温柔。喜珊瑚网得，算筑屋难酬。早惊见、人间尤物，洛阳重遇，遮面还羞。等天涯迟暮，琵琶溢浦江头。　　盛元法曲，记当时、诗酒狂游。想落魄江湖，三生薄幸，一段风流。我亦五陵年少，如今是、梦醒青楼。奈腰缠输尽，空思骑鹤扬州。

水龙吟 题正刚摹枝巢《读清真词偶记》稿册子

断肠一曲兰陵，柳丝弄碧烟波暝。樊楼灯火，汴京何似，江南风景。大晟飘零，琵琶胡语，龙沙劫冷。看师师门巷，舞停歌罢，繁华事、休重省。　　犹剩断宫零羽，又琴音、爨桐相应。旧时骢马，玉箫新谱，霓裳同咏。花叶传钞，眼惊双璧，后先辉映。问他年谁辨，庐山面目，认词人影。

南浦 庚寅九日，谱此调偶重一"阳"字。昆曲有《八阳》一剧，因戏为福唐体拟之，并寓重阳之意

长空黯淡，指关河、征雁度衡阳。无奈愁人风雨，佳节又重阳。懒把紫萸簪帽，看如今、霜鬓老河阳。怅驹光如掷，蝶庄同梦，歧路误迷阳。　　戚戚满林落叶，和孤吟、谁为赋欧阳。只有黄花无恙，零乱耐秋阳。莫到旧登临地，怕遥山、远水总斜阳。向醉乡行去，酒徒何处觅高阳。

紫萸香慢 咫社北海琼岛展重阳

过重阳、曾无风雨，却听落叶飕飕。数晨星词客，向琼岛、访前游。正是乌啼霜紧，看宫城沟水，暗带红流。怕黄花昨日、瘦也使人愁。算只有、酒能展秋。　　羞羞。破帽还留，遮不住、雪盈头。念刘郎再至，萧娘易老，前事都休。见闻已销兵气，早全换、旧神州。矗斜阳、塔铃无语，又传辽鹤，含笑时看吴钩。回望醉眸。

解语花 盆莲

明霞照影,薄雾生寒,仿佛银塘里。液波前事,飘零恨、敢怨托身无地。盈盈勺水,载不住、鸳鸯游戏。依约间、相对卢娘,细细闻吹气。　　无限红情绿意,怕西风摇落,重换秋思。翠鬟斜坠,怜憔悴、何日早成连理。锦边并蕊。记宴赏、碧筒曾醉。看旧时、分种莲心,愁泫啼妆泪。

霓裳中序第一 稊园赏桂

烟澜翠影叠,绿荫森森交荔叶,初绽金英玉屑。正帘隔宿阴,楼明残月,兰钿暗结。又阵风、吹坠瑶席。依然是、广寒窟里,待共素娥说。　　愁绝,酒阑歌歇。只两袖、余香未灭,一枝凝露手折。忆汉水分襟,新都停辙,旅游如梦隔。更怅惘、蟾宫旧客。看当日、簪花双鬓,欲戴怯霜雪。

虞美人 本意

江东子弟歌中哭,已失秦家鹿。轻撞玉斗范增嗔,何不教伊舞剑向鸿门。　　红颜生死皆千古,怜被英雄误。汉王霸业几秋风,输与美人芳草属重瞳。

雉妖人彘谁家妇,敢与争千古。寄魂芳草舞春风,也似杜鹃啼断杜鹃红。　　泪凝斑竹花凝血,一样情凄绝。江山难抵美人恩,不见五陵陵树只斜曛。

鹧鸪天 庚寅腊尽日访敏庵、正刚,步雪归来,
途中口占和正刚除夕词原韵

　　两岁平分半送迎,夜阑白发对灯青。颜如庭雪消多许,愁似炉烟叠几层。　　花旖旎,酒懵腾,醉时还作暂时醒。人间难了悲欢事,旧去新来尽此生。

蝶恋花 辛卯元旦感赋

　　银烛垂消鸡报晓,盼得春来,只是催人老。爆竹声声声未了,东风又绿坟园草。　　旧日欢场空梦绕,走马长安,为问谁年少。纵说夕阳无限好,去时已去来时少。

鹧鸪天 雪

　　银粉弹弓绘不成,宵光昼色未分明。莹莹池面冰开镜,叠叠山鬟玉列屏。　　花撩乱,絮轻盈,梨云黯淡冻难晴。因风穿入晶帘罅,点上霜华几茎。

浣溪沙

　　檀板金尊事已非,春来一霎又春归。眉间心上两依依。　　忍遣落花随逝水,犹将夕照当朝晖。旧游时节燕双飞。

三字令

春已半,太匆匆,恨重重。明日雨,夜来风。草芊眠,花淡荡,柳惺忪。　　肠欲断,梦相逢,月溶溶。香阁掩,绣帷空。绿弦心,红蜡泪,两情同。

寒食近,雨丝丝,草萋迷。梁燕语,柳莺啼。落花多,红粉老,白头归。　　行乐地,宴游时,夕阳低。人自去,马频嘶。笛声哀,尊酒尽,泪空垂。

清平乐

楼高人远,寂寞闲庭院。独倚阑干情缱绻,心比游丝还乱。　　天涯草长花飞,帘前燕语莺啼。日日翻多愁恨,不如早送春归。

水龙吟 题胡元初太守武黄官廨《柳树图》

柳枝犹自青青,江山举目全非是。闻歌子野,伤时张绪,迷离情思。道士湫边,仙人矶畔,旧游何地。剩婆娑老泪,画图重看,谁能会、新亭意。　　莫问几番摇落,又逢春,东风还媚。倡条冶叶,柔腰娇眼,阅人多矣。爱傍章台,如何误种,陶潜门里。但凭伊、送尽斜阳,总不管、兴亡事。

应天长 辛卯上巳承泽园修禊,分韵得"石"字

五侯故邸,三月令辰,芳游更趁泉石。尽有客愁兵气,随流付潮汐。堂前燕,犹似识。又软语、说春消息。问哀乐、旧世新人,那异今昔。　　台榭倚斜阳,一梦承平,歌舞已陈迹。不见汉宫传烛,飞花自寒食。长安事,如局弈。曾几度、眼惊身历。看无主、隔院娇红,谁去相惜。

惜余春慢 送春

细雨丝丝,斜阳脉脉,天也可怜如此。凄闻杜宇,黯对将离,争忍玉阑重倚。拚坐长宵已迟,灯烬天明,晓钟声起。看杨花犹舞,榆钱空掷,欲买无计。　　因甚却、轻盼春来,欢娱成恨,直到春归才悔。余香淡浅,剩粉飘零,半是别愁离泪。谁道东风暂回,依旧有时,姹红嫣紫。奈萧郎人老,扬州游倦,梦醒罗绮。

风入松 题周敏庵《咸水沽旧园图》

门前春水长鱼虾,帆影夕阳斜。故家堂构遗基在,尚百年、乔木栖鸦。寂寞诗书事业,沉沦渔钓生涯。　　只今地变并人遐,旧梦溯蒹葭。名园天下关兴废,算只余、海浪淘沙。不见当时绿野,也成明日黄花。

定风波 摩诃池

琼户风来换暗凉,冰肌不耐薄罗裳。菡萏夜开香淡远,清浅,碧波无浪睡鸳鸯。　　故国月明空似水,垂泪,可怜憔悴促行装。蜀魄声声闻马上,惆怅,旧携手处忍思量。

南歌子 鲥鱼

味自赢卢橘,香同恨海棠。清和节后麦花黄,记得年年贳酒度端阳。　　论价怜陈肆,争名笑过江。潮头尽处网高张,何不富春滩上问严光。

青玉案 和枝巢,依贺方回韵

青芜满地春归路,总不肯、将愁去。一树垂杨莺乱度,碎萍流水,绿苔朱户,莫认前游处。　　卷帘楼上斜阳暮,泪湿红笺别离句。庭院无人深几许。梦回风烛,情如泥絮,那更黄昏雨。

贺新凉 残暑。和枝巢韵

度竹流萤灭。几日来、残云新雨,暗分凉热。昨夜金风催玉露,擎盖荷茎欲折。更瘦了、柳腰一搦。说道明宵牛女会,怕登楼、又到愁时节。商音起,在林叶。　　佳人慵睡娇无力。看晨妆、才匀宿粉,汗消脂渍。最是家家白团扇,薄命先捐秋月。添半臂、罗衣试著。隔院砧声初到耳,忆辽阳、一雁惊消息。深闺怨,向谁说。

蝶恋花

往事迷离如过絮,好景黄昏,犹恋斜阳暮。不管雨欺风也妒,看花直到花飞去。　　一醉懵腾醒后悟,便有聪明,早被多情误。对镜才知侬是汝,旧时年少归何处?

南楼令 壬辰立春

冻解池开天①,东风去又还。掩银屏、犹有余寒。芳草无情愁不了,先青到,画楼前。　　春便没些闲,今年好去年。只难能、转变衰颜。怕见花开人更老,莺啼处,倚阑干。

临江仙 立春后雪

蜡泪滴残凤烛,炉香熏上貂裘。重帘放下月垂钩。衾寒知雪意,酒暖觉春愁。　　紫气瞳曚日晓,翠华葱蒨烟浮。西山晴霁一登楼。琉璃装世界,金粉饰神州。

玉楼春 元夜

金吾衙外香尘绕,玉照堂前歌管闹。帘开灯上月初来,柳暖梅寒春正好。　　清光从未嫌人老,欢乐不教成懊恼。

---

① 池字疑误,此处当用仄声字。

今年才见一回圆,已为良宵拚醉倒。

琵琶仙 题君坦画桃花扇子。和原韵

肠断天涯,乍惊见、满眼愁红痴碧。帘外双燕归来,东风换消息。前梦渺、刘郎再至,可还似、去年颜色。半倚斜阳,无言有恨,谁解心迹。　　几番是、流水光阴,又啼鸩、声中过寒食。灯舫旧时秋扇,送繁华如瞥。输却了、江山一局,剩血痕、点点犹热。对影身世相怜,忍教轻撷。

踏青游 依清真韵

翠色春郊,飞尘霁风吹晓。又目断、黏天芳草。踏青游,寻旧侣,半成猿鸟。但觉得、今年杏花匆匆,一霎只余斜照。　　久客无家,还思卜邻琼岛。望咫尺、波澜萦绕。幻春灯,经见惯,浮云多少。忆昔日、翩翩玉鞭金勒,羞与少年人道。

雨中花慢 槐花

几日炎薰过暑,乍减婆娑,细蕊遮叶。怕西风吹坠,却妨车毂。那似杨花轻薄,差比桂粟堆积。看万家烟雨,密密濛濛,一天黄雪。　　缤纷辇道,寂寞宫城,影带昭阳鸦色。天宝事、凄凉空听,郁轮袍曲。抱恨蝉声断续,名场催老忙客。早南柯梦醒,北窗高枕,不问何国。

一萼红 　蓼花。和君坦韵

映渔灯，点胭脂冷艳，红上采莲舲。醉染霜容，愁添秋色，簇簇枝袅馨。写图画、萧疏水国，催雁信、烟雨晚冥冥。断岸枫飘，暮江蘋老，剩此伶俜。　　回首天涯摇落，又西风昨夜，吹散池萍。貂续堪羞，鸥盟谁主，弹指一霎须惊。但空忆、芦中人远，凭扁舟、蓑笠避浮名。试看江湖满地，秋也无情。

疏影 　牵牛花。和君坦韵

早凉透褶，正月痕似洗，梧庭幽洁。冷淡秋花，自整霜容，不逐东风媚春悦。断续寒砧乍寂，珠箔外、疏星未灭。道昨夜、乞巧楼头，簪爱女儿黠。　　屋角啼残络纬，知篱颤朵朵，凝泪轻撷。子午莲开，夜合香浓，一样芳心清绝。深描浅画谁相赏，却输与、黄华红叶。但露行、未耐朝阳，避面肯招闲蝶。

琐窗寒 　寒流。和君坦韵

月色侵冰，潮音动地，簌寒天半。玉门不阻，一夜雪飞如扇。料明驼、指僵冻呵，琵琶莫诉胡沙怨。看黯云似幕，关河寥廓，雁声凄断。　　幽馆，孤吟惯。奈活火难温，薄衾失暖。残更悄寂，落叶寒林庭院。又今年、重五闰逢，日长小岁春更远。最相怜、耐冷梅花，盼待东风转。

小重山 <small>冬至日集饮赏蜡梅。和君坦韵</small>

　　琥珀流光照酒卮。一年今又见,乍开时。线长渐觉日迟迟。飞灰动,早有暗香知。　　蕊破向阳枝。春容先腊意,两相持。花前低唱小红词。银灯外,疑是闹蛾儿。

玉烛新 <small>卧雪图。和君坦韵</small>

　　随流山影驶,看幻态云容,照来清沚。雪明断岸,琼瑶碎、直到园池阶次。远林霁景,只粉碧、营邱能似。教载酒、乘兴剡溪,扁舟戴家谁至。　　深埋车辙无踪,但独守梅花,不知何世。武陵犬吠,问门外、那有渔人来此。江山尺咫,送梦里、光阴过翅。还领悟、数点天心,春回冻蕊。

东风第一枝 <small>和敏庵锦城除夕韵</small>

　　爆竹催春,灯花送夕,一家千里孤馆。故乡梦阻关河,异客情分冰炭。牵衣儿女,尚未解、长安萦念。听隔邻、彻夜欢声,争羡酒香炉暖。　　雪初霁、梅英照眼。风不冷、柳丝掠面。桃符都换新楣,燕巢还寻旧苑。芙蓉江上,望云树、如遮重幔。想此心、早到京华,飞过水千山万。

菩萨蛮 <small>和正刚春愁词</small>

　　东风芳草年年碧,去年屐齿痕犹湿。桃李又繁华,今年

不在家。　　流莺窥绣户,绿遍垂杨树。闲煞旧楼台,主人
来未来。

自家心事谁能道,阶前空有相思草。枝上恨啼莺,可知
人远行。　　春残犹作客,云树关山隔。无处不天涯,何须
望眼赊。

浣溪沙 题谢稚柳为正刚写《春愁图》

一夜东风上柳条,沙堤土暖长芦苗。青山淡淡水迢
迢。　　背后斜阳随地尽,眼前芳草接天高。愁心暗付往
来潮。

陌上花

行云逝水,东风吹老,少年歌舞。酒醒更阑,唯有梦时来
去。未寻往事肠先断,隔槛怕听鹦鹉。忆销魂最是,画楼斜
日,绿窗疏雨。　　　恁春来太早,花开陌上,不管人归何处。
路远天涯,草色更无重数。冶游几日芳菲地,都换浮萍飞絮。
把心期细问,多情脉脉,欲言谁诉。

一枝春 雨中杏花

点点残更,小楼中、睡起挑灯听惯。清明过了,更是江南
魂断。啼妆泪洗,也难认、晕潮浓淡。应料得、深巷明朝,早
有卖花声贱。　　　濛濛雾光霞艳。看痕凝粉颊,香融脂面。
雕阑半倚,对语去年双燕。轻寒似许,莫教那、鹁鸪晴唤。还

只怕、天换风沙,故宫梦远。

天香 雨中牡丹

酾酒眠醒,试汤浴罢,扶时欲起犹困。翠幕堆烟,红潮卷浪,晓看隔帘痕晕。楼台锦绣,渲染似、谁家画本。珠汗脂香逐队,吴宫演成图阵。　　轻梳柳丝未整,总难绾、廿番风信。怕到午晴天气,露华飘尽。便是春回有准。可忍使、倾城对衰鬓。一曲闻铃,歌来也恨。

满庭芳 太平花

宝绘堂空,金炉烟冷,帘帷暗藉尘沙。不知亡国,犹放太平花。烽火年年五月,传风鹤、时动哀笳。平生自,干戈见惯,飘泊在天涯。　　嫔妃都散尽,昭阳影带,只剩宫鸦。望青城蜀道,水远山斜。内苑分来异种,如今是、开遍家家。看兵气,光销日月,长与斗繁华。

瑶华 承泽园将易主,时荷花盛开,邀词集同人饮赏

一花一叶,绿意红情,是人间空色。轻房密盖,曾覆护、波底鸳鸯双翼。繁华几日,便说到、西风消息。算自来、苦在秋心,识得许多炎热。　　朱门屡换衣冠,剩歌舞楼台,池头凝碧。蓬瀛旧侣,回首处、觅梦又成今昔。何须是主,趁雨夕、续欢顷刻。看此身、天地浮鸥,为问谁人非客。

望海潮 青岛台风过后观潮

鲸波吞日，蛟涎吹雾，滔天势欲横流。鼍鼓地摇，神旗电闪，萧萧万马惊秋。飞雨卷齐州。看黑风水立，白浪山浮。海表苍茫，微身一粟梦蜉蝣。　　扶阑放眼登楼。纵银河倒泻，不浣清愁。归思箭端，雄心弩末，千斤难射潮头。好待霁光收。又分离断雁，来去闲鸥。检点囊中，半残图稿画沧州。

海天阔处 青岛海水浴场

暖沙细踏如茵，雪明一线潮来去。青天戴笠，碧波涵镜，四山环堵。海气迎凉，秋阳不炙，午风清暑。似昆池教战，嬉游逐队，惊鳞鲽，轻鸥鹭。　　形秽故人如故。笑京华、十年尘土。沧溟万里，濯缨濯足，歌残珊树。何用乘桴，只须泛泛，随波容与。怕穿涛破浪，晶宫水底，惹蛟龙怒。

五福降中天 青岛公园五福楼茗话

水风凉处迎新雨，鸣蝉到秋惊晚。白藕香清，紫薇红碎，万绿丛中一点。林高碍眼，看小径苔深，曲通幽馆。海气山容，天开图画自舒卷。　　茶寮清坐话旧，忆春明梦影，多少离念。物换情迁，年来岁去，人似寒潮展转。羁怀更懒。怕北雁南云，又成凄黯。等是飘零，杨花心共远。

人月圆 余居郊墅四度中秋,癸巳园易主,中秋夕居城,适济南关友声君来,小酌同赏月,因赋

百年几换楼台主,明月自团圆。清辉到处,千门万户,不问谁边。　　思家张翰,无家张俭,等是痴颠。但能有酒,又能有客,同赏同欢。

瑞鹤仙 甲午春作邓尉探梅游,诸词老相饯,即席赋。依梅溪韵

座中谁绿鬓。借酒上颜红,暂生潮润。回头事犹近。算枉抛心力,空能传恨。斜阳隐隐。看又送、轻帆去稳。怕行程、羁旅江南,误了几番芳信。　　休问。梅花无恙,笑我全非,十年前俊。柔肠寸寸。愁未了,意难尽。奈徘徊双影,片时相对,梦似罗浮易醒。盼归来、勒住春风,北枝未损。

水调歌头 南行逢春雪,至金陵,秭园词社以此调咏春江花月夜,因赋

睡醒欠伸起,开眼换山川。迷离不辨天地,春雪正漫漫。昨日黄沙白草,今日琼枝玉树,一夜到江南。江水今犹昔,江月古长圆。　　江与月,花与雪,映钟山。风流六代不见,只有夜潮远。月为花来写照,花为江山生色,雪为月增妍。我岂谪仙侣,著我在其间。

前调 元宵日邓尉看梅花,是日为慧素生日

明月一年好,始见此宵圆。人间不照离别,只是照欢颜。侍婢梅花万树,杯酒五湖千顷,天地敞华筵。主客我同汝,歌啸坐花间。　　当时事,浮云去,尚依然。年少一双璧玉,人望若神仙。经惯桑田沧海,踏遍千山万水,壮采入毫端。白眼看人世,梁孟日随肩。

瑞鹤仙 生日在西湖

洛阳张好好。也迟暮飘零,琵琶羞抱。清波倚栏照。似依稀相认,者般人老。风流侧帽。算空忆、承平年少。问前游、几换东风,白发乱生春草。　　休恼。梅花候我,勒住春寒,残妆犹俏。来迟去早。愁遮住,断桥道。看百年往事,湖山无恙,只是春婆梦窅。又回头、人海长安,债尘未了。

水调歌头 偕慧素登南岳祝融峰绝顶

南纪耸天柱,轸野列三台。五岳并尊齐长,作镇势崔嵬。足插洞庭百里,面向潇湘九转,七十二峰开。淑气接朱鸟,春带岭头梅。　　携翠袖,历吴楚,过江淮。俯瞰曾飞天外,今又踏芒鞋。双手拨开云雾,直上祝融绝顶,回首望燕台。不度衡阳去,人与雁归来。

瑞鹤仙 西湖归来,载兰花一丛,为赋

可怜论价买。纵零落孤芳,也羞萧艾。无人自丰采。有五湖烟雨,扁舟轻载。云裙露带。更掩映、梅边竹外。漫螺痕、写入秦淮,身世美人同慨。　　何在。当门须去,不共春风,冶桃相赛。寒盟久废。同心会,总难再。似琵琶马上,杜鹃声里,乍见行妆绝代。喜芸窗、伴取青莲,贮来水绘。

前调 大觉寺看杏花

北梅亭尚在。纵依旧东风,游人都改。青山自余黛。映花光岚影,夕晖朝霭。云绡雾彩。罨画出、芳林一带。甚江南、铜井铜坑,不让雪香成海。　　应悔。玉楼人醉,宝马金鞭,少年豪概。经时换代。故宫远,总同慨。忆踏青俦侣,随春俱去,了却繁华宿债。听斜阳、清梵钟声,顿离色界。

水调歌头 看玉兰花下作

璧月春无价,琼树雪传神。后庭歌唱遗曲,犹似隔江闻。卸却铅华不御,只作蛾眉淡扫,疑是蕊宫人。控鹤下瑶阙,骑马入金门。　　雨无凭,风无准,暗销魂。更有梨花相映,能得几黄昏。偷觑水晶帘底,颜色都无著处,孤洁自天真。回笑闲桃李,净土与红尘。

玉楼春 和稼庵韵

天涯三月伤春惯，春色恼人还要看。柳丝乱似未梳头，梨蕊淡如初洗面。　　芳菲几日成衰晚，红紫纷纷深更浅。今年花落有明年，雨妒风狂休去管。

黄鹂绕碧树 游春

桃李东风笑，春游正好，翠迷香软。小雨初晴，看山明似洗，水波平岸。簇红乱紫，几颠倒、狂莺痴燕。尽北国、上苑芳郊，未减河阳潘县。　　欲去长安又恋。算空余、柳垂青眼。甚情思、只愁随草长，欢逐萍散。陌上落英尚在，奈镜里颜先变。年年此日看花，不须人劝。

南歌子 绿牡丹

颜色分鹦鹉，毛仪讶凤凰。窗纱蕉影映花光，休认成阴结子、过芬芳。

竹叶杯浮酒，柳衣汁染香。洛阳曾与醉千场，狂杀当时惨绿、少年郎。

影映颦婆釉，光摇度母坛。色香不住有情天，悟到非花非叶、是真禅。

照人琉璃镜，盛来翡翠盘。封书字拟鸭头丸，好为花王夜奏、乞春寒。

潇湘夜雨 题《红楼梦新证》

丝藕萦心，砚冰滴泪，脂红写尽酸辛。可怜儿女此天真。生死误、多情种子，身世似、亡国词人。江南梦，楝花落处，已是残春。　　千年哀史，曲终不见，弦断犹闻。有庾郎才笔，独为传神。辞绝妙、还猜幼妇，文掉阄、更起新军。看坛坫、声华藉甚，鹰隼出风尘。

拜星月慢 甲午中秋与娄生、稼庵、钟美赏月。依梦窗韵

露净街声，月涵空影，一泻银河垂地。此夕年年，换清凉人世。与君赏，试向阑干曲处微步，冷浸罗衣如洗。故国天涯，共光辉千里。　　豆篱边、络纬啼寒砌。隔墙和、断续砧声起。客心容易悲秋，泫灯花红腻。怕良宵、酒少偏多醉。笙歌散、小巷家家闭。但举头、犹自团圆，照羁人愁外。

风入松 甲午重阳风雨，同娄生、稼庵城南登高

乱山如恨不能平，拥翠入高城。万家楼阁疏林里，看低云、飞上帘旌。鸦影翻残暝色，雁行带到秋声。　　重阳曾遇十年晴，依旧此江亭。今朝风雨同携酒，更休嫌、风雨无情。且共黄花冷淡，莫愁红叶飘零。

人月圆 甲午中秋，敏庵举家自蜀返，而正刚去津。余聚后归家，更独赏月，有作

恒河沙数星辰绕，一月在中天。婆娑无影，山河不动，万象清寒。　蚕丛客返，津桥人去，各自团圆。我身弹指，光明长在，盈昃随缘。

鹧鸪天 春感

往事重寻陌上尘，年年肠断几黄昏。花开花落浑如梦，春去春来不问人。　风数阵，雨兼旬，还愁白发对清尊。一生半了繁华事，红紫纷纷只闭门。

燕子楼头半夕阳，眼前花事太匆忙。却愁飞絮如心乱，不信游丝比恨长。　歌百阕，酒千觞，风流犹似少年狂。明明知是春婆梦，也莫空来梦一场。

春去春来随自然，来时尘土去时烟。花残更有重开日，人老曾无再少年。　愁似海，酒如船，只从醉里结姻缘。画图愿写花和我，相对不知谁可怜。

小巷垂杨日闭门，恹恹情绪独黄昏。新春纵有重三月，旧侣曾无一两人。　歌歇拍，酒空尊，落花都化梦如尘。莫愁魂为啼鹃断，不待鹃啼也断魂。

前调 春感集杜

花近高楼伤客心，北来肌骨苦寒侵。江山故宅空文藻，

玉垒浮云变古今。　　　忧悄悄，病涔涔，新诗改罢自长吟。可怜宾客尽倾盖，隔叶黄鹂空好音。

想见怀归尚百忧，竟非吾土倦登楼。尊当霞绮轻初散，肠断春江欲尽头。　　　今日异，几时休，人间不解重骅骝。莫思身外无穷事，远害朝看麋鹿游。

小径升堂旧不斜，每依南斗望京华。即从巴峡穿巫峡，多事红花映白花。　　　随断柳，堕清笳，应须美酒送生涯。久拚野鹤如双鬓，岂傍青门学种瓜。

马上谁家薄媚郎，经旬出饮独空床。金盘玉箸无消息，暂醉佳人锦瑟旁。　　　花片片，水茫茫，青春作伴好还乡。年过半百不称意，日日愁随一线长。

词客哀时且未还，中间消息两茫然。秦城楼阁烟花里，触忤愁人到酒边。　　　非阮籍，似张骞，强移栖息一枝安。即今耆旧无新语，自断此生莫问天。

淮海维扬一俊人，于今为庶为清门。新诗海内流传遍，恐与齐梁作后尘。　　　工进泪，解伤神，分明怨恨曲中论。长歌激越梢林莽，半入江风半入云。

天畔群山孤草亭，地分南北任流萍。穿花蛱蝶深深见，朱栱浮云细细轻。　　　齐说客，鲁诸生，案头干死读书萤。衰年肺病唯高枕，肯信吾兼吏隐名。

云雨荒台岂梦思，居人不自解东西。未开细柳散金甲，强拟晴天理钓丝。　　　花自发，鸟还飞，江湖远适有前期。卧龙跃马终黄土，回首风尘甘息机。

欲寄平安无使来，一生襟袍向谁开。幽栖地僻经过少，渐老逢春能几回。　　　存晚计，愧群材，天时人事日相催。

且看欲尽花经眼，莫怪频频劝酒杯。

近市浮烟翠且重，春光懒困倚东风。繁枝容易纷纷落，可爱深红爱浅红。　　漂短褐，满飞蓬，悠悠伏枕左书空。衰颜更觅藜床坐，大向交游万事慵。

燕山亭 琼岛艮岳石

驱使秦鞭，追逐汉槎，往事愚公应误。灯火梦华，早化刀兵，花木寿峰非故。流落胡沙，与哀曲、玉龙同谱。回顾。甚震泽烟波，汴京尘土。　　直到长白钟灵，记游幸当时，几番歌舞。冰雪异乡，五国愁城，谁思赵家前主。地北天南，算阅尽、兴亡如许。今古，都一片，韩陵无语。

破阵子 闰重三

挨了清和时节，再逢上巳佳期。江有夜潮重至浪，春似吴蚕未尽丝。此情人自知。　　花落还应晚落，燕归却也迟归。更好流觞醒更醉，不信东风唤不回。那须啼子规。

客里几酬佳节，今年两度芳辰。曲水将愁流不尽，杜宇催归唤更频。东风吹暗尘。　　柳絮未曾飘恨，梨花依旧销魂。乐事又成他日泪，醉眼重看劫后春。新人思故人。

风信已过廿四，芳辰更遇重三。岁月糊涂新旧历，花事参差春夏天。燕归来杜鹃。　　胸有崇山峻岭，耳无急管繁弦。俯仰悲欢皆趣韵，寒暖阴晴随自然。老年追少年。

朝玉阶 樱桃

三月樱桃乍熟时。网铃轻结系，怕莺知。珠圆霞晕缀枝枝。还疑红豆子，惹相思。　　筠笼偷看美人携。鲜妍凝指甲，凤仙泥。销魂筵上唱新词。小唇香唾吐，破胭脂。

人月圆 中秋无月

连朝风雨无凭准，天意未教晴。良宵虽负，却宜作客，不动乡情。　　循环一理，盈还又缺，缺又还盈。暂时韬彩，浮云散去，何碍光明。

春 游 词

自 序

余昔因隋展子虔《游春图》，自号"春游主人"，集词友结"展春词社"。晚岁于役长春，更作《春游琐谈》《春游词》，乃知余一生半在春游中，何巧合耶！词人先我而来者，有道君皇帝、吴汉槎。穷边绝塞，地有山川，时无春夏。恨士流人，易生离别之思，友情之感，亦有助于词境。彼者或生还，或死而未归，余则无可无不可。沧桑陵谷，世换而境迁，情同而事异。人生如梦，大地皆春，人人皆在梦中，皆在游中，无分尔我，何问主客，以是为词，随其自然而已。万物逆旅，尽作如是观。词始辛丑，乙巳春序。中州张伯驹。

浣溪沙 将有鸡塞之行，题《秋风别意图》

野草闲花半夕阳，旧时人散郁金堂。如今只剩燕双双。　　明月仍留桃叶渡，春风不过牡丹江。夜来有梦怕还乡。

马后马前判暖寒，一重关似百重关。雪花飞不到长安。　　极目塞榆连渤海，回头亭杏望燕山。归心争羡雁先还。

自把金尊劝酒频，骊歌一曲镇销魂。回思万事乱纷纷。　　镜里相看仍故我，人间那信有长春。柳绵如雪对朝云。

时盼南云到雁鸿,还将离恨寄重重。孟婆何日转东风。　　万里边关鸡塞远,百年世事蜃楼空。天涯人影月明中。

玉楼春 <small>辛丑稊园展春禊,分韵得"杜"字</small>

展春旧地谁为主,流水斜阳飞乱絮。华筵岁岁泛霞觞,白发年年添雪缕。　　垂杨绿遍伤心树,都是前游曾到处。当时争自识生张,今日何人怜小杜。

玉京谣 <small>与娄生、钟美作。和梦窗</small>

白头张公子,雪夜胭脂,一笑貂裘敝。薄幸东风,谁怜飘泊桃李。但盼得、春去还来,奈眼见、留春无计。飞花里、离心惹草,愁怀堆垒。　　日边远近浮云翳,望长安、怕玉阑独倚。鸡塞迢迢,遥知香冷孤被。想旧时、檀板冰弦,只泪作、双波清沚。情何似、应似不回江水。

莺啼序 <small>武汉长江大桥。和梦窗</small>

东流大江日夜,下吴门楚户。浮云渺、千载悠悠,幻尽人世朝暮。两岸迥、武昌夏口,遥遮历历晴川树。看风涛,险恶来帆,去舟如絮。　　神禹全功,旧痕疏凿,尚龟蛇石露。今朝更、群力人谋,胜天筹运平素。供观光、衣裳万国,绾枢纽、纬经千缕。瞬当年,儿戏鏖兵,早随鸥鹭。　　少年慷慨,轻别辞家,忆汉阳寄旅。却甚事、从戎提剑,悔觅封侯,破浪穿涛,波摇风雨。奔雷翻滚,长虹横驾,中流妄语投鞭断,喜今时、砥路凭飞渡。无边圻宇,同文同轨车书,混一尽属吾土。　　时调律吕,地接寒温,换北裘南苎。笑巧匠、公输余唾,囊橐征途,笔墨羁游,色飞眉舞。桃林放马,干戈长息,金汤永固金瓯满,挽狂澜、仗有倾流柱。含羞应是曹瞒,铁索连环,问犹在否?

唐多令 咏糖果。应稊园课

色洁胜吴盐,味浓分广柑。和青梅、蜜渍香兼。小巷卖饧寒食近,红杏雨,梦江南。　　乐事含饴耽,人情嚼蜡谙。算空言、老境回甘。莲子半甜还半苦,只知苦,不知甜。

定风波 寿近云馆主人

三鳣家声旧姓杨,谢家柳絮有池塘。香阁春风开绛帐,教唱,新栽桃李满门墙。　　红豆寒云都逝水,垂泪,只今曲误少周郎。曾共氍毹歌与舞,回顾,众仙同日咏霓裳。

人月圆 辛丑中秋独赏月

月明依旧无人到,桂露湿幽房。酒空金盏,灯花开落,影印双双。　　清风有意,浮云吹散,秦镜重光。婵娟千里,多情相照,不问炎凉。

前调 辛丑中秋,同潘素访友,步月归家

玉街踏去疑空水,双影似双鱼。冰壶澄澈,纤尘俱净,万象清虚。　　明年何地?家中客里,不改欢娱。无边人世,光明到处,皆是吾庐。

鹧鸪天 忆二十年前与潘素在重庆佛寺除夕守岁

一对征人客里程,岁除曾忆在渝城。梅花色映雪痕色,爆竹声随江浪声。　　家万里,夜三更,香烟层叠佛灯明。匆匆二十余年事,知是前生是此生?

前调 同娄生、钟美、君坦登香山

直上重峦一转头,茫茫烟雾九城秋。机心常懔人言畏,世路如登鬼见愁。　　随断雁,羡轻鸥,幽州作客又辽州。余生未了浮生事,鸟倦云还可自由。

定风波 和正刚纪梦词。为辛丑除夕预作

新换桃符粉壁张,灯光人影共幽房。残夜残年同守岁,成例,鹅黄酒对蜡梅黄。　　纵有风流惟吊古,羞语,座中谁是旧潘郎。红日鸡声天下放,催唱,回头万事似秋霜。

前调 辛丑除夕，与诸词友守岁

辽海归来雪满身，相逢容易倍相亲。灯外镜中仍故我，炉火，夜阑灰尽酒犹温。　　明岁天涯应更远，肠断，春来不是故园春。几点寒梅还倚傍，才放，也难留住出关人。

临江仙 壬寅元宵和正刚

依恋人辞昨岁，团圆月始今宵。东风重上小梅梢。江山新气象，诗酒旧英豪。　　玉漏夜催晓箭，金波寒压香醪。分离明日又魂销。残春愁里过，细雨梦中遥。

高阳台 辑安怀古

鸭绿西流，鸡儿南注，四围水复山环。形胜九都，升平士女喧填。刀兵一挥繁华梦，看金瓯、倏化云烟。但荒凉、万冢累累，残照斜川。　　如今换了人间事，听隔江笑语，共话丰年。到此渔郎，又疑误入桃源。当时应悔毌丘俭，甚功成、勒石燕然。算空赢、鸟尽弓藏，何处长眠。

六州歌头 长白山

昆仑一脉，迤逦走游龙。承天柱，连地首，势凌空，耸重重。直接兴安岭，燕支血，祁连雪，障沙漠，限胡汉，阻狼烽。伸臂度辽，跨渤烟九点，更起齐东。结巍巍泰岱，秩礼视三公。日观高峰,曙天红。　　　有灵池水,森林海,千年药,万年松。喧飞瀑,喷寒雾,挂长虹。鼓雷风,南北流膏泽,分鸭绿,汇伊通。开镜泊,蓄丰满,合浑同。屹立穷边绝域,从未受、汉禅秦封。看白头含笑,今见主人翁,数与归宗。

人月圆 壬寅中秋与潘素在长春,寄都中诸友

征人万里双双影,今夜又中秋。一年容易,西风吹雪,五国城头。　　　光辉正满,清寒特甚,怕上层楼。长安遥望,只生客思,空梦春游。

鹧鸪天 壬寅冬初,独立吉林松花江上看雪

四望迷濛暝不开,江流一线自天来。衰黄败柳迎风舞,残绿荒沙委地埋。　　　寒悄悄,白皑皑,粉弓弹出玉楼台。征人情意诗人兴,只少梅花与酒杯。

前调 壬寅除夕,同娄生、钟美、慧远守岁

不怕黄莺枝上啼,征人新返自辽西。漏声夜短情无尽,花信春多老更迷。　　　欣再见,忍相离,与君一醉醉如泥。今年梦了明年梦,万事从头共曙鸡。

浣溪沙 癸卯清明

陌上东风簸纸钱,余灰野烧起青烟。故乡何处有坟

园。　　无草无花寒食路,半明半暗夕阳天。自沽薄酒市楼前。

蝶恋花

人老相怜花也谢,十万繁华,谁信春无价。纵有铃𬘘空自把,乱红堆满鞦韆下。　　燕语莺声听又罢,易恨多愁,因甚来轻惹。好梦分明真似假,当时争误东风嫁。

风外落花风里絮,万转千回,各自无归处。尽日声声啼杜宇,绿芜遮断来时路。　　残酒未消春又暮,才著新衫,那便斑斑污。怕到伤心心已苦,泪多不似天难雨。

却怨春来来太早,魂断王孙,绿遍天涯草。便有东风愁不扫,无情更惹闲烦恼。　　但愿关山音信杳,万一相逢,还怕难啼笑。眼看花枝花渐少,可怜人比花先老。

小雨一犁风五两,春去春来,来去如波浪。欲倩薄寒成酝酿,午晴偏又催花放。　　万紫千红香荡漾,仔细相看,都是愁模样。梦里楼台何处望,重重更织游丝网。

玉枕懵腾春半醒,独自无聊,比似厌厌病。乍暖还寒池院静,小楼一夜开红杏。　　鱼雁不来音信梗,妒杀雕梁,燕子双双并。残雨未收风未定,迷离人立帘中影。

肠断年年芳草路,纵有啼鹃,未解侬心苦。寻柳望梅成间阻,泪痕剩对丝丝雨。　　多少相思谁可诉,只恨春来,不恨春归去。空欲怜花花里住,那知花落人无主。

浣溪沙

半世如经说法场,春来春去梦中忙。眼前风景总斜阳。　　病酒愿为千日醉，看花误惹一身香。老年狂似少年狂。

八声甘州 题《崂山游记》

接昆仑、渡海挂胶东，何世问洪荒。看沧波万里，齐烟九点，足下微茫。远送童男五百，多事笑秦皇。甚神山缥缈，空望扶桑。　　艳说香醑色醉，尚珠林梵宇，不见花王。剩耐冬一树，犹自倚红妆。我曾来、三游三宿，有佳人、相伴女河阳。丹青笔、写灵山照，都付诗囊。

风入松 题《黄叶村著书图》

斜阳衰草暮云昏，黄叶旧时村。东风已了繁华事，忍回头、紫陌红尘。砚水滴残心血，笔花幻出灵魂。　　非烟似霰总无痕，知己几钗鐶。是真是假都疑梦，借后身、来说前身。剩有未干眼泪，痴迷多少情人。

浣溪沙 题《贯华阁图》。阁在无锡，祀顾梁汾、纳兰容若

万里霏霏雪不晴，穷边寒苦念长征。梦回鸡塞夜吹笙。　　生死交情金缕曲，飘零涕泪玉关情。词人风义至今倾。

山色湖光地有灵，旧时杰阁起高层。梅花开落几曾经。　　金粟风流弹指过，青衫词曲断肠听。无双才士共声名。

踏莎行 颐和园乐寿堂紫辛夷。和君坦

旛护金铃,堂开玉照,东来晓气重重绕。年年空自有春风,可怜彩笔郎君老。　　暖雾堆帘,明霞映棹,丹青谁画湖山稿。翠华一去少人行,斜阳满地回廊悄。

燕山亭 长春客邸见杏花。和道君

楼外香融,初见一枝,淡粉浓脂凝注。碧玉盈盈,乍著新妆,羞怯倚门娇女。恨在天涯,恁禁得、黄昏残雨。离苦,忆别后旸台,几经春暮。　　相对惟有斜阳,但独自凭阑,□□无语。青骢紫陌,侧帽垂鞭,忍思旧时游处。倒转东风,还欲倩、梦婆吹去。难据,断肠句、伤心怕做。

人月圆 癸卯中秋

去年月是今年月,万里照征人。独持杯盏,高楼倚槛,寒露沾身。　　家山何处,钱塘苏小,谁是乡亲。不堪回首,春华一梦,非幻非真。

渡江云 挽夏枝巢词人。和钟美

南朝佳丽地,山光六代,犹是隔江青。北来传庾信,倚马文章,彩笔动神京。承平盛世,算当时、裙屐逢迎。回首看、浮云蜃海,心目两皆冥。　　衰龄！一尘不见,万象全收,只

声微能听。谁料想、冰丝易尽,雪帛难赓。楼台影在归无梦,
甚风流、玉树金陵。沉恨处,寒潮冷月孤城。

玲珑玉 挽黄娄生同社。和钟美

佳士东南,尽惊看、载笔能文。春华梦短,消磨惟有清
樽。蠡里风流已歇,忆年时明月,湖水如盆。怆神,眼前人、
谁是旧人。　　再聚残宵烛影,便开筵西阁,愁吐车茵。恨
网重重,换当时、流水行云。沉吟余生蛇尾,算今日、喷瓜炙
艾,滞絮沾尘。莽边塞,望征鸿,何处吊君?

满庭芳 癸卯重阳,和钟美

五国城头,三边塞外,雪飞万里无声。凭高望极,天末盼
新晴。寂寞黄花满地,秋容瘦、也为离情。归心急,乡书到
晚,雁影过窗楹。　　怦怦。思往事,江河岁月,如此浮生。
看晨星落木,渐少吟朋。纵是插萸载酒,最堪悲、宿草青青。
怀前度,高山流水,风怕触琴鸣。

飞雪满群山 癸卯中秋前后,长春降雪,与钟美赋秋雪词

白草连云,西风卷地,雪飞八月胡天。凋零银桂,萧条玉
柳,似曾秋尽江南。饥鹰盘大漠,看冰结、长河冻干。故乡一
样,澄莹万里,月到北庭寒。　　翘首望、漫漫西去路,当时
杯酒,尘雾依然。心惊归鹤,音沉来雁,孤灯夜梦长安。歌残
金缕曲,别离久、征衣塞垣。就荒三径,重阳节近人未还。

贺新凉 题《乐安楼词隐图》

老矣此间乐。笑等闲、浮名浮利,空中楼阁。彩笔岂贪干气象,任对风花挥霍。叹坛坫、斯文不作。自古东南多佳士,主骚盟、赖有阳春脚。开三径,专一壑。　　蓬门未算堪罗雀。看时来、二三知己,论交攻错。北辙南辕半天下,曾是平生夙约。但尚空、贮诗囊橐。九曲山灵如招我,应休辞、飞去辽东鹤。相吟唱,互斟酌。

瑞鹧鸪 为某君作

藕断犹连未断丝,此情此意两心知。黄河水尽情无尽,白日光移意不移。　　薏苡任教兴谤诼,鸳鸯岂解愿分离。当年一觉扬州梦,地下还羞杜牧之。

鹧鸪天 追念娄生,触及旧事,因赋

真当假时假当真,回头已是百年身。眼前未惯为新我,事后才知负故人。　　烧白纸,奠清尊,重泉一滴见交亲。自怜犹恋残春梦,落尽梅花更吊君。

蝶恋花 柬陈玉谷、陈瘦愚两词家,和其韵

姓氏休夸槎犯斗,一粟沧波,犹自争鸡口。十事九输常独后,随人笑骂逢场又。　　柯烂棋残余橘叟,末座当年,今

渐移前首。文字喜交新益友,陈陈不是相因手。

前调 自嘲

马上琵琶斜抱斗,怨曲声声,弹出边关口。背后桃花家更后,穷荒万里天涯又。　　头白乌头归已叟,何日春婆,倒转东风首。季子道君师并友,我来却愧称词手。

探芳信 新岁除夕,和钟美词,用君坦韵

旅情倦,对客邸残宵,酒深杯浅。也桃符爆竹,迷离望乡眼。江山无改韶华去,旧世新人换。念黄莺、枝上啼到辽西,玉关归晚。　　故园绮窗远。忆烛灿双茎,雪飞六瓣。数点梅花,倚傍小炉畔。梦婆倒转,洛阳亲友休相盼。待元宵明月,一年始满。

风入松 题潘素画山茶水仙

珊瑚为骨玉为肌,掩映弄芳姿。亭亭对影无双丽,看淡妆、浓抹都宜。照水白匀铅粉,炫天红晕胭脂。　　千山万壑雪飞时,寒岁与梅期。不随桃李争春色,算休教、蝶恋蜂知。沉醉东风独倚,无言明月相窥。

临江仙 咏迎春花

廿四番风花信,三千大地春光。暖风淑气丽朝阳。黄金

开锁碎,彩线引悠飔。　　高柳未舒腊意,小梅才试新妆。岁寒清供倚华堂。绿尊斟潋滟,红烛映辉煌。

祝英台近 和君坦。青岛立春日雪

荐辛盘,簪彩胜,一年半迎送。六九犹寒,香烬水仙冻。更看粉绘梅花,素描松竹,是谁写、岁朝清供。　　锦屏重,雪色易得天明,窥檐鹊声哄。暖破重阴,云密渐开缝。遥知海澨沧波,积冰成堑,也应被、东风吹动。

南浦 雪夜园游

一白寂无声,夜色沉、迷离不辨天地。万树玉槎枒,梨云淡、开遍琼花银蕊。濛濛万絮,楼台明月阑干倚。六街踏碎,看人影参差,如鱼游水。　　池光镜面澄莹,记画舫听歌,金尊劝醉。暖气上貂裘,多少吟情酒意。芳音断绝,只今飘泊天涯际。已成梦寐,余晓日,瞳瞳西山晴霁。

浣溪沙 出关后,家无能养花者。腊尽归来,盆梅只一花一蕊,惟悴堪怜,词以慰之

去后寒斋案积尘,庭除依是雪如银。小梅憔悴可怜人。　　半笑半啼应有恨,一花一蕊不成春。那堪吹笛为招魂。

鹧鸪天 癸卯除夕

雨雪霏霏隔岁深。百年此夕促光阴。饱经世事梦催梦，痴望人情心换心。　　诗共咏，酒重斟，一时一刻亦千金。浮生不必分真假，似醉如醒直到今。

庆宫春 甲辰元旦。和清真

日月依然，江山无恙，白头羞对春城。凤烛烧残，雄鸡唱彻，更听一片歌声。旧人新世，却惊似、天边曙星。岁来年去，生别死离，长是牵萦。　　良俦此际逢迎，聊同欢笑，莫问飘零。衰柳心怀，落花魂梦，总辜日好时清。文章龙首，算论价、高低不成。眼前恩怨，未了缠绵，只为多情。

鹧鸪天 和玉谷

楼外阴云掩曙霞，踏青犹滞七香车。一春杯盏先储酒，三月边关未见花。　　桃雨细，柳烟斜，新晴好待卷窗纱。韶光澹荡人非老，不放东风过岁华。

瑞鹧鸪

歌声已散绮罗丛，燕燕来时绣幕空。飞絮落花随上下，斜阳流水各西东。　　眼中离泪双行堕，眉际愁心一点浓。今日只怜人尚在，倚阑独自怨春风。

故园春到又匆匆,客里相思梦里逢。短发不随芳草绿,衰颜犹对杏花红。　　前游空说诗中画,往事如闻饭后钟。年少少年何处去,无情只剩水流东。

鹧鸪天 看杏花作

楼外杏花粉作堆,早时含蕊午时开。为因客里多情意,一日相看须几回。　　频按曲,独倾杯,惭无小宋尚书才。当年未预琼林宴,曾是金鞭走马来。

清平乐 春词

灯花昨夜,鱼雁书来也。杨柳故园秋千下,道是海棠已谢。　　边城云散晴空,晓看雪化冰溶。开了小桃红杏,知他何处春风。

梦多眠少,梦醒还烦恼。起对镜奁重相照,应恁是啼是笑。　　隔帘簌雾笼烟,杏花开到楼前。折取一枝来看,忽思飞鞚当年。

玉楼金阙,万水千山隔。一去辽西三年别,负了牡丹时节。　　烛烧泪尽成灰,弓开箭放难回。惟有愁心离绪,却随春去春来。

征鞍去后,忆唱阳关柳。客里无歌兼无酒,几日相思人瘦。　　蘼芜绿到江波,谁知一霎春过。宛转落花欲坠,暂时还赖风驮。

眼儿媚 柬玉谷

无限东风到辽天，一样杏花妍。江南梦里，并州望处，恁自缠绵。　　春归偏早来偏晚，别易见时难。情深千尺，怜春是我，我是谁怜。

破阵子

小院落花燕舞，重帘垂柳莺声。残酒难销无尽恨，流水长如不断情。潮来心上横。　　愁叠微波时皱，泪干久雨初晴。只有自言谁可说，赚得相思即是赢。教人怜又惊。

鹧鸪天 和玉谷，效其体

莺语离留燕语娇，时醒时醉酒难消。巫山雨作蓬山雨，淮水潮连江水潮。　　心淡淡，意超超，去来暮暮与朝朝。花开花落皆空幻，不怕魂摇梦也摇。

高阳台 中国登山队登上希夏邦马峰绝顶。和玉谷

堆雪成川，凝冰作堑，从无鸟道人踪。地裂风号，终年四季皆冬。穷荒绝境开奇绩，气昂藏、真个英雄。看今朝、人在高峰，人是高峰。　　红旗直插云霄际，引明霞映日，彩雾腾空。疏凿三巴，翻知神禹输功。茫茫世界恒沙数，辟鸿濛、更辟鸿濛。待将来、上到蟾宫，下到龙宫。

一枝春 春尽作,寄都中诸词友,和草窗

羁客天涯,几黄昏、最怯凄风愁雨。残英自数,更起断肠离绪。征人又老,应羞认、镜中眉妩。惟剩有、娄尾留妆,记得瓶簝相聚。　　前游梦尘何处?算香消酒浅,空余烟缕。新声谩倚,换了旧时歌谱。青螺暗锁,似曾见、送春心妒。怜此夜、红坠灯花,倩谁共语。

浣溪沙 题自画红梅

刻意含情写一枝,看来半敛半开时。笑他桃李妒芳姿。　　莫遣绿阴多结子,愿同寒岁好为妻。前因惟有月明知。

前调

客里韶华过万春,无边红紫幻缤纷。一时都尽眼前尘。　　芳草乱如心上事,落花怜似意中人。不成欢乐但销魂。

忆别阳关酒一卮,边城落日柳如丝。东风吹絮立多时。　　归路应无钱可买,离情岂有药能医。只余泪眼对空枝。

细雨霏微上小楼,晚来天气冷于秋。残灯孤被下帘钩。　　纵有东风吹梦转,争知辽水不西流。醒来犹是在他州。

濯濯当年已过时，他乡白发对将离。人归更比燕归迟。　　身世看来浑不似，生涯到处总相宜。含羞惟是自心知。

雨后残阳噪乱鸦，轻寒楼外柳风斜。小阑独立落藤花。　　酒意渐消知是客，鹃声不断道无家。惹人归梦绕天涯。

伤别伤春又一年，落花飘絮尚依然。东风无奈鬓毛斑。　　多悔渐能知自爱，深恩惟是有人怜。不将涕泪洒关山。

夜合花 咏合欢花，为某君感念东瀛弃妇作。和梦窗

蝶梦依稀，蝉声断续，芳华过影留香。门前一树，红楼疑是仙乡。夜嫌短，昼嫌长。恨霎时、云雨匆忙。何能重遇，真娘虎阜，苏小钱塘。　　愁边多少凄凉。怅蓬山路远，雁塞蛮荒。良宵易散，漏残滴尽银釭。忆时苦，梦时狂。只此心、碧海茫茫。无情换了，十分春色，一县河阳。

南歌子

旧梦余红雨，新愁长绿苔。沉沉小院独徘徊，怕是明年人老、又花开。

词意随春去，秋心和泪来。烛烧炬尽已无灰，深悔多情多恨、更怜才。

酒满谁同醉，曲成自倚声。晓来多睡夜多醒，梦也不成休去、打黄莺。

浪起因风起，心平似水平。有情结局是无情，一世糊涂

一世、误聪明。

芍药红堆砌，蘼芜绿到门。人间春去客销魂，不信天涯万里、是芳邻。

笳角城头暮，桃花马后春。浮萍无蒂絮无根，努力及时生作、入关人。

迁客歌金缕，落花瘗玉钩。一身能有许多愁，怕是伤春才了、又悲秋。

前梦情如断，此生事岂休。向君未语泪先流，西望斜阳尽处、不登楼。

阳台梦 纪梦。和唐庄宗

锦衾窄窄都无缝，骨轻肢软嫌棉重。一身飘忽上桐花，幻双飞彩凤。　　醒来还是客，愁赋落梅三弄。可能凭酒又昏沉，再续前边梦。

清平乐 甲辰端午

菖蒲角黍，过了几端午。尴尬一身皆尘土，未共汨罗流去。　　回头万事成灰，眼前絮乱花飞。惟待自心禅定，降魔岂有钟馗。

金缕歌 咏发。和梦窗

腻枕留香气。问谁知、魏王才调，宓妃心事。高髻峨峨神女赋，犹忆轩辕帝里。看阿娜、绿云垂地。燕剪莺梭频织罢,又烟梳、雨栉纤如此。紫愁缕,清膏泪。　　南朝金粉风流队。那得见、胭脂宫井,后庭歌未。玉体最怜横陈夜,茉莉揉残小蕊。算惟有、灵蛇通意。一握千丝难绾结,比柔情、长似春江水。闻兰馥,已心醉。

歌头 和唐庄宗

记依稀、落花帘箔。浓阴罨幕,轻苔生绿阁。怨浮萍,怜残萼。情难尽、密网缠丝,丝蜘蛛络。念征人、容颜清削。初夏尚余凉,单衣薄。孤衾冷,旅灯烁。知此夜、欲写新词语,懒斟酌。　　盼来书,水流红,飘一叶。两地依依,春空愁未歇。点额旧痕无,前时事,重思寿阳妆,叹离索。行程远,在何处,信音沉,只待鳞鸿觅却。日骎骎,但见鸟飞蟾坠,除非昏昏,酒杯中,函枕上,少欢乐。

双双燕 题赵飞燕玉印拓本册。和慧远

汉宫姊妹,可怜倚新妆,捧心情绻。缯囊宠锡,九叠鸟文鱼篆。歌舞轻盈掌上,羡邀得、君王恩眷。昭阳玉体横陈,似认风流何限。　　留怨,当年双燕。早宝绘堂空,紫桃尘断。金轮天子,小玺旧时同看。黏粉红泥印遍,算尤物、量珠羞换。惟恨一入侯门,此日无缘重见。

相思儿令 和晏元献

昨日得君书迹,眠稳簟波平。今日又来相忆,依旧暗潮

生。　　夜雨谁与传觥，滴芭蕉、都是愁声。碧心独自开舒，为何不问人情。

玉楼春 题张次溪《水围坊记》

西南胜地临东莞，翠色干霄丛竹箭。曲江金鉴溯先徽，秀水灵山生后彦。　　名园兴废空余典，京洛道中尘扑面。当年绿野剩黄花，此日红桑游赤县。

红影 和瘦愚咏《红楼梦》影剧

天亦浑浑者，呼天莫可由。人间怨偶，有几凤鸾俦。海茫茫，填不尽，心惨切，意绸缪。借影幕，说前身，凝恨炯双眸。　　恩情生死共，弄巧拙人谋。泪红脂砚，写来至尾从头。算西风、扫尽旧村黄叶，只余一梦诉温柔。

风入松 忆荷花

水晶帘外小池塘，立遍几斜阳。十年旧地空余梦，尚难忘、雾縠霞裳。玉露凄凉绿意，金风零乱红妆。　　花房不见见莲房，一夜又惊霜。韶光怜与人憔悴，看六郎、却似三郎。翠叶香销菡萏，白头秋老鸳鸯。

前调 七夕

花开思妇泪涔涔，玉露湿墙阴。闺中多少痴儿女，向天街、杯酒遥斟。萤火纳凉扑扇,蛛丝乞巧穿针。　　银河耿耿夜沉沉,离恨隔年深。有情岂在常相见,更无须、鹊驾桥临。每夕皆如此夕,一心长并双心。

鹊桥仙　七夕。和淮海

已安鸠拙,何求蛛巧,佳夕良辰虚度。多劳月老系红丝,也错配、姻缘无数。　　相庄梁孟,绸缪裴魏,直到黄泉归路。人间岂有久长情,羡天上、年朝岁暮。

金风吹怨,银河添泪,未阻双星同度。相逢一夕万千年,早抵得、人间无数。　　连枝比翼,今生他世,漫说蓝桥有路。白头到老不分离,问能几、来朝去暮。

浣溪沙　回京

小巷依稀认旧门,蛛丝萦槛案堆尘。萧萧梧竹易黄昏。　　风扫壁琴弦断轸,泥封厨瓮酒空尊。不知客是主人身。

春事不曾到客边,归来已是雁时天。小庭秋意淡如烟。　　虫语悲吟中夜后,蝉声梦醒廿年前。一回回忆一凄然。

如梦春光直到秋,春愁未尽复秋愁。斜阳犹自为人留。　　尚有孙郎能作赋,不须王粲始登楼。客心多少寄辽州。

君向岭南我向燕,关山才近又关山。不知何日唱刀环。　　多感渐成心上病,相逢惟是梦中缘。春花秋月已经年。

夏卉春芳已过时，绿阴渐减叶辞枝。无边秋气助人衰。　头上遮羞惭皂帽，眼前失喜看红旗。老来情味待谁知。

落木晨星数过从，我来此日又秋风。几回杯酒各西东。　新世山河余短鬓，故乡城郭望重瞳。可堪白发尚飘蓬。

清商怨 和小山

重屏凉觉露浅，渐薄衾难暖。万里羊城，天涯愁梦远。　灯花残炧自剪，算拥被、眠也眠晚。怕到黄昏，天天天又短。

极相思 题《红豆吟集》

化珠泪点缀高枝，南国梦离离。玲珑难比，樱桃歌破，豆蔻花迷。　惟有痴情堪采撷，并红心、寄与阿谁。海枯石烂，绵绵无尽，长是相思。

金缕曲 题《梦边填词图》

为问谁非梦。看芸芸、今来古往，汗牛充栋。蚂蚁穴槐蕉覆鹿，等是黄粱炊瓮。但难息、词心源涌。五色尚存生花笔，向人间、风月相吟弄。吹箫管，引鸾凤。　前身应是梁江总。肯输他、枝头红闹，当年小宋。一曲歌残扬州慢，十万腰缠都送。君不见、江湖颓洞。得失何关文章事,枉雕琼、镂玉终何用。樵柯烂,劫犹哄。

人月圆 甲辰中秋

婵娟千里人千里,人月不同圆。空阶立处,此时两地,各照孤单。　　仙槎纵有,广寒难到,无奈张骞。可怜一样,嫦娥心事,碧海青天。

三千大地山河影,万里现光明。层楼倚处,不知此际,身在边城。　　良宵能几,百年易过,更动乡情。笙歌杯酒,蓦然回首,梦里神京。

前调 中秋日风沙阴曀,在长春

似随万里征人意,不使客思家。迷空作障,青天难见,只见风沙。　　嫦娥有药,吴刚有斧,无奈云遮。何当砍去,婆娑桂影,跳出虾蟆。

前调 中秋日后夜放晴

云罗雾縠边城日,直欲掩金波。秋风作意,吹开天幕,卷上银河。　　一轮月出,清光依旧,宝镜重磨。却生乡思,更生离绪,见又如何?

金缕曲 秋色。和钟美

秋色疑春色。似缤纷、花开二月,华年芳夕。一夜西风催霜信,门柳庭梧减碧。都换却、前时泉石。叠嶂重峦胭脂染,讶霞衣、云锦天孙织。罗绛帐,列丹幕。　　黄花满地犹为客。望无边、平沙衰草,穷关荒驿。流水孤村斜阳外,万点盘鸦阵墨。正九日、茱萸重摘。泽国萧疏红蓼艳,更纷纷、飘雪汀洲荻。簪破帽,羞发白。

浣溪沙

半岁犹如过半生,楼头雁唳换莺声。眼前景物太凄清。　　芍药栏边重伫立,杏花树里更经行。难忘最是一春情。

蛇尾联吟尚有楼,当时犹忆唱甘州。江流水去只余愁。　　巷口夕阳怜旧燕,沙头暮雨羡闲鸥。不堪一梦说春游。

不是天生故与痴,秋痕春梦总成悲。此情欲诉少人知。　　心痛有时非病酒,愁来无处可吟诗。南鸿却更到来迟。

似醉如醒过一春,残莺归去雁离群。浮云白日乱山昏。　　味尽始知甘是苦,情真宁视鸩如醇。待含眼泪问谁人。

瑞鹧鸪 和慧远秋日赋别

归来秋意满蓬门，篱豆时鸣蟋蟀盆。帖比宦情过夏热，酒消客梦返春温。　　日程急促催人去，霜径荒凉剩菊存。白发西风关塞远，征衣尘土带啼痕。

阮郎归 题史痴翁自绘《听琵琶图》

疏梧淡月影参差，风吹花暗移。红颜白首画中诗，人痴情更痴。　　翻水调，捻冰丝，如闻私语时。声声只是诉心思，知君知不知。

金缕曲 甲辰重九。和刘后村

风雨关山黑。莽苍苍、平沙云卷，层林烟织。极目东西千万里，谁道天涯咫尺。看寥阔、穷边秋色。白发征衣新旧泪，挽江流、并向深杯滴。拈破帽，觅陈迹。　　登高作赋空余笔。笑浮生、剩弦胶柱，滥竽弹瑟。衰病又逢佳节至，长恨百年为客。凭雁字、愁怀写出。纵有白衣来送酒，奈东篱、人去黄花寂。霜气肃，日光匿。

清平乐 雪

疏疏密密，洒遍青苔隙。策杖何人来屐笠，唤起诗情酒力。　　禁风老树差牙，竹枝倒压横斜。遥念小庭月色，绮窗才放梅花。

漫漫花絮，疑是春无主。万里彤云天欲暮，遮断关山来路。　　玉埋三尺深深，飞鸿空响遥音。辽水不连剡水，扁舟难到山阴。

高楼重榭，埋却鸳鸯瓦。已是盈沟还满野，犹自飘飘洒洒。　　炉红不暖衾寒，灯花照影无眠。为有梅妻鹤子，一心长到孤山。

沁园春 和玉谷《题太白山游记》

遥接昆仑，横障关中，千里嶙峋。时秋宫配位，三原作镇，金天挺秀，五岳输尊。嶓冢扬鬐，伏牛掉尾，一线驰驱豫陇秦。连霄壤、看茫茫碧落，滚滚红尘。　　为云为雨中分，俯大乙、莲花难与邻。有凝冰积雪，终年不夏，灵花异药，亘古长春。紫气东来，黄河远上，画地浮天若可扪。何日问，始鸿濛辟出，造化奇珍。

浣溪沙

过后重思一惘然，残痕剩影亦缠绵。断肠时节又闻鹃。　　昨日事成明日梦，今年悲是去年欢。凄风苦雨杏花天。

金缕曲成带泪歌，东流那见有回波。愁时惟是落花多。　　莺语亦如蚩吊月，燕飞不作鹊填河。芳春虽好奈人何。

欲寄音书雁亦难，不知踪迹在何天。萋萋芳草望无边。　　长是一心缠万结，只凭双泪抵千言。阑干痴倚玉楼前。

诗酒风流近散场，薰桃染柳自春光。花间犹见蝶蜂忙。　　罗网不饶青鸟使，文章已尽紫薇郎。心情无限对斜阳。

马角乌头一面缘，去如流水又年年。月明那得几回圆。　　岂待酒来才更醉，不须花落已先怜。有情只住奈何天。

怕到春来易断魂，满庭芳草立黄昏。落花无语似离人。　　九转肠回君念我，万分心痛我知君。红笺忍检旧啼痕。

东风齐着力 咏绣球花

马上嫌轻，钗边觉重，醉杀三郎。流苏帐暖，苑转好春光。蝴蝶飞来不见，向苔径、自滚浮香。浑疑是，红尘眯眼，蹴鞠逢场。　　琐碎解心肠，凭燕子、双双衔到仙乡。蓬瀛照影，月魄孕珠黄。绕指山河绣遍，齐看取、大地新妆。争灿烂、明星万点，捧出东皇。

浣溪沙 去腊病梅复活，盛开，词以张之

雪满征衣数客程，归来喜见此轻盈。清姿瘦影倚寒灯。　　相对相怜知有意，半开半敛若含情。旧时明月认前生。

鹧鸪天 甲辰除夕

帘影参差竹影斜,背灯无语对梅花。归来几日家如客,飘泊频年客似家。　　风雪急,路途赊,催人抵死又天涯。故交此日还谁在,忍傍孤尊恋岁华。

新雨无多旧雨离,未成欢乐只成悲。俊游已倦思归日,好梦虽长近醒时。　　灯焰短,漏声迟,残香欲尽篆烟迷。今宵渐是前生事,明日茫茫更不知。

尘海无边梦作澜,今年梦醒又明年。心非满处生常苦,情未终时死亦难。　　新岁月,旧江山,断肠怕到好花天。眼前伤别伤春事,也替人怜也自怜。

思谏今知负故人,当年壮悔负乡亲。多情未了三生果,不死翻成再误身。　　惊一瞥,过烟云,醉中颠倒梦中论。百年看尽繁华事,愁自愁来春自春。

临江仙 题自画兰梅

翠带红丝引梦,暗香疏影行吟。兰言梅聘愿重寻。楼中吹玉笛,江上鼓瑶琴。　　雪满空山高卧,风来幽谷传音。灵均为字姓为林。芬芳长并体,气味永同心。

翠楼吟 和莲痕

鲁酒沾唇,唐花列肉,难销乱愁如雨。应知离别意,那因见、朝朝琼树。相思阿醋。盼凤引箫红,鱼传书素。怜谁语,烛烧灰烬,箭飞弦去。　　再顾,残片留香,倩问消寻息,燕捎莺诉。都成今日梦,忍回忆、前时欢处。关山遥度。只一点灵犀,心心无误。情何措?泪丝飘落,化为春絮。

澡兰香　和钟美。题《纫兰觅句图》

心惊爆竹,背倚梅花,几遇百年岁历。蓬蒿满径,萧艾当门,懒寄梦华尘迹。觅幽香、同味相亲,盎盆筛沙手植。汉皋南来,似慰辽东迁客。　　记感芬芳自献,谷里佳人,喜闻消息。河汾擢秀,楚郢传声,愿共醉吟江泽。念移灯、和泪书时,尺素犹藏什袭。尚怅望、鼓瑟湘灵,峰青天隙。

清平乐　沽上词人集饮赋

辽东皂帽,归路天须老。座上风流人年少,十步岂无芳草。　　只今不见秦黄,赓歌犹继春阳。但使东鸣西应,何争北胜南强。

霓裳同咏,凝碧休重省。天外落花红无影,肠断江南风景。　　目惊釜破舟沉,心怜煮鹤焚琴。忍抚广陵一曲,剩弦犹有余音。

无言有泪,歌歇人相对。今日会还何日会,怕说别离滋味。　　便须片响勾留,肯辞来去觥筹。不觉一时微醉,心魂直到并州。

高楼百尺,千里长相忆。天堑古今限南北,不限词心一脉。　　远音时响飞鸿,江潮沽水遥通。同在春光无外,漫天红雨东风。

相怜相惜,依傍梅花侧。几日归来今又别,翻觉还家似客。　　筵前宿酒才消,征途东去迢迢。寒到北庭明月,今年负却元宵。

频年飘泊,客意消杯酌。元日立春都过却,未有今宵此乐。　　听来街鼓三挝,催人又去天涯。无奈玉关杨柳,还思沽上桃花。

鹧鸪天 自京载兰花、水仙至长春,皆不复花

南国佳人北国来,胡沙万里到轮台。柳条边外三千树,纵度春风也不开。　　金谷恨,玉龙哀,汉皋湘水梦中回。杏元花蕊怜辞土,橘绿橙黄感过淮。

高阳台 和机峰、梦碧、牧石。甲辰除夕

春意先梅,风姿待柳,何迟归去姗姗。绛烛红炉,新温渐了残寒。鸡声唱彻人间晓,问此宵、几换华年。看韶光、妆出花容,整到烟鬟。　　奁函羞认今时我,笑难梳发短,雪不垂肩。借酒还疑,尊中偶见朱颜。貂裘彩笔依然在,便清狂、那似从前。只桃潭、旧雨深情,犹自相怜。

鹧鸪天

闷倚阑干似醉中,难将心事诉春风。高低芳草连天碧,平远斜阳卧地红。　　山叠叠,水重重,玉鳞不寄锦书通。相思来往如飞燕,一向西时一向东。

烛影摇红 记沽上词集。和玉谷

何处乡关，半生家住天津道。还思歌舞旧升平，一梦斜街草。陈迹潮空海表，对芳筵、拈花解笑。趁时欢乐，酒意懵腾，吟怀清峭。　　故态新姿，镜奁如月无偏照。百年身世近黄昏，涕泪余残稿。那更翠围珠绕，但心伤、离弦改调。物华惊换，且向春风，试妆催晓。

瑶花 和钟美元宵前夕欲雪

春来上苑，人在天涯，负元宵佳节。花灯防打，记去岁、客里中秋无月。半杯薄酒，怎消得、愁怀重叠。怕眼前、别意离情，又见垂杨飘雪。　　只堪多病维摩，倩法雨诸天，飞散瑶屑。银釭对影，照无睡、时有妙香清绝。冰心相印，更一片、玉壶澄澈。但尚恨、未逐琼霙，化作此身如叶。

月下笛 和钟美元宵雪

天布层罗，空飘碎粉，走盘珠落。梅红漠漠，柳梢头、挂楼角。朦胧月色窥难见，照不到、澄莹冰涸。看才堆又湿，庭芜翠妩，玉茵犹薄。　　萍泊，身如托。盼万里关山，归来辽鹤。题灯旧约，离情诗意吟嚼。婆娑无碍蟠枝桂，应岂待、吴刚斧琢。拭宝镜、对清光，好把浮云砍却。

浣溪沙 花朝前一日，题自画梅花

省识前身玉女魂，偶然迁谪下凡尘。群芳尽是后来春。　　西阁无缘拈彩笔，东风有意祝花神。一生只妨姓林人。

一萼红 花朝。和白石

帽檐阴，便摘花难戴，发短不胜簪。时雨时烟，半愁半病，心似天气沉沉。觉冰解、波纹皱縠，看新浴、池上妒双禽。墙外鞦韆，陌头杨柳，懒与登临。　　秾李冶桃争艳，奈探芳载酒，也自无心。脂墨研情，泪笺寄恨，忍思前事重寻。总离别、光阴过却，几良辰、一刻负千金。眼见莺啼燕飞，梦短春深。

金缕曲 回京看牡丹作

梦雨回鸡塞。暂归来、牡丹江上，柳条边外。常是东风吹先到，无用金钱去买。看第一、红妆绝代。三载谁知长安事，尚花容、不共沧桑改。羞白发，重相对。　　沉香亭畔人何在？但怜惜、倾城倾国，泪流双界。大宴才休还小宴，记否当年气概。算半世、繁华难再。全盛犹衰金轮宠，况飘零、早过春如海。剩杯酒，浇愁块。

前调 和钟美送别

不尽漫漫路。望天涯、边关万里，辽阳征戍。一病看残芳菲事，还幸春光未负。又计日、行程须去。酒力难胜牢愁意，诉衷情、带醉全倾吐。况身世，成画虎。　　故交多似秋来树。问谁人、西窗剪烛，夜吟风雨。玉柳飘花随萍化，只剩当年张绪。算过了、榴红重五。待到他乡黄华节，插茱萸、怕作登高赋。黯相对，各无语。

思远人 和小山

花落絮飞春事了，千里更为客。空来鸿雁，不捎书信，消息怎寻得。　　悲时血向心房滴，泪眼渍如墨。待望到尽头，绿凄红惨，斜阳黯无色。

浪淘沙 题玉谷燕子矶造像。和玉谷

江水六朝还，卷起层澜。寒潮日夜接长干。天上浮云波底影，对此相看。　　往事只空谈，悲恨无端。兴亡过眼乱如滩。细雨斜风来又去，不放渔竿。

浣溪沙 和牧石

意气中年酒一杯，朝晖才过看斜晖。人间得失寸心违。　　兰馥慎防当路日，泉清难似在山时。浮沉只作倦

云归。

恋绣衾 题《弓舄美人图》。为张轮远悼亡作

温云缺月梦旧芗,画图中、犹自打量。看帮底、沾泥处,便相思、凫化已翔。　　枉占鬼卦难消恨,背银灯、含泪自伤。向洛水、凌波去,剩莲花,谁念六郎。

瘦难盈握一捻菱,似盘中、飞燕掌轻。忆被底、波纹贴,细端详,窥影对灯。　　只今省识春风面,唤卿卿、频唤不应。马嵬驿、杨妃袜,恨绵绵,同是此情。

踏莎行 题《弓舄美人图》。和牧石

寸寸虹弓,霏霏麝粉,倒悬天上鞦韆认。沾尘不许下香阶,氍毹软步金莲印。　　菱角尖纤,牡丹芽损,月儿钩梦春钩恨。书生量窄醉如泥,阵风怕递芳醪信。

鹊桥仙 七夕。和玉谷

画屏露冷,红墙咫尺,一水年年荡漾。多情为有鹊填桥,看喜事、今宵天上。　　人间离别,泪凝思妇,也自秋花迟放。仙槎无计到河源,尚不抵、鸱夷湖舫。

鹧鸪天 梦中得天韵一联,醒后不知所谓,因思用以咏桂颇得其神,是成此词

金粟元参色界禅,何年移种到人间。已开又落遥遥夜,欲灭犹香漠漠天。　　芸阁上,蕊宫前,丹梯难蹑恐高寒。一枝带露还疑泪,不忍簪来向鬓边。

水调歌头 乙巳中秋寄钟美北京

人亦有新旧,月亦有亏盈。百年瞬息一梦,此日未能醒。依是青天碧海,屡换红颜白发,尘世几曾经。杯酒酹佳节,歌管沸神京。　　今夕事,人不在,月还明。师师灯火门巷,忍忆汴梁城。更看长安棋局,多少贞元朝士,只剩草青青。惟我与君耳,萍梗寄余生。

前调 寄玉谷南京

金粉六朝事,王气久沉埋。只留一片明月,犹自照秦淮。点点星垂平野,滚滚江流大地,银浪涌化开。镜射火齐彩,球跃水晶胎。　　念吟朋,当此际,费词才。歌翻旧曲水调,独上凤凰台。何日重逢今夕,对影三人共饮,各覆掌中杯。预作后期约,万里访君来。

前调 寄玉言北京、晋斋天津

回首已成梦,此夜展春园。四外无声无影,只有水潺湲。烂醉不须杯盏,狂舞不须箫鼓,心境两清寒。人籁答天籁,天上即人间。　　　　地全非,时亦换,月犹圆。五国城头箫角,何计验刀环。长念周郎顾曲,更念孙郎作赋,对影忆当年。昔日看今日,渐到夕阳边。

前调 寄梦碧、牧石、机峰天津

今古一明月,知过几中秋。长圆总不如镜,如玦更如钩。我欲问天不语,天亦阴晴难定,此事向谁谋。天上与人世,同是等浮沤。　　　　聚词侣,摇烛影,忆前游。犹余垂老青眼,交结少年流。燕赵悲歌慷慨,夕照金台骏骨,刮目看骅骝。何得二三子,把酒共吟酬。

人月圆 重阳前七日,忽夜梦观武则天画花卉卷子,白花绿叶,月白色帛上钤两玺文,为其所造字,不尽识,醒后为此词

冕旒粉黛风流甚,彩笔写黄麻。白蘋秋冷,清妍素艳,翠叶琼葩。　　　　同情千载,愿为知己,梦到官家。因缘何似,人间天上,犹念莲花。

浣溪沙 娄生逝世已将三岁,再词吊之

只解风流不解禅,行云流水送余年。忍将泪眼对江山。　　老去人称花下鬼,愁来臣是酒中仙。已知论定在生前。

能可与言有几人,长安冷眼看红尘。酒杯歌板此晨昏。　　传柬虚劳青鸟使,忘机深负白鸥邻。回头我亦百年身。

南乡子 和梦碧。再题《梦边填词图》

红泪敛,翠眉开,心花簇簇结重台。愁杀郎君天不管,风光减,蝴蝶飞来帘自卷。

星转斗,月沉江,家人贪睡骂鸳鸯。午夜阑干声续断,催银箭,眼看烛灰烧一半。

浓绿酒,小红词,少年容貌入金卮。莫道梦华容易去,人间路,恨海能填天可补。

随柳径,绕花蹊,不知门外有藩篱。下笔犹惊鹦鹉赋,缠绵语,万点落红曾立处。

天与恨,自成痴,愁来借枕与支持。不识朱砂红土贱,空余典,桃李更无春买宴。

如此夜,奈何天,情犹未尽不能闲。幻影迷离何有寄?南柯蚁,只可梦边寻寸地。

金缕曲 乙巳重阳。和梦窗

边地秋偏早。恁争知、黄华红叶,比春尤好。回首征鞍来时路,蔽日浮云望杳。但梦里、龙山能到。纵采茱萸斜簪鬓,让人看、那是当年貌。无限景,对残照。　　雁声横塞疏星小。更他乡、凄风苦雨,愁添多少。送酒题糕俱陈迹,欲觅残痕尽了。一枝颤、芦花袅袅。白发满头难重黑,不须遮、旧帽还新帽。萧瑟意,问谁晓。

醉落魄 初雪怀远。和草窗

风飘碎叶,长空乱舞琼瑶屑。懒摹快雪时晴帖。万里辽天,西望路途绝。　　伊人七夕遥遥别,中秋节过重阳节。相思可与谁能说?不见来书,两月又三月。

浣溪沙 和沽上词人乙巳展重阳联句

万卉无情付萎残,黄花偏作昨来妍。东风桃李梦华年。　　天外白云愁是絮,霜边红叶泪成笺。客心欲碎雁归前。

古香慢 牧石寄来展重阳和梦窗词,依韵赋此

泪凝露点,心锁花房,吟怨芳圃。忍忆年前,独倚画阑春暮。回看旧时情,瞬飞过、难留逝羽。算青梅、到齿尚小,未

酸已自先苦。　　念更远、天涯何处。身似残红,风外无主。踉蹡渔郎,洞口问津疑误。缥缈隔重峰,早魂断、蓬山去路。望阳台,楚云暗剩飘梦雨。

鹧鸪天　有入关信,牧石预为治"龙沙归客"小印以迓,赋此,喜告诸词侣

五国边城咽暮笳,斜阳西望是吾家。孟婆倒引船儿转,马上春风入琵琶。　　金缕怨,玉关赊,不须细雨梦龙沙。乌头未白人归去,老眼犹明更看花。

前调　有刀环信,愿随秋笳,而情怜道君矣。惜远人不知,词以见怀

鱼雁多劳为作媒,他生缘种此生胎。贴金愿许偕潘步,留枕情因识魏才。　　桃脸笑,柳眉开,看人生入玉关来。胡笳休按文姬拍,青冢犹怜梦紫台。

小秦王　雪著寒衣

彤云密布雪漫空,天气严凝地冻封。瑟缩寒鸦应羡我,亦知身上有春风。

唾绒犹自带红痕,芸叶留香气暗熏。马后桃花如见面,不知身是玉关人。

人间痴梦 自度曲

乙巳十一月四日夜,梦乘舟北去,而长江水尽涸,借他流舟浮始济。后至一庭园,曲径回廊,繁花生树,苔斑点翠,间杂落英。平台上,厅事三楹,甚宽敞,后窗枕湖,水天一碧。室悬横匾一,书三字,皆剥落,有二字但存水旁,意或为"濠濮"二字。前楹复悬横匾,书"人间痴梦"四字,心为一动。思此地宜春花夏雨,秋月冬雪。正徘徊间,忽有人遽前曰:"已先备车,便送君归。"余曰:"愿居此,不愿归也。"醒而记之,赋此词。前后阕各四十一字,即以梦中横匾书,为自度曲调名。

苔铺碎锦,树缀繁英,如此一场春梦。人也成痴,事多惹恨,蜂懒蝶慵。相共镇、飘残玉井,桐花虚愿,引凰栖凤。　　沉痛。任长江流涸,心泉犹涌。鸩甘饴苦,幻云孽海为家,不劳归去飙车送。待他年、泪尽魂离,还作再生情种。

浣溪沙 题自画白梅

羞作浓妆聘海棠,百花头上擢孤芳。珮环林下月昏黄。　　点额寿阳红已褪,画眉京兆黛犹香。不须傅粉倩何郎。

玉是肌肤雪是容,瑶台月下一相逢。桃花妒杀可怜红。　　著色难从浓淡际,传情欲在有无中。空教才子望春风。

临江仙 和梦碧、机峰、牧石联句题朱彊村词人手书《落叶》词

蝉曲都无绿意,燕支只剩红痕。当时泪和墨犹新。素笺空寄恨,秋扇早捐恩。　　歌咏还留旧梦,烽烟不见余春。

江山回首老词人。风前怜吊影,月下怨归魂。

金缕曲 寿钟美兄七十

遥祝君杯酒。正相逢、小阳节序,梅前菊后。词客二三晨星似,更念天涯朋友。算半世、满身尘垢。顷刻几经朝市换,一枰棋、未罢皆成叟。空四大,吾何有。　故乡日暂他乡久。梦雪月、梁园陈迹,河声东走。门外萧郎无人问,那管十分僝僽。我亦愿、归来蓬牖。宁是穷途遭白眼,莫周旋、覆雨翻云手。论知己,惟蠖首。

鹧鸪天 乙巳除夕

烛影摇红聚故人,思来已过十年春。蜃楼蚁国追前梦,蛛网蚕丝缚此身。　犹待漏,独倾尊,眼中谁更是交亲。东风枉有回天力,也自难招不起魂。

秦 游 词

自 序

余少年从戎入秦，宝马金鞭，雕冠剑佩，意气何其豪横！中年避寇，再居关中，兵火之余，仅存书画，托迹商贾，聊供菽薪。暮岁东出榆关，追步道君、秋笳，铩羽归来，疾病穷苦，乃更入秦依女儿以了残年。老马知途，不谙终南捷径；朱门鼎食，复味首阳蕨薇。此一生如四时，饱经风雨阴晴之变，而心亦安之。时则重到旧游地，作小词，亦不计工拙。盖为残雪剩爪，随笔之所至，幸方家视之，勿以词品相衡量也。庚戌初冬，中州丛碧序。

浣溪沙 伯弓乞休，将卜居宜昌，赠诗为别。余亦作去计，或流寓关中，赋此为答

春短冬长不计年，光阴一霎忆留连。秋笳皂帽各云烟。　　老马归槽知汗尽，蠹鱼食字慎躯捐。且辞雪地与冰天。

借酒犹难面变红，灵丹那有老还童。兴亡阅尽大夫松。　　自愿将离吟芍药，敢希异遇主芙蓉。不成云雨剩孤峰。

醉贾胭脂掷万钱，五陵裘马记翩翩。风流早自减当年。　　行泽只宜兰作佩，入泥可得藕为船。一身是梦也悠然。

回首春游梦一场，论交年岁各相忘。余晖且与驻斜阳。　　巴岭云连秦岭远，汉江水接大江长。心随西雁到宜昌。

小秦王 题与潘素合画《梦华图》

碧阑干外又东风，开到南枝数点红。处士孤山嫌冷淡，还宜飞入寿阳宫。<small>红梅</small>

虽开磬口语无辞，千里封书到更迟。泪眼未干风未定，灯前疑是闹蛾儿。

五十年前梦已非，小桥北畔雪成围。漫天花满停香院，不用炉薰荀令衣。<small>腊梅</small>

寒风相妒雪相侵，暗里有香无处寻。唯是月明知此意，玉壶一片照冰心。<small>白梅</small>

不教半点著尘埃，疑叶疑花带雪开。梦醒罗浮鸣翠羽，乍逢仙子下瑶台。<small>绿萼梅</small>

予怀渺渺或清芬，独抱幽香世不闻。作佩勿忘当路戒，素心花对素心人。<small>素心兰</small>

九华宫殿梦参差，谁见圆圆入定时。毕竟画图难著笔，千山飞雪树凝脂。

鹤顶凝红百朵开，江南仿佛梦重回。当时丛碧轩中树，惹得诗人载笔来。<small>山茶，潘素画。</small>

湖烟渺渺湖波长，月老祠边月色黄。太息已无林处士，何人配食水仙王。<small>水仙，潘素画。</small>

帘波微颤起东风，一穗灯花剔更红。破晓迎春临砌发，天心不止到梅丛。

华清池外小阑干，琐碎金英聚作团。水气氤氲山意活，
冲风冒雪不知寒。迎春

即便插时满鬓皆，惭无小宋尚书才。当年未预琼林宴，
曾是金鞭走马来。杏花

瑶台贝阙许相逢，人见谁怜玉树风。脱颖羞为封禅表，
自呼咄咄但书空。玉兰、木笔，潘素画。

花县河阳女画师，拈将黛笔扫蛾眉。无情不为金轮宠，
怜取端端入洛时。白牡丹，潘素画。

解缆行人晚泊船，露筋祠外一林烟。红蜻蜓弱飞无力，
月白风清野水边。

酒退六郎醒后颜，粉铅便有画犹难。风裳水佩亭亭立，
错认峰头太乙仙。白莲，潘素画。

眼前万事遍沧桑，旭日无何到夕阳。舜竹尧蓂今不见，
荣枯一例等彭殇。

光阴原是指头弹，暮落晨开笑舜颜。一现犹嫌非解事，
凡花莠草遍人间。昙花

犹存三径晚秋花，帘外西风雁过斜。湖是销金嫌闹热，
林家不到到陶家。菊

阅世犹余五大夫，凌空一鉴众山孤。竭来不作参天势，
缩地长房入画图。松，潘素画。

太华峰头玉井莲，曚曚晓日射潼关。何来十万横磨剑，
削尽芙蓉剩一拳。石，潘素画。

浣溪沙

夜照昆山白玉堂，珠灯不放月无光。云裳雾縠转回

廊。　皱面观河惊貌改,扶头借酒转苍黄。真羞傅粉对花王。_{题潘素画白牡丹}

风扫庭除月印窗,青霄直上势昂藏。泪斑遗恨满潇湘。　肯馨南山为简册,愿教北里作笙簧。龙吟凤哕韵悠扬。_{题潘素画竹}

瑞鹧鸪 答和伯弓赠诗题自画红豆

姑苏开遍碧桃时,解后河阳女画师。红豆江南留梦影,白蘋风末唱秋词。　除非宿草难为友,那更名花愿作姬。只笑三郎年已老,华清池水恨流脂。

浣溪沙 自题《梦华图》

莫向空华问幻真,重思前事每逡巡。悲多欢少易销魂。　岂待闻钟方醒梦,不须对酒更伤春。无情最是过来人。

小秦王 庚戌春花词

琼华岛外剩空亭,太液池边草自青。人面桃花俱不见,两三点雨又清明。_{北海山桃}

不管东风换物华,午晴犹自闹蜂衙。旸台宿草无人问,独倚孤亭看杏花。_{颐和园后山杏花}

连翘花发满枝金,更有探春白似银。如此便如天下富,老来休作送穷吟。_{颐和园连翘、探春。}

天上犹思和露栽，东风独自倚楼台。蛾眉不扫胭脂褪，镇日无言泪满腮。颐和园碧桃

天香曾近御炉烟，此日真惊老眼看。纵使生花无彩笔，吟魂已上玉山巅。颐和园玉兰

国花堂外只斜阳，萃锦园余梦一场。相对记留鸿雪影，六郎憔悴共萧郎。悦心殿海棠，曾与萧钟美留影。

飞絮满城玉柳垂，艳阳正是牡丹时。如何一夜眠难稳，只为看花怕起迟。

五云宫殿掩重门，国色天香独自春。百姓只应看野卉，近前莫得更无嗔。牡丹

手锄春雨种双株，银锭桥西忆旧庐。却道五年花不放，归来可识主人无。京寄寓芍药

晨行随意步为车，衡宇相望路不赊。心境安然无一事，两家各有太平花。傅和孙家太平花

临江仙 和孤桐杏花词

二月旸台寒食近，沾衣细雨如丝。东风吹上出墙枝。倚云亭不见，零乱剩胭脂。　　九十春光才过半，还嫌燕子来迟。玉楼人醉马频嘶。尚书头已白，记唤小名时。

小秦王 庚戌夏入伏，瓶尚插芍药数枝，因咏非时花四阕

即教上巳作重阳，三径陶家未就荒。却笑梅花非解事，孤寒不肯傍春光。春日菊花

已怜雹碎泣春红，婪尾留芳独自秾。出水莲花应妒杀，

六郎肯让比颜容。夏日芍药

金屋阿娇真可怜，高烧银烛梦如烟。断肠更洒西风泪，不独春心托杜鹃。秋日海棠

红炉白雪映秾华，爆竹声中岁已赊。一梦开元天宝事，沉香亭外看唐花。冬日牡丹

惜红衣 重至西安。和白石

剑已沉江，戈难挽日，早消才力。换了繁华，看朱更愁碧。寒笙细雨，鸡塞远、边关为客。书寂，尘土灞桥，断东来音息。　　桃蹊柳陌，钗鬓裙腰，春风事狼藉。高楼望倚，上国尽西北。天气曲江三月，莫认盛时游历。但送青当户，犹是汉唐山色。

鹧鸪天 雁塔

曾是高标蠹盛唐，僧亡香灭锁空房。鸟音似唪多心偈，萤火还疑舍利光。　　听渐渐，视茫茫，惊风无往渭流长。西来秋色今如昔，不见五陵气郁苍。

小秦王 灞桥

一曲骊歌可奈何，剧怜折尽柳婆娑。灞陵桥上离人泪，知比金茎露更多。

粗豪不似少年时，老去身情醉尉知。悔觅封侯曾掷笔，一天风雪亦无诗。

浣溪沙 华清池

莲子生来共一房，相依相傍自成双。不容戏水学鸳鸯。　　比貌已羞菡萏艳，流脂犹觉荔枝香。可应笑杀李三郎。

浣溪沙 过工部祠，用少陵诗句

烽火家书抵万金，巫山巫峡气萧森。孤舟天地与浮沉。　　破国春深多溅泪，高楼花近易伤心。低垂苦作白头吟。

直北关山在望中，心悲玉殿起秋风。五陵佳气郁葱茏。　　感激君臣余涕泪，飘零弟妹各西东。江湖瀼洞一渔翁。

小秦王 过樊川吊杜舍人

草发樊川岁岁青，纸旛谁剪与招魂。孤坟堆满桃花雨，犹恋当年薄幸人。

鹧鸪天 过曲江

三月正当上巳天，芳春锦绣过长安。鬓香发气迎风散，面粉唇脂照水妍。　　联翠袖，整花钿，前呼后拥下云轺。近前便得嗔无碍，犹许寻常百姓看。

水调歌头 庚戌中秋晚登雁塔看月出

扶醉问明月,更上最高层。一年今夕偏好,毕竟是何情。说甚长安远近,曾与九霄多傍,万里共光明。宫阙水晶域,天地玉壶冰。　　秦山影,泾渭色,眼前清。惟有霜砧画角,犹向耳边惊。子弟梨园白发,姊妹昭阳飞燕,歌舞尽无声。几照马嵬驿,不独汉家营。

鹧鸪天 登骊山

赢步犹能直上颠,归来五岳小群山。遥看云气连秦岭,多有诗情到辋川。　　愁棣萼,泣钗钿,忍听鼙鼓梦当年。一生久惯惊烽火,只少褒姬笑我前。

前调 秦始皇陵

一出函关六国销,河山万世付儿曹。书焚未料来刘季,椎击何知有赵高。　　唐寝废,汉陵遥,霸图剩此土岩峣。荆榛不是神山树,只对斜阳唱牧樵。

前调 首阳山有四:一在河南,一在山西,一在甘肃,一在关中,各有夷齐庙

东接终南一望余,孤峰捷径两相殊。野薇自煮何须鼎,周粟能餐却似珠。　　羞灸艾,笑抢榆,更惭腹笥饱诗书。

攀龙柹虎人间世,肯许扬眉向饿夫。

小秦王 题牧石拾得颐和园排云殿残砖瓦

画栋雕梁势架空,楼船竟废汉时功。昆明池水今如昔,惟有旌旗望不同。

王气并随佛力销,排云开雾只岧峣。邺台一例余残砚,不见雄风属我曹。

一战无能借背城,坐看劫火到蓬瀛。未央宫址同灰烬,枉有千秋万岁名。

人天片霎幻虫沙,谁复宸游问翠华。土砾一堆空百雉,飞来燕子亦无家。

前调 答和君坦霜降后约去香山看红叶

萧疏霜叶雁边红,好趁朝阳共看枫。颇似骑牛仙吏事,东来紫气满关中。

水涸八功龙赋闲,犹输虎阜石头顽。山川亦有红桑劫,不止浮生异昔年。

临江仙 和君坦香山共看红叶即事

千里太行峰不断,互争高下嶙峋。偶然有客到山门。须眉太古,惹得小童嗔。   金穴回思当日梦,掷钱难买闲身。春华应醒梦中人。观棋无语,一著已输君。

眼儿媚 和君坦香山同去看枫叶

浮云来去变阴阳,经过几秋光。衰颜试比,岸枫江冷,篱菊霜黄。　　山川犹是明霞绮,不改旧时装。眼中似见,赤城峦嶂,红柳村庄。

临江仙 和君坦同游香山

落木旧交风后,一回一日萧疏。龙山欲上少人扶。离离原草,且莫问荣枯。　　过眼豪华何处去,空思斗富珊瑚。西来秋色满平芜。斜阳无语,酒醒雁声初。

前调 和君坦香山玉华山庄啜茗

一世千尘迷雾海,顽痴还又贪嗔。秋风落叶痛车茵。看花赌酒,只剩梦边痕。　　时有阴晴无定准,寻常莫问原因。茶香舌味老松身。夕阳相对,俱是百年人。

前调 庚戌立冬

倏换西风秋意尽,残林黄落红疏。南飞天外雁声孤。夜窗淡月,新试小泥炉。　　篱菊凋零霜降后,岭头待放梅初。赵家冬日到吾庐。只须曝背,欲晒笥无书。

鹧鸪天 立冬,前词意有未尽,再赋此阕

落叶声停夜打门,残秋虽恋已无痕。酒波香促新年梦,

炉火温回旧日春。　　　虫入蛰，雁归群，北风大地冻黄尘。绨袍赖有冬暄赠，不信一寒是弃人。

燕归梁 和君坦小雪节无雪

山意放云出岫迟，待睹柳舒枝。黄昏容易日西移，初灯后，早眠时。　　　尖叉欲斗无情思，白战少新词。梅花索笑醉琼厄，香未动，已心驰。

临江仙 题《梦边双栖图》

翠柳黄鹂百啭，杏花紫燕双栖。人间旖旎好春时。风临愁里影，云遏梦边词。　　　英气难凭酒借，柔情惟有灯知。湘弦夜月岁华迟。惊来鹦鹉笔，飞上凤凰枝。

鹧鸪天 庚戌冬至

不见琼街冻雪埋，出门四望只风埃。尊中鲁酒无新酿，肆上唐花才半开。　　　檐鹊噪，枕鸡催，翻嫌夜短梦难回。余生已是忘年月，何用长添一线来。

小秦王 寒流

寒风凛冽雪交加，老树差牙缩冻鸦。地迥何分关内外，不曾马后见桃花。

一夜寒潮渡玉门，天心无意返梅魂。回春不待东风暖，只爱空山卧雪人。

何分夕日与朝阳,卷地飙风似虎狂。勒住寒梅花不放,也须待聘傍春光。

断冰积雪气沉浮,沧海应同横地流。当日钱王何处去,恨无强弩射潮头。

严气催来天下寒,东风吹暖转犹难。但知一室围炉火,不问长裘厦万间。

陶家冷淡共林家,试取冰心比物华。菊自傲霜梅傲雪,忍寒更有耐冬花。

天意难教人意随,何能裘葛两相宜。记否竹深荷净处,暑天炎日纳凉时。

时检征衣见唾绒,寄来万里带春风。纵使一寒寒彻骨,难消暖意在心中。

苏幕遮 将去西安女儿家度岁,君坦赠词为慰,答和

醒晨钟,听暮鼓。盈缺循环,不许长留住。绕树无枝寻一庑,尘海人间,梗泛知何处。　　杏花天,芳草渡。短梦春华,片石还难语。掌上明珠偏爱女,白发飘零,却是归时路。

渭城曲 庚戌大雪节无雪,忆梅。津牧石词家来书,极谓《小秦王》应为《渭城曲》,平仄应皆遵依。余则谓《小秦王》词应包括唐七绝诗,《渭城曲》可单为调,如太白之《清平调》,元微之之《欸乃曲》①。因依右丞《渭城曲》律,赋此阕

岁回葭管待春光。腊近都无雪一场。睡容褪尽颊边粉,

---

① 按:词谱所收《欸乃曲》乃元结所作,非元微之。

消息迟看梅上妆。

冻云天外幕低垂，不见因风柳絮飞。傍梅便有鹤相守，难惬空山高卧时。

一剪梅 庚戌大雪节无雪

日短日长一线差，昼也风沙，夜也风沙。谢娘咏絮减才华，柳未飞花，梨未开花。　　纵不征途阻客车，何处天涯，到处天涯。空枝绕树似寒鸦，道是归家，还是无家。

渭城曲 今冬相对无梅，见肆间有小盆梅初花，欲买囊空无钱，赋此阕

肆间初见小梅姿，风韵依然似旧时。画图愿买折枝写，无奈囊空惟剩诗。

记从林下吊花魂，只见湖光不见春。况今已是白头叟，羞作空山相对人。

羡他何逊在扬州，东阁风流孰与俦。恨来击碎唾壶口，金谷荒凉怜坠楼。

去年明月去年风，雪意冰心一梦中。赋诗便可惜人老，团扇谁家图放翁。

一斛珠 月当头夕和君坦

中庭悬璧，当头几见团圝夕。迟迟雪意梅消息，独转冰盘，寒浸一天碧。　　光阴多半都抛掷，循环辛苦年年历。

清辉空照家徒壁,无酒相邀,只剩影孤立。

小秦王

十年飘泊玉关赊,道是归家未有家。手植梧桐今不见,
只余残柳乱栖鸦。

巷陌铜驼是故乡,一回一望断人肠。牡丹遭遇身犹羡,
那有金轮贬洛阳。

催人风雪又残年,梁庑无能赁一椽。西去长安行未定,
遥怜儿女忆灯前。

六十年来梦似云,风流孽障剧销魂。但留血泪残碑在,
犹胜荒芜黄叶村。

鹧鸪天 自燕去西安途中遇雪

粉本营邱一望迷,送人直到华州西。田苗未秀先成面,
路柳绕花半化泥。　　鸡塞远,雁行低,十年客梦醒金闺。
玉关归后长安近,不怕征途碍马蹄。

啰唝曲 携两外孙女雁塔看腊梅

腊残梅始发,南去雁回初。渭水连汾水,不捎一纸书。

岁尽临除夕,家家事都忙。已知新酿酒,色似鹅儿黄。

两小痴呆女,生来亦爱花。背人踏积雪,偷折献阿爷。

坐久心无著,耳清意亦忘。不知何世界,身与佛俱香。

前调 居长安日事

万籁无声息,黎明尚带星。南柯早梦觉,不待鸡先鸣。
瘦筇不拄地,乱指往来云。忽见前头影,却忘是我身。
坐对南山影,斜阳送到楼。扶头时闭目,天地与沉浮。
拥衾眠未稳,浑似坐枯禅。历历回头事,重来现眼前。

小秦王 再浴华清池

灵波难使老还童,那有莲花出水容。空忆六郎当日貌,
香销菡萏已西风。

浑身尘土和成泥,温意柔情负此池。水若有知应自恨,
千年才遇一杨妃。

鹧鸪天 庚戌除夕长安守岁

驽马终为伏枥材,空随夕照望金台。五陵佳气销龙种,
千弩狂潮结蜃胎。　　倾瓮酒,插瓶梅,闺中儿女费安排。
须知今岁团圆夜,多少沧桑换得来。

萍梗一家诉聚离,灯前翻觉喜成悲。今朝今夕非长有,
明岁明年更不知。　　春浩浩,日迟迟,旧花争自上新枝。
人生最是随缘好,半醉全醒各任时。

垂老飘零燕寄椽,岁阑客梦在长安。烛盘泪比金茎露,
鼕鼓声疑爆竹天。　　熏酒气,幻炉烟,回头直到汉唐年。
残宵冥坐人如故,开眼明朝惊改弦。

忆旧游 和梦碧、机峰、牧石庚戌除夕联句

春心眷柳①,雪意催梅,又换华年。雁影随云至,过清汾浊渭,带到吟笺。爨琴玉轸尚在,焦尾总相连。奈洛水亡甄,山阴访戴,兴已阑珊。　　漫漫去时路,怕东风未转,吹面犹寒。身世浮萍似,况江山如此,愁思多端。弄箫引凤无分,也不羡神仙。算夕照心情,谁怜人别花更残。

小秦王 浴华清池,前词意有未尽,再赋八阕②

暖意氤氲水气嘘,剩脂流去亦徐徐。清真见底不可唾,只少双双比目鱼。

鸡皮面皱骨支离,形秽何堪亦自知。来世愿求为女子,檀郎任使觑凝脂。

风流往事已云烟,烽火虚惊鼙鼓喧。岂是龙漦成祸水,千年流恨向人间。

沧桑陵谷几沉沦,谁是金刚不坏身。人世原无干净土,应难浣尽大千尘。

鹧鸪天 立春后一日雁塔看雪,即于是日飞雪中归京

寒气经春半化烟,力微著地尚如绵。龙鳞琐碎迷三辅,鹤羽飘摇下九天。　　开画卷,入吟笺,濛濛千里送归鞍。

---

① 按《词谱》,首句"春心眷柳"缺一字。
② 题解谓有"八阕",此仅四阕,未知何故。

铜山金屋无寻处，且看吾家玉作田。

前调 辛亥元宵为潘素生日赋

白首齐眉几上元，金吾不禁有情天。打灯无雪银街静，扑席多风玉斗寒。　　惊浪里，骇波间，鸳鸯莲叶戏田田。年年长愿如今夜，明月随人一样圆。

人月圆 辛亥元宵再赋

团圞月始今宵满，人与月同圆。承平梦里，马龙车水，灯火鳌山。　　齐眉对月，交杯换盏，犹似当年。红尘世上，百年余几，莫负婵娟。

浣溪沙 曹长河、寇苾庚戌除夕结褵，为写红梅一幅，并词以贺之

佳偶璧人看琢成，于飞好作凤凰鸣。柘枝楝子溯家声。　　九转华灯同守岁，一枝彩笔共长生。词研玉屑比晶莹。

续春游 和梦碧、机峰、牧石自度曲联句

一枰棋劫换旧，江山都无主。望晋水沽云，迢递路犹阻。醉中风景重看，梦里繁华空顾。对斜阳，倚遍阑干，独自暗凝伫。　　春暮，奈落花无言，燕又双飞去。金鞭肠断王孙，玉树歌残商女。纵有犀梳理还乱，愁丝恨缕。已深深、孽海难

填,情天更待娲皇补。

浪淘沙 院内迎春一株盛开,因效花间体赋此

独自立华裀,檀麝微薰。落梅满地早关门。箫管无声筵席散,剩有停云。　　池水碧鳞鳞,怕照眉鬈。小楼寂寞近黄昏。微雨一番寒又暖,开到迎春。

小秦王 和孤桐七绝句

转年天气近何如,不见寒梅雪复苏。犹记展春园旧事,画家合写岁朝图。

高楼花近易心伤,回首空思玉照堂。剩对东风羞白发,何争北胜压南强。

行船已到转帆时,萍梗飘零感暮迟。莫道地卑长近水,曾携翠袖上峨眉。

才无宋玉赋高唐,枉有狂名气自扬。边塞十年冰雪里,牡丹江上吊词皇。

偶然去住本无真,漫说金瓯率土滨。亿万恒星千宇宙,我身仍是此中人。

一萼红 和则虞韵

问蟏蛸,尚喜传何事,犹结网丝高。不惯开颜,那堪触目,愁怀借酒难销。劫灰冷,一枰棋乱,算只余、残子付闲敲。游倦山穷,临歧日暮,前路迢迢。　　旧巷乌衣门第,看空梁

泥落,燕也无巢。月始团圆,人偏偻傻,烧灯忘却元宵。更休道,诗吟广厦;但绕枝,还羡寄鹪鹩。回梦扬州芍药,金带围腰。

虞美人 辛亥清明后,与君坦游颐和园,看玉兰、杏花,迟钟美不至

楼台倒影浮金翠,明镜生禅思。玉兰白倚杏花红,依旧年年岁岁对东风。　老来不见前游伴,人换春无换。织烟愁似柳丝丝,莫在低枝低处望高枝。

庆清朝 与牧石游天津故李氏园,坐海棠林下,花正盛开,时有坠片

雾眩红妆,天怜白发,倾城又见佳人。娉婷万态,顿惊眼外皆春。乱落打身碎锦,散花如梦雨缤纷。流光里,剩脂湿透,半是啼痕。　纵使绿章夜奏,奈阿娇薄命,金屋无存。东风恁妒,繁华一霎成尘。但愿醉眠不醒,楚骚体、赋与招魂。飘残片,有心作篑,铺遍芳茵。

金缕曲 祝君坦七十寿

庾岭梅开候。小阳春、灰吹律管,鹤飞曲奏。七十年来华胥梦,惟剩晨星旧友。甚近日,身情偻傻。江夏当时无双誉,望崂峰,黯淡云封岫。楼外暝,海涛走。　休嗤画虎翻成狗。君生壬寅,我生戊戌。问重看、菱花镜里,知谁妍丑。争劫

长安残棋局,早自旁观袖手。论得失,何羞牛后。生意纵嫌蛇添足,但天怜,偏使人长寿。聊尽此,一杯酒。

瑞鹧鸪 赁居原有牡丹三株,一大红剪绒,二藕荷裳。归京后,只余藕荷裳一株在败壁乱石旁,因和君坦十笏园看牡丹,为其写照

不见剪绒簇簇红,金铃谁复护芳丛。可怜薄命依荒宅,那忍深恩梦故宫。　　歌舞曾回当日珮,飘零转似此身蓬。繁华弹指参空色,愿是休迟付雨风。

百字令 为则虞题《百卷图》,依东坡韵

恒河沙数,惊过眼、多少兴亡人物。茅屋三间书百卷,是我江山半壁。黄绢辞情,白莲禅意,自有胸中雪。金荃玉局,看来才算豪杰。　　今古得失文章,势分潮海,笔底花争发。青史循环成与败,不抵窗灯明灭。人世云何? 吾生如此,似系千钧发。澄潭无滓,此心还印天月。

小秦王 暑日和君坦

严滩缩地即西涯,陋室临流暂卜家。秋意欲来炎气过,牵牛初放露中花。

一雨窗前草不除,旧时亭榭半荒芜。展春园里双鸳梦,犹疑荷盘露走珠。

半世浮生浪打萍,一时冷热付天听。鸡声不待催人老,

梦到天明亦自醒。

前调 <small>连日酷热，以诵佛消暑，答和君坦</small>

莲花日乞孕来身，偷活翻嫌记岁旬。渭水严滩垂钓客，笑他犹是世间人。

心清自觉妙闻香，闹热场中境亦凉。身外但寻干净土，人间何处不他乡。

小秦王 <small>同君坦紫竹院观荷，和君坦</small>

清溪堤外稻花田，水接源头第一泉。垂柳阴阴飞白鸟，野风吹破一湖烟。

亭子北边倚小阿，矮松如槛竹如窝。荷花十顷西风里，却到斜阳仆射坡。

茶灶无烟剩废垆，连枝朝槿乱花扶。柳风来去蝉声寂，白藕香中读佛书。

风入松 <small>再游紫竹院观白荷花</small>

妆成夏意与秋痕，玉立镇丰神。接天映日无穷碧，罨濛濛、湖水湖云。来去偶然翠羽，浮游自在金鳞。　　愿将慧业问前因，入火入泥身。相忘尔我虚空里，噪蝉声、聒耳无闻。刹那人间净土，清凉世外红尘。

鹊桥仙 辛亥七夕和淮海

秋宵寂寞，秋风凄冷，如此良辰忍度。牵牛开遍露中花，似泪点、莹莹无数。　　恨长欢短，离多会少，来路瞬成去路。神仙应也羡鸳鸯，又何况、人间朝暮。

点绛唇 七夕和君坦

濯锦芙蓉，夜凉如水摩诃殿。露愁风怨，天上人间换。　　一水迢迢，望断双波眼。年年盼，恨难填遍，谁道银河浅。

鹧鸪天 题《注韩居图》

一起三唐八代衰，微微道旨溯渊怀。眼前江瘴空中逝，腕底天风海外来。　　伤凤意，获麟哀，先贤统绪后贤才。文潮元自薪传涌，万弩虽强射不回。

人月圆 辛亥中秋

年年今夜团圆月，只是在天涯。关河千里，严城鼓角，绕树啼鸦。　　翠楼弦管，绮筵杯酒，旧梦京华。举头长望，低头不语，思也无家。

十年重见长安月，征戍忆辽阳。有情相照，金闺玉塞，一样秋光。　　浪萍风絮，南云北雁，何处家乡。双双对影，画眉笔秃,老了张郎。

三分偏是今宵好,万里转冰盘。银蟾金粟,琼楼玉宇,天上人间。　　白头夫妇,红妆儿女,喜共团圆。悲欢离合,因缘注定,莫问青天。

相见欢　辛亥中秋聚则虞家,再赋和后主

放教月上高楼,卷帘钩。百岁人生如梦几中秋。　　情续断,影零乱,不知愁。还有明年今日在前头。

临江仙　和君坦大雪节词

门外纵埋三尺雪,交情不易寒熏。烟花过尽眼前春。愁如云作絮,梦似水成文。　　小草何思称远志,天听登鼓无闻。故人杯酒更相亲。盼能生马角,伫看战龙鳞。

减字木兰花　和君坦冬至词

渐催春至,万紫千红来日事。岁月如梭,过眼繁华醒梦婆。　　抬头看柳,只待东风吹六九。梅雪评量,忍忆消寒平复堂。

渡江云　和机峰题其夜坐小影

元龙豪气减,风流自赏,只在一楼中。隔江商女唱,换世

红桑,过眼太匆匆。灯前按曲,又声声、时度帘栊。忆偷笛、落花肠断,传怨与谁同。 心慵。氤氲檀鼎,寂寞芸窗,伴寒梅孤耸。看对镜、鸿惊影瘦,蝶恋情浓。故吾不见新吾老,梦重寻、梦也朦胧。羞避面、莫叫窥宋墙东。

朝中措 和牧石辛亥重阳

曾过七十回重阳,知断几回肠。纵使有时对菊,还嫌无地栽桑。 乱山落日,高台平野,独立苍茫。问有愁来多少,深如江水难量。

前调 和梦碧辛亥重阳

插萸落帽事难留,心上总如秋。乡梦方回北塞,雁声又过西楼。 漫开黄菊,任飘红叶,放下帘钩。幸少无情风雨,旧愁不并新愁。

鹧鸪天 辛亥除夕

皱面观河叹改颜,知经几世海为田。危巢容膝虽无地,乐土求心自有天。 灯到曙,酒余寒,檀炉香烬灭云烟。开头且看明朝事,扰扰纷纷更一年。

生也有涯乐有余,花明柳暗识长途。琢残白玉难成器,散尽黄金更读书。 梅蕊绽,柳枝舒,故吾镜里看新吾。眼前无限春光好,又写人间一画图。

浣溪沙 正月十一日大雪，晨起河边踏雪诵佛

梦里曾于净土行，开门起看尽光明。岸边垂柳鹤梳翎。　　天地与心同一白，乾坤著我并双清。万花飞散打身轻。

小秦王 壬子上元潘素生日，于西郊同饮赋

白头犹觉似青春，共进交杯酒一巡。喜是团圆今夜月，年年偏照有情人。

马龙车水记喧填，曾过升平几上元。火树银花皆梦里，寒窗相对一灯前。

春雪飘摇冻一城，东风吹到喜新晴。去年载得长安月，犹是今宵分外明。

胜朝堂墅半成田，垂老重游贝子园。柙虎樊熊终一世，双飞应亦羡青天。

瑞鹧鸪 咏旧乐器店幌子。旧乐器店幌子剪布为琵琶形，蓝边白心，内书店名，挂于门外

洞庭张乐内横陈，紫盖齐飞扑市尘。古董先生谁似我，落花时节又逢君。　　明妃塞上无归梦，司马江州欲断魂。一样青帘风外舞，休疑人醉玉楼春。

小秦王 春日偶书

冬雪无多水欲干,鱼苗浅濑聚成团。风沙来自天西北,银锭桥头不见山。

窗外坐看送夕阳,棉衣初换尚嫌凉。闭门知是春多少,花片随风忽过墙。

晴转多云阴转晴,似人天气也模棱。东风吹送探芳信,懒到春残不出城。

瑞鹧鸪 与君坦游大觉寺看杏花

大觉名存地已非,重游忍共泪沾衣。故人多向花间尽,新燕仍来幕上飞。　依旧芳林红作阵,不堪宿草绿成围。欲归似道时还早,恋我残明是夕晖。

浣溪沙 沽上与梦碧、牧石故李氏园看海棠

写貌也难下笔来,胭脂匀面粉匀腮。迟迟妆罢出堂才。　有色羞教贫女见,无香偏向恨人开。更看近水起楼台。

蜀道西来万里程,仓皇辞庙泪痕凝。愁闻马上杜鹃声。　惟有深怜诗可作,得无再顾国能倾。金瓯那换美人情。

沽上桃花也逊容,钗横鬓乱睡妆浓。锦绢笼影晕娇红。　半染啼痕三月雨,全消愁梦一天风。阑干倚遍夕阳中。

乐极重思转惘然，欲回还住亦堪怜。两般心绪半晴天。　　好友最难逢暮日，名花更惜看衰年。余情莫负梦边缘。

瑞鹧鸪 壬子暮春，晨赴社稷坛看牡丹，门禁不得入

东风送暖散轻阴，无数芳菲满上林。客舍只多看草长，侯门肯许问春深。　　行吟楚泽兰为佩，醉就重阳菊可斟。莫更叫他村女笑，菜花盈鬓自能簪。

人月圆 壬子中秋在天津

南斜街里鬌龄事，回首梦当年。焚香祝酒，听歌丹桂，看舞天仙。　　离乡辞土，一身萍梗，满目烽烟。依然此世，青春不再，明月还圆。

鹧鸪天 壬子重阳未作山游

门柳添黄菊蕊稠，昨宵风雨已深秋。劝人绿酒倾杯底，邀我青山到杖头。　　红叶醉，白云愁，年年都作画中游。残躯虽健心情懒，今日登高只上楼。

临江仙 重九后同君坦、牧石看红叶。和君坦韵

风雨年年愁里过，几番辜负佳辰。栖霞山影梦梁陈。雁归千里讯，人入乱峰群。　　就菊插萸当日事，眼前更有谁

存。秋光犹似旧时人。飘零身世感,一叶坠红尘。

杨柳枝

寒暖阴晴阅岁时,一身无力自轻垂。东风吹醒春婆梦,剩付盲人唱竹枝。

轻柔情性亦天和,一往风流转恨多。回首当年年少日,只今不见影婆娑。

长安三月岁时新,和雨和烟舞曲尘。羌笛玉门关外怨,不应只识上林春。

寒食东风傍御城,一身飘忽镇轻盈。飞花又作离人泪,不上诸天只化萍。

晓来摇曳晚朦胧,烟雨高楼大道中。青烟不知尘世事,看他桃李嫁东风。

一片笙箫玉殿开,侍臣正笏共徘徊。平明只拂旌旗色,不带昭阳鸦影来。

五更悲壮角笳鸣,灞上惊看落大星。空忆龙城飞将在,不堪重过亚夫营。

锦帆何处到天涯,不觉杨家换李家。红粉三千牵绊女,而今只剩玉钩斜。

垂虹桥外短长堤,叶叶枝枝带雨迷。西子临妆何处见,一春唯有鹧鸪啼。

春水阊门东复西,小舟摇橹荡涟漪。虎丘阜上真娘墓,岁岁清明插柳枝。

潮长秦淮尚有痕,六朝往事与谁论。江山已了桃花扇,犹曳长条向白门。

濯影龙池水似奁,殿前一树碧毵毵。折来莫把竹枝误,
争引羊车事洒盐。

长发丝丝绿似云,比来恰似一江春。台城城下胭脂井,
落叶残枝吊美人。

清新诗句起因风,春草池塘一梦中。昔日谢娘今不见,
漫天只有絮濛濛。

东风吹皱水成鳞,深浅楼前试问春。料得赵家山一角,
销金锅里遍游人。

不唱竹枝唱柘枝,红毹毹上蜡成堆。汴州谪去雷州日,
可忆蛮腰似旧时。

青草池塘水浅深,时听园树变鸣禽。传神最是杨皇后,
写出生绢袅袅金。

清秋时节月如眉,难驻征鞍去也迟。只为离人牵别恨,
风前故袅一枝枝。

不绾别离不绾愁,眉长腰细自风流。只因秋老无红叶,
那有题诗出御沟。

水暖雪江涨半篙,岸容腊后冻全消。轻狂任使梅花笑,
又傍春光袅旧条。

晓风残月已销魂,汾水南流雁失群。旧在章台非我种,
不应攀折怨他人。

心绪摇摇欲坠时,小词难寄极相思。谁人得似观音手,
折取柔枝赠别离。

凋零犹自拂池塘,一阵西风送晚凉。却道黄昏无限好,
蝉声总是在斜阳。

朝雨渭城尘不飞,离亭劝酒换征衣。故人难到阳关外,

唯有东风吹向西。

灞陵桥上车马过，灞陵桥下水生波。古今看惯行人别，不信潺湲比泪多。

踠地已垂金缕丝，秋光团扇又非时。自家摇落犹难问，肯为旁人缩别离。

丝丝金缕弄轻柔，勾引春风傍小楼。燕剪莺梭来又去，不知织得几多愁。

今年期又去年期，依是新枝换旧枝。空自拖风还拂水，可知春梦有多时。

漫点砚池作絮飞，旧蹊桃李可成围。阶前不种科名草，青汁何须更染衣。

胭脂坡上路邪斜，一角红楼是妾家。五柳三槐侬不爱，门前只种马樱花。

几日芳春到莫愁，应知心上总如秋。青枝遍满江南北，不为离人系去舟。

诗人结社记渔洋，户户家家有绿杨。正是鹊华秋色里，半城湖水映山光。

孤店疲驴客去家，霜天流水阵盘鸦。济南道上斜阳外，多有村庄开柽花。

征西大将凯歌还，种树秦川连陇川。绿荫多于青冢草，春风一路到天山。

正是姑苏送别时，碧桃如面柳如眉。不须攀折来相赠，此去归期定有期。

一曲兰陵剧可怜，深杯洒泪滴离筵。旧时曾过师师巷，我亦风流最少年。

邗江城郭绿杨春，落魄堪怜杜司勋。同有天涯飘泊感，洛阳好好是乡亲。

门前一路碧参差，春日匆匆夏日迟。杜宇声凄蝉噪急，好音合是语黄鹂。

迷离烟色有无间，夹岸临流水一湾。雨后登楼时一望，柔条缺处是青山。

飞花飞絮忆春深，银锭桥西步步阴。冻雪一天楼外路，东风不到不摇金。

树犹如此奈人何，憔悴江潭忍更过。便有东风来顾盼，吹棉枝上已无多。

回首全非汉殿年，空思三起又三眠。飘零身世如飞絮，不在愁边即梦边。

彩笔谁能写一枝，风流那复似当时。还将伤别伤春意，付与河阳女画师。

西子妆慢 壬子小寒后，过天津南斜街童时旧居感赋

松墨涂鸦，竹枝戏马，隔世已成云雾。斜街门巷几斜阳，过流年、不堪重数。归来旧主。似相识、前时燕去，问平生、算出山泉水，莺迁都误。　　休看觑。蜃幻楼台，只剩波涛舞。小寒节后雪初花，故飞黏、白头丝缕。凋翎断羽。黄昏近、随春暂住。又惊心、万木不声待雨。

鹧鸪天 壬子除夕

百感独多是此宵，老年景象更萧条。残灯意到原头火，

沸水声来世上潮。　　　　寻燕垒,寄鸠巢,余生心外作逋逃。逢春已少花间泪,眼雾迷离幻海涛。

　　余自辽西入关,本定再入秦依女儿而居。辛亥冬,受聘入文史馆,复能居京,或可终老。人事之变靡常,余除夕词所谓"花明柳暗识长途"也。但词仍以"秦游"名。渊明《桃花源记》在晋时,源内犹是秦人。又,欧洲语音称中国为秦,尤古于美利坚谓中国人居住区为唐人街者。故中国率土之滨,皆为秦地,亦无不可。盖秦为强国,是则又一义矣。壬子春,丛碧跋。

雾 中 词

自 序

杜工部诗云"老年花似雾中看",余则以为人生万事无不在雾中,故不止花也。余之一生所见山川壮丽,人物风流,骏马名花,法书宝绘,如烟云过眼,回头视之果何在哉,而不知当时皆在雾中也。比年,余患目疾,而值春秋佳日仍作看花游山。遥岑远水,迷离略辨其色光,花则暗闻其香,必攀枝近目始见其瓣。情来兴至,更复为词,癸丑一年得百余阕。余已在雾中,而如不知在雾中;即在雾中,而又如知不在雾中。佛云"非空非色,即空即色",近之矣。余雾中人也,词亦当为雾中词,因以名余集。中州张伯驹自序。

满江红 答和正刚见怀

飞雪迎春,但自觉、心难共白。只门外、鸿泥印踏,爪痕狼藉。照面却羞临月镜,画眉已秃生花笔。剩惊波、浪里老鸳鸯,过除夕。　　医不尽,诗书癖。针不到,膏肓疾。忆吟朋酒侣,雨来云集。身似三眠人日柳,世争一劫长安弈。莫回头、梦影向华胥,朱成碧。

水调歌头 读陶渊明诗

陌巷一瓢饮,知乐不知贫。先生只有五柳,随世任天真。

笑看英雄屠狗,还耻折腰匏系,肯为作臣民。醉里乾坤大,日月互明昏。　　秦荆棘,晋禾黍,楚骚魂。除非高蹈东海,此外更何论。闻说神仙鸡犬,流水桃花别境,空自问渔人。未识武陵路,到处是迷津。

沁园春 戏和正刚问目疾

书难成行,读难成诵,有负伶伦。羡阳辉遍射,无殊显晦,佛光普照,遑问卑尊。囊涩途穷,我非阮籍,亦白亦青都不分。春色好,便花开陌上,肯再邀君。　　曾闻左氏奇文,寓皮里、阳秋岂畏嗔。叹乌雅不逝,重瞳焉用,黄龙直捣,四眼何存。袖手棋枰,九输十事,一可百无人世人。时瞑想,但内观心府,神驭乾坤。

前调 戏和正刚自嘲

弄姿搔首,阿翁岂是,逸群绝伦。算麒麟不见,黄狼自大,朱砂未有,红土称尊。宝鉴图中,儒林史外,轻重秤量能几分。休妄论,数英雄当世,除我惟君。　　无闻扫地斯文,但敝帚、犹珍任笑嗔。问四家公子,风流安在,三朝元老,勋业何存?前路都如,深池夜半,瞎马骑来盲目人。天已陷,纵娲皇难补,卦象皆坤。

南乡子 和正刚题《栖凤小筑图》

栖隐倚高梧,下有清阴夜读书。似到富春江上县,桐庐。

雨笠烟蓑意自徂。 　　一霎换荣枯,镜里新吾问故吾。堪笑昂藏身七尺,残躯。不受秦坑也是儒。

日月去堂堂,不解春愁只自狂。饭颗山头天卓午,孙郎。无缝云衣制锦章。 　　小筑碧梧旁,中有梁鸿与孟光。引颈一鸣惊众鸟,朝阳。雏凤凰随老凤凰。

人月圆 癸丑元宵,时患目疾

烟中雾外银蟾影,还射到双瞳。上元佳节,踏歌声里,只唱盲翁。 　　江山锦绣,楼台灯火,望处朦胧。春光便好,万红千紫,负了东风。

小秦王 癸丑清明,同廖同、李大千、周笃文、潘素游大觉寺

老年人在雾中行,无限光阴让后生。耳畔喜闻春到了,杏花时节又清明。

旧雨无多新雨来,看花今又踏青苔。年年便是春长好,开落能知有几回。

夹道松阴石径斜,行行直似入云霞。杏花恰对斜阳看,更著诗人与画家。

折来羞对杏枝妍,回首衰年梦少年。只合玉兰花下立,白头相映各成颠。

鹧鸪天 天津金钢桥花园对海棠

无限妖娆拥紫云,迷离眼外看横陈。虽经烧烛难为夜,

不到倾城不是春。　　词一叠,酒三巡,这时未醉已销魂。
自家镜里知妍丑,遮面羞来对美人。

小秦王 癸丑天津旧总督署公园同梦碧、机峰、牧石、绍箕看海棠赋

堂皇节署变名园,上国屏藩梦北门。疑是华堂来命妇,
严妆绝艳一销魂。

七十年来换物华,雨中忆折一枝斜。颠狂不是余年事,
即在童时已爱花。

老来只作看花吟,已少风情惜寸阴。欲借芳茵随一醉,
犹嫌酒浅负杯深。

嫩红浅粉问如何,可似衰颜借酒酡。眼底花繁犹不见,
无香岂更恨偏多。

浣溪沙 和君坦颐和园看紫辛夷、海棠

燕瘦环肥态并秾,铃旛谁为护芳丛。紫台金屋恍相
逢。　　彩笔犹思干气象,绿章难乞住沙风。人天一梦各
匆匆。

瑞鹧鸪 故宫看牡丹

艳色浓香玉砌前,兴衰几换不知年。飘零敢怨芳时晚,
恩宠犹思盛日全。　　彩仗曾叨春步辇,珠灯回梦夜张筵。
只今都了倾城恨,迸泪相看亦惘然。

小秦王 游天坛

神仙缥缈望无涯,五百童男事已遐。萁豆同根非异种,
圜丘丘外种樱花。

花径无人长碧苔,丁香枝映海棠开。少年多住城西北,
白发盈头始一来。

瑞鹧鸪 和君坦故宫看牡丹

春光上苑锦成团,莫使迟开贬牡丹。忆妒炉烟陪御仗,
恍闻玉佩降仙坛。　　漫天滚雪风无定,匝地铺阴露不干。
沧海何知朝市改,浓妆犹自倚阑干。

小秦王 和君坦颐和园看黄、白芍药

春风拂槛玉如山,疑向瑶台月下看。已老六郎羞顾影,
莲花何事更流酸。

独留娄尾殿流觞,春事应同感履霜。敢与花王争座位,
僭将九锡正冠裳。

匀粉涂檀写折枝,忍看残片落瑶墀。春光弹指随人老,
啼鴂声中酒不辞。

前调 对芍药再和君坦

春光留取故迟开,娄尾光阴日日催。白发未随残照去,

东风犹许一徘徊。

瑞鹧鸪 和周采泉咏柳絮

飘尽残英剩绿围,轻尘更浥雨霏霏。随风断梗蓬相逐,入水浮萍实自肥。　　愿抱冬心疑雪堕,欲回春意当花飞。小蛮若并朝云在,歌舞传神定入微。

成幄丝丝翠满围,辞枝纤影故霏霏。穿梭来去迷莺老,舞剪高低贴燕肥。　　风簸漫天团又散,雪飘掺径堕还飞。桃花一样同轻薄,逐水无声气力微。

依水浓阴满四围,吹棉又似霰霏霏。雨迷烟草黄梅熟,雪压梨花白燕肥。　　风力无凭难自主,春心有托向人飞。蝉声未咽莺声老,带到斜阳影更微。

藏莺笼马已盈围,尘又扑来雨又霏。粉蝶看成风助舞,玉梅疑是雪添肥。　　忽天忽地团团转,非泪非花处处飞。衣被苍生无暖意,鸿毛欲比尚轻微。

泊絮门前乱一围,轻尘细雨共霏霏。玉钩垂箔春情懒,银粉弹弓雪意肥。　　似泪还须和泪看,非花也应当花飞。可怜总是随流水,难得升天到碧微。

旧日书堂罨作围,柔枝袅袅絮霏霏。屡黏鸿爪泥痕重,砚入鹅毛笔体肥。　　暑雨初临梅子熟,番风晚共楝花飞。隔帘满院过无影,深闭重门梦入微。

覆屋当门碧几围,絮飘看似雪霏霏。梁泥黏土燕栖稳,池水沉来鱼唼肥。　　玱琤筵前身自舞,鞦韆墙外影同飞。东风一阵吹还少,深院无人小径微。

一带笼阴映四围,迷空时起絮霏霏。飘零质易分轻重,琐碎身难论瘦肥。　　春雪多疑因冷坠,东风长看向西飞。是花是泪教谁问,因果谈来事亦微。

水调歌头 和正刚

　　纨袴误门第,粉墨饰豪英。龙阳地下才子,让我是张灵。过眼烟花已逝,回首江山如故,空自意纵横。有酒醒还醉,无酒醉还醒。　　疮痍满,堪流涕,此苍生。寒蝉仗马一例,谁作不平鸣。世少桃源栗里,时至暴风骤雨,忧乐总关情。纵使见包笑,河水也难清。

　　耳目渐聋瞶,世事久迷离。丰神未减当日,寄语莫相思。已过昙华梦影,待遗新愁旧恨①,一任上颦眉。有酒作良友,不药得中医。　　雁边风,马前雪,返边陲。燕山亭杏还见,了却死生悲。心迹湘兰澧芷,居处林梅陶菊,小隐拣寒枝。莫道满萧艾,芳馥又何为?

　　历下聚名士,洛社会耆英。当时间气钟毓,山鬼与山灵。转瞬豪华消歇,何以放怀遣此,只仗酒前横。醉则任其醉,醒则任其醒。　　原上草,烧不尽,又还生。喷瓜灸艾休笑,缄口敢争鸣。万事空花泡影,在世却如出世,太上应忘情。一局付棋乱,两袖剩风清。

　　旧雨并新雨,死别与生离。金台雪苑前事,回首不堪思。京兆风流藉甚,更秃生花彩笔,懒画柳如眉。无术难成器,多病乱投医。　　向空梁,寻燕垒,迫边陲。繁华换了萧瑟,乐极转生悲。老子婆娑已矣,秋意胜于春意,不上闹红枝。穷

---

① 　遗:按词律当为仄声字,此字似当为"遣",形近致误。

达任天命,出处在人为。

　　冬雪瘗秋草,夏雹泣春英。炎凉一例轮转,何必叩冥灵。滚滚大江无尽,莽莽大荒无际,断野乱山横。逼仄此天地,长醉不须醒。　　人间世,生还灭,灭还生。黄钟弃置廊庙,瓦缶也雷鸣。陵谷沧桑屡变,日月盈亏长换,造化本无情。万有付乌有,神驭上空清。

　　口是未心服,貌合却神离。人间万事如此,何用费三思。鼎食盐梅料理,炉冶洪钧运转,吐气看须眉。五味只酸辣,良相亦庸医。　　同床梦,分冰炭,隔天陲。阶囚座客啼笑,兔死使狐悲。伐树不知种树,种树不知固本,弱干少强枝。上马贵无敌,下马贵无为。

小秦王 题梅兰芳画白鸽

行云响遏系金铃,知到青霄第几层。飞去曾传人日鸟,已终王气十三陵。

杨柳枝 赠孤桐

垂老风流孰与俦,读书犹忆杏花楼。平生隔世兼师友,知己当为柳柳州。

著书闭户不知年,镇日无离手一篇。腹有经纶丝未尽,卧蚕何止是三眠。

曾听词调谱兰陵,更有诗名唱渭城。晚岁文章干气象,客星长并柳星明。

寅年坛坫早名扬,鹦鹉笔惊老更狂。硕果长存标格在,汉灵和是鲁灵光。

红杏尚书记好词,墙头春色见高枝。如今便老桐花凤,犹胜当年张绪时。

天上星辰戴斗冠,通明夜奏玉皇前。挥毫借得观音手,遍洒杨枝向大千。

小秦王 偶感

宫墙偷笛事曾传,重忆当时一泫然。正是江南好风景,落花不见李龟年。

忍看荆棘卧铜驼,群鸟空呼帝奈何。纵有琵琶弹别怨,胡恩却比汉恩多。

三叠阳关十里亭,可怜折尽柳青青。那知更有摔琴事,不遇知音不更听。

大地山河一担装,袈裟换了到襄阳。寒云红豆今何在,回首氍毹几断肠。

官蛙鼓吹雨边池,冷热诗肠只自知。阮籍驴鸣听不惯,焚香谁为理琴丝。

金尊檀板旧歌场,无复停云韵绕梁。便是人间闻此曲,也知顾误少周郎。

鹧鸪啼处是黄陵,张乐无闻到洞庭。江上峰青人不见,曲终端欲怨湘灵。

池头凝碧暗伤神,天宝霓裳事已陈。子弟梨园皆白发,豆棚瓜架剩盲人。

前调 题王焕墉《秋梧选韵图》

解悟心灯一室明，琳琅掷地韵天成。西风金井双梧老，不废清鸣雏凤声。

栖凤裁圭事已休，琴心犹有韵悠悠。也知消尽元龙气，不到悲秋不上楼。

秋到人间一叶知，窗灯明灭自吟诗。风流犹记雷州梦，蜡炬成堆唱柘枝。

久罢题诗少好怀，生张熟魏各尘埃。眼中我已无余子，又见王郎斫地哀。

前调 同杨鹏、宗霍、君坦游八大处秘魔岩。和君坦

世事循环石驻轮，偶然到此亦前因。庐师坐榻卢生枕，都是莲花百化身。

前调 题萧斋《牵牛花馆图》

金风玉露始相逢，鸧鹊桥头一水通。为报人间秋意到，桂前莲后自成丛。

早来繁盛晚来凉，一道绿分薜荔墙。已识儒冠多误我，不嫌遮暗读书窗。

一年一度有佳期，天上何尝怨别离。秋海棠花多是泪，可怜思妇断肠时。

金井西风落碧梧，疏星数点雁来初。昨夜天凉清雾滴，

牵牛花上满珍珠。

　　小扇欲捐暑气回，金风一阵自西来。秋心解识双星意，长向年年七夕开。

　　名士一时各有诗，先零后茂自当知。野花不与争颜色，亦解虚心是我师。

　　杞菊延龄并可餐，甘浆滴滴胜丹丸。当年汉武真痴绝，枉铸金人捧露盘。

　　初秋天气雨如潮，一串绿阴长细苞。长蔓高花看独步，阶梯依附笑凌霄。

　　开来七夕有情天，相会银河不计年。今日若教淮海在，定应重赋鹊桥仙。

　　水晶帘卷近天河，蟋蟀鸣时白露多。疑到西方清净界，天花乱雨曼陀罗。

　　乍看蕊闭露初干，暮落朝开羡舜颜。一现昙华应笑尔，犹嫌多住在人间。

　　乱点秋光散绮霞，凉阴如幕上窗纱。人生亦是同朝露，笑对檐前叶底花。

　　如水天街白露凉，也知秋色胜春光。银河相望终难渡，空自多情引蔓长。

　　开到无声喇叭形，捣衣想到远砧鸣。征人各有闺中梦，一样能教懒妇惊。

　　种来不费买花金，点缀秋光自浅深。风外露中俱耐冷，素娥青女是知音。

　　暑气已消过伏三，秋光明净映湘帘。花颜亦似银河水，知是深蓝是浅蓝。

韵事流传更出新,画图貌写有佳人。描眉笔比神针巧,织女当应是化身。

不向东风赏牡丹,小斋秋意自盘桓。老来学作灌园叟,陶菊林梅一样看。

挈海明河雨未分,对花那禁倍酸辛。世间亦有情长久,莫把萧郎作路人。

露行花亦号牵牛,棋布星罗结蕊稠。分得萧斋新种子,一家秋作两家秋。

鹊桥仙 癸丑七夕。和淮海

金针沉水,轻罗摇扇,卧看女牛共度。银河斜挂万星球,数不尽、恒河沙数。 恨长情短,离多会少,前路总成末路。只争萤火闪流光,一瞬是、人间朝暮。

高阳台 和君坦颐和园看桂花

花雨霏霏,云天漠漠,金铺响屟回廊。歌舞升平,恍听玉佩声强。清辉未满中秋月,已袭人、暗里闻香。降鸾舆、宫娥一队,彩仗双行。 侍臣知是龙颜喜,傍炉烟细袅,曾惹衣裳。照影明湖,便多水气新凉。高枝攀折承恩泽,剩回头、春梦沧桑。近重阳、风雨无情,又到青霜。

瑞鹧鸪 挽孤桐

云霄万里作神游,晤别缘悭不少留。座上光风忝骥尾,天南星宿望龙头。　　捧觞寿满图犹在，击钵声沉烛亦休。此去九原应一笑，伫看完璧整金瓯。

人月圆 癸丑中秋，昼晴夜阴，不见月

轻阴酿雨云遮幕，奁镜半尘凝。无花无酒，更无客到，且早休灯。　　何须求缺，人生原是，易缺难盈。不劳相照，心田意境，自有光明。

却教不动思乡意，一霎幻阴晴。举杯邀饮，三人独我，影失中庭。　　桂华暗里，天香犹觉，落子无声。明年元夕，张筵待看，雪打花灯。

三分谁道中秋好，云雾掩光明。空堂相对，旧奁难照，长夜挑灯。　　欲奔何处，嫦娥不悔，药也无灵。遗珠沉璧，缺多盈少，如此人情。

风入松 咏三六桥藏《红楼梦》三十回本。此本流落东瀛。步汝昌韵

艳传爱食口脂红，白首梦非空。史湘云后嫁宝玉。无端嫁得金龟婿，探春嫁外藩。判天堂、地狱迷踪。宝玉曾入狱。更惜凤巢拆散，西施不洁尘蒙。王熙凤被休弃。　　此生缘断破惊风，再世愿相逢。薛宝钗以难产死。落花玉碎香犹在，妙玉流落风尘。剩招来、魂返青松。总括《红楼梦》。多少未干血泪，后人难为弹穷。指后之红学者。

浣溪沙 癸丑重阳独登陶然亭

老眼迷离不见山,江亭独自倚阑干。霜风凄紧雁南还。　　旧雨都随衰苇尽,小塘犹剩败荷残。香魂鹦鹉两无言。

连袂重来少旧人,空飘红叶染霞痕。只多愁病过佳辰。　　寒露成霜虫不语,西风乱阵雁迷魂。斜阳西下万山昏。

渡江云 香山看红叶

南云家万里,西风料峭,雁阵划霜天。青山邀我至,旧雨凋零,梦影记前年。迷离雾眼,隔障纱、尽是苍烟。听萧萧、落叶耳畔,霞舞乱红间。　　衰颜,酒难相借,菜不胜簪,怕奁波重见。身尚在、穿梭岁月,濯锦林峦。回黄转绿知何日,惜白头、犹待春还。归去也,斜阳休劝留连。

鹧鸪天 癸丑冬至

昨夜风声自北来,已知待腊转春才。梦长梦短随灯尽,寒浅寒深借酒排。　　封沼冻,积庭埃,一冬无雪又无梅。畏炎耐冷平时意,不盼阳生暖气回。

小秦王 去西安

避寇从戎一梦中,百年强半太匆匆。几回人比春还老,生怕吹来楝子风。

长安世事总模糊,镜里功名问故吾。袖手棋枰观不见,只因有眼已无珠。

前调 重过灞桥

金鞭宝马昔曾经,劝酒攀条送客行。垂老不知离别恨,重来又过短长亭。

筑库来源壅上头,凋零只剩柳枝柔。可将今古离人泪,添作潺湲灞水流。

前调 重浴华清池

盈盈脂水去还迟,白发红颜各一时。鼙鼓不来烽火急,山光犹印九龙池。

不从浣尽世间尘,五十年来尚此身。昔日莲花今日柳,可怜已换水中人。

前调 雪中登雁塔

茫茫天地接空濛,独倚危阑望欲穷。雾眼浑疑春已到,飞花飘絮满关中。

周原上下尽铺棉,一望濛濛眼外天。泾渭不流秦岭睡,乾坤倏换旧山川。

前调 雁塔雪中蜡梅

黄英琐碎几成堆，粉本谁图点白苔。回忆家乡童课日，庭前一树雪中开。

佛像无存僧亦亡，年年开落傍空堂。我来踏雪犹相识，不为金身始放香。

庆春泽 和题君坦《庆春一觉图》

爆竹催春，风灯换岁，剩看白发星星。多误儒冠，堪嗤画虎难成。京尘犹续东华梦，早曾经、地棘天荆。怕回头、玉轸琴音，欲断弦声。　　无情遽萎田家树，忍重归海澨，相对涛惊。江夏才名，只今独自伶俜。光华日月销兵气，盼阳和、转霁回冥。待东风，敝帚还珍，蛇尾余生。

无 名 词

自 序

某岁月,蛰园律社诗课,题为春草,韵九佳。余有句云:"争如有意年年发,多半无名处处皆。"郭蛰云太史大激赏之。而余亦无名者也,然无名而好名。自三十岁学为词,至庚寅后二十几年,有集《丛碧词》。周玉言君跋云:词以李后主始,而以余为殿。此语一出,词老皆惊,余亦汗颜,而心未尝不感玉言。此即好名之心,而自以为有名者矣。老子曰道无名,有名非道也。六祖慧能偈云:"菩提本无树,明镜亦非台。本来无一物,何处著尘埃。"本无名而有名,是非道矣;本无名而有名,是著尘埃矣。继《丛碧词》二十几年,又有《春游词》、《秦游词》、《雾中词》。自是非道者,著尘埃者,而迄不自知也。甲寅一年,复有词二百数十阕,因思何以名集。余即将八旬,以诵佛所得,以为文彩风流皆是罪障。悟及此,才一年间耳,正针对余之无名而有名。甲寅年词,即以"无名"名之。盖为知止而止,此后不再为词,无词即无名矣。使余心如止水,如死灰,尽忘一生之事;于余一身未了将了之前,先入此境界。其可乎! 乙卯初秋,中州张伯驹序。

人月圆 甲寅元宵,室人潘素六十寿,赋此为祝

一年月与人同好,涌出玉轮高。清光照到,花灯立处,喜上梅梢。   交杯换盏,三人成五,对影相邀。白头百岁,未来还有,四十元宵。

前调 题《人月双圆图》

河阳月比扬州好,特意照婵娟。琼瑶楼阁,琉璃世界,万里毫端。　　指寅转斗,喜逢花甲,共醉华筵。神仙眷属,人间天上,岁岁双圆。

小秦王 甲寅春,预作看花杂咏

一春多病卧荒斋,相伴迎春旧自裁。朵朵黄金开琐碎,有情似为送穷来。室内迎春一盆,元旦前后盛开。

犹念楚山楚水长,弱花瘦叶已无香。生来久惯居空谷,却到人间不自芳。王世襄君自鄂带赠春兰一盆,但一花数叶,已憔悴无香。

愧无七步魏王才,喜见惊鸿咏玉台。闽海三千行驿路,红尘也似荔枝来。近岁京师不见水仙,女儿于花肆买得一本,为之失喜。

北风尚未转东风,河水流迟冻又封。谁道春分春渐老,破唇不见小桃红。节近春分,西北风至,河又结冰,山桃尚未含苞。

太液门如百二关,游人跷足望犹难。山桃隔岁还相识,春意先来万寿山。北海多山桃,近未开放,看山桃只有去颐和园矣。

碧桃开满上林春,雪想丰姿玉想神。和露便非天上种,看花犹是胜朝人。颐和园多碧桃,花时如雪,但为后时所种。

亭子倚云久已无,攀枝余泪眼模糊。杏花也有红桑劫,不种新株老旧株。昔游大觉寺,与藏园共筑倚云、北梅两亭,久已倾圮。近岁旸台杏花渐稀,因农人不种新树,旧树日老,遂无当年之盛。

斜阳难为挽春光,群玉山头梦一场。忍忆旧时明月夜,无人犹自照空堂。昔游大觉寺赏玉兰必一二宿,每于明月夜立花下。今已成空堂,回思都如一梦。"花光满院夕难阴",黄秋岳佳句也。

簇簇锦林映小池,年年联袂一吟诗。落英满地成茵席,愿作长眠葬絮时。天津故李氏园海棠成林,每岁皆与津词家联吟其下。风来落英满地,如铺锦茵,余愿长眠于此,亦海棠颠也。

放鹤亭前鹤不飞,鸡豚社里醉人归。东风爱向春光傍,却怕寒天雪一围。榆叶梅花艳叶多,与梅花有雅俗之别,但傍春光,不耐冰雪。

丁香消息问何如,曾记当年一驻车。废寺城南僧不见,至今犹说董家书。法源寺以丁香名,二十余年前曾往赏。故老友陶心如为董康于寺刻书,今寺废僧亡不足惜,而刻书人无传,版本之艺遂绝。

怕黄昏却又黄昏,独对阑干半泪痕。犹忆旧园人散后,梨花满院月当门。旧居承泽园多梨花,枝枝带雨,半似啼痕,宴客赏花,客散后,月夜每与相对。

故庐依旧满春光,已损雕阑倚破墙。华贵雍容终不改,一身犹御藕荷裳。余旧居破墙倒斜,瓦砾满地,手植牡丹一株尚存,名"藕荷裳",开时至四十余朵,正使蓬荜生辉。

曾道种花似种田,腰围金带只空传。他年吾竟归何处,有愿难栽向墓前。芍药以扬州著,"金带围"名品也,未曾见之。前人咏扬州诗:"有女先教曲,无田不种花。"不记为谁人作。先人墓在西山万安公墓,我夫妇有二穴地,欲于墓前遍栽芍药,以其草本易活。我不葬花,愿花葬我。去岁往祭扫,碑已无存。他年余归何处,自亦不知。近时芍药又复难买,此愿虚矣。

廿四番风不更吹,柳丝成幄絮离枝。荼蘼开了芳春歇,又是棋声落子时。余居西行沿水半里,有小园,多荼蘼,开时已临初夏,天气和暖,每与人对弈花前。前人诗云:"长昼惟消一局棋","清簟疏帘看弈棋",皆夏日事。

一春只为看花忙,人老花飞更断肠。欲与花容留色相,生花笔倩女河阳。入关后,曾与室人潘素合写《梦华图咏》。今老年看花,大非易事,拟倩其遍写《看花杂咏》一册,以识鸿雪。

前调 大觉寺纪游

动物园

昔游曾记尚称童，老去重过贝子宫。画竹不肥思肉食，羡他神虎与樊笼。余昔游三贝子花园，年才十岁，后名万牲园。今名动物园。名屡易，而余已老矣。有人画竹，自题诗云："只因食肉少，画竹不能肥。"语可喷饭。使其在园中为动物，食肉当多也。

颐和园

云松巢里旧居时，几换沧桑海欲移。莫更书空当阁笔，此心惟有玉兰知。换世前，居颐和园云松巢，时迁世变，多年来犹以文采风流自负，误矣。

温泉村

微热温池夏日宜，水流云在尚存碑。此间暂作升平景，庚子兵戈忆昔时。温泉村温泉，水微热，宜夏浴。小山上有石，刻"水流云在"四字，尚存。李石曾欲仿拟香山慈幼院，以庚子退款于此建筑饭店及私人别墅，今皆废。

北安河

重峦叠嶂势连环，泉水成河号北安。神鬼不灵今世改，无人更上妙峰山。自八大处香山迤逦至此，为旸台山，泉水成河，夏流冬涸，小镇名北安河。昔人往妙峰山朝香，皆宿于此，次日步行至娘娘庙，今则更无朝山者。

管家岭

管家岭外夕阳明，四十年前此步行。多少故人成宿草，

后生又至吊先生。<small>四十年前，与诸老辈至此看杏花，今来者除我外，皆后生矣。</small>

鹫峰

泉流源断滴无余，怪石巉岏步亦徐。聚讼无须刀笔吏，名山不与俗人居。<small>鹫峰为旸台胜处，昔有律师建舍其上，后泉涸，无水煮饭，遂废。</small>

鹫峰至大觉寺途中

丛生荆棘刺牵裾，石磴倾斜步恐虚。世上本无平坦路，山行莫怨太崎岖。<small>自管家至大觉寺，山路崎岖，石磴倾斜，颇为难行。</small>

杏花

不折杏花插满头，看来白发也风流。金鞭走马当年事，曾是豪华傲五侯。<small>白发并短，花已难插，回思少年，自觉风流尚在。</small>

玉兰

千军一扫镇风流，城主芙蓉召玉楼。今日若逢班定远，也知头白悔封侯。

锥处囊中且自娱，含苞高映玉浮屠。谀辞自古皆欣赏，执笔休教效董狐。<small>今岁春寒，玉兰含苞未放，词以吟之。</small>

听泉

清泉汩汩净无沙，拾取松枝自煮茶。半日浮生如入定，心闲便放太平花。<small>泉在寺后小山前，流入甏池，松塔有平坛，汲水煮茶。静坐其下，此时如入定僧，心太平矣。</small>

辽碑

清水院名记岁时,字痕漫漶剩辽碑。可能剔去残苔藓,更作曹家绝妙辞。寺,辽名清水院,辽碑尚存,字痕漫漶,苔藓斑驳。外孙女同游,故云及"外孙齑臼"事。

旧僧

抛却袈裟换布袍,随人茶饭住僧寮。董家版本今何在,长念先生五柳陶。寺僧长修已还俗,仍居寺司杂役,旧在法源寺,随故老友陶心如先生为董康刻书。

温春燕

茅店鸡声众口传,八叉家世有婵娟。相期哕凤鸣鸾侣,早自开来并蒂莲。同游温春女士,为周笃文君友,两情相合,但婚姻尚未定,词以调之。

目疾

山幻青蓝日映红,旁人指点尚朦胧。耳闻鼻嗅心能悟,不必空花到眼中。远山近树,以目疾,虽旁人指点,而朦胧难辨。但鸟声人语,岚气花香,耳闻鼻嗅,心能自悟。宇宙事皆在雾中,故不须毕见。

后至

春眠频问夜何如,却误晨行缓上车。正是半晴天气好,游人多似过江鱼。江左李大千君以上车拥挤后至。

小病

今岁人同去岁人,却因小病负良辰。可应自有生花笔,万紫千红不问春。廖同画家去岁同游,今年以病未来。

归去

春光也自换新陈,已了前尘续后尘。明岁花开还再至,斜阳莫为挽游人。　　以目疾不能登山,与室人及外孙女先归,明岁花开当再至,斜阳不须挽人也。

瑞鹧鸪　甲寅清明遥祭孤桐

东华梦影旧同群,硕果于今独剩君。风势欲收山外雨,花光犹恋日边云。　　堂空深柳莺仍在,楼倚高桐凤不闻。难挽客星天上去,垂纶终古几人文。

浪淘沙　咏大觉寺杏花、玉兰

宿草逐年深,琴少知音。东风阵阵晚还阴。花也有残人有老,忍更追寻。　　霞绮满芳林,遥映青岑。日边红闹托春心。折取一枝和泪看,破帽羞簪。

霜雪映琼山,直上高攀。黄昏谁道夕阴难。一抹斜阳红卧地,瞬化苍烟。　　玉树已歌残,往事堪怜。繁华剩有夜潮还。彩笔纵生花五色,无奈降旛。

庆春泽　颐和园乐寿紫玉兰

日涌红涛,云浮紫气,花光照眼朦胧。万笔朝天,脱囊来谒慈宫。御炉香惹晨妆罢,挂彩毛、鹦鹉金笼。立丹墀、遥映绯袍,列鹄臣工。　　冕旒粉黛垂帘误,把胭脂都化,海宇传烽。武帝旌旗,汉时尽废遗功。马龙车水人如蚁,好湖山、换了幢幪。看当年、玉树琼枝,迎送东风。

百宜娇 咏宅内牡丹。和君坦

一捻嫌深,二乔输浅,云想羽衣相近。酒色朝酣,露华夜满,香袭书帷妆镜。霞痕睡脸,看净洗、胭脂红凝。悔迟眠、莫误芳期,更须莲漏催醒。　　收拾起、珠灯画帧,移春事重思,梦寒心冷。舞絮楼台,泊花落院,来去东风无定。繁华瞬逝,怕只剩、金铃旛影。自沉吟、插竹围阑,白头双凭。

小秦王 和君坦。忆崇效寺牡丹

看花曾记立楸阴,旧寺无人问枣林。题画布施犹恨少,姚黄一本换千金。崇效寺旧名枣林寺。寺藏有《青松红杏图》,清人题跋殆满,寺僧不轻以视人。如索观欲题其后者,须多给布施金。寺更以牡丹胜,西庑前姚黄一株,高七八尺,百年前物,美国人以一千元买去之。

前调 家内牡丹花开,约友小酌相赏

旧种三丛剩一丛,劫余已是小庭空。藕荷犹作霓裳舞,不见杨妃指捻红。旧种藕荷裳两株,大红剪绒一株,后被人移去藕荷裳、大红剪绒各一株。

满院春光映酒尊,谁来一醉与销魂。绿杨先似知人意,作絮因风乱入门。牡丹开时正柳絮飞时,飘花滚雪,极有意致。

今朝有酒老须颠,人与花皆近百年。更有楚宫当日柳,

细腰学舞沈郎前。<small>约同馆沈老来看花,彼九十三岁,牡丹亦近百年。</small>

曾经三日下厨房,四十年来老孟梁。相笑早非新嫁妇,重劳洗手作羹汤。<small>与室人潘素结褵已四十年,今约友小饮,劳其重作羹汤。</small>

前调 <small>和君坦。对牡丹作</small>

绿鬓朱颜记少年,当时人似比花妍。不知今日谁妍丑,只有狂心老更颠。

瘦金书迹足添蛇,图少词皇剩画叉。纵在牡丹江上住,穷荒不见牡丹花。

将离开罢去长安,剩有番风楝子看。凝碧池头尘土积,霓裳莫问舞高盘。

梓桑重到喜无那,才子名花此地多。洛下乡亲曾识面,还怜巷口对铜驼。

张绪当时梦少年,玉堂早过镜花妍。风流只是无能改,到老还如柳絮颠。

柳发丝丝髻绾蛇,桥头摇曳傍渔叉。作花飘尽离人泪,却对花王不是花。

花开富贵报平安,老眼惟从雾里看。若是小中能现大,显微须更镜如盘。

过眼盛衰亦刹那,曹州更比洛阳多。残英落并杨花落,出塞明妃雪满驼。

转瞬少年到老年,看花能有几回妍。管他十赋中人产,买得一株不算颠。

长堤寺外路如蛇,鱼乐深池避网叉。图卷不存墙壁倒,国花堂畔已无花。

沉香亭畔说长安，一捻留痕难再看。遥想霓裳歌舞梦，琵琶声碎落珠盘。

地气寒温换刹那，六朝谁道水边多。芭蕉雪里诗人画，也似江南见骆驼。

移春时记盛唐年，独占群芳第一妍。彩笔也知输色相，画来难是上毫颠。

酒杯柳影误弓蛇，醉倚孤筇立处叉。华贵但知惊绝代，却教忘看紫藤花。

一春绮梦到槐安，更好休灯入夜看。照到如盘天上月，人间花面也如盘。

岁月百千亦刹那，作巢高似海棠多。移花接木须臾事，种树今无郭橐驼。

洛社耆英各老年，却如残片落犹妍。杨花笑尔轻狂甚，不是因风也自颠。

头虎身名到尾蛇，徘徊歧路有三叉。浮云富贵吾何有，已是枯枝不更花。

风雨无多梦亦安，杨花飘泊泪同看。可知我有相如渴，愿化金茎露一盘。

开落年年一刹那，燕京北去已无多。春风不到长城外，莫向黄沙怨骆驼。

富贵花开自岁年，镜中难见旧时妍。老来也似杨花落，入水成萍不再颠。

龙光袖里有青蛇，楼上岳阳高几叉。纵是神仙春意在，也曾三戏牡丹花。

人人欢喜岁平安，爆竹声中带醉看。曾记一枝斜插处，金银堆满水晶盘。

粉黛金轮梦刹那，一遭贬谪洛阳乡。看花走马当年事，
不见铜销晋代驼。

天香国色自年年，问我何如是丑妍。照入酒波人面瘦，
才知今日老张颠。

朝阳闪烁幻金蛇，银锭桥西路两叉。春色不从墙里露，
无人知放牡丹花。

一字评花句未安，张灯更待夜来看。秾华拂槛春风过，
露满仙人掌上盘。

佳人恨少唱阿那，几日开多谢亦多。有负名花真艳绝，
座宾半是背如驼。

前调 和君坦。对牡丹作

花似笑人尽是翁，不知花亦百年同。花嫌脂粉污颜色，
人却衰颜借酒红。

吟俦小集共飞觥，买得鲥来手自烹。只为爱花无忍摘，
藤萝还少作汤羹。

近来春色问如何？一院花光照酒波。椿树曾闻高过屋，
愿同登上海棠窠。

姚魏名花位上头，冕旒粉黛剧风流。开来先自迎佳节，
应不无情贬武周。

看花莫问主人翁，老少忘年一醉同。酒似胭脂颜色艳，
只因映入牡丹红。

兼味盘飧佐醉觥，要汤曾道善调烹。大千遍地皆周粟，
薇蕨何须更作羹。

　　鸠夺鹊巢可奈何，一椽容膝亦恩波。托身犹是输蜂蝶，长住花间锦作窠。

　　几日花开对白头，春归又是水东流。怕看一雨添红泪，避火图怜小后周。

　　余年已是早成翁，雾眼看花更不同。宰相黑头非我分，秋霜还赏老来红。

　　相约来年再举觥，鲥鱼学向富春烹。团圆须似藤萝饼，淡泊还如翡翠羹。

　　莫唱伊凉唤奈何，有香如麝酒如波。此心已向花间住，蝶懒蜂慵共一窠。

　　绝艳浓香放百头，六郎羞与比风流。若教凝碧池中种，定使莲花不爱周。

　　不辞醉倒玉山翁，歌舞霓裳梦不同。一捻脂痕弹到处，杨花却怕泪添红。

　　无诗须便罚三觥，肴馔还劳素手烹。已满青衫尘酒泪，翻来不怕污衣羹。

　　旧雨余戡曲唱何，春华梦影记无多。当年围满屏风肉，不及芳丛此一窠。

　　花盘遮叶簇高头，来去春光似水流。落又开时开又落，须从蝶梦悟庄周。

前调 甲寅谷雨后，寄庐牡丹开六十余朵，招友小饮赏花

　　庭院午晴日未移，游蜂争绕牡丹枝。白头吟侣无多少，小饮花开正及时。近年来，小饮赏花亦难能可贵之事。

　　多病不疏有故人，看花酌酒过佳辰。扶筇且下维摩榻，

莫负芳菲梦里春。_{君坦病中扶筇，由益知相伴，亦来。}

牡丹时节艳阳天，有酒今朝老更颠。人寿对花花更好，红颜白发共华年。_{沈老年近百龄，能饮酒，老而益壮。}

吟咏王郎有霸才，笔花开向国花开。倘能相赠端端句，应是千金换不来。_{王益知不能饮，须罚其为诗。}

华筵高敞对花王，豪兴犹思旧梦狂。今日周郎休顾误，金尊檀板少排场。_{昔余中年盛时，牡丹时节每设筵邀诗词老辈赏花，自开至谢。赵剑秋进士曰：此真三日一小宴，五日一大宴也。夜悬纱灯，或弹琵琶、唱昆曲，酒阑人散已子夜矣。周子笃文未及赶上此时。}

竹作阑干石作屏，更无结网系金铃。好花须看不须折，相赠惟能酒半瓶。_{沈老归去，以半瓶酒赠之。}

花边小坐醉扶头，心逐狂蜂浪蝶游。走马匆匆年少事，老来犹未减风流。_{客去觉微醉，扶头坐花边，不知今日为何日也。}

社稷坛中锣鼓哗，红旗摇曳卷杨花。宣南寺废煤山闭，春色谁知在我家。_{牡丹昔以崇效寺盛，今以景山盛。寺废，而景山未开。社稷坛则游人喧杂，殊碍赏花。余家中一株春色自满，不更游园。}

明岁当能百朵开，诗朋酒友盼重来。年年花不嫌人老，更向东风醉一回。_{明岁花开或能百朵，当再作饮赏。人虽皆老，而花则不嫌也。}

临江仙 咏故宫太平花

绛雪轩前飘绛雪，雪痕映上窗纱。开来白似玉无瑕。芳名称瑞圣，犹是赵家花。　　喜见太平新气象，街头腰鼓喧哗。吾庐也放一株斜。东风非独有，春色满京华。

前调 游八大处灵光寺

尚有灵光存此寺,佛牙塔势参差。菩提不种杏坛枝。难同天地久,大道岂长垂。　　小草休为为远志,长歌归去来辞。流泉须作在山时。池平风浪少,惟有锦鳞知。灵光寺为西山八大处之第二处,现建佛牙塔于此。按,佛牙当为韩昌黎谏迎之佛骨。寺山岩流泉下汇为池,有红鲫鱼百余头,大者径尺,乃百年前物也。北屋三楹,名归来庵,端方直隶总督开缺后居此。以不堪寂寞,复夤缘出任四川查办大臣,兵变死于资州。

忆江南 买得珠兰一株,咏之

开时好,香气似龙涎。小扇轻摇风细细,疏帘斜卷露团团。如水夜凉天。

开时好,米粒小如珠。卞璧可能成合浦,阮囊应不叹穷途。巧妇意何如?

临江仙 有友送茉莉一盆,咏之

乍见一枝一串,早过重五重三。困人天气雨晴兼。诗情清似水,茶味淡于盐。　　梦醒香留玉枕,酒消风入珠帘。晨妆梳洗对明奁。钗盘双凤股,帐系小花篮。

小秦王 携外孙女游紫竹园,天半阴,坐湖边,蝉声断续,白莲初开,赋此

耳际蝉声换世声,风来荷气入心清。浮生半日如千日,

应是忘情太上情。

前调 纪梦

春梦无凭醒不回，芳菲歇尽剩楼台。东风吹遍鸦千树，只带斜阳一影来。"东风吹遍鸦千树"，梦中句，醒足成之。

昨宵故国记重回，更上红氍旧舞台。头白梨园诸老辈，一时都到梦中来。梦与余叔岩、梅兰芳同登舞台。

孽海无边有岸回，罪深犹望孕莲台。前生因果今休问，知是身从地狱来。梦佛与莲花一枝。

前调 甲寅夏至后一日

犹思醒后梦还家，茉莉珠兰晓并花。欲吐诗情停不得，一瓯先饮碧螺茶。

小院深深昼日长，绿阴如幕罩南窗。蝉声催醒午时梦，又向人间送夕阳。

检点阶花几朵开，薄衫短袴立苍苔。残阳明灭邻墙外，听盼雷声阵雨来。

蒲葵挥扇坐中庭，爱看流萤早灭灯。明日又当愁昼热，一天水碧点繁星。

前调 甲寅夏至后，花蔬八咏

牵牛花

夏至长天乍短时，秋心未露早花知。金风待送银河信，好盼双星诉别离。

凤仙花

捣碎小花密密封，细香犹自带薰风。琵琶慢拨轻挑处，露出纤纤指甲红。

金钱花

方圆径寸未如盘，指爪犹嫌一捻难。比试穷人初乍富，不知金穴与铜山。

五色梅

野草闲花也号梅，梦疑彩笔脱囊开。只因不识林和靖，难向空山傲雪来。

苋菜

薇蕨同畦忆故乡，鼎鼋染指莫轻尝。试看寸地皆周粟，难问夷齐在首阳。

荆芥

薄荷凉药性相同，伴食能教鼻窍通。外感皆因由内热，趋炎更是易伤风。

马铃薯

煨芋山中亦当禾，何惭栽种傍花窠。五陵回忆贵公子，不见双双鸣玉珂。

蘑菇

黄梅时节雨丝丝,自长朝茵地湿卑。一例阴生晴又灭,
仙山何更来灵芝。

瑞鹧鸪 将去西安医目疾,君坦来词相送,答和

蒙雾翳云动几年,可教合浦待珠还。眼前欲往疑无路,
头上何知更有天。　　龙化步思抛竹杖,雁行书愿写桃笺。
热肠从少观人世,一任秋波冷似泉。

小秦王 和君坦。去西安前,携外孙游紫竹园

沿堤暑雨长蒹葭,万柳垂阴水一涯。何处更寻干净土,
白莲花里是吾家。

岳势河流一望收,少年犹记梦中游。而今又向长安道,
残月疏星过郑州。

薰蒸暑气热如羹,喜得新凉雨后行。远近长安今并见,
一天高日挂金钲。

娇女依依亦太憨,因风咏絮已能谙。老来欲傲林和靖,
守对梅花似鹤男。

前调 入晋至秦

太行山险变通逵,表里山河异昔时。晋霸唐王同一瞥,
风流只唱李温诗。太原

汾河再过国重安，无与争功奉母还。寒食招魂今不改，
千秋人自吊绵山。介休

人生事事尽黄粱，岁月无须问短长。一夜车声醒又睡，
不知梦里过汾阳。临汾

玉堂春剧久传名，档案犹存纸上情。尤物同为三鼎足，
桃花扇与会真铭。洪洞

阴暝沉沉四合天，米家泼墨看山川。黄流水涨风陵渡，
雾锁潼关急雨悬。潼关

河潼坐镇俯周原，万仞高擎霄汉间。呼吸此能通帝座，
承天枉自筑金盘。

碧莲花蕊仰天开，应是鸿蒙造化栽。驴背陈抟何处去，
全消兵气我重来。华岳

五岳虽尊却逊名，莲花太乙亦输灵。杨妃娇困褒姬笑，
烽火温泉各有情。骊山

十里长亭进酒时，灞陵桥下水溅溅。添来多少离人泪，
飞尽杨花总不知。

离亭伤别复伤春，桥下流波桥上尘。杨柳枝枝何忍折，
留他青眼看行人。灞桥

前调 咏雁塔门前石狮子

西土未随白马行，点头枉自对高僧。李唐兴败都无问，
犹自千年睡不醒。

可知虎阜石头顽，法席常闻佛号喧。幸在此间干净土，
不曾蹲向大观园。

瑞鹧鸪 夏至后雁塔对蜡梅

高悬红日塔崔嵬,旧识重逢对蜡梅。犹忆冬心迟北放,曾惊秋气自西来。　　入泥不染争莲洁,倚月同香让桂开。记得长安冰雪里,一枝折取到燕台。

前调 夏至后西安公园对牡丹

暑气沸如火烁沙,成围绿叶午阴遮。初阳早孕来年蕊,绝色犹思去日花。　　爻占耆英传洛社,春移姝丽梦唐家。何当明岁乘游兴,楝子风前玩物华。

小秦王 再浴华清池

莲花谁似六郎知,自觉含羞怕入池。莫被杨花妃子笑,凝脂却也到鸡皮。

侧帽当时欲坠鞭,丰姿谁道尚依然。低头忽见池中影,不是今年胜去年。

浮玉沉香只荡魂,何如流水绕孤村。还应雪满山中卧,面冷心寒不耐温。

汩汩千年水自清,流来多少古今情。我身尘垢终难涤,须向莲花作化生。

前调 经医治,右目复光,戏赋

半是阴阴半是晴,开云拨雾见天青。画中我亦猫头鸟,一目盲来一目明。

丘明左史是吾师,名将名王各一时。借问先生谁得似,珠帘寨上李鸦儿。

处世何须判白青,观棋如对满天星。独睁只眼长如炬,从此元宵不逛灯。

空花又现镜中光,舜羽重瞳是故乡。笑我一生成画虎,只无四眼比英王。

白首对君若不知,开奁喜见旧丰姿。曾干气象吟毫在,京兆风流更画眉。

文卷已能写楷真,不须懊恼祭头巾。若教科甲今犹在,榜上当应是贵人。

已过夕照又朝阳,卜夜无多卜昼长。敢步前尘千载后,词人窃殿李重光。

光明重复感如何,棋局千年到烂柯。自是小中能见大,更从芥子看娑婆。

鹊桥仙 甲寅七夕在西安。和淮海咏明皇贵妃事

霓裳舞破,钗钿誓毁,难比双星共度。长生殿里泪偏多,也抵得、露华无数。 渔阳惊变,马嵬埋玉,西幸郎当蜀路。夜闻阁上雨淋铃,忍更忆、开天朝暮。

前调 又和,柬潘素

不求蛛巧,长安鸠拙,何羡神仙同度。百年夫妇百年恩,纵沧海、石填难数。　　白头共咏,黛眉重画,柳暗花明有路。两情一命永相怜,从未解、秦朝楚暮。

小秦王 雨中再浴华清池

洪炉陶冶一乾坤,雨自清凉水自温。似玩铸成钱避火。媾来天地气氤氲。

六郎早减旧风华,照影临池只自嗟。不是一枝春带雨,白头却也似梨花。

紫薇满地落红英,脱瓣荷残盖尚擎。一阵西风吹雨霁,九龙池上晚蝉声。

不问今人与古人,多情流尽水潾潾。也知此去须留恋,明日京尘又满身。

前调 经豫回京

七十年来梦一场,他乡长是作家乡。若教当日金轮在,愿共名花贬洛阳。洛阳

汴水不流地势更,八方风雨此中京。当时南北东西路,残塔斜阳旧管城。郑州

邺台残瓦尚留铜,不见当年一世雄。霸业并随漳水去,惟余文采古今同。安阳

杨柳青青锁翠楼，秦关曾悔觅封侯。浮名早换风流梦，不向先生借枕头。邯郸

阿誉堪嗤出史臣，薄冰能渡亦能沦。陈吴若使成王业，篝火狐鸣并是真。滹沱河

苏丑曾传到汉奸，苍生谢傅仰东山。轿夫亦似飞毛腿，朝罢慈宫一日还。保定

当年文会旧科场，满地槐花举子忙。来往今无名利客，骆驼一队负斜阳。卢沟桥

阑干北斗望京华，喜鹊迎头又到家。早自归心如驶箭，不劳闺梦卜灯花。到京

清平乐 题李大千藏畹芳女士画兰册页

孤芳独步，空谷谁相顾？小草敷荣齐当路，一任东风作主。　　璇闺咏絮才华，楚骚意写怀沙。却笑秦淮商女，隔江犹唱庭花。明末，秦淮名妓写兰犹师宋元人法。此册出闺秀手，寥寥数笔，极幽雅之致，已居清末人写兰之上矣。

人月圆 甲寅中秋先日预赋

年年今夜团圞月，知有几中秋。谁家欢笑，谁家愁怨，无尽无休。　　葡萄醉里，桂花香处，更上楼头。圆时便过，缺时便到，老也风流。

月光潋滟瞳光满，一水共秋波。开奁又见，梦中宫阙，影外山河。　　人间此夜，白头比目，乐也偏多。却怜天上，悔偷灵药，谁问嫦娥。

前调 中秋预赋词。是日天雨无月,再赋

桂华湿满嫦娥泪,无子落天香。北庭八月,寒沙衰草,更是凄凉。　　开筵代烛,充饥画饼,也懒飞觞。歌情且待,元宵明岁,再醉春光。

前调 雨霁,午夜后月出,再赋

清新词似清秋月,只有李重光。烛花休放,马蹄待踏,满地如霜。　　朱颜又改,小楼故国,愁比江长。今宵何夕,不堪再梦,金粉南唐。

金风吹散云罗縠,卵色一天晴。清辉照彻,门前水白,楼外山青。　　树犹如此,月还依旧,几换浮生。今宵回看,少年到老,同是光明。

前调 十六日晴,月圆光满,再赋

团圆但见清辉满,不必在中秋。昨宵又放,明宵渐缺,今夜光浮。　　如环时喜,如钩时怨,何日才休。举头相望,故乡千里,又怕低头。

前调 和君坦。中秋

低吟水调歌头曲,更唱念奴娇。银翻珠滚,星垂平野,江涌寒潮。　　齐眉相对,酒波绿漾,烛影红飘。双圆人月,年

年元夕，不止今宵。

小秦王 目复光，君坦来词相贺，答和

成三对月影前身，明镜无台那著尘。世界琉璃闻有佛，我生愿作此间人。

观音千眼慧光多，法力能降内障魔。直射来潮当月汐，排山万马倒银波。

瑞鹧鸪 周采泉来诗贺目复光，答和

层楼更上目难穷，山色迷离日色胧。晶镜带来明月满，金锼刮去翳云浓。　　九轮事尽观身外，一可君惟在眼中。佳士东南闻已久，论交岂是有私公。

浣溪沙 甲寅重阳

羸步登高独倚筇，龙山落帽会难逢。秋花空放老来红。　　疏我故交贫又病，愁人佳节雨兼风。茱萸遍插与谁同。

身外浮云眼外霞，萧萧落木乱啼鸦。孤村流水又天涯。　　莫问风前吹绛烛，还宜霜后对黄花。雁南飞处望吾家。

少年游 重阳香山看红叶，和君坦

红飘秋叶胜春花，霞绮漫山涯。直上重峰，南云望里，何处是吾家。　　纵然佳节无风雨，还是有尘沙。霜气催寒，

斜阳送晚,愁对瘦黄华。

临江仙 甲寅重阳后一日,登香山。昔先君捐资建香山慈幼院,余每岁往游。今衰老再至,追忆前景,感慨系之

　　驹影百年身近,鹏图万里程过。不堪重看旧山河。梦随归雁远,泪似落霞多。　　应笑浮生尴尬,休夸老子婆娑。含羞未醉也颜酡。新天开眼界,古井止心波。

台城路 和徐邦达,重至金陵

　　南朝多少伤心事,空余白门烟影。玉体横陈,琼枝转唱,怜吊胭脂宫井。莺啼梦醒。看虎踞龙蟠,问归谁领。金粉风流,瞬惊都付浪淘净。　　阑干愁更独凭,忆楼船铁锁,全换吴境。握麈谈玄,观鹅泼墨,丝竹红妆姬媵。歌残舞静。又潮去潮来,水流云竞。六代江山,夕阳犹自映。

望江南 和邦达東玉言作书画

　　临池兴,蜗篆上墙苔。造意独能多古意,好怀一为骋幽怀。笔看脱囊来。
　　重阳近,秋意望无涯。霜后黄花开老圃,云边白雁落平沙。画本乱涂鸦。

风入松 和邦达答玉言属画《黄叶村著书图》

写来黄叶两图同，秋意笔偏浓。满林霜色斜阳外，似当时、脂面颜容。玉骨灯前瘦影，金声树里寒风。　　是真是幻已全空，难比后凋松。千年窃得情人泪，病相怜、愿步前踪。都是一场痴梦，绵绵留恨无穷。

玉楼春 和正刚饯秋词

悲秋旧是伤春客，梦影重寻难再得。花开陌上记前游，只剩黏天衰草碧。　　霜红飘处轻无力，转绿回黄犹恋昔。老年便有少年情，一瞬还愁成过翼。

黄花霜后开金盏，丹桂白芦秋色换。空华怕向雾中看，天却偏怜留老眼。　　投林鸟迹飞还倦，出岫云心闲更懒。登高岂是为重阳，且试余年腰脚健。

旧时主换新时客，座位欲争何可得。徘徊天地一蜉蝣，梦是成朱醒是碧。　　回春挽日都无力，后视今如今视昔。寒枝拣尽尚能栖，白首双飞怜比翼。

玉山一倒才停盏，醉看白云苍狗换。世间扰攘不关心，门外纷纭难入眼。　　鸟知归日飞方倦，诗到穷时吟却懒。老来流尽出山泉，百事无成惟饭健。

阶囚昨日堂前客，笑不得还啼不得。烛灰有泪尚留红，烟篆无香惟剩碧。　　敢云人力输天力，今是昔非今又昔。花天酒地可埋身，北海南溟空展翼。

壶中有酒须倾盏，莫问韶华年岁换。每愁衰老诉花心，惯看别离舒柳眼。　　倦如倦宦身还倦，懒比懒僧情更懒。一生万事总模糊，不再思量因忘健。

满身尘土京华客，杜宇催归归未得。杏花不见榜头红，柳汁无存衣上碧。　　江郎已尽消才力，彩笔梦中今异昔。只惭狗尾续貂冠，敢望鸿毛添凤翼。

葡萄醉后余空盏，旧雨不来新雨换。筵前旖旎少红颜，世上睢盱多白眼。　　杖能扶我游无倦，墨可磨人吟未懒。饯秋更为一登楼，筋力虽衰神自健。

南乡子 与津词客集栖凤小筑

栖凤小楼中，词侣联吟烛刻红。借问孟光谁得匹？梁鸿。款接殷勤主客同。　　杯酒且从容，旧雨无多梦也慵。更盼明年花事好，重逢。等待东风换北风。

卜算子 题七二钟声。和梦碧

策杖踏青时，刻烛摇红候。风雨西窗击钵吟，人醉残杯又。　　扇底写桃花，席上歌杨柳。钟鼓长鸣七二沽，迸作潮声吼。

点绛唇 和梦碧贺余目复光

棠棣生花，秋波不剪双瞳掩。登楼凭槛，千里看还懒。　　斫去浮云，射出光如电。还吾眼，地惊天眩，难破包身胆。

谒金门 和梦碧

天地白，风雪寒催来客。零乱都如愁絮积，相逢还待说。　　酒意懵腾重集，灯影悠扬残席。去后离情堆一尺，欲寻寻不得。

减字木兰花 和机峰贺余目复光

四时代运，一寸光如金一寸。剔去蒙尘，始信针神胜洛神。　　烟云幻赏，过眼影形皆外象。芳草愁余，只许遥看近却无。

点绛唇 君坦检近年所作词，大半均为与余唱和之作，因名其集为《碧宇嘤鸣集》，答和之

碧宇琼田，冰心一片同怀抱。五陵年少，游倦归飞鸟。　　原上荣枯，几换春风到。王孙草，旧宫新调，人在歌中老。

忆旧游 和君坦。忆旧寓盆栽杜鹃花，再题《碧宇嘤鸣集》

正盆梅瓮酒，纸帐银瓶，梦影同盒。万里家何在？尚他乡作客，雁北云南。岸容未舒溪柳，寒意透重帘。少絮起因风，炉边白战，难斗叉尖。　　恹恹。甚情绪，看碧宇红桑，几幻华昙。出处随鸥鹭，但知机须认，剑钝铅铦。展春只余

残照,犹是寄人檐。念旧雨凋零,花开绮陌谁共探。

瑞鹧鸪 和君坦,题潘素画水仙

梅竹同春破腊寒,汉皋如见步姗姗。铺沙似觉泉能活,垒垒聊依石可安。　　花胜作书杨子韭,叶疑落水赵家兰。欲图雪里惊鸿影,画笔银弓试粉弹。

春意初消六九寒,仙裙乍见珮姗姗。生情纸帐看梅睡,报喜银灯问竹安。　　影对张三吟过絮,香宜薛五写幽兰。岁朝一瞬凌波去,留枕因缘付指弹。

南国不知北地寒,迟来犹是意阑姗。一春作嫁羞争媚,三友相依喜共安。　　貌拟仙乎唐观蕊,香同王者楚江兰。武夷缥缈峰难见,莫为佳人抱瑟弹。

冻雪初消地尚寒,珮环仙步玉珊珊。迎春先报来年喜,待腊还知晚岁安。　　配食荐宜陶令菊,行吟纫合屈平兰。莫教吹笛梅花落,也化湘妃竹泪弹。

前调 和君坦忆花词

红尘门外即天涯,早减河阳一县花。承泽有园经易主,停香无院可归家。　　梅兄未带三分雪,矾弟全消万缕霞。三径只余新雨后,不除草绿上窗纱。

老去不知乐有涯,贫来犹买水仙花。百年易过长为客,一席能安即是家。　　心白向人分积雪,颜红借酒对飞霞。也如牛背无腔笛,时谱俚词唱浣沙。

临江仙 和君坦饯岁词

六九抬头青见柳，春来不避金吾。东风吹到万花苏。江山重粉饰，天地更装糊。　　原草萋萋烧不尽，年年几换荣枯。繁华过眼半消除。前行回问马，后看倒骑驴。

小秦王 买花词

虎尾春冰过岁华，一身莫问在天涯。老来未了风流事，便是家贫也买花。

东风亭柳转年新，积雪初消一径银。秋气冬心长在抱，犹斟残酒对迎春。

雪中一院万株蟠，莫向停香忆故园。却对金人能解悟，虽开磬口亦无言。

知春亭外正春晴，浅白深红倍有情。此日荒斋如旧识，不堪和露梦前生。

镜波初试水晶盘，细叶疏花画不难。空谷亦如梁孟庑，春风吹晚到幽兰。

著笔难图万树脂，九华宫殿过昆池。一株买得重相对，绿酒红炉夜雪时。

疑是汉皋解珮来，也如闽荔向吴栽。宓妃有意空留枕，恨少陈王八斗才。

七九河开雪亦残，一冬情思已阑姗。东风更有新桃李，枉写双清共岁寒。

鹧鸪天 甲寅除夕

问是无名是有名，身非白玉琢难成。花翁高步登雪气，词少长吟掷地声。　　装旧酒，换新瓶，风流一世论生平。春蚕未到丝全尽，不作飞蛾不了情。

往事回头一叹嗟，梦中已尽笔生花。铜山掘穴空余石，江水淘金只剩沙。　　身画虎，足添蛇，何时可为了风华。沉哀纵有心难死，直到黄河才是家。

续 断 词

自 序

佛云，入人世即苦境，故为出世法。而人不知也。一生得失升沉，争逐驰骋，果何所谓，比老之已至，一回首皆明日黄花，戚友凋零，妻孥纤弱，身如独夫，而耳之所闻，目之所见，又都不如意。是当归不归，而犹作续断，其不更苦乎？然佛法万事随缘，当归而归，亦自然随缘而归；当归不归，亦自然随缘而作续断。此即即有即无，不黏不脱。佛有出世而在世者，人亦有在世而出世者，只在此心，心即佛即缘也。余甲寅词名《无名词》，意在知止而止，不以无名而求名、好名，此后不再为词。但乙卯一年间，逢节令，春秋佳日，看花游山，及友人征题、征和，仍复有作，已过百阕。其不大背《无名词》之旨！余何以自剖，盖如上言。缘之未了，情之尚在，当归不归，亦自然随缘而作续断，余亦不自知也。余乙卯年为词，不事推敲，不计工拙，于余昔年词工力大差。只是当归不归，自然随缘而暂作续断耳，不能以词论也。故名余乙卯词为《续断词》。乙卯除夕，中州张伯驹序。

瑞鹧鸪 和君坦人日词

司花一室自为官，人日春寒过小寒。腰瘦弱难如柳软，身穷味尚胜梅酸。　　扶头菊酒追陶令，游脚关河记老残。江夏友情无远近，策筇相访笑蹒跚。

满江红 和正刚以余生日问疾词

一梦邯郸,早见惯、中原逐鹿。都付与、后潮前浪,眼花胸竹。年事不期彭祖寿,道情懒唱张仙福。但独于、风月不能廉,心犹笃。　　应难避,留侯谷。更难返,相如玉。只雷鸣余缶,周郎顾曲。愁买春光金万镒,躯埋宝气珠千斛。纵泪干、也自不成灰,眉峰蠹。

瑞鹧鸪 和正刚

此生天赐已非廉,世上穷奇半饱谙。才觉寒消图九九,更看春满径三三。　　莺歌燕舞都无赖,酒债诗魔了不堪。消渴漫思甘露饮,文章有价亦空谈。

贪欢年少未能廉,残照风情老共谙。画笔有名同薛五,词锋无影号张三。　　儒冠纨袴皆非似,华胄舆台并可堪。座上酒空宾客少,对谁挥麈事玄谈。

轻肥裘马敢称廉,一世风流早尽谙。丝竹肉过年近百,诗书画了绝成三。　　彼莲不似人皆笑,此树如何我尚堪。可有传奇身后事,豆棚瓜架付闲谈。

小秦王 乙卯清明,偕潘素同笃文、李今游大觉寺

岁岁清明能几回,玉兰开又杏花开。重寻四十年前梦,惟有松风到耳来。

鸿雪因缘忆旧游,纵羞潘鬓尚风流。同来寄语诸年少,

自可看花到白头。

长流清水自潺湲,断碣模糊莫问年。尘土满身难涤去,我来愧对在山泉。

余年尚可几逢春,犹望前尘接后尘。便是徘徊何忍去,无情残照不留人。

临江仙 游旸台山,登鹫峰

旧侣半为宿草,新欢尽是豪英。老年行共少年行。诗笺书彩素,画笔写丹青。　　金缕绿杨织就,绮罗红杏裁成。鹫峰豁目一川平。花光回晚照,春色过长城。

念奴娇 和正刚,依稼轩韵,咏海棠

贮来金屋,看阿娇、一代倾城颜色。浑似华清新浴后,出水凝脂浮白。孟蜀宫中,摩诃池上,歌舞都无力。杜鹃啼苦,泪装辞国愁绝。　　犹记卍字阑干,流光红湿,带雨曾经摘。乞护通明当夜奏,怕是天心难格。岁岁还逢,年年重见,为问谁能得。花残人老,可怜相对同惜。

蝶恋花 和正刚

雾里看花花隔雾,赖有金锟,刮目浮云去。新侣年年成旧侣,看花犹是当年树。　　昨日寻芳香滞屦,只是多风,不湿沾衣雨。今日重来还小住,白头人似青天鹭。

七十二沽尘梦影,如此韶光,几换难心领。皱面无文池

水定,海棠艳照华妆靓。　　今日胜如前日胜,乍脱青衫,一
晌还嫌冷。便有茂陵消渴病,依然不减风流兴。

小秦王 乙卯春,天津故李氏园看海棠

离乡同是在天涯,都转署中带雨斜。七十年来犹故我,
还留老眼为看花。

无雨无风正艳阳,瞳矇晓日照晨妆。冶容绝代真惊目,
怕是销魂更有香。

萃锦展春梦已残,东风犹自倚阑干。石家金屋今何在,
剩与寻常百姓看。

占取韶华一段春,流脂濯锦向红尘。吹来为有东风便,
每到芳时忆故人。

前调 邀裕君、君坦、益知、笃文小酌,赏牡丹

盛日恩荣少十全,还斟薄酒对残筵。可怜花与人同老,
白首东风又一年。

荒庭瓦砾旧西涯,雕珮荷裳过梦华。珠履当时觞咏地,
斜阳犹傍太平花。

戎马仓皇恨别离,故人相念寄题诗。丹青貌写端端好,
忍忆常州老画师。

小醉日多酒入唇,沈郎回忆镇丰神。寿星明共春长在,
百朵花迎百岁人。

开半须看莫到全,春风早趁敞华筵。女儿十五容颜好,
豆蔻初逢待字年。

春短春长亦有涯，千金肯为负昙华。暂时富贵邯郸梦，不待重阳就菊花。

番风次第到将离，珍重春光合有诗。莫待飘花飞絮尽，兰陵王唱李师师。李师师当时号白牡丹。

柳棉歌少破朱唇，八斗才无赋洛神。忍见飘零容貌改，还怜避面李夫人。

前调 经医诊验患消渴病，口占自嘲

不赐金茎到侍臣，茂陵风雨是何人。文章岂有惊鹦鹉，敢为相如作后身。

可是风流引病魔，诗清谁道饮茶多。也知远有西江水，渴辙应难胜勺波。

前调 和牧石。为治印作边跋词

后身即是只惭才，可向当垆醉一杯。惟有相怜同病渴，也惊风雨茂陵来。

铁笔于今数异才，西泠湖水漾琼杯。回思夜得藤芜砚，也似文园入梦来。

才士后身敢自称，文章声价总无凭。李夫人病相如渴，千古风流是茂陵。

前调 贺陈啸原新婚。题与潘素合写《梅聘海棠图》

东风作嫁傍春光，喜看梅花聘海棠。三怕昔曾传妙曲，

全消豪气笑陈郎。

氤氲天地洞房春，绛烛红鸾对喜神。未秃生花双彩笔，画梅人贺画眉人。

鹊桥仙 和君坦乙卯七夕阅《长生殿》曲本

银河倒泻，金风直下，鸩鹊填桥无力。钿钗密誓共长生，已早露、马嵬消息。　铅华净洗，蛾眉淡扫，谁问杨家贵戚。可怜一曲咏霓裳，也竟似、湘灵瑟寂。

小秦王 和牧石。题静宜女史为夏瞿禅画《双溪词意图》

只载轻舟不载愁，愁随流水去悠悠。春光沉到双溪底，忍忆西风更上楼。

瑞鹧鸪 近天学家谓发见新银河，运行已亿万年，和君坦赋之

运行难数几光年，天外还多天外天。旧会女牛归甚处，新来鸩鹊在何边。　本无物象空谈梦，自有因缘莫问禅。钿盒金钗犹在否？开元枉铸洗儿钱。

前调 昔君坦与樊樊山有唱和咏芍药诗，正刚用其韵咏七夕，依韵和之

蝼尾光阴一梦赊，依然尘土在京华。羡他天上长相会，除此人间那有家。　万劫岂能填汉水，千年等是数恒沙。

匡床可似疆场卧,美酒闻催醉琵琶。

前调 和正刚五十七岁自寿

百年半受岁华侵,世味人情强自任。皱面风来看水面,赏心花放悟天心。　　春婆入梦醒常慢,秋士逢辰恨更深。独倚高梧栖小筑,凤雏眼外尽凡禽。

虞美人 和君坦乙卯中秋

银河绕过双星节,又见当头月。此身不管似飞蓬,依旧风流驰骋百年中。　　婆娑桂影银蟾伴,邀醉频相劝。金瓯万里镜奁收,且莫登楼一望更悲秋。

水晶帘外垂冰练,云翳天街散。清辉此夕最盈盈,照到大千物我尽光明。　　天香桂子霜华路,捣药奁中兔。倒山崩雪万潮来,林下悬灯惊乌费疑猜。

沁园春 和正刚

物我都无,非菩提树,非明镜台。算乌骓不逝,虞姬空舞,红鸾未照,月老难媒。曲蘖名尘,酒泉号郡,点滴何尝倾满杯。风流梦,甚窥韩掾少,怜魏王才。　　喧阗张乐鸣雷。问天上人间闻几回。任竹深梅瘦,夏临冬至,月圆人好,秋去春来。虎掷龙拏,蜗争蛮触,多少英雄安在哉。人生事,剩一嗟三叹,万恨千哀。

小秦王 和绍箕咏燕

已过春芳又夏炎，困人天气雨晴兼。杏花落尽双飞去，还待归来不下帘。

掷笔但求万户侯，双栖绮梦负温柔。翠楼莫上凝妆望，柳色陌头已到秋。

春光一霎幻非真，野草闲花满地新。莫更归来寻旧垒，乌衣巷里已无人。

身轻无力受风斜，红杏青帘近酒家。深闭重门明月夜，更看双剪舞梨花。

钗簪双凤比盈盈，掌上身轻若不胜。姊妹赵家恩宠遍，珠盘照舞到平明。

商量软语意离迷，红杏枝头暂一栖。梦醒江南归去也，送春付与杜鹃啼。

栖稳年年伏乳雏，只衔花片不捎书。主人几换春归去，犹识空梁旧垒无。

临江仙 夏瞿禅词家赠笃文词，依其韵赠瞿禅

自有藏书笥腹，长留阅岁松身。湖山卧看不关门。笔飞惊落鹜，词唱遏行云。　　家在莺闻柳浪，人如鹤立鸡群。梅花更对喜为神。一时清地望，半世住天恩。义山诗"荀陈地望清"，乐天杭州诗"皇恩只许住三年"，瞿禅诗"我住西湖过半生"，视乐天诚天恩矣。

杨柳枝 再题潘素《四时柳枝图》

东风著意向西吹，又见新枝换旧枝。重到胭脂坡上望，已非走马少年时。

绿暗红稀感不禁，吹棉渐少怨春深。双柑携酒曾听处，百啭黄鹂夏木阴。

明湖已减碧毵毵，摇落心情百不堪。正是鹊华秋色里，济南风景似江南。

怕上翠楼望眼赊，无枝无叶可藏鸦。玉门关外深闺梦，风雪一天万里沙。

小秦王 题梅畹华为邹慧兰女士画红梅幅。慧兰为畹华弟子，曾授其昆曲《乔醋》一剧

雪满空山夜月寒，犹闻纸上气如兰。楼头玉笛吹初罢，结子当同乔醋酸。

前调 题周颖南诗家藏孤桐赠诗书幅。和君坦

严滩五月尚披裘，洗耳流泉作枕头。洁白一身标格在，清风人慕爱莲周。

长沙今古几人才，独剩灵光鲁殿开。老有雄心思万里，欲收山雨满楼来。

文思长与助波澜，润色曾无雨露干。更继柳州封建论，挥毫不独振诗坛。

红杏先开廿四风,清声鸣凤倚高桐。蒲轮不至陶弘景,人识山中老相公。

霜华未许驻秋颜,万事纷纭付等闲。犹记暮春天气好,曾随戎马看残山。

满江红 和夏瞿禅《谒文信国祠》

绯服黄冠,何足论、只争一死。忍更见、鼎移瓯换,汉官胡骑。报国此心葵向日,称王异种花非紫。已拼将、壮志继厓山,传哀史。　　成与败,英雄事。戵瓺调,商和徵。任神州板荡,独存元气。天水碧怜白人叶平。雁谶,满江红恨金牌字。摄忠魂、息息合吾身,歌柴市。京剧《八大锤》一名《满江红》,战败兀术后,岳军齐唱武穆之《满江红》词。盖写其精忠报国之志,而以金牌十二而终也。川剧有《柴市节》一剧,演文信国从容就义事。此剧只一场,信国出场坐台左一桌,后继上信国之家院及文夫人。继上宋降相留梦炎来劝降。文夫人避下。信国对留斥之,留知不能屈,退下。上众百姓,继上元将,监刑,信国换宋丞相衣冠,念《正气歌》,从容就义。此剧无身段,唱,只对文夫人一段正板,余皆散板,表演全在内心。余将川剧改为京剧,自演之,台下观众千人,皆不满意。盖此千人中岂能有一人知信国者。余演之,则将信国精神气质融合于余身,自感得意。是知台下愈不懂,而余演之之愈佳也。

浣溪沙

秋气萧森黄叶村,疏亲远友处长贫。后人来为觅前尘。　　刻凤雕龙门尚在,望蟾卧兔砚犹存。疑真疑幻费评论。乙卯八月晦日,往访西郊正白旗传为曹雪芹故居。北屋四间,墙壁上发见书联、书扇面诗,更有玉兔砚一方。东室有雕刻之格扇。余非研究《红楼梦》者,只研究书画文物以考证历史。按发见之书体诗格,及所存兔砚,断为乾隆时代无疑。联语、扇诗又为写潦倒破落之情况,东室雕刻格扇亦非一般农人之家所有。但不能以此即断定必为曹雪芹之故居,然无任何证据而武断必非曹雪芹之故居,亦不足以服人耳。是日同游者有萧钟美、夏瞿禅、钟敬文、周汝昌、周笃文、李今及室人潘素等。时西风渐紧,黄叶初飘。

象鼻山西有小村,荒凉矮屋掩柴门。旧时居处出传闻。　　天外飞霞思血泪,风前落木想神魂。伤心来吊可怜人。
村在象鼻山之西。曹雪芹居处虽出于传闻,而思及雪芹之身世,对景顾影,殊可怜也。

减字木兰花 和瞿禅同游西山,并访曹雪芹故居

西来秋气,雁影霜痕黄叶里。情意酸辛,梦觅红楼吊恨人。　　碧天如浣,衰草连天天更远。南望湖山,销也无金去也难。

水龙吟 和刘海粟写铁骨红梅

腊梅冻雪全消,孤寒不把冬心换。朱砂点染,胭脂渥注,东风吹暖。疏影横斜,美人林下,月明星转。羡寿阳貌写,品流标格,神来笔,惊飞腕。　　乍见南枝先绽,倚银瓶、绣帷眠坦。冰盘宴喜,和羹调鼎,香随波泛。映上红旗,日升胜海,霞天同灿。看春回大地,百花齐放,满今朝愿。

念奴娇 和正刚乙卯重阳

浮云看惯,待重阳、还采东篱霜菊。破帽恋头终不去,落叶心情相逐。歧路新亭,愁城旧垒,对酒当歌哭。龙山回忆,插萸怜剩人独。　　惭作灸艾喷瓜,浮沉海粟,踪迹输麋鹿。

过眼繁华春梦了，一枕黄粱难续。槛少凭高，坡多就下，空望峰峦矗。郊游应羡，隐栖身退无谷。

鹧鸪天 和君坦重阳。倒押"楼"字韵，腹联限嵌古人名

佳节今年独倚楼，河声岳色望中州。三千门客魏无忌，十五乡亲卢莫愁。　　吟采菊，赋悲秋，白云空自去悠悠。登高不到慈恩塔，未有题名在上头。

吾土看非倦上楼，汴州远自接幽州。词人弃疾偏多疾，天子无愁更有愁。　　情未断，意先秋，乡心世事两悠悠。不知身在西风里，落叶萧萧打满头。

客里重阳更上楼，贪欢一饷在他州。樵青烧叶茶煎苦，太白飞花酒压愁。　　留晚照，钱残秋，不教岁月负悠悠。才能落了龙山帽，霜雪盈颠又露头。

筋力虽衰也上楼，病中酒羡说青州。惊鸿音杳人长别，飞雁身轻马不愁①。　　寻旧梦，赏新秋，浮云过眼意悠悠。重阳莫问多风雨，还为登高强出头。惊鸿为吴越王钱俶歌鬟，见《湘山野录》。

南乡子 和邦达赠故宫女裱画师

北胜与南强，裱画师为北人，学裱画于苏州。一样神工出内房。福地几生修得到，嫏嬛。檀墨长留指甲香。　　故国两词皇，明月燕山只暗伤。前后女中文学士，双双。刘氏夫人马

---

① 飞雁：似应为"飞燕"。

氏娘。掌书画文墨,李后主时为马昭仪,宋高宗时为刘夫人。

　　艺见北方强,蝶板虾须宝上房。不数苏州汤裱背,琳琅。樟粉香分手泽香。　　殉国报先皇,应念乡亲意亦伤。人杰地灵沽七二,无双。刺虎今犹说费娘。女裱画师天津人,与费宫娥同乡。天津旧城东门内,有费宫娥故里。

浣溪沙 乙卯霜降后一日,独上香山赏红叶

　　孤鹜残霞共一天,秋光装点旧山川。霜红晚映夕阳妍。　　摇落尽随心绪外,飘零半在泪痕边。胭脂坡上几经年。

前调 和君坦。倒押"年"字韵

　　绮梦匆匆过少年,醉边不在即吟边。老来何意向秋妍。　　转绿回风余晚照,流红逝水付前川。一声长笛雁横天。

鹧鸪天 题为戈红荽画《寒菊图》

　　别去重阳又几年,归来何日梦幽燕。黄花红叶千家雨,青嶂白云九点烟。　　辞北阙,对南山,孤吟独向海西边。陶然一醉东篱酒,万事如流等逝川。

临江仙 立冬日,董意适邀游黑龙潭看红叶,并访白家疃传说曹雪芹故居

　　西北重峦叠嶂,东南沃野平川。九城阛阓隐云烟。寒鸦残照影,霜叶晚秋天。　　斯地或非或是,其人疑佛疑仙。

痴情千古总缠绵。心花生梦笔,脂砚写啼笺。

前调 再叠前韵

图记亭依楝子,余昔藏《楝亭图》四卷。影传壁拓邗川。一场春梦散如烟。绮罗吴郡地,金粉秣陵天。 侧帽休疑殿侍,簪花应是宫仙。潇湘斑泪恨绵绵。梅村怜灸艾,涛井艳题笺。余题蛰园《红楼真梦》云:"雪芹眼泪梅村恨,说与旁人论是非。"

前调 和君坦。倒押"笺"字韵

芍药困眠醉酒,桃花愁写传笺。楝风吹尽剩飞绵。离魂金缕曲,真梦玉堂仙。 前世兰因絮果,后身恨海情天。钗分十二幻云烟。妙禅归北里,肖像落西川。

鹧鸪天 君坦趋晨市,遇废帝溥仪之女亦随人拥挤买菜,感赋。因和

早市随人也闹阛,盛时可复梦龙沙。香迷何有还魂药,红褪全无点额花。 遗宝玦,返愁筇,比邻门巷傍西涯。余居右邻为某郡主,左邻为废帝之妹。金枝玉叶谁怜惜,不及称王四月瓜。

浣溪沙 题为正刚预合画乙卯除夕饯岁五清图。其一,余画梅、兰,潘素竹枝爆竹、山茶、水仙;其二,余画梅、兰,潘素画白牡丹、松枝、水仙

一岁到头又送穷,酒愁诗梦过匆匆。寒消六九转春

风。　　爆竹挂于庭竹上，梅花开向雪花中。兰釭明待晓时钟。

不放宵寒冻水仙，小红炉火苦茶煎。炉灰烬处已明天。　　昨日古人今日我，新时春节旧时年。回头万事又云烟。

仿佛惊鸿遇洛仙，夜光浮玉照昆山。松枝煮酒醉梅边。　　残烛影摇红到晓，幽兰香泛碧于烟。声停爆竹换新年。

开到梅花数点心，寒宵一刻抵千金。今来昨去感应深。　　迷眼前途还摸索，回头往事漫追寻。且将残酒带春斟。

风入松 和君坦咏海南水果椰子、菠萝蜜、香蕉、越柑等上市

听鹂仿佛带双柑，斗酒并提篮。一船载得奇珍到，随鹦鹉、来自天南。半世少甜多苦，还应谏果同含。　　新橙亲破露纤纤，玉指白于盐。霜浓马滑三更候，词情与、蜜意相参。更愿盈车潘岳，河阳共住花龛。

小秦王 题济南某画家写梅

野开野落傍春风，香雪海围邓尉峰。也似姑苏村女貌，胭脂淡点不多红。

杨王风度尚能传，山意冲寒现笔端。为问写来何所似，文章大好乱加圈。

银粉弹弓出宋人，漫天一白绝埃尘。此身欲向空山卧，

夜雪飘摇见喜神。

　　放鹤亭前一抹烟,无人更去吊孤山。暗香疏影长相忆,
不到西湖二十年。

忆王孙 大雪节前夜初雪,晨晴。和君坦

　　窗灯炉火夜寒浸,初雪成花飘满林。残迹晴时无处寻。
湿庭心,屐齿泥黏人少临。

鹧鸪天 和君坦题《五清饯岁图》

　　欲雪天寒醉一觞,新吾笑看镜中妆。空花已悟迷□色,
小草何思向日光。　　　灯减焰,鼎余香,明朝各自有闲忙。
对梅忆到林和靖,应悔风流凤引凰。

丛 碧 词 话

丛 碧 词 话

太白以诗名，所作词甚少。盖当时诗词之体，初未大分。其所谓词，如《清平调》，大半皆诗，用以制谱入乐而已。在今日之所考见者，自当以太白之《菩萨蛮》《忆秦娥》二阕为词调之祖。

太白《菩萨蛮》《忆秦娥》二词，纯以情景胜。《词概》云："足抵杜陵《秋兴》，殆作于明皇西幸之后。"此说颇有见地。太白又有应制《清平乐》三章，便不佳，因无情景可言也。

王仲初《调笑令》："团扇，团扇，美人并来遮面。玉颜憔悴三年，谁复商量管弦。弦管，弦管，春草昭阳路断。"有别本"并来"作"病来"，似仍以"并来"为佳。

唐自大中以后，诗衰而倚声渐盛，至飞卿始有专集，与诗并传于世。飞卿词极流丽，宜为《花间》之冠。《菩萨蛮》十余阕，张皋文以为："皆感士不遇之作，篇法仿佛《长门赋》，节节逆叙。"然读者不必泥定此说。总之，飞卿词意在笔先，神余言外。正如白雨斋所云："若隐若现，欲露不露，反复缠绵，终不许一语道破。匪独体格之高，亦见性情之厚。如'懒起画蛾眉，弄妆梳洗迟'，无限伤心，溢于言表；又'春梦正关情，镜中蝉鬓轻'，凄凉哀怨，有欲言难言之苦；又'花落子规啼，绿窗残梦迷'，又'鸾镜与花枝，此情谁得知'，皆含深意。"此种在自写性情，不必求胜于人，已自成绝响。

《雪浪斋日记》：荆公问山谷作小词，曾看李后主词否？云："曾看"。荆公云："何处最好？"山谷以"一江春水向东流"对。荆公云：未若"细雨梦回鸡塞远，小楼吹彻玉笙寒"。盖荆公误以中主词为后主词。然余终不解此二句之妙处。《人间词话》极赏"菡萏香销翠叶残，西风愁起绿波间"二句。谓："大有众芳芜秽，美人迟暮之感。"余见正与相同。

后主《蝶恋花》词："数点雨声风约住，朦胧淡月云来去。"眼前景别人道不得。张子野"云破月来花弄影"似胎息于此。

后主《玉楼春》词结句："归时休放烛花红，待踏马蹄清夜月。"《词苑》谓"李后主宫中未尝点烛，每至夜则悬大宝珠，光照一室如日中。尝赋《玉楼春》词"云云。又"王阮亭《南唐宫词》云：'花下投签漏滴壶，秦淮宫殿浸虚无。从兹明月无颜色，御阁新悬照夜珠。'极能道其遗事"。按此为夜宴词结句。踏月归去，写景之妙，令人想象如身在其间，乃秦少游"华灯碍月"之所出。《词苑》所云，殊觉牵强。

《词苑》：后主归国，临行作《破阵子》词云："四十年来家国，三千里地山河。凤阁龙楼连霄汉，玉树琼枝作烟萝。曾几识干戈。一旦归为臣虏，沈腰潘鬓消磨。最是仓皇辞庙日，教坊犹奏别离歌。挥泪对宫娥。"东坡谓后主既为樊若水所卖，举国与人，故当痛哭于九庙之前而后行。何乃挥泪对宫娥，听教坊离歌哉！东坡此语殊不解事。为其为词，故造语取材，只有对宫娥耳。盖亦如东坡既遭谪逐，何不学屈原之事，而对朝云为"枝上柳绵"之句耶？

蜀主孟昶夜起避暑摩诃池上作《玉楼春》词，东坡檃括为《洞仙歌》，《词综》谓为有点金成铁之憾。《雨村词话》亦谓为添蛇足。《白雨斋词话》谓："张惠言《词选》可称精当，识见之超，有过于竹垞十倍者，古今选本以此为最。但唐五代两宋词仅取百十六首，未免太隘。而王元泽《眼儿媚》、欧阳公《临江仙》、李知几《临江仙》，公然列入，令人不解。又东坡《洞仙歌》，只就孟昶原词敷衍成章，所感虽不同，终嫌依傍前人。《词综》讥其有点金之憾，固未为知己。而《词选》必推为杰构，亦不可解。"《乐府余论》则谓："苕溪渔隐云：《漫叟诗话》所载杨元素《本事曲》谓钱塘一老尼能诵后主词首章两句，与东坡《洞仙歌》序，全然不同。当以序为正。东坡所见者蜀尼，故能记蜀宫词；若钱塘尼何自得闻之？《本事曲》殊误。所传《玉楼春》一词，不过檃括苏词，然删数虚字，语遂平直，了无意味。而竹垞《词综》顾弃此录彼，意欲变草堂之所选，然亦千虑之一失矣。"予以为东坡《洞仙歌》实转折流丽，音节响亮，然佳则佳矣，与《玉楼春》相较，第终有《诗经》与唐诗之别耳。

胡适《词选》疑《花间集》中之张泌与南唐张泌别是一人。《花间集》结集于九百四十年，其时南唐建国不及四年；后主嗣位在九百六十一年，相距二十余年。而《花间集》中已称张舍人泌，《花间集》称人官爵皆就结集时言，故和凝但称学士，而不称相。疑此张泌亦为蜀人。予按，此说近是。《花间》所采不及冯正中，是为地域所限，不应独于张氏为例外也。张有《江城子》词云："浣花溪上见卿卿，脸波明，黛眉轻。高绾绿云，金簇小蜻蜓。好是问他来得么？和笑道，莫多情。"观"浣花溪上见卿卿"一语，明其为蜀人矣。

冯正中《谒金门》"风乍起，吹皱一池春水"，无聊之至矣；"闲引鸳鸯芳径里，手挼红杏蕊"，思之至矣；"斗鸭阑干独倚，碧玉搔头斜坠"，是将意态写出来；"终日望君君不至"，是将心事直说出来；"举头闻鹊喜"，盼之极，聊以自慰耳。寻常语一经道出，便觉凄婉备至。

冯正中《蝶恋花》四阕，各本词选多列入欧阳永叔《六一词》。《花庵词选》本李易安词序，指"庭院深深"一章为欧公作。张皋文《词选》亦以前三章为冯作，后一章为欧作。然细味语意次第，四章盖为一篇，不能分割。如首章"杨柳风轻，展尽黄金缕"，是早柳；次章"河畔青芜堤上柳"，是草已青，柳已绿，柳色与草色相映矣；三章"撩乱春愁如柳絮"，是柳已飞绵矣；四章"杨柳堆烟，帘幕无重数"，是柳絮已尽，浓阴如烟，深遮帘幕矣。又首章"谁把钿筝移玉柱？穿帘燕子双来去"，是欢游之始；次章"日日花前常病酒，不辞镜里朱颜瘦"，是欢游之极；三章"几日行云何处去，香车系在谁家树"，欢游之兴已阑珊矣；四章"玉勒雕鞍游冶处，楼高不见章台路"，则只检点欢游之地耳。又首章"红杏开时,一霎清明雨",是花初开;次章"日日花前常病酒",是花盛开;三章"百草千花寒食路",是已有落花在地矣;四章"泪眼问花花不语,乱红飞过秋千去",则花已全谢矣。如此次第,何能分割。前三章为正中作,则后一章亦为正中作无疑。又按汲古阁旧钞本《阳春集》一卷,宋嘉祐戊戌陈世修辑。陈振孙《书录解题》云"《阳春录》一卷,崔公度跋,称其家所藏最为详确。《尊前》、《花间》往往谬其姓氏。近传永叔词亦多有之,皆失其真也。此本编于嘉祐,既去南唐不远,且与正中为戚属,其所编录,自可依据,益见崔跋之不谬"云。正中《蝶恋花》四章,在钞本中,《词苑》以李易安爱欧公"庭院深深"之句,作《临江仙》数阕。易安去嘉祐时尚远,或系当时已传钞失真,而杂入《六一集》中耳。

徽宗《燕山亭》词,《朝野遗记》谓"天遥地远……和梦也有时不做",真似李主"别时容易见时难"声调也。后主与道君词都是由亡国换来。李唐、赵宋江山,今日何在?唯其词真能使"征马踟蹰,寒鸟不飞",千载而后,读者犹哽咽怜叹!虽亡国却值得。

晏元献《踏莎行》:"小径红稀,芳郊绿遍,高台树色阴阴见。春风不解禁杨花,濛濛乱扑行人面。　翠叶藏莺,珠帘隔燕。炉香静逐游丝转。一场愁梦酒醒时,斜阳却照深深院。"此为伤春之作,而结句尤深妙有禅境。张皋文云:"此词亦有所兴,其欧公《蝶恋花》之流乎?"黄蓼园云:"首三句言'花稀叶盛',喻君子少,小人多也;'高台'指帝阍;'春风'二句,言小人如杨花轻薄,易动摇君心也;'翠叶'二句,喻事多阻隔也;'炉香'句,喻己心郁纡也;'斜阳照深院',言不明之日,难照此渊也。"以此解词,亦为多事。

宋子京《玉楼春》词:"东城渐觉风光好,縠皱波纹迎客棹。绿杨烟外晓寒轻,红杏枝头春意闹。　浮生长恨欢娱少,肯爱千金轻一笑。为君持酒劝斜阳,且向花间留晚照。"李笠翁谓:"琢句炼字,虽贵新奇,亦须新而妥,奇而确,总不越一理字。欲望句之惊人,先求理之服众。'红杏枝头春意闹尚书',虽嚣声千载上,而不能服强项之笠翁。红杏之在枝头,忽然加一'闹'字,此语殊难著解。斗争有声之谓闹,桃李争春则有之,红杏闹春,予实未之见也。'闹'字可用,则'吵'字、'斗'字、'打'字皆可用矣。"余以为诗词用字,往往妙在无理难解,只可以意会之。此"闹"字,余每于春暖杏花怒发时,身历其境,始会其妙。如谓为无理,则下句"为君持酒劝斜阳",斜阳岂听人劝,又何尝有理。如以"吵"字、"斗"字、"打"字皆可用,东坡诗云"春江水暖鸭先知",毛西河谓"鹅独不知耶?"执是以论诗词,口角将无已时。

范希文《苏幕遮》词:"芳草无情,更在斜阳外。"欧阳永叔《踏莎行》词:"平芜尽处是春山,行人更在春山外。"皆以"外"字叶支、纸韵。王绡绮以"外"字正是宋朝京语。今开封以南读"外"字,音作都爱切。开封北至陈桥长垣,则读若谓,当是宋朝京音。

范希文《御街行》词结句云:"都来此事,眉间心上,无计相回避。"王壬秋云:"是壮语,不嫌不入律。'都来'即'算来'也。因此处宜平,故用都字,究嫌不醒。"余按:"都来"自是宋人语,非关平仄也。

《岁寒居词话》云:"海宁朱淑真乃文公族侄女,有《断肠词》。乃因误入欧阳永叔《生查子》一首,遂诬以桑濮之行,指为白玉微瑕。此词今尚见《六一集》中,奈何以冤淑真。"《池北偶谈》亦云:"今世所传女郎朱淑真《生查子》词,见《欧阳文忠公集》一百三十一卷。不知何以讹为朱氏之作,世遂因此词疑淑真失妇德。"余以置《六一集》中,永叔岂不亦失德?如永叔《临江仙》"柳外轻雷池上雨"一阕结句云:"水精双枕,傍有堕钗横。"《野客丛书》谓旧说欧公为郡幕日,因郡宴与一官妓荏苒,郡守得知,令妓求欧词以免过,公遂为此词。《尧山堂外纪》亦云:"永叔任河南推官,亲一妓。时钱文僖公为西京留守,一日,宴于后园,客集而欧与妓后至,钱责妓末至,妓云:中暑往凉堂睡觉,失金钗,犹未见。钱曰:若得欧推官一词,当为偿汝。欧即席赋词,坐皆击节。命妓满斟送欧,而令公库偿钱。"杨升庵《词品》云:"离思黯然，道学人亦作此情语。"王壬秋则谓此词系"写闺人睡景，亦狎语也"。余以为有其词，不必有其事，后人但赏好词。有其事不必问，无其事更不可加以附会。如《生查子》词为畏失德之诬，置谁何集中皆所不宜，岂不负此好词。

张子野以"云破月来花弄影"、"娇柔懒起，帘柙卷花影"、"柳径无人，堕轻絮无影"称"张三影"。《静志居词话》以为子野《木兰花》寒食词："中庭月色正清明，无数杨花过无影。"其工绝在世所传"三影"之上。《雨村词话》亦云："张三影"已盛称人口矣，尚有"无数杨花过无影"，合之应称"四影"。然子野尚有《青门引》词："那堪更被明月，隔墙送过秋千影。"妙绝！亦不在"四影"之下，应称"张五影"矣。

晏小山《临江仙》"落花人独立，微雨燕双飞"一阕，为脍炙人口之作。惟后阕"记得小蘋初见，两重心字罗衣。""小蘋"字嫌落实。亦如咏草不宜说出草，咏梨花不宜说出梨花。《骖鸾录》云："番禺人作心字香，用素馨、茉莉半开者著净器，薄劈沉香，层层相间，封日一易，不待花萎，花过香成。蒋捷词：'银字笙调，心字香烧。'晏小山词：'记得年时初见，两重心字罗衣。'"则必据有旧本，"年时"字较"小蘋"字胜矣。

小山《阮郎归》词："旧香残粉似当初，人情恨不如。一春犹有数行书，秋来书更疏。　　衾凤冷，枕鸳孤，愁肠待酒舒。梦魂纵有也成虚，那堪和梦无！"情意凄婉，不在五代人之下。后结句先与道君《燕山亭》词不期而同。唯道君《燕山亭》全阕尤悱哀可怜，因其境惨故也。

《碧鸡漫志》云："柳耆卿《乐章集》世多爱赏该洽，序事闲暇，有首有尾，亦间出佳语，又能择声律谐美者用之。唯是浅近卑俗，自成一体。不知书者尤好之。予尝以比都下富儿，虽脱村野，而声态可憎。前辈云：'《离骚》寂寞千年后，《戚氏》凄凉一曲终。'《戚氏》，柳所作也。柳何敢知世间有《离骚》，惟贺方回、周美成时时得之。贺《六州歌头》、《望湘人》、《吴音子》诸曲,周《大酺》、《兰陵王》诸曲最奇崛。或谓深劲乏韵,此遭柳氏野狐涎吐不出者也。歌曲自唐虞三代以前,秦汉以后皆有,造语险易,则无定法。今必以斜阳芳草、淡烟细雨绳墨后来作者,愚甚矣。故曰:'不知书者尤好菁卿。'"余谓晦叔此论,尚未尽知词,不知书者,自有其天籁,斜阳芳草、淡烟细雨,眼前景物,亦有胜于造语。尝言"眼前有景道不得",能道得便是好词。

东坡《贺新郎》"乳燕飞华屋"一词,前阕说新浴,换头单说榴花,是花是人,迷离缥缈;如锦绣深谷,琅环幽室,引人入幻,难穷其境。后人或谓为妓秀兰,或谓非为秀兰,两家纷然。却使子瞻在泉下捧腹。

东坡《水龙吟·和章质夫杨花词》后结三句,句读应为"细看来不是",句;"杨花点点",句;"是离人泪",句,为正格。如东坡"露寒烟冷"一词:"念征衣未捣,佳人拂杵,有盈盈泪。"是。但东坡此词系一气而下,上句不了,接在下句者,应"细看来",逗;"不是杨花",句;"点点是",句;"离人泪",句。照定格读,则伤词意。又《念奴娇·赤壁怀古》词句读,亦不按定格。盖坡公兴之所到,文笔随之,如挟风涛之势,不能绳以常律也。

东坡"大江东去"词,徐虹亭云:"苏东坡'大江东去'有铜将军铁绰板之讥。柳七'晓风残月'谓可令十七八岁女郎按红牙檀板歌之,此袁绹语也,后人遂奉为美谈。然仆谓东坡词自有横槊气概,固是英雄本色。柳纤艳处亦丽亦淫耳。况'杨柳岸'句,又本魏承班《渔歌子》'窗外晓莺残月',只改二字,增一字,焉得独擅千古。"俞仲茅《爰园词话》云:"子瞻词无一语著人间烟火,此自大罗天上一种,不必与少游、易安辈较量体裁也。其豪放亦止'大江东去'一词,何物袁绹,妄加品骘,后代奉为美谈。似欲以概子瞻生平。不知万顷波涛,来自万里,吞天浴日,古豪杰英爽都在,使屯田此际操觚,果可以'杨柳岸、晓风残月'命句否?且柳词亦只此佳句,余皆未称,而亦有本,盖祖魏承班《渔歌子》'窗外晓莺残月',第改二字,增一字耳。"余以为东坡"大江东去"、屯田"晓风残月"各有其境界之胜。使在黄鹤楼上宴客,座列豪英,槛外波涛滚滚,则宜唱"大江"之调;如驿亭离席,飞花飘絮,故旧劝酒,闺人牵衣,则必歌"晓风"之词。故袁绹之语,未为过分。徐、俞所云,必欲扬苏抑柳,谓"杨柳岸"句本祖魏承班"窗外晓莺残月",第改二字,增一字,殊不知只增改三字而境界全换。以此为病,岂不同于评东坡此词,不问气势风神,先指点三"江"、三"人"、二"国"、二"生"、二"故"、二"如"、二"千"之重字,是不可心存偏见以论词也。沈东江云:"词不在大小深浅,贵于移情,'晓风残月'、'大江东去'体制虽殊,读之皆若身历其境,惝恍迷离,不能自主,文之至也。"此言诚为允论。

东坡《卜算子》词,铜阳居士云:"缺月,刺明微也;漏断,暗时也;幽人,不得志也;独往来,无助也;惊鸿,贤人不安也。此与《考槃》相似。"王渔洋谓为"村夫子强作解事,令人欲呕。坡公命宫磨蝎,湖州诗案,生前为王珪、舒亶辈所苦,身后又硬受此差排"。谢枚如云:"铜阳居士所释,字笺句解,果谁语而谁知之? 虽作者未必无此意,而作者亦未必定有此意,可神会而不可言传。断章取义,则是刻舟求剑。"张皋文亦云:"此词与《考槃》诗极相似。"谭复堂从而和之,谓"皋文《词选》以《考槃》为比,其言非河汉也。此亦鄙人所谓作者未必然,读者何必不然。"余则谓作者既未必然,读者更何必然。渔洋、枚如之言,可称快论通语。

东坡《哨遍》词"睡起画堂"一阕,"尚徘徊未尽欢意"以前,极似屯田。是知"晓风残月"与"大江东去",要在咏题与选调耳。

《花庵词选》载:东坡讥少游《满庭芳》"消魂当此际"为学柳七语。不知"消魂"是短韵,应为一句,"当此际"属下,领两四字句。如读成一句即误。东坡最赏少游词,亦岂不知"消魂"为短韵句,当系讹传。

杨升庵《词品》及钮玉樵谓少游《满庭芳》"天黏衰草",今本改"黏"作"连"之非,并举唐宋人用"黏"字来历。但潘氏滂喜斋及无锡秦氏所藏宋本《淮海集》仍系"连"字。叶玉甫印《淮海词》经见各本概要表,"黏"字者,只明毛晋、清王敬之两刻本。细味"黏"字,仍不免有做作意,不如"连"字之自然。诗与词用字不同,词中用字亦有时代之不同,南宋词必用"黏"字,北宋词必用"连"字,当能意会得之。

少游《踏莎行》"可堪孤馆闭春寒,杜鹃声里斜阳暮",黄山谷谓此词高绝。但"斜阳暮"为重出,欲改"斜阳"为"帘栊"。范元实曰:"可堪孤馆闭春寒",似无帘栊。山谷云:虽未有帘栊,有亦无碍。范曰:本摹写牢落之状,若曰帘栊,恐损初意。《苕溪渔隐丛话》云:"'斜'属日,'暮'属时,并不为累。东坡'回首斜阳暮'、美成'雁背斜阳红欲暮',可法也。"《西清诗话》云:"当时米元章所书此词,乃是'杜鹃声里斜阳曙',非'暮'字也。得非避宿讳而改为暮乎?"宋于庭云:"《苕溪渔隐丛话》引东坡成语,是也。分属日时,则尚欠明晰。《说文》:莫,日且冥也,从日,在草中。是斜阳为日斜时,暮为日入时,言自日昃至日暮,杜鹃之声亦云苦矣。"余按:山谷嫌"斜阳暮"重出,欲改"斜阳"为"帘栊"。何不知词如此?此句不用"斜阳"字,不用"暮"字,则境界全失,不成为少游矣。固不必论避讳及分属日时与《说文》也。

《八六子》调,宋人多依晁补之体。少游词:"倚危亭、恨如芳草,萋萋刬尽还生。念柳外青骢别后,水边红袂分时,怆然暗惊。 无端天与娉婷,夜月一帘幽梦,春风十里柔情。怎奈何、欢娱渐随流水,素弦声断,翠绡香减。那堪片片飞花弄晚,濛濛残雨笼晴。正销凝,黄鹂又啼数声。""念柳外青骢别后,水边红袂分时",与晁词"正露冷初减兰红,风紧潜凋柳翠",平仄不同。后阕"翠绡香减",晁词为"世路蓬萍","萍"字叶韵。"那堪片片飞花弄晚"两句,晁词为"难相见、赖有黄花满把,从教绿酒深倾"两对句,以上三字领之。余谓作者如依秦体,"素弦声断",似换仄韵,"香减"、"弄晚"叶仄,至"笼晴"始叶平,则不嫌自"怎奈何"以下三十七字叶韵、句法之长矣。又按宋本及明毛晋本均作"凄凄刬尽还生",余本作"萋萋",仍以"萋萋"与"刬尽"有关连为佳。

少游《望海潮》词后阕:"西园夜饮鸣笳,有华灯碍月,飞盖妨花。""华灯碍月"由后主"归时休放烛花红,待踏马蹄清夜月"出。"飞盖妨花"由"落花与紫盖齐飞"出,更翻一层。

少游《满庭芳》"晓色云开"一阕,黄蓼园云:"'雨过还晴',承恩未久也。'燕蹴红英',小人谗构也。'榆钱',自喻也。'绿水桥平',随所适也。'朱门'、'秦筝',彼得意者自得意也。前段叙事,后段则事后追忆之词。'行乐'三句,追从前也。'酒空'二句,言被谪也。'豆蔻'三句,言为日已久也。'凭阑'二句,结通首黯然自伤也。"余按此词为少游去国回忆旧游之作。《词综偶评》云,自天气、景物,写到人事、会合、离别,而以"疏烟"、"淡日"二句与起处反照作结。此词次序分明,余意不尽。其善于铺叙,不减耆卿。蓼园论词,颇与张皋文同病,好强作解事。

《词谱》"兰陵王"调,载有少游一体,谓此调始于少游词,应以为定格。但后段结句作七字句,宋人无如此填者,故以周美成词作谱,仍采少游词以溯其源。考宋本《淮海长短句》无《兰陵王》词,明清以来诸刻本亦然,未知录自何本。

少游《鹊桥仙》词,前结:"金风玉露一相逢,便胜却人间无数。"后结:"两情若是久长时,又岂在朝朝暮暮。"为七夕词者,皆当低首。

《古今词话》云:"秦少游在扬州刘太尉家,出姬侑觞,中有一姝,善擘箜篌,此乐既古,近时罕有其传,以为绝艺。姝又倾慕少游之才名,偏属意。少游借箜篌观之。既而主人入宅更衣,适值狂风灭烛,姝来且相亲,有仓卒之欢,且云:'今日为学士瘦了一半。'少游因作《御街行》以道一时之景曰:'银烛生花如红豆,这好事、而今有。夜阑人静曲屏深,借宝瑟、轻轻招手。可怜一阵白蘋风,故灭烛教相就。

花带雨,冰肌香透。恨啼鸟、辘轳声晓,岸柳微风吹残酒。断肠时、至今依旧。镜中消瘦。那人知后。怕你来僝僽。'"按宋本《淮海居士长短句》无《御街行》词,且以"晓"字叶韵,是闽音,当非少游词。

贺方回《浣溪沙》词:"楼角红消一缕霞,淡黄杨柳暗栖鸦。玉人和月摘梅花。 笑拈粉香归洞户,更垂帘幕护窗纱。东风寒似夜来些。"杨升庵《词品》云:"近见玉林《词选》首句二字'鸳外'作'楼角',非也,'楼角'与'鸳外'相去何啻天壤。"徐虹亭云:"起句作'鸳外红消一缕霞',本王子安《滕王阁赋》,此子可云善盗。"余谓此词系写春景,《滕王阁赋》是写秋景;此词似在庭园中,《滕王阁赋》是凭阑远望,在庭园中则应见楼角,不应见鸳外矣。

方回《清平乐》词:"小桃初谢,双燕远来也。记得年时寒食下,紫陌青门游冶。 楚城满目春华,可堪游子思家。惟有夜来归梦,不知身在天涯。"此词为平仄互叶者。又如方回《水调歌头》:"南国本潇洒,六代竞豪奢。台城游冶,擘笺能赋属宫娃。云观登临清夏,璧月流连长夜,吟醉送年华。回首飞鸳瓦,却羡井中蛙。 访乌衣,寻白社,不容车。旧时王谢,堂前双燕过谁家?楼外河横斗挂,淮上潮平霜下,墙影落寒沙。商女篷船罅,犹唱《后庭花》。"亦为平仄互叶者。万红友《词律》未列此体。

毛泽民以《惜分飞》词受赏于东坡。但其《玉楼春》词:"长安回首空云雾,春梦觉来无觅处。冷烟寒雨又黄昏,数尽一堤杨柳树。楚山照眼青无数,淮口潮生催晓渡。西风吹面立苍茫,欲寄此情无雁去。"亦极清婉。其佳制固不止《惜分飞》一阕也。盖东坡适聆妓唱《惜分飞》词耳。

朱行中《渔家傲》词:"抚一醉,而今乐事他年泪。"况夔生云:"白石词'少年情事老来悲',二语合参,可悟一意化两之法。"不知白乐天诗已先有"少年为戏老成悲"句,白石词或与偶合。可知深会于情景者,皆能道出眼前之话。

周清真《少年游》词,《耆旧续闻》谓清真以此得罪。《浩然斋雅谈》则谓以此解褐,两说不同。又《贵耳录》云:"邦彦闻道君谵语,隐括成《少年游》,道君问知为邦彦作,大怒,宣谕蔡京:周邦彦职事废弛,可日下押出国门。"《耆旧续闻》则云:"美成至汴,主角妓李师师家,为赋《洛阳春》。师师欲委身而未能。道君幸师师家,美成匿复壁间,遂制《少年游》以纪其事,徽宗知而谴发之。"一则以为美成自纪其本事;一则以为纪道君之事,两说不同。余意则谓依人情推论,美成自纪其本事,则道君应怒;如为纪道君之事,则道君应喜。使余为道君,喜怒亦当准此。有美成如此好词,以纪道君之风流韵事,而道君不喜反怒,未免太不解事。如依词而论,则应为美成本事,始不负《少年游》、《兰陵王》两佳制。非其本事,亦不能有此好词,则道君之怒也亦宜。

《皱水轩词筌》云:"清真以《少年游》词被谪后,师师持酒饯别,复作《兰陵王》赠之,中云'愁一箭风快,半篙波暖,回头迢递便数驿',酷尽别离之惨。而题作《咏柳》,不书其事,则意趣索然,不见其妙矣。"余以为明是别离之事,而不说是别离之事,只从咏柳说起,以酷尽别离之惨,更见其妙。

清真《兰陵王》词,《海绡说词》云:"托柳起兴,非咏柳也。'弄碧'一留,却出'隋堤';'行色'一留,却出'故国';'长亭路'应'隋堤上','年去岁来'应'拂水飘绵',全为'京华倦客'四字出力。第二段'旧踪',往事,一留;'离席',今情,一留;于是以'梨花榆火催寒食'一句脱开。'愁一箭'至'数驿'三句逆提,然后以'望人在天北'合上'离席'作歇拍。第三段'渐别浦'至'岑寂',乃证上'愁一箭'至'波暖'二句;盖有此'渐',乃有此'愁'也。'愁'是逆提,'渐'是顺应,'春无极'正应上'催寒食'。'催寒食'是脱,'春无极'是复。'月榭携手,露桥闻笛'是离席前事。'似梦里、泪暗滴',仍用逆挽。周止庵谓复处无脱不缩,故脱处如望海上神山。词境至此,谓之不神不可也。"余按清真此词，全是就眼前真情景以白描法写之。从柳说起，说到古来别离，又说到今时别离，再说到现在与师师别离。"望人在天北"，望师师也。然后再说到别离后自身情况，再归到"沉思前事，似梦里、泪暗滴"作结。篇法次第井然，而亦是眼前真情景，天然篇法。《海绡词话》讲得极细，足为后学示范。但清真当时应非如此枝枝节节而写之，后学有眼前真情景来写词，看到海绡所说应如何留，如何出，如何应，如何脱开，如何逆提，如何合，如何证，如何脱，如何复，如何顺应，如何逆挽，则反而如坠五里雾中，不知如何著笔矣。

清真《风流子》"新红小池塘"词，神貌俱似屯田。清真与屯田不惟词同，而人亦为一流。皆多于情者。

清真《满庭芳·夏日溧水无想山作》一词，《白雨斋词话》云："美成词有前后不相蒙者，正是顿挫之妙。如《满庭芳》上半阕云：'人静乌鸢自乐，小桥外新绿溅溅。凭阑久，黄芦苦竹，拟泛九江船。'正拟纵乐矣；下忽接云：'年年如社燕，飘流瀚海，来寄修椽。且莫思身外，长近樽前。憔悴江南倦客，不堪听急管繁弦。歌筵畔，先安枕簟，容我醉时眠。'是乌鸢虽乐，社燕自苦；九江之船，卒未尝泛。此中有多少说不出处；或是依人之苦，或有患失之心，但说得虽哀怨却不激烈；沉郁顿挫中别饶蕴藉。后人为词，好作尽头语，令人一览无余，有何趣味？"按清真此词，前阕写景，后阕写情。"凭阑久，黄芦苦竹，疑泛九江船。"从"地卑山近"出；"疑泛"之"疑"字，从"凭阑久"之"久"字出。《白雨斋词话》误"疑"为"拟"，遂致语全无当。所谓乌鸢虽乐，社燕自苦，九江之船，卒未尝泛，即是说"拟"字也。汲古阁本作"拟"；《雅词》作"疑"，"疑"字何等灵幻，"拟"字则呆滞矣。后说此词沉郁顿挫中别饶蕴藉，不作尽头语，则深知清真之长处者。

《六丑》为清真制调。万红友《词律》云："此调杨升庵以其名不雅，改曰《个侬》，已无谓。《图谱》乃于《六丑》之外，又收《个侬》一调，两篇相接，何竟未一点勘耶？且本和周韵，而两调分句大异，可怪之甚。是则升庵和而误，其误者十之三，《图谱》创立新调而误，其误者十之七矣。"《听秋声馆词话》云："周美成制《六丑》调，杨升庵嫌其名不雅，改称《个侬》。若不知宋人廖莹中自有《个侬》本调，前后极整齐。万氏《词律》因升庵所作虽用周韵，而句读参差，只知辨其错谬，亦不知调本《个侬》，词系廖作。其词云：'恨个侬无赖，卖娇眼、春心偷掷。莎软芳堤，苔平苍径，即印下、几弓纤迹。花不知名，香才闻气，似月下篘篌，蒋山倾国。半解罗襟，蕙熏微度，镇宿粉、栖香双蝶。语态眠情，感多时、轻留细阅。休问望宋墙高，窥韩路隔。　　寻寻觅觅，又暮雨、遥峰凝碧。花坞横烟，竹扉映月，尽一刻、千金堪值。卸袜熏笼，藏灯衣桁，任裹臂金斜，搔头玉滑。更怪檀郎，恶怜深惜。几颤弹、周旋倾侧。碾玉香钩，甚无端、凤珠微脱。多少怕听晓钟，琼钗暗擘。'按莹中，字群玉，为贾似道客。乃宋末人。升庵生有明中叶。其为窜易廖词，窃为己作可知。相传升庵未贬时，每阑入文渊阁攘所藏书，妄意似此单调，世无传本，可以公然剽掠。初不料二百年后原词复行于世。余尝谓升庵得志，决非纯臣。盖自视过高，意天下后世皆可欺。其不为无忌惮之小人也几希。"

清真《花犯》词之妙，正与《兰陵王》同。明是离别之事，而即咏柳；明是离别之事，而即咏梅。所以能纡徐反复，更尽离情之惨。

清真《西河·咏金陵》词，万红友《词律》未收，而收其"长安道"一阕，其词较此阕少一字，"后尽"作"往来人"句，"尽"字下少一"是"字，犹倒倚句；"为愁如荠"后复有"如水"、"如醉"二句，共三"如"字，有误。又《词谱》及万《律》后阕，句读为"入寻常"逗，"巷陌人家"句，"相对如说兴亡"句，"斜阳里"韵。依吴梦窗词句读："向沙头更续"逗、"斜阳一醉"叶、"双玉杯和流光洗"韵。则此词句读应为"入寻常巷陌"逗、"人家相对"叶、"如说兴亡斜阳里"韵。照《词谱》与万《律》句读，不惟失"对"字一韵，而亦大害词意矣。又红友不收此阕，而收"长安道"多讹误者一阕，亦所不解。

《听秋声馆词话》云："美成《绕佛阁》词,有陈西麓和韵词可证。《词综》误编吴梦窗词内,'桂华'作'桂花'、'浪飔'作'浪飔',更以'浪'作'绿',均误。玩词意,桂华乃言月,非言桂也。"余按《词谱》及万红友《词律》均作"绿飔"亦能解。又清真《解语花》元宵词,有"桂华流瓦"句,与此词"桂华又满"句,两用"桂华"以代言月。如非必用去声字,径用"月华",岂不可乎。《乐府指迷》谓:"炼句下语,最是紧要。如说桃,不可直说破桃,须用'红雨'、'刘郎'等字;咏柳,不可直说破柳,须用'章台'、'灞岸'等字;如'玉箸'便是泪;'绿云'便是鬓发等。"此又与《人间词话》隔与不隔之说不同,如谢灵运"池塘生春草",便是不隔;欧阳永叔《咏草》"千里万里,二月三月",便是不隔;后阕"谢家池上,江淹浦畔",便是隔。盖说破即是不隔,用典代言,即是隔也。余以为词有法与时代之不同,法有白描与色绘,北宋词多白描,南宋词多色绘。故清真词白描者为佳,梦窗词色绘者为长。清真词有白描,亦有色绘。故其词已界于南北宋之间矣。

宋江潜游李师师家题一词于壁云:"天南地北,问乾坤何处?可容狂客。借得山东烟水寨,来买凤城春色。翠袖围香,鲛绡笼玉,一笑千金值。神仙体态,薄幸如何销得。　想芦叶滩头,蓼花汀畔,皓月空凝碧。六六雁行连八九,只待金鸡消息。义胆包天,忠肝盖地,四海无人识。闲愁万种,醉乡一夜头白。"又金主亮待月《鹊桥仙》词云:"停杯不举,停歌不发,等候银蟾出海。不知何处片云来,做许大通天障碍。　虬髯拈断,星眸睁裂,惟恨剑锋不快。一挥截断紫云腰,子细看嫦娥体态。"此两词是一样气息,亦自其真性情处流出,后世当有学者,然非其人,则不能学也。

陈子高"蝴蝶上阶飞,风帘自在垂",陈去非"杏花疏影里,吹笛到天明",使五代人见之,亦当击节。所谓能超时代也。后人言词,但言清真、梦窗,此二家诚为大宗。然不出为北宋、南宋词耳。

李玉《贺新郎》"篆缕消金鼎"一词,风华蕴藉,在欧、晏、苏、柳、秦、周之外。如风流儒雅世家书生，为北宋一时代中之名作。

朱希真《好事近·渔父》五阕，梁任公云："五词飘飘有出尘想，读之令人意境翛然。"吾亦云然。而朱古微《宋词三百首》不选，何耶？

李易安词自南唐来，沈东江谓其极是当行本色。诚然。足以抗轶周柳，争雄秦黄。李雨村云："其炼处可夺梦窗之席。"梦窗或似非其敌，因梦窗词去南唐已渐远耳。

易安《声声慢》叠字，真似"大珠小珠落玉盘"，两宋词人未有此者。许蒿庐谓此词颇带伧气。虽为过论，然回思在趵突泉听梨花片，再读此词，宛然有山东声口。移人之情，以至于此。

易安《念奴娇》前阕，有"萧条庭院，斜风细雨，重门深闭"。后阕："被冷香消新梦觉，不许愁人不起。"结云："日高烟敛，更看今日晴未。"写寂寞心绪如见。黄花庵及王弇州特赏"宠柳娇花"之语。余谓只此语与全词不趁，此即白雨斋所云易安铸语多生造者，然"绿肥红瘦"却自然，与全词亦相趁。此中消息，余细味如此。

辛稼轩《贺新郎·别茂嘉十二弟》一阕，先从听啼鴂说起，又听到杜鹃、鹧鸪，直到"春归无寻处"、"芳菲都歇"。而忽一转到"算未抵人间离别"，真是笔力扛鼎。到此已有"山穷水尽疑无路"之感，后面甚难接下。然突写出琵琶、马上、河梁、万里、易水、衣冠，后又归到啼鸟以离别作结，章法奇绝。必是意有所触，情有所激，如骨鲠在喉，不能不吐，遂脱口而出，随笔而下，奔放淋漓。刘公勇云："与《恨赋》相似，非词家本色。"尚未为知者。岳珂《桯史》云：曾指摘稼轩词之失，稼轩乃自改其语，日数十易，累月未竟。此词绝非日数十易，而与剪红刻翠雕辞饰句者比也。

稼轩《祝英台近》结拍："是他春带愁来，春归何处？却不解带将愁去。"是从前"怕上层楼，十日九风雨。断肠片片飞红，而无人管"，及过片"应把花卜归期，才簪又重数"，一波三折下来，如此作收，语尽意长。《耆旧续闻》云："辛幼安词：'是他春带愁来。春归何处？却不解带将愁去。'人皆以为佳。不知赵德庄《鹊桥仙》词云：'春愁元自逐春来，却不肯随春归去。'盖德庄又体李汉老《杨花》词'蓦地便和春，带将归去'。大抵后辈作词，无非前人已道底句，特善能转换耳。"按前后人情景相同，而因景写情，则各有其境。语或有同，而意有不同。幼安"春带愁来"与德庄"愁逐春来"便不同；"带将愁去"与"随春归去"亦不同。观上"怕上层楼"及"花卜归期"等句可知。至幼安、德庄与李汉老词，又皆有不同矣，非剿袭也。

稼轩鹅湖归病起作《鹧鸪天》词："不知筋力衰多少，但觉新来懒上楼。"谭仲修最赏此二语，谓学者当于此中消息之。余谓前阕"红莲相倚浑如醉，白鸟无言定是愁"，写病起境尤胜。不有此语，不能衬出结拍二语也。又沈天羽云：后段一本作"无限事，不胜愁。那堪鱼雁两悠悠。秋怀不识知多少"，未知何本。不惟与前段重"愁"韵，校今本语意，差毫厘，谬千里矣。

张于湖《念奴娇》与东坡《水调歌头》中秋词，一"玉界琼田"，一"琼楼玉宇"；一"扣舷独啸，不知今夕何夕"，一"不知天上宫阙，今夕是何年"；一"悠然心会，妙处难与君说"，一"起舞弄清影，何似在人间"。其赏月之地不同，而身与大自然合而为一，皆是极高境界。他人为中秋词者，以两词在前，无可著笔矣。

韩南涧《好事近》词，脱胎于王右丞"万户伤心生野烟"诗也。后段："杏花无处避春愁，也傍野烟发。惟有御沟声断，似知人呜咽。"凄切动人。

严次山《木兰花》词："春风只在园西畔，荠菜花繁蝴蝶乱。冰池晴绿照还空，香径落红吹已断。　意长翻恨游丝短，尽日相思罗带缓。宝奁如月不欺人，明日归来君试看。"委婉动情。"荠菜花繁蝴蝶乱"一语，写春景如见，尤自可人。

卢蒲江《谒金门》词"风不定，移去移来帘影"，妙有禅境。张子野三"影",不能专美于前矣。

陆放翁《钗头凤》一阕,哀悱缠绵,不减五代人。又《鹊桥仙·夜闻杜鹃》后段云:"催成清泪,惊残好梦,又拣深枝飞去。故山犹自不堪听,况半世飘然羁旅。"句句深入,当有所指。应与《钗头凤》参看。

姜白石词,俊朗者使人神飞心畅,其晦涩者亦使人费解凝思。承淮海之先天,亦开梦窗之后地。

陈伯弢云:姜尧章《齐天乐》咏蟋蟀最为有名,然庾郎愁赋,有何出典?"豳诗"四字,太觉呆诠。至"铜铺"、"石井"、"候馆"、"离宫",亦嫌重复。按庾郎愁赋,意谓诗人正自愁吟,而更闻虫语,遂生出下面蟋蟀,与听蟋蟀,层层夹写,正是开场法妙笔。如《霓裳中序第一》是写羁旅怨抑,前阕写时写景,写在客中;后阕则写"乱蛩吟壁",接出"动庾信、清愁似织",此是一样方法,正不必固执有无出典。铜铺、石井,是蟋蟀鸣处;候馆、离宫,是人听而伤心处,正不嫌其复。结拍"写入琴丝,一声声更苦",因开场先说人之愁吟,不能再收到人,而别以"写入琴丝"作收,而仍关连到人,亦是妙笔。悟此则写诗文传奇法可通。至"豳诗漫与"四字,太觉呆诠,诚然。

白石《暗香》、《疏影》咏梅二词,余最赏其"旧时月色,算几番照我,梅边吹笛"一语,真是一幅好画境。入后则渐入五里雾中矣。此二词众誉攸归,不应更赘一辞。然心虽知其高绝,终觉隔一层。刘公勇云:"咏物至词,更难于诗。即'昭君不惯胡沙远,但暗忆江南江北',亦费解。"是已有先我而言之者。

白石词,如"二十四桥仍在,波心荡、冷月无声",又"念桥边红药,年年知为谁生",又"酒醒明月下,梦逐潮声去",又"高柳晓蝉,说西风消息",又"日暮望高城不见,只见乱山无数",又"最可惜一片江山,总付与啼鴂",又"一帘淡月,仿佛照颜色",又"问后约空指蔷薇,算如此溪山,甚时重至",皆似神来之笔,直逼淮海。

白石《点绛唇·丁未冬过吴松》词结拍云"凭阑怀古,残柳参差舞",只以"残柳"五字衬出感时怀古无穷之意,收法特妙。前段云:"燕雁无心,太湖西畔随云去。数峰清苦,商略黄昏雨。"卓人月云:"'商略'二字诞妙。"此二字余终不解,即"数峰清苦"亦费解。

章达之《小重山》词:"柳暗花明春事深。小阑红芍药,已抽簪。雨余风软碎鸣禽。迟迟日,犹带一分阴。"《渚山堂词话》云:"语意甚婉约,但鸣禽曰碎,于理不通,殊为意病。唐人句云:'风暖鸟声碎',然则何不曰'暖风娇语碎鸣音'也。"按谢灵运诗:"池塘生春草,园柳变鸣禽",此"碎"字用法与"变"字同。"碎鸣禽"与"鸟声碎"自有两意。

刘改之《唐多令》:"旧江山浑是新愁。欲买桂花同载酒,终不似,少年游。"语畅韵协,自是一时佳作。乃传其焚琴之事,终不及稼轩性情之真挚,词自逊一筹。

俞国宝《风入松》词:"一春长费买花钱,日日醉湖边。玉骢惯识西湖路,骄嘶过、沽酒楼前。红杏香中箫鼓,绿杨影里秋千。　暖风十里丽人天,花压鬓云偏。画船载取春归去,余情付、湖水湖烟。明日重携残酒,来寻陌上花钿。"流美清畅。"明日重携残酒",光尧改定为"明日重扶残醉",较原句语华意逸。

史梅溪《双双燕》词:"过春社了,度帘幕中间,去年尘冷。差池欲住,试入旧巢相并。还相雕梁藻井,又软语、商量不定。飘然快拂花梢,翠尾分开红影。　芳径,芹泥雨润。爱贴地争飞,竞夸轻俊。红楼归晚,看足柳昏花暝。应自栖香正稳,便忘了、天涯芳信。愁损翠黛双蛾,日日画阑独凭。"如润、俊、信三韵,真、轸通庚、梗。戈顺卿云:"美则美矣,而其韵庚、青杂入真、文,究为玉瑕珠纇。"按宋人词用庚、青杂真、文者甚多,南人无论,如梅溪汴人亦如此。宋徽宗《小重山》词:"万井贺升平,行歌花满路,月随人。"亦然;岳武穆《小重山》词:"欲将心事付瑶琴,知音少,弦断有谁听。"则庚、梗更杂通侵、寝矣。宋人词用韵当有其习惯,颇同于乱弹剧之十三辙。

梅溪《双双燕》词,黄花庵云:姜尧章最赏其"柳昏花暝"之句。贺黄公云:"尝观姜论史词,不称其'软语商量',而赏其'柳昏花暝',固知不免项羽学兵法之恨。"王静安云:"贺黄公谓姜论史词,不称其'软语商量',而称其'柳昏花暝',固知不免项羽学兵法之恨。然'柳昏花暝',自是欧秦辈句法,前后有画工、化工之殊。吾从白石,不能附合黄公矣。"余谓静安此论,忘即本题是咏燕,若想到燕,便知"软语商量"之佳。"柳昏花暝"与"做冷欺花,将烟困柳"造句法相同,仍不似欧秦口气。何以白石独赏此句,盖南宋词造语用字,已日趋画工。吾从黄公,不能附合静安矣。

梅溪《喜迁莺》词云:"月波疑滴,望玉壶大近,了无尘隔。翠眼圈花,冰丝织练,黄道宝光相值。自怜诗酒瘦,难应接许多春色。最无赖,是随香趁烛,曾伴狂客。   踪迹,漫记忆,老了杜郎,忍听东风笛。柳院灯疏,梅厅雪在,谁与细倾春碧。旧情拘未定,犹自学当年游历。怕万一、误玉人夜寒帘隙。"此阕是梅溪好词,"柳院灯疏,梅厅雪在"八字写景好,真是欧秦句法。

潘紫岩《南乡子·题南剑州妓馆》云:"生怕倚阑干,阁下溪声阁外山。惟有旧时山共水,依然。暮雨朝云去不还。   应是蹑飞鸾,月下时时整佩环。月又渐低霜又下,更阑。折得梅花独自看。"此乃小令而有大转折者,从倚阑听到阁下溪,看到阁外山,而想到依然是旧时山水,而旧时山水依然,暮雨朝云却去不还矣。换头二句,承"去不还",又归到眼前景,"月又渐低霜又下",而时已更阑矣。结句"折得梅花独自看",写出有馆无妓,意境何其凄切。余曾两过剑阁,有《鹧鸪天》词,结句云:"只今阁外江声急,犹似淋铃夜雨寒。"当时若知有紫岩此词,必当阁笔。

梦窗《祝英台近·除夜立春》词,前阕云:"残日东风,不放岁华去。有人添烛西窗,不眠侵晓,笑声转、新年莺语。"后阕:"归梦湖边,还迷镜中路。可怜千点吴霜，寒消不尽，又相对、落梅如雨。"句句扣紧，是除夜立春。彭羡门谓"兼有天人之巧"，信然。《风入松》："听风听雨过清明"一阕，情深语雅，写法高绝。《高阳台·丰乐楼》词："东风紧送斜阳下"，何其神色动人。后阕："飞红若到西湖底，搅翠澜总是愁鱼。莫重来，吹尽香绵，泪满平芜。"可哀可哭。此等词浓丽清空，兼而有之，安能诮为"拆碎七宝楼台"？然后人学梦窗者，则不学此等词也。

后人学梦窗者，必抑屯田。然屯田不装七宝，仍是楼台。梦窗拆碎楼台，仍是七宝。后人既非楼台，亦非七宝，只就字面钉饾雕饰，自首至尾，使人不解，亦不知其自己解否耳。

梦窗《高阳台·落梅》词："南楼不恨吹横笛，恨晓风千里关山。""丰乐楼"词："伤春不在高楼上，在灯前欹枕，雨外熏炉。"清嘉道后词人最善学此句法。

梦窗"陪吴履斋沧浪亭看梅"《贺新郎》词云："乔木生云气，访中兴、英雄陈迹，暗追前事。战舰东风悭借便，梦断神州故里。旋小筑、吴宫闲地。华表月明归夜鹤，叹当时、花竹今如此。枝上露，溅清泪。

遨头小簇行春队，步苍苔、寻幽别墅，问梅开未？重唱梅边新度曲，催发寒梢冻蕊。此心与东君同意。后不如今今非昔，两无言、相对沧浪水。怀此恨，寄残醉。"此词何以疏快极似稼轩，其题其调其情须如此写故也。后人学梦窗者以为何如？

梦窗《点绛唇·试灯夜初晴》词，后阕云"辇路重来，仿佛灯前事。情如水，小楼熏被，春梦笙歌里"数语，何其风华婉约。除梦窗外，能作是语者，其惟二晏、淮海乎？

梦窗《莺啼序·春晚感怀》词，陈亦峰云："全章精粹，空绝千古。"余以为此调过长，必须排比凑泊，只好拆碎楼台矣。如后主"小楼昨夜又东风"词，可以云空绝千古。此调任何作者，亦不能空绝千古，固不止梦窗也。

吴彦高为故宫人赋《青衫湿》词:"南朝千古伤心地,还唱后庭花。旧时王谢,堂前燕子,飞入谁家? 恍然相遇,天姿胜雪,宫鬓堆鸦。江州司马,青衫泪湿,同是天涯。"足抵一篇《琵琶行》,故当时有挥泪者。其运用诗句,清真亦不能专美于前。

杨升庵《词品》云:"昔于临潼骊山之温汤,见石刻元人一词曰:'三郎年少客,风流梦、绣岭盅瑶环。渐浴酒发春,海棠睡暖;笑波生媚,荔子浆寒。况此际曲江人不见,偃月事无端。羯鼓三声,打开蜀道;霓裳一曲,舞破潼关。 马嵬西去路,愁来无会处,但泪满关山。空有香囊遗恨,锦袜传看。玉笛声沉,楼头月下;金钗信杳,天上人间。几度秋风渭水,落叶长安。'再过之,石已磨为别刻矣。"昔岁余避倭寇入秦,数至骊山华清池,此石尚在,书法秀整,置于墙侧。余亦作《风流子》词,合吊褒姬、贵妃云:"周唐天子太多情,掷宝器,换佳人。看烽火虚惊,褒姬微笑;浴波偷觑,妃子轻嗔。甚羯鼓无端催绮梦,云雨散成尘。犬裔东来,神移九鼎;马嵬西去,变起三军。 蛾眉非误国,鸳鸯知倚傍,未解司晨。争似喧宾夺主,牝雉金轮。叹玉碎香埋,红颜薄命;台荒亭圮,黄土销魂。剩有龙漦化水,千古犹温。"惟起句七字句接两三字句,为不合律耳。

元以曲盛而词衰,至明初词,只刘青田、宋金华、高青邱数家耳。朱元璋残酷之余,继以暴主凶阉,文人天籁为其束缚,而词益不振。

王渔洋诗主神韵自然,于词为近。虽非词家,而出语即自名贵。

纳兰容若,清词中之南唐;朱竹垞,清词中之北宋。

蒋鹿潭、项莲生,为有清一人之词,然以家数论,余以为蒋为大。

况蕙风论词楬橥"拙、重、大",然其《词话》所举词,亦多清空者。盖拙者,意中语、眼前语,不隔不做作,真实说出来,人人都以为是要说的话而未曾说出,如"别时容易见时难"是也;重者,不作轻浮琐碎语,而所托者深,所寄者远,如"独自莫凭阑,无限江山"是也;大者,有意、有情、有境、有身分,始能作,非是者则不能作,如"故国不堪回首月明中"是也。后之为词者,无境界,无性情,无天分,无才气,无学力,用字生硬,造句雕琢,为长调,不为小令。自首至尾,晦涩饤饾,不知所云。而曰:吾乃"拙、重、大"也。不知其为蕙风所误,抑蕙风为其所卖。

素月楼联语

目　　录

自　序

　　中国对联在世界上为独有之文学艺术。因汉字之独特构造，我国诗歌自然由古乐府发展到律诗，而对联即律诗中之腹联也。至清中叶后，福建盛行诗钟，亦为对联之一种。除五、七言外，更有四言、六言、八言，以至近于赋体、词体之长短句。自来佳制如天造地设，虽鬼斧神工，难穷其妙。清梁章钜曾撰《楹联丛话》。民初慈利吴恭亨撰《对联话》。两氏之后更无撰者。是篇选录两氏所辑及其所未及闻者，共分（一）故事；（二）祠宇、名胜；（三）集句、嵌字、歇后；（四）由字之结构声韵所生之巧对、谐联四部。斯道虽属雕虫小技，然存其梗概，以便后学，不使成绝响可耳。

　　　　　　　　　　　　　　　辛丑岁中州张伯驹序

卷一　故　事

《蜀梼杌》：蜀未归宋之前，一年岁除日，孟昶令学士辛寅逊题桃符版于寝门，以其词非工，自命笔云："新年纳余庆，嘉节号长春。"纪晓岚云：楹帖以此联为最古，五代以前有无楹联则尚无可考。（按纪说不确。据《古今联语汇集》载，惠山有唐张祜题壁联云："小洞穿斜竹；重街夹细莎。"较孟昶长春联早出百余年矣。）

吴越时，龙华寺僧契盈一日侍吴越王钱俶游碧波亭，时潮水初满，舟楫辐辏。王曰："吴越去京师三千里，谁知一水之利如此。"契盈因题亭柱云："三千里外一条水；十二时中两度潮。"时江南未通，两浙贡赋由海达青州，时人称为骈切。

《渑水燕谈录》：初，欧阳文忠公修与赵少师概，同在中书，尝约还政后再相会。及告老，赵自南京访文忠公于颍上。文忠公所居之西堂曰"会老"，仍赋诗以志一时盛事。时翰林吕学士公著方牧颍，特置酒于堂，宴二公。文忠公亲作口号云："金马玉堂三学士；清风明月两闲人。"

《邵氏闻见录》：王懿恪公拱辰与欧阳文忠公同年进士，文忠自监元、省元赴廷试，锐意魁天下。明日当唱名，夜备新衣一袭，懿恪辄先衣以入，文忠怪焉。懿恪笑曰：为状元者，当衣此。至唱名，果第一。后懿恪、文忠同为薛简肃公子婿。文忠先娶懿恪夫人之姊，再娶其妹，故文忠有"旧女婿为新女婿，大姨夫作小姨夫"之戏语。

《苕溪渔隐丛话》：韩缜字玉汝，哲宗朝拜尚书右仆射。东坡云：韩缜为秦州，酷暴少恩，以贼杀不辜去官。秦人语曰：宁逢乳虎，莫逢韩玉汝。孙临最善滑稽，尤善对。或曰："莫逢韩玉汝"，当以何对？

临应声曰:"可怕李金吾。""可怕李金吾",乃杜子美诗也。

《归田录》:寇莱公在中书时,尝与同列戏语曰:"水底日为天上日",未有对者。会杨大年来白事,对曰:"眼中人是面前人。"

《独醒杂志》:杨大年美须髯。一日,早朝罢,至都堂。丁晋公时在政府,戏谓之曰:"内翰拜时须扫地。"杨应声曰:"相公坐处幕漫天。"丁知其讥己,而喜其敏捷。

《娱书堂诗话》:梅圣俞终于都官,葬在宣城,俗呼梅夫子墓。有吊之者曰:"赢得儿童叫夫子;可怜名位只都官。"

《老学庵笔记》:张真甫舍人为成都帅,未至前旬日,大风雷,龙起剑南西川门,揭牌掷数十步外。真甫名震。或曰元丰末,贡院火,而焦蹈为首魁。当时语曰:"火焚贡院状元焦。"无能对者。今当以"雷起谯门知府震"为对。

《墨庄漫录》:苏东坡在黄州。一日逼岁除,访王文甫,见其家方治桃符,遂戏于其上书云:"门大要容千骑入;堂深不觉百男欢。"

《遁斋闲览》:东坡尝饮一豪士家,出侍姬十余人,其间有一善舞者,名媚儿,容质虽丽而躯体甚伟。豪士甚爱,命乞词于公,公为句云:"舞袖翩跹,影摇千尺龙蛇动;歌喉宛转,声撼半天风雨寒。"妓赧然不悦。

《桯史》:承平时与辽欢盟,文禁甚宽,辂客者往来,率以谈谐诗文相娱乐。元祐间,东坡实膺是选。辽使素闻其名,思以奇困之。其国有一对曰"三光日月星",遍国无能对者,以请于坡。坡曰:我能而君不能,非所以全大国之体,"四诗风雅颂",天生对也,盍先以此复之。使如言,方共叹愕。坡徐曰:某亦有一对曰"四德元亨利"。使睢盱欲起辨。坡曰:而谓我忘其一耶,谨闭尔口,两朝兄弟邦,卿为外臣,此固仁宗之庙讳也。使出意外,大骇服。既又有所谈,辄为坡逆夺,使自愧弗如,及白沟往返,咋舌不敢复言他。

《后山诗话》：黄鲁直有痴弟，蓄漆琴而不御，虫虱入焉。鲁直嘲之曰"龙池生壁虱"，而未有对。鲁直之兄大临，见床下以溺器蓄生鱼，问知其弟，大呼曰：我有对矣，乃"虎子养溪鱼"也。

《高斋漫录》：蔡京崇宁间罢相，出观音院待罪。客有过之者，京泣曰："京若负国，即教三子都没前程。"好事者戏之曰："两行珠泪下；三个凤毛灾。"

《北狩行录》：太上虽在蒙尘，每诸王问安，或赋诗属对。有两联云："方当月白风清夜"，郓王楷对"正是霜高木落时"；"落花满地春光晚"，莘王植对"芳草连云暮色深"。

朱彧《萍洲可谈》：其先公朱服，崇宁元年帅广，正月游蒲涧，见游人簪凤尾花，作口号，中一联云："孤臣正泣龙须草；游子空簪凤尾花。"盖以被遇先朝，自伤流落。后监司乃指此句以为罪，其诬注云：契勘正月十二日，哲宗皇帝已大祥，岂是孤臣正泣之时。谗口可畏如此。

《鸡肋编》：高宗南幸，舟方在道，每泊近岸，执政登舟朝谒，行于沮洳，则摄芒鞋。吕元直时为宰相，同列戏曰："草履便将为赤舄。"既而傍舟水深，乃积稻秆以进。参政范觉民曰："稻秸聊以当沙堤。"

《闲燕常谈》：绍兴乙卯夏，大旱，车驾在临安，诏禁屠宰。谏议大夫赵霈上言：自来断屠，止禁猪羊，而不及鹅鸭，请并禁止。舍人胡寅曰：一疏无二百字，而用鹅鸭字以十数。闻房有"龙虎大王"，脱或入寇，宜以"鹅鸭谏议"拒之。

《鸡肋编》：靖康初，罢舒王配享；复置春秋博士；又禁销金；时皇弟肃王使虏，为所拘留未归；种师道欲击虏，而议和既定，纵其去，不讲防御之备。太学生为之语曰："不救肃王废舒王，不御大金禁销金，不议防秋治春秋。"其后，胡人年年以秋高兵劲马肥入寇，薄暑乃归。越人至秋即隐山间，逾春乃出。人又以《千字文》为戏曰："彼则寒来暑往;我乃秋收冬藏。"

《齐东野语》:洪天锡君畴在闽日,尝书桃符曰:"平生要识琼崖面;到此当坚铁石心。"盖其刚劲之气未尝一日稍沮也。

《鹤林玉露》:周益公、洪容斋尝侍寿皇宴,上问容斋乡里所产,对曰:"沙地马蹄鳖,雪天牛尾狸。"又问益公,对曰:"金柑玉版笋,银杏水晶葱。"上吟赏。又问一侍从,浙人也,对曰:"螺头新妇臂,龟脚老婆牙。"四者皆海鲜也。

《研北杂志》:洪州"娉婷市",五代时钟傅侍儿所居,毕良史少董谓可对"温柔乡"。

《癸辛杂识》:高似孙疏寮守括日,有籍妓洪渠,慧黠过人,一日歌《真珠帘》词,至"病酒情怀犹困懒",使之演其声若病酒而困懒者。疏寮极称赏之。适有客云:"卿自用卿法。"高因视洪云:"吾亦爱吾渠。"遂与脱籍而去。

《宋季三朝政要》:绍定三年,上饮过度,史弥远卧病,时人讥之云:"阴阳眠燮理;天地醉经纶。"

《稗史》:洪平斋愈新第后上史卫王书,自宰相至州县,无不指摘其短,大略云:昔之宰相端委庙堂,进退百官;今之宰相招权纳贿,倚势作威而已。凡及一联必如上式,末俱用"而已"二字。时相怒之,十年不调。洪自署桃符云:"未得之乎一字力;只因而已十年闲。"

《癸辛杂识》:陈宜中、曾唯、黄镛、刘黻、陈宗、林则祖,皆以甲辰岁史嵩之起复上书,一时朝绅和之。时人号为"六君子"。既贬旋还,时相好名,牢笼宜中为伦魁,余悉擢巍科,三数年间皆致通显。然夷考其人,平日践履,殊有可议者。既而北兵大入,则如黄如曾数公,皆相继卖降,于是有为之语曰:"开庆六君子;至元三搭头。"

《老学庵笔记》:贵臣有疾宣医及物故勅葬,本以为恩。然中使挟御医至,凡药必服,其家不敢问,盖有为所误者;勅葬则丧家所费,至倾竭资贷，其地又未必善也。故都下谚曰："宣医纳命；勅葬倾家。"庆历间始诏已勅葬而其家不愿者，听之。

《濯缨亭笔记》：元世祖初闻赵子昂之名，即召见之。子昂丰姿如玉，照映左右。世祖心异之，以为非人臣之相，使脱冠，见其头尖锐，乃曰：不过一俊书生耳。遂命书应门春联，题曰："日月光天德；山河壮帝居。"后率用为新岁桃符，几遍闾巷，而不知始自松雪也。

《坚瓠集》：赵子昂过扬州迎月楼赵家，其主求作春联，子昂题曰："春风阆苑三千客；明月扬州第一楼。"主人大喜，以紫金壶奉酬。

《辍耕录》：俞俊籍松江上海县，据其嫂为妻。既而死，俊缚彩缯为祭亭，缀银盘十有四于亭两柱，书诗联盘中云："清梦断柳营风月；菲仪表梓里葭莩。"盖"柳营"藏"亚夫"二字，"菲仪"谓菲人，"表梓"谓婊子，总贱倡滥妇之称，葭莩皆是夫也。郡人莫不多其才而秽其行。挽联则始见于此。

《挥麈诗话》：杨铁崖在金粟道人顾阿英家，每食，主人必出佳酝，以芙蓉金盘令美妓捧劝。铁崖出对曰"芙蓉盘捧金茎露"，有能对者，赠以此盘。一妓应声曰："杨柳人吹铁笛风。"遂以盘酬之，一座倾倒。盖杨号铁笛也。

《坚瓠集》：相传明太祖幸马苑，建文、永乐同侍。太祖出对，属建文、永乐为对，云："风吹马尾千条线。"建文对云："雨打羊毛一片毡。"永乐对云："日照龙鳞万点金。"太祖视之默然。

《金陵琐事》：成祖杀方孝孺于聚宝门外，有门人廖镛、廖铭捡其骨葬之，不封不树，莫可认识。今诸缙绅立方祠于永宁寺后山，又聚土为坟。上海徐鲸刻一联于华表云："十族遗骸埋聚宝；千年孤冢表长干。"

《都穆谈纂》：沈石田尝偕陈启东会饮于吴太史家，时贺解元恩、陈进士策同在座，石田不善饮，酒至辄辞。启东曰：吾有一对，君能对之，当代君饮。石田颔之。启东曰："恩作解元，礼合贺其荣也。"石田应声曰："策为进士，职当陈嘉谟焉。"盖"其荣"为贺字，"嘉谟"为陈字，合座击节。

《坚瓠集》：邱仲深学博貌古，而心术不可知。尝与刘吉不协，刘作一联书其门云："貌如卢杞心尤险；学比荆公性更偏。"时论颇以为然。

《两般秋雨庵随笔》：嘉靖间，一内珰衔命入浙，与司北关南户曹、司南关北户曹饮宴。珰欲侮缙绅，乘酒酣，为对云："南管北关，北管南关，一过手，再过手，受尽四面八方商商贾贾辛苦东西。"此珰故卑微，曾司内阃。工部某君所素识者，答：我须相报，但勿瞋乃可。遂云："前掌后门，后掌前门，千磕头，万磕头，叫了几声万岁爷爷娘娘站立左右。"珰大惭恨，全欲攘臂，二司力劝而止。

陈眉公《见闻录》：李西涯东阳善谑，居政府时，庶士进见，西涯曰：今日诸公试属一对，句云："庭前花始放。"众笑其易，各漫对之。西涯曰：总不如"阁下李先生"也。众一笑而散。

《柳南随笔》：绍兴府城外，三江滨海地也。居民每有其鱼之叹。太守汤绍恩创建宿应闸，水患始息。后人立祠，乞徐青藤撰联云："炼石补星辰，两月兴工当万历，缵禹之绪；凿山振河海，千年遗迹在三江，于汤有光。"两用成语，一切其事，一切其姓。越人常称道之。

《坚瓠集》：万历辛丑九日，焦弱侯招同人登谢公楼。一友曰：尝见钦天监柱联云："夏至酉逢三伏热；重阳戊遇一冬晴。"今谚云夏至有风，重阳无雨，皆讹传耳。按今时占验语，上句作"夏至有雷三伏冷"，下句亦作"重阳无雨一冬晴"，往往有验。

(《鹤林玉露》)①《陈白沙行状》载：有李某裹粮自嘉鱼从学白沙，凡二年。先生服食行缠待之如子弟，后筑楚云台以居之。台榜联云："有月严光濑；无金郭隗台。"其欲来天下之善盖如此。

---

① 四字当衍。

《坚瓠集》：天启中，一巡按为逆珰魏忠贤建生祠，题楹柱云："至圣至神，中乾坤而立极；允文允武，并日月以常新。"录其辞以献魏忠贤。魏读之不解，问左右何事说到黄阁老？盖黄立极者，同时宰相之名也。左右曰：某御史与爷作对耳。魏艴然色变，曰：多大御史敢与我作对。趣召缇帅拘之。左右为之再三解晰，始喜。

明末，李忠肃都宪邦华，闻外城陷，遂弃家移宿于文信国祠中。李亦吉水人，既北面再拜，复就信国位前三揖曰：邦华乡邦后学，合死国难，请从先生于九泉矣。遂以白缯系于信国之龛柱而死。后其乡人换题新额为"二忠祠"。又题楹柱云："后死须知无二道；先生岂愿有忠名。"几于千金莫能易一字矣。

相传，倪鸿宝诣吕晚村，吕揭一联于堂楣云："囊无半卷书，惟有虞廷十六字；目空天下士，只让尼山一个人。"后吕诣倪，倪亦揭一联云："孝若曾子参，才足当一字可；才如周公旦，容不得半点骄。"

归元恭与顾炎武有"归奇"、"顾怪"之称。元恭尝自署联于其门云："两口寄安乐之窝，妻太聪明夫太怪；四邻接幽冥之地，人何寥落鬼何多。"又署楼额曰："推仔楼。"人多不解其意，盖才子佳人四字合抱也。

《南亭笔记》：清初，尚可喜封王之后，一日宴诸文士，令以己名为对。诸文士皆沉吟未就。一童突出席间，曰：可对汉之"直不疑"。尚大悦，重赏之，令掌文牍。

吴三桂叛清志既决，令所部秣马厉兵，徐图发难，为姜弟某所告发。清康熙帝不信，派人瞷吴作何举动，将为之备。使者抵滇，住吴所设逆旅中，厚赂旅店夥。店夥不敢隐，首其事于吴。吴恐官军掩至，仓卒不及防，拟设计缓之。值岁阑，乃作桃符榜其所居门曰："帝力于我何有；臣清恐人不知。"使者留月余，无所获，仅以所见联语归述于帝。帝大笑曰："此老果不反，彼告者，过也。"及事起，疏入，帝方沐，掷冠于地曰："忤奴诳我。"

钱谦益为明礼部尚书,自署联云:"君恩深似海;臣节重如山。"及入清,亦为礼部尚书。有好事者为续联尾各一字云:"君恩深似海矣;臣节重如山乎?"

宋荦巡抚江苏,前后二十年,尝建沧浪亭,修唐伯虎墓。巡抚署东西辕门有横榜为"澄清海甸,保障东南"。有人各加三字为联云:"澄清海甸沧浪水;保障东南伯虎坟。"亦雅谑也。又宋自题沧浪亭联云:"共知心似水;安见我非鱼。"或易"水"为"火",易"鱼"为"牛",以合其名。

王渔洋以"妾似桐花,郎似桐花凤"词,人称"王桐花"。崔不雕以"黄叶声多酒不辞",人称"崔黄叶",正以为对。

长洲韩菼曾考四等,后登会状,故其家有"四等秀才,一甲进士"门灯。当未第时,授读蒙馆,而馆主人识丁不多,复强作解事,往往干预馆政,将经书句读点破。韩偶与争,即谓汝是四等秀才,晓得甚事?韩亦忍受而已。一日,生徒读《曲礼》"临财毋苟得,临难毋苟免","毋"字误读作"母"字。有吴中名士适过门,闻而窃笑,不知是主人所授,非韩意也。遂高作七字语讥之曰:"曲礼一篇无母狗。"令作对,韩对曰:"春秋三传有公羊。"其人大服,询姓名而去,韩由是知名。

康熙时,开局专修《尚书》。工部尚书王顼龄被命为总裁。纂修、协修皆特简,一时称稽古之荣,惟《尚书》卷帙无多,竣事易,而撤局速。又,王颇蓄姬侍,皆有所出,而平日宦囊故不甚丰。其长子图炳官春坊庶子,恒以分产不给为虑。或戏以联云:"尚书只恨尚书少;庶子惟嫌庶子多。"

钮玉樵云:茗中吴磐家饶于资,工书博学。甲申后绝意进取,然负气甚高,未能韬晦。顺治中,官方山兵备道吴兴,与之友善,因重修逸老堂,乞其长句一联镌悬堂柱。吴书联云:"台阁重新,问苍穹英雄谁是,有补天巨手,回日雕戈,待整顿乾坤再来杯酒;江山无恙,叹风流前辈何存,但古道斜阳,冷烟衰碣,尽悲凉人物止剩寒鸦。"词既悲壮，书复矫健。有怨家潜录其语，以吴阴蓄异谋，首之帅府。祸几不测，方山知之，乘夜撤去，力为回斡，费千余金，事始已。

《茶余客话》：钱名世送某权贵联云："分陕旌旗周太保；从天钟鼓汉将军。"因之谪官。某权贵即年羹尧也。

悼亡联悱哀而兼绮丽，颇难。学士余集悼亡联云："济艰辛，尝险阻，贫家妇信难为，痛今朝镜破钗分，欲图梦影重圆，除异世再同青玉案；习荆布，厌绮罗，半生俭应可法，奈尘海飙驰电掣，赢得褶痕如旧，到秋宵怕检缕金箱。"此则不愧才人之笔。

《画舫录》：岳钟琪以名将兼通文墨，尝访旧好蜀僧大岩于扬州乐善庵，庵即译经堂旧址。岳即席赠以联云："有月即登台，无论春秋冬夏；是风皆入座，不分南北东西。"

沈廷芳赠董文恭诰联云："著书台迥名繁露；入画山多学富春。"一切姓，一切地，又切其善画也。

郑板桥有赠焦山长老联云："花开花落僧贫富；云去云来客往还。"此联墨迹，嘉道间犹存山中。又板桥自题书斋联云："咬定一两句书，终身师保；栽成五七竿竹，满目儿孙。"语句诙谐，寄托亦高。

浙江巡抚王亶望，纳苏妓名卿怜者，亟宠眷之。尝署联于秘室云："色即是空空是色；卿须怜我我怜卿。"后王以墨败，王死后卿怜又归和珅。未几，和又败死，卿怜归老于吴。尝赋七绝，备言两姓盛衰本末。士大夫多有能举其词者。

果勇侯杨芳有自撰楹联云："忌我何尝非赏识；欺人毕竟非英雄。"殊有丈夫气。

《秋声馆词话》：吴县石韫玉以修撰外放湖南按察使，会属邑有以强奸讼者，石以事无确证，批牍中用"难保无"三字作转语。后其事上闻，以书生掉弄笔头罢官。石意不能无慊，恒笑谓人曰："难保无"正可对"莫须有"也。

《说部撷华》：归安闵鹗元中丞九岁时，其外舅尚书毛公于元宵宴客，中丞以旧姻与焉。时天阴无月，公作对属客曰："元宵不见月，点几盏灯为河山生色。"是日适届惊蛰，中丞对曰："惊蛰未闻雷，击三挝鼓代天地宣威。"公大称赏，遂以女妻之。人谓十四字媒。

《两般秋雨庵随笔》：嘉庆中有曹姓人为彭泽令，其友赠一联云："二分山色三分水；五斗功名八斗才。"一切官地，一切姓，运典恰切。

《续消夏录》：张明经晴岚除夕自题门联云："三间东倒西歪屋；一个千锤百炼人。"适有锻铁者求彭信甫书门联，信甫戏书此二句与之。两家望衡对宇，见者无不失笑。二人本辛酉拔贡同年，颇契厚，坐此竟成嫌隙。

元和黄谷原均工书画，嘉庆间供奉内廷有年，后出官湖北，淡于进取，引疾归里，小有园林，日以笔墨自给，有"辞官卖画"小印。严问樵曾赠以联云："关心夜雨疏帘，费半盏寒灯，为来日谋朝齑夕韭；回首春风上苑，剩一枝秃管，与诸君写近水遥山。"谷原大喜曰："此即余卖画招牌也。"

杭州诗僧六舟达受工草书，善画墨梅，并精金石篆刻。阮文达元称为金石僧。江夏陈銮巡抚江苏，延至吴门沧浪亭畔大云庵。齐梅麓赠以联云："中丞教作沧浪主；相国呼为金石僧。"

《桐阴清话》：阮文达元平蔡牵得其兵器，更铸秦桧夫妇像跪岳王祠外。好事者制一联作夫妇问答口吻木书之，其一系桧颈云："咳！仆本丧心，有贤妻何至若是。"又一系王氏颈云："啐！妇虽长舌，非老贼不到今朝。"阮一日谒庙见之，为狂笑。

乾隆时，状元秦大士，江宁人。秦桧亦江宁人。人以为桧后。大士到西湖，人故以请其瞻拜岳坟并题联，秦不得已，题云："人从宋后无名桧；我到坟前愧姓秦。"

宋室南渡，赵鼎为朝廷柱石，后为秦桧所挤陷，窜逐南荒，忧愤而死。终前自书墓中石铭旌云："身骑箕尾归天上；气作山河壮本朝。"

《粟香随笔》：丹徒严问樵罢会试出都，道山东，旅资告罄。时通州徐树人为泰安知府，初未谋面。严投以联云："千里而来，徐孺子可容下榻；一寒至此，严先生尚未披裘。"徐亟款留之，并赠厚赆。

《两般秋雨庵随笔》：葛秋生庆曾斋中悬一联云："书似青山常乱叠；灯如红豆最相思。"语极清新。"青山"句，秋生自拟；"红豆"句，则许滇生太史乃普所对也。

《竹叶亭杂记》：嘉庆戊辰庶常散馆崇绶改三等侍卫，以庶常改武职，从未之有。同时步军统领（俗称九门提督）文宁为侍郎广兴所讦降编修。都中有一联云："翰林充侍卫；提督作编修。"文武互易，天然对偶。

有某君自署楹联云："将雪论交人尽热；与梅相对我犹肥。"语极高雅。

咸丰庚申，京师失守，于时瑞常为步军统领，有人为联云："三国谋臣巴夏礼；八门提督瑞芝山。"盖英人巴夏礼衔下狱之辱，英法美联军内犯，特为之主谋；而步军统领俗称九门提督，联军既从东直门入，则九门仅余其八也。

林文忠公则徐巡抚江苏，时府同知续立人颇用事，或投联于其舆中云："尊姓本来貂不足；大名倒转豕而啼。"续怒持白文忠，请究其人。文忠笑曰：自苏州设同知以来，官此者不知几百千，能举其名者几人，得此雅谑，君不朽矣，又何愠焉。续惭而退。

林文忠在河工自题居室联云："春从天上至；水自地中行。"气象阔大。又赠河丞张某联云："乘槎直到牵牛渚；载笔同游放鹤亭。"切地切姓，工妙自然。又赠沅陵知县某君联云："一县好山留客住；五溪秋水为君清。"誉其官清，极新颖。

无锡邹鸣鹤以桂林巡抚弃城罢归，主讲东林书院。偶因细故，与诸生龃龉。明日，忽见厅事题一联云："部院难为为掌院；桂林不守守东林。"邹见之曰：是不可一日居矣。遂出从戎，旋殉难，予谥，开复原官。

咸丰时，肃顺当国，喜罗致文士。王闿运、高心夔皆游其门。高久不第，一岁成进士。覆试后肃索其诗稿，悄通关节，乃诗十二文韵，高误押十三元，榜出置四等。及朝考，诗题限十一真韵，高又误押十三元。肃见之，顿足曰：该死。遂又列四等。闿运调以联曰："平生双四等；该死十三元。"肃闻为捧腹。其后，高为某县知县，举行考试，初覆发卷，试者环案挤立。一人曰："高心夔"对水浒之"矮脚虎"何如？高闻之，遽曰：甚佳，甚佳。一时传为美谈。

曾国藩赠彭玉麟联云："冯唐易老，雍齿且侯，三字故将军，匹马短衣春射虎；左抱宜人，右弄孺子，孤山林处士，芦帘纸阁夜谈龙。"彭善画梅，退居西湖，故下联及之。又赠何氏寓宅联云："千顷太湖，鸥与陶朱同泛宅；二分明月，鹤随何逊共移家。"何江阴人，晚年罢官，寄寓扬州，以诗酒自豪。亦自有一联云："酿五百斛酒，读三十年书，于愿足矣；制千丈夫裘，营万间广厦，何日能之。"气势亦盛。

曾国藩以二甲进士未得翰林为憾。一日，曾往访左宗棠。左新纳妾，久始出。曾问故，左曰：适在小妾室，妾方洗脚，阍者未便入报耳。曾出联云："看如夫人洗脚。"左即对曰："赐同进士出身。"曾大惭恚。

太平天国建都金陵，正殿悬长联云："维皇大德曰生，用夏变夷，待驱欧美非澳四洲人，归我版图一乃统；于文止戈为武，拨乱反正，尽没蓝白红黄八旗籍，列诸藩服千斯年。"传为洪秀全自撰，或为李秀成撰，均不可考。又李秀成题寝殿联云："马上得之，马上治之，造亿万年太平有道于弓刀锋镝之间，斯诚健者；东面而征，南面而征，救廿一省无罪顺民于水火倒悬之会，是曰仁人。"此作足令小儒失气。

奉新许振祎官河督，喜奖拔人才。某进士需次到省，久无差委，除日门前贴春符云："十年宦比梅花冷；一夜春随爆竹来。"为许所见，大激赏，既知为老候补官，亟谒其巡抚推毂，遂补太康令。

清末士大夫头脑闭塞。同治六年设同文馆，有人为联云："鬼计本多端，使小朝廷设同文之馆；军机无远略，诱佳子弟拜异类为师。"又联云："未同而言孔门子弟；斯文将丧鬼谷先生。"见翁同龢日记。

恭王之子载澂，在上书房伴读，因引同治微行。时上书房师傅为林天麟，知之，面奏于西太后。太后召恭王责之。恭王因将其子送宗人府看管，退谓林曰：吾辈交谊甚厚，何不先告我而径奏太后耶？遂衔恨于林。会九江道出缺，恭王命以林调任。他军机大臣以上书房师傅外调道府，前无此例，乃放江苏学政。三年应还，不调。林卒于任。先是同治及载澂微行至前门外某酒馆饭，有翰林院检讨王庆祺者在隔壁房。王善唱二黄，正倚琴高唱。同治聆之喜，命太监召见，王亦随侍游行，更至妓院。因是王得超迁左春坊宏德殿行走。王复进《金瓶梅》等书及补剂。后同治染花柳病。御医开方，脉案不敢云为恶疾，只说是出痘。同治终以病不治死。时人有联嘲之云："只恨春坊进春药；可怜天子出天花。"此联李越缦日记有记载，联句甚长。

皋兰吴柳堂御史可读居谏垣，鲠直敢言，不避权贵，后以争清穆宗立嗣事，怀奏稿缢死，名闻天下。其署京寓联云："万事未甘随俗转；一官辛苦读书来。"饶有挺劲之致。又侍御少时倜傥好狎邪游，某科会试被摈留京候再试，遨游北里中，恋某妓数月，后资渐罄。座师某公劝其出城僦居九天庙，地清僻，远城市，可一意读书。侍御从之。甫三宿，仍入宿某妓所。久之，金又尽。妓亦稍不礼之，渐至衣食不给。乡人士资以金而要以仍居九天庙，侍御不得已，乃怏怏去。都下人皆呼侍御为吴大嫖。初京师菊部向推三庆四喜。咸丰中叶，四喜渐不振，诸伶散去。余三胜自江南归，乃悉家中金重新之。都人为撰联云"余三胜重兴四喜班"，而颇难其对。至是曰得之矣，"吴大嫖再住九天庙"也。闻者为之绝倒。

　　甲午之役，朝中多主战，李鸿章独主和。时西太后亦主战，李因获谴。后战败，卒从李议。有刘赶三者，在二黄班中善演昆曲丑脚，名为苏丑，当时在某园演剧，饰《鸿鸾喜》中之金团头，于交代拜杆时，谓其夥伴曰：你好好的干，不要剥去黄马褂，拔去三眼翎。时李之侄某在座，闻之怒，上台立掌赶三颊。赶三因是郁气而亡。时人嘲以联云："赶三一死无苏丑；李二先生是汉奸。"

　　甲午后，李鸿章极为清廷所倚重，以大学士兼直隶总督。在任时，值其七十寿辰，各方争送寿联，李必亲自寓目。一日，联将挂齐，李命其差官须留一位置，尚有一联未到。差官问何人联，李曰：翁尚书也。午后，翁同龢联到。开视为五字联："壮猷为国重；元气得春先。"盖李生日为立春前二日，故云。张之洞联云："四裔人传相司马；大年吾见老犹龙。"则已落第二乘。又某名士手一联云："天生以为社稷；人望之若神仙。"上用西平王李晟典，下用李邺侯典。咸以此联为最出色。

　　甲午之役，李鸿章主和。翁同龢叔平主战，与李鸿章颇多争执，适所蓄二鹤亡去，亲书访鹤招贴悬重赏寻之。因其书名，旋贴旋被人揭去，轰动都门。有人嘲以诗云："军书旁午正彷徨，惟有中堂访鹤忙；从此熙朝添故事，风流犹胜半闲堂。"时吴大澂清卿为湖南巡抚，好古董。安吉吴俊卿善篆刻，伪造渡辽将军印以骗取善价。吴得之，大喜，以为立功关外之征，请缨杀敌，乃所统士卒素无训练，甫临阵即溃散，人因与翁搭配，嘲以联云："翁叔平两番访鹤；吴清卿一味吹牛。"

　　李鸿章为相，合肥人；翁同龢为户部尚书，常熟人。有人嘲以联云："宰相合肥天下瘦；司农常熟世间荒。"谑而巧，若天造地设者。

　　湘潭郭松林提督物故后，其妾某氏殉焉。李鸿章挽以联云："一死最难，异日何如今日好；千秋不朽，小星竟傍大星沉。"

　　张之洞六十寿，易实甫赠联云："江汉秋阳不可尚；武昌夏口此为雄。"张见大恚，遂与实甫疏。人多笑其量狭。张办新政，有人嘲以联云："借公债以弥私亏，人人恨入骨髓；引旧学而办新政，事事袭其皮毛。"

李鸿章在京日，往来于联军统帅瓦德西之门。张之洞遗书诮让之。李告人曰："香涛做官数十年，犹是书生之见也。"盖谓不谙大局。张闻之曰："少荃议和两三次，乃以前辈自居乎？"时人目为天然对偶。

张佩纶以甲申马江败溃坐黜，后入李鸿章幕，颇见亲信。一日，佩纶诣签押房白事，会李之女公子在，仓皇欲避，李止之，遂相见。已而李微露择婿意，佩纶请曰：以何门第为准？李曰：能如君之文章学术足矣。佩纶时丧偶，闻之遽前拜伏称婿。李愕不知所以为答。佩纶出，明日置酒浼司道执柯。事遂外闻。李不得已，诺婚焉。李夫人闻之，以佩纶齿倍于女，日相谯诃。卒以事成，亦无如何。佩纶以废籍不获再起，晚岁拥妇财终老。后有人嘲以联云："三品功名丢马尾；一生艳福仗蛾眉。"

甲午后，国事日急。西太后七旬寿仍大事铺张。当时有人嘲以联云："昨日幸颐和，今日幸南海，后日更幸圆明园，七十龄筹屋长添，只为一人歌庆有；前年失台湾，去年失朝鲜，他年再失东三省，八千里江山益蹙，每逢万寿叹疆无。"

汉阳密昌墀性鲠直，以进士官山西知县。光绪母子出狩，岑春萱与扈从。昌墀见其紫袍黄马褂，意颇轻之。岑微闻亦不介意，已而放晋抚，密已擢平定州。辛丑回銮，驻跸州治。昌墀办供张，署一联于行宫云："此去朝天，愿抗疏陈言勿忘在莒；这回过境，论下官不职合便烹阿。"驾至时已入夜，不知门有悬联。夜分，岑一幕僚出见之，大哗。岑起读联语，怒回署，立命具劾疏，知其事者环而为道地，不许，卒劾去之。当时皆重昌墀之直，而嗤岑之不能容物。

吴兰雪赠林芝溪联云："酒不能豪偏爱客；米犹难索更藏书。"极风人之致。

二黄武生杨小楼以演《安天会》著名，人皆称杨猴子。在清末，若云杨小楼，则人少知者。陕西有翰林名李象寅者，人以"李象寅"对"杨猴子"，每字皆工。

陶在东庚子时官京师，随銮入岑春萱幕，后改官奉天，历权要县，已保知府。御史旗人某劾其在某县杀一盗，见为失入，遂褫职。后经盛京府尹宾廷杰奏明系公罪，旋予开复。会廷杰内调刑部尚书，陶随之入都，寓棉花六条，自署门联云："不须柳树因为号；莫谓棉花又误弹。"上切其姓，下嘲其劾案，颇佻脱。

杨士骧继袁世凯为直隶总督，性贪婪，与先君同年。先君任长芦盐运使，一日杨谓先君曰：请老同年帮忙，能否给你两个侄子委一挂名差使，每月弄二百两银子作笔墨费。当时，先君不能拒，曰：须要取个名字，一个叫杨应得，一个叫杨应受，可乎？杨不谓为讥己，但云"谢谢"而已。时粤人蔡绍基任海关道，杨常谩骂之，并有时声称派嘎杂子去海关道署盘库。嘎杂子者，周学熙也。先君谓杨曰：彼亦道员，何必每对之谩骂。杨曰：老同年不知，小骂则绸缎家具来矣，大骂则金银器皿来矣，是以不能不骂。杨又惧内，终其身不敢纳宠，后卒于任。其病中曾自为挽联云："平生爱读货殖传；到死不知绮罗香。"

清末，教官一职最为穷苦，无足轻重，实已赘旒矣。有人为联嘲之云："耀武扬威，隔窗子瞪门斗两眼；穷奢极欲，提篮儿买豆腐半斤。"穷形尽相，啼笑皆非。

明清科考制度，生员岁考，如考四等，须跪受戒尺责，故生员皆畏岁考。俗传有知县某向惧内，一日与一生员同酒，知县拟联令属对，曰："天不怕，地不怕，就是老婆也不怕。"生员即应声曰："杀何妨，剐何妨，即便岁考又何妨。"

胡君复题上海商务印书馆联云："昔晚唐建安余氏肇启书林，世界阅千余岁矣，其后三峰万卷，同时梅溪秀岩，文采风流，我思古人，聊从公等纂坊肆雅风，缥缃掌故；自北宋布衣毕生始为活板，变迁可一二数耶，近稽兰雪桂坡，上溯石经漆简，棣通演进，以有今日，何况此间称水陆形胜，东南筦枢。"

清末政治窳败，贿赂公行，竞为钻营。陈夔龙妻许氏，拜庆王奕劻之四侧福晋为义母；朱家宝之子朱纶，认庆王子载振为义父。载振至天津，赏识女伶杨翠喜，候补道北段巡警局总办段芝贵遂买翠喜献于载振。而奕劻次子载搠亦纳妓红宝宝为妾。时有人嘲以联云："儿解弄璋翁弄瓦；兄曾偎翠弟偎红。"为一时传诵。后段芝贵为御史赵启霖参劾，以他事革职。

清末佐杂微职与督抚官阶悬若天渊，每谒见，其一种卑恭之状难以形容。有人戏为联云："大人大人大大人，大人功应高升，升到三千界天堂，为玉皇上帝高祖盖瓦；卑职卑职卑卑职，卑职罪该万死，死在十八层地狱，替阎王老爷玄孙挖煤。"

同治进士龚镇湘之侄女美而慧，能诗词，依其舅父国子监祭酒王先谦生长。王即劾李莲英不纳而告休去官者。当时与王闿运称"湖南二王"。梁鼎芬、文廷式皆其门弟子。王爱梁才，以龚女妻之，结褵于京师栖凤楼寓居。文本与同门，时出入梁家。龚氏与文学词，因相爱慕而发生暧昧。梁官御史，以劾李鸿章革职离京。龚公然与文同居。梁隐痛实深。后梁以张之洞力，任武昌府知府。龚忽来书云即去武昌。梁与龚并未离异。龚到，梁以知府仪仗迎之，然不与同室，自居署中食鱼斋。未几，龚返京，梁复赠以多金。龚、梁之事，遂以不了了之。梁追念往事，自为联云："零落雨中花，旧梦犹寻栖凤宅；绸缪天下事，壮怀消尽食鱼斋。"上海有人撰《官场现形记》，有一则影射此事，对梁颇加丑诋。然梁文章忠节自是可传，不以此有所损，而文廷式则不理于众口矣。

戊戌政变，康有为预得消息逃亡，未与六君子之难，因自号"更生"。然国势自戊戌至庚子以后，日益孱弱，门户大开，市场除制钱外,洋钱充斥。有人以康之号与当时流行货币戏为联云:"古今三更生,中垒北江南海;宇宙一长物,孔兄墨哥佛郎。"

《云自在龛随笔》:宋道君以言官建议习诗赋者杖一百。又御史李彦章疏以诗赋为元祐学术,其意在黄、秦、晁、张四学士,并劾及陶渊明、杜子美、李太白,皆贬之。近时,陈夔龙以当国恶汉学,参及汉之贾、马;又恶西学,参及撰《海国图志》之魏默深、《瀛环志略》之徐松龛,与宋人相类。时人有联云:"夔龙参贾马;能虎是真龟。"能虎,沈姓,时官通永道,以沪渎一名妓为之妾。

妇女缠足始自五代,日益盛行,迄明清已无不缠足之妇女,至清末始渐有放足者,名曰"天足"。扬州名士方地山,风流不羁,放浪酒色,能诗词文,尤善为联。袁世凯任军机大臣时,聘其为馆师,以授其次子克文读,并为纳粟得四品虚衔。方租居南城,纳一妾,天足也。自为联署其室云:"捐四品官,无地皮可刮;租三间屋,以天足自娱。"方为联甚多,率皆诙谐滑稽之语。

清室逊位后,南北议和,伍廷芳任其事,颇费周折,久无成议。伍心劳唇敝,须发为白。后病笃,遗言火葬。卒后,家人遵意行之。章太炎为挽联云:"一夜白髭须,多亏东皋公救难;片时灰骸骨,不用西门庆花钱。"上切其姓,下切其火葬,谑而近虐矣。

南北议和后,袁世凯组织国会,成立共和民国政府,自为总统。南方亦针锋相对。王闿运湘绮刺以联云:"民犹是也,国犹是也,何分南北;总而言之,统而言之,不成东西。"更为横额曰:"旁观者清。"后袁氏谋帝制,王过新华门,见门额惊曰:何不祥耶?或问之。曰:今议帝制,而署门曰新莽,非不祥而何。盖华、莽文相似,故作错认,以示讥讽耳。

袁世凯以王缃绮长清史馆。湘绮居京师,恋其女仆周妈,颇为所制。有人嘲以联云:"长清史馆是八斗才,最怕周公来问礼;登湘绮楼望十里埠,不随王子去求仙。"十里埠为湘绮故居近地。

阮忠枢为袁世凯幕，其文笔畅而快，凡函札文电，非出彼手，袁不惬意。阮好作狎邪游，每有急事，遣差官寻于平康里中，则已醉卧矣。袁爱其才，不之罪，有时尚助给缠头。先君督河南，值五十寿，袁赠联云："五岳齐尊，维嵩峻极；百年上寿，如日方中。"即阮氏手笔也。

袁世凯寿徐世昌联云："华发共匡时，二十年金石论交，布衣昆季期偕隐；丹心同报国，亿万姓钧衡系望，带砺山河祝大年。"上联用汉光武与严子陵事，下联用带砺山河，俨然以帝王自居。联亦出阮忠枢手。

顾鳌、薛大可为洪宪帝制筹安会之要角。易实甫以二人名对"潘驴邓小闲"。或告之，戏谓曰：两公他日即不使名标麟阁，然于此对亦足以传矣。

宋教仁渔父被刺，为袁世凯所主使。余先君曾挽以联云："世无晋国触槐人，何地何时，忍令钼鹰乘赵盾；书有楚词香草泪，独清独醒，始知渔父即灵均。"此联淡淡著墨，语有含蓄，已暗寓其被刺端委矣。

宋教仁被刺死，一挽联云："天下已定，吾固当烹；司马之心，人所共见。"又司法总长挽之云："是豪杰下场，爱国舍身，名已千古；这迷离公案，发奸摘伏，责在藐躬。"

杨度与蔡锷私交颇厚，而蔡以反对袁氏帝制而成功，杨则以奔走袁氏帝制而失败。后蔡游日本，病卒，旅榇回国。杨挽以联云："魂魄异乡归，于今豪杰为神，万里河山皆雨泣；西南民力尽，太息疮痍满目，当时成败已沧桑。"下联语气崛强，无韬晦之意。

洪宪帝制时，蔡松坡避嫌，日夕昵妓小凤仙家。蔡卒后追悼日，小凤仙来吊。有人代拟挽联云："不幸周郎竟短命；早知李靖是英雄。"亦一时佳话。

蔡松坡去世，某追悼会挽联云："又悲豪杰沦三楚；再造共和第一人。"又吕公望联云:"从蜀道先登,凫定弢钤天下服;用滇兵首义,群惊鼓角地中来。"又刘显治挽联云:"为国民争人格一语,字有光芒,历史四千年,此举可称义战;读遗言以薄葬终篇,声含血泪,共和亿万世,吾公永系讴思。"

陆凤石卒,檀机挽以联云:"庚午癸酉甲戌,当日科名,三度我同登,清浅蓬瀛,沧桑一瞬;南皮常熟寿州,并时元宰,四人公殿后,岁寒松柏,青史千秋。"

邹福保咏春,丙戌探花,官翰林侍讲。入民国槁饿不出。陆润庠凤石亦居苏州,不问世事。两人常至天平山高义园相晤。邹卒,陆挽以联云:"极乐国距三千界而遥,此处有干净土,君乃先往;高义园才七十日之别,其言如广陵散,吾不忍闻。"语极真挚凄恻。

清末民初,皮黄戏极盛。谭鑫培,人以大王尊之。谭没后,王位久虚。大鼓刘宝全,一时又奉以大鼓大王之徽号。有人赠以联云:"祢生不耻鼓吏,落莫英雄,我思古来慷慨悲歌之士;韩侯愿为假王,离奇身世,谁能拔尔抑塞磊落奇才。"

袁世凯在小站练兵,后日成北洋派。在北洋时,其部下有三杰:王士珍为龙,段祺瑞为虎,冯国璋为狗。冯后继任总统,其人贪。南海多鱼,因向为禁苑,无捕者,时见有鱼尚头带金牌,为昔帝后所放生也。冯居南海,竟令庶务司捕鱼以售于市,后卒于任。有人挽以联云:"南海鱼何在;北洋狗已无。"

汪笑侬本文人隐于艺,又号伶隐。尝自署门联云:"墨笑儒,韩笑佛,司马笑道,侬惟自笑也;舜隐农,说隐工,胶鬲隐商,伶亦可隐乎。"

梁启超之女令娴有《艺蘅馆词选》,归自日本,与周氏于花朝日结褵,有人贺以联云:"绝代艺蘅词,三岛客星归故国;传家爱莲赋,百花生日贺新郎。"

北洋派直系盛时,吴佩孚以两湖巡阅使兼直鲁豫巡阅副使,坐镇洛阳,值其五十岁寿,康有为赠以联云:"牧野鹰扬,百岁勋名才半世;洛阳虎视,八方风雨会中州。"见王湘绮手钞笔记。书亦典雅亦自然,自是斫轮老手。又有人联云:"泰岱五岳之首;黄河千年一清。"亦佳。

韩复榘主政河南,集中小学教员,令扫除街道;并厉行放足,取市民妇女缠足布悬于省府大门外,秘书长邓某编鼓儿词当众演唱,宣传放足。有人嘲以联云:"济济多才,驱百家头巾,斯文扫地;堂堂大府,挂千条脚布,臭气薰天。"

国民党政府建都南京,蒋介石于钟山设坛祭阵亡将士。章太炎为联云:"群盗鼠窃狗偷,死者不瞑目;此地龙蟠虎踞,古人之虚言。"

南京政府,蒋、宋、孔、陈分掌军、政、党、财,国人侧目。章太炎为联云:"蒋家天下陈家党;孙氏骷髅宋氏○。"下联末字只画一圈。语虽谩骂,亦激愤而出之也。

王正廷字儒堂,籍耶稣教。北洋政府时,屡任总长。后以张学良推荐,在南京政府一度任外交部长。章太炎嘲以联云:"正廷屡受伪廷命;儒堂本是教堂人。"

悬挂对联亦须谨慎,昔王百谷家桃符云:"岂有文章惊海内;漫劳车马驻江干。"人以为夸。陈眉公庭联云:"天为补贫偏与健;人因见懒误称高。"盖用陆务观语,人谓虽谦抑而实简傲。袁寒云曾书赠余一联云:"十有九输天下事;百无一可眼中人。"余迄不敢挂也。

二黄青衣陈德霖,兼善昆曲,当代四大名旦皆其弟子也,故以老夫子称之。袁寒云曾与合演《游园惊梦》。陈卒后,寒云挽以联云:"灯红酒绿,把袂论交,犹忆少年行乐地;扇影钗光,同歌惊梦,可堪今日奈何天。"下联即用《牡丹亭》语,对句现成之至。

余学词,初与寒云唱和。辛未岁春,寒云病逝,余用词语挽以联云:"天涯飘泊,故国荒凉,有酒且高歌,谁怜旧日王孙,新亭涕泪;芳草凄迷,斜阳黯淡,逢春复伤逝,忍对无边风月,如此江山。"祭日,此联与邵次公联并列。当时画报录载,误以余联为次公联、次公联为余联。后吴江黄娄生闻余将写联语,谓余曰:君有挽寒云联,吾曾有录稿,何一向未言及耶?余请其录示之,乃次公联也。联云:"风流似魏晋之间,茫茫哀乐中年,荷锸岂无心,酾酒可能到蒿里;踪迹在炎凉而外,恻恻死生一别,绝弦空有泪,回车未忍过雍门。"语沉痛,合两人身分交谊。

芦沟桥事变,北京陷落。日本勾结王克敏等组织伪政府,汤尔和任议政委员长兼教育总长。粤人谭篆青家善烹饪,以谭家菜名。汤最嗜谭家菜,因委谭为秘书,以供其餐。有人出对云"谭篆青割烹要汤",久无上联。余室人潘素时习绘山水,余则专写梅兰。社稷坛开绘画展览,余伉俪作品均参与。有人见之曰:张丛碧绘画不如潘素矣。夏枝巢闻之,因得上联云:"张丛碧绘事后素。"竟成妙对,为一时掌故。

日本投降后,国民党政府时期经济紊乱,市场交易皆以黄金计价,每十两为一条,名曰条子。时有力律师多受汉奸案,为作辩护,所得条子与法官朋分,罪得轻减。有为联讥之云:"有条有理;无法无天。"

清近支宗室皆好习戏曲。载涛能《安天会》、《芦花荡》、《贵妃醉酒》,盖与老伶工张淇林、钱金福、余庄学者。溥侗号"红豆馆主",文武昆乱不挡,虽内行亦师之。其能单弦牌子曲者,则更比比皆是。因单弦本创自八旗子弟也。惟恭王一支习诗词、书画、鉴赏、考据之学。溥心畬精绘事,与蜀人张大千有"南张北溥"之称,诗词并佳。其弟叔明,治考订、经义、音韵,诗宗盛唐,词承五代、北宋,时与余论词,以清空为主,字句声律每相斟酌。其夫人亦能诗词,己亥秋病逝,叔明作悼亡词《浣溪沙》十阕寄示于余,悱哀幽郁,不忍卒读。余回书慰之,并谓词何酷似纳兰容若。后相见,叔明曰:君真知词者,日来因独夜不眠,读《饮水词》,有同病相怜之感,遂不觉似之耳。次年春,叔明卧病,余寄《瑞鹧鸪》词问之,往返各至八阕。每余词到,叔明则曰:"鹧鸪又叫矣。"余词末阕结句云:"寸寸柔肠谁会得,眼前唯有鹧鸪啼。"叔明末阕结句云:"听到鹧鸪愁已惯,不妨楼外尽情啼。"今春正月,叔明病竟不起。追祭日,余挽以联云:"地下镜重圆,终古不分鹣鲽影;人间琴已碎,从今休叫鹧鸪声。"盖纪实也。

郭啸麓则沄早掇巍科,外放温台处道,少年得意。入民国,任总统徐世昌之秘书长,晚岁颇自悔,著《红楼真梦》自感身世,为蛰园律社、瓶花簃词社,月作文酒之会。余自西安回京,彼已病,旋逝。余挽以联云:"真梦续红楼,雪芹眼泪梅村恨;旧游开白社,金粟词篇玉屑诗。"

有项、朱二姓因建祖祠争界构讼,官临勘为画界,乃各鸠工。朱氏祠先成,署一联云:"曾作两朝天子;亦称一代圣人。"见者咋舌,然无以难也。他日,项祠成,亦署一联云:"尝烹天子父;亦作圣人师。"以子之矛,陷子之盾,可称奇崛。

州县中差役之扰乡民,其术百端。程次坡御史条陈川省积弊,有"贼开花"等名目,言民间遇有窃盗案之后,差役将被窃邻近之家资财殷实而无顶带者扳出,指为窝户,拘押索钱。每报一案,牵连数家,名曰"贼开花"。有鲁典史者,刻一联榜悬于堂云:"若要子孙能结果;除非贼案不开花。"

钱季重负才偃蹇,与黄仲则同里。《北江诗话》称其饮酒使气,有不可一世之概,溺爱三子,常与嬉戏。其座右一联云:"酒酣或化庄生蝶;饭饱甘为孺子牛。"

晋陆机《平复帖》,溥心畬藏。余初见于鄂赈灾展览会,望洋兴叹者久矣。叶玉虎主持松江文献展览,向溥借展此帖。溥索保险费二十万元,未借。后张大千出六万元求让,亦未成。芦沟桥事变年,除夕前一日,余自天津回北京度岁,车上遇傅沅叔年伯云:心畬遭母丧,需费正急。因商定由其作合,后以三万元收得。除夕日取来于沅叔家同观。又每岁清明，皆去旸台山大觉寺同看杏，于花间共筑二亭，一名倚云，一名北梅。后余去西安，日本降后回京，沉老患半身不遂，旋逝世。余挽以联云："万家爆竹夜，坐十二重屏华堂，犹记同观平复帖；卌里杏花天，逢两三点雨寒食，不堪再上倚云亭。"

桂念祖追随康、梁变法，后东走日本。一九一五年客死东瀛。终前自撰挽联云："无限惭惶，试回思曩日壮心，只余一恸；有何建白，惟收拾此番残局，准备重来。"

张心量挽黄克强联云："先专制而生，后共和而死；革清命其始，讨袁帝其终。"又某联云："壮气撼山河，顾是非评论由人，名满天下，谤满天下；大星沉歇浦，忆前后江淮战绩，成也英雄，败也英雄。"

杨士琦杏城临终，唯曰大家力争上游云。林虎挽以联云："力争上游，言犹在耳；顾瞻中夏，忧来袭心。"

萧耳公挽山东护国军联云："社鼠城狐，不去庆父难安鲁；天阴雨湿，犹有英灵唤渡河。"

康有为赠李维新联云："开张天岸马，俊逸人中龙。"又赠任启圣联云："应求贤作砺；更与天为徒。"又赠金峙生联云："奇峰入汉；高浪驾天。"并有气象。

钱梦鲸赠谭遏云联云："人尽合群可以集事；天与不取是谓无能。"

丁修甫寿丁厚庵九十联云："是吾宗尚父，显荣之年到一百余岁，大堪秉钺；侔唐代令公，荐举伊始便二十四考，依样称觞。"又寿鲁瑶仙丈九十晋一联云："三五月圆时，宴启西河，家庆永绵君子泽；九十日有秩，恩承北阙，秋光高烛老人星。"

魏瑾赠松侨先生联云："导河积石源流正；维岳嵩高气象尊。"

王湘绮八十寿，萧干赠联云："文章上继两司马；耆宿今惟一伏生。"

黄季刚五十初度，章太炎赠联云："韦编三绝行知命；黄绢初成好著书。"

吴敬恒挽孙中山联云："闻道大笑之，下士应多异议；贻谋后死者，成功不必及身。"运典切合，用意深远。

谭延闿之父谭钟麟官两广总督，继其任者即李鸿章也。孙中山被捕入狱，谭曾释而遣之。延闿为庶出，少年科甲，晚岁两任国民政府主席，卒于任。曾与宋子文论行辈，登堂认母。章太炎挽以联云："荣显历三朝，前清公子翰林，武汉容共主席，南京反共主席；椿萱跨两格，乃父制军总理，生母谭如夫人，异母宋太夫人。"此联一字不著褒贬，而苛谑特甚。

张勋逝世，赵尔巽挽以联云："英雄成败皆千古；师友交期尽九泉。"语恳挚壮阔，并合身分。

梁山舟书楹联云："能受苦方为志士；肯吃亏不是痴人。"

徐菊人自书联云："闾里丰登歌大有；奉裳翔气乐无荒。"又联云："两袖清风半榻书；一条藜杖七弦琴。"

张伯冶妻钱莲因有谏夫一联云："人生惟酒色机关，须百炼此身成铁汉；世上有是非门户，要三缄其口学金人。"

严问樵赠陶文毅公联云："商鼎周彝汉印唐碑，上下三千年，公自有情天得度；酒胆诗肠文心画手，纵横一万里，我于无佛处称尊。"语奇，开阔。

陈梦雷主修《图书集成》，其子亦才彦。清圣祖御书联云："竹苞松叶茂；鹤老羽毛新。"

童第周为动物研究所长，余赠以联云："寄情在物象形骸以外；多识于鸟兽草木之名。"

日本后醍醐天皇倒幕失败，被捕流放。某武士于樱树上刻一联云："天莫空勾践；时非无范蠡。"盖勉其奋斗也。后果成建武中兴之业。

赵又铭、于慎卿赠琉球王尚泰联云："世笃忠贞，辟尔为德；天寿平格，王此大邦。"赠王弟尚弼联云："有礼则安，为善最乐；保世滋大，与国咸休。"

高丽才士洪宗树，以其国党人内讧，强敌外扰，常游甬沪，累年不返。斗室中自题联云："不臧厥臧，民罔攸劝；以暴易暴，我安适归。"

卷二　祠宇　名胜

中国祠宇名胜之对联,乃系中国民族建筑形式与文学相配合者。祠庙对联宋元时无传句,约起于明代;名胜对联则在五代时已有矣。

太皞陵在淮阳县,旧属陈州府,郡守王掌丝有联云:"泄造化之机缄,万世文章开易象;规山川之形胜,千秋陵寝奠淮阳。"

仓颉庙,陈桐阶有联云:"古文仰作家,论周孔神灵也当瞻拜门墙,于此同来问字;大笔惊雄鬼,除梵卢伯仲可以别开经术,其他未敢抗衡。"

彭玉麟题仓圣庙云:"一画本天开,破上古洪荒草昧,无须绳更结;六书随世换,供后人摹写英雄,未免笔难投。"

韩城禹庙王达村有联云:"一道盘空,白云覆地;两山立壁,黄河中流。"著笔但写景而禹功自见。

甘肃文县地瘠僻荒,山中有文王庙,县志谓即古羑里地,狄道吴镇有联云:"蒙难观爻,石径蒺藜皆卦象;拘幽作操,云田柞棫亦琴材。"切事切地而不作颂语,甚佳。

卫辉府有比干墓、比干庙,有联云:"君德难回,当此众叛亲离,若但如微子去箕子奴,无以激亿万人忠贞之气;臣心不死,即兹魂飞血溅,犹将以周日兴殷日衰,上诉诸六七王陟降之灵。"词旨激昂。

永平在商为孤竹国,城外有夷齐庙,有联云:"兄让弟,弟让兄,父命天伦千古重;圣称贤,贤称圣,顽廉懦立百世师。"

国子监大成殿联云:"气备四时,与天地日月鬼神合其德;教垂万世,继尧舜禹汤文武作之师。"观此联,可见以前专制时代之尊孔。又邹县孟庙联云:"尊王言必称尧舜;忧世心同切孔颜。"上两联,《楹联丛话》云皆为御制,然皆为臣工所代拟耳。锡山邹世楠以黄野鸿诗"战国风趋下;斯文日再中"为孟庙联,实胜于上联。

旧时曲阜衍圣公府门联云:"与国咸休,安富尊荣公府第;偕天不老,文章礼乐圣人家。"为明李东阳题。又谢振定联云:"守道不移金鼎重;居身常抱玉壶清。"刘云房视学山东时题联云:"到此都称香案吏;及时多种杏坛花。"

子产祠有联云:"有惠人心,可来兹地;无君子德,莫登此堂。"

济宁仲家浅为子路故里,有仲氏祠,联云:"允矣圣人之徒,闻善则行,闻过则喜;大哉夫子之勇,见危必拯,见义必为。"

吴信辰有颜氏祠堂联云:"馨香分郭外之田,夕馐晨羞,讵敢作拾尘野祭;展拜守家中之训,左昭右穆,何须翻争座名书。"上联用陆机"拾尘惑孔颜"句,下联用颜之推家训及颜鲁公《争座位帖》事。

绵山介之推祠,王执中有联云:"主辱臣忧,当在外从亡,一饭已经肝胆碎;功成身退,问诸君食禄,千秋留得姓名无。"

苏州泰伯庙,齐彦槐有联云:"志异征诛,三让两家天下;功同开辟,一坏万古江南。"

长沙岳麓寺三闾大夫祠,秦侍郎瀛有联云:"何处招魂,香草还生三户地;当年呵壁,湘流应识九歌心。"

长沙有屈、贾二公祠,联云:"亲不负楚,疏不负梁,爱国忠君真气节;骚可为经,策可为史,经天行地大文章。"

大梁信陵君祠联云:"有史公作传如生,爱客若君,真令读者慷慨悲歌不已;其门馆风流未谢,于今视昔,问谁能拔抑塞磊落之才。"

汉口桃花夫人祠联云:"列女传从刘向定;夫人心只息侯知。"议论自在言外,惟不知作者。

桃源郭世钦孝廉题陶朱公祠联云:"半亩此迎神,越国江山留断垄;五湖长浪迹,吴宫花草入扁舟。"

诸暨苎萝村西子祠,田锡三有联云:"决报吴心,成沼吴功,夫婿五湖舟,坐笑先几文种昧;以倾国貌,洗辱国耻,女儿百世祀,若论配飨木兰宜。"按上联皆误用世传西施随范蠡事。明杨升庵《外集》云:世传西施随范蠡去,不见所出,只因杜牧"西子下姑苏,一舸逐鸱夷"之句而附会也。又《墨子》:吴起之裂,其功也;西施之沉,其美也。此谓吴亡之后,西施亦死于水。《吴越春秋·逸篇》云:吴王亡后,越浮西施于江,令随鸱夷以终。此说正与《墨子》合。盖吴既灭,即沉西施于江。浮即沉也。随鸱夷者,子胥死盛以鸱夷。子胥之潜死,西施有力,今沉西施所以报子胥之忠,故曰随鸱夷以终。范蠡去越,亦号鸱夷子。杜牧遂以子胥鸱夷为范蠡之鸱夷而坠后人于疑网。

孟姜女祠联云:"秦皇安在哉,万里长城筑怨;姜女未亡也,千秋片石铭贞。"载《临榆县志》。

介休县韩信庙,杨听庐联云:"西望关中,百战十年空鸟兔;北临绵上,千秋一例感龙蛇。"以介之推作衬,有弦外阳秋。

淮安漂母祠联云:"世间多少奇男子;终古从无一妇人。"见谈迁《北游录》。

刘子迎题留侯庙联云:"从龙逐鹿两茫然,我思妙用无穷,何害英雄与儿女;黄石赤松皆戏耳,独怪全身有术,不遭烹醢即神仙。"

紫柏山留侯庙联云:"吃饭最难,如公世上无须谷;弃官宜早,为我山头多种松。"用本传辟谷、从赤松子游二事,忘作者姓名,当亦久于世事升沉者。

余由陕西去成都,过留侯庙,题联云:"惜博浪一椎,副车不中秦皇帝;笑淮阴万户,末路终同楚霸王。"

长沙李梦莹进士有贾傅祠联云:"少年有痛哭流涕文章,问西京对策谁优,惟董江都后来居上;今日是长治久安天下,喜南楚敝庐无恙,与屈大夫终古相依。"

绍兴上虞县虞姬庙联云:"今尚祀虞,东汉已无高后庙;斯真霸越,西施羞上范家船。"此倪元璐文贞撰也。光武时斥吕后,以文帝母薄太后配祀高帝。上联用之。

豫章樵子庙,相传樵子代光武死,故庙祀之。有联云:"汉家樵子亦英雄,漫说云台列将;莽世簪缨真草芥,可怜禄阁书生。"

严子陵祠有联云:"钓者不在鱼也;先生其犹龙乎?"

马伏波祠,余某题联云:"铜柱镇乌飞,顾盼生风,意气真能吞浪泊;金门留马式,男儿报国,姓名何必与云台。"

易实甫题青浪滩伏波庙联云:"卅六里雪浪飞来,淘尽万古英雄,尚遗鸦阵神兵留传部曲;廿八将云台在否,幸有五谿祠庙,得与羊裘钓叟共占江山。"又某氏伏波祠联云:"功名安足为,当时交趾车还,如公忠勇犹腾谤;拜瞻空有感,此日越裳贡渺,何人慷慨更筹边。"

傅青主题沁源郭泰祠联云:"侯不得友,王不得臣,自是神仙人物;隐不违亲,贞不绝俗,合称有道先生。"

蟂矶孙夫人庙一联云:"思亲泪落吴江冷;望帝魂归蜀道难。"传出徐青藤手笔。

浙江曹娥庙门联云:"事父未能,入庙倾诚皆末节;悦亲有道,见吾不拜也无妨。"传为徐青藤笔。又夏煜联云:"孝女名江,看汐往潮来,百十里叠浪层波,是哭父千行血泪;逸才题赞,想外孙幼妇,八个字虫侵蠹啮,为诔娥万古丰碑。"

昭烈陵联云:"一坯土尚巍然,问他铜雀荒台,何处寻漳河疑冢;三足鼎今安在,剩此石麟斜日,令人想汉代官仪。"

昭烈、孙夫人合祠有联云:"锦绣江山,半壁雄心敌吴魏;风云儿女,千秋佳话掩甘糜。"

诸葛武侯祠有联云:"誓欲龙骧虎视,以扫荡中原,惊风雨,泣鬼神,前出师表,后出师表;时当地裂天崩,求缵承正统,失萧曹,见伊吕,西汉功臣,东汉功臣。"又联云:"伊吕允堪侔,若定指挥,岂仅三分兴霸业;魏吴偏并峙,永怀匡复,犹余两表见臣心。"

成都丞相祠堂,鄂山有联云:"望重南阳,想当年羽扇纶巾,忠贞扶季汉;泽周西蜀,爱此地浣花濯锦,香火拥灵祠。"

江宁驻马坡,相传为武侯驻马处,山半有武侯祠,联云:"丞相当年曾驻马;江山终古此蟠龙。"又刘坤一联云:"许先帝驰驱,东连吴会;有儒者气象,上继伊周。"又顾某联云:"荐公一掬建业水;听我三终梁父吟。"

灵川县诸葛祠有联云:"梁父吟成高士志;出师表见老臣心。"又云:"成大事以小心,一生谨慎;仰流风于遗像,万古清高。"

赵樾村藩题成都武侯祠联云:"能攻心则反侧潜销,从古知兵非好战;不审势即宽严皆误,后来治蜀要深思。"盖赵为岑西林春萱师,彼时岑督蜀,治主严厉,赵借此规之。

关壮缪庙联最多,然多根据《三国演义》,兹不尽录。西湖岳庙之左有关庙,门联云:"德必有邻,把臂呼岳家父子;忠能择主,鼎足定汉室君臣。"为缪昌期手笔。又许昌八里桥关庙,壁有画像,壮缪骑马居中,曹公及张辽等分立两旁,酌酒饯行,有联云:"亦知吾故主尚存乎,从今日遍逐天涯,且休道万钟千驷;曾许汝立功乃去耳,倘他日相逢岐路,又肯忘樽酒绨袍。"此联向著于人口。又吴信辰题关庙联云:"惠陵烟雨,涿郡风雷,在昔埙篪兴一旅;魏国山河,吴宫花草,于今蛮蜀笑三分。"语颇壮丽,然"埙篪"二字亦演义语也。

张桓侯庙联云:"春雨楼桑,无限落花悲帝子;秋风剑阁,有人洒泪吊将军。"辞虽太泛,然犹胜于"武能提戈文握管,唐曾显姓宋留名"

一联不经之语。

赵子龙祠联云："以此横身胆，曾当百万兵，千秋草木余生气；奠公一杯酒，试问三分国，几个英雄得寿终。"按子龙浑身是胆为昭烈语，"横身"不如径用"浑身"。"曾当百万兵"指长坂坡事，亦根据演义也。又洗马池子龙祠，何元普有联云："将军不可无马，汗马三分，洗马以来空凡马；先帝尝称子龙，从龙百战，卧龙而外一神龙。"

蜀中姜伯约祠有联云："九伐竟无成，心师武侯，能继祁山六出志；三分不可恃，计诛邓艾，已复阴平一败仇。"

北地王刘谌庙，陈桐阶有联云："河山大好，经先帝留兹安乐窝，断送顿成空，县公实辱三分鼎；家室漂摇，仗何人保我子孙福，自裁惟有死，丞相徒劳六出师。"

周公瑾祠联云："大帝君臣同骨肉；小乔夫婿是英雄。"十四字落落大方。又联云："顾曲有闲情，不碍破曹真事业；饮醇原雅量，偏嫌生亮并英雄。"

小乔墓擅亭沼池院之胜，陆宝忠有题联云："小院辟从今，对马鬣一抔，秋风酒酹湖蘋白；大姨渺何处，独蛾眉千古，春雨香流墓草青。"

祢衡墓，田锡三联云："郁满腔壮彩奇情，挝鼓裸衣，早目空老奸曹瞒、俗物黄祖；剩几辈词人墨客，访碑谒墓，犹指点洲前芳草、江上斜阳。"陈桐阶联云："挝鼓想豪雄，问他展墓何人，都知小儿是杨、大儿是孔；赋鹦惊手笔，阅尽成名竖子，怕说坐者为冢、卧者为尸。"

扬州华陀庙有联云："元龙币聘以来，泽被广陵，到此日青囊未烬；孟德头颅安在，烟消漳水，让先生碧血常新。"又联云："大儒以胞与为怀，小数得名，莫非术耳；汉室有心腹之患，神针难救，岂非天哉。"又联云："汉献之朝恨无医国；神农而后赖有传书。"

焦山焦生祠，郑板桥题联云："苍茫海水连江水；罗列他山助我山。"又联云："临流口吸西江水；隔岸拳惊北固山。"

宜兴周孝侯处庙，邑宰齐梅麓撰联云："朝有奸党，岂能成将帅之功，若教仗钺专征，蛟龙犹非对手敌；世无圣人，不当在弟子之列，谁信读书折节，机云曾作抗颜师。"词意激昂，足当一首传论。又南京周处台联云："大屋不画龙蛇，待名士来题咏者；今世复多蛟虎，愿将军出斩除之。"

蔡绍襄题桃源靖节祠联云："先生岂必因桃源而重；此地固应较栗里为佳。"

唐张旭曾为常熟县尉，城南有草圣祠，梁章钜撰联云："书道入神明，落笔云烟，今古竞传八法；酒狂称草圣，满堂风雨，岁时宜奠三杯。"

宣城太白楼，李成谋联云："大江淘尽英雄，山经百战楼仍在；诗卷长留天地，人往千秋酒不空。"采石矶李太白祠，联云："我辈此来惟饮酒；先生在上莫题诗。"传为徐青藤手笔。汴梁吹台上祀李太白、杜少陵、高达夫三公，麟见亭有联云："一览极苍茫，旧苑高台同万古；两间容啸傲，青天明月此三人。"

采石太白楼，彭玉麟有联云："到此莫题诗，谁个敢为学士敌；偶然去捉月，我来甘拜酒仙狂。"

虎丘，李太白曾有夜游诗序，建有景李堂，堂侧多牡丹，彭春农有联云："一序证前游，太白光芒神久在；三章怀绝调，牡丹时节我刚来。"

成都杜工部草堂，有联云："地有千秋，南来寻丞相祠堂，一样大名垂宇宙；桥通万里，东去问襄阳耆旧，几人相忆在江楼。"又，顾复初联云："异代不同时，问如此江山，龙蟠虎卧几诗客；先生亦流寓，有长留天地，月白风清一草堂。"王湘绮联云："自许诗成风雨惊，将平生硬语愁吟，开得宋贤两派；莫言地僻经过少，看今日寒泉配食，远同吴郡三高。"

苏州韦公祠联云："唐史传偏遗，合循吏儒林，读书不碍中年晚；苏州官似谥，本清才名德，卧理能教末俗移。"

马嵬驿杨贵妃祠，许仙屏题联云："谷铃如诉旧愁来，蜀道秦川，过客重谈杨李事；墓粉还将秋色补，雨尘云梦，伤心何似汉唐陵。"又熊文华有联云："龙武军变起仓皇，毕竟蛾眉能殉国；蚕丛道尘飞散漫，谁将鸳锦赋招魂。"

无锡惠山有张睢阳庙，额曰"显忠"。谢默卿题联云："抗节济时艰，论当年守御声威，实先郭汾阳、李临淮，功存庙社；显忠关世教，考兹土烝尝旧典，当与伍子胥、陈武烈，气壮河山。"睢阳及伍子胥、隋司徒陈杲仁事皆不在锡山而皆有庙，故云。

宛陵城内张巡、许远双忠庙联云："禄山庆绪悍然其无君父，当年即破孤城，效忠乱贼，曾邀富贵之几时；令狐尹奇不幸而有子孙，今日试登双庙，下拜先生，将置祖宗于何地。"又联云："国士无双双国士；忠臣不贰贰忠臣。"

吴门有许远将军祠，联云："待张巡若同胞，先死后死，与常山平原义分一席；恨李翰不作传，大书特书，赖紫阳涑水笔补千秋。"

江阴张许二公祠，梁章钜题联云："孤城屹立，半壁粗完，自昔论功侪郭李；一日效忠，千秋慕义，此间继起有阎陈。"按对紧切江阴。

虎丘白乐天祠，贺长龄题联云："唐代论诗人，李杜以还，惟有几篇新乐府；苏州怀刺史，湖山之曲，尚留三亩旧祠堂。"

苏州郡学乐天祠，梁茝林题联云："讽论岂无因，乐府正声熟人口；行藏何足辨，名山大业定前生。"又江州白太傅祠联云："枫叶四弦秋，枨触天涯迁谪恨；浔阳千尺水，勾留江上别离情。"颇近自然。

柳州柳侯庙，杨季鸾有联云："才与福难兼，贾傅以来，文字潮儋同万里；地因人始重，河东而外，江山永柳各千秋。"

潮州韩文公祠联云："天意起斯文，不是一封书，安得先生到此；

人心归正道,只须八个月,至今百世师之。"紧切潮州,移易他处昌黎祠不得。

劳光泰题普宁韩祠联云:"其文如北斗皆企焉望之,况来刺史;此地亦先生所履而过者,旧属潮阳。"

侯竹愚在粤题昌黎祠联云:"苏学士前传谪宦;孟夫子后拜先生。"

周铁贞尝为左宗棠幕,后失宗棠意,告归。过酒泉,题昌黎庙联云:"百世之师,匹夫有志公可法;三书犹在,宰相无名鬼不灵。"盖借吐其骨鲠也。

李百之题昌黎祠云:"吾道非邪,六经以外无文章,韩山屹立;征夫遑止,太行之阳有盘谷,李愿归来。"

闽浙分界处枫岭有唐太守李频祠,李兰卿题联云:"地是名山宜庙食;民思贤守本诗人。"

邯郸黄粱店吕公祠,百菊溪有联云:"万井烟浓,人间正熟黄粱饭;四山云起,天上应开白柰花。"张南山联云:"修到神仙,看三醉飞来,也要几杯绿酒;托生人世,算百般好处,都成一枕黄粱。"又吕仙阁联云:"富贵虽属虚名,没慧根人并不许他做梦;神仙亦须实学,登斯楼者何妨对我吟诗。"

汲县白云阁吕祠,陶澍题联云:"杯前三尺青蛇,仙会恍游蓬岛路;笛外一声黄鹤,我来犹记洞庭秋。"

洞庭湖柳毅祠,左宗棠题联云:"迢遥长路三千,我原过客;管领重湖八百,君亦书生。"下联特妙。又有人联云:"落第寄书邮,事缘羊牧阿娇,云外神仙当尚主;中流凭砥柱,嫁得龙乘佳婿,世间才子几封王。"左更有联云:"海国旧传书,是英雄自怜儿女;湖山今入画,有忠信可涉风波。"亦佳。

九龙夫人庙,相传祀冯道女,宋人有题联云:"身曾仕十主;女亦嫁九龙。"

虎丘真娘墓联云:"香草美人怜,千古艳名齐小小;茅亭花影宿,一泓清味向悠悠。"

苏小小墓联云:"湖山此地曾埋玉;花月其人可铸金。"颇工丽。

杭州钱武肃王祠,金安清联云:"十四州一剑霜寒,辟门天子,闭门节使;三五夜群妃玉艳,陌上花开,江上潮来。"又刘石庵联云:"启匣尚存归国诏;解弢时拂射潮弓。"又某君联云:"吴越之间,至今乐土;汉唐以后,无此贤王。"

张文端英未遇时,过华山,题陈希夷庙联云:"天下太平无一事;山中高卧有千秋。"

西湖陆宣公祠,富呢扬阿题联云:"两庑荐馨香,咸钦名相谟猷,大儒学问;六桥揽风月,犹似川云宦迹,烟雨家乡。"

西湖林处士巢居阁,王家治题联云:"第三桥是苏学士堤,问夹岸垂杨可似老梅冷淡;不数武有岳鄂王墓,慨中原战马何如野鹤逍遥。"又林文忠则徐题处士梅亭联云:"世无遗草真能隐;山有名花转不孤。"又有题巢居阁联云:"华表千年,遗蜕应闻玄鹤语;孤山一角,暗香先返玉梅魂。"又联云:"祠傍水仙王,北宋尚留高士躅;树成香雪海,西湖重见古时春。"

宋漫堂题范文正仲淹祠联云:"兵甲富于胸中,一代功名高宋室;忧乐关乎天下,千秋俎豆重苏台。"

李隆萼以会试道河南,会周子祠落成征联,李题联云:"一太极图开道统;两程夫子出门墙。"

胡文昭瑗祠,孙尔准题联云:"文宣聿启,文昭木铎,千秋教著江河日月;有虞肇开,有宋云仍,万祀道垂礼乐诗书。"

张文襄之洞题黄州赤壁苏文忠祠联云:"五年间谪宦栖迟,试较量惠州麦饭、儋耳蛮花,那得此清幽山水;三苏中天才独绝,若尚论东坡八诗、赤壁两赋,是我公游戏文章。"又某氏题东坡祠云:"奈宋衰运何,倘竟能恢厥壮猷,真成元祐匡时相;非长公志也,不得已出其余绪,犹是文章大作家。"

嘉定乌尤山面江刻大佛像,山上乌尤寺,有楼祀东坡,郭尚先题联云:"万户侯何足道哉,顾乌帽青鞋,难得津梁逢大佛;三神山如或见之,问黄楼赤壁,何如乡郡挟飞仙。"

金安清题东坡祠联云:"一生与宰相无缘,始进时魏公误抑之,中岁时荆公力扼之,即论免役温公亦深厌其言,贤奸虽殊,同怅君门违万里;到处有西湖作伴,通判日杭州得诗名,出守日颍州以政名,垂老投荒惠州更寄情于佛,江山何幸,但经宦辙便千秋。"此特以宰相、西湖二义生新。又某氏题惠州西湖苏祠联云:"北客几人谪南粤;东坡到处有西湖。"又徐花农题惠州东坡祠联云:"我久住西湖,晴好雨奇,曾向春堤吟柳色;公连渡东海,朱厓儋耳,何如此地近梅花。"盖徐为杭州人,故有出幅。

西湖苏祠,阮芸台题联云:"欲共水仙荐秋菊;长留学士住西湖。"孤山苏祠有联云:"自蛮烟瘴海游历而还,胜地重临,凭管领六桥风月;与白傅逋仙后先相望,崇祠近接,恰平分半席湖山。"

眉州三苏祠,张鹏翮有联云:"一门父子三词客;千古文章四大家。"

甘露寺有三贤祠,祀唐李文饶、宋苏东坡、米海岳三公。李兰坡撰联云:"溯后先三百载游踪,异代同堂,能结有情香火;冠古今第一流人物,文章事业,也如无尽江山。"

黄山谷祠,李彦章有联云:"直道莫能容,却听雨登楼,薄醉平生无此快;大名长不死,慕落星结屋,论诗异代久相师。"查俭堂有联云:"忠孝振纲常,党籍编名,气节宛如东汉;文章垂宇宙,诗家衍派,门庭别启西江。"

广西宜山县山谷祠，内有宝华亭、墨池诸胜，李兰卿守斯地，值公诞，率诸生设祭，题联云："载酒为公来，率儒服儒冠，仍是旧时诗屋宴；僦居无地住，占宜山宜水，却教长祭墨池田。"

无锡惠山有邹忠公浩祠，汤斌题联云："六经万户千门，只慎独两言，上接泗滨，下肩伊洛；三疏九年再窜，痛引裾一诀，晓行岭海，夜渡潇湘。"

湘乡蒋果敏题西湖岳鄂王庙联云："遗烈镇栖霞，酾酒重瞻新庙貌；大旗悬落日，撼山愿学古军容。"

西湖岳庙坟前，有铁铸秦桧夫妇及万俟卨、张俊四像，镌姓名于胸次，跪于门外。松江徐氏女题楹柱云："青山有幸埋忠骨；白铁无辜铸佞臣。"

彭元瑞联云："旧事总惊心，阶前桧贼；感时应溅泪，庙侧花神。"是题西湖之岳庙。吴芳培联云："千秋冤狱莫须有；百战忠魂归去来。"是题汤阴之岳庙。对语各切其地，不可移易。

无锡李忠定公纲祠，即公少时读书处。费淳有联云："望重三朝持亮节；书成十事秉丹心。"又李曜联云："文克经邦，武克定乱，勋名过开元宰相；忠以辅主，哲以保身，理学推大宋名儒。"

西湖朱晦庵祠，朱珪有联云："由孔孟而来二千年，卫道传经，独振斯文统绪；当光宁之世五十日，格非陈善，允宜此地烝尝。"边庭英撰朱祠联云："大哉夫子之功，百世权衡，六经羽翼；远矣斯文之统，周程私淑，孔孟闻知。"又江湘岚朱祠联云："师统扶君统于微，东鲁衰圣人生，南宋衰贤人出；临安视新安为近，望帝乡沧海月，怀故乡黄海云。"

福州文藻山朱祠联云："道统阐薪传，洙泗真源今未坠；儒型垂梓社，沧洲精舍此重开。"晦庵生于延平之尤溪，故小字沈郎。其地有公山、文山，后就其地建祠。学使周学健撰联云："前公山后文山，一气蜿蜒，知天地精华所萃；始小学终大学，真源脉络，统圣贤体用之全。"

西湖葛岭下有洪忠宣皓祠，《钱塘县志》载：忠宣于建炎初使金不屈，历十五年始放归，赐宅西湖葛岭，后人因就地建祠。清雍正间李卫重修，题联云："身窜冷山，万死竟回苏武节；魂依葛岭，千秋长傍鄂王坟。"

无锡惠山之麓，有尤文简公袤祠，其旁为锡麓书堂，顾光旭题联云："依然锡麓书堂，南渡文章，上跨萧杨范陆；允矣龟山道脉，东林弦诵，同源濂洛关闽。"

温州江心寺文信国祠联云："孤屿有邻，喜得卓公称后死；严陵在望，直呼皋父哭先生。"案：寺为宋恭帝驻跸处。祠左即卓忠毅公敬祠也。又一联云："久要不忘平生之言，古谊若龟鉴，忠肝若铁石；敢问何为浩然之气，镇地为河岳，丽天为日星。"盖信国大魁日，出王伯厚之门，"古谊"二句即其卷中批语也。不独忠肝铁石，信国能践斯言，而伯厚之具眼知人，亦若龟鉴矣。又卓忠毅公祠联云："祠接谢亭，亦有文章惊海内；忠符信国，并悬肝胆照江心。"

瓯江卓公祠联云："作管夷吾，有所不屑；惟方正学，可与为邻。"

文信国、张士杰、陆秀夫合祠，联云："看江水潮落潮生，粤海中国尚有君，何处间关从二帝；听秋声风来风去，厓山下天教绝宋，至今气节属三人。"

青田刘诚意伯伯温祠，联云："千尺泉飞，帝将用汝作霖雨；万仞壁立，人尽仰公若泰山。"祠为诚意读书处，有绝巘飞瀑最奇胜。对幅坚浑，是当其人。

济南大明湖北铁公祠，纳尔经额联云："大节凛东藩，四百载至今如昨；崇祠留北渚，万千劫虽死犹生。"

方正学祠堂联云："慷慨志犹存，一瞑奚惜；名节事极大，十族何妨。"

苏州况钟祠联云:"姓字播弦歌,韦白以来成别调;功名起刀笔,萧曹自古是奇才。"

山右河津县薛文清瑄祠联云:"开绝学于胡叔心、陈公甫、王阳明之前,享祀方堪从庙庑;集大成于西河氏、太史公、文中子之后,诞灵应不愧河津。"

邵文庄宝祠,秦小岘题联云:"疏许立身,一饭心常悬北阙;功存讲学,半弓地已辟东林。"

顾洞阳可久祠,顾晴沙题联云:"教成于家,溯三国六朝,光昭世德;慎追乎远,本一门双义,佑启后人。"又梁山舟题联云:"事君以道,无惮杀身,昔人称锡谷四谏之冠;当官而行,不求利己,后世高碧山十老之风。"

《茶余客话》:王文成公守仁题于忠肃祠联云:"赤手挽银河,公自大名垂宇宙;青山埋白骨,我来何处吊英贤。"传为文成少时笔。又《西湖志》载杨鹤宇联云:"千古痛钱塘,并楚国孤臣,白马江边怒卷千堆雪浪;两朝冤少保,同岳家父子,夕阳亭里心伤两地风波。"又旧联云:"宋室无谋,岁输卤数万币,和议既成,仍是两宫困沙漠;汉家斗智,幸分我一杯羹,挟求非计,不劳三寸返新丰。"

俞曲园樾题于忠肃祠联云:"明月梅花,拜祁连高冢;疾风劲草,识板荡忠臣。"

苏州唐伯虎墓亭,韩炎题联云:"在昔唐衢常痛哭;只今宋玉为招魂。"

俞陛云题唐伯虎祠联云:"身后是非,盲女村翁多乱说;眼前热闹,解元才子几文钱。"颇栩栩有致。

北京宣武门外松筠庵,为杨椒山先生三疏揭严嵩罪状处,内祀椒山木主。清时诸谏官多集议于庵内,或联名草奏。宣统间御史江春霖以言事斥官,题联云:"三疏留传,枷锁当年称义士;一官归去,锦衣今日愧先生。"又某氏联云:"燕市宅犹存,三疏共传公有胆;钤山堂尚在,十年不出彼何心。"

登州戚少保继光祠,清提督吴某联云:"大功在备倭,城郭依然,公去苍茫谁继者;明诏使防海,风波未已,吾来宏济愧前贤。"末句系当时忧日患也。

无锡惠麓高忠宪攀龙祠,顾光旭题联云:"君子无所争,立纲常,扶名教;大臣不可辱,惊风雨,泣鬼神。"又顾端文宪成祠,顾晴芬皋题联云:"立朝与天子宰辅争是非,悉宗社远谋,根本大计;居恒共师弟友朋相讲习,惟至善准则,小心工夫。"高、顾均东林党魁也。

东莞袁督师崇焕祠,何耘劬联云:"天命有归,万里长城宜自坏;人心不死,千秋直道任公评。"

宁武周遇吉祠联云:"一门全大节;百战守孤忠。"

宜兴卢忠烈象昇祠,程小琴题联云:"在明庄烈朝内外交讧,北援南征,伟哉大人物;与周平西祠后先相望,忠魂毅魄,壮此好溪山。"

扬州史阁部道邻祠,蒋心余题联云:"读生前浩然之歌,废书而叹;结再世孤忠之局,过墓兴哀。"又有题联云:"数点梅花亡国泪;二分明月老臣心。"又联云:"殉社稷只江北孤城,剩水残山,只留得风中劲草;葬衣冠有淮南抔土,冰心铁骨,好伴取岭上梅花。"又墓柱联云:"心痛鼎湖龙,一寸江山双血泪;魂归华表鹤,二分明月万梅花。"又彭玉麟题联云:"公去社已屋;我来梅正花。"阁部祠在扬州,内有土一丘,即世传葬衣冠处,侧有大铁炮一,相传为守城时所用。邻又有一土山,山上下红白梅花百数十本,所谓梅花岭是也。

江阴阎典史祠有联云:"七旬日带发效忠,表太祖十六朝人物;三千士同心赴义,存大明一百里江山。"相传为典史临难时自题也。

沈葆桢题延平郡王郑成功祠联云:"开千古得未曾有之奇,洪荒留此山川,作遗民世界;极一生无可如何之遇,缺陷还诸天地,成创格完人。"又某氏联云:"人间剩有田横岛;海外今留箕子碑。"又唐景崧联云:"由秀才封王,为天下读书人别开生面;驱异族出境,语国中有志者再鼓雄风。"

林文忠则徐题嘉定归震川先生祠联云:"儒术岂虚谈,水利书成,功在三江宜血食;经师偏晚达,篇家论定,狂如七子也心降。"

秋女侠竞雄题动石夫人庙联云:"巍巍肝胆女儿,有志复仇能动石;衮衮须眉男子,无人倡义敢排今。"语特愤激。

兰州有烈妃庙,左宗棠题联云:"一抔荒土苍梧泪;百尺高楼碧血碑。"左宗棠立有碑记云:崇祯末李自成陷兰州,杀肃王世子,肃王妃颜氏、赵氏、顾氏,嫔田氏、杨氏仓卒率宫人,由邸园上北城楼将投河殉。追急,颜妃遽以首触肃先王所书碑死,诸妃嫔及宫人刎毙、缢毙、自掷毙,顷刻立尽。予持节讨回,即园中立烈妃庙祀之。

左宗棠题西宁昭忠祠联云:"黄河东注,湟水南来,往浊浪纵横,百折终须趋巨海;胡笳勿悲,羌笛休怨,认灵旍恍惚,千载犹闻诵大招。"

畿辅先哲祠,有张之洞题联二首,极堂皇轮囷之观。一联云:"轩辕台,伯夷庙,吉甫墓碑,观圣贤风教所遗,请稽经典;碣石馆,日华宫,首善书院,数幽冀人才之盛,直到皇朝。"一联云:"其山恒,其水滱,其浸涞,其数昭余祁,会大一统车书,渊岳钟灵皇建极;鄙夫宽,薄夫敦,顽夫廉,懦夫有立志,萃三千年人物,庙堂观礼士希贤。"

钱时贡题黄宗羲、齐周华、吕留良、杭世骏祠联云:"古义士誓不与仇共天,乃有今日;乡先生没而可祭于社,其在斯人。"

西湖徐用仪、许景澄、袁昶三忠祠联云:"较箕子奴、包胥哭更益伤心,遗恨千秋,男儿死而死;与苍水墓、鄂王祠遥相把臂,迎神一曲,我公归不归。"

西湖彭玉麟祠，高鹏年题联云："南岳西泠，大地草庐两个；吴头楚尾，中流砥柱一人。"又联云："千古两梅妻，公几为多情死；西湖三少保，君独以功名终。"

天津李鸿章祠，袁世凯联云："受知早岁，代将中年，一生低首拜汾阳，敢诩临淮壁垒；世变方殷，斯人不作，万古大名配诸葛，长留丞相祠堂。"为其幕僚阮忠枢手笔。

成都宝光寺有联云："世外人法无定法，然后知非法法也；天下事了犹未了，何如以不了了之。"语特警策。

云南昆明大观楼有联，纵横开阔，百八十字，可谓巨对。联云："五百里滇池奔来眼底，披襟岸帻，喜茫茫空阔无边，看东骧神骏，西翥灵仪，北走蜿蜒，南翔缟素，高人韵士，何妨选胜登临，趁蟹屿螺洲，梳裹就风鬟雾鬓，更蘋天苇地，点缀些翠羽丹霞，莫孤负四围香稻，万顷晴沙，九夏芙蓉，三春杨柳；数千年往事注到心头，把酒凌虚，叹滚滚英雄谁在，想汉习楼船，唐标铁柱，宋挥玉斧，元跨革囊，伟烈丰功，费尽移山心力，尽珠帘画栋，卷不及暮雨朝云，便断碣残碑，都付与苍烟落照，只赢得几杵疏钟，半江渔火，两行秋雁，一枕清霜。"

岑西林为上海爱俪园题联云："春雨衔舻，秋风驰毂；圆潭泻镜，杂树开帏。"

扬州勺园有联云："移花得蝶；买石饶云。"

张心量自署健园联云："天行健在自强，能移山，能填海；吾筑园虽不大，可树木，可莳花。"新化曾月川题联云："树影斜阳山外塔；衣香人影水边桥。"

歙县许氏临水亭联云："溪流无岁月；堤树有春秋。"

热河无城郭，四面皆山，崇文正公绮题联云："四面云山成壁垒；小栽花木验农桑。"

贵州镇远三元洞联云："人上翠微梯，蓬岛春阴天尺五；客来书画舫，桃花流水月初三。”

贵州涵碧亭，有汪炳傲联云：“水从碧玉环中出；人在青莲瓣上行。”

北京陶然亭有郑稚星联云：“十朝名士闲中老；一角西山望里青。”雅驯有致。

无锡惠山有苏轼摩崖联云：“石路萦回九龙脊；水光翻动五湖天。”

吉林龙潭山有老树挂铁锁垂水中，相传为锁怪物者，憩厂拟联云：“山有龙湫，未必旁无夒罔两；岸悬铁锁，传云下系巫支祈。”

左宗棠征西，道出甘肃，题城楼云：“积石导河趋大海；崆峒倚剑上重霄。”

无名氏题桃花源穷林桥联云：“水流花放；路转峰回。”

西湖花神祠有联云：“海棠开后，燕子来时，良辰美景奈何天，芳草地我醉欲眠，楝花风尔且慢到；碧澥倾春，黄金买夜，寒食清明都过了，杜鹃道不如归去，流莺说且住为佳。”句作重楼复阁，颇饶逸趣。

西湖花神祠旧联云：“翠翠红红处处莺莺燕燕；风风雨雨年年暮暮朝朝。”

愚园花神阁，刘葆良题联云：“花花叶叶，翠翠红红，惟尔神着意扶持，不教风风雨雨，清清冷冷鲽鲽鹣鹣，生生世世，愿有情都成眷属，长此朝朝暮暮，喜喜欢欢。”连用十六叠字，亦一奇格。

孤山文昌庙联云：“香火有缘，当白傅堤边，苏公池畔；文章生色，似杏花二月，桂子三秋。”纯作白描，故佳。

财神庙联不易著笔，西湖孤山财神庙，俞曲园有联云：“梅鹤洗寒酸，好教逋老扬眉、葛仙生色；莺花添富丽，恰称金牛岭畔、宝石山边。”才人吐嘱，固自不凡。

吴信辰题财神庙联云:"蕴玉函珠,善贾固皆蒙乐利;心耕笔织,寒儒亦可荐馨香。"语颇典雅。又有题财神庙联云:"颇有几文钱,你也求,他也求,给谁是好;不作半点事,朝亦拜,夕亦拜,教我为难。"则又以谐语出之。

有题合祀药王、财神庙联云:"有钱难买命;无药可医贫。"谐语互嘲,颇妙。

番禺陈兰甫题风神庙联云:"太平之时,以不鸣条而瑞应;君子之德,在乎偃草而令行。"语专诠"风"字典。

高邮露筋祠,王先谦题联云:"听一百八杵钟声,敲断往来尘客梦;倒三十六湖秋水,洗将清白女儿身。"舒挚甫题联云:"相沿已非一朝,即今异代传闻,尚增过客词人之雅慕;其事姑弗深考,要知千秋香火,不越忠孝节义数大端。"此特以议论行之,亦见丰蔚。

《楹联丛话》:州县署楹联最多,记有一联云:"四野桑麻,不羡河阳花作县;一腔冰雪,偏教寒谷黍知春。"语独蕴藉,颂不忘规。

旧时北京翰林院有联云:"仪凤祥麟游集盛;金书玉字职司勤。"又贡院明远楼联云:"夜半文光射北斗;朝来爽气挹西山。"

《楹联丛话》:涿州距京师百里,凡由燕蓟南行者,由此分东西两路,城楼有联云:"日边冲要无双地;天下繁难第一州。"

天津直隶总督署大堂有联云:"赐履先群牧;维屏翼上都。"语极典庄,联书于李鸿章任内。辛亥间,余尚见之。

山东旧巡抚署有联云:"襟带七十二泉源,到处皆马蹄秋水;管领一百八州县,无时不虎尾春冰。"又联云:"对一碧渊潭,便欲澄清及民物;看百年乔木,须知盘错待冰霜。"

江苏苏州旧布政使署联云:"爽气挹天平,国计民生如此象;雄藩称地户,湖光山色照余心。"为梁章钜作。

英焕堂守登州时,构小园,严问樵代撰联云:"愿他十邑诸公,清风扇野;容我一年四季,明月锄花。"

《楹联丛话》:黄右原曰:有润州太守新修厅事,执赘于吴山尊学士,求作楹联。吴对客挥毫云:"山色壮金银,惟以不贪为宝。"盖用金山、银山组织成文,以誉太守廉能。观者欢呼,吴实未有以对也。幕宾郭香生明经曰:想是"江流环铁石,居然众志成城"。以铁瓮城为石头城门户,竟成强对。吴因以所得润笔分赠之。

淮安府学联云:"黄河水滚滚而来,文应如是;韩信兵多多益善,士亦宜然。"特佳。又联云:"马上文,胯下武,枚里韩亭,彪炳经纶事业;石边孝,海底忠,徐庐陆墓,维持名教纲常。"石边孝徐积、海底忠陆秀夫与枚乘、韩信,皆淮安人。

徐州旧为河漕重地,清时设有兵备道兼管河防。张鼎自撰道署联云:"地当黄运之中,水欲治,漕欲通,千里河流,涓滴皆从心上过;官作军民之主,宽以恩,严以法,一方士庶,笑啼都到眼前来。"

常州旧奔牛镇巡检署有联云:"鼠雀无争,民谓时清官亦懒;苞苴必却,生来贫惯本非廉。"

成世瑄题杭州知府署联云:"湖山在目,玉局曾来,又七百年于兹矣;冰雪为心,科徭不扰,斯二千石之职欤。"

浙江旧藩署有联云:"权衡江海,司牧名邦,时时思裕国泽民,何暇论湖光山色;黜陟幽明,承宣庶绩,念念存戴高履厚,更须持茹檗尝冰。"

彭元曜题浙江学署联云:"天地自成文,湖山有美;国家期得士,桃李无言。"又刘金门联云:"使节壮湖山,东南坛坫;文光拱奎壁,咫尺宫墙。"

兰溪县署头门有联云:"明月双溪水;春风满县花。"雅切而有余味。

杭州盐运署库于锡祉联云："胜境近西泠,愿将来宝藏丰盈,有如一湖春水;家山念东鲁,看列郡灶烟环绕,亦似九点齐州。"于山东人,故有对幅。

阮元视学山东,曾见臬署一联云："晏婴齐仁人,一言而溥天下利;孔子鲁司寇,无讼当为百世师。"

阮元题江西藩署联云："庾匽千里开生面;章贡双流照此心。"特为雅切开阔。

嘉定王敬铭,清康熙中典试江西,题试院联云："三条官烛,棘闱辛苦廿年,苟以温饱负平生,斯誓有如江水;一介儒冠,玉署光荣两世,能取文章报恩遇,此行方识庐山。"

张之洞督湖北于节署旧有一联云："北起荆山,南包衡岳,中更九江合流,形胜称雄,楚尾吴头一都会;内修吏治,外肄兵戎,旁兼四裔交涉,师资不远,林前胡后两文忠。"张特为嗟赏。访得其人为候补知县某,遂畀绾要缺。

湖北襄阳旧督学行台,有提学赵尚辅联云："且开拓心胸,看汉水波涛,岘山风月;若评论人物,有武侯经济,工部文章。"又孔祥霖施南问月台联云："地留问月台,去谪仙一千四百载;时有观风使,为孔子七十五代孙。"盖孔时为湖北提学,故有对语。

旧武昌同知署联云："使处治中别驾之任;书以河渠水利名篇。"盖是职兼司水利也。又联云："山色连城,定有诗人回杖履;江声满坐,且看小吏卷文书。""方城为城,汉水为池,大好江山资坐歗;东望武昌,西望夏口,平分风月付闲曹。"颇雅致典切。

长沙旧巡抚署联云："大法小廉,宣我上德;湘清岳峻,式是南邦。"

湖南旧岳常澧道署联云："襟江带湖,居荆楚要;观风整俗,为郡邑先。"

澧县学正署,有李某题联云:"范希文是此地秀才,谁为后起;胡安定亦方州博士,敢薄闲曹。"用笔轻蒨。

旧广东督署联云:"铜铸交州,长励边臣横海气;珠还合浦,愿铭廉吏饮冰心。"又提督署联云:"铜柱珠厓,大将旗鼓;牙麾玉帐,公侯干城。"

广州旧知府署内怀珠亭联云:"太守昔称廉,千载怀珠传盛事;使君重起废,一亭流水喻澄心。"

广东旧抚署佐贰官厅有联云:"不卑小官,尝为委吏;既得天爵,莫非王臣。"

林文忠则徐总制两广时,建演武厅,自题联云:"小队出郊坰,愿七萃功成,净洗银河长不用;偏师成壁垒,看百蛮气慑,烟消珠海有余清。"

伊秉绶墨卿守惠州,自题署中厅事联云:"合惠循为一州,江山并美;种梅竹成三友,心迹双清。"

成格抚粤,题厅事联云:"花竹一庭,是亦中人十家产;轩窗四壁,可无广厦万间心。"

广东兴宁县署,林芗溪有联云:"麦穗如何,笑向儿童先问岁;桃花无恙,重来岭峤正行春。"

李彦章守广西思恩,重建阳明书院,又辟西邕书院,自题讲堂联云:"率土尽同文,愿此邦易俗移风,欲使偏陬如上国;登堂能讲学,与多士敦诗说礼,须知太守本书生。"

冯柯亭抚皖时,于后圃莳菜种梅花,名圃曰"菜根香",题联云:"为恤民艰看菜色;欲知宦况问梅花。"

福建兴化府署,旧有某君联云:"荔子甲天下;梅妃是部民。"十字极典雅工妙。

旧延平府厅事，江西邹均宇题联云："丰城剑到此化龙，故土多情，笑认乡亲心共慰；水部郎易而司马，冷官无事，权膺郡守政仍闲。"

四川成都将军署，阿文成题联云："拱北星辰兼将相；征西部属半通侯。"虽夸炫势位，然语颇雄浑。

陕西藩署，林寿图颖叔题联云："门对终南，莫向此中寻捷径；地邻太乙，须知在上有仙都。"又题花厅联云："室有澹台，与商公事；人非安石，莫尚清谈。"

陕西醴泉县九嵕书院，知县范曾炟题联云："峰聚曰嵕，须知为学本为山，平地增高，进取相期吾往也；泉甘如醴，要识作人同作酒，春风送暖，退休唯恐我寒之。"又题厘税局联云："右界褒陇，左据函秦，表山带川，横被六合；东市齐鲁，南贾荆楚，阛城溢郭，旁流百廛。"烹炼字句，极见工夫。

山西河东道署有联云："薰弦一曲来天地；山色中条郁古今。"河东道兼绾盐政，切地切事，并春容大雅。

兰州以牡丹盛，高或过屋。旧甘肃布政司署牡丹多至百十本，中有四照厅，谭复生题联云："人影镜中，被一片花光围住；霜华秋后，看四山岚翠飞来。"又天香亭联云："鸠妇雨添三月翠，鼠姑风裹一亭香。"

左宗棠题陕甘总督署内瑞谷亭联云："五风十雨岁其有；一茎数穗国之祥。"又题槎亭联云："八月槎横天上水；连畦菜长故园春。"

《对联话》：日本神户中国领事馆门联云："长风吹万里浪；海日照三神山。"为公使黎庶昌手笔。按《楹联丛话》载福州贡院有林文忠则徐题联云："初日照三神山，看碧海珊瑚，尽收铁网；长风破万里浪，喜丹霄银榜，早兆珠宫。"黎盖摘此联两首句，以为领事馆联也。

蔡佛田为旧时巡捕官厅题联云："得月快争先，共仰楼台近水；望风齐向上，欣看冠盖如云。"

刘大观为州牧时，自题署斋联云："袍笏呼来先拜石；管弦挥去独听松。"又顾奎光题署斋联云："名场似弈无同局；吏道如诗有别裁。"各有别致。

山阳书院联云："太华立云端，对此千寻，情深仰止；大河来天上，到兹一曲，广纳群流。"河、华均在县境，写山水而浑切书院，是以出色。

阮元曾于广州建学海堂，自题联云："公羊传经，司马记史；白虎德论，雕龙文心。"

福建旧贡院有联云："场列东西，两道文光齐射斗；帘分内外，一毫关节不通风。"

云南昆明五华书院，尹楚珍壮图题联云："鱼跃鸢飞，活泼泼地；日华云烂，纟曼缦天。"

诸暨县图书馆在苎萝山西子祠侧，有联云："府开东壁图书，文献岂徒关一邑；地接西施祠宇，美人相并有千秋。"

北京湖广会馆，左宗棠题联云："江山万里横天下；杞梓千章贡上都。"

北京安徽会馆，李鸿章题联云："依然平地楼台，往事无忘宣榭警；犹值来朝车马，清时喜赋柏梁篇。"

北京桐城会馆，旧有联云："先辈声名满天下；后来兴起望吾曹。"桐城文章为一时冠，故侈言之。

北京吴江会馆，陆耀题联云："来看上苑莺花，今日幸同良会；记省松陵文献，他年得似何人。"

北京歙县会馆，鲍觉生题联云："清樽夜话黄山树；彩笔朝题紫陌花。"又联云："九万程中，三千道上，借此馆粲场苗，用萃东南之美；卅六峰下，廿四溪边，移来绶花带草，咸衣日月之光。"

北京福州会馆在宣南虎坊桥,旧有联云:"海峤星从天上聚;长安春占日南多。"又联云:"凤窟麟洲通御气;黄蕉丹荔忆乡风。"又联云:"朱樱红杏开新宴;丹荔黄橙话故乡。""竹箭声华当代选;梅花消息故人来。"

杭州安徽会馆,俞曲园题联云:"游宦到钱塘,饮水思源,喜两浙东西,与歙浦江流相接;钟灵自灊岳,登高望远,问双峰南北,比皖公山色何如。"皖、浙合言,为串作之法,词亦丰蔚。

天津广东会馆,方地山题联云:"同是岭南人,往沧海而来,安得荔枝三百颗;应知故乡事,望罗浮不远,好种梅花十万株。"

甘肃五省会馆,舒城黄书霖题联云:"萃雍梁荆豫于一堂,那堪羌笛胡笳,听折柳唱黄河远上;走燕赵齐秦者万里,自笑短衣匹马,又摇鞭踏紫塞归来。"声情激越,雅与题称。

陕西两湖会馆,谢葆灵题联云:"三辅滞书邮,落木秋风衡岳雁;两湖话土物,桃花春水武昌鱼。"颇富赡。

汉口长沙会馆,陶云汀题联云:"隔秋水一湖耳,看岸花送客,樯燕留人,此境原非异土;共明月千里兮,记夜醉长沙,晓浮湘水,相逢好话家山。"运用实境灵活。

南京湖南会馆,彭玉麟题联云:"栋梁萃杞梓梗楠,带来衡岳春云,荫留吴地;支派溯沅湘资澧,分得洞庭秋月,照澈秦淮。"此联亦妙于运用实境,互作照顾。

汉口长沙会馆,左宗棠题联云:"千载此楼,芳草晴川,曾见仙人骑鹤去;卅年作客,黄沙远塞,又吟乡思落梅中。"左以西征,故有下语。又李寿蓉联云:"麓山之颠,湘水之滨,携剑倚苍茫,数前朝梅将功名、蒋侯威望;武昌以西,汉阳以北,凭阑瞰风物,想故国定王台榭、贾傅祠堂。"此联处处顾及"长沙"二字,语无泛设。

陕西湖广会馆,左宗棠题联云:"百二关河,十年征戍;八千子弟,九塞声名。"盖自写其身分。

兰州四川会馆联云:"刻铭天山石;喜作巴人谈。"十字落落大方。

南昌湖南会馆,王湘绮题联云:"宅枕龙沙,看表里山川,曾是湘人辛苦地;门盈驷马,喜从容尊酒,幸逢江介晏安时。"

武昌湖南会馆有联云:"大江东去;吾道南来。"

南京湖广会馆,曾国藩题联云:"地仍虎踞龙蟠,洗涤江山,重开宾馆;人似澧兰沅芷,招邀贤俊,同话乡关。"又吴挚甫联云:"泛洞庭湖八百里秋波,挂席来游,三楚风涛携袖底;邀太白楼一千年明月,凭阑远眺,六朝烟景落杯前。"颇雄兀流利。

四川江南会馆,程伯勇代李鸿章题联云:"地势据上游,遥遥控制滇黔秦陇,切盼销兵,天府称雄,此邦不亚江南好;皇华来益部,历历诹谘民物山川,壮怀叱驭,锦城云乐,吾辈休歌蜀道难。"

贵阳江苏会馆,鲍源深题联云:"秋来黄叶成村,对景忽生归棹想;雨后青山满郭,登楼常作故乡看。"

福建旧奉直会馆,周彦升题联云:"一堕风尘,天上玉堂如昨日;谁同舟楫,眼前沧海正横流。"又联云:"前辈风流,河朔人才犹可记;先儒乡里,考亭学派试重探。"

长沙明远楼联云:"矩令霜严,看多士俯仰低回,群嚣尽息;襟期月朗,喜此邦江山人物,一览无余。"传为李笠翁作。

新疆春联云:"万里河山,春来有脚;十年征戍,地入不毛。"又题云:"马放牛归,是为乐土;莺啼燕语,如在故乡。"

安乡潘经峰为国子监琉球学教习,后宰曲阜,自署联云:"衍圣公县县令;琉球王国国师。"

台南有明宁静王妃墓,沈文肃题联云:"凤阳一叶尽;鱼贯五星明。"

琉球那霸有龟山,一峰独出,距前附小峰二丈许。那人驾石为桥,连二山,高十余丈,其巅有楼,可揽中山全势。楼联云:"左瞰青畴,右挟苍石;后临大海,前揖中山。"

　　邱菽园题新加坡别庄联云:"引遁逢萌浮海外;逍遥庄子破天荒。"又撰一联云:"离骚自爱餐英法;重译兼搜种树方。"

卷三　集句　嵌字　歇后

《檐曝杂记》云：《梦溪笔谈》谓集句对自王荆公始，如谢贞诗"风定花犹落"，王籍诗"鸟鸣山更幽"之类，其实不自荆公始也。《金玉诗话》及《蓼花洲闲录》谓宋初已有集句，至石曼卿而大著，如以"天若有情天亦老"对"月如无恨月长圆"，则固不始于荆公矣。其他集句之传于后世者，孙应以韩诗"排云叫阊阖"对杜诗"奏赋入明光"，蔡光启以"梨园子弟白发新"对"江州司马青衫湿"，"临邛道士鸿都客"对"锦里先生乌角巾"。闽人林震以"天下三分明月夜"对"扬州十里小红楼"。元遗山以"黄鹤一去不复返"对"白鸥万里谁能驯"。皆凑泊如无缝天衣。

中桥居士吴敏《集句序》云：左史林震自号解公，长于集句。一日与客饮，壁间有题《阳关辞》者，客试用"劝君更尽一杯酒"句以侑尊，因举杯属对曰："'与尔同消万古愁'可乎？"又尝晚春至山光寺览观陈迹，客举"青山有恨花初谢"之句，有间即应云"流水无言草自春"。前后所集七卷。徐著作师仁跋其后云："胸次应余五色线；世间争认百家衣。"

朱竹垞《静志居诗话》：南海仲衍孙蕡诗，五古远师汉魏，近体亦不失唐音，集句对尤工。若"秋水为神玉为骨，芙蓉如面柳如眉"、"绕篱野菜飞黄蝶，糁径杨花铺白毡"、"去日渐多来日少，别时容易见时难"、"三湘愁鬓逢秋色，半壁残灯照病容"、"野草怕霜霜怕日，月光如水水如天"、"鹤群长绕三珠树，花气浑如百和香"，皆称巧合。

明人集句极盛，如庐陵李祺集"风尘荏苒音书绝，人物萧条市井空"；"长疑好事皆虚事，道是无情却有情"；"绿水青山谁似旧，红颜白发递相催"。琼州邱濬集"眼前好恶那能定,梦里输赢总不真";"东涧水流西涧水,锦江春似曲江春";"千里关山千里梦,一番风雨一番啼"。长沙李东阳集"文章宇宙千年事,江汉风流万古情";"佳节每从愁里过,远书忽向病中开";"江淹彩笔空题恨,荀令香炉可待熏";"合欢却笑千年事,奉使虚随八月槎";"酒酣嫩舞谁相拽,客至从嗔不出迎"。休宁陈克勤集"病身最觉风霜早,离梦杳如关塞长"。吴江周用集"一卧沧江惊岁晚,千家山郭静朝晖"。钱塘沈行集"坐看蕉叶题诗句,醉折花枝当酒筹";"五夜漏声催晓箭,千门曙色锁寒梅";"笙歌缥缈虚空里,台榭参差烟雾中"。广州张缵集"愁将玉笛传遗恨,暗掷金钱卜远人";"蝴蝶梦中家万里,凤凰声里住三年";"老妻画纸为棋局,稚子开轩扫落花";"鱼跃镜中将绿破,鸟还天外带青来"。姑孰夏宏集"好梦肯随蝴蝶去,离魂暗逐杜鹃飞";"绕砌寒风啼络纬,闭门疏雨落梧桐"。安成王佩集"风月无情人暗换,江山有待我重来";"山横故国三年别,江至浔阳九派分";"九重霄汉天将近,万转云山路更赊";"武帝祠前云欲雨,胡公坡上日初低"。海盐朱朴集"碧落有情空怅望,春山有伴独相求";"山中习静观朝槿,洞口经春长薜萝"。金华童琥集"归鸟冬寻芳树去,寒潮唯带夕阳还"。昆山方鹏集"万里悲秋长作客,一官羁绊实藏身"。蜀中安磐集"梁间燕子闻长叹,楼上花枝笑独眠"。香山黄佐集"烟绵碧草萋萋长,雨裹红蕖冉冉香";"已闻童子骑青竹,唤取佳人舞绣筵"。戴天锡集"归信几番劳远梦,愁心一倍长离忧"。刘芳集"素奈忽开西子面,芙蓉不及美人妆"。莆田陈言集"世态炎凉随节序,人情翻覆似波澜";"败叶残蝉连汉苑,古烟高木隔绵州";"笛怨柳营烟漠漠,马嘶山店雨濛濛"。广州黎民表集:"念我能书数字至,悲君已是十年流";"僧归黄叶林边寺,人候夕阳江上舟"。关中南师仲集"因知贫病人须弃,不露文章世已惊";"天子亦应厌奔走,诸公何以答升平"。南海陈子壮集"天下何曾有山水,老夫不出长蓬蒿"。秀水沈德符集"自叹马卿长带病,何曾宋玉解招魂";"瑶台绛节游俱遍,粉壁红妆画不成";"大抵好花终易落,争教红粉不成灰";"天长地久有时尽,物在人亡无见期";"去日已多来日少,他生未卜此生休"。莱阳姜埰集"津楼故市生荒草,落日深山哭杜鹃"。嘉兴周篔集"千树桃花万年药,半潭秋水一房山";"闭户著书多岁月,挥毫落纸如云烟";"汉家城阙如天上,武帝旌旗在眼中"。兰谿胡山集"关门令尹谁相识,江上渔翁未易名";"一曲正愁江上笛,十年如见梦中花";"独在异乡为异客,自怜长病与长贫";"啼鸟歇时山寂寂,寒鸦飞尽水悠悠";"坐中醉客延醒客,镜里今年老去年";"独坐黄昏谁是伴,每逢佳节倍思亲";"晚景莫追窗外骥,消忧已辨酒中蛇"。以上皆工整自然,见朱竹垞《静志居诗话》。

歇后语自宋已有,如黄山谷《西江月》词"断送一生唯有,破除万事无过"是也。然于词则为恶道,于联则极有诙谐之致。

《鹤林玉露》:尤延之与杨诚斋为金石交。淳熙中,诚斋为秘书监,延之为太常卿。又同为青官僚寀,无日不相从。二公皆善谑。延之尝曰:有一经句请秘监对,曰"杨氏为我"。诚斋应曰:"尤物移人。"众皆叹其敏确。此则为后来嵌字之滥觞也。

蒋平仲《山房随笔》:韩康公宣抚陕右,太守具宴,委蔡司理持正作候馆一联云:"文价早归韩吏部;将坛今拜汉淮阴。"韩极喜之。又,京口韩香除夜请客,作桃符云:"有客如擒虎;无钱请退之。"此二联皆切韩姓。亦后来赠联切姓之滥觞,而后联上下又皆暗嵌体也。

黄右原曰:明正德时,武宗以四书中"礼乐征伐自天子出"命群臣属对。王文成公守仁对以"流连荒亡为诸侯忧"。隐讽武宗轻出,为朝廷忧也。可谓一启口而不忘谏如此。

明礼部尚书钱谦益,入清后亦仍是官,晚年觍然自号"逸民",署所居曰"逸老堂"。有人为集联嘲之云:"逸居无教则近;老而不死是为。"集句嵌字而以歇后作嘲,亦工而谑矣。又牧斋自制一杖铭刻其上云:"用之则行,舍之则藏,惟我与尔有是夫。"后降清,此杖已失。一日,忽得之。有人续铭其旁云:"危而不持,颠而不扶,则将焉用彼相矣。"钱为之惘然。

清初有叶初春者，令于粤，有好货名。会元夕张灯，一灯棚署嵌字联云："霜降遭风，四野难容老叶；元宵遇雨，万民皆怨初春。"

龚鼎孳牢笼才士，多有权术。尝女死设醮慈仁寺。一士人寓居僧寮，僧倩作挽对，集梵笑二语："既作女子身；而无寿者相。"龚询知作者，即并载归。面试之。时春联盈几，且作且书。至溷厕，书一联云："吟诗自昔称三上；作赋于中可十年。"乃大咨赏，许为进取计。久之，以母老辞归，濒行，龚赠一匣，窃意为行李资斧，发之则士人家书，具云某年月日收银若干。盖密遣人常常馈遗，无内顾忧久矣。乃顿首谢，依倚如初。卒亦成其名。

《楹联丛话》：朱竹垞在京师，除夕署门联云："且将酩酊酬佳节；未有涓埃答圣朝。"一时为人传诵。

《楹联丛话》：罗茗香曰：竹垞旧有集句楹联云："人道君如云里鹤；自称臣是酒中仙。"惜未详所赠何人。

雷州徐闻县，其始筑城，逼近海壖，每潮汛汹涌，闻者震恐，后徙筑县城，居民喜曰："海边潮至，其徐徐闻乎。"因改名徐闻县。方橡枰曰：可取对"陌上花开，可缓缓归矣。"极佳。

《楹联丛话》：董文恭诰有族人某居京师者，厅事悬一旧人所书集联云："贤者亦乐此；卓尔未由从。"一日，纪晓岚偶过之，笑曰：此联不可挂也。某问故，纪曰：上联首著贤字，下联首著卓字，非君家遥遥两华胄乎？某始爽然撤去。

《熙朝新语》：浙江乾隆丙子科乡试，两主考，一姓庄，一姓鞠。庄颟顸而鞠不谨，有集杜工部诗嘲之云："庄梦未知何日醒；鞠花从此不须开。"鞠试毕回京，语陈勾山太仆云：杭人真欠通，如菊可通鞠耶？勾山不答。鞠问之，勾山曰：吾适思《月令》"鞠有黄华"耳。鞠大惭。此联亦上用嵌字。集语工妙。

有两生同谒纪晓岚，一额有黑瘢，一左目已瞽。纪见之大笑不止，两生惊讶，请其故，纪曰：吾偶集得杜句"片云头上黑；孤月浪中翻"耳。又，京中妇女多大脚，纪戏为集句联云："朝云暮雨连天暗；野草闲花满地愁。"恶谑而巧。

《楹联丛话》：姚古菜尝集句云："北方佳人，遗世而独立；东邻处子，窥臣者三年。"

《楹联丛话》：英煦斋集苏句赠廖仪卿、钰夫昆弟联云："高才何必论勋阀；寿骨遥知是弟兄。"

《楹联丛话》：江宁董教增督闽浙时，爱西湖山水之胜，买宅拟解组后作平泉之墅，榜其门云："圣代即今多雨露；故乡无此好湖山。"人多诵之。后未及予告，已归道山矣。

刘金门自出塞至赐环，凡阅三载，归后集杜句作联云："三年奔走空皮骨；万古云霄一羽毛。"所至皆悬于壁。

《楹联丛话》：方朴山病革时，门弟子咸在，有二人私语曰："水如碧玉山如黛"以何为对？朴山枕上闻之曰："可对'云想衣裳花想容'。"言毕而逝。

《楹联丛话》：严问樵于某处见一集句云："明月自来还自去；暂时相赏莫相违。"至为雅切。

《楹联丛话》：蔡佛田当四十九岁时，集宋句为联云："四十九年穷不死；三百六日醉如泥。"

有集楹联云："大儿孔文举，小儿杨德祖；前身陶彭泽，后身韦苏州。"以东坡诗对祢衡传，天然比偶，惟无人能当此语耳。

《楹联丛话》：朱昌颐殿撰未第时，见其叔父虹舫阁学侍儿名多多者，心悦之，未敢请也。适此婢索书楹帖，因暗嵌"多多"二字书一联云："一心只念波罗蜜；三祝难忘福寿男。"为阁学所见，欲以婢赐之。婢谓"九郎若中状元，吾当归焉"。明年昌颐果大魁，阁学为成其事。当时传为佳话。

有嘲优贡暗嵌联云:"吾子勉旃,驾廪增附而上;先生休矣,在倡隶卒之间。"

旧传有陈某,童时慧辩,知府某君戏以"童子六七人毋如尔狡"属对,陈应声曰:"太守二千石莫若公……"歇后一字不言。知府叩之,则曰:给我钱则"廉"字,不给我钱则"贪"字也。一座大笑。

有人嘲富家联云:"兄弟三人,酒癖、赌癖、烟癖;田园万顷,今年、明年、后年。"此亦歇后语也。

《楹联丛话》:郑仁圃尝拟军机直房集句春联云:"春为一岁首;月傍九霄多。"

《楹联丛话》:达诚斋榷税粤关,喜谈文字,颇通《易》学,有别业在署,名净芳园,自为集句一联云:"闲坐小窗读周易;每依北斗望京华。"

李芋仙善滑稽,能属对,游河南时,周翼庭知府方居浚仪,闻李述赠人嵌字联,颇轻之,曰:"如吾字亦有佳对否?"李曰:"何难。"因诵《长恨歌》曰:"在天愿为比翼鸟。"良久不言下句。时杂宾环列,或促之,李复诵杜牧之《秦淮》诗,至"商女不知亡国恨"遂陡然截止,起以手指周之背,于是四座大笑,下句为"隔江犹唱后庭花"也。周亦为之捧腹。

《楹联丛话》:万廉山郡丞喜蓄奇石,大有米海岳之癖,尝以峨眉积雪石自镌此四字赠唐陶山方伯,方伯集句为联以谢之云:"何当报之青玉案;可以横绝峨眉巅。"

《楹联丛话》:魏春松侍御欲集一斋联,先有杜句云"古来才大难为用",而难得对句。其侄谦升广文用放翁"老去诗名不厌低"句足成之。

王文治禹卿精音律,构一楼为演家乐之所,集句联云:"人世虽逢开口笑;老夫聊发少年狂。"题曰"梦楼"。

《楹联丛话》:吴信辰集司空曙、李颀一联云:"翠竹黄花皆佛性;清池皓月照禅心。"以题佛寺恰好。

《楹联丛话》:黄莘田有集句联极工整,如:"平生能著几两屐;长日惟消一局棋。""数点雨声风约住;一枝花影月移来。"余近居西涯,有小庭院,杂植海棠、碧桃、文杏、郁李、牡丹、芍药、丁香、玉兰,书室三楹,窗前列梧、竹、芭蕉,于春夏佳日,风晨月夕,悬此两联,恰为相合。

曾国藩破金陵,鄂人张廉卿集联为贺云:"天子预开麟阁待;相公新破蔡州回。"曾大称赏,馈笔资五百金。幕僚或议麟对蔡未工。曾曰:若忘《论语》臧文仲居蔡朱注耶?众乃服。盖朱注曰:蔡,大龟也。

聂伯毅有集句云:"白日放歌须纵酒;黄金散尽为收书。"此联,昔年袁寒云足以当之。

江山船一名九姓船,传为陈友谅之戚族。明祖有天下,限九姓自为婚姻,不通于士族。九姓者,皆桐庐严州人,故相呼船女为桐严嫂。后讹为同年嫂。清宗室侍郎宝廷督学浙江,尝乘江山船,惑一船女,纳之。女貌美而面微麻,宝集联署于船窗云:"游目骋怀,此地有崇山峻岭,茂林修竹;赏心乐事,则为你如花美眷,似水流年。"以《兰亭序》对玉茗词,工绝。有嘲以诗者,内有"宗室八旗名士草,江山九姓美人麻"一语,传遍都门。盖侍郎尝自刊诗草,有名士之目,而女又美而麻也。宝竟以此落职。

李梅尹有集联云:"万事从来风过耳;一年几见月当头。"

清嘉道间集句亦盛,如谢元淮集李、杜句:"举头望明月;荡胸生层云。"白、杜句:"枫叶荻花秋瑟瑟;浴凫飞鹭晚悠悠。"义山句:"蝶衔花蕊蜂衔粉;犀辟尘埃玉辟寒。"黄右原集韩偓、李商隐句:"四时最好是三月；万里谁能访十洲。"李绅、王初句："金铃玉佩相磋切；珠蕊琼花斗剪裁。"王建、郭震句："黄金盒里盛红雪；碧玉盘中弄水晶。"陈莲史集右丞、少陵句："上客能论道；虚怀只爱才。""云霞成伴侣；冰雪净聪明。"李、杜句："与道本无隔；将诗莫浪传。""试吟青玉案；如登黄金台。"韩、杜句："曲江山水闻来久；庾信文章老更成。"义山、牧之句："前身应似梁江总；百岁须齐卫武公。"杨芸士集姚合、李德裕句："听琴知道性；避酒怕狂名。"钱起、卢纶句："风栖常近日；鹤梦不离云。"孟浩然、杜少陵句："翰墨缘情制；山林引兴长。"杜、李句："合沓声名动寥廓；纵横逸气走风雷。"温庭筠、曹唐句："花房露透红珠落；桂树风吹玉简寒。"其他失名者集句，有李白、岑参句："脚著谢公屐；身披莱子衣。"杨巨源、李白句："谁将佳句并；真与古人齐。"孟郊、韦应物句："朗抱开晓月；高文激颓波。"韩愈、褚亮句："汲古得修绠；开怀畅远襟。"李、杜句："文章辉五色；心迹喜双清。""高松来好月；野竹上青霄。""柳深陶令宅；月静庾公楼。"储光羲、李白句："鹏鹗励羽翼；龙鸾炳文章。"白居易、姚合句："酒香留客住；诗好带风吟。"李洞、许浑句："墨研清露月；琴响碧天秋。"张说、储光羲句："接垣分竹径；微路入花源。"王维、韩愈句："谁知大隐者；乃是不羁人。"刘长卿、吴筠句："颇得湖山趣；不知城市喧。"姚合、李商隐句："溪静云生石；窗虚日弄纱。"吕渭、沈佺期句："心同孤鹤静；节效古松贞。"王维、喻凫句："荷锄修药圃；煮茗就花栏。"杜甫、崔峒句："暗水流花径；清风满竹林。"杜句："从来多古意；可以赋新诗。"卢纶、薛逢句："川原缭绕浮云外；台榭参差积翠间。"宋之问、白居易句："松间明月长如此；身外浮云何足论。"李贺、高九万句："窗含远树通书幌；风飐残花落砚池。"杜荀鹤、雍陶句："四野绿云笼稼穑；一庭红叶掩衡茅。"刘长卿、周朴句："常爱此中多胜事；更于何处学忘机。"皇甫冉、刘禹锡句："闲看秋水心无事；静听天和兴自浓。"钱起、李白句："阳羡春茶瑶草碧；兰陵美酒郁金香。"

　　清代书法，嘉、道后分碑、帖两派。而集碑、帖字为联者，亦盛行一时。如集石鼓文云："道艺工于写华柳；秀灵时或载渊鱼。""不华不朴同所好；既安既宁乐乃时。""道旨渊微深于四子；词华工秀大如六朝。"西岳华山碑云："汉璧秦璆千岁品；光风嘉月四时春。""和平峻望中书令；典则高文太史公。""岁星仙气原方朔；璧月新词是义山。""玉堂修史文皆典；香案承书望若仙。"三公山碑云："老屋三间，可蔽风雨；空山一士，独注离骚。"绎山碑云："为乐极时，令德无极；去古不远，直道在斯。""日有所思，经史如诏；久于其道，金石为开。""山泽高下理所著，金石刻作臣能为。"《兰亭序》云："人品清于在山水；天怀畅若当风兰。""世间清品至兰极；贤者处怀与竹同。""作文每期与古合；寄怀时或与天游。""人品若山极崇峻；情怀与水同清幽。""大文问世有述作；至乐在人无古今。""山有此生未能至；竹为一日不可无。""山水之间有清趣；林亭以外无世情。"怀仁《圣教序》云："鹿门多大隐；花洞有长春。""云霞生异彩；山水有清音。""有雨云生石；无风叶满山。""黄昏花影二分月；细雨春林一半烟。""清华词作云露彩；典重文成金石声。""胜地花开香雪海；妙林经说大罗天。""万里波涛归海国；一山花木作香城。""天机清旷长生海；心地光明不夜灯。""书成花露朝分洁；悟对松风夜共幽。""珠林墨妙三唐字；金匮文高二汉风。"欧阳率更《醴泉铭》云："月沼观心清若镜；云房养气润于珠。""一室图书自清洁；百家文史足风流。""岩前炼石云为质；槛外流泉月有声。""为学深知书有味；观心澄觉宝生光。"八言云："良玉润珠，精神流照；吉金乐石，左右交辉。""甘露卿云，于斯为瑞；珠辉玉照，盖代之华。"颜鲁公《争座位帖》云："一诚有定同葵向；百故皆恬若海容。""恬然清行同南部；积有文才是左思。""畏友恨难终日对；异书喜有故人藏。""月寮烟阁标清兴；文府书城纵古今。""满室古香人有会；当阶清荫月初中。""立志须为三古盛；为书自起一家言。"八言云："功冠凌烟，纪纲文武；才高画日，损益古今。""立功立德，居之以敬；友直友谅，尊其所闻。"多宝塔碑云："天然深秀檐前树；自在流行槛外云。""脱俗书成一家得;写生卷有四时春。"东方朔像赞云:"德星人似东方朔;雄辨文如石曼卿。""作者多大方家数;望之如神仙中人。"玄秘塔铭云:"山静日长仁者寿;荷香风善圣之清。""穷经安有息肩日;学道方为绝顶人。"

何绍基子贞书宗颜鲁公,尤多临《争座位帖》,尝集帖字作联至百十副,其尤工者云:"心同佛定香烟直;目极天高海月升。""直谅喜来三径友;纵横富有百城书。""真辅相才葵向日;大光明地月当门。""今既见心即见佛;子安知我不知鱼。""画本纷披来野意;文辞古怪亦天真。""同心不隔一片月;时论惟高尺五天。""两世勋名郭仆射;一家书画李将军。""烟清忽见一勾月;人定微闻百和香。"

咸、同后,京师文酒之会必有歌伶艺妓侑酒,士大夫多用其名嵌字为联赠之。如月卿云:"月月相思三十日;卿卿低唤万千声。"二宝云:"二月莺花三月燕;宝儿风貌雪儿歌。"巧林云:"卿非织女偏生巧;我为梅花欲姓林。"菊卿云:"待到重阳还就菊;吹来池水底干卿。"又有暗嵌者,如三声云:"杨柳乍眠还乍起;芭蕉宜雨不宜晴。"宝凤云:"今我得此犹足霸;比卿于鸟亦非凡。"阿二云:"顾影只输花第一;问名未到月初三。"又嵌字而又集句之联,尤为出色,如采珠云:"欲采不采隔秋水;大珠小珠落玉盘。"花君云:"花开当折直须折;君问归期未有期。"花相云:"花开当折直须折;相见时难别亦难。"小五宝云:"小楼一夜听春雨;五凤齐飞入翰林。"月箫云:"清风明月本无价;湘瑟秦箫大有情。"月仙云:"我爱卿如天上月;自称臣是酒中仙。"阿男云:"生小何尝离阿母;愿天速变作男儿。"枕云云:"何须琥珀方为枕;除却巫山不是云。"胡春云:"千载琵琶作胡语;满城桃李属春官。"水仙云:"曾经沧海难为水;愿作鸳鸯不羡仙。"月梅云:"千古少圆惟月色;几生修得到梅花。"马掌云:"马上琵琶千古恨;掌中飞燕一身轻。"玉兰云:"垂手乱翻雕玉佩;前身应是杜兰香。"小如云:"小住为佳,得小住且小住;如何是好,欲如何便如何。"少卿云:"少之时戒之在色;卿不死孤不得安。"皆工妙如天衣五彩。

江湘岚官嘉善,题土地祠嵌字联云:"土生物以为功,故生金、生水、生木、生火;地时行之谓顺,愿时寒、时燠、时雨、时旸。"

百菊溪总制江南时阅兵江西,胡果泉中丞初与之宴,百严厉威肃,竟日无言。自中丞以下莫不震慑。次日再宴,演剧,有优伶号荷官者,旧在京师为百所昵。是日承值,百见之色动,顾问汝非荷官耶?何以至是?年稍长矣,无怪老夫之鬓皤也。荷官因跪前作捋其须状,曰:"太师不老。"盖依院本貂蝉语。百大喜,为之引满三爵,曰:"尔可谓'荷老尚余擎雨盖',老夫可谓'菊残犹有傲霜枝'矣。"荷官叩谢。是日,四座尽欢。核阅营政,亦少举劾。或云荷官承值,乃中丞预储以待者,与江南主以秦弱兰之侍陶谷绝相类。

刘御史位坦有三婿,皆以年字命名,有人为嵌字联云:"刘位坦三位令坦,乔松年、吴福年、黄彭年,刘家女待年而字。"或对云:"潘世恩屡世承恩,癸丑科、乙丑科、辛丑科,潘氏子逢丑成名。"

曾国藩起湘军,与太平天国战,以卫道自居。曾游天津,眷一妓,名大姑,赠以嵌字联云:"大抵浮生若梦;姑从此地销魂。"则非道学先生语矣。

曾国藩、左宗棠论事每相龃龉,有代为嵌字联互嘲云:"季子自命为高,与吾意见时相左;藩侯以身许国,笑他功烈亦何曾。"

李鸿章有女年长矣,后字其幕中文案张佩纶幼樵,时人为联云:"老女字幼樵,无分老幼;东床配西席,不是东西。"

戊戌政变,八月十三日六君子同与难,杨锐是年有自集寓门联云:"月中渐见山河影;天上新承雨露恩。"上句为东坡八月十三日诗。杨等授为卿,入军机仅十日,即及于祸,是下句亦有着落。其巧如预言者。

清德宗珍、瑾二妃之兄曰志锐伯愚。二妃既不为孝钦所喜,故伯愚任乌里雅苏台将军,投闲置散,一毫不予外戚恩泽。一日,志邸见一集联云："可怜光彩生门户；未有涓埃答圣朝。"

杨士骧卒于直隶总督任，予谥文敬。有人为嵌字联嘲之云："何谓文，戏文、曲文，声出金石；乌乎敬，冰敬、炭敬，用如泥沙。"以杨在官日，喜唱二黄，又好货也。

徐世昌向有长乐老之称，值其生日，有人嘲以嵌字联云："是遗老不是逸民，居东海滨，渴想斯人来日下；为隐士亦为政客，祝南山寿，会看残菊傲霜枝。"盖徐字菊人，以位尊，人称"东海"而不名也。

有县令名王寅者，性贪鄙。有夜题其门嵌字联云："王好货，不论金银铜铁；寅属虎，全须鸡犬牛羊。"见者无不鞭然。

卢沟桥事变后，日军陷武汉、岳阳时，长沙战区司令某接前线电话云：日军已进达岳阳南新墙河。适长沙北十里亦有地名新河者，某在电话中误听为长沙之新河，遂下令撤退放火，及知新河为新墙河之误，而全城已成焦土矣。惟长沙北区队长王某以酒醉酣卧，接令未予拆观，独得保全。事后当局追究责任，乃委罪警备司令、公安局长两人，予以处死。王某独得超擢。有人嘲以嵌字联云："治绩何存，两个头颅一把火；中心安忍，满城骸骨万家灰。"

沪上妓名青青者，有人赠以联云："清斯濯缨，鉴于止水；倩兮巧笑，旁若无人。"清去水，倩去人，皆明射"青"字。此亦暗嵌法，而又出以成语，如天衣无缝矣。

某商荒于色，制一床，备极华丽，倩人为联，有人为集句云："色即是空空是色；卿须怜我我怜卿。"

老伶工陈德霖逝世，有人代其弟子梅兰芳集句为挽联云："平生风义兼师友；一别音容两渺茫。"

对联有流水格者，一名无情对，专对字面，如："木已半枯休纵斧；果然一点不相干。"即以"木"实字对"果"虚字，"斧"实字对"干"虚字也。又如"春眠未觉花心动"对"夏礼能言杞足征"、"三径渐荒鸿印雪"对"两江总督鹿传霖",亦然。

丁酉岁,饭后诗钟集,分咏题医生、八字。余集工部、义山诗句云:"新鬼烦冤旧鬼哭;他生未卜此生休。"后阅《楹联丛话》,方知已有人嘲医生集此联矣。

对联有连环格者,如翁笠渔曾任昆山县、山阳县、阳湖县知县,或以为联云:"昆山县、山阳县、阳湖县,湖南从九,做过四五年知县。"后有对者云:"铁宝臣、宝瑞臣、瑞鼎臣,鼎足而三,都是一二品大臣。"按昆山、山阳、阳湖及湖南从九,均相衔接,故曰连环。又四五扣九之暗数,一二扣三之暗数,亦然。

蜀人画师张大千有集联云:"即从巫峡穿巴峡;直把杭州作汴州。"余则以"即从巫峡穿巴峡"对义山句"送到咸阳见夕阳"。虽不及大千集浑成,然皆唐人句也。

某岁夏去青岛,有曹君恕之,职编写剧本,能唱京剧。余亦喜唱京剧。彼挽余书联,余集诗书之上联云"好鸟枝头亦朋友",为朱晦庵句,盖指皆好歌唱。时黄公渚、君坦昆仲在座云:看下联如何写。余乃书云:"将军魏武之子孙。"工部诗,切姓也。虽不工整,亦尚有趣。

有以本岁干支嵌字为春联者,如乙未云:"乙近杏花袍曳紫;未匀柳色绶拖黄。"丁酉云:"丁岁观光惭国士;酉山探秘识奇书。"又集句嵌字,如戊寅云:"吉日维戊;太岁在寅。"故友钱心梅进士壬戌岁联云:"有壬振笔;向戌弭兵。"此两联尤为自然。又有人嵌丁巳岁联云:"添丁延寿称心过;上巳清明转眼来。"吴悔晦己未岁联云:"天下若己溺;君子防未然。"又有某秦商辛未岁题蜀肆云:"辛苦半生游蜀地;未知何日返秦川。"

祠宇名胜集联,佳制极多。有者如天造地设,鬼斧神工。如武则天庙联云:"六宫粉黛无颜色;万国衣冠拜冕旒。"上白乐天《长恨歌》,下王右丞早朝诗。亦典亦丽,亦庄亦谐,应为祠庙集联之冠,而精切不易,非武不能当之也。

神农庙集联云:"粒我烝民,使有菽粟如水火;播时百谷,先知稼穑之艰难。"又涂山禹庙集联云:"二仪上下分清浊;万国衣冠拜冕旒。"亦佳。

大梁信陵君祠,有集本传联云:"名冠诸侯,自古贤无有及公子者;仁而下士,乃闲步往从此两人游。"似论似赞,天衣无缝。

诸葛武侯祠,有集武侯语联云:"淡泊以明志,宁静以致远;汉贼不两立,王业不偏安。"又集句联云:"可托六尺之孤,可寄百里之命,君子人欤,君子人也;隐居以求其志,行义以达其道,吾闻其语,吾见其人。"又集联云:"自任以天下之重如此;是知其不可而为之欤。"又丞相祠旁有大僚饮饯所,有集杜句联云:"诸葛大名垂宇宙;元戎小队出郊坰。"

《楹联丛话》:关壮缪庙有集句联云:"旧官宁改汉;遗恨失吞吴。"又:"汉家宫阙来天上;武帝旌旗在眼中。"又:"吴宫花草埋幽径;魏国山河半夕阳。"皆集句之浑成者,然先主闵宫、丞相祠堂未尝不可移用。又不若"三分割据纡筹策;万国衣冠拜冕旒"较为雅切。余谓"三分割据纡筹策"只宜用于武侯祠,"万国衣冠拜冕旒"用于壮缪祠,亦稍觉不称。

又某氏壮缪庙集联云:"其为气也配义与道;未若髯之超群绝伦。"较佳。

桃花夫人祠,江湘岚联云:"是天台古洞烟露,眷念旧游,蓬山此去无多路;问当日楚宫心事,凄凉故国,鹦鹉前头不敢言。"上下两结用集句。

《楹联丛话》:唐陶山有集唐句题陶隐居祠联云:"门前学种先生柳;岭上长留处士坟。"

西湖苏小小墓南石亭有集联云:"桃花流水杳然去;油壁香车不

再逢。"

泰山岳庙联云："云行雨施，不崇朝而遍天下；地大物博，祖阳气之发东方。"镕铸经传之文，亦自名贵。相传为赵瓯北所拟。

太白楼有以太白句集联云："江空欲听水仙操；壁立直上蓬莱峰。"又有齐梅麓集句一联云："紫微九重；碧山万里。"即太白集中句。又联云："流水今日；明月前身。"则司空表圣《诗品》中句耳。

杜工部草堂集句联云："即今耆旧无新语；何处老翁来赋诗。""旁人错比扬雄宅；日暮聊为梁父吟。""至今斑竹临江活；无数春笋满林生。""孤城返照红将敛；仙侣同舟晚更移。"皆工部句也。

阮芸台集香山句，题白公祠联云："但是人家有遗爱；曾将诗句结风流。"

虞山有白、苏二公祠，齐梅麓集白、苏语为联云："中有仙龛虚一室；更邀明月成三人。"上香山句，下东坡句也。

眉州三苏祠，刘锡嘏有集联云："江山故宅空文藻；父子高名重古今。"

西湖苏祠，毕瑞璜集苏诗为联云："泥上偶然留指爪；故乡无此好湖山。"

露筋祠联，陈曼生集句云："江淮君子水；山木女郎祠。"梁章钜集杨升庵"庭前夜雨弄孤篆"以对王渔洋"门外野风开白莲"，甚合意境。

彭元瑞题于忠肃祠集联云："赖社稷之灵，国有君矣；竭股肱之力，死以继之。"

《楹联丛话》：太仓州有昙阳观，祀一女仙，像设姝丽。相传前明王文肃公锡爵之女得道冲举。或云汤玉茗《牡丹亭》传奇即演其事，真伪殆不可知。祠中有集昌黎、少陵句联云："云窗雾阁事恍惚；金支翠旗光有无。"非惟浑成，抑亦妍妙。

江右管学宣守常德，其乡人为许真君庙求楹联，管书云："君身自是有仙骨；我来未免是乡人。"

俞曲园财神庙集联云："无以为宝，惟善以为宝，则财恒足矣；义然后取，人不厌其取，又从而招之。"能恰如其分。

西湖月老祠集联云："愿天下有情人都成了眷属；是前生注定事莫错过姻缘。"乃《琵琶记》、《西厢记》两院本句。《老残游记》即以此联作结。

鄱阳湖左蠡有鼋将军庙，梅启熙集联云："清风徐来，水波不兴，扶持自是神明力；行人安稳，布帆无恙，霄汉常悬捧日心。"

京师陶然亭联甚多，以林文忠则徐集句为第一，联云："似闻陶令开三径；来与弥陀共一龛。"又王梦湘集联云："珠帘暮卷西山雨；阁道回看上苑花。"亦佳。

《楹联丛话》：京师和春部戏馆有集联云："和声鸣盛世；春色满皇州。"天然壮丽，云是张问陶太守所撰。

济南大明湖北极阁有集联云："宫中下见南山尽；城上平临北斗悬。"

孙星衍题大明湖集句联云："地占百湾多是水；楼无一面不看山。"

旧时崇尚偶像，风云雷雨，水火龙马，莫不神以祀之，而集联谈空说有，往往亦有佳语。如常熟蒋于藩题火神庙联云："且闻之炎炎者绝，隆隆者灭；不见乎赫赫厥声，濯濯厥灵。"严丽生龙王庙联云："春耕夏耘，秋收冬藏，万物育焉，鬼神之为德；雷出地奋，云行雨施，百宝盈止，膏泽下于民。"集成语皆工。

彭玉麟登泰山集联云："我本楚狂人，五岳寻山不辞远；地犹邹氏邑，万方多难此登临。"

山东雨花道院,有嵌字联云:"雨不崇朝遍天下;花随流水到人间。"

南京清淮桥,旧有集刘梦得、韦端己句为联云:"淮水东边旧时月;金陵渡口去来潮。"题桥门联,当以此为最工雅。

秦淮河房,有人集一联云:"千种相思向谁说;一生爱好是天然。"上句用《西厢记》,下句用《牡丹亭》,铢两恰称。

《楹联丛话》:道光初,金陵有某大姓葺治水榭,有客集宋人词句为联赠之,上联云:"波暖尘香,看槛曲萦红,檐牙飞翠。"上四字《玉田词》,下《白石词》也。对语云:"醉轻梦短,在灯前敧枕,雨外熏炉。"上四字毛泽民词,下梦窗词也,颇传颂于时。

《楹联丛话》:袁子才枚随园,李鹤峰侍郎集联云:"此地有崇山峻岭,茂林修竹;是能读三坟五典,八索九丘。"又自集联云:"放鹤去寻三岛客;任人来看四时花。"

浦口镇城东门堞楼三楹,背山面江,白小山学使集杜句题联云:"云白山青万余里;江深竹静两三家。"

《楹联丛话》:直州察院旧为盐政按部掣盐公所,内有戏台,曾中丞燠有集句联云:"粉泽大猷,元黄神说;云霞万影,丝竹千声。"戏台联之庄丽,无逾此者。

《楹联丛话》:阮芸台有别墅在邵伯湖之北,湖壖植柳三万株,自额所居曰"南万柳堂",以别于京师之万柳堂也。沿湖鱼利,甲于江北。尝集句自题堂联云:"君子来游贯及柳;牧人乃梦众惟鱼。"以石鼓文对毛诗,自然名贵。

扬州集贤楼,下临城河,形胜绝佳。有一集联云:"桃花潭水深千尺;明月扬州第一楼。"上为太白诗,下为赵子昂题迎月楼句。

金山寺有明月亭,伊秉绶时为镇江太守,集联云:"月明如昼;江流有声。"

　　常州府署有竹楼一所，某太守题集联云："未知明年在何处；不可一日无此君。"自然天成。

　　苏州玄妙观七星潭阁，有集唐诗一联云："千树桃花万年药；半潭秋水一房山。"

　　苏州沧浪亭，梁章钜集联云："清风明月本无价；近水遥山皆有情。"上欧阳永叔句，下苏长史句，皆沧浪本事也。

　　周沐润题常熟县署嵌字联云："五日风，十日雨，岁乃常熟；九年耕，三年食，民其姑苏。"分嵌省县名，极雅合。

　　上海县丞署有一集联云："剪取吴淞半江水；即是河阳一县花。"甚雅致。

　　何绍基题西湖游舫联云："双桨来时，有人似桃根桃叶；画船归去，余情付湖水湖烟。"上姜白石《琵琶仙》词，下俞国宝《风入松》词。

　　杭州崇文书院仰山楼，胡书农学士集联云："闭户自精，云无心以出岫；登高能赋，文异水而涌泉。"

　　杭州朱竹垞曝书亭有汪楫检讨集杜句一联云："会须上番看成竹；何处老翁来赋诗。"

　　西湖戏台有集句联云："古往今来皆如此；淡妆浓抹总相宜。"正是西湖戏台联，移易不得。

　　西湖茶馆有集东坡诗为联云："欲把西湖比西子；从来佳茗似佳人。"何其巧合。

　　西湖观稼亭，王延康集联云："乱山吞落日；平畴交远风。"

　　西泠印社，丁辅之有集句联云："把臂入林，呼吸湖光饮山渌；抗心希古，网罗秦汉近唐虞。"

　　阮芸台元于江西百花洲集一联云："枫叶荻花秋瑟瑟；闲云潭影日悠悠。"切合风景。

九江洪都会馆戏台联云:"应作如是观,古人今人若流水;谁能为此曲,大珠小珠落玉盘。"

南昌滕王阁,李其晏太守有联云:"我辈复登临,目极湖山千里而外;奇文共欣赏,人在水天一色之中。"上联用韩昌黎记语,下联用王子安序语。

董云岩有琵琶亭集联云:"一弹流水一弹月;半入江风半入云。"恰切自然。

汉阳晴川阁与黄鹤楼隔江对峙,而游人题句,不及黄鹤楼之多,有萧德宣集句一联云:"汉口夕阳斜度鸟;楚江灯火看行船。"

汉口鹦鹉洲有湖南木商会馆,易实甫集联云:"维楚有材,大厦于今要梁栋;因树为屋,故乡无此好湖山。"

端方题黄鹤楼集联云:"我辈复登临,昔人已乘黄鹤去;大江流日夜,此心吾与白鸥盟。"

胡君复题黄鹤楼集联云:"铁板铜琶,大江东去;月明星稀,乌鹊南飞。"

金安清题黄鹤楼集联云:"大江流日夜;西北有高楼。"

李澄宇题黄鹤楼集联云:"昔人已乘黄鹤去;大江无尽古今流。"

长沙天心阁有嵌字一联云:"天地苍茫,前不见古人,后不见来者;心胸开拓,块以视衡岳,坏以视洞庭。"

长沙也可园有嵌字联云:"也不设藩篱,恐风月畏人拘束;可大开门户,就江山与我品题。"

徐孝廉传清有岳阳楼集联云:"洞庭西下八百里;淮海南来第一楼。"

湖南大庸县天门书院有集句嵌字联云:"天上麒麟原有种;门前桃李自成春。"

乐安学署有嵌字联云："虽有此不乐;既来之则安。"并用成语,殊巧。

福州贡院,林文忠则徐有集杜诗一联云："乡赋念嘉宾,彩笔昔曾干气象;持衡留藻鉴,文昌新入有光辉。"

《楹联丛话》:瑞州府治后有凤凰山,山之左有东轩,乃苏文定辙谪筠州监酒税时所建。瑞州在宋时为筠州也。翁覃溪集苏诗为联云："天下几人学杜甫;当时四海一子由。"

福州小西湖东开化寺,倚城临水,擅湖壖之胜。黄莘田集联云："桑柘几家湖上社;芙蓉十里水边城。"

武夷山小桃源径口石门两旁镌一集句联云："喜无樵子复看弈;怕有渔郎来问津。"

四川天回镇,以唐明皇幸蜀返跸驻此,因名。驿亭中有以李太白句为联云："地转锦江成渭水;天回玉垒作长安。"

四川嘉定乌尤山甚峻,有乌尤寺,前面大江,寺门外有集联云："干青云而直上;障百川以东之。"人称其浑成。

四川灌县上清宫有刘恕皆集联云："隔断红尘三十里;直上江源第一峰。"

福建龚易弱冠入词林散馆,出宰滇南,有题袖海楼集联云："钓竿欲拂珊瑚树;海燕双栖玳瑁梁。"

桂林叠彩山景风阁,梁章钜集联云："粉墙丹桂动光彩;高厓巨壁争开张。"

桂林城北仙李园,明为靖藩别业,后为李芸甫所得,仍名李园,有镜亭在水中央。梁章钜集韩、杜句为联云："灌池才深四五丈;野航恰受两三人。"

《楹联丛话》:广东雷琼道驻札琼山县,其大堂楹联暗藏琼州全府州县名邑，组织自然，联云："定安全之策，坐镇琼山，开乐会以会同官，统府州县群僚，独临高位；澄迈往之怀，清扬陵水，佐文昌而昌化理，合万儋崖诸邑，共感恩波。"盖琼州凡领十三属，为琼山、澄迈、定安、文昌、儋州、昌化、会同、乐会、临高、万州、陵水、崖州、感恩也。

广州海珠有关天培、张国樑合祠，一集联云："无命复何如，徒令上将挥神笔；未捷身先死，长使英雄泪满襟。"

陕西省城湖南会馆有集句联云："维楚有材；于幽斯馆。"可云确切不移。

叶尔羌，清设办事大臣驻其地，三年一调，署有花木池台之胜，池甚广，通溪，垂杨两岸，颇似西湖。福勒洪阿任办事大臣，集联云："白首即今行万里；皇恩只许住三年。"

又新疆有集春联云："万里河山，春来有脚；十年征戍，地入不毛。"佳甚。

新疆昭忠祠，左宗棠集联云："日暮乡关何处是；古来征战几人还。"

《秋雨庵随笔》：伊犁有过复亭，盖为谪官而设。刘金门宫保过之，题一集联云："过也如日月之食焉；复其见天地之心乎。"运用成语，天造地设。

袁世凯被逐，在彰德洹上营园亭，集龚定庵句题养寿堂联云："君恩毂向渔樵说；身世无如屠钓宽。"又集句联云："可以养性消疴，还年驻色；爰有嘉禾美卉，垂水蒙华。"

戏园联有集传奇句云："把往事今朝重提起；破工夫明日早些来。"可称工妙。又联云："触景伤怀，回首可怜歌舞地；感时溅泪，隔江犹唱后庭花。"又集四书句云："闻弦歌之声，贤者亦乐此；见羽毛之美，乡人皆好之。"上联谓昆曲，下联则乱弹武戏也。

又酒业戏台联云："正值柳梢青，乍三叠歌来，劝君更进一杯酒；

如逢李太白,便百篇和去,与尔同销万古愁。"两结句亦切。

有集四书为典肆联云:"以其所有,易其所无,四境之内,万物皆备于我;或曰取之,或曰勿取,三年无改,一介不以与人。"

春册店有集联云:"一阴一阳之谓道;此时此际难为情。"极滑稽之致。

严复题武昌铁路学校联云:"遵大路兮,自东自西,自南自北,为之范我驰驱,今天下车同轨;登斯堂也,如切如磋,如琢如磨,尔尚一乃心力,有志者事竟成。"

袁世凯当国,立政事堂,徐世昌为国务卿,有人集杜诗为政事堂联云:"竟日淹留佳客座;两朝开济老臣心。"徐故前清太宰,两朝盖示讽也。

张之洞题武备学堂集联云:"执干戈以卫社稷;说礼乐而敦诗书。"

张謇题博物书院联云:"设为庠序学校以教;多识草木鸟兽之名。"

易实甫题琴志楼集联云:"三闾大夫胡为至于此;五柳先生不知何许人。"

方地山题明湖春饭庄,嵌字集联云:"明眼怕看人,万事思量惟酒好;湖边能日醉,一春不惜买花多。"又有酒肆名"醉沤",方嵌字联云:"人我皆醉;天地一沤。"

织布局有集联云:"经纶天下;衣被苍生。"筹防局集联云:"财力雄富;士马精妍。"湖北银圆局集联云:"楚国以为宝;天用莫如龙。"清制货币皆绘龙。语出《汉书·食货志》。

旧时有烟馆集联云:"喷云泄雾藏半腹;玉箫金管坐两头。"亦典雅。

染坊集联云："青出于蓝；素以为绚。"又浴堂集联云："此是寓公汤沐邑；且听孺子沧浪歌。"又电报局集联云："发乎迩，见乎远；观其器，知其工。"又邮政局有嵌字集联云："置邮传命；为政在人。"

鼎昇客栈有嵌字联云："宾至如归，教庖人善调鼎鼐；春来且乐，劝旅客莫问升沉。"又，大吉祥旅馆联云："孰能为之，鹏背扶摇几万里；昭其文也，瓦当流落二千年。"为暗嵌。

又枳园嵌字联云："枳敢言材，能免斧斤终是福；园何必大，不分畛域自然宽。"

王渔阳集句题厅事联云："白云在天，秋风牵手；流水今日，明月前身。"

福建龚蔼人集句题厅事联云："平生最爱说东坡，日啖荔枝三百颗；天下何人学杜甫，安得广厦千万间。"

林衡甫庆诠集曾南丰语为联云："著书忌早，处事忌扰；立朝忌巧，居室忌好。"

光绪庚戌，湖南饥民聚众焚抚署。时抚湘者为粤西岑春萱，藩司为阳湖庄赓良。民拥庄而反岑。有集《孟子》句为联云："众楚人咻引而置之庄岳；一车薪火可使高于岑楼。"

檀玑字斗生，在京声名狼藉，迨放福建学差，气焰甚大，有嘲以联云："作福作威，怕你不栽大觔斗；做腔做势，要人都叫老先生。"

左斗才署湘阴县，或以联嘲之，额曰"所恶于左"，联云："斗筲可足算也；才难不其然乎。"

有为道士娶妻作贺联者，先得上句云："太极两仪生四象。"适纪晓岚至，因对云："春宵一刻值千金。"

曾国藩为左宗棠所书联云："敬胜欲，义胜怠；知其雄，守其雌。"又，左与曾论事每不一，曾出联云："季子敢言高，与吾意见大相左。"

左应声对曰："藩臣徒误国,问他经济有何曾。"

郑孝胥与易硕甫为倾盖交。易为岑春萱所劾,郑不禁代为扼腕,集四书联以赠曰："假我数年,五十以学易;方寸之木,可使高于岑。"

梁任公启超寿康南海有为七十寿,集《汉书》及《东都赋》语联云:"述先圣之玄意,整百家之不齐,入此岁来已七十矣;奉觞豆于国叟,致欢忻于春酒,亲受业者盖三千焉。"上联集郑康成传,下联集《东都赋》及《儒林传》,极工整古肃,与康之行为及门弟子之颂祷恰合分寸。

济南画家关友声断弦后,壬寅夏在青岛与汉中郑女士结婚。余适去青岛,嘱余为联。余因书嵌字联云:"齐东野叟,关西大汉;秦州牡丹,郑氏樱桃。"友声身躯本丰硕,故以调之。友声甚以相赏。

又,诗钟清嘉道间起自福建,有嵌字、集句、分咏各格,虽文学史中所不载,然运用之妙,亦极具匠心。

嵌字集句,如"女"、"花"二唱:"青女素娥俱耐冷;名花倾国两相欢。""商女不知亡国恨;落花犹似坠楼人。""神女生涯原是梦;落花时节又逢君。"皆工妙。

张之洞督鄂时为诗钟集,蔡乃煌"蛟"、"断"四唱云:"射虎斩蛟三害尽;房谋杜断两心同。"大为张所赏,急函袁世凯言于庆王奕劻,蔡撄粤海关道。盖当时政局,瞿鸿礼、岑春萱、盛宣怀为一系,奕劻、袁世凯、张之洞为一系。瞿以泄西太后语罢大学士,岑、盛亦皆罢职,此为"三害尽"。"两心同",则指袁、张也。

陈宝琛"天"、"我"五唱云:"海到无边天是岸;山登绝顶我为峰。""日"、"中"一唱云:"日暮何堪逢更远,中干未必外能强。"

余好为分咏诗钟,丙申岁与陈紫纶、章孤桐、许季茇、宋筱牧、诸季迟、黄娄生、黄君坦诸诗家共为饮后诗钟集。余多有所作,如苏秦、西药:"东齐鬼谷曾师事;上古神农未自尝。"纪信、蜡梅:"取义身先钟室死;欲言口似磬房开。"司马相如、秦淮河:"侍臣不赐金茎露;商女犹歌玉树花。"郑康成、南宋梅花:"庭砌不除生夏绿;雪天长傲伴冬青。"王羲之、洛阳牡丹:"家声宜作登龙选;国色何能走马看。"苻坚、西菜馆:"难下八珍何晏箸;误轻一局谢安棋。"范仲淹、春宫:"家国乐忧天下任;阴阳燮理此中求。"耶律楚材、五大夫松:"名兆降元归晋用;身因小鲁受秦封。"村居、苔:"老屋多依红□柳;废园犹卧绿沉枪。"夜半燕:"听来远近三更鼓;飞入寻常百姓家。"老妓、自行车:"旧燕残莺同末路;木牛流马是先河。"搓板、南唐:"霜杵无鸣寒洗练;烛花不放夜悬珠。"岳阳楼、汾酒:"水气下临云梦泽;曲香遥指杏花村。"戏马台、红烧鲤鱼:"闻歌忍见乌江去;寄柬疑从赤壁来。"滕王阁、烧饼:"文章齐称王勃赋;谶图可验伯温歌。"东昏侯、华山:"妃子步中金菡萏;仙人掌上玉芙蓉。"李白、陶然亭:"残照荒凉鹦鹉冢;大江奔放凤凰台。"少妇、唐梅:"封侯误自登楼悔,结子酸从絮阁来。"悼亡、冷食:"合是安仁来作诔,只应介子与招魂。"月份牌、古战场:"昨日古人今日我;秦时明月汉时关。"

分咏集句,周穆王、痔疮:"何处更寻回日驭;岂宜重问后庭花。"(义山)连鬓胡子、牡丹:"人面不知何处去;狂心更拟折来看。"(崔护、方干)会馆、李白:"心是主人身是客;诗家才子酒中仙。"(乐天、赵嘏)病夫、神女:"常言吃药全胜饭;尽日灵风不满旗。"(贾岛、义山)尿壶、美男子:"好向中宵盛沆瀣;焉能辨我是雌雄。"(陆龟蒙、骆宾王)春禊、美人足:"谁能载酒开金盏;应愿将身作绣鞋。"(杜牧、飞卿)冯道、隐士:"天爵竟为人爵误;青云不及白云高。"(李玖、赵嘏)文物商店、李龟年:"古董先生谁似我;落花时节又逢君。"(桃花扇、杜工部)

又有碎锦格,如窗、雨、新、美:"春雨乱生君子竹;秋窗新放美人蕉。"疏、香、还、斗:"细柳摇时风自斗;疏梅开候雪还香。"澹、安、词、怀:"一字词成吟未妥;万怀愁满澹能安。"

又有香囊格,四字皆嵌于一、七字,如马、家、春、慢:"马知路远行来慢;家有花多看尽春。"

又有连环格，为分咏、嵌字合一，如朱淑真、梅花，招、怨六唱："词疑六一同招谤；身属逋仙不怨孤。"

又有笼纱格，为分咏一字，如色、树："春意上容朝酣酒；秋声到耳夜读书。"愁、白："江上山堆千万叠；雪中梅点两三枝。"

又有居易格，内嵌古人名，如天津寇梦碧联云："望去荒丘为乐土；折来新柳是离枝。"嵌丘为、柳是两古人名。甚自然，意亦好。余联云："丛林逋去笼中鸟，勺水来苏辙里鱼。"

又有诗谜格，如限词调名："烟花明月吹箫夜；风雨重阳落帽时。"射《梦扬州》、《龙山会》。限戏名："故人西出歌声咽；大将南征胆气豪。"射《折柳》、《阳关》、《北诈》。限书名："评量玉尺群芳谱；载取珊瑚聚宝盆。"射《品花宝鉴》、《书画舫》。

卷四　巧对　谐联

我国汉字有音、形、义之美，文士运用其结构及音韵之特点，撰为巧对谐对，有以人名、地名、物名对者，有以叶音、转音、独字对者。式样各出，特见匠心。如"色难"以对"容易"，"张之洞"以对"陶然亭"，"岑春萱"以对"川冬菜"。想落天外，逸趣横生，虽雕虫小技，亦有可观。

王淑士《表异录》云：王荆公以"杀青"对"生白"，"苦吟"对"甘饮"，"飞琼"对"弄玉"，"带眼"对"琴心"，皆工。

陶秀实《清异录》以"蜜父"（梨）对"腊兄"（枇杷），"闽香玉女"（荔枝）对"吴会星郎"（杨梅）。又闽荔枝有名"翰墨香"者，可对"文林果"。

秦少游以"身与杖藜为二"对"影将明月成三"。叶梦得以"逸人旧舞子午谷"对"诗客独寻丁卯桥"，是以数字干支入对。

《归田录》：梅圣俞奉敕修《唐书》，尝语刁氏曰："吾之修书，可谓猢狲入布袋矣。"刁笑对曰："君于仕宦，何异鲇鱼上竹竿耶。"语特滑稽。

刘贡父以"四诗风雅颂"对"三代夏商周"。荆公以为天造地设。又有对以"三才天地人"者。

金章宗与妃御花园共坐，出句曰："二人土上坐。"妃对曰："一月日边明。"

元丞相脱脱陛辞，元主赐之宴，至夜分，脱脱起曰：臣明日早行矣，"半醉半醒过半夜"。元主笑曰：卿明日行亦不必早，"三更三点到三河"。脱脱叩头谢,尽欢而罢。见《长安客话》。

明太祖至多宝寺随喜,出句云:"寺名多宝,有几多多宝如来。"僧对曰:"国号大明,无更大大明天子。"太祖赏赍甚厚。

明成祖元宵夜微行,至一客栈,出句云:"灯明月明,大明江山一统。"一士子对曰:"君乐臣乐,永乐天子万年。"遂大欢宴。

明嘉靖间,倭患猖獗,遣使至京,出句云:"朝无相,边无将,只有玉帛相将。"盖以相将异读而为之,一时颇难其对。李东阳闻之,对以:"天难度,地难量,才是乾坤度量。"倭使惭服。

《野获编》:邱南镇岳由亚卿左迁藩参,数厚遗张江陵,尝以黄金制联馈之云:"日月并明,万国仰大明天子;丘山为岳,四方颂太岳相公。"盖欲以己名时蒙记忆也。江陵喜将骤擢之,未几败,岳遂罢归。

祝枝山《猥谈》:李空同督学江西,考生有名李梦阳者,唱名时,空同诧曰:安得同我名。我出一对,对佳则已。曰:"蔺相如,司马相如,名相如,实不相如。"其人应声曰:"魏无忌,长孙无忌,公无忌,我亦无忌。"空同大喜,置之前列。

纪晓岚好作楹联。同乡某父子二人同为戊子科举人,因有"父戊子,子戊子,父子戊子"之对,久思不得。或曰,纪某自称无不可之对,盍以此难之。时有师生二人同官户部者,纪侦得之,即对曰:"师司徒,徒司徒,师徒司徒。"

左宗棠征回部,悬一联征对云:"遍地是回,大回小回,让你一回两回,且看下回分解。"一回族士绅对云:"满天皆汉,东汉西汉,任尔背汉反汉,惟有老汉崛强。"

咸丰时有副将雷风云,谥威毅。光绪间,鄂人张翼轸工书,游京师,有鬻书格悬厂肆,其姓名三字皆星名。"张翼轸"与"雷风云"对正工。

临澧黄岐农工部客常德。府署同事一罗姓者,以姓裁成联云:

"四维为罗,东南西北之人也。"时知府汪君亦在座,工部遽目之曰:"三王曰汪,禹汤文武之后欤?"知府起拱曰:不敢当。

有人尝撰一联诮塾师课童子书,为童子反唇所稽,来请岐农工部对,联云:"先生告书说书生,书生书生先生书先生。"工部方属思,适门外哄声大作,则马快追逸盗者,于是笑曰:已得之。云:"步快骑马赶马快,马快马快步快马步快。"

吴江金文简公士松官工部时,见僚属恒多轻视。一日,某中书以签分工部上谒,其虽南产,而体貌魁伟,有燕赵壮士之概。文简出一对调之曰:"南人北相,中书令什么东西。"时工部毁于火,方在营造间,即抗声云:"水部火焚,金司空大兴土木。"语极精确,且以金、木、水、火、土对东、南、西、北、中,尤见匠心。

黄照临官陕西某县。知县每公出,骑而不舁。一日赴郊验尸伤,所乘马逸而躏其旁麻畦。麻主老妪信口毒詈。黄闻之,掩口笑不止。群怪之。曰:吾少年教读某氏,信步后园,见小儿以锄锄蹲蛙,锄下蛙跳,土裂出瓦,当得"娃挖蛙出瓦"五字,二十年难其对。今凑合成矣,盖"妈骂马吃麻"也。此为叶音所生之巧联。

有刘姓者遇李姓者问姓氏,李曰:"骑青牛过函谷,老子姓李。"李回问刘,答曰:"斩白蛇入汉关,高祖是刘。"

宣统时,留日学生某得保考为翰林,时称洋翰林。某致书胡秋辇论宪法研究事,"辇"误书"辈","究"误书"宄",人嘲以联云:"辈辈同车,夫夫竟作非非想;宄宄共穴,九九还将八八除。"

夏枝巢云:有甲、乙二人游佛寺,值作法会,寺僧以佛手供佛。甲得联云:"佛手供佛,佛伸佛手拿佛手,佛爱闻佛手,佛为佛手香。"久不能对。一日,乙去浴室浴,见有患鸡眼者在修脚,乙乃急访甲曰:前对得之矣,乃"鸡眼喂鸡,鸡睁鸡眼看鸡眼,鸡不吃鸡眼,鸡嫌鸡眼臭"也。

恽公孚与余同客长春，寓东北文史研究所宿舍。一日午餐，谈及对联。公孚云：有一联，二十年来无人能对，联云："董圣人，康圣人，董康圣人。"盖康有为、董康皆号圣人也。余曰：此甚易对，即对"李学士，白学士，李白学士"，可乎？公孚曰：待一查乐天是否为学士。乃查乐天传，果为翰林学士。所谓二十年无人能对，而于一二分钟时对上矣。又，宿舍厨师张君有幼子名毛毛，张君蓄一猫在脱毛，毛毛抱之。余忽得联云："毛毛抱猫猫脱毛，猫弄毛毛一身猫毛。"隔日，张君对曰："道道要刀刀刮道，刀伤道道满脸刀道。"张君非此中人，能对，亦复可贵。

有人为叠字联云："风风雨雨，暖暖寒寒，处处寻寻觅觅。"对："燕燕莺莺，花花叶叶，卿卿暮暮朝朝。"

滨海某龙王庙有联云："朝朝朝朝朝朝朝息；长长长长长长长消。"盖上"朝"字为名辞朝暮也，下"朝"字为动辞朝谒也；上"长"字为副辞经常也，下"长"字为动辞上涨也。即谓海水每晨朝谒，日日如是，海水经常上涨，恒有规律也。音读既异，意义各别，遂成妙对，而以独字出之，尤为工绝。

有人为拆字联云："冻雨洒窗，东两点西三点；切瓜分片，横七刀竖八刀。"又北京曲艺说相声者，说一联云："水冷水（冫），一点两点三点；丁香花，百头千头万头。"与上联皆为由字之结构而成之巧联。

"烟锁池塘柳"，用金木水火土旁。有人对以"浪烘锦堤桃"，惟"堤"字平声失叶。余对以"暖培镜沼梅"，亦不工。

余曾为贺人结婚联云："缔缘缩结红丝缕；纳綵缠绵绿绮弦。"皆用系旁。昔亦有此一格。

余藏有明版《对类》一书，无著者名氏，凡二十门。当为嘉靖时本。其巧对门搜摘甚多，如：

二字类："山涛"对"原壤"（人名）；"笠泽"对"鞋山"；"花奴"对"草

圣"（王进、张旭）；"佛桑"对"人柳"；"石发"对"溪毛"；"谏草"对"辞花"。

三字类："蜀水浊"对"嵩山高"；"堤是土"对"岫由山"；"黑土墨"对"白水泉"；"观音柳"；对"罗汉松"；"蛟龙宅"对"虎豹关"；"续命缕"对"返魂香"；"木森森"对"水淼淼"。

四字类："六龙行夏"对"万象回春"；"指鹿为马"对"以羊易牛"；"五云仙仗"对"八水神京"；"九河既导"对"三径犹存"；"甜瓜蒂苦"对"臭梓花香"。

五字类："星依日脚生"对"霰下云头散"（拆字）；"魁星鬼踢斗"对"闰月王居门"（拆字）；"溪清须（湏）涉渡"对"迳远遂迷途"（同边）；"冷官居热地"对"寒土浴温泉"；"家边禾是稼"对"浦上草为蒲"（拆字）；"老枣靠道倒"对"矮槐挨阶栽"（叶音）；"鸿是江边鸟"对"蚕为天下虫"；"朝官朝朝朝"对"处士处处处"。

六字类："四渎江淮河汉"对"三光日月星辰"；"砚向石边见口"对"笙从竹下生声"（字意）；"盾日畏，衰日爱"对"夷风清，惠风和"；"逢辰或云同甲"对"生子自谓添丁"（干支）。

七字类："无山秀似巫山秀"对"何水清如河水清"；"里中田上土何下"对"岩畔石低山自高"；"烧火火烧烧火杖"对"渡船船渡渡船人"；"观前种竹先生笋"对"寺后栽松长老枝"；"翰林学士浑身湿"对"兵部尚书彻骨寒"（借音）；"绛绎绘维缩纶绛"对"潘游洪沈泛瀛洲"（韩绛、韩绎、杨绘、韩维，潘良能、游操、洪景伯、沈介）；"炒豆不酥缘火少"对"移仓难动为禾多"；"乐乐乐人教教曲"对"行行行者看看经"。

他如"破故纸糊窗，防风不得"对"黑牵牛过岭，滑石难行"；"吕先生品箫，须添一口"对"谢状元射策，何吝片言"；"谢外郎要钱，抽身便讨"对"吴内史饮酒，下口便吞"；"一夜五更，半夜五更半"对"三秋八月,中秋八月中";"青天似水,无鱼月钩空钓"对"白露如珠,出蚌雨线难穿";"花本木形,何自草头而化"对"星为夜象,却从日脚以生";"雨里筑墙,捣一堵,倒一堵"对"风前点烛,流半边,留半边";"岩崖岳岛峰峦,四山出出"对"杉梓椿松桧柏,六木森森";"猫儿竹下乘凉,全无暑气"对"蝴蝶花间向日,更有风来"(借音);"双艇并行,鲁肃不如樊哙"对"八音齐奏,狄青难比萧何"(借音);"鸟入风中,衔出虫以作凤"对"马来芦畔,吃尽草而为驴";"冻雨洒窗,东二点西三点"对"典木置屋,曲八根直四根";"张长弓骑奇马,单戈合战"对"种重禾犁利牛,十口为田";"和尚撑船,棒打江心罗汉"对"佳人汲井,线牵水底观音";"船尾拔钉,孔子生于周末"对"云头掣电,霍光起自汉中"(借音);"闷拨红炉,尽是长叹短叹"对"愁拈素帕,提起千思万思"(借音);"笑指深林,一犬低眠竹下"对"闲看邃户,孤木独立门中";"红荷花,白荷花,何荷花好"对"紫葚子,青葚子,葚葚子甜";"四口同图,大口包藏小口"对"五人共伞,上人遮盖下人";"碧天连水水连天,天水一色"对"明月照霜霜照月,霜月交光";"雪地鸦行,白纸乱涂四五点"对"霞天雁过,锦笺横草两三行";"沧海浪洪,潮汐瀰漫溶港渚"对"滹沱河涨,波流汹涌没汀洲";"风卷杨花,一地里滚将春去"对"霜凋梧叶,半空中坠下秋来";"杜鹃花里杜鹃啼,有声有色"对"蝴蝶梦中蝴蝶舞,无影无形";"画里桃花,春色一枝开不谢"对"水中梅影,雪痕千点浸难消";"马笼笼马马笼松,笼松马跑"对"鸡罩罩鸡鸡罩破,罩破鸡飞";"鹤渴抢浆,命仆将枪惊渴鹤"对"鸡饥吃食,呼童拾石逐饥鸡";"树压墙头,南北两枝分内外"对"花飞院底,高低一片任西东";"门子封门,门外有风封不得"对"狱囚越狱,狱中无月越将来";"镕金作弹打飞禽,为小失大"对"斫竹编篱遮出笋,弃旧怜新";"出对易,对对难,请先生先对"对"开关迟,关关早,阻过客过关";"齿刚舌柔,刚者何如柔者久"对"眉先须后,先生不及后生长";"对镜佳人,前面面如后面面"对"临池和尚,上头头似下头头";"人立断桥,形影不随流水去"对"客眠孤馆,梦魂曾到故乡来";"蝉以翼鸣,不音若自其口出"对"龙从角听,无乃不足于耳欤";"六尺丝绦,三尺系腰三尺剩"对"一床锦被,半床遮体半床闲";"四口兴工造器迟,口多工少"对"二人抬木归来晚,人短木长";"妈妈骑马,马不行,妈妈骂马"对"舅舅养鸠,鸠欲死,舅舅救鸠";"木鱼口内含珠,吞不入,吐不出"对"纸鹞腰间系线,放得去,收得来";"童子执桐木,撞铜钟,同声相应"对"妃嫔著绯衣,扣扉户,非礼勿言";"车脚推车,车轮脚碾伤车脚"对"火头烧火,火柴头打破火头";"岵山古,岑山今,古今二山并出"对"松木公,梅木母,公母两木成林";"杖长八尺,离身四尺,随身四尺"对"卦分六爻,内象三爻,外象三爻";"劈棘继枣为柴,横两束,直两束"对"从价聚众扮戏,假三人,真三人";"上四心,下四心,宁德民心不一"对"外十口,内十口,古田户口何多";"柏油树绿连衢婺,多是旧游之路"对"辛夷花红满湖嘉,半系新移之家";"日出东,月出西,天上生成明字"对"女在左,子在右,世间配定好人";"木笔蕉书,怎画树梢头雪花瓣子"对"秧针柳线,难穿荷叶上露水珠儿";"五百罗汉渡江,岸畔波心千佛子"对"一个嫔妃对月,人间天上两嫦娥";"桑养蚕,蚕结茧,茧抽丝,丝成锦绣"对"草藏兔,兔生毫,毫扎笔,笔写文章";"二月春分,八月秋分,昼夜不长不短"对"三年一闰,五年再闰,阴阳无错无差";"水仙子持碧玉箫,风前吹出声声慢"对"虞美人穿绣花鞋,月下行来步步娇"(词曲名);"红娘子恨杀槟榔,半夏无茴香消息"对"白头翁娶得蕲艾,人参有断续姻缘"(药名叶音);"鹭瓶螺盏鹦鹉杯,鲸鲵饮羊羔蜉蚁"对"兔笔鸾笺鸲鹆砚,蝌蚪书蚯蚓龙蛇";"风雅颂赋比兴有六艺,汎汎尔,熙熙尔"对"典谟训诰誓命凡百篇,浑浑乎,灏灏乎";"牛以任重,马以致远,以大畜而兼小畜"对"男正乎外,女正于内,正家人而及同人";"东方朔,西门豹,南宫适,北宫黝,东西南北之人也"对"前朱雀,后玄武,左青龙,右白虎,前后左右之神乎"。

春游琐谈

目　　录

一 书 画 类^①

北京清末以后之书画收藏家

　　清末至民初北京书画收藏家,首应推完颜景贤。景贤字朴孙,满族人,精鉴赏,所见甚广。当时端方尝与游,手录有《三虞堂书画目》(三虞者,唐虞永兴《庙堂碑》册、虞永兴《汝南公主墓志铭稿》卷、虞永兴《破邪论》卷也),《目》共百四十六件。每一目下皆注明为某人物或己物,或于庚子失去,而与端方互贻者尤多。是《目》于戊辰年经安徽苏厚如在厂肆冷摊上买得,与四川杨啸谷讨论《目》中书画之迹,加按语付以石印。其《目》内亦有赝品。如按语内云,景氏以"三虞"名堂,其实三虞皆不真确,惟藏张僧繇《五星二十八宿神形图》是唐画。上有梁令瓒题字,即梁所画,《宣和》曾经注明,现已归日本爽籁馆,为景氏生平压轴之迹。又《目》内梁武帝《异趣帖》真迹卷,《墨缘汇观》所载,谓笔势雄伟,然不敢许其为梁武。余于溥心畬家见一卷,又于他处见一卷,不真。《目》内卷注明为景氏之物,是否溥心畬藏卷旧为景氏之物,不得而知。又赵孟頫书《两汉策要》十四册,按语云是学赵书而非真迹;晋顾恺之《洛神图》卷,按语云宋人仿;唐小李将军《春山图》卷,按语云宋人仿。其他多系珍品名迹。景氏故后,遗物散失殆尽。《目》内晋王大令《东山松帖》卷、唐摹右军《嘉兴帖》卷、唐欧阳率更正书《阴符经》卷、唐高闲上人草书半卷《千文》册、宋王晋卿《颍昌

---

　　① 《春游琐谈》原不分类,此次结集由楼宇栋整理,分为七类,并加标题。另增收两篇"佛学与戏剧"、"戏剧之革命"。

湖上〈蝶恋花〉词》卷、宋张温夫《金刚经》册、元赵孟頫《宝云寺记》册、《陶诗“秋菊有佳色”帖》幅、元人《大观法书》册、唐吴道子《观音像》轴，均注明于庚子失去。流于日本者，有唐人篆书《说文·木部》六，纸卷（按语云，此卷有小米题字，是宋高南渡所收之物，较敦煌、吐鲁番掘出者尤精）、晋顾恺之《洛神图》卷、唐王右丞《济南伏生像》卷（即《伏生授经图》）、南唐董北苑《天下第一图》轴、北宋李成王晓合作《读碑图》轴、宋龚开《骏骨图》卷。其余则流于国内收藏家之手矣。在民初间，鉴藏书画之风又渐盛。然书不过成刘翁铁，画不过四王吴恽，其价值或在宋、元之上。因宋、元年代湮远，非经多见广不易鉴别，而时又重纸白版新故也。民初后，鉴藏家其著者有杨荫北、关伯珩、叶遐庵、颜韵伯、汪向叔诸氏。杨氏所收未见其目录，但文沈唐仇，金陵八家，画中九友，皆多真精之品。以晚年窘困，全部陆续让出。余所收吴渔山《兴福庵感旧图》，即其所藏。关伯珩当时收藏书画颇具魄力，在厂肆有“四冤”之名。关名冕钧，因“冕”字似“冤”字也。关当时官京绥铁路局长。其他三冤亦皆达官。但关氏所收真精之品亦殊不少，著有《三秋阁书画录》。“三秋”为唐阎立本《秋岭归云图》、五代黄筌《蜀江秋净图》、宋王铣《万壑秋云图》，因以为名。唐宋元明清卷册、轴联、成扇、便面，共三百数十件。《录》为邓文如所作。题识云：“此予昔年为友人关伯珩所作，历时半月而成，舛误不少。然以清初遗老附明贤之后，具有深义。其余体例，亦颇矜慎，有识者当能辨之。伯珩收藏真伪杂糅，大约明清人书画皆真，颇有精美者；宋元则十不得一耳。”邓氏题识，颇不讳言。目录内所闻见者，如元钱舜举《柴桑翁图》卷，为景朴孙故物（见《三虞堂书画目》）。元王若水《鸠居篰落图》轴、元倪云林《自写清闷阁图》轴、明沈石田著色山水大册、明仇十洲《募驴图》卷、清王烟客仿宋元诸家册、恽南田抚徐崇嗣没骨《花卉图》轴、王石谷仿关仝《太行山色》卷、仿巨然《临安山色》卷、禹之鼎《饷乌图》轴、郎世宁《獾犬图》轴（与吴观岱合作）、《松鹤图》轴，皆系精品。“三秋”则于关氏生前售于日人，乃赝迹也。关氏故后，所藏其家人亦陆续让出。颜韵伯与关伯珩同时以鉴藏书画著名,所收亦多,但赝迹亦不少,未有目录。售于日人之东坡《寒食诗》帖,为苏字之最精者。余收有其项圣谟设色花卉册。颜氏身后萧条,全部所藏售出抵债。汪向叔之收藏,有《麓云楼书画记略》,盖以所藏宋徽宗《晴麓横云图》为名。共宋元明清书画一百三十八件,内宋元十一件,均系纸本精品。汪氏眼力既佳,选择尤精,故所收少有赝迹,以欠债全部售出。叶遐庵收藏,初未见其有目录,近始刊出《遐庵谈艺录》及《纪书画绝句》。其间唐宋元明清名迹甚可观,如唐摹大令《鸭头丸帖》,即其一也。亦多有陆续让出者。旧人中事鉴藏者,尚有宝瑞臣、袁珏生、溥心畬、衡亮生、邵禾父、朱翼庵诸氏。宝、袁两氏供奉清室,为废帝溥仪审定书画,眼界自宽,但并不以收藏为事,时入时出。在厂肆间,一言可以上下其价,有"袁大掌柜"、"宝二掌柜"之称。余所收赵松雪章草《千文》卷,即为宝氏之物(见《三虞堂书画目》)。袁氏之物,曾见者有宋米元章小楷《向太后挽词》册(见《三虞堂书画目》)、米元章《破羌帖跋尾》卷、张即之书《金刚经》卷、元耶律楚材书卷、朱德润书卷。溥心畬所藏,其著者晋陆机《平复帖》卷、唐韩幹《照夜白图》卷。韩卷为沪估叶某买去,售与英国。《平复帖》后归于余。其他尚有梁武帝《异趣帖》、米元章行书《腊白帖》、易元吉《猿》卷、小米《楚山图》卷、马远《山水》杨妹子题小册,现皆无存。衡亮生所藏多端方故物,其著者有宋黄山谷字卷、许道宁《山水》卷、赵子固《水仙》自书诗卷(此卷后归于余)、元黄子久《秋山无尽》卷(两卷均见《三虞堂书画目》)、赵氏一门三竹卷、赵孟頫书《道德经》卷、吴仲圭《渔父图》卷。邵禾父所藏,为其先人遗物。其著者有宋巨然《山水》轴、米元章书《多景楼》册、元钱舜举《山居图》卷、柯丹邱《树石》轴、王叔明《山水》轴,以买卖公债失利,全部售出抵欠。《多景楼》册为叶遐庵收,《山居图》卷则归于余。朱翼庵以收藏碑帖为多,书画著者蔡端明自书诗册(归于余)、董玄宰没骨青绿《峒关蒲雪图》轴(现不知在何处)、唐高闲上人《千文》残卷。余则自三十岁至六十岁,三十年中事收蓄,亦忝列收藏家之列，为诸公殿，有《丛碧书画录》。约在民国十五至十七年间，日本在东京举行《中国唐宋元明清书画展览会》，宋元书画价值遂重，而流出者亦渐多。综清末民初鉴藏家，其时其境，与项子京、高士奇、安仪周、梁清标不同。彼则楚弓楚得，此则更有外邦之剽夺。亦有因而流出者，亦有得以保存者，则此时之书画鉴藏家，功罪各半矣。

隋展子虔游春图

故宫散失于东北之书画，民三十五年初有发现。吾人即建议故宫博物院两项办法：一、所有赏溥杰单内者，不论真赝统由故宫博物院价购收回；二、选精品经过审查价购收回。经余考定此一千一百九十八件中，除赝迹及不甚重要者外，有关历史艺术价值之品约有四五百件。按当时价格，不需要过巨经费可大部收回。但南京政府对此漠不关心，而故宫博物院院长马叔平亦只委蛇进退而已，遂使此名迹大多落于厂商之手。琉璃厂玉池山房马霁川去东北最早，其次则论文斋靳伯声继之。两人皆精干有魄力，而马尤狡猾。其后复有八公司之组织。马霁川第一次携回卷册二十余件，送故宫博物院。院柬约余及张大千、邓述存、于思泊、徐悲鸿、启元伯审定。计有明文徵明书《卢鸿草堂十志》册，真；宋拓欧阳询《化度寺碑》旧拓，不精；明文震孟书《唐人诗意》册，不精；宋拓《兰亭》并宋人摹《萧翼赚兰亭图》画，不佳；明人《秋山萧寺》卷，不精；清刘统勋书苏诗卷，平常之品；五代胡瓌《番马图》卷，绢本，不真；宋人《斫琴图》卷，绢本，真；唐人书《金粟山大藏出曜论》卷，藏经纸本，宋人笔；明人《山堂文会》卷，纸本，不精；明文徵明《新燕篇诗意》卷，纸本，不真；明李东阳自书各体诗卷，绢本，真，不精；明仇英仿赵伯驹《桃源图》卷，绢本，不真；宋缂丝米芾书卷，米书本，伪；宋高宗书马和之画《诗经·闵予小子之什》卷，绢本，真，首段后补；元盛懋昭《老子授经图》卷，纸本，不真；明沈周《山水》卷，纸本，不真；清王原祁《富春山图》卷，纸本，浅绛，真；明祝允明书《离骚首篇》卷,不真(见《高士奇秘录》)。以上审定者多伪迹及平常之品。另有唐陈闳《八功图》卷,绢本;元钱选《观鹅图》卷,纸本;钱选《杨妃上马图》卷,绢本,则送沪出售。而《八功图》与《杨妃上马图》并已流出国外。盖马霁川之意,以伪迹及平常之品售于故宫博物院,得回本金而有余;真精之迹则售与上海,以取重利,甚至勾结沪商展转出国,手段殊为狡狯。又靳伯声收范仲淹《道服赞》卷,为著名之迹,后有文与可跋。大千为蜀人,欲得之。事为马叔平所闻,亟追索,靳故避之。一日,大千、叔平聚于余家,面定由余出面洽购,收归故宫博物院。后以黄金一百一十两价讲妥,卷付叔平。余并主张宁收一件精品,不收若干普通之品。后故宫博物院开理事会,议决共收购五件,为宋高宗书马和之画《闵予小子之什》卷、宋人《斫琴图》卷、盛懋昭《老子授经图》卷、李东阳自书各体诗卷,文徵明书《卢鸿草堂十志》册。叔平以为积压马霁川之书画月余,日占本背息,若有负于彼者,诚所谓"君子可欺以其方"矣。至范卷,理事胡适、陈垣等以价昂退回。盖胡于此道实无知耳。余乃于急景残年鬻物举债以收之。后隋展子虔《游春图》卷,竟又为马霁川所收。是卷自《宣和画谱》备见著录,为存世最古之画迹。余闻之,亟走询马霁川,索价八百两黄金。乃与思泊走告马叔平,谓此卷必应收归故宫博物院,但须院方致函古玩商会不准出境,始易议价。至院方经费如有不足,余愿代周转。而叔平不应。余遂自告厂商,谓此卷有关历史,不能出境,以致流出国外。八公司其他人尚有顾虑及此者,由墨宝斋马宝山出面洽商,以黄金二百二十两定价。时余屡收宋元真迹,手头拮据,因售出所居房产付款,将卷收归。月余后,南京政府张群来京,即询此卷,四五百两黄金不计也。而卷已归余有。马霁川亦颇悔恚。然不如此,则此鲁殿仅存之国珍,已不在国内矣。

五代阮郜阆苑女仙图卷

　　五代阮郜《阆苑女仙图》卷备见《宣和画谱》、《式古堂书画汇考》、《江村销夏录》、《大观录》、《石渠宝笈》著录,为一幅秾纤深厚、富丽灿烂之五代仅存巨迹。近印于《文物精华》内,其内容说明已详见谢稚柳读后记,兹不更赘。溥仪潜移出宫之历代书画珍品一千二百余件,伪满覆灭,皆散失于长春、通化一带。当时北京古董商人争出关收买,名之曰东北货。解放后,国家文物主管机关多方征购此佚目中书画,至现在止,已收回八百余件。然此《阆苑女仙图》则非从东北收得,而系由福建收得者。其原因经过如次:溥仪出宫后由日本使馆移居天津日本租界张园,甚困窘,而从臣俸给,不能稍减,遂不得不卖出所携之书画,其事颇似李后主银面盆事(《十国春秋》后主归宋贫甚,张洎犹丐索之,后主以白金额面器与洎,洎犹不惬)。时日人某欲以二万日金得宋梁楷卷。陈太傅宝琛经手其事。成之后,又有日本某侯爵欲以日金四万得李公麟《五马图》卷,献日本天皇。时溥仪正艰窘,愿以四十件书画售日金四十万元。《五马图》则不更索值,以赠日皇。陈又经手其事,以四十件书画界其甥刘可超。一日刘持四件向天津盐业银行押款两万元,经理朱虞生约余往观,则为关穜《秋山平远图》、李公麟《五马图》、黄庭坚《摹怀素书》、米友仁《姚山秋霁图》四卷,开价《秋山平远图》五万元,《五马图》三万,《摹怀素书》、《姚山秋霁图》各两万元。押款两个月后,刘归还一万元,取走《五马图》卷,其《姚山秋霁图》则以一万元售于余,更以《秋山平远图》、《摹怀素书》向余押款五千元,展转半年不还,以《摹怀素书》了结,《秋山平远图》退还之。《秋山平远图》纸本短卷,后有金章宗明昌御览玺,绫隔水,高士奇跋,《江村秘目》注"不真",自跋"但为宋人笔无疑"。朱经理殁后,所藏有方从义《云林钟秀图》、文徵明《三友图》、王翚《观梅图》、蒋廷锡《五清图》、董邦达《山水》五卷,尽归余,与关穜等四卷,皆在四十件之数。载赏溥杰目内,更有黄筌花卉甚精,余未之见。后刘以数万元缴溥仪,糊涂了事。所有书画尽未交还。后刘回福州原籍,死于法。《阆苑女仙图》由故宫博物院于福建收回,未于刘手流出国外,诚为幸事。然《书画佚目》中唐代珍迹如林藻《深慰帖》、尉迟乙僧《天王像》,尚未发现,不知是否在此四十件之内。关于此事,当时书画鉴藏者对陈太傅多不谅焉。

宋徽宗雪江归棹图卷

绢本,墨笔,著微浅绛,布置精密,笔意超绝。是以董玄宰谓"迥出天机",而疑为摩诘之迹也。后有蔡京跋,虽为误国君臣,而艺苑风流,自足千古。王世懋跋云:"朱太保绝重此卷,以古锦为褾,羊脂玉为签,两鱼胆青为轴,宋缂丝龙衮为引首,延吴人汤瀚装池。太保亡后,诸古物多散失。余往宦京师,客有持此卷来售者,遂鬻装购得之。未几江陵相尽收朱氏物,索此卷甚急。客有为余危者,余以尤物贾罪,殊自愧米颠之癖。顾业已有之,持赠贵人,士节所系,有死不能,遂持归。不数载,江陵相败,法书名画,闻多付祝融,而此卷幸保存余所,乃知物之成毁,故自有数也。宋君臣流玩技艺,已尽余兄跋中。乃太保江陵,复抱沧桑之感。而余几罹其衅,乃为纪颠末,示徼惧,令吾子孙毋复蹈而翁辙也。"观此跋,甚似世传《清明上河图》与严世蕃之事,余疑为《清明上河图》事,即此图之传讹。按《明史·王世贞传》:"杨继盛下狱,时进汤药。其妻讼夫冤,为代草。既死,复棺殓之。嵩大恨。"是世贞得罪严嵩,以椒山事为主,因父忬卒以论死。又"张居正枋国,以世贞同年生,有意引之,世贞不甚亲附,世贞以右副都御史抚治郧阳,所部荆州地震,引京房占,谓臣道太盛,坤维不宁,用以讽居正。居正妇弟辱江陵令,世贞论奏不少贷。居正积不能堪,会迁南京大理卿,为给事中杨节所劾,即取旨罢之"。与跋语中"持赠贵人,士节所系,有死不能"及"余几罹其衅"相合。且居正当国,严嵩已败,岂先有《清明上河图》之事,而后又有此图之事,何一再"示儆惧,令子孙毋复蹈而翁辙耶"？故余论断如此。《清明上河图》之事虽见明人笔记,然图无世贞兄弟跋及收藏印。且世贞《四部续稿》云:"张择端《清明上河图》有真赝本,余俱获寓目。真本初落墨相家,寻入天府;赝本乃吴人黄彪之造。"据此,世贞只看过真、赝两本,图并未入世贞之家。而《雪江归棹卷》跋又如此,是不能无疑也。《缀白裘》昆曲有《一捧雪》剧目,在《红楼梦》中第十八回戏目第一出即《一捧雪》。可见此一戏编演甚早。皮黄戏亦有《一捧雪》,皆系根据《清明上河图》传说,讽劝嗜好古董者莫怀古,如怀古即成"一捧雪"矣。《雪江归棹》卷昔藏余手,惜未题之。

宋杨婕妤百花图卷

　　素绢本,著色,画无款,凡十七段。每段楷书标花名,并纪年、诗句于上。总识"今上御制中殿生辰诗",下注云"四月八日"。第一段题"寿春花",下注"己亥庚戌",诗云:"上苑风和日暖时,奇葩色染碧玻璃。玉容不老春常在,岁岁花前醉寿巵。""一样风流三样妆,偏于永日逞芬芳。仙姿不与群花并,只向坤宁荐寿觞。"第二段题"长春花",下注"庚子甲辰乙未",诗云:"花神底事脸潮霞,曾服东皇九转砂。颜色四时长不老,蓬莱风景属仙家。""精神天赋逞娇妍,染得轻红近日边。羡此奇葩长艳丽,仙家风景不论年。"又诗云:"丹砂经九转,芳蕊占长春。"第三段题"荷花",下注"辛丑癸卯丁未",诗云:"试问如何庆可延,请君来看锦池莲。呈祥只在花心见,玉叶金枝亿万年。""休论玉井藕如船,叶底巢龟如小年。自是生从无量佛,言言万岁祀尧天。"第四段题"西施莲",下注"丁未",诗云:"昔年曾听祖师禅,染得灵根洒洒然。瑞相有时青碧色,信知移种自西天。"第五段题"兰",下注"壬寅",诗云:"光风绣阁梦初酣,天使携来蕊半含。自是国香堪服媚,便同瑞草应宜男。"第六段题"望仙花",下注"乙巳",诗云:"珍丛移种自蓬莱,细璩繁英满意开。注目霓旌翻昼永,尚疑星鹤领春来。"第七段题"蜀葵",下注"丙午",诗云:"花神呈秀群芳右,朱炜储祥变叶新。随佛下生来上苑,如丹九转镇千春。"第八段题"黄蜀葵",下注"己酉",诗云:"袖里黄中推正色,叶繁苞足蔼青阴。医经屡取为方妙,画景惟倾向日心。"第九段题"胡蜀葵",下注"辛亥",诗云:"蜀江濯锦一庭深,谁植芳根傍绿阴。有似在廷臣子志,精忠不改向阳心。"第十段题"阇提花",下注"戊申",诗云:"阇提花号出金仙,似雪飘香遍释天。偏向月阶呈瑞彩,的知来自玉皇前。"第十一段题"玉李花",下注"乙卯",诗云:"仙观名花剪素琼,仙娥曾御宝车轻。揭来月苑陪青桂,共折芳葩捣玉英。"第十二段画槐,无题字,上注"壬子",诗云:"虬龙展翠舞宫槐,青翼凌云羽扇开。侍辇九嫔趋玉殿,坤仪随佛下生来。"第十三段画三星在天,无题字,上注"癸丑",诗云:"祥光椒阃曜朱躔,初度南薰入舜弦。环佩锵锵端内则,与天齐寿万斯年。"第十四段画旭日初升,无题字,上注"丙辰",诗云:"楼台日转排仙仗,汉岳云开拥寿山。"第十五段画桃实、荷花,无题字,上注"丁巳",诗云:"莲开花十丈,桃熟岁三千。"第十六段画海水,无题字,上注"戊午",诗云:"垂祥纷可录,俾寿浩无涯。"第十七段画瑞芝,无题字,上注"庚申",诗云:"千叶芝呈瑞,三河玉效珍。"后明三城王跋语云:"右《百花图》一卷,乃杨婕妤画也。婕妤宋光、宁时人,说者谓与马远同时,后以色艺选入宫。其绘事过人,自能题咏。每流传于人间,此其所画以寿中殿者也。予得于吴中好事家。今逢唐贤妃殿下千秋令节,敬献以祝无疆之寿云,弘治丙辰吉日识。"下钤"三城王图书"一印,见《石渠宝笈》、《画史汇传》著录。三城王芝垝,唐定王孙,宪王子,嗜绘事,法书名画,未尝一日去手,行草称绝,见明史诸王年表及《书史会要》。跋语称"杨婕妤",又谓"以色艺选入宫",似谓杨后也。杨后与杨妹子是一人抑二人,书画鉴定家各有说。一说杨妹子即杨后,而非杨后另有妹。元吴师道题马远《仙坛秋月图》自注已云:杨后幼年以歌儿入宫,忘其姓名籍贯,以杨次山为兄,有兄而后有妹,人遂以为杨妹子矣。以杨后之出身孤子无依，何来有妹。且杨妹子题或画，亦不应僭用坤卦小玺，及"坤宁睿笔"印记。又宋代皇后能诗者，惟宁宗杨皇后，与高宗吴皇后。杨皇后《宫词》册宫词五十首，经汪水云、钱功甫、毛子晋、黄荛圃藏，水云、功甫有印记，子晋有两跋，荛圃亦有跋，为端方故物。子晋以刻入《五家宫词》。厉樊榭《宋诗纪事》杨皇后诗在卷一中。另闺媛一门八十家，无杨妹子诗也。一说杨妹子诗词见诸家记载，所题每关情思，多长门怨女之语，不合于皇后身分。再如清末叶赫慈禧后御笔书画，皆属缪素筠代笔，则杨后亦有捉刀弄笔者，固意中事也。以上二说，各见玉谷、君坦笔中。此卷画笔纤细精丽，花卉为马麟体，山水一段为马远体，书法娟秀工整，为宋高宗体。盖为南宋当时之风格，与《樱桃黄鹂图》（上海博物馆藏）、《月下把杯图》（天津博物馆藏）画笔书体完全相同，非马远、马麟画，而皆女子之作无疑。惟两图皆有坤卦小玺，此卷则无。按三城王跋，称杨婕好《百花图》。杨后由封平乐郡夫人进封婕好，而进封婉仪贵妃，乃册立为皇后，如系为宁宗皇后生辰作，杨后时为婕好，自不应用坤卦小玺。又总识"今上御制中殿生辰诗"，下注"四月八日"，及第七段题诗"随佛下生来上苑"，第十二段题诗"坤仪随佛下生来"，是皇后生日为四月八日浴佛节。宋理宗谢皇后为四月八日生，则所称中殿者即谢后也。《续通鉴》绍定三年十一月戊申，册立贵妃谢氏为皇后。原理宗欲立贾贵妃为后，而杨太后意立谢贵妃，曰："谢女端重，宜正中宫。"谢贵妃为丞相深甫之孙，杨太后以深甫有援己功也。时杨后已称寿明慈睿皇太后，自不能用坤卦小玺矣。《续通鉴》绍定五年十二月壬午，杨太后崩，则此卷当作于绍定四年谢后为皇后后之第一生日前，时杨太后已七十五岁，为其自书画以赐谢后者，抑饬人代笔，则难以确断，但与《樱桃黄鹂》、《月下把杯》两图并看，似应为一人之笔者也。又，每段皆注干支，亦不能详，希待博雅更考。戊戌岁，宝古斋于东北收得此卷，故宫博物院未购留，余遂收之。余所藏晋唐宋元名迹尽归公家，此卷欲自怡，以娱老景。余《瑞鹧鸪》词结句"白头赢得对杨花"，即指此卷也。复欲丐善治印者为治一印，文曰"杨花馆"。会吉林省博物馆编印藏画集，而内无宋画，因让与之，此印亦不复更治矣。

元何澄归去来辞图卷

纸本墨笔，高一尺二寸，长二丈四尺。人物画法犹属南宋体系。山水树木用淡墨焦笔，已开元人法。款在卷尾，"太中大夫何秘监笔"，无印记。后张仲寿书"归去来辞"，字径寸，款"至大己酉夏畴斋书"。钤"畴斋"、"自怡叟"、"青箬蓑衣"方印三。后姚燧、赵孟頫、邓文原、虞集、柯九思、刘必大，揭傒斯、太玄子跋。又武起宗、张士明、胡益、王章、岳信、王武题观款，危素跋。吴勉跋并诗。高士奇跋。《大观录》、《江村销夏录》著录。诸跋皆极推重。《大观录》云："笔不见精绝，何以为后人所重如此。"按此图已脱离宋人从写实提炼菁华，布置精严，笔墨变化鼓舞之法，而专趋向意致，诚如《大观》所言。余意为当时所重者厥有二端：一、重图之体裁。如邓文原跋云："昔贤出处皆真，不为矫情，渊明《归去来》叙引可见，畴斋承旨喜书此以与人，其亦有感也夫。"又吴勉诗云："彭泽休官未足奇，文章千载去来辞。寄奴横剑清夷夏，惟有陶潜醉不知。"盖元人以异族入主中国，气节之士犹有民族观感，跋语已隐约说出，诗尤激动。二、何澄、张仲寿、赵孟頫皆当时著名文苑而降元者。元人为笼络汉族文士，故对彼等极事标榜。如揭傒斯跋云："右渊明《归去来辞图》及辞一卷，乃何昭文画，张承旨书。何昭文画在当时即为人所爱重，至今京师之人犹然。张承旨书自谓当与赵吴兴雁行，然当时求之中贵之中已莫能及，以赵吴兴书画皆当为天下第一。'二绝'之评，足为此书此画之重。李士弘平生好写竹临帖，每作一纸，必自求赵公跋，然后与人政，欲托不朽也，况他人乎？"此跋则专事推重何、张、赵者。余如虞集、柯九思跋，亦只推重何、张、姚、赵，不著他语，盖已皆仕元矣。又后高士奇跋云："何秘监澄，《图绘宝鉴》不载其人。九灵山人《戴良集》中有《题何秘监澄山水歌》云:‘至正以来画山水,秘监何侯擅专美。帝御宣文数召见,抽毫几动天颜喜。’又云:‘海内画工亦无数,才似何侯岂多遇。权门贵戚虚左迎,往往高堂起烟雾。’今以卷内诸君跋语证之,即其人也。《图绘宝鉴》前后错乱,遗失颇多,此书之不足据如此。”按《元史》卷一百三十《谔尔根萨里附子约珠传》:“方八岁,观画师何澄画《陶母剪发图》,约珠指陶母手中金钏诘之曰:‘金钏可易酒,何用剪发为也。’何大惊。”此则高士奇所不知耳。何澄画只此卷,为海内孤本。伪满覆灭,流失于长春,现归吉林省博物馆藏。

楝亭夜话图

余昔藏《楝亭图》四卷。曹完璧玺官江宁织造,曾于署中亭畔手植楝树一株。殁后子寅官苏州织造,再官江宁织造,楝树犹存,因为《楝亭图咏》以追怀先德。四卷共十图,为黄瓒、张叔、禹之鼎、沈宗敬、陆漻、戴本孝、严绳孙、恽寿平、程义画。题咏者有纳兰性德、顾贞观、潘江、吴暻、王方岐、唐孙华、陈恭尹、吴文源、方仲舒、顾彩、张渊懿、方嵩年、林子卿、袁瑝、姜宸英、毛奇龄、张芳、杜浚、余怀、梁佩兰、秦松龄、严绳孙、金依尧、王丹林、顾图河、姚廷恺、吴农祥、费文伟、王霭、何炯、徐乾学、韩菼、徐秉义、尤侗、杨雍建、王鸿绪、宋荦、王士禛、徐林鸿、冯经世、田时发、邵陵、许孙蔄、潘秉义、石经,于图上题诗与自题者为张景伊、禹之鼎、戴本孝、程义。此四卷,北京图书馆赵万里君言有关《红楼梦》资料,求让于余,遂让之。另一卷为《楝亭夜话图》(番禺叶遐翁旧藏,现归吉林省博物馆),纸本墨笔,楝树丛竹,房舍文石,夜月苍凉,庭院岑寂,屋内置烛台,三人共话,为张纯修见阳笔。三人者,曹寅、张见阳、施世纶也。事在康熙三十四年秋,曹在江南织造任,张见阳任庐江知府,施世纶任江宁知府,三人相聚于南京织造衙署书斋,秉烛夜话。卷后曹寅、张纯修、施世纶、顾贞观、王概、王蓍、王方岐、姜兆熊、蒋耘渚、吴之騄、李继昌题诗。曹寅题诗内有:

"忆昔宿卫明光宫,楞伽山人貌娇好。马曹狗监共嘲难,而今触绪伤
怀抱。"后结句云:"家家争唱饮水词,纳兰心事几曾知。布袍廓落任
安在,说向名场此一时。"盖为追念纳兰容若而作。此时容若逝世已
十年矣。按织造一职,不过为皇帝内务府派出管理织造衣物执事差
人,然为皇帝亲信,并采访外事,专折密奏。曹寅在任,广交东南遗民
文士,来往唱和,借以联络情感,消除其思明情绪。观《楝亭图》四卷,
可见其当时交接人物之盛。纳兰容若为一代词人,贵介公子,风度濯
濯,结义输情,海内知名之士,多倾心接纳,与曹寅气息相通,又幼同
侍康熙,同年中举,其两人交情之深,可以想见。卷内寅题诗"马曹狗
监共嘲难",为回忆同官侍卫时以自喻。"而今触绪伤怀抱",寅所刊
诗集改作"而今触痛伤枯槁"。结句"家家争唱饮水词,纳兰心事几曾
知。布袍廓落任安在,说向名场此一时"。何以引用太史公与任安之
事,或有所指。而刊集改作"纳兰小字几曾知。斑丝廓落谁同在,岑
寂名场尔许时",用意隐微,亦似有所讳。而容若生长华庑,其词何以
悱恻缠绵,凄咽欲绝,意者彼与故明文人遗士相交结,日久神合心契。
又曾目击丁酉科场惨案,对其遭遇,寄有同情,遂于诗词中流露其感
触情绪。且曹寅于康熙南巡有保全陈鹏年之事,容若亦有营救吴汉
槎之举,此其文字之交,不以富贵贫贱、威武文弱而异者也。而容若
与曹家交谊之厚,与《红楼梦》之关系,此图卷更为重要资料。

紫 云 出 浴 图

　　陈其年与冒辟疆歌童徐紫云九青缠绵一段公案,见清人笔记。
冒鹤亭太史辑有《云郎小史》甚详。其关于紫云图咏,除崔不凋所作
《小青飞燕图》纨扇外,则只有《出浴图》一卷而已。《出浴图》为五琅
陈鹄画,纸本,横一尺五寸,纵七寸。紫云像可三寸许,著水碧衫,支
颐坐石上,右置洞箫一,发鬖鬖然,脸际轻红,星眸慵睇,神情骀宕,若
有所思。卷中题诗者有张纲孙、张梧、罗简、姜廷梧、曹亮武、丁确、孙

枝蔚、范云威、杜浚、陈维岳、宗元鼎（诗二首，《云郎小史》录一）、吴兆宽（诗二首，《云郎小史》录一）、刘体仁、谈长益，后另纸题诗者有冒襄（二首，《小史》录。自注"末句，包举数意，其年应为解颐。又四首题与其年诸君观剧，各成四断句"）、顾靖、唐允甲、吴锓、梅庚、沈泌、瞿超、沈寿国、孙枝蔚、毛师柱、张圯授、贾琮、王士禄（四首，《小史》录二首）、陆圻、吴旦、何絜、华衮、宋琬、师濂、毕际有、王士祯（《渔洋集》不载。二首，其一云："斗帐新寒歇旧薰，人间何路识香云。江南红豆相思苦，岁岁花前一忆君。"下注：前一首同床各梦，此首乃能道其兄意中事耳，如何如何）、龚贤、孙默、林古度、陈玉堪（二首，《小史》录一）、崔华（诗云："开缣无处不销魂，知是桃花洒面盆。画里恼人争欲绝，况君曾与共黄昏。""娇郎艳女斗香尘，总在含颦色态新。手抵粉腮如有忆，知君真是意中人。"与题《小青飞燕图》非一人）、方以煌、黄生、吴嘉纪、王天阶、尤侗、宋实颖、马世乔、曹绣、许嗣隆、顾炜、冒丹书、刘愈炤、储福益、陈维嵋、黄迁、王摅、王曾斌、徐晨耀、王吉武、朱诜、郁炜、曹延懿、杨岱（《谒金门》词一阕）、郁植、石笋樵夫、陆昌龄、胡从中、叶虞封、钱肃图、蒋连、吴鹗、余怀、石沜、李仙原、许旭、雍乾时、吴檠，序题并诗。曹忍庵题诗。图原藏湖海楼，雍正辛亥归吴青原。后归曹忍庵。后复归陆氏穰梨馆，见李宗莲题诗。后又归端方。袁世凯第五子袁克权规庵为端方婿，端女于归，图遂归规庵。余于规庵处见之，极羡爱，请其相让，未许，乃谋于方地山先生。时地山正窘困，余议以二千金畀规庵，以一千金为规庵与余共赠于地山解厄者。定议后，图卷遂归余。图在穰梨馆时，光绪三十年甲辰李葆恂曾题于武昌，光绪戊申有郑孝胥、梁鼎芬及瑜庆题诗，此时或仍在穰梨馆，因梁节庵曾任武昌知府也。后不知何时始归端方。《云郎小史》载，此图乾隆间有一摹本，为罗两峰画，陈曼生手录题咏。又云，图咏扬州旧有刻本，均未见。又云，检讨举鸿博日有《填词图》，释大汕画。官翰林日有《洗桐图》，周道画。《填词图》闻在项城袁氏，然余于袁氏家未见。《填词图》或即此图之误。《洗桐图》冒鹤亭太史愿意让余。当时在上海，匆促未果行。《出浴图》归余后，曾携至上海，丐陈夔龙庸庵太老师题七绝句二首，并书引首"离魂倩影图"五字。夏敬观词人题《玉楼春》一阕。冒鹤亭太史题诗三首。回京又倩傅增湘沅叔、林葆恒切盫、夏仁虎蔚如、傅岳棻治芗、高毓浵潜子、夏孙桐闰庵、关赓麟颖人诸老题诗词。诸老皆以庸庵太老师题引首"离魂倩影"四字与图不切合，是以沅叔年伯题诗第四首云："韵事流传感叹新，娇娆误认女儿身。嗤他海上庸庵叟，雾里看花恐未真。"余复携卷去上海，庸庵太老师见诗甚怒，更题卷上云："辛巳正月重阅《云郎出浴图》，见傅增湘题句牵涉老夫，一笑付之。"诗云："病起重披出浴图，知君亦赋小三吾。无端牵涉庸庵叟，一笑狂奴胆气粗。"盖庸庵太老师任直隶总督，沅叔年伯任直隶提学使，固属吏也，"嗤"字似嫌不敬矣。余回京以告沅叔年伯，并示以诗。沅叔年伯亟具书谢罪，托余转陈，始了此一事。沅叔年伯曰："罗瘿公曾函其为程艳秋征诗，诗引用紫云事被退回，今又以紫云事开罪老上司，何紫云之不利于余也。"此亦关于紫云之一段趣事，余亦题诗二首与书，皆稚弱，颇使西子蒙不洁，有两句云："何缘粉本归三影，只有莲花似六郎。"余前岁得明牙印，刻莲花，篆"六郎私记"四字。俟图重装裱，原题诗去之，留此二句，改成《鹧鸪天》词，下钤此小印。余所藏书画尽烟云散，惟此图尚与身并，未忍以让。

乾隆宫妃像

　　尝见清人画宫妃像，绢本设色。妃搴帷立，手持团扇，鬓插兰花一朵，貌秀美绝伦，汉人而旗装。衣褶仍用西法。团扇上画兰一枝，极似乾隆写兰体，或为希旨故学乾隆笔意者。为热河行宫物而后经驻军劫出者，惜下署郎世宁伪款，殊为佛头著粪，而有人执言为郎世宁画。传乾隆有汉人妃，则事属违背祖训。乾隆下江南，在德州舟中与皇后龃龉饬送后回京，后遂断发。与汉人妃事有无关连，蛛丝马迹，当有可疑。如系臣工奉旨画像，则无敢书款名者，其可索证清宫闱秘史。价值如何，即使为郎世宁真笔，亦只一美人画片耳。且郎世宁不能书，皆他人代笔。凡题宋体字款者，多为伪迹。按乾隆妃魏佳氏，即嘉庆帝之生母。嘉庆即位后追封为孝仪纯皇后，乃缠足也。传为内务府某管领之女，亦无佐证。孙殿英盗掘裕陵，帝后尸骨散置满地，惟魏佳氏不惟尸骨未烂，并脸上脂粉犹存，双目微合若睡。孙等惊异不敢动，将尸置于棺盖上。至载泽、溥伒等去陵收捡，始将尸入棺，而一双缠足因亦证实。不知此宫妃像是否为魏佳氏，然总与乾隆汉人妃有关也。

关壮缪画竹卷

壬申岁某日晚，余与梅畹华、陈半丁、齐如山、徐兰沅、姚玉芙聚于虎坊桥国剧学会，有人求见，畹华延入座，其人持一卷，云此卷曾有美国好古人士愿出金三万元购收，彼以为国珍，不肯让，愿让于梅氏收藏。视之，乃关云长羽画竹也。纸本，墨笔，以五言律诗字组成竹叶，诗句如"义气冲霄汉，忠心贯斗牛"之类。后题跋有如兄刘备、如弟张飞、愚弟诸葛亮以及赵云、马超、黄忠等。晋以后，王羲之、李白、杜甫、郭子仪、岳飞、文天祥历代名人不下五六十家，观后以价昂无力收藏谢之。作伪者，殊不知有明版《康熙字典》之事。在三国时尚未有五言律诗，而亦无墨竹画，至唐始见画竹。张萱《唐后行从图》有之，至五代李后主写竹，创铁钩锁金错刀法。黄筌事刁光胤学竹石花卉。筌有《花竹鸡坡图》轴、《翠竹图》轴（见《大观录》、《江村销夏录》），皆设色，双钩，亦非墨笔。墨竹则至宋始有，至元始盛也。余昔即曾闻有关壮缪画竹卷，题皆蜀汉及历代名人，而中有一题则最为难得，盖为"愚妹观世音拜题"之一段。此卷并无此一题，尚非余昔所闻之一卷也。

潘 画 王 题

丹徒潘莲巢恭寿,山水、花卉、竹石并秀逸,惟每不署款,多为王梦楼文治为题识,故世称"潘画王题"。余所见不一。去岁吉林省博物馆收得一纸本设色《蜀葵萱花》轴画,右下但钤一名印,上梦楼题七言诗,款署"莲巢仿白阳山人"。文治题句下钤"文章太守"朱文方印。画笔意古雅,书并超隽,顷见《云在山房丛书·醉乡琐志》载,梦楼以书法妙天下,世罕知其能画。惟见《南照堂集》中有过晋庵画墨梅一枝于壁,题云:"梅花树下与僧期,旋染隃糜写折枝。却忆去年花放日,无人看到月斜时。"又画石,诗云:"平生足迹半中外,胸中万峰纷挐怪。每逢奇赏不自摹,自恨当年未之画。"又画菊于便面赠王菊田云:"君家种菊已成田,每到秋来香满轩。写把一枝君手里,赚君看画忆乡园。"画虽未见,读其诗可知。古云:能书者无不能画,而莲巢能画者何不书耶?盖因潘王同里所居,又为比邻,偶一画一题,为一时趣事,世因重之,求潘画者必求王题,遂成习尚耳。

梅 兰 芳 画 梅

书画家之作品,每至晚年而愈臻上乘,以积学日深,遂有得心应手之妙。梅兰芳畹华画梅,其晚年之笔,反逊其富年之作,因人求者多,无暇应接,而又不愿开罪于人,遂倩代笔者为之。在己卯岁(卢沟桥事变后)畹华居香港以前,为汤定之涤代。汤画有文人气,殊雅致。畹华后归京,而定之于戊子岁殁,则由汪蔼士代。汪虽专画梅者,而韵则不及定之。后汪亦殁,不知代者为谁,更不及汪。又于都中酒肆见畹华书字幅,颇凡庸,亦代笔,非其自书者也。惟畹华工画佛像,藏有明佛像册,常临摹。壬申正月余三十五岁,畹华为画像幅赠余为寿。画未成时,余至其家,见其伏案弄笔。畹华夫妇爱猫,余亦爱猫。

畹华特摹册中一佛像,身披袈裟,坐榻上,右手抱一猫。画幅藏经纸,乾隆尺高一尺七寸许,宽一尺一寸许,墨笔线条工细。楷书款"壬申元月敬摹明首尊者像为伯驹先生长寿,梅兰芳识于缀玉轩",为黄秋岳所代书。钤"兰芳之印"朱文小方印,右下钤白文"声闻象外生"方印。画迄今三十二年,余尚珍藏箧中,而畹华墓木已拱矣。追忆前尘,能无慨然。畹华画梅存世不少,后人不知必认为真迹而宝之,故为拈出。

陆士衡平复帖

西晋陆机《平复帖》,余初见于"湖北赈灾书画展览会"中。晋代真迹保存至今,为惊叹者久之。卢沟桥事变前一年,余在上海闻溥心畬所藏韩幹《照夜白图》卷,为沪估叶某买去。时宋哲元主政北京,余急函声述此卷文献价值之重要,请其查询,勿任出境。比接复函,已为叶某携走,转售英国。余恐《平复帖》再为沪估盗买,倩阅古斋韩君往商于心畬,勿再使流出国外,愿让,余可收,需钱亦可押。韩回复云:"心畬现不需钱,如让,价二十万元。"余时无此力,只不过早备一案,不致使沪估先登耳。次年,叶退庵举办"上海文献展览会",浼张大千致意心畬,以六万元求让。心畬仍索价二十万,未成。至夏而卢沟桥事变起矣。余以休夏来京,路断未回沪。年终去天津。腊月二十七日回京度岁。车上遇傅沅叔先生,谈及心畬遭母丧,需款正急,而银行提款复有限制。余谓以《平复帖》作押可借予万元。次日,沅老语余,现只要价四万,不如径买为简断。乃于年前先付两万元,余分两个月付竣。帖由沅老持归,跋后送余。时白坚甫闻之,亦欲得此帖转售日人,则二十万价殊为易事。而帖已到余手。北平沦陷,余蛰居四载后,携眷入秦。帖藏衣被中,虽经乱离跋涉,未尝去身。日寇降后,余回京。沅老已病不能语,旋逝世。帖书法奇古,文不尽识,是由隶变草之体,与西陲汉简相类。启元白释文"彦先羸瘵,恐难平复"。余则释"彦先嬴废，久难平复"。虑不止此，"已为庆承"，余则释"已为暮年"；"幸乃复失"，余则释"幸为复知"；"自躯体之美也"，余则释"自躯体之善也"。然亦皆不能尽是。此帖自唐宋元明至清，雍正后乾隆生母孝圣宪皇后遗赐于成亲王永瑆，后由成王府归恭王府，而归于余。王世襄有《平复帖流传考略》一文，颇为详尽，载1957年第1期《文物参考资料》中。而对余得此帖之一段经过，尚付阙如，今为录之。丙申，余移居后海，年已五十有九，垂老矣。而时与昔异，乃与内子潘素商定，将此帖捐赠于国家。在昔欲阻《照夜白图》出国而未能，此则终了宿愿，亦吾生之一大事。而沅叔先生之功，则为更不可泯没者也。

三 希 堂 晋 帖

清乾隆以王羲之《快雪时晴帖》、王献之《中秋帖》、王珣《伯远帖》名三希堂。《快雪时晴帖》为唐摹，且非唐摹之佳者，以赵松雪之跋而得名。乾隆最重赵字，视为真迹，毕一生之力临仿此帖。《中秋帖》见《宣和书谱》，即《十二月帖》。《书画舫》云："献之《中秋帖》卷藏槜李项氏，子京自有跋。细看乃唐人临本，非真迹也。"《大观录》云："共三行二十二字，前后有收藏宋印。此迹书法古厚，墨彩气韵鲜润，但大似肥婢。虽非钩填，恐是宋人临仿。"则《中秋帖》即系米临。其明清鉴藏家认为晋迹无疑者，则王珣《伯远帖》也。《快雪时晴帖》原藏故宫博物院（现在台湾）。《中秋》、《伯远》两帖，余于民二十六年春，并李太白《上阳台帖》，见于郭世五家，当为废帝溥仪在天津张园时所卖出者。郭有伊秉绶《三圣草堂额》，颇以自豪。但其旨在图利，非为收藏。当时余恐两帖或流落海外，不复有延津剑合之望。倩惠古斋柳春农居间，郭以二帖并李太白《上阳台帖》另附以唐寅《孟蜀宫妓图》轴、王时敏《山水》轴、蒋廷锡《瑞蔬图》轴，议价共二十万元让于余。先给六万元，余款一年为期付竣。至夏，卢沟桥变起，金融封锁。款至次年期不能付，乃以二帖退还之，以《上阳台帖》、《孟蜀宫妓图》、烟客之《山水》、南沙之《瑞蔬图》留抵。已付之款，仍由惠古斋柳春农居间结束。郭世五名葆昌，河北定兴人，出身古玩商。后为袁世凯差官，极机警干练，颇得袁宠任，渐荐升至总统府庶务司长。袁为帝制，郭因条陈应制洪宪瓷器，以为开国纪念，遂命为景德镇瓷业监督，承办其事。花彩样式，多取之内廷及热河行宫之物。袁逝世后，所取样本皆未交还，遂成郭氏觯斋藏瓷中之精品。郭氏鉴别瓷器，殊有眼识；收购论值，亦具魄力。再加以积年经验，海内藏瓷名家自当以其为冠。其为人与遭遇，使胸有翰墨，亦高士奇一流人物也。郭氏殁后，伪华北政务委员会王克敏欲以二百万元伪联币收购其藏器归公有，而未果行。日本投降后余返京，首托惠古斋柳春农向郭氏后人郭昭俊询问二王法帖，则仍在郭家。问其让价，一帖为三千万联币，合当时黄金一千两，尚属顾念交情未能减价。往返磋商，尚未有成议。适教育部战时文物损失调查委员会副代表王世襄至京，欲使德国籍某人所藏铜器及郭氏所藏瓷器归于故宫博物院，就商于余。余亦主张郭氏藏瓷价收归公，告以所知经过。郭氏藏瓷原存中南银行。嗣中南银行遭回禄，又移存交通银行。王荫泰任伪华北政委会委员长，曾下令此部藏瓷有所移动须先呈报。因此，郭氏藏瓷之精品，除郭氏生前盗卖于美国者外，则由郭子价让于王荫泰。现存瓷器多非内廷及热河行宫之原物，是以议价不宜过高。正进行间，而宋子文以行政院长来京视察。郭子夤缘得入宋子文门（闻由朱桂莘所绍介），将藏瓷捐于故宫博物院，由行政院给予奖金美金十万元。瓷器在院专室陈列，悬挂郭世五遗像，并派郭昭俊为中央银行北京分行襄理。此出郭子望外之外。盖其中有原因在：二王法帖则由郭子献与宋子文矣。隔一年后，友人潘伯鹰主编上海《新民晚报·造型》副刊，来函约稿。余写《故宫散佚书画见闻记》应之，遂揭露二希法帖经过。上海文艺人士甚重视此事，传说纷纭。宋子文畏物议，复将二帖退于郭子。上海《新民晚报·艺坛通讯》载云："希世珍品王珣《伯远帖》、王献之《中秋帖》，前由袁世凯差官郭世五之儿献与宋子文。据悉宋不敢收，已还郭子。刻原件存中南银行。郭子仍待价而沽。国宝之下落如此！"北平围城以前，郭子已逃往上海，携二帖逃香港转台湾。《新民晚报·艺坛通讯》又载云："王珣、王献之二帖，今由郭昭俊自中南银行取出，携至台北，将求善价。此种国宝竟容私人如此挟逃，又竟无人管，怪极。"时余任故宫博物院专门委员，又连续发表关于故宫收购书画之事。马衡院长对人言，颇以余为院内人员而不为院讳为责，余笑置之。后郭昭俊居香港，二帖押于英国某银行。故宫博物院展转在香港以重价收回。然三希之延津剑合，则尚有所待也。

杜牧之赠张好好诗卷

唐书家书存世者亦不多见，而诗人书尤少。余所见惟太白《上阳台》帖、李郢《七言诗稿》卷与此卷而已。李郢诗稿卷见安仪周《墨缘汇观》著录，后为溥伦家藏。当时索价昂，余力不能收之，至今为憾。牧之诗风华蕴藉，赠好好一章与乐天《琵琶行》并为伤感迟暮之作，而特婉丽含蓄。卷于庚寅年经琉璃厂论文斋靳伯声之弟在东北收到，持来北京。秦仲文兄告于余，谓在惠孝同兄手，不使余知。因余知之则必收也。余因问孝同，彼竟未留，已为靳持去上海矣。余急托马保山君为追寻此卷，未一月卷回。余以五千数百金收之，为之狂喜。每夜眠置枕旁，如此数日，始藏贮箧中。卷见《大观录》著录，兹不详赘。后有年羹尧观款，《大观录》不及见。当时或曾经年羹尧藏。年亦文士，传其飞扬跋扈，当系欲加之罪故甚其辞耳。此卷不惟诗可贵，而书法亦为右军正宗。经董玄宰暨梁清标刻帖。余有《扬州慢》一词题于后，云："秋碧传真，戏鸿留影，黛螺写出温柔。喜珊瑚网得，算筑屋难酬。早惊见、人间尤物，洛阳重遇，遮面还羞。等天涯迟暮，琵琶溢浦江头。　　盛元法曲，记当时、诗酒狂游。想落魄江湖，三生薄幸，一段风流。我亦五陵年少，如今是、梦醒青楼。奈腰缠输尽，空思骑鹤扬州。"王疣斋颇赏结句数语,盖亦一时兴会,不有此一事,亦无此一词也。

宋蔡忠惠君谟自书诗册

　　淡黄纸本,洁净如新,乌丝格,字径寸,行楷具备,姿态翩翩。开首书"诗之三",下小字书"皇祐二年十一月外除赴京"。诗《南剑州芋阳铺见腊月桃花》七绝一首、《书戴处士屋壁》七古一首、《题龙纪僧居室》五律一首(此首欧阳文忠批"此一篇极有古人风格")、《题南剑州延平阁》五古一首、《自渔梁驿至衢州大雪有怀》五长律一首、《福州宁越门外石桥看西山晚照》五绝一首、《杭州临平精严寺西轩见芍药两枝追想吉祥院赏花慨然有感书呈苏才翁》七绝三首、《崇德夜泊寄福建提刑章屯田思钱塘春月并游》五长律一首、《嘉禾郡偶书》七绝一首、《无锡县吊浮屠日开》五古一首、《汲惠山泉煮茶》五古一首,共计字八百八十四。册后及隔水有贾似道三印。后蔡伸(前有小楷书"蔡状元"三字,即伸,似为宋人书)、杨时、张正民、蒋璨、向志、张天雨、张枢、陈朴、吴勤、胡粹跋。蒋璨跋后另一跋书东坡体,无款,前有小楷书"霍状元"三字,当即其人。君谟书在宋早有定评。欧阳文忠及东坡皆誉为当世第一。此册为蔡书之尤精者,刻入梁蕉林秋碧堂、毕秋帆经训堂帖。于毕氏籍没入内府,载《宝笈三编》,未经乾隆过目,因无乾隆玉玺。在废帝溥仪未出宫时,由太监偷出。萧山朱翼庵氏于地安门市得之,其时价五千元。壬申失去,穷索复得之于海王村肆中,又以巨金赎之归(见此册影印朱氏跋中)。朱氏逝后,其嗣仍宝之不肯以让人。庚辰岁翼庵之原配逝世,其嗣以营葬费始出让,由惠古斋柳春农持来。时梁鸿志主南京伪政,势煊赫,欲收之,云已出价四万元。时物价虽涨,然亦值原币二万余元。而朱家索四万五千元,余即允之,遂归余(后与陆机《平复帖》、杜牧《赠张好好诗》、范仲淹《道服赞》、黄庭坚《诸上座帖》、吴琚《杂书诗》、赵孟頫《章草千文》,一并捐赠于故宫博物院）。余习书，四十岁前学右军十七帖，四十岁后学钟太傅楷书，殊呆滞乏韵。观此册始知忠惠为师右军而化之，余乃师古而不化者也。遂日摩挲玩味，盖取其貌必先取其神，不求其似而便有似处；取其貌不取其神，求其似而终不能似。余近日书法稍有进益，乃得力于忠惠此册。假使二百年后有鉴定家视余五十岁以前之书，必谓为伪迹矣。辛丑岁有友人持米字卷来求跋。余视之伪迹，而为高手所作者，又不能拒，因题云："宋四家以蔡君谟书看似平易而最难学。苏、黄、米书皆有迹象可寻，而米尤多面手，极备姿态，故率伪作晋唐之书。然以其善作人之伪，而人亦作其伪耳。"余此跋明眼人自能辨之。世多苏、黄、米伪书，而伪蔡书者不多，乃知蔡书于平平无奇中而独见天资高、积学深也。

元仇远自书诗卷

　　纸本，高九寸许，长六尺四寸，行书字大如指，书七律诗十首（原诗不录，见《江村销夏录》）。后款识："士瞻上人，习定好修，与予晦翁笑隐长老三世交矣。求予斐章，遂信手写七言十首塞白。上人其为我佛前忏悔绮语业，至治元年九日山村仇远书于北桥躬行斋。"卷前钤"山村民"长圆印、"南阳仇氏"方印各一。款识下钤"躬行斋"、"山村"方印各一。后释妙声跋，释弘道题诗。释守道、释道衍、释奕、梁用行、姚性跋，皆洪武时。后正德丁卯卢襄师陈观。后嘉靖丙辰顾应祥跋云："卷后诸跋皆释子所书，字画不苟，岂皆贤而隐于衲者欤。"按：山村书不多见，诗宗白乐天，颇静退闲旷。余初见此卷，以书不似元人，他鉴定家亦有此看法。后再细审，乃知此看法大误。元人书皆不出赵孟頫范围。山村为宋之遗老，世称仇白，并时与张玉田以词相唱和，因入元为溧阳州儒学教授，遂列入元人，亦如侯壮悔入清取中副榜。盖彼时环境，不如此即须厕于释道矣。此固贤者之瑕。其书法与赵孟坚子固、张即之温夫，皆为南宋末体，仍为米元章之绪。

子固特挺劲，温夫亦多姿态，山村则较拘谨，因其为醇醇儒者，书亦如其人之风度。以其书不似赵孟頫体而断以为伪，岂不大谬哉。山村书偶于跋语中见之，其自书诗则只有此卷，实较赵孟頫书价值为高。后释道衍跋，道衍即姚广孝。跋在洪武二十一年戊辰十二月望日燕山大庆寿独庵时，尚在为僧时。余曾见姚广孝伪书，飞扬纵放。此跋书体全出右军《黄庭经》，工整端秀，明王雅宜书甚近此体，可知作伪者以其人其书必剑拔弩张。亦如岳武穆世传伪书《出师表》，颇有飞翥之势。而不知南宋绍兴以后，书法有三体为宋高宗《黄庭经》体、米元章体、苏东坡体。此为当时风尚。武穆书正是东坡体，《出师表》书体甚类祝希哲笔，当为明人所伪。又其《满江红》词亦为明人所伪，武穆词清新蕴藉，非苏辛体，皆后人为伪者。揣摩其人，以为其书其词，必系如此，但明眼见之，正足以证其伪也。此卷由溥仪流失于长春，为郑洞国所有。后归薛慎微。薛以贷金与赵孟頫《饮马图》卷并质于余，不赎。赵卷余让于厂肆，此卷捐赠于吉林省博物馆。

二 文 玩 类

重 瞳 乡 人 印

吾邑项城县春秋时为项子国,后灭于楚。以封霸王项羽先世,故以地为姓。今项城东尚有地名项羽城。项城旧属陈州府。陈为舜都。太史公《项羽本纪》云:"舜重瞳子,羽亦重瞳子。"两重瞳皆与吾邑有关。三十四五年前,余与梅畹华、陈半丁诸人每夕聚于虎坊桥国剧学会,余与畹华向半丁学制印。畹华曾有自刻名印,并有缀玉轩印存。而尚未钤印之本一,不知何时遗落于余家,前岁捡出用以手抄余春游词稿,前有序纪颠末。此词稿抄本,今春为孙正刚君索去保藏。当时余曾丏半丁为余制印,文曰"重瞳乡人"。半丁刻意为之,白文,仿汉印,篆意醇朴古茂。印石质,四周尽镌余所云重瞳史事。此印余不轻用,只于题画作书时偶用之。然后人见此印文殊不知所谓,亦不知重瞳乡为何地,故录之,亦一小掌故也。

麋 芜 砚

高凤翰夜梦司马相如来拜,次日得司马相如印,以为奇珍,宝若头目(见《阅微草堂笔记》)。此亦事之偶然巧合者。丁亥岁余夜过溥雪斋君,彼适得柳如是砚。砚宽乾隆尺五寸、高三寸八分、厚一寸,质极细腻,镌云纹,有眼四,作星月状。砚背镌篆书铭文云:"奉云望诸,取水方诸。斯乃青虹贯岩之美璞,以孕兹五色珥戴之蟾蜍。"下隶书

"蘼芜"小字款,阳文"如是"长方印,右上镌"冻井山房珍藏"一印。砚下侧镌隶书"美人之贻"四字,左草书小字"汝奇作"三字。砚右侧镌隶书"河东君遗砚"五字,左小字"水岩名品,罗振玉审定"。外花梨木原装盒。余见之爱不释手,请于雪斋加润以让。雪斋毅然见允。当夜携归。次晨有厂肆商来,携砚求售。视之,乃玉凤朱砚,钱谦益之砚也。砚宽乾隆尺三寸强,高二寸七分,白玉质,雕作凤形,刀工古拙,望而知为明制。外紫檀木原盒。上刻篆书铭文云:"昆岗之精,璠玙之英。琢而成砚,温润可亲。出自汉制,为天下珍。永宜秘藏,裕我后昆。"小字篆书款"牧斋老人",下刻阴文"谦益"方印。余即留之,并示以蘼芜砚。肆商悔索价廉。一夜之间夫妇砚合璧,其巧岂次于南阜之得司马相如印!然南阜有梦,余则无梦。盖南阜事收汉印,日思得汉名人印,故有梦。余向不蓄砚,无得砚意,故无梦耳。此皆事之偶然巧合,无足奇也。

脂砚斋所藏薛素素脂砚

珊瑚红漆盒,制作精致。清乾隆尺宽一寸九分,高二寸二分。盒底小楷书款"万历癸酉姑苏吴万有造"。盒上盖内刻细暗花纹薛素素像,凭阑立帷前,笔极纤雅;右上篆"红颜素心"四字,左下"杜陵内史"小方印,为仇十洲之女仇珠所画者。砚质甚细,微有胭脂晕及鱼脑文,宽一寸五分许,高一寸九分许。砚周边镌柳枝,旧脂犹存。背刻王稺登行草书五绝云:"调研浮清影,咀毫玉露滋。芳心在一点,余润拂兰芝。"后题"素卿脂砚王稺登题"。按万历癸酉,百谷年三十九岁。砚下边刻隶书小字,"脂砚斋所珍之砚其永保"十字,依此始知脂砚斋命名之所由。砚为端方旧藏,与《红楼梦》佳本随身入川。端死后砚流落于蜀人藏砚家方氏手,《红楼梦》本则不知所在。今岁癸卯元旦,蜀友戴亮吉君持以示余,因为吉林省博物馆以重值收之。近日《红楼梦》学者对脂砚斋其人各执一词:或者谓为曹雪芹之族叔,或者谓为雪芹之堂兄弟,或者谓即雪芹本人,或者谓为史湘云。余意珍藏此砚必应文采风流如王百谷其人者,绝非默默无闻之流。否则为女子藏女子砚,如史湘云,庶几近是。

三 诗 词 类

试 帖 诗

清朝《野史大观》"满员笑柄"一则云："吴县潘文勤祖荫,清光绪初叶长刑部,有满司员某,闻其好尚文雅,思所以媚之者,乃急就成诗数十首,恭楷录正,于堂上署诸时,揖而进之,文勤即时翻阅,及首章题目,乃《跟二太爷阿玛逛庙》八字,不禁狂笑。"证于余所见者,此当为事实。余邑夏姓者为富户,亦附庸风雅,父子兄弟叔侄间,皆为诗。叔某者号项城才子。余曾见其辛亥革命感时七律诗,内一联传为名句,云："早知北地赞成少,执意南方反对多。"侄某,七绝诗题为《闲游三叔厅院》,诗云："闲游三叔大庭堂,一派清幽非寻常。两边排列太师椅,中间安放象牙床。"父某年事高,曾赶上科考时代,为诗皆旧题,其赋《鸣鸠在桑》五绝云："老鸠立树枝,两翼勾尾鸣。忽然往下转,落在地流平。"又《赋得小楼一夜听春雨得春字》试帖诗,前四句云:"一夜昏昏睡,无精又少神。不闻雨打点,但听猫叫春。"余改编湖南戏《祭头巾》为京剧,以此四句为老举子自念其闱中所作得意之诗,颇为恰当。清末,外邑文风窳陋,其已中举人者,诗文殊不足观。其已中进士者,甚至尚不知岳飞为何时人。因所存所读之书,皆八股文与试帖诗,除此外更不知有学问之事,亦科考制度之流毒也。

饭后诗钟分咏

诗钟源于福州,时在清嘉庆,林文忠则徐在《雪鸿堂初集》中有

"折枝"诗句即是。《清稗类钞》载诗钟有正格,有别格。正格有凤顶、燕颔、鸢肩、蜂腰、鹤膝、凫胫、雁足诸称(即一唱至七唱)。别格有魁斗、蝉联、鼎峙、鸿爪、双钩、杂俎、卷帘、辘轳、碎锦诸称(字不相对者),此皆嵌字体。作者多依正格,如张之洞宴集奕劻、袁世凯,招募僚为诗钟,拈"蛟断"二字四唱,蔡乃煌应声云:"射虎斩蛟三害尽,房谋杜断两心同。"上句乃影射瞿鸿礼、盛宣怀罢职与岑春煊谢病,下句指张、袁交欢主持国政,故奕劻、张、袁皆大悦,即擢放乃煌苏松太道,此已为诗钟之史事。又樊樊山、易实甫潇社诗钟拈"女花"二唱,有集义山、乐天一联云:"青女素娥俱耐冷,名花倾国两相欢。"皆以为佳。旋又有人集牧之一联云:"商女不知亡国恨,落花犹似坠楼人。"又较前联为妙。复又有集义山、少陵一联云:"神女生涯原是梦,落花时节又逢君。"遂以抡元。此为嵌字体之脍炙人口者。又有分咏体,以毫不相干两题上下分咏,有时妙语天成,较嵌字体尤饶意趣。余即最喜为分咏体而不喜嵌字体。如甲午中日之役,李鸿章主和,朝野气节之士群起讦之。当时有"赶三一死无苏丑,李二先生是汉奸"之联语。此亦诗钟分咏体之史事。岁乙未,余倡为饭后诗钟集,专为分咏诗钟,参与者有夏枝巢、陈紫纶、章行严、靳仲云、汪公岩、诸季迟、宋筱牧、黄娄生、沈仰放、谢稼庵、萧钟美、黄君坦、溥叔明、夏慧远诸人,每月一集,多在季迟及余家。每集五题至六题,每题作二联至三联。先七日示题,收稿汇印,聚饮评唱,亦时有趣致之作,举例如次:

"张京兆"、"升官图":
"五日风流看走马,一场春梦竞呼卢。"(季迟)
"九转彩骰新仕版,一方玉印旧家声。"(君坦)
"风流只在眉间黛,腾达全凭骨里红。"(丛碧)

"银锭桥"、"诸葛亮":
"大名突起庚辛后,奇计难成子午中。"(筱牧)
"卧波儿和西陂咏,辞庙孙偕北地传。"(枝巢)

"燕居此地邻虾菜,龙卧当年侣凤雏。"(仲云)

"才胜曹丕超十倍,名齐李广夹双流。"(娄生)

"五丈原星沉渭上,太行山影落波前。"(紫纶)

"清波近映金丝套,英气长留玉垒关。"(丛碧)

　　"川菜馆"、"萧何":

"无双谱忆花猪味,第一功羞汗马劳。"(君坦)

"生涯定为文君盛,相业能逃吕后诛。"(筱牧)

"招客开尊龙阵摆,劳君定律鸟弓藏。"(季迟)

　　"宋广平"、"螃蟹":

"独立几曾阿武后,一生恨不近文君。"(筱牧)

"文传梅赋心如铁,注考檀弓背似匡。"(娄生)

"相业姚崇分正变,将才彭越等英雄。"(钟美)

"正色牝朝嗔鹤监,无肠诗狱到龙王。"(君坦)

"脂膏甲壳惟宜酒,铁石心肠也赋梅。"(稼庵)

　　"周穆王"、"痔疮":

"何处更求回日驭,岂宜重问后庭花。"集义山(丛碧)

"出缘造父归谋父,饮戒中年咏大年。"(筱牧)

"上赏五车酬一舐,哀歌八骏问重来。"(季迟)

"医方鹰爪王家帖,轶事龟山戚氏词。"(君坦)

　　"连鬓胡子"、"牡丹":

"人面不知何处去,狂心更拟折来看。"集崔护、方干(丛碧)

"侠士双钩金灼灼,美人一捻玉纤纤。"(季迟)

"半遮人面长生草,独放仙盆顷刻花。"(公岩)

　　"老马"、"中秋不见月":

"明岁花灯防雪打,当年金勒惯风嘶。"(筱牧)

"曾傍大旗嘶落日,欲持利剑砍浮云。"(丛碧)

"此日依人羞恋栈,他乡作客不思家。"(叔明)

"无限风光虚桂子,可怜颜色恋桃花。"(君坦)

"金主亮"、"麻子":

"立马峰头窥宋室,卖刀燕市数王家。"(筱牧)

"柳永乐章终误汝,李蟠花烛却羞郎。"(君坦)

"千秋谥法俦隋帝,九姓江山买美人。"(丛碧)

"宋江"、"柿子":

"三十六人瞻马首,百千万树系牛心。"(筱牧)

"吉语朱盘谐四事,薄情黑面咒三郎。"(仲云)

"覆灭宋徽辛丑岁,复生唐睿景云年。"(仲云)

"曹操"、"背面美人":

"使尔遗羞惟赤壁,教人看杀是苏州。"(季迟)

"疑冢何曾瞒后世,羞花故不现前身。"(筱牧)

"宁肯负人休负我,莫须猜丑但猜妍。"(紫纶)

"杨贵妃"、"近视眼":

"承欢侍宴无闲暇,对影闻声已可怜。"集乐天、义山(丛碧)

"面前但觉乾坤小,掌上犹嫌体态肥。"(季迟)

"风前仙袂飘飘举,天上星辰断断无。"(筱牧)

"曾借爪痕钱上掐,长教鼻印卷端留。"(娄生)

"抹胸"、"蟹爪菊花":

"新词抱肚谁家玉,瘦影爬沙满地金。"(君坦)

"乳香贴护双峰凸,花蕊撑开八脚圆。"(筱牧)

"黄嫩略同钩弋瘦,红酥难掩玉环肥。"(季迟)

"隋炀帝"、"秃子":

"鸽粪著时嘲佛子,燕泥落处杀诗人。"(筱牧)

"落日锦帆万杨柳,枯霜青镜一葫芦。"(行严)

"免冠老尽中书兔,剪采飞残废苑萤。"(枝巢)

"尼寺私妆蒙锦帕,迷楼秘戏入铜屏。"(君坦)

"地下应兄陈后主,邺中莫婿广陵公。"(丛碧)

"落叶"、"驸马":

"恨曲甲申哀巩尉,秋词庚子哭珍妃。"(筱牧)

"昨夜秋风今夜雨,一人女婿万人怜。"集卢纶(丛碧)

"杜老秋怀伤玉露,郭家喜剧打金枝。"(丛碧)

"新词圆月王都尉,旧泪回风楚大夫。"(紫纶)

"废园"、"月份牌":

"主人不在花长在,世事何时是了时。"集唐钱起、张继(丛碧)

"香笺秘记红潮信,残础都迷绿野痕。"(季迟)

"惆怅双双逢燕子,依稀九九染梅花。"(筱牧)

"壁版历挽罗马字,台基碑出水蛇年。"(君坦)

"去无所逐来无恋,月自当空水自流。"(行严)

"霸王"、"鹦鹉":

"功业输人双玉斗,文章累我一金笼。"(君坦)

"乘时得路何须贵,卷土重来未可知。"集罗邺、杜牧(丛碧)

"刎头终不臣刘季,折翼犹能警媚娘。"(筱牧)

"老妾"、"三月三十日":

"曾经沧海难为水,未到晓钟犹是春。"集句(钟美)

"小妇多年成大妇,东风过夜即南风。"(季迟)

"今夜饯春随烛尽,小星替月似珠黄。"(君坦)

"当夕春心犹荡漾,明朝夏气已清和。"(仲云)

"温柔情味鸡皮少,春夏光阴燕尾分。"(枝巢)

"科甲翰林"、"聋子":

"一朝选在君王侧,终岁不闻丝竹声。"集乐天(丛碧)

"高文大策人皆有,耳冷心灰百不闻。"集放翁、东坡(行严)

"尾若烧成从鲤化,耳同割去学龙乖。"(季迟)

"魁占三元传捷报,禅参八识断闻根。"(筱牧)

"曾赐锦袍宣李白,空凭瑶瑟对秦青。"(紫纶)

"红绫馅饼叨春宴,玉瑱冠旒塞帝聪。"(君坦)

"鬓外貂斜妨耳语,发中蝉响兆头鸣。"(丛碧)

　　"美男子"、"尿壶":

"好向中宵盛沆瀣,焉能辨我是雌雄。"集陆龟蒙、骆宾王①
(丛碧)

"目迷花伴雌雄侣,宠夺汤婆上下床。"(季迟)

"玉貌形惭王武子,金牌名耻赵文华。"(筱牧)

"智伯数终头似虎,秦王十八貌如龙。"(枝巢)

"腹消午夜三瓯茗,貌胜河阳一县花。"(叔明)

"三珠捧出归花部,七宝装成入烬宫。"(君坦)

　　"歌妓"、"髑髅":

"商女不知亡国恨,除君皆有利名心。"集杜牧、皮日休(丛碧)

"十二珠帘金缕曲,三千红粉玉钩斜。"(丛碧)

"出土三郎残玉貌,登坛謇姐炫名娟。"(行严)

"唐殿珠喉借罗黑,宋陵玉骨泣冬青。"(枝巢)

"蚀雨土花金锁骨,娇春檀板锦缠头。"(季迟)

"豆赤君能传吉语,柳青娘善啭歌喉。"(仲云)

"柳七新声牙板付,李三冥福玉颜祈。"(君坦)

"难得邢娘先入道,谁知辽主竟通神。"(筱牧)

　　"杜牧之"、"白干酒":

"刻意伤春复伤别,不惟烧眼更烧心。"集李商隐、李绅(丛碧)

"好好诗工怜燕子,陶陶味永醉羔儿。"(季迟)

"绮梦十年吟豆蔻,香醪一盏对莲花。"(君坦)

---

① 　查骆宾王集中无此句,北朝《木兰辞》有"安能辨我是雌雄"句。

　　"姚广孝"、"旅行社"：

"两朝帝相双和尚，万里江湖一小家。"（行严）

"迁客生涯羁客舍，少师勋业大师才。"（季迟）

"莫更寺门寻庆寿，已无店主识连升。"（娄生）

"荣贵少师遭姐怒，光阴过客替人忙。"（筱牧）

　　"王昭君"、"豆腐"：

"秋水为神玉为骨，汉恩自浅胡自深。"集工部、半山（行严）

"青冢牛羊依塞北，丹房鸡犬附淮南。"（筱牧）

"琵琶驮上阏支马，苜蓿分来小宰羊。"（君坦）

"马上琵琶犹汉语，盘中钉饾似婆心。"（丛碧）

　　"尼姑"、"冰"：

"出世无心谐凤卜，渡河倾耳起狐疑。"（季迟）

"发易长成嗤武氏，心难比并笑文君。"（筱牧）

"名从佛国优婆塞，冻合胡天热落河。"（枝巢）

　　"老年纳宠"、"水田"：

"阳精欲落阴精出，黄鸟时兼白鸟飞。"集韩偓、杜甫①（丛碧）

"多补先天餐枸杞，少留余地种慈菇。"（丛碧）

"夏木荫中飞白鹭，枯杨命里照红鸾。"（筱牧）

"秋日普收春日种，小星时伴寿星明。"（季迟）

　　"春禊"、"美人足"：

"谁能载酒开金盏，应愿将身作绣鞋。"集杜甫、温飞卿（丛碧）

"美酒被愁花被恨，春风钩梦月钩魂。"（季迟）

"上巳风流能踵继，秘辛杂事记肤圆。"（紫纶）

"阁帖右军传玉枕，宫花后主制金莲。"（筱牧）

"人嫌藕覆添龙爪，天为兰亭缚鼠须。"（行严）

---

①　韩偓句为"阳精欲去阴精落"，见本集《十月七日早起作诗气疾初愈》。

"兵尘惨淡朝天烛,韵事留连曲水觞。"(君坦)

"苏东坡"、"河豚":

"同馋人口江瑶柱,可鉴臣心水调歌。"(丛碧)

"水府谗言逢鳖相,米家赝本怯鱼羹。"(君坦)

"玉局酒痕蕉叶称,都官诗兴荻芽高。"(行严)

"神女祠"、"病夫":

"常言吃药全胜饭,尽日灵风不满旗。"集贾岛、李商隐(丛碧)

"支离还觅三年艾,云雨空留一炷香。"(慧远)

"巫峡朝云生画壁,茂陵秋雨卧文园。"(紫纶)

"千秋云雨依荒庙,半世光阴寄药炉。"(叔明)

"候补官"、"花轿":

"不应永弃同刍狗,从结高笼养凤凰。"集骆宾王、陈陶(丛碧)

"可怜里面红鸾命,无奈前头老虎班。"(丛碧)

"俗风犹自拘三箭,捷径还须仗八行。"(季迟)

"美缺几时膺鹤版,奇缘中道寄麟囊。"(君坦)

"趋承不亚蝇钻纸,闭置浑如凤困笯。"(筱牧)

"身闲此日听衙鼓,子贵他年换板舆。"(丛碧)

"风筝"、"功臣像":

"欲上青天揽日月,早闻黄阁画麒麟。"集李白、杜甫(丛碧)

"误里姻缘怜姐妹,画中恩宠系君臣。"(君坦)

"汗马只留麟阁画,纸鸢不见蜡丸书。"(筱牧)

"李邺巧思安竹笛,文渊无分误椒房。"(紫纶)

"秘书"、"轮船":

"贪看案牍常侵夜,远似乘槎欲上天。"集白居易、韦庄(丛碧)

"水激火攻占既济,捉刀借箸眩同人。"(行严)

"简牍劳形惟伏案,机舵齐力不张帆。"(紫纶)

"盾墨花飞传露布,璇玑地转失风樯。"(仲云)

"贺监乞湖空翰藻，杨么踏浪此权舆。"（君坦）

　"李白"、"会馆"：

"心是主人身是客，诗家才子酒家仙。"集白居易、赵嘏（丛碧）

"群玉山头传绝调，泥金门首报长班。"（筱牧）

"能识汾阳为国士，应夸苏小是乡亲。"（季迟）

"匾额常悬龙虎榜，诗篇独占凤凰台。"（娄生）

"容身白屋长安易，举目青天蜀道难。"（稼庵）

　"老友"、"滁州"：

"两边蓬鬓一时白，雨后山光满郭青。"集白居易、张籍（丛碧）

"深树独怜西涧草，残灯初影九江人。"（行严）

"交久向来如水淡，地偏无处不山环。"（仰放）

"濠上虎龙王气尽，山中猿鹤故人稀。"（季迟）

　"多妾"、"木主"：

"列屋闲居教夜舞，后车同载伐朝歌。"（筱牧）

"从来力尽君须弃，直至如今鬼不神。"集乔知之、汪遵（丛碧）

"只恐妒争逢母虎，无须战栗说公羊。"（紫纶）

"内宠如夫人雁列，外荣赐进士鸿题。"（季迟）

"忍寒半臂风流队，堕泪长生禄位牌。"（君坦）

"老童最怕听先考，内嬖偏多宠后来。"（丛碧）

　"欠债户"、"社日"：

"暂尝新酒还成醉，来是空言去绝踪。"集乐天、义山（丛碧）

"东墙去挖西墙补，九土能平后土封。"（筱牧）

"台避揖将穷鬼送，村居扶得醉人归。"（娄生）

"今生事了前生事，半醉人扶已醉人。"（季迟）

"春雨恰逢新燕到，秋风不见旧蚨归。"（君坦）

"世有冯欢焚旧券，人多张蝘赋新诗。"（稼庵）

"无台可避颜常赧，有酒能医耳不聋。"（丛碧）

"妻妾争宠"、"邮差"：
"未知肝胆向谁是，欲问平安无使来。"集骆宾王、杜甫（丛碧）
"输赢云雨双摇会，奔走风尘一纸书。"（季迟）
"到门不作催科猛，列屋皆如敌体尊。"（娄生）
"当夕须防狮子吼，到门疑送鲤鱼来。"（筱牧）

"胃病"、"花船"：
"停杯投箸不能食，载妓随波任去留。"集李白（丛碧）
"理气合拈红豆蔻，浮家宜住紫鸳鸯。"（季迟）
"封到烂羊愁汉尉，摇来轻燕爱吴娘。"（紫纶）
"载妓直穿红藕去，求仙欲逐赤松游。"（丛碧）

"闲官"、"峨嵋山"：
"簿领风清无吏到，旌旗日薄少人行。"（筱牧）
"郊无戎马郡无事，未见高僧只见猿。"集乐天、义山（丛碧）
"洞仙灵迹连嘉定，祠禄空衔领建宁。"（筱牧）
"两点黛螺齐瓦屋，双飞梁燕舞琴堂。"（季迟）
"绝顶僧来残雪带，讼庭人少落花多。"（叔明）
"卧来月比钟僧冷，飞出云如剑侠奇。"（仲云）

"索债客"、"鳏夫"：
"和靖寒梅聊慰意，丘迟寸锦不留情。"（君坦）
"赵璧当归安可避，秦宫独活最难堪。"（季迟）
"此生无意为鹣鲽，来世教他作马牛。"（筱牧）

"排队买票"、"三河县老妈"：
"论鲫名流如贯柳，赶驴夫婿不寻梅。"（丛碧）
"俏皮别作风流样，案目今无支配权。"（季迟）

"朝云"、"生子"：
"天涯何处无芳草，池上于今有凤毛。"集东坡、少陵（丛碧）
"惠州抔土如青冢，江左英雄似紫髯。"（丛碧）

"暮雨梦婆欣有伴,恩波臣等愧无功。"(行严)

"北堂秀发丛兰桂,南岭凄凉对荔枝。"(筱牧)

　　"开会"、"病犬":

"语终尽兴各分散,客至从嗔不出迎。"集乐天(丛碧)

"聚如茗肆辞锋骋,瘦到梅花脚印疏。"(君坦)

"帷眠不复声如豹,铃振何尝睡似狮。"(季迟)

"关羽单刀来夏口,李斯空手出东门。"(丛碧)

　　"秋郊"、"旦角":

"万木自凋山不动,少年为戏老成悲。"集李群玉、白乐天(丛碧)

"新声花部三姝媚,寒色荆村一掌平。"(仲云)

"乍疑芳树莺声啭,入望霜天雁影迷。"(娄生)

"风光可惜生萧索,模样终难作薬砧。"(叔明)

　　"无酒"、"石崇":

"纵使有花兼有月,只能谋富不谋身。"集李义山、吕岩(丛碧)

"未解散财空斗富,只宜学佛不成仙。"(季迟)

"金谷剧怜红粉尽,黄花不见白衣来。"(娄生)

　　"唐人小楷"、"指挥刀":

"体法黄庭传八象,庄严丹陛卫千牛。"(丛碧)

"督战三军同马首,端书广韵有蛾眉。"(行严)

"卯金芒砀摩天刃,玉枕昭陵缩影书。"(君坦)

"钟傅远师承魏晋,王祥不羡失萧曹。"(丛碧)

　　"花柳病"、"江淹":

"彩笔梦还来郭璞,天花宾驭误春坊。"(筱牧)

"锦缎赋成花比艳,胭脂驮上马嫌轻。"(丛碧)

"身上杨梅疮作果,梦中筠管颖生花。"(丛碧)

"东风暗惹频频发,南浦别愁黯黯生。"(娄生)

"老年猎艳"、"墓志铭"：

"且向花间留晚照,唯应石上见君名。"集李义山[1]、卢纶(丛碧)

"文字埋幽同瓦狗,风流结局到人虾。"(季迟)

"驴鸣只剩韩陵石,鹤鬓羞寻杜曲花。"(仲云)

"冯道"、"隐士"：

"天下久讥长乐老,人间共羡少微星。"(筱牧)

"天爵竟为人爵误,青云不及白云高。"集李玖、赵碬(丛碧)

"七里江山双鬓老,五传朝代一身全。"(丛碧)

"十主致身长乐老,九师低首小山徒。"(季迟)

"兔园册子频回顾,豹雾文章未易窥。"(行严)

"身世人寻孤鹤侣,家风女亦九龙妃。"(君坦)

"妓女"、"不语"：

"桃花息国三年恨,杨柳章台一段愁。"(筱牧)

"秋雨枇杷门巷冷,春风桃李径蹊成。"(季迟)

"自是一身嫌苟合,只将羞涩当风流。"集刘威、骆宾王(丛碧)

"身家怜共落花比,心事休教鹦鹉知。"(丛碧)

"陶渊明"、"懒汉"：

"但使残年饱吃饭,先拚一饮醉如泥。"集杜甫、李白[2](行严)

"匣里有琴尊有酒,中宵多梦昼多眠。"集汪遵、李昌符(丛碧)

"鹤恋故巢云恋岫,醉闻花气睡闻莺。"集刘禹锡、元稹(丛碧)

"吟集聚餐"、"邯郸"：

"芳樽钉坐吟坛客,利屣鸣弦大道娼。"(行严)

"借枕亦同蝴蝶梦,拈毫兼作稻粱谋。"(丛碧)

"分曹共进先生馔,救赵曾挥力士椎。"(丛碧)

---

[1] 前句作者为宋祁,非李义山。

[2] 两句皆为杜诗,"先拚"句非李白作。

"简化字"、"悲秋":

"义音依旧形俱变,草木于今气不堪。"(季迟)

"点画且从蝌蚪始,呻吟直似候虫鸣。"(君坦)

"每到林间怀宋玉,无劳亭下问扬雄。"(筱牧)

"汉文有道恩犹薄,王粲登楼兴不赊。"集刘长卿、戴叔伦(丛碧)

"萧萧愁咏少陵句,咄咄还输殷浩函。"(丛碧)

"凤凰"、"南阳茅庐":

"到门不敢题凡鸟,尘榻无人忆卧龙。"集王维、元稹(丛碧)

"尽瘁自因三顾重,于飞端为九成来。"(季迟)

"对向隆中筹鼎峙,签从姁后协归昌。"(紫纶)

"不逢萧史休回首,终见降王走传车。"集义山(行严)

"铁路"、"流莺":

"花迎剑佩星初落,车走雷声语未通。"集工部、义山(君坦)

"荡舟为乐非吾事,度陌临流不自持。"集宋之问、李义山(丛碧)

"百盘地逐修蛇驶,千啭春随语燕娇。"(筱牧)

"飙车来往遵同轨,诗品纤秾喻比邻。"(紫纶)

"感冒"、"排队":

"但有后先无少长,最难调理是炎凉。"(筱牧)

"时令中人鹦鹉疟,班行笑汝鹭鸶群。"(君坦)

"为乘阳气行时令,谬荷鹓鸾借末行。"集王维、皇甫冉(丛碧)

"日序班头如候补,时多涕泪似陈情。"(丛碧)

"病人吃药"、"浮云":

"忍苦可能遭鬼笑,长安不见使人愁。"集韩偓、李白(丛碧)

"白云苍狗俱随化,金匮黄龙且试方。"(紫纶)

"生机但靠神农谱,秘笈空余宝绘堂。"(君坦)

"舌尖甘苦三年艾,日下阴晴一霎时。"(慧远)

"作幻随观翻白絮,偷生宁愿茹黄连。"(钟美)

"阮籍"、"帝国主义"：

"古往今来皆涕泪，虐人害物即豺狼。"集工部、乐天（丛碧）

"咏怀格调翔鸾凤，蓄意侵吞暴虎狼。"（季迟）

"何人值得垂青眼，此辈包藏尽黑心。"（娄生）

丙申岁筱牧逝世后，戊戌季迟亦逝，叔明、枝巢、公岩、娄生又相继逝，此会遂不能复举。今者南北各有词社，吟人为旧体以歌颂新世。诗钟则属雕虫小技，无更为之者矣。

诗　谜

诗谜以五言诗或七言诗一句，空其中一字，别书五字，五字中有原诗之一字，余四字皆配入者，押者猜中原诗之一字即赢，否则输。余初见于上海半淞园，有二三处开诗谜者（又名"开诗条"），亦借此以谋生。猜者中否，对证刊本。然所开者，皆不足传之诗，无开唐宋名家之诗者。俗说："大爷有钱开杜甫。"工部诗，人皆熟读，开其诗句，不啻送钱与人也。卢沟桥事变后，少出门，但月聚于蛰园律社诗会，并时作诗谜戏，参与者有夏枝巢，郭啸麓，陈莼衷，陶心如，陶伯滨，瞿兑之，刘伯明，杨君武，黄公渚、君坦兄弟等。惟诗谜必须开整首，不许只开单句。间亦开明清名家诗，颇极一时之盛。日寇降后，余自西安归京，啸麓旋病逝，蛰园律社与诗谜会皆散，更集新雨为诗谜会于溥雪斋家，有载润、于思泊、郑毅生、杨今甫、唐立庵、张船岛、张柱中等。余与雪斋倡必须开唐以上诗，每条换一字或二字三字皆可，甚至可换整句。由余与雪斋开条时为多，单押一字为孤丁，一赢三；押二字者为线，一赢一；押一字赢一字和者为打，一赢二；如认为必系某一字者，可竖旗杆，即是将他人押别字之注统移至自己所押孤丁之字上，能多赢亦能多输。某日在雪斋家为诗谜戏，张君柱中开条，已至夜子半，余伏案睡，柱中呼余醒押条。余视之，上条有"华顶"两字。此条换"城"字上之一字,为渭城、雒城、赤城、晋城。按华山西渭城,北韩城,南雒城,晋城虽在山西,亦可望见华岳,独赤城无关,注多押渭城、雒城上。余乃于"赤"字上竖旗杆,开出,果为赤城。盖余曾游天台山,山上一峰平阔,名华顶。赤城在天台山之下,故知华顶非华岳。如果为华岳,而思路想到赤城,似亦觉离奇也。

余开诗条多为五、七律,间开古体诗,有时并开杜工部排律,兹举其例如次:

"□自肩如削",一、倦,二、偎,三、偏,四、优,五、俚。

"难胜□缕□",一、万　丝,二、一　情,三、数　绦,四、万愁,五、数　金。

"□香留凤尾",一、天,二、温,三、檀,四、桐,五、涎。

"□暖在檀槽",一、生,二、春,三、指,四、余,五、情。

——《书琵琶背》(李后主)

"乱猿啼处□□□",一、过重山,二、客心惊,三、锁巫峰,四、访高唐,五、在孤舟。

"路入□□草木香",一、重岩,二、烟霞,三、仙居,四、仙源,五、重峰。

"□□未能忘宋玉",一、云影,二、云色,三、山色,四、云意,五、云雨。

"□声犹是哭襄王",一、江,二、滩,三、水,四、雨,五、瀑。

"□□□□阳台下",一、朝朝夜夜,二、云云雨雨,三、疑云疑雨,四、为云为雨,五、非朝非夜。

"为雨为云楚国□",一、亡,二、忙,三、狂,四、荒,五、旁。

"□□□□多少柳",一、今日庙前,二、庙外只今,三、憔悴庙前,四、惆怅庙前,五、庙外可怜。

"□□空□□□长",一、春来　学画眉,二、春来　斗画眉,三、春风　袅细腰,四、枝枝　学画眉,五、春风　舞细腰。

——《谒巫山庙》(薛涛)

"□是张公子",一、应,二、本,三、知,四、谁,五、不。

"□名萼绿华"，一、何，二、缘，三、曾，四、因，五、从。

"□□□小像"，一、莲花羞，二、香红披，三、粉痕饰，四、沉香薰，五、芙蓉怜。

"□□□□□"，一、芍药咏春花，二、琼树发奇葩，三、芝蕙茁红芽，四、风采出萧家，五、杨柳伴啼鸦。

"露重金□冷"，一、盘，二、猊，三、貂，四、泥，五、衣。

"□阑玉树斜"，一、歌，二、宵，三、杯，四、盉，五、栖。

"□堂沽酒客"，一、鸾，二、琴，三、书，四、秋，五、兰。

"□□□□花"，一、泥醉不胜，二、催赏小园，三、犹见广陵，四、新买后园，五、看遍隔帘。

——《答赠》（李长吉）

"华山黑影□崔嵬"，一、阴，二、宵，三、霄，四、势，五、夜。

"□□□□门未开"，一、阊阖金天，二、金天阊阖，三、□□金天，四、金天□□，五、锁钥金天。

"雨淋鬼火□□灭"，一、明复，二、明不，三、湿不，四、明又，五、灭不。

"风送神□来不来"，一、灯，二、香，三、音，四、车，五、旌。

"□外素钱飘似雪"，一、门，二、墙，三、殿，四、陵，五、宫。

"□前阴柏吼如雷"，一、殿，二、门，三、墓，四、庙，五、隧。

"□君暗宰人间事"，一、知，二、凭，三、从，四、听，五、由。

"□□苍生梦里裁"，一、莫把，二、休把，三、莫错，四、休错，五、莫枉。

——《雨后过华岳庙》（李山甫）

"□□乡园古"，一、上鄂，二、下杜，三、沝下，四、颍上，五、长乐。

"泉声绕□啼"，一、舍，二、社，三、屋，四、户，五、涧。

"□□长惨切"，一、独游，二、静思，三、旅情，四、避居，五、寸怀。

"薄宦与□暌"，一、孤，二、离，三、违，四、乖，五、徂。

"北阙千门☑"，一、曙，二、迥，三、外，四、锁，五、阁。

"南山□谷西"，一、五，二、午，三、二，四、右，五、鄂。

"倚川红叶□"，一、岭，二、岸，三、路，四、满，五、树。

"□寺绿杨堤"，一、接，二、傍，三、连，四、隔，五、背。

"□野翘霜鹤"，一、远，二、高，三、振，四、云，五、迥。

"澄潭□锦鸡"，一、濯，二、戏，三、舞，四、照，五、浴。

"涛惊堆万□"，一、里，二、浪，三、阜，四、雪，五、岫。

"舸急□千溪"，一、度，二、转，三、下，四、过，五、鹜。

"眉□萱牙嫩"，一、点，二、缬，三、斗，四、翠，五、叶。

"风□柳□迷"，一、翻　絮，二、飘　絮，三、吹　眼，四、条
幄，五、丝　线。

"□藤梢虺尾"，一、岩，二、岸，三、古，四、断，五、峡。

"沙□印麑蹄"，一、草，二、雪，三、路，四、径，五、渚。

"□□□桃坞"，一、火燎湘，二、锦浪生，三、火灼夭，四、绮树
妆，五、火灼绯。

"波□碧绣畦"，一、明，二、光，三、痕，四、分，五、摇。

"日痕□翠巘"，一、綖，二、绲，三、缯，四、缘，五、绳。

"□影堕晴霓"，一、陂，二、霞，三、岩，四、峰，五、湖。

"蜗壁□□□"，一、涎拖藓，二、苔斑浅，三、斓斑藓，四、行苔
篆，五、涎书藓。

"□□豆蔻泥"，一、金笺，二、银筵，三、龙香，四、兰橑，五、
虹梁。

"洞云生□□"，一、叆叇，二、晻蔼，三、片段，四、窈窕，五、
玉叶。

"□径缭高低"，一、苔，二、竹，三、石，四、萝，五、兰。

"□□松公老"，一、鳞甲，二、蟠屈，三、偃蹇，四、郁郁，五、
磊落。

"□□竹阵齐",一、参差,二、编排,三、纷披,四、森严,五、招摇。

"小莲娃□语",一、解,二、欲,三、似,四、戏,五、笑。

"□笋稚相携",一、幽,二、青,三、新,四、疏,五、丛。

"汉□留余址",一、瓦,二、殿,三、苑,四、馆,五、寝。

"周台□故蹊",一、接,二、掩,三、改,四、废,五、剩。

"□□岗隐隐",一、蟠蛟,二、蟠龙,三、龙蟠,四、伏龙,五、鱼鳞。

"□雉草萋萋",一、藏,二、交,三、班,四、伏,五、没。

"树□萝纤组",一、老,二、古,三、密,四、倒,五、秃。

"岩□石启闺",一、深,二、空,三、幽,四、欹,五、崇。

"□窗紫桂茂",一、拂,二、当,三、映,四、侵,五、荫。

"□面翠禽栖",一、对,二、识,三、拂,四、掠,五、扑。

"□□冠终挂",一、有愿,二、有计,三、何幸,四、有幸,五、何计。

"无□□谩□",一、名塔 题,二、才笔 提,三、名壁 题,四、名笔 提,五、才壁 题。

"自□□□□",一、多怀古意,二、嫌非予薄,三、陈何太急,四、今惟啸咏,五、然堪下泪。

"□笑触藩羝",一、休,二、莫,三、应,四、犹,五、堪。

——《朱坡》(杜牧)

"□水春犹早",一、湘,二、淮,三、洛,四、锦,五、桂。

"□□日正西",一、彬州,二、藤州,三、昭州,四、彬川,五、韶川。

"虎当官□□",一、路斗,二、道斗,三、道踞,四、路踞,五、道卧。

"猿上□楼啼",一、郡,二、戍,三、驿,四、县,五、市。

"□烂金沙井",一、绳,二、绠,三、泥,四、石,五、瓶。

"□干□洞梯",一、松　乳,二、芝　玉,三、芝　乳,四、乳石,五、松　玉。

"乡音□可□",一、殊　喜,二、真　喜,三、吁　骇,四、殊骇,五、真　骇。

"□□醉如泥",一、未觉,二、不遣,三、常欲,四、仍有,五、只可。

——《昭州》(李商隐)

"临□□兮背青荧",一、泱瀯,二、丛耸,三、幽邃,四、稜旦,五、阴壑。

"□□□兮合窅冥",一、吐云烟,二、恍欻翕,三、岚气肃,四、涵烟景,五、空阴阴。

"恍欻翕兮□□□",一、懔深湛,二、若仙会,三、沓幽蔼,四、隐沦躅,五、共急日。

"□飘渺兮群仙会",一、意,二、思,三、神,四、魂,五、心。

"窅冥仙会兮□□□",一、构幽馆,二、接云路,三、促萝筵,四、枕烟庭,五、发灵瞩。

"□□□兮凝视听",一、洁精神,二、竦魂形,三、竦形神,四、洁灵神,五、游神魂。

"闻夫至诚必感兮□□□",一、神可谷,二、整泰坛,三、百灵宾,四、视无兆,五、祈此巅。

"□□□兮养丹田",一、辟灵关,二、鼓拙火,三、灭闻见,四、通二脉,五、契颢气。

"□□□兮覯灵仙",一、泽妙思,二、终仿像,三、鉴洞虚,四、若可期,五、信仿佛。

——《枕烟庭》(卢鸿)①

"青苔幽巷□",一、满,二、遍,三、合,四、滑,五、积。

---

① 诗题及作者原无,据《御定全唐诗》补。

"□林露气微",一、丹,二、苍,三、疏,四、新,五、高。

"□声在深竹",一、棋,二、书,三、诗,四、经,五、琴。

"□斋独掩扉",一、空,二、廿,三、上,四、二,五、□。(按为"四、二",明刊诗集字有虫蛀也。①)

"憩树爱□岭",一、岩,二、岚,三、峰,四、山,五、云。

"听禽悦□晖",一、秋,二、曙,三、日,四、夕,五、朝。

"方□静中趣",一、知,二、耽,三、觉,四、会,五、领。

"□与尘事违",一、自,二、足,三、因,四、暂,五、得。

——《神静师院》(韦应物)

"□国称多士",一、王,二、京,三、上,四、郡,五、谋。

"□□复几人",一、贤良,二、贤才,三、才贤,四、才良,五、良才。

"异才应□□",一、间出,二、间世,三、挺出,四、世出,五、挺世。

"□气必殊伦",一、爽,二、英,三、逸,四、隽,五、奇。

"始见□□□",一、刘书记,二、高常侍,三、张京兆,四、严开府,五、王谏议。

"□居汉近臣",一、今,二、新,三、宜,四、超,五、跻。

"□□□□□",一、琳琅识介璧,二、豫章深出地,三、骅骝开道路,四、圣情常有眷,五、词华倾后辈。

"□□□风尘",一、鹰隼出,二、雕鹗出,三、鹰隼离,四、雕鹗离,五、雕皂出。

"侯伯知何□",一、等,二、种,三、算,四、筭,五、绩。

"□□实致身",一、云霄,二、经纶,三、文章,四、丹青,五、尊荣。

"奋飞超□级",一、显,二、计,三、限,四、等,五、历。

---

① 缺字应为"高",因所依刊本"高"字被虫蛀,只剩两横,故云为"二"。

"□□□沉沦",一、振刷起,二、容易失,三、诣绝及,四、班序越,五、微分辱。

"□□磻溪钓",一、宁得,二、宁得,三、宁得①,四、脱略,五、商略。

"□□郢匠斤",一、持衡,二、操持,三、墨绳,四、规模,五、衡量。

"云霄今已□",一、达,二、迩,三、逼,四、逞,五、逮。

"台□更谁亲",一、象,二、衮,三、阁,四、鼎,五、庙。

"凤□雏皆好",一、队,二、种,三、穴,四、德,五、藻。

"龙门客□新",一、倍,二、故,三、更,四、又,五、自。

"乂声□感激",一、重,二、纷,三、终,四、从,五、同。

"败绩□逡巡",一、耻,二、孰,三、且,四、动,五、自。

"□□欲何向",一、路远,二、途远,三、道远,四、歧路,五、迷路。

"天高难重□",一、陈,二、申,三、询,四、振,五、禋。

"学诗□□□",一、遵尼父,二、遵尼圣,三、尊尼父,四、犹子夏,五、犹孺子。

"乡赋□嘉宾",一、忝,二、念,三、集,四、惠,五、羡。

"□□同晁错",一、颠踬,二、不得,三、不使,四、不敢,五、不谓。

"□□后郗诜",一、孤骞,二、吁嗟,三、何能,四、敢能,五、何从。

"计疏□翰墨",一、惟,二、亲,三、疑,四、余,五、求。

"□□忆松筠",一、岁晚,二、时过,三、寒至,四、时至,五、时晚。

"献纳纡□眷",一、宸,二、天,三、宫,四、皇,五、垂。

"中间□紫宸",一、立,二、上,三、谒,四、侍,五、感。

---

① 一、二、三选项全同,原文如此,未知何故。

"□随诸彦集",一、且,二、仍,三、叨,四、暂,五、追。

"□□薄才伸",一、难假,二、方觊,三、每愿,四、枉道,五、任使。

"□□遭前政",一、刻骨,二、强项,三、束发,四、破胆,五、切腹。

"□□独秉钧",一、应图,二、披肝,三、阴谋,四、吹嘘,五、魁梧。

"微生□忌刻",一、妨,二、忘,三、穷,四、霈,五、乘。

"万事□酸辛",一、只,二、祇,三、益,四、几,五、饱。

"□□丹青地",一、交合,二、妙绝,三、画妙,四、旌旆,五、听履。

"恩□雨露辰",一、承,二、倾,三、叨,四、思,五、陪。

"□儒愁饿死",一、腐,二、老,三、小,四、有,五、迂。

"□□报平津",一、孰为,二、迟暮,三、早晚,四、宁为,五、孰使。

——《奉赠鲜于京兆二十韵》(杜甫)

"□□远接天",一、层峦,二、重峰,三、江流,四、黄河,五、湖波。

"绝岭上□烟",一、流,二、浮,三、横,四、栖,五、笼。

"松□轻盖偃",一、高,二、低,三、悬,四、排,五、欹。

"藤细弱钩□",一、牵,二、连,三、悬,四、缘,五、拳。

"□明如挂镜",一、石,二、泉,三、穴,四、月,五、潭。

"苔□似□钱",一、分　列,二、斑　剥,三、聚　连,四、合铺,五、晕　含。

"□□为龙杖",一、携取,二、暂策,三、时倚,四、欲掷,五、愿借。

"何处□神仙",一、托,二、觅,三、得,四、遇,五、访。

——《出石门》(骆宾王)

"□窗游玉女"，一、山，二、烟，三、月，四、风，五、霞。

"涧户□琼峰"，一、障，二、部，三、列，四、对，五、叠。

"□□翔双凤"，一、岩顶，二、扶岭，三、连拱，四、望阙，五、翠掌。

"潭心□九龙"，一、曳，二、引，三、倒，四、汇，五、彚。

"□□□□□"，一、碧原开雾隰，二、韶光开令序，三、云芝浮翠叶，四、酒中浮竹叶，五、攀藤招逸客。

"杯上□芙蓉"，一、写，二、映，三、漾，四、隐，五、照。

"□□□□□"，一、务使霞浆兴，二、茗宴东亭晚，三、今日星津上，四、眺听良无已，五、故验家山赏。

"惟有□□□"，一、入松风，二、入风松，三、风入松，四、松入风，五、松外风。

——《游九龙潭》（武则天）

"□□移中律"，一、晦魄，二、阳气，三、短晷，四、寒晦，五、子月。

"□□起丽城"，一、烟华，二、凝暄，三、暄风，四、初风，五、凝晖。

"罩云□盖上"，一、飞，二、青，三、朝（阴），四、朝（阳），五、芝。

"穿露晓珠□"，一、呈，二、承，三、盈，四、明，五、擎。

"□树花分色"，一、闹，二、媚，三、妆，四、笑，五、飘。

"啼枝鸟□声"，一、变，二、递，三、引，四、合，五、弄。

"□□□□□"，一、以兹游观极，二、幸属无为日，三、顾言欢乐极，四、游情兼抚迹，五、披襟欢眺望。

"□□畅春情"，一、极目，二、骋目，三、浩荡，四、对此，五、于以。

——《月晦》（唐太宗）

"春光□禁苑"，一、回，二、返，三、临，四、来，五、迎。

"暖日暖□桃"，一、池，二、津，三、湘，四、江，五、源。

"□□□□□",一、石侵苔藓绿,二、石苔侵藓绿,三、苔藓绿侵石,四、石苔侵绿藓,五、藓苔侵石绿。

"□草发青袍",一、岸,二、路,三、池,四、阶,五、园。

"回歌□转楫",一、随,二、收,三、望,四、逐,五、住。

"浮冰□度舸",一、随,二、留,三、遮,四、阻,五、拥。

——《立春日泛舟玄圃》(陈后主)

"孤鸿散江□",一、渚,二、浦,三、溆,四、泽,五、屿。

"连□遵渚飞",一、番,二、翻,三、翩,四、翖,五、翩。

"含嘶衡□□"一、桂浦,二、湘浦,三、阳阵,四、阳渡,五、湘渡。

"□□河朔畿",一、接影,二、逐侣,三、离群,四、驰顾,五、回依。

"□□劲秋木",一、瑟瑟,二、竦竦,三、攒攒,四、萧萧,五、戚戚。

"昭昭□冬晖",一、带,二、度,三、践,四、净,五、背。

"窗前□欢爵",一、涤,二、奉,三、集,四、饮,五、尽。

"帐里缝□衣",一、离,二、征,三、客,四、舞,五、春。

"□□□□□",一、芳岁犹自可,二、弦绝空有托,三、凭楹望夜月,四、不怨身孤寂,五、此际对风景。

"□□□□归",一、知君归不,二、日夜望君,三、问君归不,四、忆君君不,五、思君君不。

——《绍古辞》(鲍照)

"阳春白日□花香",一、飞,二、落,三、百,四、风,五、李。

"趋步明□舞□珰",一、堂 明,二、堂 瑶,三、玉 明,四、玉瑶,五、堂 琼。

"声发金石□笙簧",一、激,二、澈,三、彻,四、媚,五、碎。

"罗□徐转红袖扬",一、襦,二、袿,三、裯,四、裙,五、袜。

"清歌流响绕□梁",一、画,二、绣,三、凤,四、杏,五、燕。

"□□□□□□□",一、如推若引留且行,二、凝停善睐容仪光,三、楚腰卫鬓四时芳,四、如矜若思凝且翔,五、牵云曳雪留陆郎。

"转眄□精艳辉光",一、摇,二、驰,三、含,四、流,五、遗。

"□□□□双雁行",一、左右翩翩,二、以引以翼,三、将流将引,四、以翼以引,五、左回右引。

"欢□何□意何长",一、乐 极,二、来 极,三、乐 晚,四、来晚,五、乐 短。

"□□□□□□□",一、追念三五安可忘,二、晋世方昌乐未央,三、举座叹咏不成章,四、红烛白日遥相望,五、明君御世永歌昌。

——《白纻舞歌》(晋无名氏)

以上所举,可略见一斑。

余所作诗谜五代以上诗约数百首,所获者依句法、字法,诗即不具名,可知或为晚唐、中唐、初唐、六朝之诗,版本则以明刊诗集及殿版《全唐诗》为准。余等为诗谜戏赢者不得将钱拿走,交一人为次日聚饮之费,亦即输者为主人,赢者为客。余每开诗谜,尚多作座上客也。

赠钱金福《金缕曲》词

五代、北宋参军戏丑角为主,是以梨园行后台规矩,座位丑角坐上首,勾脸时须丑角先开笔,后净、杂各角始能勾脸。传以后唐庄宗为老郎神,庄宗曾自演戏饰丑角,故后以丑角为尊,乃附会之讹也。乱弹戏(今称京剧)自清乾嘉后入京,号四大徽班,皆以老生为主。程长庚大老板之后,有汪桂芬、孙菊仙、谭鑫培老生之三大流派。至清末民初始以旦角为主,而老生沦为跨刀矣(行话,演倒第二出戏及与旦角配戏名"跨刀"),其他净、丑、武、杂更无论焉。武花面钱金福家学渊博,负绝艺,非惟昆乱不挡,即生、旦、丑、武各角戏皆能之。梨园行称"钱家脸谱"、"钱家把子"。名武生杨小楼、名老生余叔岩皆依以为辅,且师事之。一次张宗昌家堂会,派叔岩演《一捧雪》之莫成。叔岩于此角不甚清楚,乃请钱教之,余适在座目睹。余亦曾从其学《五雷阵》《九龙山》两出,一饰孙膑老生戏,一饰杨再兴小生戏也。某岁余由北京去汉口,车行须二日,途中无聊,乃戏作《金缕曲》词六阕,分咏杨小楼、梅兰芳、余叔岩、钱金福、程继仙、徐兰沅。其五阕皆不复记忆,赠钱一阕颇滑稽,今录于后:"耆旧凋零叹。想承平、梨园白发,物移星换。龚陈已老长林死,惟有此翁尚健。算留得、灵光鲁殿。脸谱庄严工架稳,看演来、咤叱风云变。须传此,广陵散。 有谁不挡兼昆乱。无奈他、失之子羽,艺高价贱。当日只将师傅恨,为何不教学旦。真活把我家眼现,梅尚荀程皆有党,问谁人、拼命捧花面?空出了,一身汗。"时上海小报甚风行,因用别名投稿于上海《晶报》。登出后,群揣猜为何人所作,有谓为北京某老翰林者,有谓为上海某老举人者,直至今日犹不知为余作也。钱之工架身段有威有美、有刚有柔,把子起打疾徐进退游刃有余,有神而化之之意;能昆曲《刀会》、《火判》、《嫁妹》、《醉打山门》、《芦花荡》,迥非苏昆、高阳昆所能望其项背;而《牡丹亭·花判》一折尤为绝传。余曾观其与清宗室将军溥侗演《刀会》饰周仓及《火判》、《花荡》。其子宝森亦能继其艺,曾向其父请学此数出昆曲戏,钱曰:"学会也不能换饭吃,白出汗耳。"后余谓要宝森陪余演昆曲,钱始教之。今岁癸卯宝森病故,终至失传。此数出惟《嫁妹》、《花荡》清贝勒载涛曾从钱学。载于堂会偶一演《花荡》,其《嫁妹》一出,则未之睹也。

故 都 竹 枝 词

　　国民党北伐后,政府南迁,北京更名北平,人以故都称之。日军侵占东北,风鹤频惊,竟成边地。时秭园诗社以"故都竹枝词"命题,旅京吟人多以时事为咏。余亦有作,尚记数首,录之于下:"登场百货各争标,太庙翻成市井嚣。野鹤不知人世改,将雏相避远离巢。"时于太庙陈列百货,竞相买卖,庙东侧古柏上向有鹤巢,因畏嘈杂避去。"白山黑水路凄迷,年少将军醉似泥。为问翩翩蝴蝶舞,可曾有梦到辽西。"时东北已失,张学良在京方昵电影名星胡蝶,每跳舞至深夜。"茫茫苦海正无边,愿证菩提隔世缘。佛力未随王气歇,万人空巷拜班禅。"时班禅自玉树到北平,一般要人发启为时轮金刚法会,在太和殿传法,参加者万余人。事先邀请各方面人士在金城银行总经理周作民绒线胡同宅募捐,如吴佩孚、张宗昌、曹汝霖等均到,各捐款二百元。次日张宗昌即去济南,为韩复榘所杀,而未受佛之庇被。"山河不重重连城,退让堪为步步营。御路森严同警跸,飙车载宝夜无声。"东北失后,当局无恢复抗御之策,而将故宫珍宝连夜悄悄运去南京,以为敌进寸而我退尺之计。"寒暖不殊气候更,去年无雪一冬晴。银鞋空作化装舞,太液池波已解冰。"国事日急,而一般士女犹纸醉金迷,筹备于新年在北海举行化装溜冰会,纷制服饰,所费不赀。惟本年气候特异,一冬无雪,和暖如春,比及筹备完毕,而池冰已解矣。彼跃跃欲参加化装溜冰者大为扫兴。"风鹤频传刁斗鸣,可怜上国作边城。年年五月惊烽火,不信名花号太平。"过去军阀内战,多发生于五月。此时北平地位已为边城,谣言四起,有草木皆兵之势,而故宫太平花正于是月盛开。北平后终至卢沟桥事变而沦陷,余避寇入秦。日军投降,始重返故都,以为从此太平可致。乃上下贪污之风大起,金融崩溃,当局欲依外力发动内战,国事益不可问。余再去极乐寺看海棠,因题壁一诗云:"又见娇红濯锦尘,海棠犹似去时春。只今倾国倾城事,不是名花与美人。"此亦"竹枝词"也。"竹枝词"可补史乘之不足,昔曾有印本,惜遗失,诚憾事也。

金 章 宗 词

金章宗工书画,书仿宋徽宗瘦金体能乱真,如李太白《上阳台帖》后徽宗跋,实章宗书也。(按:安仪周《墨缘汇观·法书续录》,李白

《上阳台帖》真迹短卷后瘦金书跋,未云为徽宗跋,只云瘦金书跋,盖已疑非徽宗书。)章宗尤嗜法书名画。汴京陷后,宋内府名迹多流失金邦,为章宗所收。余所见其著者如唐摹《右军此事帖》、五代阮郜《阆苑女仙图》、五代关仝《秋山平远图》、宋赵幹《江行初雪图》,皆经章宗藏,钤"明昌御览"玺。周公谨《癸辛杂识》:"金章宗之母,乃宋徽宗某公主之女也,故章宗嗜好书札,悉仿宣和字画,尤为逼真,金国典章人物,明昌为盛。"观此,知金章宗书瘦金体及嗜好书画之由来。又《词苑》:"金章宗喜文学,善书画。闻宋徽宗以苏合油烟为墨,命购得之。墨一两黄金一勒,尝有《蝶恋花》词咏聚头扇,甚佳。"按词云:"几股湘江龙骨瘦,巧样翻腾,叠作湘波皱。金缕小钿花草斗,翠绦更结同心扣。　　金殿珠帘间永昼,一握清风,暂喜怀中透。忽听传宣须急奏,轻轻退入香罗袖。"聚头扇即折叠扇。词首句"几股湘江龙骨瘦",说明扇有股,且为竹,并以为饰。次句"巧样翻腾,叠作湘波皱",说明为折叠式。结句"轻轻退入香罗袖",则合扇置藏于袖中,其非团扇可知。(按:清官吏夏日官服乘马服装,开气袍马褂,白绸扣带,佩扇囊荷包。非乘马服装,外褂补服,不佩带,折扇则插藏靴筒中。)盖折叠扇先由朝鲜入金,再由金入宋,此为在宋时已有折叠扇之有力佐证。君坦于《琐谈》卷一中有《南宋折叠扇》及《再谈折叠扇》二文,谓宋元时已有折叠扇,不仅有团扇,多所引例,考证甚详,惟尚未引金章宗此词也。

袁寒云《踏莎行》词

袁寒云工诗词、书画,善戏曲。昆曲《八阳》一折脍炙人口,以其演来恰合身份。观者为之动容,人比之陈思或为过誉,然文采风流,固一世翩翩。而家国沧尘,更多感触,中岁放歌,饮醇近妇,其遇亦可哀也。庚午岁冬夜,以某义务事共演戏于开明戏院。寒云与王凤卿、王幼卿演《审头刺汤》,寒云饰汤勤。乱弹戏寒云只演《群英会》、《审头》之蒋幹、汤勤两角,学于老苏丑郭春山。郭此戏极有矩矱,而寒云饰演更生色。大轴为《战宛城》,余饰张绣,溥侗(红豆馆主)饰曹操,为黄润甫真传。阎岚秋(九阵风)饰婶娘,钱宝森饰典韦,许德义饰许褚,傅小山饰胡车,终场夜已将三时。卸装后余送寒云至霭兰室饮酒作书,时密密洒洒飞雪漫天,室内炉暖灯明,一案置酒肴,一案置纸墨,寒云右手挥毫,左手持笺,即席赋《踏莎行》词。词云:"随分衾裯,无端醒醉。银床曾是留人睡。枕函一晌滞余温,烟丝梦缕都成忆。

依旧房栊,乍寒情味。更谁肯替花憔悴。珠帘不卷画屏空,眼前疑有天花坠。"余和作云:"银烛垂消,金钗欲醉。荒鸡数动还无睡。梦回珠幔漏初沉,夜寒定有人相忆。   酒后情肠,眼前风味。将离别更嫌憔悴。玉街归去暗无人,飘摇密雪如花坠。"时已交寅,余遂归去。词上阕忆韵误以入作去,余亦未注意及之,迄今三十余年乃为发见。在当时为寒云兴到之作,因偶失韵,宋人亦尝有之,固无妨也。后人知其词而不知其事矣,爰为记之。

贵妃石与骊山词石

余居秦三载,未一至马嵬驿,引为憾事。贵妃遗物,已无可睹。长安有贵妃石,高及丈,玲珑瘦削,石面有掌痕,云是贵妃手印。又明杨升庵《词品》云:"昔于临潼骊山之温汤,见石刻元人一词曰:'三郎年少客,风流梦,绣岭蛊瑶环。渐浴酒发春,海棠睡暖;笑波生媚,荔子浆寒。况此际曲江人不见,偃月事无端。羯鼓三声,打开蜀道;霓裳一曲,舞破潼关。   马嵬西去路,愁来无会处。但泪满关山。空有香囊遗恨,锦袜传看。玉笛声沉,楼头月下;金钗信杳,天上人间。几度秋风渭水,落叶长安。'再过,石已磨为别刻矣。"余数至华清池,石固在,刻字似六朝体,绝非明以后书,未嵌墙壁上,置廊庑下。自元至今,字丝毫未损,盖人以关于贵妃事迹,而不忍毁之耳。又牡丹"一捻红"云曾为贵妃爪掐,与贵妃石皆为后人怜惜贵妃而附会者。余

《金缕曲》词内有句云："五丈原头马嵬驿，都是天怜才俊"，谓死得其时，千百载后，人无不寄予同情者。白乐天《长恨歌》以"天长地久有时尽，此恨绵绵无绝期"作结，一唱三叹，足抵一部传奇。杜工部诗"不闻夏殷衰，中自诛褒妲"，则俨然冬烘口气，只可在私塾学究面前读，不宜于尊前花下吟之。李义山诗"未免被他褒女笑，只教天子暂蒙尘"，却是人人要说之公平话，而以谑语出之，何其风流跌宕。至"如何四纪为天子，不及卢家有莫愁"，则直责三郎矣。明皇不能敝屣天子，竟掩面坐使一代红颜为君绝，有情人当如是耶？假令当时愿与贵妃同死，陈玄礼又当如何？虽后闻铃哭像，何足以赎，其南内秋草之下场，亦自取也。

闹　红　集

　　江苏吴江黎里，一称范上乡，传为鸥夷所宅，地邻秋禊湖，每届中秋，千家士女群游于是。灯月炫夜，笙歌盈耳，连宵达旦，尽醉极欢。吴江诗人黄娄生复、柳亚子弃疾于乙卯岁（民国四年）创为酒社，即世所称南社也；亦以中秋日集社友泛舟以为秋禊，互作唱和。自乙卯以逮庚申，无秋不会，而以己未为尤盛。时娄生客京师，亚子居故里，飞柬招邀，期以中秋前二日会于湖上。娄生于三千里外急遽驰赴为长夜饮，亘数日夕。会者娄生、亚子外，有吴江顾悼秋、凌莘安、朱灵修、柳北垫、朱璧人、黄良伯、嘉善余秋槎、周芷畦、郁佐皋、郁佐梅、蔡韶声凡十三人，为诗词五十余篇，以湖船署榜名集曰"闹红"。时在洪宪帝制前后，触目荆棘，故篇中多忧伤俶荡之言。次年，娄生手录成册，民三十二年重为之记；丙戌后复丐徐北汀、陈夷简两画家作《闹红秋禊图》。流寓京师吟人题咏者有胡先春、夏枝巢、许季茀、傅娟净、宋筱牧、关赓麟、高淞荃、顾散仙、侯疑始、叶誉虎、王耕木、陈莼衷、梁仲策、萧龙友、陈紫纶、汪仲虎、邢冕之、钟刚中、章行严、李根源、冒鹤亭、汪公岩、陈敬弟、周肇祥、宋紫佩、李永晟、吴兆桓、蔡璐、吴修源、寿石工、齐之彪、徐北汀、郑之堇、胡眉公、王铎父、徐石隐、刘契园、王冷斋、赵汝谦、唐益公、胡冷堪、姚宁、杨维新、廖旭人、谢稼庵、张浩云、黄君坦、周维华、田名瑜、陈欷湖、马宗芗、吕文斌、胡先骕、王简庵、陈继舜、萧钟美、王季点、许稚簧、王养怡、徐石雪、郑诵先、郭则濂、邢赞廷、郭风惠、陈定扬、李兆年、张鹤、李涵础、诸季迟、张籀斋、溥叔明、张丛碧；集中人题者有柳亚子、凌莘安，凡诗词百六十一首。今岁癸卯娄生逝世，都中梯园后社吟集秋课，复以题《闹红遗集》为词题，附于集后，装成巨册。于雪泥鸿爪，足为韵事流传。然物换星移，当时集中十三人都已作古，此遗集亦遂成吴江之掌故矣。

梦 华 集 序

　　开封靳仲云先生志，中第后授外务部主事，入民国仍供职外交部，抗日军兴，佐湖南戎幕，复随军入川。仲云工诗，辗转流离中未尝废吟咏。日寇投降后，南京当事者图借外力为内战，局面愈恶，仲云归大梁，不更入仕途，益肆力于诗，数年成《梦华集》，嘱余为序。余素喜六朝赋体文精洁雅丽，因效颦为之序，曰："凤舞龙翔，日月中州之会；名区乐土，衣冠北宋之都。六街灯火，犹是樊楼；四巷胭脂，依然旧院。鼙鼓忽来，烽烟再举。歌传白雁之谶，风卷落花之愁。踵元老东京之录，不少遗闻；续择端上河之图，都成梦影。此仲云先生《梦华集》之所由作也。先生桑梓名贤，敦槃重望；早登上第，晚屈常参。青莲作客，吟成蜀道之难；子美依人，犹入严公之幕。比者扫清夷虏，洗涤膻腥，杭州肯作汴州，巫峡更穿巴峡。乃辽左归时，城郭无恙；而长安近日，局棋又新。大陆方起龙蛇，君子将成猿鹤。痛定思痛，言无可言。则惟有托迹于坛场，寄情于诗酒者矣。仆也淹滞京华，饱经桑海。少年结客，驰驱锦绣之丛；老去填词，飘泊干戈之际。燕垒斜阳，谁怜王谢；兔园雪月，尽减邹枚。读君斯篇，生我离绪，能不下晋驼之泣，动越鸟之思乎？南望嵩云，北遮燕树，忝属同声之契，长怀忘岁之交。百年过客,看转烛之光阴;千里吟俦,当联床之风雨。"自余北返,仲云东归,迄于今日,未曾晤面。秋间,南平陈瘦愚词人寄来游记,曾至大梁与仲云相唱和,乃知吟兴尚健也。

章 太 炎 对 联

章太炎炳麟书联不用自作联语。某岁到京,同吴检斋、黄季刚饮于余家,为人书联七八副,皆唐宋诗句。赠余篆书联则杜诗"盘剥白雅谷口粟,饭煮青泥坊底芹"也。然嘲弄人联却极滑稽之致。如清廷逊位后,南北议和,伍廷芳任其事,颇费周折,久无成议。伍心劳唇敝,须发为白。后病笃遗言火葬,卒后家人遵行之。太炎为挽联云:"一夜白髭须,多亏东皋公救难;片时灰骸骨,不用西门庆花钱。"又国民党政府建都南京,蒋介石于钟山设坛祭阵亡将士,太炎为联云:"一群鼠窃狗偷,死者不瞑目;此地龙蟠虎踞,古人之虚言。"又谭延闿之父钟麟官两广总督,孙中山被捕入狱,谭曾释而遣之。延闿为庶出,少年科甲,晚岁两任国民政府主席,与宋子文论行辈,登堂认母。卒后太炎为联云:"荣显历三朝,前清公子翰林,武汉容共主席,南京反共主席;椿萱跨两格,乃父制军总理,生母谭如夫人,异母宋太夫人。"此联一字不著褒贬,而苛削特甚。又以康南海名有为,集句嵌字歇后联云:"国家将亡,必有;老而不死,是为。"或谓亦出太炎手。又王正廷字儒堂,籍耶稣教,北洋派政府时屡任总长,后以张学良推荐在南京政府一度任外交部长,太炎为联云:"正廷屡受伪廷命;儒堂本是教堂人。"王闻之自亦啼笑皆非。太炎为联不止此,仅就所记数联录之,不只属联话,亦当为史乘矣。

四 戏 曲 类

北平国剧学会缘起

各国退回庚子赔款，国民党政府指定用于教育文化方面。李石曾乃以创办教育文化事业而分取庚款。当时，李有"文化膏药"之称。其在北平所经办文化事业之卓著者，在中华戏曲音乐院内设北平戏曲音乐分院、南京戏曲音乐分院。北平分院梅兰芳任院长，齐如山任副院长。南京分院程砚秋任院长，金仲荪任副院长。而南京分院实设北平中华戏曲音乐院内，并附设戏曲音乐学校，以焦菊隐任校长。更拨庚款十万元助程砚秋赴法国演剧，邀集各界名流百余人于中南海福禄居会餐，为程砚秋饯行，余亦主人之一也。而北平戏曲音乐分院虽在北平，实徒具空名，仅成立一院务委员会而已（冯耿光幼伟任主任委员，梅兰芳、余叔岩、李石曾、齐如山、张伯驹、王绍贤任委员）。梅、程本为师生，是时程有凌驾其师而上之势。梅氏之友好多为不平，遂浼余为间，约余叔岩与梅畹华合作，发起组织北平国剧学会，募得各方捐款五万元作基金，于辛未岁十一月在虎坊桥会址成立，选举李石曾、冯幼伟、周作民、王绍贤、梅兰芳、余叔岩、齐如山、张伯驹、陈亦侯、王孟钟、陈鹤孙、白寿之、吴震修、吴延清、段子均、陈半丁、黄秋岳为理事，王绍贤为主任理事，陈亦侯、陈鹤孙任总务组主任，畹华、叔岩任指导组主任，齐如山、黄秋岳任编辑组主任，余及王孟钟任审查组主任。指导组下复设传习所，训练学员，以徐兰沅任其事。举行开学典礼日，晚间演剧招待来宾，大轴合演反串《八蜡庙》，畹华饰褚彪，余叔岩饰黄天霸，朱桂芳饰费德功，徐兰沅饰关太，钱宝森饰张桂兰,姚玉芙饰院子,王蕙芳饰费兴,程继先饰朱光祖,白寿之饰金大力,姜妙香饰王栋,其余角色亦皆系反串,叔岩是日以病未能演。畹华演戏带髯口,则为平生第一次也。传习所教师皆前辈任之。畹华、叔岩并亲自指导,编辑组出版《国剧丛刊》、《国剧画报》、《戏曲大辞典》,成绩颇有可观。梅、程师生见面,仍蔼然亲敬。后以卢沟桥事变一年前北平形势紧张,畹华迁居上海,学会遂事收缩,而仅留会名,以陈列戏剧材料。以私人捐助为经费之国剧学会,自不能与以庚款为经费之戏曲音乐院抗衡,只好以时局紧张而收缩。后来北平、上海沦陷,梅氏又避居香港,不曾在沦陷地区登台演剧,则又足以增长梅氏之声望。当时曾有人问李石曾,何以如是大力支持砚秋。李答曰,非我之故,乃张公权(公权,张嘉璈字)之所托耳。盖张嘉璈与冯耿光在中国银行为两派系,互相水火,冯捧梅,张乃捧程以抵制之。李石曾以有庚款之存款,又开工农商业银行,而张嘉璈正为中国银行总裁,互为利用,受其托,适为得计(外传李、张并有盗卖古物于美国、法国事,虽不能定其有无,而故宫博物院出售存物,张继之妻与李石曾大闹,以及易培基盗宝案,其中情形亦甚复杂)。由于官僚、政客、大商之争权夺利,而造成艺人之不和,盖非幕外人之所能知也。

宋词韵与京剧韵

韵学之书,自《切韵》始而《唐韵》、《广韵》、《韵略》、《集韵》,至明《洪武正韵》、清《佩文韵府》等韵书,名虽屡易,而体例未尝改变。每一时代科考,以及文人学子之诗歌文赋,无不奉为金科玉律,但经过时代、种族、地域之变迁分合,此一类韵书,虽包括古今南北,而与当时当地之语音,则仍有格格不入之弊。

词始于唐而盛于宋,但并无词韵之书。宋绍兴二年刊定菉斐轩《词林韵释》一书,曾经阮元藏。其跋语谓疑是元明人伪托。考其分韵以上、去、入三声配隶平声,与元《中原音韵》、《中州全韵》同是曲韵，而非词韵，确为后人伪托无疑。至清沈谦、赵钥、曹亮武、李渔、谢天瑞、胡文焕、许昂霄、吴烺、程名世、戈顺卿、谢默卿等，皆有词韵之作。在嘉道前后，词人用韵率以沈谦、戈顺卿、谢默卿三氏之作为准，其他词韵均未风行。沈氏《词韵略》根据诗韵，每部首分平、上、去三声，凡十四部：为东董韵、江讲韵、支纸韵、鱼语韵、佳蟹韵、萧筱韵、歌哿韵、麻马韵、庚梗韵、真轸韵、寒阮韵、尤有韵、侵寝韵、覃感韵。入声五部为：屋沃韵、觉药韵、质陌韵、物月韵、合洽韵。共十九部。又以平声九佳、十灰、十三元；上声九蟹、十贿、十三阮；去声九泰、十卦、十一队、十四愿皆分其半，以声相属。谢氏《碎金词韵》，以词为诗余，自应以诗韵为准从。沈氏惟遵《佩文韵府》增入应用之字，复于每字注明阴阳及阴阳通用。戈氏《词林正韵》，则系参用《中州全韵》，亦列平、上、去三声为十四部，入声为五部，其与沈氏《词韵略》不同处：例如沈韵目列第一部东董韵；平声一东、二冬；上声一董、二肿；去声一宋、二送。戈韵目则列第一部平声一东、二冬、三钟通用；仄声一董、二肿、一送、二宋、三用通用，余类推。戈氏韵与谢氏《碎金词韵》不同处：戈氏韵平、上、去、入不分阴阳，而有增补之字，如虞麌遇韵内增入尤有宥韵之"浮"、"缶"、"否"、"母"、"某"、"亩"、"妇"、"负"、"阜"、"副"等字。屋韵内增入"国"字。沃韵内增入"北"字。药韵内增入"陌"字是。总之，皆系根据韵书诗韵，故其分韵部首无或稍异，于此可见清词人用韵之一般。

宋词人用韵，就词之本身寻求所得，可以知为一方沿袭韵书，一方适合语音，已了解经过时代、种族、地域之变迁分合而自行开放。上既不同于《广韵》、《韵略》、《集韵》，下亦不同于清词韵，而却与近代京剧韵相同之处甚多。不独是韵，即音之注重平声之阴、阳与上、去，亦多相近。现就宋词人用韵举例，与京剧韵作一比较，可以知之。

一、宋词人平、上、去之用韵：

宋词人平、上、去之用韵，一部系沿袭韵书，例如以诗韵分配：一、东冬董肿送宋；二、江阳讲养绛漾；三、支微齐灰（半）纸尾荠贿

（半）寘未霁泰（半）队（半）；四、鱼虞语麌御遇；五、佳灰（半）蟹贿（半）泰（半）卦（半）队（半）；六、真文元（半）轸吻阮（半）震问愿（半）；七、寒删先元（半）阮（半）潸铣愿（半）翰谏霰；八、萧肴豪筱巧皓啸效号；九、庚青蒸梗迥敬径；十、覃盐咸感俭豏勘艳陷通用；十一、歌哿个；十二、麻马卦（半）祃；十三、尤有宥；十四、侵寝沁独用等（以下略从沈氏韵目）。其一部适合语音者，如真轸韵之通庚梗韵，侵寝、真轸、庚梗之互通，覃感韵之通寒阮韵，此例最多。盖为广大地区之语音，与京剧韵完全相同。鱼语韵一部分之字通支纸韵，亦与京剧韵相同。又佳蟹韵之通支纸韵，虽与京剧韵不同，亦为当时广大地区之语音。其歌哿之通麻马韵，尤有韵之通萧筱韵，鱼语韵之通歌哿韵，江讲韵之通寒阮韵，歌哿韵之通萧筱韵，皆为一部分地区之语音。其例甚少，如次：

（一）真轸韵通庚梗韵

苏轼《浪淘沙》：“昨日出东城，试探春晴。墙头红杏暗如倾。槛内群芳芽未吐，早已回春。　绮陌敛香尘，雪霁前村。东君用意不辞辛。料想春光先到处，吹绽梅英。”余如欧阳修《江神子》，秦观《南乡子》，宋徽宗《小重山》，黄庭坚《满庭芳》，张抡《临江仙》，赵长卿《浣溪沙》、《采桑子》，黄裳《蝶恋花》，毛滂《浣溪沙》、《雨中花》、《青玉案》，房舜卿《玉交枝》，石耆翁《鹧鸪天》，李璆《满庭芳》，朱敦儒《鹧鸪天》，王之望《临江仙》，葛立方《满庭芳》，侯寘《阮郎归》，王质《生查子》、《满江红》、《八声甘州》，辛弃疾《贺新郎》、《念奴娇》、《御街行》，刘过《沁园春》、《六州歌头》，张镃《江城子》，韩淲《鹧鸪天》，陈壁《玉楼春》、《踏莎行》、《谒金门》，程垓《木兰花慢》、《天仙子》、《鹧鸪天》，魏了翁《水调歌头》，林正大《朝中措》皆是（原词不录，下同）。

（二）侵寝韵通庚梗韵

岳飞《小重山》：“昨夜寒蛩不住鸣。惊回千里梦，已三更。起来独自绕阶行，人悄悄，帘外月胧明。　白首为功名。旧山松竹老，阻归程。欲将心事付瑶琴，知音少，弦断有谁听。”余如赵师侠《诉衷情》,苏庠《鹧鸪天》,陈克《鹧鸪天》、《临江仙》,韩淲《浣溪沙》,林正大《水调歌头》皆是。

（三）侵寝韵通真轸韵

晏几道《采桑子》:"心期昨夜寻思遍,犹负殷勤。齐斗堆金,难买丹诚一寸真。　　须知枕上尊前意,占得长春。寄语东邻,似此相看有几人。"余如周邦彦《南乡子》,周紫芝《鹧鸪天》,史浩《水调歌头》,朱敦儒《鹧鸪天》、《行香子》,曹冠《水调歌头》、《临江仙》皆是。

（四）真轸、庚梗、侵寝韵互通

姜夔《鬲溪梅令》:"好花不与殢香人,浪粼粼。又恐春风归去绿成阴,玉钿何处寻。　　木兰双桨梦中云,小横陈。漫向孤山山下觅盈盈,翠禽啼一春。"余如周密《西江月》、《江城子》、《木兰花慢》,朱敦儒《西江月》、《胜胜慢》、《沁园春》、《鹧鸪天》、《长相思》,张抡《临江仙》,赵师侠《鹧鸪天》,姜夔《摸鱼儿》,陈师道《南乡子》,毛滂《清平乐》,贺铸《小梅花》,张炎《渔家傲》、《江城子》,康与之《江城子》,曹良史《江城子》,方岳《沁园春》,向子諲《六州歌头》,葛立方《水调歌头》,王质《水调歌头》、《万年欢》,辛弃疾《鹧鸪天》,廖行之《水调歌头》,韩淲《鹧鸪天》,李谌《六州歌头》,程垓《南歌子》皆是。

（五）覃感韵通寒阮韵

周密《鹧鸪天》:"燕子来时度翠帘,柳眠犹未褪香绵。落花门巷家家雨,新火楼台处处烟。　　情脉脉,恨恹恹,东风吹动画秋千。刺桐开尽莺声老,无奈春风只醉眠。"余如谢懋《浪淘沙》,毛滂《玉楼春》、《浣溪沙》、《河满子》,谢逸《玉楼春》,韩淲《临江仙》、《水调歌头》,周紫芝《渔家傲》、《鹧鸪天》,辛弃疾《行香子》,叶梦得《千秋岁》,陈参政《木兰花慢》,欧良《多丽》,周密《木兰花慢》,向子諲《满庭芳》,王寀《玉楼春》,扬无咎《解蹀躞》,朱敦儒《朝中措》、《渔家傲》、《清平乐》,王千秋《风流子》、《西江月》,王质《水调歌头》,刘过《唐多令》皆是。

以上用韵与京剧韵完全相同。

（六）鱼语韵通支纸韵

姜夔《长亭怨慢》："渐吹尽，枝头香絮。是处人家，绿深门户。远浦萦回，暮帆零乱，向何许？阅人多矣，谁得似、长亭树？树若有情时，不会得、青青如此。　　日暮，望高城不见，只见乱山无数。韦郎去也，怎忘得、玉环分付？第一是、早早归来，怕红萼、无人为主。算只有并刀，难剪离愁千缕。"吴易《贺新郎》："身世今如此。甚重阳、正逢阳九，劫花飞坠。憨雨娇云天欲瞑，孤馆海涯愁寄。纵满目、天涯秋霁。红萼黄英堪斗艳，但登临、只迸西风泪。千壶酒，怎能醉。　　龙山嘲咏成何事。尽豪雄、彭城歌舞，金钗铁骑。挥霍燕秦如电扫，万里鹰扬虎视。问江左、霸才何处。捡尽纷纷南北史，算神州、离合浑无据。江水咽，向东注。"余如冯应《瑞天香》，赵以夫《水龙吟》，史浩《永遇乐》，王炎《踏莎行》、《蓦山溪》，蒋胜欲《探春令》，俞灏《点绛唇》，林正大《酹江月》皆是。

以上用韵一部分相同于京剧韵，如《贺新郎》"处"、"据"、"注"韵是；一部分不同于京剧韵，如《长亭怨慢》"户"、"暮"、"数"、"付"等字通"此"字韵是。

（七）佳蟹韵通支纸韵

范仲淹《苏幕遮》："碧云天，黄叶地。秋色连波，波上寒烟翠。山映斜阳天接水。芳草无情，更在斜阳外。　　黯乡魂，追旅思。夜夜除非，好梦留人睡。明月楼高休独倚。酒入愁肠，化作相思泪。"余如欧阳修《踏莎行》，苏轼《无愁可解》，黄庭坚《南乡子》，周紫芝《玉楼春》、《减字木兰花》，秦观、黄庭坚、李之仪、孔平仲、黄公度《千秋岁》，葛胜仲《蓦山溪》，洪皓《江城梅花引》，张镃《渔家傲》，陈瓘《卜算子》，晁元礼《洞仙歌》、《满江红》，毛滂《点绛唇》、《感皇恩》，吴琚《念奴娇》，向子諲《蓦山溪》，李弥逊《蝶恋花》，李弥远《醉花阴》，曹勋《点绛唇》、《水龙吟》，朱敦儒《蓦山溪》，吕本中《西江月》，吴文英《拜星月慢》，林正大《贺新郎》，刘克庄《贺新郎》皆是。

以上用韵与京剧韵不同，但为当时广大地区之语音。《缃绮楼词选》云:"范希文《苏幕遮》'外'字,嘲者以为江西腔。今江西人支、佳却分,且范是吴人,吴亦分寘、泰也。正是宋朝京语耳。"按,王绍绮之说甚是。今开封以南"外"字音都坏切,开封北陈桥长垣以至山东,"外"字则音"谓"。是此一地区,重念"外"字尾音,未变宋音念法。

(八)尤有韵通萧筱韵

欧阳修《定风波》:"把酒花前欲问君,世间何计可留春。纵使青春留得住,虚语,无情花对有情人。　　任是好花须落去。自古,红颜能得几时新。暗想浮生何事好,唯有,清歌一曲倒金樽。"余如陈允平《探春》,刘过《辘轳金井》,赵长卿《永遇乐》、《惜奴娇》、《水龙吟》,周紫芝《水龙吟》,曾觌《钗头凤》,危稹《水龙吟》,韩淲《卜算子》,林正大《贺新郎》,刘克庄《满江红》,卢炳《水龙吟》皆是。

以上用韵为闽赣区域语音,欧阳修、赵长卿、危稹皆赣人,林正大、刘克庄皆闽人。

(九)江讲韵通寒阮韵

张孝祥《临江仙》:"误入蓬莱仙洞里,松阴忽睹数婵娟。众中一个最堪怜。瑶琴横膝上,共坐饮霞觞。　　云锁洞房归去晚,月华冷气侵高堂。觉来犹自惜余香。有心归洛浦,无计到巫山。"

以上用韵为南京地区语音。张孝祥历阳乌江人。

(十)萧筱韵通歌哿韵

林外《洞仙歌》:"飞梁压水,虹影清光晓。橘里渔村半烟草。叹今来古往,物换人非,天地里,惟有江山不老。　　雨巾风帽,四海谁知我。一剑横空几番过。按玉龙、嘶未断,月冷波寒,归去也,林屋洞门无锁。认云屏烟障是吾庐,任满地苍苔,年年不扫。"

以上用韵为福建地区语音。林外福州人。

(十一)鱼语韵通歌哿韵

张榘《水龙吟》:"昼长帘幕低垂,时时风度杨花过。梁间燕子,芹随香嘴,频沾泥涴。苦被流莺,蹴翻花影,一阑红露。看残梅飞尽,枝头微认,青青子、些儿大。　　谁道洞门无锁。翠苔鲜、何曾踏破。

好天良夜,清风明月,正须著我。闲展蛮笺,寄情词调,唱成谁和。问晓山亭下,山茶经雨,早来开么。"

以上用韵为吴地区语音。张槷润州人。

（十二）歌哿韵通麻马韵

辛弃疾《江神子》:"簟铺湘竹帐笼纱。醉眠些,梦天涯。一枕惊回,水底沸鸣蛙。借问喧天成鼓吹,良自苦,为官耶。　心空喧静不争多。病维摩,意云何。扫地烧香,且看散天花。斜日绿阴枝上噪,还又问,是蝉么?"

以上用韵为吴地区语音。辛弃疾非吴人,盖沿用古音。

（十三）真轸韵通寒阮韵

周文璞《一剪梅》:"风韵萧疏玉一团。更著梅花,轻袅云鬟。这回不是恋江南。只是温柔,天上人间。　赋罢闲情共倚阑。江月庭芜,总是销魂。流苏斜掩烛花寒。一样眉尖,两处关山。"

以上用韵为沿用古音。

以上八至十三之用韵,系狭小地区之语音,或古音,与京剧韵不同。在宋词中例亦甚少。

二、宋词人入声之用韵:

清词韵入声共分五部,已见上述。宋词则不拘于此,循声揣合,辗转杂通。如张安国《满江红》:"高丘乔木。……望京华南北。"是通屋沃与质陌。晏几道《六幺令》:"飞絮绕香阁。…… 意浅愁难答。……韵险还慵押。……月在庭花旧园角。"是通觉药于合洽。孙光宪《谒金门》:"留不得,留得也应无益。……扬州初去日。……却羡鸳鸯三十六,孤飞还一只。"是通质陌于屋沃,此例甚多,不更举。

京剧韵之入声,则分隶医欺、姑苏、怀来、爷茄、发花、梭波六韵,可作阳平叶韵。

宋词之于阴、阳平,例如张玉田称"惜花"词"琐窗深"之"深"字不协;改"幽"字,又不协,改"明"字始协,是此字必须用阳平。又如《点绛唇》第一句,赵长卿词"雪霁山横",周邦彦词"辽鹤归来",吴琚词

"憔悴天涯",舒亶词"紫雾香浓",第三字皆用阴平,第四字皆用阳平。依此寻求,宋词重于阴、阳平之分可知。

京剧之《点绛唇》,如"地动山摇","风烛光浮","手握兵符",阴、阳平与宋词相同,且唱法并有阴平不宜行腔,只有行音之说。

宋词之于上、去。宋词对上、去声之用法甚严。例如周邦彦《花犯》词:"粉墙低,梅花照眼,依然旧风味。露痕轻缀,疑净洗铅华,无限佳丽。去年胜赏曾孤倚,冰盘共燕喜。更可惜、雪中高士,香篝薰素被。 今年对花最匆匆,相逢似有恨,依依愁悴。凝望久,青苔上、旋见飞坠。相将见、脆圆荐酒,人正在、空江烟浪里。但梦想、一枝潇洒,黄昏斜照水。"上词,上半阕第一字必用上声,"照眼"二字必用去、上。第二句"旧"字必用去声。第四句"净洗"二字必用去、上。第五句"限"字必用去声。第六句"胜赏"二字必用去、上,"倚"字必用上声。第七句"燕喜"二字必用去、上。第八句"更可"二字必用去、上,"士"字必用上声。第九句"素被"二字必用去、上。下半阕第二句"有恨"二字必用上、去。第三句"悴"字必用上声。第四句"望久"二字必用去、上。第六句"旋"字必用去声。第七句"见"字必用去声,"荐酒"二字必用去、上。第八句"浪里"二字必用去、上。第九句"但梦想"三字必用去、去、上,"洒"字必用上声。第十句"照水"二字必用去、上。此调凡去、上之必应遵者共三十四字,邦彦首唱,方千里和之,谭在轩、王碧山、吴梦窗诸家无不字字遵守。末句尾二字去、上尤为紧要。他如《兰陵王》之末句必用去、去、上,去、去、入。《瑞鹤仙》《永遇乐》之末句必用去平、去上。此等处正多。

京剧唱念,入声短促,平声收韵,全以上、去为带起转折顿挫作用。例如《空城计》引子:"羽扇纶巾,四轮车,快似风云。阴阳反掌定乾坤。保汉家,两代贤臣。"上引子,"羽扇"二字上、去。"四"字去。"快似"二字去、上。"反掌"二字上。"定"字去。"保汉"二字上、去。"两代"二字上、去。除"反掌"两上声作顿,他上、去字都是带起下面平声念法。至于唱法上去为带起及行腔作用,更不胜举。

京剧之十三辙：一、钟东，二、江阳，三、医欺，四、姑苏，五、灰堆，六、怀来，七、爷茄，八、发花，九、梭波，十、幺条，十一、尤求，十二、人辰，十三、言前。

以上十三辙内"三、医欺韵"除本韵字外，另以鱼语韵内一部分上口字（即淮河以北黄河以南中州地区语音）及近于纸支韵一部分字并入之。四、姑苏韵除鱼语韵内并入医欺韵之字，余字单成之。五、灰堆韵系以支纸韵内一部分字单成之（包括"诗韵"支微齐灰纸尾荠贿寘未霁泰队各韵内之字）。七、爷茄韵系以麻马韵内一部分字单成之，为长江流域之语音。十二、人辰韵由真轸、庚梗、侵寝韵合并之，为长江流域之语言。十三、言前韵寒阮覃感韵合并之，为长江流域黄河流域共同之语音。

以上十三辙以收韵论可总分五部：一、穿鼻，钟东、江阳属之；二、展辅，医欺、怀来、灰堆属之；三、敛唇，姑苏、幺条、尤求属之；四、抵腭，人辰、言前属之；五、直喉，发花、爷茄、梭波属之。原尚有闭口音，侵寝覃感属之，现只广东一隅尚存此音，广大地区均无此音，且不宜于歌唱。更依宋词真轸、庚梗、侵寝韵及寒阮、覃感韵之互通，可见在北宋时此音已废，而清词韵犹列侵寝、覃感韵为独用，是不求实际，将已开放之韵而又缚束之，可谓泥古不化。

已了解时代种族地域之变迁分合，切合实际作音韵之改变，则是宋词开之于前，京剧继之于后。当时与现在不惟在歌唱上，即对于互相通晓方言，亦起甚大之作用。

看河南家乡戏

前数年河南安阳豫剧团到京演唱，有同乡约往观，并请为词。其剧目《桃花庵》与《对花枪》最独擅，因谱《风入松》调云："孩时忆看赵玄郎，风度自昂藏。至今都念中州韵，更何分、北曲南腔。岂畏金元气焰，犹存宣政文章。　　桃花庵与对花枪，无独亦无双。喜闻千里乡亲到,是安阳、不是钱塘。正在百花齐放,好须歌舞逢场。"上词言元时之《中州全韵》《中原音韵》,以中州中原为名,仍是根据北宋之音韵,以迄于今而无变。即元曲中任杂以他族之语,亦不能消灭汉民族之音韵。

河南戏班角色以红脸为主,凡一班之盛衰,皆以有无好红脸演员为定。所谓红脸非关羽之红脸,乃赵匡胤之红脸,即正工老生角。余六七岁时即曾观红脸戏,且能学唱数句。吾邑乡俗,小儿多病,遇酬神演戏,抱小儿至后台为开脸,可消灾延寿。余三四岁时多病,即曾由乳母抱至后台开脸,所开者即赵匡胤脸也。又吾邑有一嚎诗云:"西山一漯确,李五王二多。赵京人争扒,好剥劣渣窝。"此诗为"媳钗俏矣儿书废,哥罐闻焉嫂棒伤"之体。释云:漯确为河南之一剧种。西山乃确山县。即确山在演一台漯确戏。李五演红脸者,王二演旦角者,以此二人出演为多。《赵匡胤送京娘》一剧,台下最喜看。后人争扒前人之肩而凝听注视。演之好者,台下人为剥江米粽子扔至台上;演之不好,则用豆腐渣、窝窝头扔至台上也。此亦说明以红脸为主角者。卢沟桥事变后,余避日寇入秦,路过河南周家口宿。晚间无事,随步至剧场观戏,适演南阳曲子戏。剧情为二女子之父为恶霸所陷害。恶霸父在朝为巨宦,二女子赴县署控诉,冤不得伸,乃跋涉去京,拦舆喊冤。一日拦舆,遇一奸臣,与恶霸父为友好,状不准,并鞭挞而驱之。数日,二女子又于街上遇一武将,拦马呈状,武将曰某不问民事,最好尔告至刘墉案下,彼是清官,尔冤可伸,但须先问官姓名,果系刘墉,再递状纸,否则勿递也。二女子记之。一日拦舆,果遇刘墉,刘即下轿审问索状纸,二女子乃先问官姓名,刘墉唱曰:"你老爷坐不更名行不改姓,你老爷是清官我叫刘墉,我保过康熙和雍正,又保过二主爷名叫赵乾隆。"所谓二主爷者,乃赵匡义也。已经到了民国时期,河南戏词中犹奉赵宋正朔,何等可笑,然亦见其民族气节欤?

佛 学 与 戏 剧[①]

予以戏剧与佛学并论，似属标奇立异。在旧者则谓为崇异端、趋下流，在新者则谓为出风头、倡迷信，或有具此种观察，予亦有以谅解。因其无探源穷妙之学问，是以有成王败寇之论断，同属不识庐山真面目，亦未能过事苛责也。予以为不论儒释或其他各家学说，其原旨可一言以蔽之，不外维持人生永远安宁。惟欲求维持人生永远安宁之方法，应先从事于人生彻底解剖，然后始能知己知彼，无倚无偏，非是则如鱼不知有鸢，鸢不知有鱼。在孔孟学说，或因环境之故，有不能明白揭示，立意深远，而造语含蓄，除有少数通儒，探其微奥，其余者亦只徒有其表。始则呻唔青灯，以为猎取功名之资，渐则竟窃为制人之利器，而忘为克己之箴规，以之负维持人生永远安宁责任，适得其反。是以中间发生多少不平，而至于极端，以造成危险恐怖，结果比新者代兴，又多为一己之激愤，只得一部之同情，于根本上非大激大觉，必至先公后私，一误再误。此危险与恐怖，不惟未减少而又复增加。诚看今日之局面，已甚明显，固应为新旧两方所同负之责任无疑。予年来感于吾国思想之复杂，人心之涣散，局势之混乱，以为虽圣人复生，亦无以善其后。依现在教育之推测，更绝少将来之希望，杞忧在抱，久具悲观。不图于此得一线曙光，即予所谓佛学与戏剧，将来与现在危险恐怖之挽救，恐将惟此是赖。

依予研究结果，佛学与戏剧，同是彻底解剖人生，以为积极维持人生永远安宁之工作。佛学以真我置于旁观地位，而以假我为一切化身，以解剖人生。戏剧则忘其假我，以真我为一切化身，以解剖人生。一为写意，一为写实，一为由原质而生方法，一为由方法而反求原质。一为由高深而趋浅近，一为由浅近而入高深。取法不同，归宿

---

① 　此篇与下一篇原刊《戏剧丛刊》1932 年第 2 期。

则一也。孔孟学说,已如庄子所云"摄缄縢,固扃鐍"以备盗,而盗则"负匮,揭箧,担囊而趋"。盖已为盗盗矣。不有以代之。空言维持人生永远安宁,始则有畸轻畸重之弊,终则归自私自利之途。新陈代谢,循环不已,结果所在,不惟一国之不幸,亦属世界之不幸。更依吾国知识之程度,非过高即过低,尤须佛学与戏剧,互相提携迁就,以收速效,挽回一般之狂热,而坚其信仰与兴趣,则现在与将来之危险恐怖,或可消除乎?! 鄙见如此,待质高明。

戏 剧 之 革 命①

现在所讲的为戏剧之革命。因为"革命"两字,是最新的名词,譬如:现政府为革命政府,军队为革命军,外交为革命外交。其他事务,上冠以"革命"二字甚多,可见"革命"二字,是眼前最为当行的。《诗经》有云:"周虽旧邦,其命维新。"假使其命不新,当然是要革掉的!这大概是"革命"名词的起源。但我想这个"新"字,当然要作"好"字讲,并不是"新旧"的"新"。近有陈友仁当外交部长,就不会说中国话,上呈的公事,都用英文,其命总算新到家了罢?但是新字照这样讲法,无论那一国将中国亡了,都无所谓了。因为这方面,可以不用革命手续,一刹那间就完全变成新的了。所以我说"新"字,要当"好"字讲,现在不好,要将他变成好,就是革命的意义。

现在说革命的时间与方法:革命的时间,是应当短的。因为革命是一种手续,并不是一件物件,永久摆在那里的;如若永久摆在那里,就不会好。这个现象也是有的,因为是没找着革命的真意义,不是在事实上说话,是对人说话;是以对方为目标,以我为主体,要将他革了。可是后人,又要革我的命,后人又要革后人的命,革之无已,这叫做个人革命。时间当然是长了,于是革命遂同一件物件,永远摆在

① 题下原有注文"国剧传习所举行开学礼日之讲演"。

那里，所以革命虽然是最好的名词，却是最坏的现象。以上说的是革命的时间，现在再说革命的方法。曾记得章太炎在平民大学讲演清季革命历史，曾说到革命的方法有几种：一是武力是不可少的；尤其是个人革命，更不可少的。二是宣传，如办理各种刊物及新闻等类。三是运动，即是暗中进行。四是诡诈，譬如篝火狐鸣之类。经过这几种方法，革命遂至成功。太炎先生说的几种，都是动的方面的方法，却忘了静的方面的方法。静的方面的方法，是什么？就是戏剧。因为太炎先生，不曾研究过戏剧，所以他未曾想到。我所说戏剧的革命，并没有指定一个目标，完全所指的是事实。演剧的人，也并不是拿自己作主体，要打倒对方。如同一个镜子一样，对方来一个人，这镜内就有一个人，对方来一个狗，镜内就有一个狗，所以是静的。现在有一出戏，描写曹操的奸，凡是现在学曹操的人，一齐都到这镜子里来。这并不是戏剧的革命打目标，是目标自己送来被打。又因为戏剧的革命工作是静的，所以又不受任何箝制，类如前清的时候，唱宋代的戏，总称金辽为胡儿，可清朝就是胡儿，也未曾禁止过，而听戏的人，全是希望兀珠，或萧天佐败的，足见戏剧在前清的时候，早已将种族的界限划分了，可谓为革命之大动力。到了民国，曹锟当总统的时候，《骂曹》要改成《群臣宴》，《捉放曹》要改成《中牟县》，虽然把戏的名词改了，唱出来依旧还是骂。直到如今各种刊物新闻，还要受检查，其功用当不能与戏剧同日而语了。

现在说：革命需要不需要？当然是需要！不是我一个人说，就是总理说“革命尚未成功”，何以经过二十年之长久工夫，革命还不能成功呢？是因为还没得著革命，真意义没有脱了个人革命的范围，所以还要向革命真意义上去努力。

现在说到戏剧的本身，要负革命真意义的责任，要先革自己的命，要表扬戏剧的原来的好处。不然，就要到陈友仁当外交部长的地步了。现在我们已经了解戏剧对于革命的能力，还要于实演上用工。如《打鱼杀家》一戏，其意义甚好，如梅、余二人来唱，就有许多人看，假如换两个劣角来演,就没有人看。无论剧本如何好,意思如何好,没人看也是枉然！所以要达到戏剧的目的,就要先将自己的艺术学好了。平常用工,要用精神病的态度,倒可以用个人革命的办法,一往直前的蛮干！

五 游 览 类

太 白 山 纪 游

　　太白山脉起昆仑,为秦岭极峰。界跨郿、洋、佛坪、留坝、周至五县,盘郁数百里。挺镇西纪,障隔汉渭,峥嵘峻极,拔海四千余米,为中国内地最高之山。只以不临通衢孔道,所处幽迥,森林菁密,嶂岭重复,又以疾风暴雨,凝冰积雪,故游旅鲜能登陟,书志少见记载。余癸未避寇居秦,乙酉夏长安酷热,乃同友关、冯、王、常四君及室人潘素、女儿传彩往游。夜半出发,经陇海路,车天明至郿县车站。早食后雇驴十余头、小车三乘,载行李、背干粮至渭河渡口。河水方涨后,中流湍急,近岸泥泞。候渡者甚众,渡船只二只。岸无林树阴蔽,炙晒不可当。旋船上移靠岸,人驴争上,余等夹于驴群中。船夫皆赤身牵缆。船由上流下放疾如箭。抵滩边,滩外尚有二支流,水浅船不能行。渡者下船赤足行滩上,室人及女儿由船夫背渡登岸。行八里至郿县。按县即汉时郿坞,为董卓封邑。城不大,于县署前饭馆午餐。询登山道有二路:一由县趋金渠镇至营头口入山;一由县趋槐牙镇至远门口入山(见清人赵嘉肇游记),此路已荒,沿山寺多毁废。余等乃取道营头口入山。饭后骑驴出东门,东南行二十里至金渠镇。少息饮茶食瓜,烦热少解。再行,夕阳已西下,照人影如走马灯。村树渐密,流水潺湲,十五里至营头口。一行宿于古庙中。

　　次晨上山,经孤魂洞、达摩洞,五里至响水石。有岩石中闻水声,迄南两岩中断,涧水奔流而出。再行五里,经蹬开山至杨爷关。一路涧流曲折,颇似杭州九溪十八涧。又十里至蛟龙寺,殿宇宽敞,右倚层岩,左沿流涧,树木阴森。再行五里至蒿坪寺,于此午饭。饭后行,乱流争路,丛莽翳日。五里至刘家岩。再行渐为陡路,不复更沿涧流。十里至中山寺宿。此处北望来路,川原分明,日暮霞绮满天。夜支板为床,睡佛殿内。有虫名麻蚊子,似蝇而大,飞集扰人,复有蚊蚤,致不能睡熟。

次晨行二里至下白云。北望岐凤高原,西南望云山重叠,自西而来,涧流一道,即斜峪也。三里至上白云,均上坡路。两边山木荫翳,不见天日。五里至骆驼寺,忽开旷,左右大树环拱。五里至大殿。于郿县望最高四峰为四嘴山,此处视四嘴山已在足下,仍为太白外垣。一路多松桦杂树。桦树叶似杏,干似桃,皮丹赭色,软韧可为雨衣。奇花异卉不可名状。见有百合一茎,绿瓣绛须,奇种也。又多草杨梅,酸甜可食。在大殿饭后,行二里至五台。孤石撑支,险不可登,怪松如龙蟠,俨然黄岳胜境。半里至阎王扁,自此以上崎岖难行。一里至六台,共攀登之,大似黄岳始信峰。五里一堵墙、梯幢坡、九道拐,皆难行。五里望乡台,于此望西太白,雄伟之极,似较峨眉为高。再行至斗姆宫。西南望为西太白,南望层峦叠嶂,渺无穷尽。北面突起二峰:西为玉皇台、东为二郎台。孤石突兀,插空如笏。东台置一高梯。梯顶有巨石,系以铁链。人登梯攀链,跃身而上。天都、太华,险无是过。再行二十里,至平安寺宿。寺位一坪上,下为削壁。西南望西太白。东南望始见太白之面,云雾常隐其顶,与西太白互为雄峙。中则万山千壑,直接天表,极天地之大观矣。寺狭隘,于地下铺草作褥,上盖棉被,气候已似深秋。

晨起,朝日烘耀,幻成青绿丹碧山水。早行一里许,陡路峻坡。再一里过桦树林,朱柄翠幄,点缀山崖。一里,路愈窄,削壁千仞,下临绝壑。一峰如劈,怪松五六株生石缝中,上挂白草如丝絮,如芦花,曰“天蓬草”,山中珍药也。生于悬崖,不易采取。共十里至鲁班桥。路陡险,以木为桥,窄仅容足。桥外数步有大罗汉松一株,虬干凌空,翠盖翳日。再行,丛林菁密,杂以野卉,药气袭人。一里至骆驼石。

又突起一孤峰，下为深壑，时白云飞过，峰摇摇欲动，天风吹来，万籁答响。余有题潘素画诗云："云飞山欲舞，风怒壑齐鸣。"不图于此见之。更上山东南行六里至明星寺，倚岩筑板为屋。岩有泉，以竹管接引，饮食赖之。再上山五里至一险路，悬崖万丈，绝壑无底，路仅容一足，以手扶岩石相牵而过。再行，一路多金背枇杷，如峨眉杪椤、黄岳玉莲。又多罗汉松，大合抱，小数拱，虬屈龙蟠，绿苔遍体，俨如鳞甲。五里至三重峡，有孤峰耸起。一台方圆数尺，环生罗汉松，有直立者，有蟠屈者。右望万壑如海，不可穷测。又十五里至放羊寺。相传昔有人朝山至此绝粮，忽来一山羊，食之，获至山顶。后送一羊于此放之，还于太白山神。盖为道士故作神话，以坚朝山者之信心耳。寺位于两山相接间，颇平坦，东、西太白俱在望中。自平安寺至此，最为幽奇，如黄岳西海、天台双阙，每处皆是。又多茂林深菁，松柏桦树夹路参天，芳草药卉被崖蔓石。太白之胜已得其半。东行更上山，皆落叶松，自踵至顶，翠黛千重。落叶松为寒带植物，在山无人珍重，道士伐以为薪，可惜殊甚。附近又产手掌参、贝母、铁棒锤等药。再行八里至神、鬼二凹，一山突出，两山左右张成凹。乱石摊积，塞路填谷，曾若山崩者然。于此可望见太白拔仙台绝顶，岩石皆灰白色。过凹已上太白本支。再行乱石上，中有水声，数十步有泉一泓，山半有瀑布一叠出于乱石中。再行二里许，尽上坡路，至文公庙。庙在两峰间，自此以上树木不生，只怪石嵯峨，杜鹃、莎草蔓生山岩。旁生白芽长寸许，曰"太白茶"。再上行，沿山左越高峰，望东南群山尽如培塿，蜿蜒千里直赴华商。共十五里至大太白池。池广约九亩，色黝绿，澄澈无滓，曾有测量者，谓深可九百余尺。庙筑板为楼，位池东北面。水于乱石中下流至郿县入渭，灌溉利之。据道士云：池每三年泉涌一次，水约趵五六尺。盖上古为火山，池即火山喷口，后变为泉，则池之深与泉涌为当然也。于楼上睡，寒甚。夜大风排窗撼户，池水波涛澎湃，声如海啸。

　天将明，大风雨。晨放晴，往登拔仙台绝顶。行乱石上，五里至二太白池。池广约六亩,西南于乱石中流于三太白池。再行二里许至拔仙台。于庙后拾级登,为太白绝顶。西望叠嶂重重,平原莽莽,渭水萦回如带。东望不见长安,只见云雾旋阴旋晴。于云雾开阔时,忽见神光于足下,彩色重重,时隐时现。所谓神光者,即圆虹也,亦即峨眉佛光。平地只见半虹,非于天半不能见全者。下台去二太白池。午饭后去三太白池。东南行乱石上,五里至池。池小于二太白池,水东南流于玉皇池。又二里至玉皇池,池广十三四亩。山腹渐有落叶松,于此遥望药王池约五里。庙在山坡下,地势平旷,山面尽排落叶松,浓翠千重,为太白幽胜地,惜以天暮未去。南山梁上为南天门,汉南登山路也。少息,回二太白池宿。

　夜大雨,如悬河,天明止。晨起寒甚,尽御所携衣。同行皆面目浮肿,头涨气促,并有鼻孔出血者。盖山势过高,空气低压之故。早食稀粥一碗,因面饭不能蒸熟,多食亦欲作呕,即下山。过大太白池,望云海茫茫。二十里至文公庙,二里经落叶松林。望太白池背,瀑流一道垂练而下。过三重峡,云山雾海变化万千。二十里至放羊寺。再下,云雾四来,笼罩头上,毛雨霏微,时下时止。林薄偶见锦鸡雌雄行伏,树上松鼠往来跳掷,人物俱忘。二十里至明星寺雨止,已至未时。饭后又雨,泥路峻滑,易致倾跌,乃止宿。围火烤湿袜履。傍晚晴,忽见霞彩焕天,夕阳返照。山峦林木,均现异彩。西太白高峰倏如朱砂,倏如紫宝石,倏如黄金。远峦近嶂或蓝,或墨,或赭,或绿,或螺青,或翠黛,光明灿烂,不可以颜色名状,诚为奇观。晚煮山薯野蔬,围火共食。朝山者男妇络绎三十余人亦聚宿于此,于人语嘈杂中睡去。

　夜又雨,晨晴。未食即行,均下坡路,甚滑。二十里平安寺早食。再行二十里斗姆宫。沿路松桦枫竹,草卉花药,雨后滋润鲜艳。二十里至大殿。天已暖,脱所御毛衣。此处为太白城门,然已高于华岳,再下即出太白界矣。麻蚊子又出扰。再行至骆驼寺,此间雨较太白为小。望斜峪水一线北趋入渭,即太白池之流。山前一涧西趋,乃西太白之水流向汉南,脉界分明。再行至中山寺。天热,又脱所御夹衣、布裤。午饭后再行五里至刘家岩。再行,觉天气又热,但呼吸通畅。回望天上白云,是余等来路。关、冯两君手摇竹扇,态度暇整,若不觉其狼狈者。六七日来扇亦属初见也。再行至蒿坪寺宿。今日共行八十五里,为夏历七月十三日。晚饭后坐寺门外看月。

早食后行十里至杨爷关。乡民酬神演傀儡戏。有卖西瓜者,买食休息。又十里至营头口午饭,饭后至鄠县宿。晨乘骡车至葫芦峪渡口,渡船人少,不似来时拥挤。渡河至车站,适车方至,上车下午至长安,酷热一如去时。

余斯游所得,以太白之奇奇于黄岳,险险于太华,雄雄于五台,峻峻于峨眉。其林木之美,草卉之艳,兼有他山之有;积雪灵池,更有他山之无。有游者往往遇疾风暴雨,废然而返,为无食宿设备,全视天假机缘。余斯游也,室人以病后之身,女儿以十二之龄,亦偕登绝顶。关、冯、王、常四君身行四百余里,履险径,踏乱石,不挠不息,神志愈旺。山居七日,凡阴晴风雨、彩虹绮霞、朝阳夕照、岚光云海,无不毕见,亦难能而可贵矣。因记所历,以导来者。

八仙庵、大觉寺玉兰

余二十六岁时曾到西安。值正月末,往游骊山华清池。逢雨雪,云雾弥漫,不见骊山顶。温汤流入园池,热气如烟,笼罩池上。池两旁迎春花盛开,景画如画。就贵妃池浴,水滑真如凝脂也。次日晴霁,又游八仙庵。庵右院有玉兰树一株,高十余丈,一人不能合抱。正花时,千葩万蕊,若雪山琼岛,诚为奇观。余癸未再去秦,复往游,树已为驻军伐作薪矣。怅惘者久之。八仙庵在唐时为繁盛区,酒肆多在此,俗传吕洞宾曾于此现身,故后建庙名八仙庵,盖为道家所附会者。庚子清西太后那拉氏与光绪逃西安,以庵为行宫,是以庙宇今尚修整。余有《谪仙怨·八仙庵》词云:"京华东望烽烟,夷虏频惊犯关。

君后当时巡幸,王孙何日归还。　　看花萧寺城外,系马高楼柳边。依旧长安酒肆,不逢游侠神仙。"

　　京西旸台山大觉寺,为辽清水院故址。寺甚闳壮,南院有玉兰树二株,高过屋檐,花时笼盖一院。清麟见亭嘉庆《鸿雪因缘·大觉卧游》未言及。此树传为乾隆下江南时宫监买得盆花,携归种于此。麟嘉庆时来,花尚未成树,且为夏日游,故不及之。余每岁清明必来寺宿此院,午去管家岭大工看杏花。晨晚赏玉兰,有时夜间坐花下,暗闻清香,如入禅定,惟寒冷不能久坐。记有诗句云:"花光满院夕难阴",即咏此院玉兰者,的为好句,但忘为谁人诗。余依此诗意谱《踏莎行》一词云:"银烛朝天,金茎承露,千妆万舞临风树。二分明月在扬州,移家便似唐昌住。　　玉女含情,江郎无语,年年一到前游处。花光直欲挽斜阳,暂时不放人归去。"北京气候虽较寒,然种玉兰皆活。如万寿寺、北海、颐和园、潭柘寺、南苑、团城、香山、香积寺,花皆成树。余后海寓亦种一株,已九年,花盛时可开二十余朵。余每坐花旁相对,如与八仙庵一株相较,则直折取之一枝耳。董玄宰有小中见大画本,可作赏余之玉兰语。

六 轶 闻 类

题 主 轶 闻

旧时丧礼，最重题主一事，必须请科甲为鸿题官，以为荣。翰林而官礼部、翰林院、詹事府、国子监者最宜，而官刑部者则无人请也。即外省小邑，亦莫不重题主。本邑无翰林进士者，则请举人任鸿题；亦有请本邑教官者，则非地方绅士不能也。其司赞礼者则必须秀才，身着襕衫，圆领大袖，仍明朝服也。余先母卜葬原籍，题主时亦请老秀才赞礼，所着襕衫为其考中秀才时所制。又清代婚礼，新郎着清朝冠服，而新妇则着明代凤冠霞帔玉带，即俗传男降女不降及生降死不降之说。因生前必着清朝冠服；亡后入殓，无论僧服、道服、明代冠服，则家属遵亡者遗嘱，官府不干涉也。入民国后，以上海犹太人哈同之丧礼题主为最阔绰：鸿题为状元刘春霖，襄题为榜眼朱汝珍、探花商衍鎏；敬仪鸿题为一万金，襄题各五千金，一时称为绝后之盛事。又京剧名武生杨小楼逝世，其婿刘砚芳欲得科甲题主以为荣，就商于余。余因为请傅沅叔年伯题主。傅为翰林，光宣时官直隶提学使，入民国任教育总长，最为相宜；襄题则请陈莼衷、陆彤士两公。陈为某科进士；陆则为戊戌会元，余常戏以老同年呼之，盖余为戊戌生人也。是日，砚芳并请陪题二人，为邓宇安、吉士安为陪主襄题者。两人皆警察署长。北京梨园行对当地警察官员最尊敬，每以某叔称之。二人不谙礼节，以为陪题是襄题也，竟据襄题座。余在场拉而下之，使陈、陆就襄题位。二人怒而去，后请教知礼者始自知其误。当时在卢沟桥事变后，已成立华北伪政府。王克敏任委员长，方做正寿，大事铺张,有人曰:"杨小楼也要点主?"余曰:"王三老爷能做寿,杨大老爷岂不能点主乎!"相与一笑,此亦题主之趣事也。

职 官 考

有友欲编职官辞典,久未能成,根据清代所辑《职官考》无用也。即以所发见秦汉官印,《职官考》所无者多矣。于思泊兄藏有"纳功旁校丞"秦印。余藏有"太上寝左田"汉印,考为司汉高祖之太上皇陵寝之官。两印皆白文方格,为官印中之稀品。依此以推,其晋唐以后见于官印而不见于职官志之官职当亦不少。有人谓不见于清代所辑《职官考》者应无此官职。此说与讲文字而不识金文何异,盖少所见也。又清代末叶新设官职,名目繁杂,于余所藏清升官图中可以见之。入民国后,官职更有不雅驯者,如安徽有芜湖烟酒丝茶蛋局局长,北京有妓女卫生检查所所长,粪便卫生研究所所长。某人之室人,曾任妓女卫生检查所所长,亦于其间舞弊,经妓女告发,判处刑事罪。北京粪夫皆山东人,成一帮会。粪便运售农村,其利甚大。宋哲元主政时涎之,拟收归北平市政府官办,以秘书长某兼任粪便卫生研究所所长。粪夫因以罢工,数日之间,官署民居溷厕堆积狼藉,臭气不可向迩。官府无法,仍归还粪夫,始得清除。然此亦异日职官考中所无之职官也。

绿 萼 杏

梅花有绿萼梅,余于邓尉西湖尝见之,实白花绿蒂也。北京社稷坛宫墙西有绿萼杏一株,亦白花绿蒂,而较梅尤肥。赵剑秋、夏枝巢、陆彤士、郭蛰云诸词老皆曾咏之。余有《菩萨蛮·春》词,后阕云:"苔痕墙外道,傍晚人行少。背立夕阳斜,开残绿杏花。"后人见必以为疑,只有红杏花何有绿杏花耶?而不知实有此奇种。余避日寇入秦,后归来花已萎。京西旸台山大觉寺杏花最盛,每岁清明,沿山三十里云蒸霞蔚,而绿萼杏独无一株。此花遂成燕都掌故。苏州拙政园有黄藤花,丰台有黄芍药,洛阳有绿牡丹,杭州有绿菊花,此等珍卉见《群芳谱》中。惟绿萼杏则《群芳谱》所不载也。

同 姓 名

古今异代同时同姓名者多矣。如后汉王溥为中垒校尉;唐王溥昭宗时以中书侍郎同中书门下平章事;明安仁王溥仕陈友谅守建昌,后降明太祖为河南行省平章;明桂林王溥洪武末为广东参政。如元刘瑾著《诗传通释》,永乐时采入《五经大全》者;明权珰刘瑾竟与之同名。元张英善画花鸟,见《画史汇传》;明张英武宗时为京卫指挥使,以谏死;清桐城张英康熙进士,官文华殿大学士,卒谥文端;海宁张英,康熙进士,官广东提学道,出文端之门,师生同一姓名,当时传为佳话。又吾省有两吴姓大族,为通家好。两吴姓昆季命名皆以士字排行,下一字为马旁。如吴士骐、吴士骏、吴士骏类。一岁甲吴家遭母丧,讣至乙吴家。则乙吴家之昆季在讣文上皆孤哀子也,因是馈挽幛不好具名,遂送祭席经坛代之。又民国北洋派政府徐世昌为总统时,国会议员有韩世昌其人;时高阳昆曲旦角演员韩世昌入都登场,声艺腾噪。议员韩世昌竟致函当局,须昆旦之韩世昌更名。事闻于舆论界,纷为文讦之,成为笑柄,而韩卒不更名。今日韩世昌为北昆剧院院长,桃李满门;而当时国会议员之韩世昌已与草木同朽矣。

陕西之"德、言、容、功"

余昔避日寇居秦,闻陕西人尝戏谓吾省有德、言、容、功者四人:德者印光法师;言者张季鸾,《大公报》社论皆为其手笔;功者李仪祉,关中少雨多旱,渭水开渠皆为其所经营;容者则于右任也,辛亥革命陕人拥以为首,遂得誉,伟身长髯,相貌魁梧。后南京政府时任监察院长,噤若寒蝉,毫无建白,陕人故以讥嘲,谓其徒有其表耳。

淇 鲫

吾国著名鱼之美者,有镇江鲥鱼(在谷雨前后游焦山,于船中网得即烹食最鲜)、松江鲈鱼(出水即死,即上海亦鲜能食活者)、天津金眼银鱼(旧时以三岔河口者为最佳)、天津河豚鱼白(烹用红烧法。外金黄色,内白嫩如豆腐。食时佐以生拌苦菜即俗名曲曲菜)、汉口鮰鱼、江西赣江鳜鱼、吉林松花江白鱼、广西嘉鱼(似鳊鱼而长)、杭州西湖五柳鱼(鱼为青鱼,有两种:一食螺蛳青鱼;一食草青鱼。此为食螺蛳青鱼。烹法据传仍为南宋宋嫂鱼之遗传)、开封黄河鲤鱼(巩县邻黄河,卖鱼者甚多,而绝不及开封河鲤之佳)、百泉白鳝,再则即淇泉鲫鱼。淇泉为淇水之源,地居僻县,少人知者。鱼长尺许,腹横数寸,肥美异常。予曾一食之,则开封河鲤瞠乎后矣。清末袁世凯军机大臣开缺,居彰德洹上村,于淇泉较近,常食之。后为总统时必食淇鲫。淇县令专役网取,以原泉水贮盆送卫辉运京供食。其纵嗜劳役,与唐杨贵妃食岭南荔枝、李德裕必饮扬子江心泉水者何异!

道 学 先 生

朱文公晦庵熹,为孔孟继统者,理学大儒,后世咸称朱子而不敢名号。宋理宗表彰理学,遂成一代风气。而当时国势屡弱,不图强奋振发,举国之士高谈性理,率为迂执谨拘,亦促成亡国之一因。但其学派殊足影响后世,直贯九百余年。尤其是在科考时期,熟背四书五经,必须熟背朱注,"诚意正心修身齐家治国平天下"为千古不移之金科玉律。然观晦翁对台州守唐仲友营妓严蕊之事(见宋洪迈《夷坚志》、《齐东野语》、《宋稗类钞》、明凌濛初《拍案惊奇》),又何其矫揉造作,阴险狠毒耶。盖为增高其威望,扩张其地位,出发于自私,便作出此不近人情之手段,所谓"诚意正心"者何?凌濛初《拍案惊奇》"甘受刑侠女著芳名"之一段结语,谓后人评论严蕊乃真正讲得道学的,诚慨乎其言之。而其流毒后世更不知有多少化身,受屈者岂止一严蕊,可怜可惨可恨可痛之事当更不胜数矣。吾邑有道学先生某者,学宗紫阳,言非圣贤之言勿言,居则正襟危坐,行则目不斜视,平时不沐浴,衣破敝,虮缘领而上不顾也。主修邑志,文艺一门多载其朱注式之文章。本邑士人皆以执贽为荣,远近旁邑,亦争延聘其讲学。一次应聘至外邑,门弟子聚资供张,饮馔丰盛。某日方食,适家信到,拆视之急复封好置案下。食竟,诸门弟子来侍,乃复取信拆视,一恸而绝。门弟子视信,乃其生母病故之报丧书。奔丧营葬毕,庐墓三年。将及一年,其妻忽生一子,命名天赐,盖天鉴其孝而赐以子也。余亲见其人,亲闻其事,此亦朱晦翁所栽培之人物。

先　考

清科考简放学政到任,第一年为岁考,第二年为科考,凡府、州、县生员皆须应试,考列四等者例须罚跪责戒尺,故生员之文墨不佳者,畏考试如虎也。昔传某生员赴试,有友人拈小令嘲之云:"轿夫小狗才,无端抬个学台来,吓得我灵魂儿飞在九霄云外。愿来生我做轿夫,你做秀才,我也抬个学台来,看你魂儿在不在!"又传有一笑噱:有某老生员每考皆列四等,罚跪受责者屡次矣。考期将届,心恒惴惴,年已将届花甲,而犹须应试。某岁又届考期,抑郁忧虑,竟以致疾死。其后人治丧举行题主礼,主例书显考某某府君之神主,而其后人亦不通文墨者,"显考"乃误书为"先考"。题主人鸣赞人唱礼启椟,忽闻棺木中有敲打声,时棺尚未钉死,家人启视之,某老生员复活,掖出之。老生员曰:"我为怕考,逃至阴间,不料那里又要先考我,所以赶快又逃回来了。"此盖为嘲不识字义者,故作笑噱耳。余《太白山记游》文内，至郿县于车站站长某君室内休息，某君本年遭父丧，寄供神主，余视之竟书"先考陆军中将某某府君之神主"。余因思及某老生员事，不禁暗笑而不敢言也。

黄　承　恩

　　黄承恩，字凤池，行四，湖北人，极机警干练，善伺候人意，先君总办永七盐务时为文案，颇倚任之。先君擢长芦盐运使，黄任提调，历保举。光绪末已为候补知府，美仪度，喜阔绰，服御皆选送上品。清例，妻官服较夫高一品，如夫四品，妻则御三品服。端午、元旦贺节时，余曾见其妻红裙青褂，三品孔雀补服，小亮蓝宝石顶如指头大，花翎约二寸余，插髻上。黄亦冠服辉煌。夫妇偕行，人惊富丽。又当时大官之子甫十岁左右，亦袍服朝珠顶戴，盖纳资捐官，不论年岁。此种现象，即吴友如画宝中亦未之见，吴友如未尝经历此等场面也。黄为人诌上傲下，揽权怙势，讦之者多。先君亦渐知其人，移督大梁，遂不复用之。比先君创办盐业银行，来求，用以之，任总稽核。后以其妹丈江西许建桥之介，更入张勋幕，结纳张左右，又拜张勋夫人为义母。复辟之役，先君任度支部尚书，黄言于张勋，谓先君意欲其任度支部侍郎，又言于先君，谓张勋意欲其伺候先君任度支部侍郎，两方捣把，遂得任。一时红顶花翎，沾沾自喜。时有人改唐诗嘲之云："黄四郎成黄侍郎，顶翎对镜试新妆。可怜夜半承恩后，才了新张又旧张。"盖恨之者改"才了蚕桑又插田"句，故为恶谑耳。迄今作者未知为谁。复辟败后，黄仍供事盐业银行。乃又思致巨富，办井陉宝昌煤矿，因以亏累，愈陷愈深。直皖战后，张锡元任察哈尔都统，张为先君旧部，黄因谒张，谓先君意欲其到察哈尔听差遣，张适缺乏银行人才，遂任其为察哈尔省银行行长，黄周旋殷勤，颇得张信任，余亦改唐诗嘲之云："黄四先生承帅恩，平明拍马上衙门。却嫌瘦脸无颜色，浓沫雪花朝赧民。"黄喜修饰，每日早、午、晚三次洗面必搽雪花膏。赧民则张锡元字也。黄暗用行款弥补宝昌煤矿亏空数十万元。张锡元卸任后，张景惠继任察哈尔都统，乃予以通缉，黄逃大连。至日寇投降，黄始回北京，贫至无以举火。余时周济之，未几病死。人谓黄一生荣瘁未能离开张姓者，亦堪噱也。

亡 八

王八非骂人语也。杜工部诗《巴陵夜别王八员外》，又《岳阳重宴别王八员外贬长沙》，李嘉祐诗《赠王八衢州》，独孤及诗《自宋濠州奉酬王八谏议见赠》，是唐时"王八"之称，同于杜十二、韦十七、元九。《聊斋志异》三朝元老大门楹联云："一二三四五六七，孝弟忠信礼义廉"，当为讥嘲清初贰臣者。上联为"亡八"，下联为"无耻"也。此时"王八"已为骂人语，惟讹"亡"为"王"耳。清末留学外国毕业生归国后，赐翰林，当时谓之洋翰林，然识字无多。有某洋翰林者，致书何秋辇中丞，"辇"字误作"辈"字，"宄"字误作"宂"字。何作一联嘲之云："辇辈并车，夫夫竟作非非想；宄宄同盖，九九难将八八除。"乃有人将此联改数字云："辇辈同车，人知其非矣；宄宄并盖，君其忘八乎。"联殊谑，盖以"忘"谐"王"也。辛亥年余与袁世凯之第四、五、六、七、八子在天津新学书院同学，革命事起，次年春，随先君去大梁，此后遂不复见面。袁洪宪帝制失败死后，始又见面于天津，余时过其家，书案上各置有皇子印，或金或玉，篆"皇几子印"四字。克轸字晋庵，行八，一日余至其室，见书案上印，取视之，不禁哑然失笑，晋庵问余何笑，余曰："幸尊翁为皇帝，假为王，则君之印文竟作何语乎？"彼亦胡卢。

观 察 第

清代大族皆有祠堂，族有中举人者，则于祠堂前立一旗杆，中进士始能立二旗杆。族以祠堂前旗杆多者为荣宗耀祖也。又，家有中举人者,则于其大门楼内悬"文魁"横匾。及中进士点翰林,则于门楼前悬"进士第"及"太史第"横匾,文职有悬"大夫第"者。至督抚则悬"帅府"竖匾矣。吾邑高姓为大族,有父子兄弟为翰林者。有某族人,非科甲出身,以捐班知县候补直隶省,曾任南乐县知县,入民国屡膺差使,保记名道尹,回籍整修第舍,于其夫人寿日,悬"观察第"匾开贺。门楼前后出厦,轮奂一新。匾红地金字,悬正门上,耀然夺目。厦檐伸张,微遮匾上端"观"字一部,及"察"字宝盖头、"第"字竹字头。是日,贺客盈门。邑有刘某,狂士也,亦来贺,至门仰视匾,读曰:"观祭吊。"曰:"何不祥之甚耶!"又自左读之曰:"吊祭观。"曰:"夫人其吊祭观之菩萨乎?"众为哄堂。过后不数月,夫人以疾殁,狂士虐谑竟成谶语。

珍　珠　鞋

杨贵妃为弘农人,即今河南省之灵宝县也。至后其地犹以产美人名。北洋派军阀时代,河南督军赵倜之妾,称西屋夫人者,即灵宝人。美而弓足,最得宠。时有县知事车云者,为邀赏计,乃异想天开,进睡鞋一双,以精圆珍珠于鞋上贯绣云车花样,因大受渥遇,屡膺优缺,人皆鄙之。明万历帝郑贵妃有宠,宰相万安进珍珠绣鞋,上刺"臣万安恭进"字。车云或知其事而效之。但彼为著地之绣鞋,此则为睡鞋,而云车花样即为其名,是思路又进一步。

妙　　对

江西裘行恕,裘文达曰修之少子。父官大学士,兄官总督,幼恃娇成纨袴,学业无就。文达殁后,行恕年已长,乃捐一监生。复纳粟为同知,分发福建候补。时重科甲,蔑视捐班,总督藩司,皆不理之。而行恕又自以为高门,轻视同侪,无朋友来往。时福建有将军一职,例为满人任，品位虽高，然无权无势，人皆不登其门。行恕善京话，且染满人习气，养鸟观戏以为常。因与将军某气味相投，为莫逆交，数年无间。忽闽浙总督某病殁于任，新任总督以道路遥远，又办理交待，须数月始达。朝命将军某护理总督职。将军因首问行恕，愿得何缺，行恕以愿得厦门厅同知对。其职兼管厘税。厦门船舶货物，充斥络绎，官是者年可得银十万余两，最优缺也。将军某即以简之。会新总督到任，例问将军有何朋友需照顾。将军谓只有裘某为至交请勿动。行恕遂得官其任数年，宦囊盈五六十万两，调升湖北汉阳府知府，既贵又富，服御饮食遂极奢侈，曾自制一菜，拣肥嫩绿豆芽、选上等云南及金华火腿，蒸熟切成细丝，以针线引火腿丝贯于豆芽内煮之，名火腿豆芽。服御亦皆选上品精料。到任后例晋谒总督，袍服华丽，内著水红绸衬衣。时两湖总督为毕秋帆沅，文达之门下士也。谒见寒暄后，毕见其衬衣，戏曰："世兄暗藏春色。"行恕即拱而应曰："大人明察秋毫。"问答之间，一时传为妙对。

阻 修 铁 路

清时修铁路，刘锡鸿上折谏阻，因至迟修。刘为法国使差，往往敝衣跋鞋，举止蹒跚，最爱立于高桥梁之上，周望四处，其随员等尝劝之，刘怒曰："你等不知乃翁意，欲使外邦人瞻仰天朝人物耳！"其顽固如此。又河南商水县李某（轶其名），为翰林院侍读学士，亦上折奏阻修铁路，内有"火车行驶，震动宫阙，所经之地，四十里内田禾为焦"等语。后李休致，乘火车回籍，乃曰"此甚便当也"。

七 掌 故 类

挂 名 差 使

樊樊山在江宁布政使任内,有候补老巡检久无差缺,上呈求进学堂。樊批云:"六十衰翁进学堂,此生堪笑亦堪伤。禁烟所里须差遣,挂个名儿也不妨。"(见《湘绮笔记》)挂名差使之风,入民国后更变本加厉。北洋派政府时,某总统之秘书长某,各省督军省长公署皆有其挂名顾问,月可入薪水万余金。又张作霖为大元帅时,潘复任国务总理兼财政总长,夏枝巢任次长代理部务。一日,潘交一条子任某某两人为参事上行走,各月支薪三百元,乃潘复之两妾也。此事为枝巢对予言者,当出樊山意料之外矣。

锡 天 宝

锡天宝,天津娼寮之名也。孟恩远少年落魄时曾为锡天宝之伙计(天津土语称"茶壶")。袁世凯练兵小站,孟应募入伍,后由哨官累擢至管带,统领协镇。袁世凯为总统,孟任吉林将军(后改称督军)。袁死后,黎元洪继总统任。段祺瑞与争政权,由督军团通电倒黎,而通电领衔者则孟恩远也,足见当时声势。然孟殊不忘本,每至天津必去锡天宝见老鸨,犹以老姐姐尊呼之,若家人焉。张作霖入关过天津,行辕恒设于河北某军衣庄,召妓侑酒,皆锡天宝应之。孟亦在锡天宝宴各省督军。锡天宝之排场势焰甲于天津各娼寮,而老鸨对一般狎客仍善事周旋,不自倨满,手段圆到。余尝与张绍曾(辛亥革命滦州起义之二十镇统制）到锡天宝游，张能催眠术，对雏妓以手式若按摩者，旋睡熟，再以手式画之，乃醒，雏妓不自知也。老鸨亦亲出招待。直皖战前，张作霖欲统一东三省，逼孟让出吉林地盘。孟自揣兵力不能敌，由鲍贵卿从中说合，让出吉林督军，保全其军队，整师入关。直皖战起，奉军助直败皖，张欲分得关内地盘，时先君因事答拜张作霖到奉天，余随侍寓其居邸。一夜，聚于张之内室，孟恩远、鲍贵卿皆在座，张以人参煮水所熬鸦片供客，宾主彻夜尽欢，谈及关内各省形势时，孟对张云："老兄弟你想要那地方，哥哥替你打去。"言语之声口与神气，犹使人想象其当年在锡天宝之风。

法 门 寺

皮黄《法门寺》一剧甚普遍。郿坞县知县赵廉为老生饰，刘瑾为架子花脸饰，旦角孙玉姣在《拾玉镯》中为主角，此剧中则为配角。入民国后，饰刘瑾者以侯喜瑞、郝寿臣为最擅长。此剧刘瑾揉红脸，异于他剧中之刘瑾揉奸脸，盖此为刘瑾之一件好事也。郿坞县即今陕西郿县，已见《太白山纪游》中。其地确有法门寺。而刘瑾家为马嵬坡，今属武功县，与郿县为近。丁暗公《明事杂咏》诗云："豹房连夕歇笙歌，威武龙旗已渡河。南幸何如西幸好，老奴家住马嵬坡。"即咏刘瑾家马嵬坡事。则《法门寺》一剧，或即瑾事，即出附会，亦不无所本也。

索 薪

北洋派政府时，民国初年各部经费每年十几万元，后增至二十余万元。至徐世昌为总统时财政部每月所费需二十余万元，人员几及二千，而各省税金多被截作军饷，于是薪俸至积欠数月以上。各部情形相同，而以参谋部、教育部为尤窘。财政部仅以发行公债与借款借作点缀,然亦不能全给欠薪。各部人员皆有索薪团之组织。一日有某人打电话向某部请某佥事说话,茶役答云,请改日再来电话,现在某老爷正索着薪呢。如此运用语辞,令人发噱,然亦可见索薪之现象。当日银行经理,则为天之骄子,财政部主管者见之,无不卑躬如也。有曾任达官之江西钮传善者,思再作冯妇,认为有机可乘,浼求友朋集资开设一银行,股本一百万元,先收二十五万元开业,乃向政府当道与财政部自荐,可以借款,因得任财政部次长。一次将所收股本借与财政部,银行则靠所预扣放款利息撑持门面,招来存款。亦有续借于财政部者,财政部终不能还款,不二年银行倒闭,股东除丧失其本金外,又须偿还存款。此亦索薪中之一事也。其财政部主管者之与银行经理相倚为奸,更不待论矣。

北 方 四 银 行

清末,山西大德通票号,自京都至黄河流域各省,皆其经营范围。庆亲王奕劻当国,极贪婪,公然卖官纳贿,而大德通常为过手人。又如各外省候补官,一经挂牌任知州县,票号立即送去折子,可在票号支钱,则到任后所刮地皮之钱,当然存于其号矣。所以,大德通票号声势浩大,手眼通天。至民国后,有中国银行及交通银行,更有外国银行,大德通始渐衰替,后遂收庄。南方商业银行已有浙江兴业银行,后成为浙江财阀,而北方则无商业银行。袁世凯任总统时,先君建议创办官商合办银行,由财政部及私人各出资一百万元,名盐业银行。因袁任直隶总督时,先君任长芦盐运使,对于盐务熟谙,由银行经营盐税,与盐商存放款,有固定来源去路。袁批准办理,时财政总长为周自齐,以为盐税为财政部主要收入,如由银行经营,财政部即不能独自掌握,乃拖延其事,仅由盐务署入股八万元以应命。袁殁后,官商合办之议作罢,遂成商业银行,由先君任总理,成立北京、天津、上海、汉口四分行。北京行由岳乾斋任经理,为北方成立商业银行之创始。嗣淮安周作民成立金城银行,江苏胡笔江成立中南银行(为华侨黄奕住等之独资),淮安谭丹崖成立大陆银行,总行皆设于北京,称为北方四银行。

先是清末时直隶候补道段芝贵(与段祺瑞当时称大段、小段)任天津警察局南段总办,与先君为盟兄弟。时庆亲王长子载振到天津,奕劻方秉国政,袁世凯又与奕劻为一系,演戏设宴伺候极殷,段正司其事。有女伶杨翠喜,色艺俱佳,载振一见,大为赏识。段遂买翠喜以献,并附厚奁。载振回京,言于奕劻,段遂由候补道一跃而署黑龙江巡抚。旋为御史江春霖劾奏,载振不敢纳,杨翠喜转嫁于天津盐商王某。载振以查无实据免究,段芝贵另以坐他事革职永不叙用,先君以是轻之。至袁世凯任总统,授段芝贵镇安将军,兼奉天将军,总揽东三省军政。段为人上谄下骄,因不得军民心。张作霖为师长时,派其参谋赵锡嘏与先君通音问,谓段卑鄙,不洽舆情,总统何以重用此人。先君复函云可以撵之。张又命赵锡嘏持函来,谓如此举动,恐总统怪罪。先君复函云:"总统方面由我去说。"张接函乃布置军队于上将军署外呐喊鸣枪,入告将兵变,段次日狼狈入关。先君向袁力保张作霖继任,遂任命张作霖为奉天将军,后段知之,对先君深衔恨。

袁世凯死后,黎元洪任总统,段祺瑞任国务总理。由段黎争权而发生督军团通电倒黎,继以徐州会议,清室复辟。徐州会议,各督军皆签字,徐世昌、段祺瑞亦皆赞同,通电原稿均列名,且原稿曾由徐亲笔改易字句。而张勋入京后大权独揽,自为内阁总理,兼直隶总督,因与徐段不协。徐先欲任内阁总理,并希以己女配废帝溥仪为后,令曹汝霖去日本使馆探询其对复辟意见。日本为侵略中国,不愿中国有任何统一局面,表示极为反对,徐遂退避。段祺瑞在洪宪帝制时倒袁,已与日本勾结,而其羽扇徐树铮又为日本留学生,因得日本人之支援,于马厂誓师讨逆,复辟之局遂告终。先君与雷振春皆为复辟之中坚人物,先君为度支部尚书,雷振春为陆军部尚书。张勋已避荷兰使馆,先君以为北洋派内哄,无所顾虑,与雷同去天津,行至丰台被扣解押陆军部，乃段芝贵所指使也。雷震春移军事法庭，先君移大理院，年终以调往军前效力结案。旋张勋亦开复一切官勋。时徐世昌继任总统，以复辟通电原稿尚在张手中，恐其公之于世，而张对徐亦有所点缀，遂送一顺水人情了之。原电稿后徐树铮以三万元从张之参谋长万绳栻手中买去。

先君被押时，段芝贵任京畿卫戍总司令，派吴鼎昌接任盐业银行总理。吴原籍浙江嘉兴，幼随父宦四川，又为四川籍，日本留学，清考试经济特科翰林（当时称洋翰林），曾任职大清银行。入民国依附熊希龄之研究系，后又倒入梁士诒之交通系，任北洋造币厂长。梁向袁世凯推荐，袁召见之，谓梁曰，吾观其貌，两颐外张，有声无音，颇阴险谲诈，未可重用。后吴每向人自夸耀，以项城之雄才大略，于彼尚惮之，实袁谓其阴险小人耳。段祺瑞当政主亲日，吴又为日留学，因夤缘段芝贵为入幕宾，时得与段及王郅隆（安徽督军倪嗣冲之驻京代表）打麻将，又得识徐树铮。吴本非盐业银行股东，由段芝贵之命而任总理。北京行经理岳乾斋亦即趋附受指使，盐业银行股本一百万元，先君之股款尚未交齐者，吴鼎昌到任后首先规定股款限于年前收齐，不缴者由新股代缴。先君在移大理院时，岳乾斋不经先君家属同意，即代延律师汪友龄，出庭费为盐业银行股票十万元。律师费如此之巨，为前所未有，盖岳吴上下其手，乘危下石，为压缩先君股权之做法也。嗣成立董事会，于董事会议通过吴提议，每年捐助经济调查研究费三万元，此即吴办《大公报》之基金。后《大公报》发展为吴独资经营，实乃盐业银行之款也。时吴除任盐业总理外，并任财政次长，仍兼北洋造币厂长，为安福系之要角。

直皖战段祺瑞下野。徐树铮、曾毓隽、梁鸿志、姚国桢等安福系要角皆被通缉。吴鼎昌将北洋造币厂结余四万元献于曹锐（曹锟之弟直隶省长），得免，居日本租界其日妻家，避风半年始更出任事。先君被押时，张作霖曾事营救。是时往奉天答谢，谈及盐业银行事，张大为不平，即电致盐业银行质询，经岳乾斋请张勋出面调解，推先君任董事长，吴仍任总理。嗣四行皆逐年增股本，吴与周作民、胡笔江、谭丹崖协商成立四行储蓄会。中南银行有发行钞票权，由中南发行钞票，四行共成立准备库，在上海建十四层大楼，设国际饭店，四行储蓄会亦设于其下，吴任主任，钱新之任副主任，四行声誉日起。北京盐业银行岳乾斋受押清室珍宝四十万元，押品有贵重瓷器、玉器、后妃金玺册封及镶宝石珍珠金塔、十二律吕金钟（钟二十四个，重一万数百两）并明清大小银元宝等。时溥仪已出宫，押款过期，按章可转期，或双方协议押品多值，银行可退一部分，或增加借款结束。而岳乾斋即以到期不还款没收押品，将后妃金印金册金塔尽行熔化，按金价售出。贵重瓷器，岳、吴检精品廉价自留数件外，一部售出，已足充抵欠款本息之数，净余玉器两三箱，及十二律吕金钟二十四个，为帐外浮存。

国民党南京政府时期，改行法币，停止兑现，全国公私银行皆以逃避资金购买美金、美国股票为主要业务。金城另经营者有工业。大陆另经营者有房地产。盐业与四行储蓄会除一般放款外，大部购买美金及美国股票。中南为华侨资本，有国外贸易，更不待言。此时四行一会因拥有外汇，势力更为雄厚。吴鼎昌所主持之《大公报》，社论皆出陕西张季鸾手，文笔锋利，颇风行社会。吴以四川人与张群取得契合，又以浙江人通过钱新之与浙江财阀联系。而《大公报》对南京政府以小骂大帮忙之做法，受南京之重视与接近，吴遂为蒋介石之幕中人，与张群、熊式辉为政学系核心。蒋改组行政院，吴任实业部长，张家璈任交通部长，当时称为名流内阁。所谓名流内阁者，亦即加入两银行也（张为中国银行总裁）。

日本侵占东北后，形势紧张，四行总处皆迁上海。先君故后，吴兼董事长，行事皆由上海行经理兼北京行副经理王绍贤请示办理。北方宋哲元、李石曾方面亦皆由王联系（宋任华北政务委员会主任，在北京方面占有势力，与弥缝清室押款有关）。王原为中国银行副经理，能伺候人意，豪赌剧饮健谈，挥金不吝，上下交结，其时为当行出色之副经理。吴对王甚赏识。王与前交通次长刘景山设东北公司，向盐业银行借款三十万元，连其私人透支，共五十余万，均打入呆帐内结束，吴仍倚用之。

卢沟桥变起，吴以董事任凤苞代董事长。吴随南京政府退重庆，任贵州省主席，滇黔绥靖副主任，总处事由王绍贤代照料。第二次世界大战爆发，王投机购买大量美国小麦橡胶军火股票，赔累美金三百余万元。时北京、天津、上海沦陷已三年。天津盐业银行经理陈亦侯与任凤苞为一系，欲取吴而代之，以赔累如此巨款，又恐负责任而不能决。盐业银行此时呈蛰伏局面。日本投降后，国民党政府迁回南京，吴鼎昌任蒋介石之文官长，召集盐业银行开董事会，时岳乾斋已故，王绍贤任总经理，陈亦侯任协理，任凤苞任董事长，尸位而已。中南胡笔江以乘飞机失事死，由王孟钟继任。大陆谭丹崖故后，由许汉卿继任。金城周作民在日伪时期颇活动，以吴力并向张群馈重礼无事。此时四行无不以吴之马首是瞻。南京将崩溃之前，吴尚主张将清室所押十二律吕金钟熔化，王绍贤未敢办。解放后，吴死于香港，四行一会合并于公私银行，至此由浙江派所掌握之北方四银行始告结束。

中　堂

全椒①苏圣生《檐醉杂记》一则云："今称大学士为中堂（按：清末官尚书亦皆称中堂），习其名而莫究其义。俞荫甫《茶香室四钞》云：大学士设座在翰林院正堂之中，故有是称。"因忆及梅兰芳之夫人福之芳女士绰号中堂，凡与梅氏友好之较近者，对福皆以中堂呼之，日久成习惯，彼亦自应之，未知何以有此绰号，京剧界后辈不知也。

---

① 　按《檐醉杂记》作者自序落款为"夫椒苏何圣生"，似非全椒。

五 子

春秋齐管夷吾、宁戚、隰朋宾、胥无、鲍叔牙称五子。秦由余、百里奚、蹇叔、丕豹、公孙支称五子。宋儒周敦颐、程颢、程颐、张载、朱熹称五子。又干支相配甲子、丙子、戊子、庚子、壬子为五子。余七岁入家塾上学，始读《三字经》，塾师命生记死背。中"窦燕山，有义方，教五子，名俱扬"，至今不忘。当时则不知其义。说相声者说《三字经》此四句云，窦燕山有五个儿子，命名皆曰扬，所谓大扬、二扬、三扬、四扬、五扬也①。京剧《凤鸣关》赵云斩韩德五子，赵云例使枪，独此剧使大刀。汪派老生王凤卿善演此剧，上阵即使大刀，他演员皆如之，独钱金福老辈第一场上阵仍使枪，于韩子手中夺取大刀斩之，后遂皆用刀，故此剧又名《斩五子》。京剧名老生演员言菊朋，内行中人称之曰言五子：一、低网子。饰演老生宜长脸，言为短脸，是以在前台看之，网子分外嫌低。二、短胡子。以前髯口皆甚长，至言始渐用短者。三、薄靴子。言因武功夫不够，不能穿过高厚底靴。四、洗鼻子。谭鑫培老板于演戏扮装前必洗鼻子，因闻鼻烟，故洗之。言虽不闻鼻烟，而亦效其习惯。五、装孙子。言为票友出身，内行中人故为此谑语。日寇投降，国民党军人官吏到北京，上下贪污，淫靡成风，京中人亦称之曰五子：一、金子，二、房子，三、车子，四、女子，五、戏子。一曰：一、抢金子，二、占房子，三、抓车子，四、玩女子，五、亦曰装孙子。盖装孙中山先生之孙子也。

崔莺莺墓志铭与李香君桃花扇

张君瑞与崔莺莺事，即元微之本事，双方微之所命字也。元人写

---

① 五代窦禹钧（即窦燕山）有五子，名仪、俨、侃、偁、僖，均中进士，故曰"名俱扬"。

为《西厢记》,不更赘。故友陶心如云,于河南浚县曾发现莺莺之墓志铭,书郑妻崔夫人,为古董商人所得,心如曾见之,后不知所归。又,余二十余岁时,即闻岳武穆书《出师表》与杨龙友画李香君之桃花扇,同在项城袁氏家(为袁保恒之嫡支,非袁世凯之一支)。后知武穆书《出师表》确在袁氏家,与《满江红》词皆明人所伪,是以书体近祝允明。桃花扇则不在袁氏家,仍藏壮悔后人手,曾持至北京,故友陶伯铭见之。扇为折叠扇,依血痕点画数笔。扇正背,清初人题咏无隙地。以紫檀为盒,内白绫装裱。绫上题亦遍。伯铭极欲购藏,而索价五千,无以应,持去。再访之,人已不在,扇迄今无消息,恐此二尤物,已均流入日本矣。

李莲英一冠所值

清朝顶戴七、八、九品,金顶。六品,砗磲顶。五品,水晶顶。四品,暗蓝顶。三品,亮蓝顶。二品,珊瑚顶,嵌"寿"字。一品,珊瑚顶,不嵌"寿"字。亲王、郡王、贝勒、贝子,则红宝石顶。翎有蓝翎、花翎、双眼花翎、三眼花翎。翎管,有翡翠者,有玉者。四品以下多用玉翎管。冠纬,冬日用红丝织纬,夏日藤冠,用红犀牛尾纬,罗冠用红丝织纬,冬冠用貂皮帽檐,夏冠前面嵌大珍珠一颗。吾友溥雪斋忻为清贝子,余曾问其当时所御一冠之费。彼称红宝石顶分大、小与成色,特好者亦需三数千金。彼之三眼花翎,购值为银四百两,连红宝石顶翠翎管,亦数千金云。按此尚非阔绰者,传吴三桂有三宝,其一即红宝石顶,特大,光照数尺(见《清朝野史大观》)。一冠之值最昂者,为李莲英之冠。李三品,戴亮蓝顶,以蓝宝石为之。蓝宝石珍希数倍于红宝石,此一顶值银四万两。黄杨绿玻璃翡翠翎管,复值银一万数千两。所戴翎为蓝翎,孔雀眼并不贵,而驼鸟羽线特贵,披盖满肩,又值二三千两。冠前大珍珠,精圆彩焕,又值数千两,其一冠之值,竟在六万数千两,真足骇人听闻。

科 场 换 卷

清代科考,场内弊病甚多,互换试卷,则经常事也。有专作枪手者。入场除换卷外,尚为人作卷,己卷则故为小疵,以使其不中,下科再入场。夏枝巢先生即南京之名枪手,所枪替皆大族子弟。榜发取中,动酬二、三千金,主考亦知,后专觅其试卷而中之,遂不能再入场。先祖与先叔甲午科同入场,先祖盼子功名心切,以为先叔卷无取中望,以己卷换之,榜发,先祖竟获中。林贻书、袁珏生、冒鹤亭先生,皆与先祖是科同年。其实余应晚其一辈,因是余晚两辈矣,见面只有以太年伯称之。珏老好昆曲,其两女公子皆昆曲生旦之杰出者。时与红豆馆主溥侗聚,珏老唱虽荒腔走板,亦不之顾。又好书画,皆与余有同癖。今余所藏项子京六牙印,即其所让也。诒老善围棋,称国手,余与对弈,初须受四子。鹤老则因观赏《紫云出浴图》在上海相识,值其八十生日,余寿以《临江仙》词云:"水绘鸳鸯旧梦,罗浮蛱蝶新知。红丝词好继乌丝。江山输末造,名字入传奇。　　一醉当时题壁,百年此日称厄。青芜故国影迷离。松存经岁干,菊有傲霜枝。"词言水绘园董小宛有《两两鸳鸯戏水纹图》。鹤老以罗浮蛱蝶为友,有图咏纪其事。红丝则其如夫人之名也。广和居讽陈庸庵尚书及朱纶与奕劻、载振事题壁诗,一时都下盛传,有人或谓鹤老作。此三公文笔,以鹤老为胜。袁、林皆入翰苑,鹤老则否。前余记《紫云出浴图》,称其为太史,盖误也。

步 军 统 领

清步军统领衙门之官职,专为拱卫京师,故俗称九门提督。其对刑事及缉捕盗贼、稽查户口、巡察地面则有刑部、顺天府尹、街道御史、兵马司指挥司之。咸丰庚申京师失守,于时瑞芝山常为步军统领。有人为联云:"三国谋臣巴夏礼;八门提督瑞芝山。"盖英人巴夏礼衔下狱之辱,英法美联军内犯,巴特为之主谋。联军既从东直门入,则九门仅余其八也。入民国,步军统领衙门机构仍存。左右翼两总兵亦原官名。兵士龙钟,枪枝破旧,不过摆样子而已。王绹绮手抄笔记云,议员某质问步军统领衙门之职务,谓其对军事上、司法上、缉捕盗贼、稽查户口、巡察地面等,究竟一机关而兼数机关之性质,有无独立理由?当时政府不知何以答之。江朝宗始终任步军统领职,其家大门悬有"三定京师"匾。盖北京曾经三换局面,而江浮沉终能保其位,亦如《聊斋志异》之"三朝元老"也。

嘎 杂 子

杨士骧继袁世凯任直隶总督,性贪婪。时广东蔡绍基任海关道,缺至肥美。杨时恫吓之,继以谩骂。先君时摄长芦盐运使,与杨为同年,尝劝之曰:"彼亦道员,时谩骂似于礼貌稍逊。"杨曰:"老同年不知也,小骂则衣裳绸缎来矣,大骂则金银器皿来矣,是以不能不骂。"一日杨示蔡曰:"我要派嘎杂子查你的库。"蔡聆之惧,亟备厚礼以进,遂止。嘎杂子遇事刻薄挑剔,不讲情面,难以周施之谓。其人乃银元局总办周学熙也。

江 北 提 督

清江苏巡抚恩寿,贪婪淫秽,江南官界皆知,然有奕劻奥援,自言江督指顾可得。既总督李兴锐出缺,朝命宁藩李有棻就近护理,而不及恩(当时江苏巡抚驻苏州,布政使驻江宁)。恩怂恿奕劻借事罢之,未几竟为周馥所得,盖袁世凯力也。时廷议以清江为南北要冲,裁漕督而设江淮巡抚。恩借奕劻力调补,兴高气扬,修理衙署,一班走其门者,连翩赴淮,南京候补为之一空。未数月议撤,而恩苏抚原缺亦失,调河南巡抚,清江则添设江北提督,首任者为刘永庆,河南项城人,袁世凯系。刘机警权谲,在当时言敦源(曾任大名镇守使,内务部次长)人最难与,然刘犹畏之(此张勋对余言者)。刘后卒于任,接其篆者为王士珍。接王任者为段祺瑞。如刘不死,北洋派中地位尚在龙、虎、狗之上也。

认 宗

继祖前写《苏氏出子》一则,顷见清梁茝林《楹联丛话》云:"宋时尚书孙觌,传为坡公遗体。冯具区所云,阳羡孙老得坡公弃婢而生者也。惟王渔洋先生力辨之。谓坡住阳羡,见一童子颇聪慧,出对句云'衡门稚子璠玙器',童子对曰'翰苑仙人锦绣肠'。即孙觌也,坡甚喜之。据此,则觌非坡子明矣。抑或宋人好名,如童贯自托为韩魏公所生,梁师成亦自谓坡公所出耶。"近世托为名人出子之习尚已少,而认宗之风则甚遍。如无论何地,凡姓孔者皆孔子后,排名且有行辈。有一嚎谈云:河北省任邱县边姓为名族。一日京中有主人宴客,客有边姓者推为上座。陪客中有孔姓者向首席请姓,边姓者遽曰"任邱边"。边姓者复回请姓,孔姓者遂答曰"曲阜孔"。边姓者大窘。又有林姓者自称为林和靖后人,不知和靖梅妻鹤子,固无后也。又凡岳姓者皆谓为汤阴人,岳忠武之后。而秦姓者则无人自谓为秦桧之后者。又有一嚎话云:河南省有秦姓候补官奉差委去汤阴县查案。车站离县尚有数里,乃雇一土车(俗名土牛,为一轮。人自后推之,一边可坐人,一边置行李)乘之。途中攀谈,问推车者姓。推车者曰:"姓岳,本县人。即岳老爷之后。"推车者回问差委姓,曰:"姓秦。"推车者遽翻其车,人与行李并摔于地,曰:"你我世仇,我岂肯推你乎!"不索资竟去。推车者亦未知此秦姓者是否秦桧之后,未免唐突。乾隆时状元秦大士,江宁人,秦桧亦江宁人,应为秦桧之后。大士到西湖,人故请其瞻拜岳坟,并请其题联。岳坟前有铁铸秦桧夫妇跪像,大士不得已题联云:"人从宋后无名桧;我到坟前愧姓秦。"如此措语,亦复不易。又吾友淮安阮鸿仪之弟,惑于苏州上海之低视江北人,报户口时登记为南京籍。不知阮大铖由怀宁迁南京,遂为南京人,竟成阮大铖之后。比知之而已不能改易矣。

满 人 贯 姓

在昔,北魏人迁河南省,革于华俗,改三字、四字姓名为单词,若叱邱之为吕,刀代之为鲍,羽真之为高者,不可一二数也(见全椒苏圣生《檐醉杂记》)。辛亥革命后,满族人亦多改汉姓,如金姓、罗姓、关姓是。金姓或为爱新之反切,或因女真国号;罗姓当为爱新觉罗之"罗"字;关姓者则或为完颜之反切也。

谈 校 书

校书有死校、活校之别。所谓死校者,据此本以校彼本,一行几字,钩乙如其书,一点一画照录而不改,虽有误字必存原本。活校者,以群书所引,改其误字,补其缺文,又或错举他刻择善而从。前者考订书式,取辨精椠之真伪;后者贯通训诂,以利后学之诵读,各有定义专长,未容轩轾迤者。东壁图书公诸五都之市,石渠、天禄尽发秘藏问世。新刊搜奇斗富,思轶往古,对于校勘古籍,罗列众本,采互校之式,而又参以活校,取舍断语。然恒有未惬人意者。近如《南唐二主词校订》一书,以寥寥数十阕之本集,增辑考订至七万余言,赡博诚足以过人,至校订词句,《虞美人》阕"春花秋月何时了"下注云"《花间集补》'花'误作'月'",未免词费矣。而《后庭花破子》阕"天教长少年","天"字本文刻作"大",下注云:"'大',各家补遗俱作'天'。康熙已巳,宝翰楼原刻本《古今词话》实作'大',《词话丛编》本亦讹作'天'。"是以"大教长少年"为定本矣,又何说耶。金根误文,欲索解人实难。

春 节 风 俗

春节风俗各地不同。吾邑春节拜年之风极盛,亲友族人自正月初一日起至二月半互相拜贺,有时动行几十里,至晚或经宿始归。主人必设盛馔,鸡、鸭、鱼、牛、羊尽有,惟避食猪肉。而主人则亲奉红烧方块猪肉上席,客则坚辞不食,再三让,主人始将肉捧回,非此虚让,则为不恭。至颍州则避食鱼,与吾邑避食肉同。有远客适于春节后数日至颍州友人家,客不知此俗例,席间主人奉鱼至,上满浇红汁,热气腾腾,客不辞,下箸时坚不能动,视之则木鱼。再细视之,上有刻字,则康熙某年制也。另有陪客解释之,客始悟。又湖北春节拜年,主人必煮鸡蛋二枚奉客,客必食之,否则为不敬。是以一日拜年,只可三四家,如到十家,则食鸡蛋二十枚,腹不能受矣。未知今时尚有此风俗否。

琼 林 宴

余曾问傅沅叔年伯当日琼林宴情形。云琼林宴由光禄寺及礼部承办,新科进士齐集拜揖入座,二人一席,席各陈干果十几事,坐定后旋即起拜辞去,干果则由伺役一抢而空。视此颇如戏台上之饮宴,只少吹牌子耳。无锡顾涵宇《竹素园丛谈》:"世以光禄寺为天厨,实则光禄寺庖厨,但承办外廷筵宴,坛庙祭祀及琼林外藩宴饮而已。至宫中则自有御膳房、御茶房,设尚膳、尚茶专官。清朝御膳定百二十品,每膳须设同样三席,所谓吃一看二也。嘉庆道光之间,减为六十四品。咸丰之际又损去半数。同治初元复减八品,仅存二十四品,且少官场满汉酒席之品。此盖出孝贞皇后之意。孝贞崩,慈禧专政,复规定八十一品。内务府报销太后及德宗膳银每天各二百两,另点心银各二十两,后宫减半,三宫日用膳费几六百金,另添点菜不在其中,撤下之品,均归太监取去。尝闻人言,皇帝面前数味尚可口,再远则馁败恶臭矣。"余友溥叔明曾言其结婚时入宫赐宴情况,行礼后衣冠入席,止一人,肴馔满前,但例不能举箸,少坐起,谢恩出。宫廷赐宴尚如此,则光禄寺礼部之琼林宴可知。故当时有口号云:"光禄寺茶汤,武备院刀枪,翰林院文章,太常寺笙簧,钦天监阴阳,太医院药方。"言皆样子货也。

丛碧书画录

目　录

序

　　东坡为王驸马晋卿作宝绘堂序，以烟云过眼喻之。然虽烟云过眼，而烟云固长郁于胸中也。予生逢离乱，恨少读书。三十以后，嗜书画成癖。见名迹巨制，虽节用举债，犹事收蓄。人或有訾，笑焉不悔。多年所聚，蔚然可观。每于明窗净儿，展卷自怡。退藏天地之大于咫尺之间，应接人物之盛于晷刻之内。陶镕气质，洗涤心胸，是烟云已与我相合矣。高士奇有云：世人嗜好法书名画，至竭资力以事收蓄，与决性命以饕富贵，纵嗜欲以戕生者何异。鄙哉斯言，直市侩耳。不同于予之烟云过眼观，矧今与昔异。自鼎革以还，内府散失，辗转多入外邦。自宝其宝，犹不及麝脐翟尾，良可慨已。予之烟云过眼，所获已多。故予所收蓄，不必终予身为予有，但使永存吾土，世传有绪，是则予为是录之所愿也。

魏仓慈五王经卷

为敦煌石室藏经,共六十三行,笔法古拙,黑色如漆。昔见晋六朝写经渐有此体。后款书"景初二年岁戊午九月十六日,敦煌太守仓慈为众生供养薰沐写已。"所见敦煌石室藏经,当以此卷为最古。

西晋陆机平复帖卷

是帖作于晋武帝初年,早于右军《兰亭》约百余岁。证以西陲汉简,是由隶变草之初,故文不尽识。卷首有宋徽宗金字标签,自《宣和书谱》,备见著录。入清乾隆丁酉,孝圣宪皇后遗赐于成亲王,后归恭亲王邸,为世传,无疑晋迹。金丝织锦,虾须倭帘犹在,宋缂丝仙山楼阁包首已无存。

隋展子虔游春图卷

绢本,青绿设色。是卷自宣和以迄南宋、元、明、清,流传有绪。证以敦煌石室、六朝壁画山水,与是卷画法相同,只以卷绢与墙壁用笔傅色有粗细之分。《墨缘汇观》亦谓山峦树石空钩无皴始开唐法。今以卷内人物画法皆如六朝之俑,更可断为隋画无疑。按中国山水画,自东晋过江中原士夫见江山之美,抒写其情绪而作。又见佛像画背景自以青绿为始,一为梁张僧繇没骨法传自印度。是卷则上承晋顾恺之,下启唐大李将军,为中国本来之青绿山水画法也。

唐李白上阳台帖卷

太白墨迹世所罕见,《宣和书谱》载有《乘兴踏月》一帖。此卷后有瘦金书,未必为徽宗书。余曾见太白摩崖字,与是帖笔势同。以时代论墨色笔法,非宋人所能拟。《墨缘汇观》断为真迹,或亦有据。按《绛帖》有太白书,一望而知为伪迹,不如是卷之笔意高古。另宋缂丝兰花包首亦极精美。

唐杜牧赠张好好诗卷

樊川真迹载《宣和书谱》,只有此帖为右军正宗。五代以前、明皇以后之中唐书体。而赠好好诗与杜秋娘歌久已脍炙人口,尤为可贵。入南宋,经贾似道藏。后元人观款系由褚临《兰亭》之观款而移于此卷者。明刻入董其昌《戏鸿堂帖》,清刻入梁清标《秋碧堂帖》。后有年羹尧观款。予有《扬州慢》一词题于后。此卷曾埋于地下,有一二印章颜色稍霉暗,字丝毫无损。

宋范仲淹道服赞卷

此帖楷书,与伯夷颂并重,行笔瘦劲,风骨峭拔如其人,诚得乐毅论法。《三希堂刻帖》视原迹神貌远甚。卷中宋印鲜艳夺目,后文与可跋亦极罕见。观此跋书体,可知世传与可画竹之多伪。

宋蔡襄自书诗册

行书,诗十一首,字体径寸,姿态翩翩。有欧阳修批语,蔡伸、杨时、张正民、蒋璨、向志、张天雨、张枢、陈朴、吴勤、胡粹诸跋。南宋经贾似道藏。按宋四书家蔡书深得《兰亭》神髓,看似平易而最难学。此册为蔡书之最精者。

宋黄庭坚诸上座帖卷

大草书,真字跋尾。笔势如古藤虬结,所谓锥画沙者似。之后吴宽、梁清标题。《石渠宝笈》为摹怀素帖。经贾似道、严嵩藏文嘉籍。严氏《书画记》云前作草书,师怀素颇逼真,皆禅语也。旧藏于一佛寺,李范庵获之。枝山草书多出于此。自明以来已誉为黄书第一。

宋王诜烟江叠嶂卷

绢本,青绿设色。笔意高古,犹有唐法。是卷载《宣和画谱》,的为晋卿《烟江叠嶂》真本。当时因禁苏文,东坡题诗经截去。安岐《墨缘汇观》著录之《烟江叠嶂》卷当系晋卿他画而配入苏题诗者。故王凤洲跋谓歌辞与画境小牴牾也。后有元姚枢、明宋濂、黎民表题,清经宋荦藏。

宋徽宗雪江归棹图卷

绢本,墨笔,著微浅绛。布置精密,笔意超绝。是以董玄宰谓迥出天机而疑为摩诘之迹也。后蔡京跋。虽为误国君臣,而艺苑风流,自足千古。王世懋跋云:"朱太保绝重此卷,以古锦为褾,羊脂玉为签,两鱼胆青为轴,宋缂丝龙衮为引首,延吴人汤翰装池。太保亡后,诸古物多散失。余往宦京师,客有持此卷来售者,遂鬻装购得之。未几江陵相尽收朱氏物,索此卷甚急。客有为余危者,余以尤物贾罪,殊自愧米颠之癖。顾业已有之,持赠贵人,士节所系,有死不能,遂持归。不数载,江陵相败,法书名画,闻多付祝融,而此卷幸保存余所,乃知物之成毁,故自有数也。宋君相流玩技艺,已尽余兄跋中。乃太保江陵,复抱沧桑之感。而余几罹其衅,乃为纪颠末,示儆惧,令吾子孙毋复蹈而翁辙也。"观此跋，其似世传《清明上河图》与严世蕃之事，余疑为《清明上河图》事即此图之传讹。按《明史·王世贞传》："杨继盛下吏，时进汤药。其妻讼夫冤，为代草。既死，复棺殓之。嵩大恨。"是世贞得罪严嵩，以椒山事为主，因父忤卒以论死。又"张居正枋国，以世贞同年生，有意引之，世贞不甚亲附（世贞以右副都御史抚治郧阳）。所部荆州地震，引京房占，谓臣道太盛，坤维不宁，用以讽居正。居正妇弟辱江陵令，世贞论奏不少贷。居正积不能堪，会迁南京大理卿，为给事中杨节所劾，即取旨罢之"。与跋语中"持赠贵人，士节所系，有死不能"，及"余几罹其衅"相合。且居正当国，严嵩已败，岂有先有《清明上河图》之事，而后又有此图之事，何一再示儆惧令子孙毋复蹈而翁辙耶？故余论断如此。《清明上河图》之事虽见明人笔记，然无世贞兄弟跋及收藏印，而此卷跋又如此，是不能无疑也。至宋缂丝龙衮引首至为精美，现犹存。明詹景凤《东图玄览》称韩宗伯藏钟繇摹正考父鼎铭。卷首古锦一幅，长四尺余，青地色，花阑中横一金龙，极鲜美。曾见王敬美徽庙《雪江归棹》卷，亦有如此锦一幅，生平见古锦如此二而已矣。考之周公谨《云烟过眼录》云是宣和法锦，是此缂丝在明代已属稀见。按《雪江归棹》尚有一赝作，尺寸、题跋均相同，前隔水无宋内府编号字，无宣政小玺及乾隆题诗，无宋内府图书大印，而卷前后钤以项子京诸伪印，后题跋钤印亦不同。董其昌跋，真本为行草，而赝本为行楷，且"遇"字误为"过"字，似为清初人所伪托者，经庞莱臣售于日本，有影印本行世。

宋米友仁姚山秋霁图卷

纸本，墨笔。后赵肃、沈周、王稺登题，载《西清札记》。李日华《画媵》云："元晖虽祖家法，不尽拘涂辙，较南宫务加明秀。余所藏《姚山秋霁图》，断乎蓝田营邱一派，非家山也。"是此图在明时已流传。观赵肃题，为元人书法无疑，惟元晖自题"姚山秋霁"不类其笔，或为元初人仿作亦未可知。

宋高宗书马和之画诗经节南山之什图卷

绢本，画墨笔，淡浅绛著色。此卷《大观录》、《墨缘汇观》著录。

宋高宗书马和之画
小雅南有嘉鱼之什图卷

绢本，画墨笔，淡浅绛著色。后有文徵明跋，谓作家士气兼备。两卷均书画相间。载《石渠宝笈》。高宗书，严整秀润，出自黄庭经，在宋诸君书法中当以为冠。和之画山水钩法与人物开脸自成南宋一家。

宋朱胜非书札册

共九开，有项子京收藏诸印。第一开，为胜非书，曾刻《玉虹堂法帖》，另一开下署款"何"字，或系孙何，余人不详。

宋吴琚杂书诗卷

所书诗句，或四句完整，或前后残缺。末押默庵印。后隔水曹溶跋谓为米书。另见吴书诗一册，诗亦多缺首尾，默庵印亦同。盖同时所书若干纸，为后人分装，遂不复合。默庵印应即吴氏自号印。吴氏学米书，殆可乱真。此卷尤得米书神髓，故曹溶直以为米书，然世传米书尚多，吴书却罕觏。

宋杨婕妤百花图卷

绢本,著色。凡十七段,每段楷书标花名,并纪年题诗。前题识"今上御制中殿生辰诗",下注"四月八日"。第一段寿春花,下注"己亥庚戌"。第二段长春花,下注"庚子甲辰乙未"。第三段荷花,下注"辛丑癸卯丁未"。第四段西施莲,下注"丁未"。第五段兰,下注"壬寅"。第六段望仙花,下注"乙巳"。第七段蜀葵,下注"丙午"。第八段黄蜀葵,下注"己酉"。第九段胡蜀葵,下注"辛亥"。第十段阇提花,下注"戊申"。第十一段玉李花,下注"乙卯"。第十二段槐,上注"壬子"。第十三段三星在天,上注"癸丑"。第十四段旭日初升,上注"丙辰"。第十五段桃实荷花,上注"丁巳"。第十六段海水,上注"戊午"。第十七段瑞芝,上注"庚申"。画极娟秀鲜丽,书宗晋唐,颇似宋高宗体。后明藩三城王跋,谓"得于吴中好事家,今逢唐贤妃千秋令节,敬献以祝无疆之寿云"。妹子为宋宁宗皇后妹。凡御府马远画多命题咏,有题马远"松院鸣琴诉衷情"一词。昔见马远山水小卷有妹子题。又马远山水图为妹子题,下钤"杨娃"小长方章。然其画殊未见明清书画著录,亦未载其画。唐宋以来女子画此卷为孤本矣。

宋赵伯骕仙峤白云图卷

绢本,青绿著色。楼观人物,山峤云海,极纤细工秀。题伯骕小字款。是卷载《西清札记》。但余断为南宋匠画,而后人题伯骕款跋与印章,亦似为元人一手所为者。

宋赵孟坚画水仙自书诗卷

纸本。画白描水仙二本,后自书诗,皆感念故国之作。字大径寸,坚劲方整,想见其风节。书诗曾刻海珊仙馆法帖。为端方旧藏。

元钱选山居图卷

纸本,青绿金碧,丹粉著色。笔法唐人而极饶逸韵。用墨设色赵子昂亦未之或先。钱进士《山居图》曾见两卷,一卷为过云楼顾氏藏,为孙退谷《消夏记》所著者。是卷为高士奇《江村销夏录》所著者,后有纪仪、纪堂两跋。

元赵孟頫章草千字文卷

是卷《墨缘汇观》著录。笔力沉厚,有章草意,为子昂晚年之迹,赵书之精者。后柳贯大草书跋,亦具飞舞之姿。

元赵孟頫篆书千字文卷

元内府金花阑,绢本。小篆,字极精工。后明陈沂跋,乾隆书引首,卷前乾隆标题:"子昂法书,天下第一。"后隔水附高士奇题签。

元赵孟頫小楷妙法莲华经卷

书宗《黄庭经》,极精工,亦赵书有名之迹,为清内府旧藏。

元赵孟頫倪瓒兰竹合卷

纸本,墨笔。子昂写兰石,旁有嫩竹一枝,自题款。云林写竹梢一枝,细如丛苇,自题诗。前后有句曲外史、项子京、安仪周、成亲王印。后有笪重光题诗,成亲王跋。《书画鉴影》著录。

元赵雍、王冕、朱德润、张观、方从义合卷

纸本,墨笔。第一段,赵雍山水,自题款。第二段,王冕墨梅,自题诗。为《墨缘汇观》著录。第三段,朱德润山水,自题诗。第四段张观山水,自题款。第五段,方从义山水。各段前后有沈石田、李日华、项子京、梁清标、安岐、张冶诸印。乾隆题诗。

元方从义云林钟秀图卷

纸本,墨笔。全用水墨笔法。云气氤氲,峰峦屏列,兼师北苑南宫,为方壶晚年之笔。后沈石田跋,自称后学,谓将化而入神,必心与天游者始可诣此。《江村销夏录》著录。

元颜辉煮茶图卷

纸本,白描,细笔。《陆羽煮茶图》,后藏经纸自书行草韩愈诗,题云:"迩来阴湿,手腕作痛,不能为书,而漫峰特揭此篇,命予录之,强勉执笔。秋月识。"图与平常见颜辉画不同,亦无款识,只右上钤"秋月"小印,左下钤"颜辉之印"方印。予断为北宋人画,而为漫峰所藏者,倩辉为书昌黎诗,不然手腕作痛,强勉为行草书而何能作细笔画耶?至行草书一望而知为元代在野派之书法。又有人谓颜辉方印"辉"应作"晖"。按晖、辉、辉古为一字,后人分日光为晖,月光为辉,灯烛光为辉。晋顾恺之诗"秋月扬明辉",则颜字秋月应从"辉",然书"晖"或书"辉"皆非误。昔见唐伯虎行书诗卷,至精,惟扬州"扬"字书"杨",有人谓伯虎不应误书,断为伪迹。其实非误,扬者为杨,抑者为柳,扬、杨本系一字。未学小学而论字,误以断名迹真伪,岂不甚谬?按是卷宝熙、袁励准等审定清宫书画原稿下注"上上",并注"清"字,

殊为有见。

明陈叔起王绂合画潇湘秋意卷

纸本,墨笔。前为陈画,自"平沙落雁"后为王画(见后黄思恭跋)。笔意静雅,如出一手。两名家合画一卷者殊不多见。是卷为清内府旧藏。

明沈周湖山春晓图卷

纸本,墨笔。仿米山水卷。前下方钤"启南"一印,后无款识。另纸吴宽诗并题语,陈淳跋。按世称细沈,皆石田中年之笔。此卷正石田中年所作,房舍树木皆用细笔。画家往往在用功时自留稿,不以赠人,故多不署款识,然数百年后,却使鉴赏者颇费心力。此图用墨淡逸,尝见米友仁云山图亦同此笔意,则知米家泼墨法以平淡静逸胜,并非深涂浓染者也。卷为麓云楼寒木堂旧藏。

明唐寅孟蜀宫妓图轴

绢本,著色。蜀主孟昶令宫妓多衣道服,簪莲花冠,施脂夹粉,名曰"醉妆",此写其图。绢素洁白,气色鲜妍,人面傅粉用唐三白法。右上首自题诗并题语,书画俱为精绝。《墨缘汇观》著录。此图曾见改七芗有一摹本。

明唐寅山水轴

纸本,墨笔。山石以淡墨皴染,不加苔点,竹树,房屋,人物舟船,均极精细。右上款题识云"晋昌唐寅画似从汉老兄清玩"。钤"唐伯虎"方印、"南京解元"长方印。为商丘宋荦旧藏。

明文徵明三友图卷

纸本,墨笔。墨兰、墨菊、墨竹共三段。每段自题诗。载《石渠宝笈》。

明文徵明桃源别境图卷

纸本,著色。山峦层叠,石桥长溪,桃花满树,间以青松翠柳,竹篱茅舍,人家邻比,鸡犬相闻,足称世外别境。后小楷书《桃源行》。定王府旧藏,内府所赐。《式古堂书画汇考》著录。

明文徵明人日草堂诗画卷

纸本,墨笔。小卷后另纸自书《人日诗》。朱存理、钱同爱、陈淳、陈津、邢参、朱正书和诗。彭文嘉、王世懋、王世贞、莫云卿、文震孟跋。为衡山一时兴会之作。清宫旧藏。

明文徵明闽荔吴栽图卷

绢本,著色。写折枝荔枝,颜色鲜艳。小楷自题款,前引首徐霖篆书,后纸行草自书和沈石田诗并序。

明林良枯木寒鸦图轴

绢本,墨笔。写竹石枯木,上栖寒鸦六七,瞑目冻缩。笔法遒劲生动,若有寒风萧瑟之意。下款署"林良"。

明李东阳自书诗卷

行草书。载高士奇《秘录》。

明顾璘书卷

行书。载高士奇《秘录》。

明王宠书卷

藏经纸,行书。

明王谷祥写生卷

纸本,著色。写桃花柳枝,燕子萱草,石榴绶带,蜜蜂残荷,蓼花水雀,蝴蝶梅花,竹枝麻雀,各有乾隆题诗。载《石渠宝笈》续编。

明项元汴书千字文卷

行楷书。载高士奇《秘录》。

明项元汴桂枝香橼图轴

纸本,墨笔。上自题诗,右下角署"皋谟鉴赏"小字,钤"项氏懋功"印。子京画最少见,是轴为麓云楼旧藏。

明周天球兰竹卷

纸本,墨笔。清宫旧藏。

明董其昌疏林远山图卷

纸本,墨笔。署款"思翁"并题语。引首乾隆书"虚明向远开"五字,卷中并题诗。

明董其昌春山欲雨图卷

绢本,墨笔。上署款并题诗云:"七十二高峰,微茫或见之。南宫与北苑,都在卷帘时。"另纸李复堂跋,谓"有书卷气,又有笔法,春山欲雨,至今墨气未干"。后又有一跋,文虽尽而失款,当系后纸脱落。按是卷为玄宰六十一岁时所作,玄宰在当时欲执艺苑牛耳,于书画必刻意求好,以折服他人。比至晚年,功竟名归,遂由绚烂而入于平淡。或有谓玄宰非晚年画体,皆为赵左代笔,亦不尽然,此卷虽有笔有墨,尚有迹象可寻,其题诗亦系其自鸣得意语,正是其刻意求好之作,似非赵左所代者。

明董其昌书画卷

绢本,墨笔。前行草书论书画笔墨。款"董其昌书于吴门道中"。后画山水,无款识。此卷笔意苍老,墨气醇古,一望而知为玄宰晚年之迹。

明陈继儒雨过云过图轴

绢本，墨笔。右上自题六言诗，有"雨过石分五色，云过山余数层"语，故名《雨过云过图》。笔墨极近董玄宰晚年之作。《书画鉴影》著录。

明文彭自书诗册

草书七古诗《花下吟》，后小楷书款识。

明李流芳溪山秋霭图卷、
清戴熙临李流芳溪山秋霭图卷

纸本，墨笔。两卷画境并不全似。李卷以林木胜，戴卷以石胜，戴盖临其意也。戴卷亦署款"溪山秋霭 李流芳"。后纸戴自题识。

明周之冕百花图卷

纸本，墨笔。写牡丹至梅花三十种，自题款。张凤翼、王稺登、陈继儒、文葆光、杜大绥、文震孟、钱允治、陈元素各问题五、七言诗。又每种有乾隆题诗。为恭亲王邸藏，盖受赐于内府者。

明周之冕芭蕉竹石轴

纸本，墨笔，大幅。气魄雄厚，极见笔力。纸地稍剥落。

明丁云鹏佛像轴

　　纸本,设色。画一苦行释迦,趺坐蒲团上。背景青绿山岩,老松一株,颇古拙。

明陈裸山水轴

纸本,设色。上乾隆题诗。

明来复草书轴

纸本,大字草书七言诗一首,下"来复"二字款。

明郭振明书轴

　　纸本。行书五律一首。诗云:"把臂栖迟地,悠然岁暮心。江云愁旅雁,庭树乱春阴。生计存吾拙,交情觅汝深。醉来看宝剑,莫遣夜光沉。"款署"郭振明"。按郭振明见《明史·阉党·阎鸣泰传》,博平侯太师曾为魏忠贤建生祠于都督府锦衣卫。

明项圣谟花卉册

　　纸本,没骨设色,共十页。为梅花、千叶桃花、兰蕙、海棠、梨花、石榴、蒲公英、荷花、菊花、莲房藕节,每页有汪家珍题诗及自题款。诗后款识为"壬辰八月十有二日写生"。是册笔法生动,设色浑厚,气韵、工力俱到,为寒木堂旧藏。

明程正揆江山卧游图卷

纸本，浅绛著色。款署"第一百十八，时辛丑十月，揆"。

明叶欣梅花流泉图卷

纸本，浅绛著色。后有万寿祺跋。

明薛素素墨兰轴

绢本。上楷书幽兰赋，下写兰蕙一丛。书画均极静雅。款署"薛氏素君"。

清释道济竹石轴

纸本，墨笔。高凤翰左手草书跋云："苦瓜画竹才数尺耳，而有千尺之势。"

清王铎书轴

绫本。草书杜诗。

清龚鼎孳自书诗轴

绫本。行书五律《寄怀颛若》诗。

清顾眉兰石轴

绫本,墨笔。右上龚鼎孳题"丁亥季夏属闺人写似愚公年社翁正",左下款署"顾氏横波写"。

清查士标山水轴

纸本,浅绛,设色。自题诗云:"远水兼天净,疏林映日明。渔舟随去住,恰趁晚潮平。"款署"梅壑道人士标"。

清吴历兴福庵感旧图卷

绢本,青绿设色。起首远山一角,间以白云,红墙曲折,半露殿宇,老松一株,上栖仙鹤,群鸦翔集于墙头。中段寒林萧瑟,细草披离,坡石作浓翠色,老竹两丛,重墨写之,笼以深青。结尾钩云,衬以赭色,绚丽之中具荒凉、岑寂之致,为墨井悼其方外友默容禅师之作,左上自识与默容交谊始末,缀以五律二首。末题岁月名款。此卷为墨井四十三岁笔,正中年画境入妙时,与《雪山图》并为杨荫北所藏,皆称精绝之作。《雪山图》已落水损毁。

清樊圻柳村渔乐图卷

绢本,著色。仿宋人笔法。垂柳多株,染以重草绿,人物精细。卷中梁清标、顾贞观、吴农祥、沈胤范题词,周斯盛、陈僖题诗。卷前纸曹溶题诗。卷后纸顾豹文、王士禄、王士禛、曹尔堪、严我斯、汪懋麟、徐钪、韩魏、赵进美、高珩、唐梦赉、吴槢等题诗词。是卷为溥心畬旧藏。

清王翚观梅图卷

纸本,淡浅绛著色,短卷。自题款识,为石谷老年之作,有元人意韵,与其寻常笔墨不同。清宫旧藏。

清王翚山水轴

纸本,墨笔。上王鉴题,极致推奖。为石谷中年正师事烟客、元照时之作,非有款识则几疑为元照之笔,石谷此种画颇少见。

清王翚雪景山水轴

纸本,墨笔。微有施淡花青赭石处。上有陆鸿仪、张远二题。年月署"辛酉腊月",为石谷五十岁之作,已由元照笔意趋其晚年面目,于此幅可见石谷画法之递变。

清王翚山水卷

绢本,青绿著色,长卷。为石谷本来面目。山石竹树、云水泉瀑、城郭村舍、行旅耕渔俱备,堪为学画者法度。

清梅清山水轴

纸本,墨笔。石岩上松一株,姿势妖矫,盖写黄山之松。

清陈鹄紫云出浴图卷

纸本,著色。像可三寸许,著水碧衫,支颐坐石上,右置洞箫一。发鬖鬖然,脸际轻红,凝睇若有所思。卷中及卷后题咏自张纲孙、陈维岳、吴兆宽、冒襄、王士禄、王士禛、崔华、尤侗、毛奇龄、宋荦等七十四人,诗一百五十三首,词一首。清末以后题者不计。是图盖写陈其年眷冒辟疆家伶徐九青故事之一,在当时已脍炙人口。雍正间图为吴青原所得。乾隆间有一摹本,为罗两峰画,陈曼生手录题咏。清末,是图归端方,摹本迄未发现。

清禹之鼎纳兰性德侍卫小像轴

纸本,著色。侍卫官服纬帽,面容清瘦,微有须,坐方床上,持茗碗,左置一几,几上胆瓶内插荷花一枝。左上严绳孙题诗。此图与侍卫双凤砚并为三六桥旧藏。左右绫边三六桥、傅岳芬及予皆题《金缕曲》词。

清黄瓒、张淑、禹之鼎、沈宗敬、陆滜、戴本孝、严绳孙、恽寿平、程义楝亭图卷

纸本,图著色,墨笔。共十幅。盖曹完璧官江宁织造曾于署中亭畔手植楝树一株,没后,子寅官苏州织造,再官江宁织造,楝树犹存,因为楝亭图咏,以追怀先德。于此图咏亦可探索红楼梦影射之人物。共四卷,第一卷,一图黄瓒、二图张淑,三图禹之鼎,并自题诗。卷后题咏者成德、顾贞观、潘江、吴暻、王方岐、唐孙华、陈恭尹、吴文源、方仲舒、顾彩、张渊懿、方嵩年、林子卿、袁瑝。第二卷,四图沈宗敬,五图陆滜,张景伊题诗,六图戴本孝,并自题

诗。卷后题咏者姜宸英、毛奇龄、张芳、杜浚、余怀、梁佩兰、秦松龄、严绳孙、金侬尧、王丹林、顾图河、姚廷恺、吴农祥、费文伟、王霭。第三卷，七图严绳孙，八图恽寿平，九图程义，并自题诗。卷后题咏者何炯、徐乾学、韩菼、徐秉义、尤侗、杨雍建、王鸿绪、宋荦、王士禛。第四卷，十图禹之鼎，并自题诗。卷后题咏者，尤侗、徐林鸿、冯经世、田时发、邵陵、许孙蕾、潘炳义、石经。

清恽寿平山水册

绢本，青绿，浅绛著色，墨笔。共八开。为南田早年之笔，山阴俞氏旧藏。

清康熙书横幅

纸本。书"丛碧山房"四字，笔宗柳法。任丘博学鸿词庞垲号"丛碧"，此或赐庞氏者。为予收蓄书画之第一件，而予所居好植蕉竹花木，因自以为号。

清康熙书横幅

描金黄蜡笺纸。书"嵩高峻极"四字。此为嵩山峻极宫匾额原本。

清蒋廷锡瑞蔬图轴

绢本，著色。仿宋人笔，颜色鲜艳如生，为雍正三年十月，圆明园畦圃有莱菔一根九枝，宣示绘图纪瑞。此为南沙画中之精品。

清蒋廷锡五清图卷

绢本,墨笔,短卷。画牡丹、兰梅、松枝、竹枝。清宫旧藏。

清蒋廷锡写生册

绢本,墨笔。写牡丹、月季、虞美人、丁香、荷花、剪秋罗、秋海棠、鸡冠、秋菊、凤仙、竹枝、子午莲、梅花、山茶。十二开,每开各有张照、励廷仪、王图炳、赵熊诏、薄海、陈邦彦、陈元龙题。

清杨晋兰竹册

纸本,墨笔。为南皮张氏旧藏。

清华嵒山水轴

绢本,青绿,没骨,著色。白云红树,悬瀑流水,宗法唐人而别具一格。新罗多画花鸟,青绿山水殊为罕见。为陈宝琛太傅旧藏。

清邹一桂芙蓉鹭鸶图轴

纸本,著色。上有乾隆题诗。载《石渠宝笈》续编。

清金农梅花册

纸本,墨笔。共十幅,每开自题。

清郑燮兰竹册

纸本,墨笔。共八幅,每开自题诗。

清郑燮竹石轴

纸本,墨笔。自题诗云:"咬定青山不放松,立根原在乱崖中。千磨万击还坚劲,任尔东西南北风。"

清乾隆瓶梅轴

纸本,著色,小幅。瓶插红梅一枝,自题诗并董诰、钱维城、张照题诗。

清 罗 聘 竹 轴

纸本,墨笔。自题诗。

清董邦达山水卷

纸本,墨笔。清宫旧藏。

清金廷标接梅图轴

纸本,浅绛著色。清宫旧藏。

清 姚 鼐 书 轴

纸本。行书。

清永瑢兰石轴

纸本,墨笔。自题五律一首,另潘庭筠、张时风、程昌期、张埙、钱楷、唐瀛洲题诗。

清毛上炱灵岩读书图卷

纸本。青绿山水,为毕沅画者,后有王文治、袁枚题。

清江介山茶雪竹图轴

纸本,著色,颇有逸致。

清姚元之秋葵轴

纸本,著色。写折枝秋葵。

清吴大澂山居图轴

纸本,墨笔。山水。

清郑文焯山水轴

纸本,墨笔。款署"乙巳仲冬月,橅查二瞻小幅于延清小筑。鹤道人文焯"。

是录自壬申至己亥年写毕,其间重要之迹,多半捐赠或让售于公家。虽属明日黄花,然于书画流传著录上亦可有此一录耳。

丛碧识

补 遗

隋人写经册

共六十二行,字势方整,存北朝笔意,而秀逸则又近隋唐之体。内"民"字不缺笔避讳,当为隋人书。因非敦煌石室藏,故纸色稍黑暗。前后有蔡世松收藏印。后排正行次题不署名,另柬一纸云"六朝人书经谨奉还"等语,上款为"小石大兄",应为义州李葆恂也。此册在敦煌石室藏经未发现前当为凤毛麟角矣。

宋人楼阁图轴

绢本,著色。图写楼阁台榭,宫墙高峻。墙外远山近树,楼旁垂柳湖石,人物凭阑望远,后张宫扇。楼阁及柳枝界线、人物衣纹、湖石钩勒,均极劲纤,的为南宋人画。惜绢地稍剥落。

元赵孟頫饮马图卷

纸本,白描。《江村销夏录》著录云"神骏可观,起止无迹,即伯时当为之俯首也"。后跋柯九思、宋濂、危素、刘基等二十四家。细审画不见精彩,跋极佳。然宋学士小楷书题于画之左方当为元代墨迹无疑。岂子昂当时亦有晚辈代笔,否则当为酬应之作。

元仇远自书诗卷

行书,七律十首。是卷《江村销夏录》、《石渠宝笈》二编著录。卷前纸末有朱彝尊"竹垞太史氏印"一,卷中纸尾有"毕秋帆书画记"一。另题跋后有"灵岩山人秘笈之印"、"毕泷鉴定之印"二。纸前下有"秋帆珍宝赏印"一。山村书颇少见,此卷书诗犹宋末体,颇与张即之相近,而非元一代赵孟頫之一派。

明杨廷和书札册

冷金笺纸。行草书,共八通,为致陕西巡抚蓝章者,多言蜀寇事,正其继李东阳为首辅时所书。书法矫健流畅,极具风度。此册为即墨蓝氏子孙保存至今者。

明文徵明双钩兰花卷

纸本,墨笔,白描,双钩。花叶纷披,纤雅淡逸,风致潇洒,间以草石荆棘。前自题款识云"嘉靖甲午秋七月六日与子郎、民望游虎丘,寺僧出纸索画,草草写此以应其请。徵明",下钤"文印徵明"、"衡山"二印。卷后钤"停云"一印。另纸有文嘉、张凤翼、汪显节、居节跋,后有高士奇题。此卷为洪洞董氏藏,为待诏写兰之精品。

明谢时臣山水轴

纸本,墨笔,微浅绛著色。岩峦重叠,林木葱蔚,云气微以淡赭勾之,极氤氲苍莽之致。

明董其昌翠岫丹枫图轴

纸本,没骨,青绿著色。下写房舍、竹树、坡石。竹树以花青点染,间以丹枫一株。隔岸山峦重叠,以赭石烘云,山石设色鲜妍。右上自题"为庶常时曾见张僧繇《翠岫丹枫图》致佳,忽忽已二十年,至今尚未去怀。今春为陈征君作此,尚未惬意,因忆向所见者,仿佛摹此,虽不能追踪晋唐,亦不落赵吴兴后"等语。左上陈眉公题云:"予得宗伯画多矣,然以此图为苕帚庵中第一,因识其首。"右上题后又题云:"此余昔年为仲醇作也,用笔设色差强人意,若曰为'苕帚庵中第一图',则吾岂敢。思翁重题。"按《明史》本传,玄宰万历十七年举进士,改庶吉士。此图当为玄宰五十五岁后二三年所作,右上自题书体与题宋徽宗《雪江归棹图》字极相似,盖皆在数年间。后晚岁重题,字体则稍异矣。此图以秀逸胜,为赵吴兴一派。南浔庞虚斋旧藏。

明唐泰山水轴

绢本,墨笔。层嶂远帆,水亭奇石,笔意超脱淡远。担当和尚与八大清湘同为明代遗民,而其墨迹绝少见,盖居穷边深山,不接于士夫,遗迹世遂少留传耳。上自题诗云:"烟云变幻本无形,墨汁模糊近水亭。空道斯名画可隐,转教众口说丹青。"款署"大来",下钤阴文"唐泰"、"大来"方印二,字飘逸有姿。

明曾鲸画侯朝宗像秋江钓艇图轴

绢本,著色。图写长江茫茫,远山一线,近岸芙蓉芦荻,江中一扁舟,长须奴拨棹,壮悔儒服乌巾,倚钓竿,抚长剑,年少翩翩。右下隶书小字题识云:"崇祯乙亥九月望后六日,为朝宗社兄写秋江钓艇图。闽中曾鲸。"左下有宋牧仲印二。左右绫边。王锡振、姚辉第题《摸鱼儿》词。

明杨文骢山水卷

纸本,墨笔多用焦墨,不似平常所见龙友笔,然的为明末清初画,非后人所仿者。

明八大山人荷花轴

纸本,墨笔。写藕一节,荷叶一茎,荷花一枝,古拙潇洒。款署"八大山人"。

清王铎山水轴

粉笺,纸本,墨笔。山峦、林木、人物,笔意古拙,是以书法作画。右上题"岩荦戴先生道宗弟王铎",字亦极古雅,有唐宋人意。

清马雄镇汇草辨疑册

纸本。共十二册。雄镇官广西巡抚,吴三桂叛清,全家殉难。始三桂欲雄镇降,囚土室四年,作《汇草辨疑》十二卷,妾顾荃芬若按字为旁训,后顾氏亦死。蒋心余为作《桂林霜》传奇,释帖一折,即本顾氏事也。册中旁注小楷真书即顾氏笔。

清沈宗敬山水轴

纸本,墨笔。远峦重巘,长松悬瀑。右上自题款识云:"康熙丙戌新秋,偶写元人笔意于秦望山庄之话雨轩,时同观者杜子园箓琴、僧锄云。狮峰居士沈宗敬识。"

清人宫妃像轴

绢本,设色。写宫妃搴帷立,手持团扇,鬓插兰花一朵,貌秀美绝伦,汉人而旗装,用色鲜妍,衣褶仍用西法。团扇上画兰蕙一枝。极似乾隆笔,或为希旨故学乾隆笔意者。此幅为热河行宫物,为毅军将领米振标驻军热河时所劫出。于此图亦可索证清宫闱之秘史。惟下宋体字郎世宁款系不解事者伪书。假使为汉人宫妃像,臣工绝不敢书款,而郎世宁画凡款书宋体字皆伪作也。

清汪士慎梅花册

纸本,八开。写白梅、红梅、绿梅、墨梅,每开自题诗句,书画并秀逸有韵。后曾熙致蒋孟苹信二纸云"筠庵弟来书称,汪巢林梅花册其夫人曾临数叶,并未临成,闻已售出,不无怅怅。筠弟平日不敢触其夫人意,因备上前代垫之款,志在反璧归赵"等语。此亦应为巢林梅花之一段小故事。

清黄易山水册

纸本,墨笔,小册,共十二开。笔墨淡逸雅致,无款识,末开钤

"易"字一小印。后有阮元一跋,谓为友益斋所赠,盖小松暇时戏笔留作传家粉本者。款书"阮元识于长沙书院"。

清陶润山万横香雪顾莼写雪赋卷

纸本,浅绛著色。图写雪后邓尉探梅。右上题:"万横香雪。道光丁亥涂月大雪,连朝闭户不出,戏用文衡山笔意写成此卷,遥思邓尉山中春信传芳,未识何如耳。润山。"后洒金月白笺,顾南雅楷书《雪赋》。前引首叶道芬隶书"梅雪双清"。后庆善王汝玉题诗及跋语。

清吴昌硕自书诗梅花轴

乾隆粉笺,未裁,对联。上联隶体行书,诗云:"茅亭势揖人,顽石默不语。风吹梅树华,著衣幻作雨。池上鹤梳翎,寒烟白缕缕。"款题"又一村看梅,辅之老兄两正。庚申四月,吴昌硕,年七十七"。下联写红梅,枝干遒劲,花朵秾肥。又题诗云:"华明晚霞烘,干老生铁铸。岁寒有同心,空山赤松树。"款题"灌佛日老缶又画"。此幅丁辅之曾为影印。缶翁以篆隶书法作画,上自金冬心、陈玉几、陈曼生、姚元之、吴让之、赵捴叔,下至齐白石,在画史中均应称为碑派画家,而缶翁则承先启后者也。

上补遗于庚子岁写毕。至清末书画著录,宋元团扇、明清便面皆属,册类、对联,则多不录。余所收便面、对联,是录亦不另列入。

丛碧识

乱弹音韵辑要

目　　録

自　序

　　考詩歌之學，漢魏以前，但言音而不言韻。迨晉之呂静，因聲類而撰《韻集》，於是始有韻書之稱。至齊汝南周彥倫，辨平仄，著《四聲切韻》，始有平上去入。梁沈約本彥倫之書，分配各韻，撰《四聲類譜》，至此詩詞之學，極其變，而歌曲之道，亦極其工。唐、宋、元、明，千餘年來，一以因之。迨清乾嘉間，亂彈創出，而切韻四聲，無或能變，與詞曲實異枝而同根者也。前朝供奉，即間不知書，耳聆口受，悉得真傳，故能没世而名益稱。惟後之學者，但襲皮毛，不問究竟，根本既失，江河日下。將見大雅之音，流爲市井之聲矣。晚今文化衰退，固不止戲劇一端，莫不同趨水落船低之勢。旁觀者既莫能指其疵，當局者又何必求其微。即有知者，則以爲一人之秘，莫肯傳。而不知世有伯樂，而後有千里馬。將終於無伯樂，終於無馬，可勝慨夫。余既感於此，乃作是篇，首述切音，陰陽平仄、尖團粗細之旨，次分韻爲五聲、尖團輯要，以易考證。纂校既成，爰付錄梓。庶先之傳者無所失，而後之學者有所本，並望就正於海內焉。張伯駒識。

凡　例

　　编者參考《廣韻》、《集韻》、《玉篇》、《毛氏韻增》、《中原音韻》、《古今韻會》、《李氏音鑒》、《音韻闡微》、《康熙字典》等書，以成此篇。閱者或有不明，可以考證。

　　"五聲輯要"，祇列常用之字，倘劇本中有僻字，未列入此篇者，可向他韻書查之，依切音即知陰陽平仄矣。

　　编者學識淺薄，乖誤實多，倘荷指謬，至爲忭感。

卷一　總　論

聲　音　韻

劉勰《新論》①云："心之所感，則形於聲。"譚子《化書》云："形氣相乘而成聲。"許慎《説文》云："生於心，有節於外，謂之音。"《毛詩序》云："情發於聲，聲成文，謂之音。"空同子云："聲言直，音言曲。"顧野王《玉篇》云："聲音和曰韻。"《文心雕龍》云："異音相從，謂之和。同聲相應，謂之韻。"綜以上諸説，聲、音、韻不同，甚爲清晰。蓋即初發爲聲，經過唇、牙、齒、舌、喉而爲音，異音相和，同聲相應，餘音遠送而動聽爲韻也。

切　音

魏孫叔然註釋經書，隨文反切，是爲反切之始。齊周彦倫著《四聲切韻》，梁顧野王《玉篇》，悉用反切，不用直音。至唐孫恓增損陸法言之書而爲《唐韻》，反切之義乃大備。《毛詩·衛風》箋云："反者，覆也。"《淮南·原道》註云："切者，摩也。"《古今韻會》云："一音展轉相呼，謂之反。一韻之字，相摩以成聲，謂之切。"《禮部韻略》云："音韻展轉相協謂之反，兩字相摩以成聲，謂之切，其實一也。"然細參之，實有區別。今仍列切與反爲二，以便學者，易於明晰。例如東都翁切、歸姑威切、街基挨切、年泥妍切、蕭西腰切、家基鴉切、劉離尤切，皆係兩字相摩

---

① 　按當代學者一般認爲《新論》作者爲劉晝。

以成聲。合念兩字，即成本字。其音長而遠，即所謂切也。如同徒紅切、奇勤移切、真支因切、朝知妖切、牙宜遐切、岡歌康切、侯何樓切等字，合念兩字，則不成字，必須念上字之本音，下字之尾韻，展轉相協，始成本字。其音短而促。即所謂反也。總之切重念其首字則餘韻自長。反則須於尾音求韻。學者明乎切音，則得其本矣。再有音同而切異者，如身、生同音，身，詩因切；生，師亨切。又塵、成同音，塵，池寅切；成，匙盈切。身，塵爲切；生，成爲反。南北因口音各異，故詞曲念"生、成"同於"身、塵"，亂彈念"身、塵"同於"生、成"。不可更拘泥韻書，知之可也。

五　聲

　　五聲，陰、陽平，上，去，入也。四聲之作，始於齊周彥倫《四聲切韻》，至元周德清著《中原音韻》，始分陰平、陽平，以成五聲。清李松石《音鑒》更詳言之，究其陰、陽之分，亦本於切音，即如天、田二字，同列一先；雖皆平聲，然細辨之，一爲陰平，一爲陽平。如切天則梯煙切，切田則題研切。以二字速呼之，其音莫不出於二者之間。苟陰、陽不辨，則不知何者爲天，何者爲田矣。至五聲之念法，有起承轉合收。如昌、長、敞、暢、毚、昌，陰平，其音高而直，起也；長，陽平，其音低而橫，承也；敞，上聲，其音屬而舉，轉也；暢，去聲，其音清而遠，合也；毚，入聲，其音短而促，收也。

　　又清初王鵻撰《音韻輯要》，將上、去、入三聲，各分陰陽，合爲八聲。例如"東"、"同"二字，"東"爲陰平，"同"爲陽平。"東"字之上聲爲"董"，故"董"字爲陰上聲。"同"字之上聲爲"動"，故"動"字爲陽上聲。"東"字之去聲爲"凍"，入聲爲"篤"，故"凍"字爲陰去聲，"篤"字爲陰入聲。"同"字之去聲爲"洞"，入聲爲"獨"，故"洞"字爲陽去聲，"獨"字爲陽入聲。是以平聲之陰陽，而斷定他三聲之陰、陽也。略舉數例如下：

陰聲	陽聲
東董凍篤	同動洞獨
江講絳覺	陽養恙藥
居舉鋸菊	魚雨語玉
真軫震織	人忍認日
鳩九救擊	由有又亦

　　至李松石《音鑒》，則極言仄無陰、陽，與王著各執一説。然仄分陰、陽，於歌劇之道，無所用之，姑備一格可也。

五　音

　　五音，唇、牙、齒、舌、喉也。喉音爲宮，齒音爲商，牙音爲角，舌音爲徵，唇音爲羽。故《韻書》云：“欲知宮，舌居中；欲知商，口開張；欲知角，舌根縮；欲知徵，舌拒齒；欲知羽，口吻聚。”即合口爲宮，開口爲商，捲舌爲角，齊齒爲徵，撮口爲羽也。隱具開合頓挫、抑揚曲折之用，學者宜詳審之。

尖　團

　　尖、團字，本於切音，如“妻”，尖也，則七駕切；“欺”，團也，則乞駕切。南北因方音之別，切音各有所誤，尖、團遂亦至不分。如“詩”，商知切；“書”，束於切。而南音或以“詩”爲桑滋切，“書”爲酸租切，是以“詩書”而爲“思蘇”矣。又如“城”，潮營切；“池”，長時切。而南音或以“城”爲曹凝切，“池”爲藏時切，是以“城池”而爲“層慈”矣。如“祭”，箭藝切；“酒”，擠有切。而北音或以“祭”爲見藝切，“酒”爲幾有切，是以“祭酒”而爲“計九”矣。又如“瀟”，西妖切；“湘”，星秧切。而北音或以“瀟”爲希妖切，“湘”爲興秧切，是以“瀟湘”是爲“鴞香”矣。康熙製《音韻闡微》，韻母及切音，辨晰甚明。兹將尖、團依韻，分列爲卷三，以備考查。

粗　細

　　李松石《音鑒》，因切音選母字同類之音，各分粗細，更有不分粗細之音。例如陽、銀、堯、爺，顏、尤，天、廳，溪、輕，申、燒，山、沙，秋、清、漣、能，侯、西等字，細音也。魚、雲，區、衰，霜、趨，奴、紅，糊、黃，涓、軍，蘇、雛，村等字，皆粗音也。茫、莫，悶、毛，買、謀，賣、慢，眉、馬，貧、平，馮、佛等字，皆粗細不分之音也。簡言之，即舌嗾爲細音，內唇爲粗音，外唇爲不分粗細之音也。苟能詳審音之粗細，仍用切音以出之，則輕重厚薄，自得其當矣。

上　口　字

　　上口字，亦本於切音，如"書"，束於切，上口音也。"蔬"，朔烏切，不上口音也。"主"，朱羽切，上口音也。"阻"，捉楚切，不上口音也。歌者不知所本，往往誤念，茲將上口字，陳列於下備查：

知陟漪切　馳池墀遲踟箎除移切　職之億切　質之乙切

值轍弋切　吃乞益切　日仁逸切　世式藝切　豬瀦竹於切　諸爥於切　株邾誅蛛跦竹紆切　朱珠侏硃爥紆切　殊銖洙茱蜀于切　除儲滁篨躇蟲余切　蜍蜀余切　厨蹰幮蟲于切　書舒紓駑束於切　樞出紆切　輸束紆切　如茹駕繻余切　儒濡襦嚅蠕繻褥于切　楮褚敶語切　杵處出語切　煮渚朱語切　拄黜豬羽切　主麈朱羽切　貯豬語切　宁佇苧紵柠逐語切　住逐豫切　駐竹裕切　注註炷罜澍鑄朱裕切　柱逐羽切　汝如語切　乳如羽切　暑鼠黍書語切　墅蜀語切　處穿豫切　著竹豫切　箸逐豫切　助乍豫切　恕庶暑豫切　豎樹蜀羽切　署曙蜀豫切　戍暑豫切　黜褚聿切　术直聿切　竹竺筑築豬豫切　祝朱郁切　出

處聿切　畜虛郁切　蓄褚郁切　術述舌聿切　入日力切

以上各字切音，均按《音韻闡微》。

正音釋疑

閼氏音煙支　可汗音克寒　冒頓音墨特　樊於期於音烏
嫪毐音勞靄　僕射射音夜　酈食其食其音異飢　姑射射音益
無射射音益　万侯禼音木奇屑　龜茲音丘慈　番禺音潘愚　寧
馨兒寧去聲　牂牁音戕歌　綸巾綸音關　角里先生角音鹿　琅
邪邪音耶　邪許邪音耶　矰繳繳音勺　犧樽犧音梭　率更率音
律　盤殳殳音孫　矛盾盾音遯　委蛇蛇音移　彳亍音躑躅　於
戲音嗚呼　欸乃音襖靄　般若音缽惹　宿留音秀溜　句讀讀音
豆　野燒燒去聲　隱几隱去聲　朝請去聲

以上就常用者列出。

收　韻

音有所出，應有所收，其要有五：一曰穿鼻，二曰展輔，三曰斂唇，四曰抵齶，五曰直喉。穿鼻之韻，中、東、江、陽，其字必從喉間反入，穿鼻而作收韻，歸於鼻音，謂之穿鼻。展輔之韻，一、齊、灰、堆、懷、來，其字出口之後，必居兩輔如笑狀，作收韻，歸於衣字，謂之展輔。斂唇之韻，姑、蘇、么、條、尤、求，其字在口半啓半閉，斂其唇以作收韻，歸於烏字，謂之斂唇。抵齶之韻，人、辰、言、前，其字將終之際，以舌抵上齶，作收韻，歸舌齒音，謂之抵顎。直喉之韻，梭、波、發、花、爺、茄，其字直出，本音作收韻，歸於喉音，謂之直喉。凡平聲已盡於此，上去即隨之。惟入聲音短出，唇即無，故無收韻也。

又詞曲尚有閉口收韻，侵、覃、鹽、咸等韻屬之。亂彈則用閉口作收韻時甚少。

三 級 韻

三級韻，上、中、下韻也。歌者既明乎五聲，更須知變化、配合之法，若一味固執，謂高音必須高念，低音必須低念。如遇兩字同音，則出口皆成直調，當何抑揚高下之有？劇詞往往有兩字同音，或三字同音者，其念法或高、或低、或平，總使其本音不失，而調亦動聽，斯得其當。例如"好好好"三字同爲上聲，其念法第一"好"字用中韻平念，第二"好"字用下韻低念，第三"好"字用上韻高念。則不惟省力，而亦無勾輈格磔之病矣。

卷二 五聲輯要

鐘 東 韻

陰 平

東冬䰟○中忠衷終螽○嵩松菘淞○兄凶洶兇汹胸○冲充衝舂忡揰幢稦翀种玒○邕雍廱壅癰噰灉○空箜崆涳悾○宗樱㥦㩗㥔氎鬆蹤縱樅鏦○風楓諷瘋豐鄷灃封葑峯鋒烽丰蜂尌○公工功攻蚣弓躬宫"肱"姑薨切，音洪，誤。恭龔○穹芎○烘轟薨䑂○翁㒺泓○恩聰蔥騘璁○"囪"烟突。○崩繃○通○烹○肩○鬆

陽 平

同銅桐峒鮦筒術侗筩童僮曈瞳潼橦彤佟○蓬篷芃髼朋鵬棚彭澎膨蟛○蒙濛朦矇艨瞢薨"盲"俗音莊。盟萌甿○叢藂從○洪紅䂄虹鴻宏紘黌閎吰○崇蟲重○龍隆癃窿籠櫳瓏矓朧聾礱䃪嚨○窮藭蛩邛笻瓊惸○戎絨駥茙茸蕻○雄熊○融容蓉瑢溶鎔榕庸鄘鏞傭墉榮嶸蠑○農儂濃穠膿醲○馮逢縫○鱅慵

上 聲

董懂○腫踵種冢○孔恐○桶"統"諸韻皆作去聲，《玉篇》音"桶"，《毛氏韻增》從《玉篇》作上聲。○乑喁湧○攏隴壟○聳竦○拱鞏珙礦獷○勇擁涌踊俑永○猛艋蜢懵蠓○迥烱綗泂窘○總○寵○捧○冗○唪

去　聲

送宋○貢共供○洞棟凍楝"動"《古今韻會》;《毛氏韻增》云:"凡物自動則上聲,彼不動而我動之則去聲。"《中原音韻》亦作去聲。○鳳諷縫賵俸"奉"《廣韻》、《集韻》作上聲。又房用切,與"俸"通。《中原音韻》作去聲,今從。○弄哢礱○控鞚空○訟誦頌○甕齆○痛慟衕○眾中仲重種○夢孟○用詠泳○縱糉綜○閧哄橫○統

江　陽　韻

陰　平

江杠豇釭姜薑疆僵韁殭○腔羌蜣○椿莊妝裝○邦梆幫○膗瘡○雙艭瓕霜孀驦鸘○岡剛綱鋼缸扛○"亢"星名。豇肛肛○桑喪○章彰麞漳樟璋嫜張○商傷"殤"音常,誤。"湯"水盛貌。○將漿螿蔣○康糠○當璫鐺簹襠艡○臧贓牂○倉滄蒼鶬○方芳坊肪妨枋鈁○瑲瑲槍鏘蹌○襄驤瓖鑲相箱緗湘廂○昌娼閶猖菖倀○香鄉薌○央鴦泱秧殃○光胱珖洸○荒慌稐肓衁○汪尪○匡筐劻眶○湯鏜○滂雱

陽　平

幢撞床○龐逢旁傍螃膀"房"阿房音防,誤。彷○降夆○尨厖龐噥茫忙邙芒鋩○易陽揚楊暘颺羊祥佯洋○良量糧梁粱涼輬綡○穰禳瓤瓤穰○黃皇遑徨惶璜簧潢煌隍艎鳳蝗篁蝗皇○昂卬○唐搪糖塘磄螗堂棠螳閶○航杭行頏吭○郎廊浪琅狼榔螂稂銀○長萇腸場常裳嘗償○房防魴○亡忘王○牆檣嬙薔戕○詳祥翔庠○藏○強○娘○狂○囊○瀧

上　聲

講港犌鏼○養痒鞅仰○兩魎倆○壞攘攘穰○黨讜攩○獎蔣槳○倘儻帑矘○想鯗○掌長○爽塽鸘○享響饗蠁鼐“餉”《正字通》：“俗謂軍糧曰餉。”○莽漭蟒○敞廠氅昶○仿紡昉倣“舫”古與枋同，《中原音韻》作上聲，今從。“訪”諸韻均作去聲，《中原音韻》作上聲，今從。○岡網魍輞惘枉往○謊恍“晃幌”《集韻》：“戶廣切。”《廣韻》：“胡廣切。”上聲。《中原音韻》作去聲，今仍作上聲。牭榥滉○頯嗓磉○榜綁蒡○賞晌“上”在上之上音上聲，升上之上音，去聲。○朗烺○沆骯○廣○曩○强○儴○奘○搶○慷

去　聲

絳降泽虹彊○亢抗伉炕○當擋蕩盪宕碭○傍謗“棒蚌”《集韻》、《正韻》：“步項切。”上聲。又《正韻》“蒲浪切”，音傍，去聲。○葬藏臟○浪閬○悵漲脹“丈”諸韻均作上聲。《中原音韻》作去聲，今從。按，南人音上聲，北人音去聲。“仗”甲仗音上聲，憑仗音去聲。“杖”几杖音上聲，持杖音去聲。障墇瘴○妄忘望塑王旺○暢帳幖鞃唱倡○將醬匠○狀壯撞○尚餉上○向巷嚮“項”《中原音韻》作去聲，今從。○漾樣恙羕煬快颺○諒亮量掠倞輛緉○讓釀○創剙○曠纊壙況覒○釀○喪○胖○湯○盎○放○誑○愴○逛

醫　欺　韻

陰　平

支枝肢梔卮楮之芝脂鳲氏衹○基其箕萁萁姬機幾譏磯禨饑璣肌飢笄雞稽羈羇○欺傲鵸魌娸○知踟胝○絺郗瓻摛螭魑癡苔蚩媸嗤鸱○咨資姿濟齏訾髭觜鄑孜茲孳滋嵫○雌郪趀○斯廝鷥漸撕澌嘶澌虒褫磃私思偲颸罳絲司鷥○菑淄輜緇鏑○師螄獅施葹尸屍蓍鳲詩邿○犧羲曦巇熙“嬉”又上聲。嘻熹僖希稀欷俙悕豨谿醯鸏○咦醫懿噫

漪猗旑褘伊洢咿鷖黟衣依○非扉誹緋飛霏菲騛妃斐裶騑○低氐堤磾
祗○梯鷈○齎躋○妻淒萋凄悽棲○西栖犀○鎞紕批鈚○居琚裾鵨車
拘俱駒○虛墟壚歔嘘吁訏盱冔煦昫○猪潴諸朱株邾誅蛛珠侏硃姝○
挎椦攄○胥湑糈須鬚需襦○樞紓舒鴛輸書○紆迂於○區嶇驅軀貙○
趨蛆

陽　平

奇騎錡琦碕其"期"作陰平，非。棋旗琪綦萁淇麒騏祺蜞璂薺祇祁
郊跂祈旂頎幾圻耆鬐芪○宜儀檥疑嶷鷬鸃移莎迻匜撒簃廖訑蛇迤弛
夷陳痍黃徲佽姨洟胰彝飴怡貽詒眙頤宧遺沂"圯"圯橋音遺，音起，誤。
倪鯢輗霓猊郳○離蘺籬羅灘欐縭褵离蠡璃穋鸝醨驪灑"麗"高麗。罹
棃鸞犂藜鼇犛鰲犂疒貍璙罿漓蜊○兒而呪鬌軥腒阿鴯洏○馳踟篪池
"褫"又上聲。墀遲差持○尼怩呢旎泥○皮疲郫羆貔毗陴裨脾埤鼙○
彌瀰獮嫡迷○慈磁茲疵茨鶿澬詞辭辝祠茬鶿○時塒鰣蒔匙○維惟微
薇○肥淝○題啼提禔媞綈稊緹醍荑蹄騠○齊臍○兮奚傒徯蹊膝嵇磎
謑○攜鑴○魚漁余歟"譽"又去聲。畬餘旟璵"與"《毛詩》:"我黍與與。"與
上聲異。輿舁妤虞鸆娛禺愚隅嵎喁騟于盂竽雩玗"汙"水名，與陰平異。
俞渝逾愉瑜鯢瑜窬蒲"喻"歌也，與去聲異。臾腴諛萸○如茹駕儒嚅濡
蠕襦繻○渠蕖蘧籧磲鶊劬朐軥瞿衢"句"須句，地名。鸜鴝戵○除儲厨
蜍滁㻌蹰○閭"廬"地名。櫚驢○殊銖茱洙○徐

上　聲

紙砥只軹枳咫旨指止芷沚趾阯徵沚黹址雉薙痔○紀己儿麂幾蟣
掎跂綺觭○起屺杞玘豈啓棨綮企○擬艤"蟻"同螘。錡倚椅旖矣以已
苡顗扆依○耻齒侈時跱峙○紫姊子秭第梓籽仔滓○此佌泚玼踦○徙
璽枲屣蓰○喜嘻嬉○洗○比妣匕秕俾髀鄙彼庀婢○米眯弭○史使駛
始矢豕屎"弛"音史。○否痞嚭秠○里理娌裏李鯉履禮醴澧"蠡"彭蠡。
俚○耳餌珥駬爾邇○邸底抵詆牴舣砥氏○濟擠薺○舉莒筥欅矩○語

圄"齬"平、上兩用。圉敔籞羽禹雨宇鄅萬齲"俁"踽同。庾愈瘐與予麌窳
詡栩珝○楮褚杵處○煮渚主拄麈"耇"《中原音韻》作上聲，今從。黜○暑
鼠黍墅○呂旅膂侶儢○汝秗乳醹○取娶○尾娓○體○許○女○傴
○嶼音叙，去聲○窶○"去"除去之去，與去聲異。

去　聲

　　實至志誌痣摯贄鷙智致輕"觶"又音陽平。幟熾置質滯制巇製掣猘
稚治緻祭澨○記寄冀驥覬懻瘵忌芰騎洎曁既概忮"妓""技"《毛氏韻增》
作去聲。計繼薊繫季悸偈○器棄氣愒契禊○義議誼劓意薏懿異餼縊
易肆勩毅曳衣詣羿藝囈瘱瞖翳殪槸裔刈乂○地帝諦螮蒂弟第悌娣睇
締遞棣○賦泥○賁秘閟毖臂嬖畀庇蔽閉弊幣獘敝薜避鼻"陛"《正音》
有上、去二音，《中原音韻》作去聲，今從。箆○譬媲屁帔濞○恣自漬字牸觜
眥○四肆駟泗賜思笥伺嗣寺"似姒兕巳祀汜俟"《中原音韻》作去聲，今從。
食○次刺佽眥莿○事示諡試弒侍視闈嗜施"士仕市柿恃是氏"《中原音
韻》作去聲，今從。筮噬世勢逝誓○戲屓獻系係○吏利痢澧晉荔例厲礪
癘糲勵蠣麗隸儷戾喙涎劙莉○二貳○肺吠費芾沸翡"柿"本屑也。癈
○替涕掭嚏屜○霽濟劑祭際穄○妻砌○翅翄○據鋸踞据倨遽鐮醵
詎屨句絢具懼颶"巨鉅距拒炬秬苣"《中原音韻》去聲，今從。○御馭禦豫預
譽澦遇寓"雨"雨下之雨，與上聲異。裕諭嫗"芋"《中原音韻》作去聲，今從。○
絮"叙潊序緒"《中原音韻》作去聲，今從。續○著箸助駐柱住注註炷翥澍鑄
"杼"今作去聲。"貯苧紵佇"《中原音韻》作去聲，今從。○恕庶署曙戍樹"豎"
《中原音韻》作去聲，今從。○慮濾屢○覷趣娶○處○去○聚○女○細○婿
○讆○未

入　聲

　　質瓆郅隲織職直值植殖擲躑窒厔秩姪隻炙汁執○吉詰髻姞佶載
蕺激擊棘亟諫殛極急級汲伋笈岌給○匼暍愒衵○筆必泌畢躃篳蓽鷝
邲"泌"地名。弼"佛"音弼。佛肸，魯人名。碧辟壁璧比逼躃○匹甓僻癖

闢霹劈○蜜謐宓覓汨密○即唧疾嫉蒺積迹脊蹐鯽櫛籍瘠蹟磧勣寂稷
緝集輯檝戢○七漆黍戚鍼慼磩○叱赤尺斥喫敕飭鶒○實石碩食蝕十
什拾釋適失室濕爽識式餙軾拭○乙鳦一壹逸佚佾泆軼益溢鷁鎰逆翠
繹驛嶧譯懌襗斁液掖亦奕弈"射"無射,九月律名。役疫億憶檍抑弋翼
翊廙邑悒挹揖裛聿裔遹霬鷸熠煜○栗慄溧歷曆靂櫪瀝癧礫皪礰力劝
立粒笠苙○悉蟋膝昔惜舄席蓆夕汐杴錫晳淅析裼蜥息媳習襲○狄荻
敵迪糴笛滌翟的嫡靮滴鏑苖○惕剔踢逖倜○吸翕歙潝肸檄覡薂隙郤
○乞迄訖屹泣○菊鞠鞫掬踘橘局跼○曲麯屈○竹竺朮筑築祝○畜出
蓄黜○述術○呐呍○旭頊勖○劇○入○溺○屐○刺○日○賊○律

姑　蘇　韻

陰　平

苴沮睢疽狙趄租菹○疏蔬梳○夫膚枹跗珠麩敷孚荂桴郛俘○
初粗芻○姑孤辜酤沽觚箍眾鴣蛄菰呱○枯刳○逋晡餔鋪痡○蘇酥甦
蔴○烏鳴汙"惡"《論語》:"惡乎成名。"○呼滹○都

陽　平

扶趺符芙鳧苻鳧"夫"疑辭,與陰平異。○吾吳鋙珸梧郚齬蜈浯齬
無蕪巫誣○雛耡嬃鋤○徒途塗涂荼圖屠瘏駼跿鄐○奴駑孥笯羇○蒲
酺匍蒲脯○模謨摹○胡乎壺狐瓠弧葫瑚餬糊醐湖箶鶘猢○徂殂○盧
廬蘆"鑪"爐同。壚臚鱸鱺舮轤櫨瓐濾纑顱

上　聲

阻俎齟詛祖組咀○楚礎憷濋○甫府俯腑脯黼斧撫莆簠輔滏"俌"
同釜。腐○武舞侮廡鵡斌嫵膴甒憮膴五伍午仵旿塢鄔○古詁鼓瞽股
賈估牯罟蠱羖鹽○睹堵肚賭○土吐○補圃鵏○普譜浦溥○姥姆母某

畝牡〇弩努〇虎滸琥〇魯鹵櫓虜艪滷〇所〇數

去　聲

付賦傅搏拊附袝駙鮒赴訃仆賻富副負婦"父"《中原音韻》作去聲，今從。"阜"《古音考》：阜字上、去兩用。《中原音韻》作去聲，今從。〇務婺霧鶩"戊"後人讀爲武，由於五代梁爲避諱改"戊"爲"武"，今作去聲。〇顧雇故固錮〇庫袴〇誤悞悟寤晤惡污〇妒嬭蠱度渡鍍"杜肚"《中原音韻》作去聲，今從。〇兔菟鵵〇布佈怖步捕哺"簿部蔀"《中原音韻》作去聲，今從。〇暮募慕墓〇素訴塑溯愫嗉數〇護䕶瓠穫互戽冱滬"戶扈岵怙"《中原音韻》作去聲，今從。〇路輅賂璐露鷺〇醋〇做〇恕〇鋪〇孺

入　聲

穀轂觳瀔谷骨鶻告牿鵠楉〇哭酷嚳窟〇禿詫鴆突凸鼵〇獨牘讀讟黷犢瀆璷櫝毒碡纛〇卜不〇僕撲幞濮鏷"暴"與幺條韻異。"瀑"又幺條韻。〇木沐霂鶩目睦穆苜牧繆没〇族鏃喉簇促趣蹴蹙〇速蔌觫敕縮謖肅宿粟夙蓿驌鷫〇斛縠觳槲〇屋勿物兀杌屼〇禄鹿漉簏麓轆録琭橐醁婂觡緑渌菉逯六陸勦戮〇粥燭矚囑逐軸舳妯躅觸歜〇福腹複復幅輻蝠偪覆伏服茯匐菔馥鵩襆鰒蝮弗紱黻茀䢵沸颫拂髴袚佛甶怫〇孰墊熟叔淑菽倏儵蜀屬贖秫沐束俶諔〇郁彧"燠"又音奥。澳"囿"又尤求韻。育毓昱煜鬻涓玉獄欲慾浴鴪鬱尉〇篤督〇辱縟溽蓐肉入〇續俗〇足蠋卒〇忽惚笏淴欻颰〇没〇猝

灰　堆　韻

陰　平

歸圭閨邦刲龜媧溈規〇卑碑悲陂杯〇披旇狓丕呸胚醅坏〇虧盔"窺瞡奎魁"念作陽平，誤。傀瑰闚〇追錐䭔雖騅〇嗺綏睢〇"衰"同縗。

崔催摧榱橇○麾撝暉"煇"同輝。揮徽暈微灰陔恢詼○威葳隈煨偎透萎○吹炊○堆○"推"○一音雀，一音禿隈切。

陽　平

眉嵋湄楣郿徽麇麋醿蘼麾麼麈枚梅莓媒煤玫○逵馗夔騤葵郯○危桅爲帷韋幃違闈圍巍嵬○錘垂陲○隋隨○蕤甤○培陪裴掊○回迴洄茴○雷櫑瑠輺贏纍㜅蘽○頹魋隤○誰

上　聲

軌匭宄晷簋詭垝傀娓癸鬼○美每浼○髓瀡寯○毀燬譭賄悔虺○捶箠○委骫偉唯韙瑋葦碨隗頠猥洧鮪蔿闠隝○壘誄耒礧磊儡蕾○蕊○水○腿○餧○"揆"作平聲，誤。○嘴

去　聲

備糒貝狽背輩煏焙倍孛悖誖晡○貴櫃桂劌鱖跪○爲僞位諉餧尉罻慰蔚霨畏未味"瑋"上、去兩用。魏胃謂渭蝟"猠"又音厥。薈憒橞獩緯彙衛轊○墜懟縋綴贅畷○醉最蕝罪○翠萃悴顇瘁踤脃毳倅淬焠晬崒○邃粹誶睟祟遂燧鐩鐩隧璲璲"彗"篲同。穗歲繐碎倅○睡稅説瑞悦○吹喙○類涙累酹纇擂○諱卉會繪檜誨晦翽噦慧惠蕙嘒暳恚衁"毀"成毀之毀，上聲；非自壞而隳毀之，則去聲。潰澮闠○鋭叡芮蜹○沛霈旆配佩珮轡○媚魅寐妹昧眜袂"珥"又音冒。○蛻退○兌對碓隊對○愧騩餽匱簣蕢瞶喟霩歸○內

懷　來　韻

陰　平

街皆階偕音鞋誤。楷喈稭○釵差○該陔賅垓賅荄○胎"駘"與駑駘

異。邰"台"三台，星名；又州名。非陽平。鮐呠○哉災栽○鰓顋俗作腮。○㞑于㞑，或作于思。○哀唉埃挨○歪崴○衰○開○猜○乖○齋○揩○篩

陽　平

厓睚捱○排牌俳簿○埋霾○柴祡豺儕○諧骸鞋○懷徊槐櫰淮瀤○臺儓駘擡臺苔炱簜○孩頦○來萊郲騋徠與"來"通。淶○裁纔才材財薖○鎧獃○能《爾雅》："鼈三足曰能。"

上　聲

蟹駭駴○拐箉《中原音韻》作上聲，今從。○凱與"愷"同。塏鎧闓暟○詒紿○乃奶○薱蕾靄矮毒乃○載宰崽○采與"採"通。彩案○海醢○揣○解○楷○擺○買○改

去　聲

帥率○蓋丐瑸○艾礙愛僾靉曖嗳瞹薆壒○賴賚籟瀨癩○會儈膾獪檜劊澮噲快塊○泰太汰態○帶大戴貸代黛逮岱袋靆璸待"怠殆迨"《中原音韻》作去聲，《韻會》作上、去二聲。○奈柰奈、奈通。耐鼐○蔡菜○害妎亥○戒誡介价玠疥芥界屆犗解○薑債祭瘵寨眦豸○懈廨嶰獬械澥薢邂懈○隘搤噫餲○拜敗湃憊粺唄○賣邁○概溉慨愾嘅○載在再○賽塞○曬灑鎩○壞○怪○派○外

入　聲

宅翟擇○齚紮○擘○虢○絨○麥

爺 茄 韻

陰 平

嗟罝○奢賒○車○遮○爹○靴○些

陽 平

爺耶瑘○邪斜○蛇佘

上 聲

寫瀉○者赭○野也冶○惹若喏○撦哆捨○姐○且○乜

去 聲

舍射貰麝赦"社"《中原音韻》作去聲，今從。○謝榭卸瀉○夜"射"官名。○拓蔗鷓炙○借

入 聲

許揭羯竭碣傑黠結戛嘎"拮"同揭。頡纈擷桔絜潔孑竭榤杰刧刔衱頰鋏莢○歇蝎血挈脅協挾○謁閼蘖蘗蘖讞業鄴葉燁喥蠍曳抴饁○厥撅鐝蕨蹶掘橛決玦譎訣鳩觖潏○闕缺関○輟啜惙錣拙茁○月刖軏越樾蟪鉞曰粵悅閱○鐵驖餮帖貼阽○垤咥耋絰跌迭凸佚荁喋牒諜揲疊堞蝶鰈蹀褶○捏捻涅聶糵躡臬嚙○哲蜇轍折浙澈掣摺輒跖○別鱉龞鼈憋○滅蔑蠛懱○徹撤○掣瞥○節癤接揭婕睫捷箑截嗒○切竊妾沏○屑絏僁褻媟泄疶躠楔爇躞屧○舌折設攝涉澀○列烈洌裂冽颲獵鬣劣捋埒○怯愜篋挈○雪○爇○絕○穴○熱○説

發 花 韻

陰 平

嘉加家笳珈葭猳跏枷痂袈迦廳佳○巴芭笆豝疤○楂查渣吒同吔。○又杈靫差艖磋○沙紗裟鯊砂髿○鴉丫呀椏○誇夸○蛙哇窊洼窪娃呱摦媧蝸○摣樝抓○蝦○花○瓜○他○"媽"俗讀作"馬"，平聲。

陽 平

牙芽枒衙齖涯崖○麻蟆摩○琶杷爬跁○遐霞瑕鞨○華驊譁划樺○茶搽○挐○咱

上 聲

賈假罜跢檟○雅疋○馬碼○啞○把○灑○寡○瓦○儍○那○打

去 聲

卦掛○駕架價嫁稼○迓訝砑亞婭稏○吒姹詫汊侘○覇灞欛靶弝壩爸罷○怕帕○禡罵○詐乍醡蜡○嗄厦○嚇夏下苄暇罅○跨骻○化華話畫劃○那○凹○大

入 聲

髮發法伐罰閥筏垡茷乏○滑猾磆○闥撻健獺榻塌遢塔踏沓嗒蹋遝○達闥答搭妲踏剳○薩撒颯靸○剌辣臘蠟邋鑞拉○跋拔魃茇軷八扒○札扎紮○察刹鍤臿插歃○煞殺鍛煞椴霎○轄洽狹狎峽匣硤柙俠祫鎋瞎呷○納衲妠○厞匼雜咋○夾郟筴甲胛○恰搯蛤○押鴨壓○哈○刮○刷○襪○閘

梭波韻

陰平

歌哥戈鍋過渦按《廣韻》、《集韻》分歌、戈爲二韻。“歌”爲開口，“戈”爲合口，呼法不同，鄂音則不分，今仍沿俗呼併爲一音。○柯牁科窠蝌“柯、牁”爲開口音，“鄂”音與“科”同，今與同列。○珂軻○蹉磋瑳搓艖○佗與“他”同。拕詑○娑桫挲傞蓑莎梭唆○呵訶○阿屙痾○波□□玻菠○倭渦踒窩猧萵○多夛○坡○麽

陽平

莪哦娥峨俄蛾鵝睋訛○駝馱鼉沱陀跎迱酡紽鮀駞○儺那挪○何河荷“苛”又上聲。○羅蘿籮鑼囉攞邏騾螺灑鑹○婆鄱皤○摩磨魔劘麼䃺○矬痤○禾和龢

上聲

哿舸笴可坷岢○彈跢朶躲○娜那○妸旑○果裹蜾“猓”與“果”通。○跛簸“播”上、去兩用。○頗叵○鎖瑣䲨莎○火夥○裸蠃蓏欏儸○左佐○脞○㦬○妥○顆○我

去聲

箇个○馱剁惰墮鬌癉“垛”“舵”他韻作上聲，《中原音韻》作去聲，今從之。○賀荷○懦糯那○播譒簸○挫剉銼莝○座坐○貨和“禍”《中原音韻》作去聲，今從之。○卧涴餓○過○課○唾○破○磨

入聲

啄斲琢卓倬涿焯諑諄踔逴濁濯擢鐲着斫酌灼捉○覺角崛倔捅玨

脚噱○確殼壳搉觳礐埆彀觳恪却○嶽岳樂鷟藥躍龠瀹爚籥鑰鸙顲蠬約虐瘧○撥鉢剥駮鈸趵博搏髆泊薄箔礴亳簿縛勃渤餑脖鵓艴舶白帛伯百柏○朔矟○學謔鸒○斡沃渥握偓齷○葛割轕各閣○格挌胳閤蛤鴿"蓋"姓。隔鬲革膈○咢噩鰐諤萼鍔鶚鼉崿惡堊○託柝橐拓托籜脱飥○鐸度踱奪○粕魄潑"鐒"《説文》："兩刃木柄，可以刈草。"河南割麥曰鐒麥。珀迫拍○莫幕漠摸寞鄚鏌瘼膜膜末袜靺抹沫秣陌貃貘驀脈墨默○渴碣瞌榼溘○曷褐喝鞨猲郝赫鄗壑熇涸貉黑核劾合郃匐盒盍闔嗑鶴○遏額"靄藹"又音矮。○括聒适郭掴國幗○作斫撮鑿昨柞酢胙○"錯"與"措"通。厝削○索揀○落洛酪絡珞樂烙駱雒濼輅洛○略犖掠畧鑠爍○芍勺妁汋○爵爝嚼皭皭○鵲雀踏○弱若嫋蒻箬諾○綽婥○廓擴鞹○霍藿穫鑊蠖耰劐獲嚄劃獲○客喀克刻尅○"摘謫斦仄澤擇"諸韻皆作團音，懷來韻；鄂作尖音，梭波韻，今歸梭波韻。賾嘖幘簀昃窄則賊○德得○特慝忒○勒肋○策册側測惻厠○"色嗇穡澀瑟"今歸梭波韻，作尖音。○或惑○搦諾○削○葽○齷○闊○活○佛○垿○北

幺　條　韻

陰　平

驕嬌交郊蛟鮫茭咬尥膠轇教○驍澆梟傲囂枵歊呺鴞○貂雕刁琱凋彫鵰○蹻蹺敲磽○挑祧○朝昭招○鑣儦麃瀌標杓猋飆摽"彪"俗音標，各韻均在尤韻，今從俗念。○飄漂○焦蕉椒鷦○蕭簫瀟彇颰蟰宵消霄逍痟綃銷硝蛸魈翛○超怊弨○夭妖訞么腰喓葽要邀怮坳窅凹○包胞苞褒○抛脬○謅抄勦○梢捎弰筲髾鞘颾旓嘹燒○高皋羔膏餻槁篙鰲槔○刀忉魛舠"飇"熱風也。○滔饕叨慆條韜韜掏○遭糟○騷搔臊飀艘繅○蒿○鏖○尻○操○鍬

陽　平

喬僑嶠僑蕎翹苃○堯嶢垚遙傜窯銚姚摇謡瑶"陶"皋陶,舜臣。飆猺○條迢調蜩佻髫苕○朝鼂潮嘲巢漅○瓢藨○苗描貓緢○樵譙憔瞧○燎憭寮遼撩鷯嘹憭獠潦聊○饒橈蕘嬈○聲謦熬"敖"又作遨。熬鼇葵驁璈嚣螯翱廒○鐃撓譊敉恢猱○庖炮咆麐鞄匏"跑"與上聲異,足就地也。浙杭有虎跑泉。○脬袍○茅蝥毛髦旄氂芼矛○肴爻殽崤淆○桃陶淘濤逃鼗綯醄萄"洮"一音桃。檮絢○曹漕槽螬嘈艚嶆○豪毫號濠嗥○勞牢澇捞轑醪俗音膠,《中原音韻》、《音韻闡微》俱音勞。○韶

上　聲

矯皎繳噭絞狡攪姣餃○鳥蔦鴇裹嫋裊嬝○宛挑○眇渺淼藐秒緲杪杳窈殀○悄愀○小篠謏○繚了瞭蓼"燎"上、平兩用。○擾繞遶○卯茆昴泖○杲縞槀搞鎬部○考拷栲"燺"俗作"烤"。○倒擣禱島導○腦瑙惱○寶葆保堡緥鴇○早蚤澡藻棗璪○艸懆○嫂掃○老栳○襖懊媼○"剽勡僄"《中原音韻》作上聲,今從。○爪○好○討○巧○皎○曉○少○沼○表○飽○炒

去　聲

叫徼轎教校較窖酵挍○弔釣調掉○眺跳朓耀頫"窈"上、去兩用。○召照詔罩笊櫂"肇趙兆旐"《中原音韻》作去聲,今從。○廟妙○醮噍○嘯笑肖鞘○俏峭誚○少邵劭"卲"與"邵"異。邵,地名,又姓。邵,高也。哨稍"紹"《中原音韻》作去聲,今從。○要耀鷂曜○廖鐐療料○"抱鮑"《中原音韻》作去聲,今從。○豹報暴瀑爆趵鉋○炮泡○貌冒帽髦眊茂○鈔訬○孝哮"效"與"効"同。校○告誥郜○犒靠○傲慠謷○到倒盗道導悼蹈稻○翿燾○竈躁造皂○奥懊澳○糙慥操噪譟燥○號好耗○"昊皓顥灝浩皞"《中原音韻》作去聲,今從。○勞嫪澇○扚勒○鱙醥《中原音韻》作去聲,今從。○套○尿○票○閱○竅○"驃"一音票,一音標,去聲。

尤 求 韻

陰 平

勾鈎軥溝韝篝觩緱○兜篼○偷婾○搜鎪颼溲毬餿傁○謳嘔歐漚甌軀醧○鳩勼鬮樛○邱蚯○舟輈侜鰲譸周週啁賙州洲○抽瘳○秋鞦揫萩鶖鰍揪啾○脩修羞饈○鄒郰騶謅鯫陬諏○休庥貅咻鵂○憂優耰鄾幽麀○搊搹○篘搊○彪俗音標。○收

陽 平

尤郵訧由蚰猷悠油蕕猶蘒輶游縣卣攸揂庮蝣疣○留遛瘤榴瑠鶹騮劉瀏流旒硫飀○柔揉蹂輮"猱"又蕭韻。○頭投骰○抔哀○謀牟眸侔鍪蟊繆麰○侯猴鍭喉餱篌○婁樓僂軁慺艛○求述裘俅毬球錄賕綠虯○儔疇籌躊紬綢稠雔酧醻"惆幬"《中原音韻》作陽平,今從之。○酋遒囚泅○"浮蜉罘罘"姑蘇、尤求兩念。○牛○愁韻書均係尖音,俗念團音,從俗。

上 聲

苟狗枸垢○偶耦藕○斗枓蚪抖陡○叟膄藪○塿簍嶁○九久玖韭○肘箒○丑醜○狃紐忸鈕○缶否○首手守狩○有友酉牖羑莠誘○柳綹○朽○酒○口○剖○走○吼

去 聲

遘構媾覯購韝姤觳夠詬○寇蔻扣叩○鬥豆餖脰逗竇荳○懋貿○湊輳○奏驟皺僽○瘦嗽漱○候堠鱟茒后厚後近○陋扇漏鏤○救廐究舊柩柏"臼舅咎"《中原音韻》作去聲,今從。○晝胄宙簉咒"紂"《中原音韻》作去聲,今從。○謬繆○就僦鷲○秀繡琇"宿"星宿之宿。岫袖○臭糗嗅

○獸授綬壽售"受"《中原音韻》作去聲，今從。○幼宥又右佑祐侑囿抽鼬○溜礌窌○透○耨○漚○甃

人　辰　韻

陰　平

巾斤筋更耕京荆驚經涇競矜今金襟衿"禁"又作去聲。○珍真甄瞋嗔臻榛溱貞禎楨徵癥征鉦蒸烝碪椹簪斟針箴鍼○彬"豳"邠通。彪霹賓濱檳鑌獱繽斌斒兵并栟冰○津精晶睛旌侵浸綅駿○辛新薪莘騂莃詵星腥篁猩惺心○申身伸呻紳娠生笙牲甥魭聲升昇陞深○因姻茵駰氤禋闉殷慇嬰罌嚶鸚櫻瓔纓攖鶯英縈瑛霙煐應膺鷹音陰瘖暗○均鈞麕菌筠君軍皸○諄迍窀○春椿○遵尊樽○逡竣踆悛"森葰參"《廣韻》"所今切"，作尖音。《集韻》"疏簪切"，作團音。《音韻闡微》"師因切"，作團音。今從《廣韻》。○荀詢恂郇峋珣○親清青菁蜻鯖"祲"又去聲。○分芬紛雰氛棻"汾"《中原音韻》作陰平，今從。○熏薰纁曛獯醺壎勳○氳煴輼溫瘟蘊○欣炘訢忻馨興歆○昆崐琨鵾錕裩坤髡○敦墩燉惇暾○奔賁○孫蓀飧○昏婚惛閽葷○根跟庚賡粳羹鶊○阮鏗硜○丁玎釘仃疔○琤錚"瞠"《古今韻會》音與琤同。《莊子》："瞠若乎後矣。""撐"《古今韻會》：俗作"撐"，非。○卿輕傾"頃"又上聲。鼪誙○爭筝"猙"《音韻闡微》作尖音。○樫槙蟶稱偁琛郴綝參○廳聽汀鞓○登燈豋簦甄○增曾繒罾憎○欽衾嶔○心○僧○鼟○恩○吞○噴○村○睜《集韻》"疾郢切"，音井，俗音爭，從俗音。○亨

陽　平

銀闇狺寅賨鄞垠齦迎盈楹嬴贏瀛籯攍孅營塋垒螢凝蠅吟岑淫霆蟫○陳塵辰晨宸臣麎呈程裎醒珵成郕城誠盛宬晟珹澄橙懲承丞乘塍嵊沈霆諶忱○紉人仁仍礽紝壬○貧頻嚬瀕蘋嬪平評苹萍枰抨怦坪

"俜娉"《中原音韻》作陽平,今從。瓶屏絣缾洴邢憑凭○民珉岷閩旻忞緡明鳴名洺盟銘冥瞑甍溟娛○秦蟓情晴繒○神繩澠○鄰嶙粼磷璘轔驎鱗麟燐潾蹸玲伶靈零聆泠鈴醽酃齡图瓴櫺舲苓羚翎蛉鴒笭淩綾凌菱○峻菱林臨琳霖淋○旬巡馴循尋潯郇燖鐔掃鬻灊○唇漘純醇淳錞鶉蓴○勻筍畇云雲芸耘紜澐員鄖沄箟蔶○倫綸掄淪輪論嵛艙○群裙○焚粉棼墳瀵枌○文紋聞蚊雯"閺"今作"閿"。○勤懃芹"菫"一音謹,草名。擎檠黥鯨勍琴禽芩檎擒噙防○豚屯臀飩軘○盆溢○門捫璊○存蹲○魂渾餛○痕橫衡蘅莖誙恒○能"佭諡猱"《古今韻會》音與能同。《音韻闡微》"尼萌切",孃母。○嶒髻曾層岑涔○行珩桁滎熒甇形刑硎型邢鉶○庭廷亭停渟婷霆葶蜓○騰滕謄藤疼○棱楞○寧嚀通。○餳

上 聲

耆緊謹槿瑾警儆境景璟頸憬到錦歘○牝品○敏閔憫愍湣泯黽皿惸茗酩○軫診疹畛眕衿"鬒"或作"頔"。積繽黼整拯枕○矧哂省眚審瀋孀諗沈瞫痒蹟○引蚓靷隱隳滲尹影癭郢穎潁飲○忍認荏稔飪恁○稛閫悃捆壺○筍隼榫篚損○準准○蠢踳○盾揗"瞬"《中原音韻》作去聲,今從。○允狁隕殞惧湨○吻刎脗抆穩○袞滾鯀裒○本畚○肯懇墾齦○梗哽鯁骾綆埂郠耿○逞騁○丙炳邴怲陃眪秉餅屏浜稟○省惺醒○領嶺廩懍凜檁○頃顙○頂鼎酊○艇梃珽鋌頲挺娗町○痹寢○蜨○粉○撙○忖○很○儘○"瑒"直冷切,圭名。○樘○冷○井○請○等○滓○磣《中原音韻》作尖音。○您○怎

去 聲

覲僅饉靳近敬竟鏡獍勁競徑俓陘禁噤吟濼妗○鎮陣震振賑"娠"又音身陰平兩念偵遉鄭正政証證鴆酖譖朕"朕"《中原音韻》作去聲,今從。○晉進縉璡搢盡燼贐藎淨窘靚靜靖清甄"浸"又陰平,兩念。○鬢殯儐臏迸柄并病○襯櫬齓趁疢㽛稱○慎脤"腎"《中原音韻》作去聲,今從。聖盛乘賸勝甚鬵○信"訊汛"北人音殉,誤,鄂人皆音信。性姓○釁行興"杏

幸悻倖"《中原音韻》作去聲，今從。脛音徑，誤。○印胤映應孕膺硬蔭廕窨飲○吝悋藺躪令診賃"淋"與陽平異意。○刃仞軔訒靭認任妊紉衽○俊駿峻畯餕○濬迅殉巽遜噀○舜蕣順○韻運鄆暈惲醞慍蘊○奮糞債分忿○閏潤峹○問衆汶諢搵○頓鈍遯遁沌"囤盾"《中原音韻》作去聲，今從。○溷"混"《中原音韻》作去聲，今從。○嫩論○奔笨○恨橫○艮更亘○慶罄磬聲○聘娉○命暝○諍掙贈○定錠訂釘飣矴○寧佞濘○隥磴鐙凳鄧蹬"澄"分清濁也，與陽平異意。瞪○蹭謥○沁伈親○滲糝○困○郡○訓○悶○寸○聽

言　前　韻

陰　平

　　殷殷鄢嫣漹蔫"閼"地名。煙燕咽胭珚洇湮裡淹腌醃稽懨○暄萱喧諠闤儇嬛○鴛鵷冤智淵○掀"軒"俗讀如萱，誤，平白從俗念。"鳶"《古今韻會》"鳶鵄"二字音義訓釋不同，讀音愆者誤。忭杴○番翻旛轓藩潘反○干竿玕肝杆乾甘柑泔疳○看刊堪戡龕嵁○單丹鄲簞殫匰癉眈耽擔儋湛覘○灘攤癱貪聃○餐參驂○珊跚姍三毿鬖○安鞍庵菴諳鵪醃腌唵○官冠觀棺倌"莞"地名。關摜鰥綸瘝○端耑○般搬籃班斑扳頒○鑽攛○酸狻○歡讙驩貛狟○剜豌彎嫚灣灤鸞○艱犍姦間奸菅堅肩开鯀兼○兼縑鰜鶼監緘椷○山剷刪潛羶"扇"搖也。煽羴衫杉釤芟摻穇○潘攀○跧詮痊佺筌荃銓駩軡恮○豜酣憨"蚶"《中原音韻》作陰平，今從之。《集韻》"胡甘切"，《音韻闡微》"何藍切"，作陽平。○愆褰騫牽縴岍汘慊謙○顛巔癲滇○天添○遭鱣趮鸇饘氈栴旃沾霑詹瞻嚕襜占粘苫苫痁詀○邊邊編蝙鯿鞭篿砭○篇偏翩"蹁"《中原音韻》作陰平，今從之。○箋韉籛煎湔尖殲"漸"入也。○千仟阡芊遷韆鄹籤僉簽槧○先仙躚鮮○涓娟狷鵑鸊○圈棬弮○宣瑄揎○專甎耑塼鄟顓○穿川○簪鐕撍○覘剿襜襜○銛纖暹霰孅憸○嵌鴿○攪櫼○寬○湍○慳○攙○鑯○拴

陽　平

言䇅齗顔嚌䫥訮妍研延筵埏蜒縼郔狿䖏嚴簾炎惔鹽閻檐巖壖嵒沿"鉛"俗音牽，誤。○元原源沅祁嫄騵黿袁轅猿榬爰援湲媛園垣洹員圓緣橼鳶"捐"俗音涓，如念北白，可從俗音。○煩繁蘩蕃礬樊膰蠜凡帆颿○壇擅彈驒覃譚潭鄲趲鐔薄曇燂壜醰談痰餤郯○難南楠喃誧男"枏"與"楠"通。○殘戔殘孱潺虦慚虦讒饞巉鑱儳劖瀺○闌蘭瀾欄攔襴斕藍籃鬑嵐㜕襤鸝○團摶漙槫○盤磐磐娑幋槃瘢鬙蟠磻○瞞蹣漫縵饅鰻鄤鞔霒鬘"蔓"菜也，與蔓草異。蠻獌○欑欑攢○桓還環鐶轘澴圜闤寰鬟鍰鷤剮萑○鸞鑾巒灤圞欒鑾攣○完丸綄紈㐹汍璬頑○閑閒嫻莧憪鷴瘋矊賢弦絃舷滋痃嫌咸鹹誠銜嘀○寒韓邯函含翰汗涵頷○虔乾箝黔鈐黔○田鈿闐填搷甜恬湉○年黏秥鮎拈○塵纏瀍躔蟬禪嬋蟾○朒駢便"骿"又人辰韻。○眠縣棉矊榠○前嬋錢潛蕁灊○涎唌○連漣鱱蓮憐聯廉鐮濂簾鬑奩帘裣○然燃髯○權拳鬈顴卷○傳掾船遄○全泉牷○旋璇璿漩○懸玄玹○瑞搄暝蠕○捋燖

上　聲

偃郾堰齴隰匽眼演衍戭繡兗剡奄掩"閹"《中原音韻》作陰平，今作上聲。崦淹埯罨郁弇渰魘黶琰儼○"卷"通作"捲"。綣錈畎○阮頔愩○反返販○晥鞔婉宛琬畹蜿莞盌○䇍稈趕感礈鱤敢橄○侃坎砍壈○亶癉憚膽磹統○散傘橬糝○坦袒菩毷佟襌茨髢○懶覽攬欖壈○管琯館痯脘舘綰○欵窾○暖餪○滿滿懣○纂纘攢簪○簡柬揀檢撿臉儉繭筧減鹹"鐗"今作上聲。○趙沓歃槧盞琖桫○卵臠㝻○"劗鏨"《中原音韻》作團音，同產。《韻會》及《音韻闡微》作尖音，今從尖音。羼○棧棧展斬颭○產滻蔵嘽諂○侗惆顯喊險獫○版鈑阪○莞浣緩澣晏睅○蹇巘蹇遣繾拑嵰慊○典琠點○撚碾輾躣"輦"俗音撚，今從。○脤惴疹㐱覒忝舔○扁區匾穩褊諞貶○免勉俛冕涴緬澠汅湎眄悃○剪翦戩譾○淺憯○銑跣詵毨笢玁㷻鮮蘚癬鐕○璉捷歛漱○轉囀《中原音韻》作上聲，今從。○舛喘

〇慘黲〇晻醃唵俺揞〇陝閃㨛〇冉染苒姌〇罕菡〇遠〇短〇赧〇“疃”土盌切。〇犬〇鉉〇“吮”絶遠切。〇選〇膞

去　聲

建健鍵楗諫間覸澗襉見劍監鑑“件檻艦轞”《中原音韻》作去聲，今從。〇唁巘甗讞堰雁贗晏鴳暥嚥彥諺硯“掾”又韻傳。峻燕嚥讌宴嬿驗醶厭饜艷灩錟〇獻憲瓛現莧縣餡陷闞“限”《中原音韻》作去聲，今從。〇勸券絭〇販畈飯泛氾梵“范範犯”《中原音韻》作去聲，今從。〇圈眷卷絹罥狷倦綣〇願愿怨“苑”《中原音韻》作上聲，今作去聲。院〇萬鋄玩翫腕惋琬〇幹榦淦贛灨紺〇看勘磡轗闞瞰〇岸按案儑旰〇旦笪狚疸憚但彈“誕嘾”《中原音韻》作去聲，今從。淡澹噉惔簞〇歎探炭偒〇贊讚酇瓚儧暫鏨撍〇粲璨燦謲〇散三〇漢翰旱悍瀚捍銲汗犴閈骭鼾憾琀菡唅“撼”《中原音韻》作去聲，今從。〇爛讕濫纜〇貫冠觀祼讙罐鸛瓘“盥”《中原音韻》作上聲，今作去聲。慣丱〇段鍛碫斷〇彖禒〇半絆伴辦瓣扮〇曼幔鏝漫墁輓慢嫚謾〇判泮沜牉胖畔叛盼襻〇竄攛爨篡〇算蒜〇奐喚煥渙換漶逭患宧幻擐豢〇綻韂懺〇棧輚戰顫占站蘸賺“湛”《中原音韻》作去聲，今從。〇覘汕疝訕扇煽繕膳鄯墠單擅嬗禪“善鱔”《中原音韻》作去聲，今從。〇殿電奠甸佃鈿淀澱靛填闐店玷坫墊〇遍徧〇卞汴弁忭抃便變“辨辯辮”《中原音韻》作去聲，今從。窆〇面麪偭〇箭濺薦賤餞“踐”《中原音韻》作去聲，今從。〇僭曦“漸”《中原音韻》作去聲，今從。〇倩蒨茜晴塹〇綫霰羡〇練鍊煉楝〇傳轉瑑“篆”《中原音韻》作去聲，今從。饌譔剸〇旋漩鏇繯渲〇釧穿謚串〇絢眩衒炫泫眴〇戀攣〇片騙〇暗闇〇欠芡歉傔〇念諗〇孿涮〇殮〇惈〇難〇鑽〇亂

卷三　尖團輯要

鐘　東　韻

團　音

東冬棟○中忠衷終螽○兄凶洶兇胸○冲充衝春仲舂幢稑狆种珫○邕雍廱壅癰雝灉○空箜崆倥悾○風楓諷瘋豐酆灃封葑峯鋒烽丰蜂○丰○公工功攻蚣弓躬宮肱恭龔○穹芎○烘轟薨觥○翁滃泓○崩繃○通○烹○扃○同銅桐峒鲖筒術侗筲童僮瞳瞳潼橦彤佟○蓬篷芃髼朋鵬棚彭澎膨蟛○蒙濛朦矇艨瞢薨盲盟萌氓○洪紅谼虹鴻宏紘黌閎弘吰○崇蟲重○龍隆癃窿籠櫳瓏朧矓聾礱躘嚨○窮藭蛩邛筇瓊煢○戎絨駥茙苁○雄熊○融容蓉瑢溶鎔庸鄘鏞傭墉榮嶸蠑○農儂濃穠膿醲○馮逢縫○鱅慵○董懂○腫踵種冢○孔恐○桶統○汞啌湱攏隴壟○聳竦○拱鞏珙礦獷○勇擁涌踊俑永○猛艋蜢懵○迥炯絅泂窘○寵○捧○冗○唪○貢共供○洞棟凍湅動○鳳諷縫贈俸奉○弄唪礱○控輕空○甕齆○痛慟衕○衆中仲重種○夢孟○用詠泳○闀哄橫○統

尖　音

蒿松菘淞○宗樱嵕嵬儳毿蹤縱鬆樅鏦○恩聰驄璁囪○鬆○叢藂從○總○送宋○訟誦頌○縱糉綜

江　陽　韻

團　音

江杠豇釭姜薑疆僵韁殭○腔羌蜣○椿莊妝裝○邦梆幫○膓瘡○
雙艭瓥霜媚驦鷞○岡剛綱鋼缸扛亢玒肛舡○章彰麖漳樟璋嫜張○商
傷殤觴湯○康糠○當璫鐺簹襠艡○方芳坊肪妨枋鈁○昌娼閶猖菖伥
○香鄉薌○央鴦泱秧殃○光胱洸珖○荒慌稴肓宒○汪尫○匡筐劻眶
○湯鏜○滂雱○幢撞床○龐逢旁傍螃膀房彷○降夆○龙厐哤茫忙邙
芒鋩○易陽揚楊暘颺羊徉佯洋○良量糧梁粱涼輬綜○穰穣瓤瀼○黃
皇遑徨惶璜簧潢煌湟艎凰蝗篁崲騜○昂卬○唐搪糖塘磄堂棠螳闛○
航杭行頏○郎廊浪琅狼榔螂稂銀○長萇腸場常裳嘗償○房防魴○亡
忘王○強○娘○狂○囊○瀧○講港襁鏹○養痒鞅仰○兩魎倆○壤攘
穰穰○黨讜攩○倘儻帑曭○掌長○爽塽鷞○享響饗蠁㬥餉○莽漭蟒
○敞廠氅昶○仿紡昉倣舫訪○罔網魍輞枉惘往○謊恍晃慌㷠提滉○
榜綁蒡○賞晌上○朗烺○沆骯○廣○曩○強○慷○绛降泽虹彊○亢
抗伉炕○當擋蕩盪宕碭○傍謗棒蚌○浪閬○帳漲脹丈仗杖漳墇瘴○
妄望忘王旺○暢悵鬯韔唱倡○狀壯撞○尚餉上○向巷嚮項○漾樣恙
羕煬快颺○涼亮量掠倞輬緉○讓瀼○創剙○曠纊壙況貺○釀○胖○
湯○盎○放○誆

尖　音

桑喪○將槳漿螀○藏臧牂○倉滄蒼鶬○蹌瑲槍鏘蹡○襄驤瓖鑲
相箱緗湘廂○牆檣嬙薔戕○詳祥翔庠○藏○奬蔣槳○想鲞○顙嗓磉
○髒奘○搶○葬藏臓○將醬匠○相象橡像○喪○愴

醫欺韻

團音

支枝肢梔巵榰之芝脂鳷氏衹○基其箕萁朞姬機幾譏磯饑璣肌飢笄雞稽羈羇○欺僛鶀魌娸○知蜘胝○絺郗䋽摛螭魑癡笞蚩媸嗤鴟○師螄獅施葹尸屍蓍鳲詩邿○犧羲曦巇熙嬉嘻熹僖希稀欷俙悕豨谿醯瀡○咦醫譩噫漪猗旖禕伊洢咿鷖黟衣依○非扉誹緋飛霏菲馡妃斐裶騑○低氐堤磾羝○梯鷉○鎞紕批鈚○居琚裾鶋車拘俱駒○虛墟嘘獻嘘吁訏盱䍚煦眗○猪瀦諸朱株邾誅蛛珠侏硃姝○摴樗攄○樞紓舒鴑輸書○紆迂於○區嶇驅軀貙○奇騎琦碕其期棋旗琪綦萁淇麒騏祺碁璂蘄衹祁郊岐跂祈旂頎畿圻耆鬐芪○宜儀檥疑嶷觺鷁移迻匜拸簃庈訑蛇迤貤夷陝痍荑徲侇姨洟胰彝飴貽怡詒眙頤宧遺沂圯倪鯢輗霓郳猊○離蘺籬虆灕攡縭褵离蠡璃穲鸝醨驪孋麗罹梨黧犂藜黎蠡釐犛犛漦斄狸璨釐漓蜊○兒而唲髵輀胹陑鴯洏○馳踟篪池褫墀遲差持○尼怩呢旎泥○皮疲郫貔羆毗捭禆脾埤鼙○彌瀰獼嬭迷○時塒鰣蒔匙○維惟微薇○肥淝○題啼提禔媞稊綈緹醍荑蹄騠○兮奚傒徯蹊豯嵇谿謑攜鑴○魚漁余歟譽畬餘旟璵與輿舁好虞鸆娛禺愚隅嵎喁䲣于盂竽雩玗汙俞渝逾愉睮覦瑜榆窬喻臾腴諛萸○如茹駑儒嚅濡蠕襦繻○渠蕖蘧籧磲鸜劬眗矍瞿衢句鼩氍○除儲廚蜍滁躇○閭廬櫚驢○殊銖茱洙砥紙只軹枳咫旨指止芷沚趾阯徵祉黹址雉薙痔○紀己几麂幾蟣掎跐綺觭○起屺杞玘圮豈啓棨綮企○擬艤蟻錡倚椅旖矣以已苡顗扆依○耻齒侈時跱峙○喜蟢嬉○比妣匕秕俾髀彼鄙庇婢○米眯弭○史使駛始矢豕屎弛○否痞嚭秠○里理娌裏李鯉履禮醴澧蠡俚○耳餌珥駬爾邇○邸底抵詆柢觝砥氐○尾娓○舉莒筥櫸矩○語圄齬圉敔籞羽禹雨宇郰萬齲庾愈瘐與予鸒窳翊栩珝○楮褚杵處○煮渚主拄麈翥黈○暑鼠黍墅○呂旅膂侶儢○汝籹乳醹○許○女○傴○窶○體○寘至志誌

痣摯贄鷙智致輊觶幟熾置質滯制彘製掣猘稚治緻傺滯○記寄冀驥覬懻瘵忌芰騎洎暨既穊忮妓技計繼薊繫季悸偈○器棄氣憇契禊○義議誼劓意薏懿異饐縊易肄勩毅曳衣詣羿藝囈瘞瞖翳殪裔刈乂○地帝諦螮蔕弟第悌娣睇締遞棣○膩泥○賁秘閟臂躄畀庇蔽閉弊幣斃敝薜避鼻陛篦○譬媲屁帔濞○事示謚試弒侍視閤嗜施士仕市柹恃是氏筮噬世勢逝誓○戲屭豷系係○吏利痢涖詈荔例厲礪癘糲勵蠣麗隸儷戾唳沴劙莉○二貳○肺吠費芾沸翡杮廢○替涕揥剃嚏屜○翅豉○據鋸踞据倨遽醵詎屨句絇具懼颶巨鉅距拒炬苣○御馭禦豫預譽澦遇寓雨裕諭嫗芋○著箸助駐柱住注註炷帍澍鑄紵杼貯苧佇○恕庶署曙戍樹豎○慮濾屢○處○去○女○讝○未○質瓆郅隲織職直值植殖擲躑窒厔秩姪隻炙汁執○吉詰髻姞佶戟蕺激擊棘亟諔殛極急級汲伋笈岌給○匿暱慝衵○筆必珌畢蹕篳蓽觱邲泌弼佛碧辟壁璧比逼蹕○匹甓僻癖闢霹劈○蜜謐宓覓汨密○叱赤尺斥喫敕飭鶩○實石碩食蝕十什拾釋適失室濕奭識式飾軾拭○乙鳦一壹逸佚佾泆軼益溢鷁鎰逆睪繹驛嶧譯懌襗斁液腋掖赤弈奕射役疫億憶檍抑弋翼翊翌廙邑挹悒揖裛聿矞遹鷸熠煜○栗慄篥溧凓颲歷曆靂櫪瀝癧轢礫櫟酈力屴立粒笠苙○狄荻敵迪糴笛滌翟的嫡靮滴鏑菂○惕剔踢逖倜○吸翕歙瀹肸檄覡虩隙郤○乞迄訖屹泣○菊鞠鞫掬鵴橘局跼○曲麴屈○竹竺朮筑築○畜出蓄黜○述術○肭恧○旭頊勖○劇○入○溺○屐○日○律

尖 音

咨資姿濱齋訾髭觜鄑孜兹孳滋嵫菑淄輜緇錙○雌郪趑○斯厮鷉澌凘撕嘶滮虒褫磃私思偲颸罳緦絲司鷥○齎躋○胥諝糈須鬚需繻○趨蛆○妻淒萋凄悽棲○西栖犀○慈磁兹疵茨薺濨詞辭辞祠茬薋○齊臍○徐○紫姊子秭笫梓耔滓○洗徙璽枲屣蓰○此泚佌玼○濟擠薺○徙璽枲屣蓰洗○取娶○嶼○恣自漬字牸骴眥○四肆駟泗賜思笥伺嗣飼寺似姒兕祀俟食○次刺佽眦莿○霽劑祭際穄○覷趣娶○妻砌○絮敘溆序緒○細○婿○聚○即唧疾嫉蒺積迹脊蹐鯽櫛籍藉瘠績磧勣寂

稷緝集輯檝戢○七漆桼戚鏚慼磩○悉蟋膝昔惜舄席蓆夕汐穸錫晳淅裼析蜥息媳熄習襲○刺○賊

姑蘇韻

團音

疏蔬梳○夫膚枹趺玞麩敷孚莩桴郛鄜俘○姑孤辜酤沽觚箍罛鴣蛄菰呱○枯刳○逋晡餔鋪痡○烏嗚汙惡○呼滹○都○扶趺符芙梟苻鳧夫○吾吴鋘珸梧部鼯蜈浯齬無蕪巫誣○雛犓媰鋤○徒途塗涂荼圖屠瘏駼踺邻○奴駑孥砮○蒲酺匍蒱脯○摸謨摹○胡乎壺狐瓠弧葫瑚餬糊醐湖箶鶘猢○盧廬蘆鑪壚臚鑪鱸艫轤櫨瓐瀘纑顱○甫府俯腑脯黼斧撫莆簠輔滏鬴腐○武舞侮廡鵡珷嘸甒憮膴五伍午仵忤旿塢鄔○古詁鼓瞽股賈估牯罟蠱羖鹽○睹堵肚賭○土吐○補圃鵏○普譜浦溥○姥姆母某畝牡○弩努○虎滸琥○魯鹵櫓虜艣滷○數○付賦傅搏拊附袝駙鮒赴訃仆賻富副負婦父阜○務婺霧鶩戊○顧雇故固錮○庫袴○誤悞悟寤晤惡○妒殬蠹度渡鍍杜肚○兎菟鵵○布佈怖步捕哺簿部蔀○暮募慕墓○護頀瓠穫互沍戽滬户扈岵怙○路輅賂璐露鷺○怒○鋪○孺○穀轂瞉瀫谷骨鶻告牿鵠梏○哭酷嚳窟○禿謏突凸鼵○獨櫝讀讟黷犢瀆瓄櫝毒碡纛○卜不○僕撲幞濮鏷暴瀑○木沐霂鶩目睦穆苜牧繆没○斛縠觳槲○屋勿物兀杌屼○禄鹿漉簏麓轆録琭樚醁娽艫緑淥籙逯六陸勠戳○粥燭矚逐軸舳妯躅蠋觸歜○福腹複復幅輻蝠偪覆伏服茯匐菔馥鵩襆鰒蝮弗紱黻紼茀鄦沸颮拂髴袚佛岪怫○孰塾熟叔淑菽倏儵蜀屬贖○秫沭束俶諔○郁彧燠囿盲毓昱煜鬻淯玉獄欲慾浴鵒鬱慰○篤督○辱縟溽蓐肉入○忽惚笏淴欻颮○没

尖音

苴沮睢疽狙趄租菹○初粗芻○蘇酥甦蘇○徂殂○阻俎齟詛祖組

咀○楚礎懴澱○所○素訴塑溯愫嗉○醋○做○族鏃嗾簇促踘踿蹙○
速菽觫敕縮謖肅宿粟夙蓿驌鷫○續俗○足蠤卒○猝

灰　堆　韻

團　音

歸圭閨邦封龜嬀溈規○卑碑悲陂杯○披旇狓丕呸胚醅坯○虧盔
窺睽奎魁傀瑰闚○追錐鎚雛騅○麾撝暉煇揮徽翬微灰陒恢詼○威葳
隈煨偎逶葳○吹炊○堆○推○眉嵋湄楣郿徽麋糜醾蘼麋縻座枚梅莓
媒煤玫○逵馗夔騤葵郊○危桅爲帷韋幃違闈圍巍嵬○錘垂陲○蕤緌
○培陪裴培○回迴洄茴○雷罍瓃轠蠃纍矄纇○頹穨隤○誰○軌宄晷
簋詭塊傀媿癸鬼○美每浼○毀燬燬賄悔咺○捶箠○委骩偉唯韙瑋葦
魂隗頠猥洧鮪蔿闠鄔○壘誄耒礧磊儡蕾○蕊○水○腿○餒○揆○備
糒貝狽背葦匍焙倍孛悖誖晢○貴櫃桂劌鱖跪○爲僞位諉餧尉屓慰蔚
○霨畏未味瑋魏胃謂渭蝟觖薈憒穢濊緯彙衛懀轊○墜懟縋綴贅畷○
睡稅說瑞帨○吹喙○類淚累酹纇擂○諱卉會繪檜誨晦翽噦慧惠蕙譓
嘒卹血毀潰匯闠○銳叡芮蚋○沛霈斾配佩珮轡○媚魅寐妹昧眛袂瑁○
蛻退○兌對碓隊懟○愧馗餽匱匱貰簣曠喟饋鱖○內

尖　音

雖綏睢○衰崔催摧槯榱○隋隨○髓灕嶲○嘴○醉最蕞罪○翠
萃悴顇瘁踤脆毳倅淬焠晬踤○邃粹誶睟祟遂燧鐩繸隧璲遂彗穗
碎晬

懷 來 韻

團 音

街皆階偕揩喈稭○釵差○該晐胲垓陔荄○胎駘邰台鮐咍○哀唉埃挨○歪崴○衰○開○乖○齋○揩○篩○厓睚摱○排牌俳簰○埋霾○柴紫豺儕○諧骸鞋○懷徊槐褢淮瀤○臺儓駘擡薹苔臺簹○來萊郲騋倈淶○孩頦○皚獃○能○蟹駭駴○拐挧○凱塏鎧闓暟○詒紿○乃奶薾靄餲矮毐乃○海醢○揣○解○楷○擺○買○改○帥率○蓋丐瑎○艾礙愛僾靉曖唉瞹濭壒○賴賚籟瀨癩○會儈膾獪檜劊噲快塊○泰太汰態○帶大戴貸代黛逮岱袋鼗璹待怠殆迨○奈柰耐鼐○害妎亥○戒誡介价玠疥芥界屆轪解○蠆債祭瘵寨眦豸○懈廨蠏獬械澥薢邂懈○隘搤噎餲○拜敗湃憊稗唄○賣邁○概溉慨愾嘅○曬灑鏾○壞○怪○派○外○宅翟狄○鳦紇○鼚○虢○鹹○麥

尖 音

哉災栽○鰓顋毸○猜○裁纔才材財豺○載宰崽○采彩綵寀○蔡菜○載在再○賽塞

爺 茄 韻

團 音

嗟罝○奢賒○車○遮○爹○靴○爺耶琊○蛇佘○者赭○野也冶○惹若喏○捨哆捨○乜○舍射貰麝赦社○夜射○柘蔗鷓炙○訏揭羯竭碣傑黠結戞嘎拮頡纈擷桔絜潔孑揭榤杰刼刦衱頰鋏莢○歇蝎血挈贄協挾○謁閼孽蘗糵讞業槷葉燁噎蠍曳枻醘○厥橛鐝蕨蹶掘橛決玦

譎訣鴂觖潏○闕缺闋○輟啜惙綴拙茁○月刖軏越樾蠘鉞曰粵悦閲○鐵驖餮帖貼呫○垤咥耋絰跌迭凸瓞荎喋牒諜揲疊堞蝶鰈蹀褶○揑捻涅聶籋鑷臬齧○哲蜇轍折浙澈掣摺輒跖○别鱉彆蹩憋○滅蔑篾蠛懱○徹撤○擎瞥○舌折設攝涉灄○列烈冽裂洌颲獵鬣劣捋鋝埒○怯愜篋挈○爇○穴○熱○説

尖　音

些○邪斜○寫瀉○姐○且○謝榭卸瀉○借○節癤接楫婕睫捷箑截唶○切竊妾沏○屑紲偰褻媟泄疶躃楔燮躞屧○雪○絶

發　花　韻

團　音

嘉加家笳珈葭豭蝦痂枷袈迦麚佳○巴芭笆疤豝○楂查渣咤○叉靫杈差艖槎○沙紗裟鯊砂髿○鴉丫呀椏○誇夸○蛙哇窊洼窪娃呱撾媧蝸○撾檛抓○蝦○花○瓜○他○媽○牙芽枒衙齖涯崖○麻蟆摩○琶杷爬杷○遐霞瑕騢○華驊譁划樺○茶搽○拏○賈假斝椵檟○雅疋○馬碼○啞○把○寡○瓦○傻○那○打○卦○掛○駕架價嫁稼○迓訝砑亞婭稏○咤姹詫汊侘○覇靶灞欛弝壩爸罷○怕帕○禡罵○詐乍醡蜡○○嗄厦○嚇夏下苄暇罅○跨胯○化華話畫劃○那○凹○大髮發法伐罰閥筏垡茷乏○滑猾磆○闥撻健獺榻塌遢塔踏沓踏蹋遝○達噠答搭妲踏劄○剌辣臘蠟邋鑞拉○跋拔魃茇軷颰八扒○札扎紮○察刹鍤臿插歃牐○殺鎩煞摋霎○轄洽狹狎峽匣硤柙俠袷鎋瞎呷○納衲妠○夾郟筴甲胛○恰掐帢○押鴨壓○哈○刮○刷○襪○閘

尖　音

咱○灑○薩撒颯靸○匝咂雜咋

梭波韻

團音

歌哥戈鍋過渦○柯牁科窠蝌○珂軻○佗扡詑○呵訶○阿嫛痾○波嶓番玻菠○倭渦踠窩猧萵○多姼○坡○麼○莪哦娥峨俄蛾鵝睋訛○駝馱鼉沱陀跎迡酡紽鮀紽○儺那橠○何河菏苛○羅蘿籮鑼囉欏邏○騾螺瓃鑼○婆鄱皤○摩磨魔劘麼廲○禾和龢○哿舸笴可坷岢○鞾趓○朵躲○娜那○妸肒○果裹蜾猓○跛簸播○頗叵○火夥○裸贏蓏攭懶○憜妥○顆我○箇个○馱剁惰墮鬌癉垛舵○賀荷○懦糯那○播○潘簸○貨和禍○卧涴餓○過○課○唾○破○磨○啄斲琢卓倬涿焯諑○諑踔趠濁濯擢鐲着斫酌灼捉○覺角崛倔桷弪脚噱○確愨壳榷毃碻埆○殼觳恪却○嶽岳樂鸑藥躍龠瀹爚籥鑰鸙顲蠽約虐瘧○撥鉢剝駁鈸趵○博搏髆泊薄箔礴亳簿縛勃渤脖脖鶻鮁舶白帛伯百柏○朔稍○學謔鸑○斡沃渥握偓齷○葛割轕各閣○格挌胳閤蛤鴿蓋隔鬲革膈○咢噩鰐諤愕鄂蕚鍔鶚鱷崿惡堊○託柝橐拓托籜脫飥○鐸度踱奪○粕魄潑醱○珀迫拍○莫幕漠摸寞鄚鏌瘼膜瞙末袜韈抹沫秣陌貊貘驀脈墨默○渴磕瞌榼溘○曷褐喝鞨猲郝赫鄗墼熇涸貉黑核劾合郃匌盍盉閤嗑鶴○遏額霭藹○括聒适栝郭槨國幗○落洛酪絡珞樂烙駱雒濼鉻洛○略掄掠㩁鑠爍○芍勺妁汋○弱若媷蒻箬渃○綽婥○廓擴鞹○霍藿癨鑊蠖○矡劃獲嚄劃馘○客喀克刻剋○德得○特忒忒○勒肋○或惑○搦諾○闊○活○坼○北○佛

尖音

蹉磋瑳搓醝○娑桫挱傞簑莎梭唆○脞痤○鎖瑣趖莎○左佐○脞○挫剉銼莝○座坐○作斮撮鑿昨迮酢酢胙○錯厝剒○索挲○爵燋嚼皭皭○鵲雀踖○澤擇摘謫舴仄責嘖幘簀戝窄則賊○策册側測惻厠○

色啬穑澁瑟○削○蓑○齪

幺條韻

團音

驕嬌交郊蛟鮫茭咬艽膠轇教○驍澆梟儌囂枵歊呺鴞○貂雕刁琱凋彫鵰○蹻撬敲磽○挑祧○朝昭招○鑣儦麃瀌標杓猋飈摽彪○飄漂○超怊弨○夭妖訞么腰喓葽要邀怮坳窅凹○包胞苞褒○抛脬○譟抄勦○梢捎弰箵髾鞘颵旓嘐燒○高皋羔膏餻槖篙鼛橰○刀忉魛舠颩○滔饕叨慆絛弢韜搯○蒿○鏖○尻○喬僑嶠繑蕎翹荍○堯嶢垚遥傜窰銚姚摇謡瑶陶颻猺○條迢調蜩佻髫苕○朝鼂潮嘲巢漅○瓢薸○苗描貓緢○燎僚寮遼撩鷯寥憭獠潦聊○饒橈蕘嬈○聱謷嗸敖熬鼇獒驁璈嚻螯翺厫○鐃撓譊呶怓猱○庖炮咆麅鞄匏跑爮袍○茅蝥毛髦旄氂芼矛○肴爻殽崤淆○桃陶淘濤逃韄啕醄萄洮檮綯○豪毫號濠嗥○勞牢澇撈轑醪○韶○矯皎繳曒絞狡攪姣鉸○鳥蔦寫裹嫋褭嬲○窕挑○眇渺淼藐秒杳窈殀○繚了瞭蓼燎○擾繞遶○卯茆昴泖○杲縞槀槁鎬鄗○考拷栲熇○倒擣禱島導○腦惱瑙○寳葆保堡緥鴇○老栳○襖懊媼○剽勡僄○爪○好○討○巧○皦○曉○少○沼○表○飽○炒○叫徼轎教校較窖酵珓○弔釣調掉○眺跳朓糶頫窕○召照詔罩笊櫂肇趙兆旐○廟妙○少邵劭卲哨稍紹○要耀鷂曜○廖鐐療料○抱鮑豹報暴瀑爆趵鉋○炮泡○貌冒帽耄眊茂○鈔訬○孝哮效校○告誥郜○犒靠○傲奡鏊○到倒盜道導悼蹈稻翿燾○奥懊澳○號好秏昊皓顥灝浩皡○勞嫪澇○拗靿○鰾醥○套○尿○票○鬧○竅○驃

尖音

焦蕉椒鷦○蕭簫瀟蟰颾蠨宵消霄逍痟綃銷硝蛸魈翛○遭糟○騷搔臊颾艘繅○操○鍬○樵譙憔瞧○曹漕槽螬嘈艚嶆○悄愀○小篠謏

○早蚤澡藻棗璪○艸懆○嫂掃○醮噍○嘯笑肖鞘○俏峭誚○竃躁造皂○糙慥操噪譟燥

尤 求 韻

團 音

勾鈎軥溝轟篝軥緱○兜篼○偷婾○謳嘔歐漚甌鏂醽○鳩糾鬮樛○邱蚯○舟輈俯鰲禱周週啁賙州洲○抽瘳○休庥貅咻鵂○憂優擾鄾幽麀○摳彄○篘芻○彪○收○尤郵訧由蚰猷悠油蕕猶蕤輶游遊繇卣攸楢酋蝣疣○留遛瘤榴瑠鶹騮劉瀏流旒硫飀○柔揉蹂鞣猱○頭投骰○抔裒○謀牟眸伴鍪蝥繆桙○侯猴鍭喉餱篌○婁樓僂髏嘍艛○求述裘俅毬球銶賕絿虯○儔疇籌躊紬綢稠讎酬疇惆犨愁○浮蜉罘芣○牛○苟狗枸垢○偶耦藕○斗科蚪抖陡○塿簍摟○九久玖韭○肘箒○丑醜○狃紐忸鈕○缶否○首手守狩○有友酉牖羑莠誘○柳飀○朽○口○剖○吼○邁構媾覯購轟姤彀夠訽○寇蔻扣叩○鬪豆餖脰逗竇荳○懋貿○候堠鍭郈后厚後逅○陋扁漏鏤○救厩究舊柩柏臼舅咎○晝冑宙籀咒紂○謬繆○臭糗嗅○獸授綬壽售受○幼宥又右佑祐侑囿柚鼬○溜霤宥○透○耨○漚

尖 音

搜鎪颼溲毹餿傁○秋鞦楸萩鶖鰍揪啾○脩修羞饈○鄒鄹騶諏鯫○諏○酋遒囚泅○叟腠藪○酒○走○湊輳○奏驟鄒僽○瘦嗽漱○就僦鷲○秀繡琇宿岫袖○甃

人 辰 韻

團 音

巾斤筋更耕京荆驚經涇競矜今金襟衿禁○珍真甄瞋嗔臻榛蓁溱
貞禎楨徵癥征鉦蒸烝碪椹簪斟鍼箴珹○彬豳彪霦賓濱檳鑌獱繽斌齋
兵并枡冰○申身伸呻紳娠生笙牲甥甦聲升昇陞深○因姻茵駰氤禋闉
殷慇嬰罌嚶鸚櫻瓔瑛纓攖鶯英縈瑛霙煐應膺鷹音陰瘖喑○均鈞麕困菌
筠君軍皸○諄迍窀○春椿○分芬紛雰氛棻汾○熏薰纁獯醺壎勳○氳
媼輼温瘟蘊○欣炘訢忻馨興歆○昆崐琨鵾錕裩坤髡○敦墩燉惇暾○
奔賁○昏婚惛闇葷○根跟庚賡粳羹鶊○阮鏗硜○丁玎趙釘仃疔○玎
錚瞠撐○卿輕傾頃謦謦○樫頫蟶稱偁琛郴綝參○廳聽汀鞓○登燈磴
簦甄○欽衾嶔○鏊恩吞○噴亨○銀圁狺寅齦垠齦迎盈楹嬴
贏瀛籯攍攍營瑩壁螢凝蠅吟崟淫霆蟫○陳塵辰晨宸臣麎呈程裎酲珵
成郕城誠盛宬珹澄晟橙戀承丞乘塍嵊沈霓諶忱○紉人仁仍礽紝任壬
○貧頻顰瀕蘋嬪平評苹萍枰抨怦坪俜娉瓶屏輧缾洴邢憑凭○民珉岷
閩旻忞緡明鳴名洺盟銘冥瞑冪溟螟嫇○神繩澠○鄰嶙粼磷璘轔驎鱗
麟燐潾蹸玲跉伶靈零聆泠鈴醽鄰齡囹瓴櫺舲苓羚翎蛉鴒笭陵綾凌淩
崚菱林臨琳霖淋○唇漘純醇淳錞鶉蕁○勻筠昀云雲芸耘紜澐員鄖沄
篔蕓○倫綸掄淪輪論崙艑○群裙○棼粉棻墳濆弅○文紋聞蚊雯閿○
勤懃芹堇擎檠黥勍琴禽芩擒噙肣○豚屯臀飩軘○盆溢○門捫璊
○魂渾餛○痕橫衡蘅莖莖○能儜譚獰○行笐桁榮熒譽形刑硎型邢
鉶○庭廷亭停渟婷霆莛蜓○騰滕膽縢藤疼○棱楞○寧○甯緊謹槿瑾
警儆境景璟頸憬到錦歉○牝品○敏閔憫愍湣泯黽皿悶茗酩○軫診疹
眕眕袗鬒稹縝轃整拯枕○矧哂省眚審瀋嬸諗沈曋疹踸○引蚓靷隱癮
溵尹影廖瘦郢穎穎飲○忍㲺荏稔飪恁○稇閫悃捆壼○準准○蠢踳○
盾揗瞬○允狁隕殞惲滇○吻刎脗抆穩○袞滾鯀裒○本畚○肯懇墾齦

○梗哽鲠骾綆埂郉耿○逞騁○丙炳邴怲陃眪秉餅屏浜禀○省惺醒○領嶺廩懍凛檁○頃頲○頂鼎酊○艇梃斑鋌頸挺姃町○蝀○粉○很○瑒檸冷等○淬○您○覲僅饉靳近敬竟鏡獍勁競徑俓陘禁噤唫濛妗○鎮陣震振賑娠偵遉鄭正政証證鳩酊譖朕朕○鬓殯儐臏迸柄並并病○襯櫬齔趁疢掌稱○慎蜃腎聖盛乘膡勝甚韉○霒行興杏幸悻脛○印胤映應孕鷹硬蔭廕窨飲○呇恰藺躪令詅賃淋○刃仞軔訒韌認任妊紝衽○舜桝順○韻運鄆暈惲醖愠蕴○奮糞債分忿○閏潤崮○問紊汶譚揾○頓鈍遯遁沌囤盾○涸混○嫩論○奔笨○恨橫○艮更亘○慶罄磬謦○聘娉○命瞑○定錠訂釘飣矴○寠佞濘○隥磴鐙凳鄧蹬澄瞪○滲罧○困○郡○訓○悶○聽

尖 音

津精晶睛旌侵浸緝緝○辛新薪莘駪娔詵星腥篁猩惺心○遵尊樽○逡竣踆悛○森蓡參○荀詢恂郇峋珣○親清青菁蜻鯖裰○孫蓀狲○爭箏狰○增曾繒矰憎○心○僧○村○睜○秦蓁情晴繒○旬巡馴循尋潯鄩燂鐔橉鷼灊○存蹲○嶒髻曾層岑涔○錫○筍隼樺篹損○㝛寢○搏○忖○儘井○請○磣○怎○晋進縉雄揞盡燼藎賷净靚穽静靖清甑浸○信訊汎性姓○俊駿峻晙餕○濬迅殉巽遜噀○净挣贈○蹭讖○沁伈親○寸

言 前 韻

團 音

殷焉鄢嫣漹蔫閼煙燕咽胭茵湮裡淹腌醃稽憪○暄萱喧誼闝儇嬛○鴛鵷冤智淵○掀軒騫忺枕○番翻旛轓藩潘反○干竿玕肝杆乾甘柑泔疳○看刊堪戡龕嵁○單丹鄲簞殫匰癉眈耽擔儋湛覘○灘攤癱貪聃○安鞍庵菴諳鵪醃唵唅○官冠觀棺倌莞關擐鰥綸瘝○端耑○般搬籫

班斑扳頒○歡讙驩貛豩○剜踠彎灣滏嫚蠻○艱犍姦間奸菅堅肩豜鈃兼蒹縑鰜鶼監緘械○山訕删潸羶扇煽彡衫杉釤芟獑穇○潘攀○豻蚶憨酣○愆褰騫牽縴岍汧慽謙○顛巔癲滇○天添○邅鱣趲饘氈栴旃沾霑詹瞻噡蒼占粘苫痁詀○邊籩編蝙鯿鞭箯砭○篇偏翩蹁○涓娟狷鵑鵑○圈棬巻○專甎篿鱄鄟顓○穿川○覘籡襜幨○嵌鴿○寬○湍○慳○拴○言管甗顏噸虤訮妍研延筵埏蜒綖郔狿睋嚴巖炎惔鹽閻檐巗壧㟼沿鉛○元原源沅邧嫄騵黿袁轅猿榬爰援湲媛園垣洹員圓緣橼鳶捐○煩繁蘩蕃礬樊膰蟠凡帆颿○壇檀彈驒覃譚潭鄿趯鐔藫曇燂墰醰談痰餤郯○難南楠喃諵男枬○闌蘭瀾欄攔襴斕藍籃藍嵐婪襤鸕○團摶溥慱○盤鞶磐媻幋槃瘢鬆蟠磻○瞞蹣漫縵饅鰻鄤鞔霮鬘蔓蠻猨○桓還環鐶轘澴圜闤寰鬟鍰鶚劖萑○鸞鑾戀灤圝欒羉孿○完丸綄紈岏刓瓛頑○閑閒嫺蕑憪鷳癇瞯賢弦絃舷諴痃嫌咸鹹諴銜嗛○寒韓邯汗翰含函涵頷○虔乾箝黔鈐黚○田鈿闐填搷甜恬湉○年黏秥鮎拈○廛纏瀍躔蟬禪嬋蟾○胼駢便軿○眠緜棉矈櫋○涎唌○連漣鏈蓮憐聯廉鐮濂簾鬑奩帘褳○然燃髯○權拳鬈顴卷○傳椽船遄○懸玄玹○瑞撋瞑蠕○偃郾堰鼴隁匽眼演衍戭縯兖剡奄掩閹崦淹埯罨郁弇渰魘靨黯琰儼○卷綣錈畎○阮輭愞○反返皈○晚輓娩宛婉琬畹蜿菀盌○簳稈趕感礷鱤敢橄○侃坎砍壈○亶癉憚膽礵紞○坦袒菼毯倓禫菼莞○懶覽攬欖壈○管琯館痯脘錧綰○欵窾○暖餪○滿懣○簡柬揀檢撿臉儉繭筧減鰜鐗○卵巒孌○棧棧展斬颭○産滻蕆闡諂○僴憪顯喊險獫○版鈑阪○莞浣緩澣𦽏睅○蹇巉搴遣繾拑嗛慊○典琠點○撚碾輾蹍輦○腆㥏殄沴醌忝舔○扁匾惼穮鯿諞貶○免勉俛冕浼緬沔澠湎眄愐○璉摙歛瀲○轉囀○舛喘○晻黤唵俺揞○陝閃摻○冉染苒姌○罕菡○遠○短○赧○疃○犬○鉉○吮○腩○建健鍵楗諫間覸澗襇見劍監鑑件檻艦轞○唁巘獻讞堰雁贗晏鴳曣曣彥諺硯掾嵃燕嚥讌宴嬿驗釅厭饜艷灔餤○獻憲瓛現莧縣餡陷閒限○勸券桊○販畈飯泛氾梵范範犯○圈眷卷絹罥狷倦綣○願愿怨苑院○萬翫玩翫腕惋琬○幹榦淦贛灨紺○看勘磡轞闞瞰○岸按案儑旰○旦笪疸狚憚但彈誕嘾淡澹噉惔簞○

炭歎探傷○漢翰旱悍瀚捍銲汗犴閈骭鼾憾玪荅撼○爛讕灠纜○貫冠
觀裸灌罐鸛瓘盥慣屮○段鍛破斷○彖祿○半絆伴辨瓣扮○曼幔饅漫
墁轋慢嫚謾○判泮汼胖畔叛盼襻○奐喚焕渙換溗逳患宦幻擐豢○
綻轏懺○棧輚戰顫占站蘸賺湛覘○汕疝訕扇煽繕膳鄯墠單擅嬗禪善
鱔○殿電奠甸佃鈿淀澱靛填闐店坫坫塾○遍徧卞汴弁忭抃便變辨辯
辯空○面麵価○練鍊煉棟○傳轉瑑篆饌譔劗○釧穿端串○絢眩衒炫
泫眴○戀孌○片騙○暗闇○欠茨歉傔○念惗○孿涮○殮○悎○難
○亂

尖　音

餐參驂○珊珊姍三毿鬖○鑽鏨○酸狻○跧詮痊佺筌荃銓駩輇悛
○箞轏籛煎湔尖殲漸○千仟阡芊遷韆䅏籤僉簽㮷○先仙躚鮮○宣瑄
揎○簪鐕撍○銛纖暹霰孅憸○攙櫼○攛○鑯○殘戔殘屍偺潺虥慙鏨
讒饞巉鑱儳劖瀺○欑穳攢○前媊錢潛鬵灊○全泉牷○旋璇璿漩○揞
焊○散傘籭槮○纂纘攢篹○趲昝歎槧盞㮗嵾○劗鏆屛○剪翦戩謭○
淺慊○銑跣洗筅筈獮燹鮮蘚癬鲞○憯鏒○選○贊讚酇瓚饡暫鏨撍○
粲璨燦䜺○散三○竄攛爨纂○算蒜○箭濺薦賤餞踐僭㰾漸○倩蒨茜
晴塹○綫霰羨○旋漩鏇縼渲○鑽

附录：张伯驹生平简表

张伯驹生平简表

楼宇栋

　　张伯驹,字丛碧,别号好好先生,自称"中州张伯驹",并治"重瞳乡人"、"平复堂"等印,河南项城秣陵镇阎楼村人。

1898年　2月12日(清光绪二十四年正月二十二日)张伯驹生于河南项城秣陵镇阎楼村,按族谱取名家骐。生父张锦芳(字绚庵)为前清秀才,曾任度支部郎中,1913年任众议员。

1903年　过继给伯父张镇芳,改名伯驹。张镇芳(字馨庵)为壬辰(1892年)进士,以直隶候补道任永平府盐务总办。

1905年　是年起随父居天津南斜街。端午节乘人力车直驶下天仙茶园观戏,大轴为杨小楼出演的《金钱豹》,这是其首次接触京剧。

1906年　学会作诗,诗作被编入由张镇芳、马丽轩等组成的"丽泽诗社"所编的《丽泽社诸家诗》中。

1911年　与袁世凯之四、五、六、七子同入新学书院读书。

1912年　父张镇芳由署理直隶总督转任河南都督,伯驹随父赴河南开封,入河南陆军小学读书。

1914年　随父入京。

1915年　考入中央陆军混成模范团骑兵科,时袁世凯以陆海军大元帅兼任团长。
　　　　张镇芳创办盐业银行。

1917年　于中央陆军混成模范团毕业。

1918年　任安武军全军营务处提调(安徽督军为倪嗣冲),后安武军改为陆军,任长江巡阅使署谘议。

任盐业银行监事,后任常务董事兼总稽核。

1920 年　倪嗣冲病故,长江巡阅使裁撤,张伯驹去职。

1921 年　任河南暂编第一师参谋。

任湖北、湖南、四川、江西四省经略使署谘议(经略使为曹锟)。

1927 年　收藏第一件墨宝——康熙皇帝御笔"丛碧山房"横幅。此幅笔宗柳法,任丘博学鸿词庞垲号"丛碧",此或为赐庞氏者。因张伯驹所居处好植蕉竹花木,因自以"丛碧"为号。

1928 年　正式师从余叔岩学戏。

1930 年　李石曾以法国退回之庚子赔款经办文化事业,其中最为卓著者,为 1930 年创办中华戏曲音乐院。该院内设北平戏曲音乐分院和南京戏曲音乐分院。北平戏曲音乐分院虽在北平(今北京),实徒具空名,仅成立一院务委员会而已,张伯驹为委员之一。

1931 年　11 月,梅兰芳友好浼张伯驹约梅兰芳、余叔岩合作,发起组织北平国剧学会,募得各方捐款基金五万元。选出李石曾、王绍贤、梅兰芳、余叔岩、齐如山、张伯驹、王孟锺、傅芸子等为理事,王绍贤任主任。梅兰芳、余叔岩任教道组主任,齐如山、傅芸子任编辑组主任。张伯驹、王孟锺任审查组主任。教导组设传习所,训练学员。

1932 年　与潘素在苏州结婚。

1934 年　任南京盐业银行经理。

1936 年　在上海闻溥儒(心畬)所藏韩幹《照夜白图》卷为叶某买去。时宋哲元主政北平,伯驹急函申述此卷文献价值之重要,请其查询,勿任出境。比接覆函,已为叶某携走转售英国。

1937 年　几经周折,在傅增湘(沅叔)的斡旋下,从溥心畬处购得西晋陆机《平复帖》。

春，伯驹见三希堂晋帖中的王献之《中秋帖》、王珣《伯远帖》及李白《上阳台帖》于郭世五家。当时恐二帖或流落海外，立请惠古斋柳春农居间，郭以二帖并李白《上阳台帖》另附以唐寅《孟蜀宫妓图》轴、王时敏《山水》轴、蒋廷锡《瑞蔬图》轴，议价共二十万元让。伯驹先付六万元，余款约定一年为期付竣。至夏，"卢沟桥事变"起，金融封锁，余款至次年无法付清，乃以二帖退还，其余留抵已付之款，仍由惠古斋柳春农居间结束。

年初，张伯驹四十寿，于北平隆福寺街福全馆为赈济河南旱灾义演《空城计》，自饰诸葛亮，余叔岩饰王平。

"卢沟桥事变"后，由津移居北平的词人郭啸麓又结蛰园律社及瓶花簃词社，夏枝巢、张伯驹、黄君坦、关赓麟（颖人）等皆为社中中坚。

1938年　居北平，除去盐业银行外，在家向汪孟舒学弹古琴，每月去郭则沄家聚餐，并与老辈共作律诗。潘素开始向汪孟舒、祁井西学山水画。

1939年　偕潘素去上海，乘船到香港，由香港经河内到昆明、重庆，住盐业银行，到贵州见吴鼎昌（贵州省政府主席兼盐业银行总经理）汇报盐业银行情况。

5月间到上海，不久，发起成立"保护国故临时委员会"。

1940年　去上海照料上海盐业银行及总处事，春节前回北平。

宋蔡襄《自书诗》册，原为萧山朱翼盦珍藏。1940年，翼盦原配去世，其嗣以营葬费始出让，由惠古斋柳春农持至张宅，终以四万五千元藏之。

1941年　为料理上海盐业银行及总处事，又去上海，租居培福里，遭汪伪"七十六号"特务绑架，被拘八个月。经多方营救，由潘素向亲友借钱及出卖金银手饰、股票，才使其脱离魔窟。在被囚的八个月中，张伯驹断然表示，宁死魔窟，决不变卖所藏书画赎身。

1942 年　　10 月，携妻女及全部书画赴西安。在西安筹办秦陇实业公司，任经理。

1943 年　　去重庆，住盐业银行。后去贵州，见吴鼎昌，告知上海盐业银行累赔情况。仍回西安，直至抗战胜利。

1945 年　　夏，偕夫人潘素、女儿传彩同游太白山。

10 月底，孙连仲在北平故宫太和殿举行日军投降仪式，张伯驹应邀参加观礼。

12 月，至上海开盐业银行股东会，辞去南京分行经理，但仍任常务董事。

1946 年　　几经周折，在故宫博物院无意收购隋代展子虔《游春图》之后，为免该画流至海外，张伯驹卖掉弓弦胡同一处房宅（原清末大太监李莲英旧墅），加上夫人的金银首饰，买下了中国现存最早的画卷《游春图》。由此，自号"春游主人"，并改称所居承泽园为"展春园"。

李辰冬到北平组织南京美术总会北平分会，张伯驹任副理事长，后继任理事长。

下半年，任华北文法学院文哲系教授（华北文法学院董事长为李宗仁）。

1947 年　　6 月，由张东荪、张云川介绍，加入中国民主同盟会。

岁末夜过溥雪斋宅，溥适得柳如是砚，张伯驹见之爱不释手，请雪斋加润以让。雪斋毅然允让，伯驹当夜携归。次晨有厂肆商携砚求售，伯驹视之乃玉凤朱砚，钱谦益之砚也，即留之。一夜之间，夫妇砚合璧，纯巧合也。

1948 年　　中国民主同盟会成立北平市民盟临时工作委员会，张伯驹任委员。

1949 年　　任民盟总部财务委员会委员、文教委员会委员。任燕京大学语文系中国艺术史名誉导师。

1950 年　任文化部文物局文物鉴定委员会委员。

于西郊承泽园(即展春园)结庚寅词社,不定期聚会,并预先寄题,交卷后再印送众人评第,老辈如汪仲虎、夏枝巢、许季湘、陈莼衷等,尚能扶蔾而过,并邀少年而好倚声者寇梦碧、孙正刚、周敏庵等入社。

以五千余元收得唐杜牧之《赠张好好诗》卷,为之狂喜,每眠置枕旁,如此数日。

参与关赓麟组织的"稊园吟集"。

1951 年　以关赓麟为首的稊园诗社于承泽园举办重三褉集,骚坛精英云集达四十人,空前绝后。

1952 年　北京盐业银行成立工会,银行公私合营,张伯驹任公私合营银行董事。

在何香凝、郑振铎动员下,以顾问身份到文化部工作。

组织成立了北京京剧基本艺术研究社,任副主任委员。

李济深成立北京棋艺研究社,任理事兼总干事。在燕京大学贝公楼大礼堂演出京剧《阳平关》,在剧中饰黄忠。

将《游春图》让与故宫博物院。

1953 年　任北京中国画研究会理事、北京古琴研究会理事长等职。

将居住多年的承泽园出让给北京大学。

盐业银行公私合营后,重估财产完毕,重选董事时,张伯驹以个人无股票不能再任董事为由,退出了公私合营银行。

1954 年　任北京市政协委员。

成立北京古琴会,当选为理事。

将 1927 年—1954 年间所作之词集为《丛碧词》。

1956 年　与叶恭绰、郑诵先等发起成立北京中国书法研究社,任副主席。

7 月,因其将平生宝藏的最珍贵的八件法书捐献给了国家,文化部部长沈雁冰颁发了褒奖状。初夏,在北海公园先后举办"明清书画作品展览会"和"现代书法展览会"。又先后在济南、青岛举办现代书法展览。

7月18日，北京京剧基本艺术研究社举行第三届社员大会，当选副主任委员兼编研组长。

是年，加入中国国民党革命委员会。

将唐李白的《上阳台》帖赠送给毛泽东主席。毛主席亲嘱给张伯驹写感谢信。后此帖被转送至故宫博物院。

移居后海南沿，每月约请章士钊、黄娄生等人在家内聚会，进行"打诗钟"与对联创作活动。

1957年	张伯驹积极投入文化部组织的传统剧目整理工作，并将老艺人们组织起来，成立了"老艺人演出委员会"。

北京京剧基本艺术研究社被迫结束。

是年，与章士钊、叶恭绰致书周恩来总理，对古典诗歌的创作和研究，提出了看法，倡议成立北京韵文学会，得到了周总理的关注和肯定。不久，因"反右"运动开始，遂告中止。

1958年　袁世凯长子袁克定病逝于张伯驹家中，张伯驹亲自料理其丧事。

宝古斋于东北收得宋杨婕妤《百花图》卷，故宫博物院未购留，张伯驹即收蓄之。后让与吉林省博物馆。

1961年　10月中旬，受陈毅之托，中共吉林省委宣传部宋振庭力邀张伯驹夫妇至吉林工作。

1962年　同夫人潘素回京过春节，一个月后返长春。

2月，由北京市民盟宣布摘掉右派帽子。

任吉林省博物馆副研究员，并多次进京为博物馆购买古代书画珍品。

5月，任吉林省博物馆副馆长。

约集于思泊、罗继祖、阮威伯、裴伯弓、单庆麟、恽公孚等人，每周一会，谈笑之外，无论金石、书画、考证、词章、掌故、轶闻、风俗、游览，各随书一则，积日成书，后名《春游琐谈》，1984年由中州古籍出版社出版。

由宋振庭推荐，受邀列席了吉林省政协扩大会议。同时，加入吉林省文联，并当选为委员。

1963年　与吉林省京剧院副院长梁小鸾同台演出《游龙戏凤》。

根据吉林省委宣传部部长宋振庭建议，到市广播电台录制京剧唱段，有《二进宫》和《洪羊洞》两出戏。

蜀友戴亮吉持薛素素脂砚示伯驹，伯驹当即以重金收归吉林省博物馆。

向吉林省委宣传部部长宋振庭提出辞去吉林省博物馆副馆长一职，未获批准。

1965年　是年，将1961年—1965年的词作集为《春游词》。

1966年　春节时所作《鹧鸪天·丙午除夕》词两阕，被认为是反动之词，遭受批判。

1967年　吉林省博物馆副馆长职务被撤。

出于对林彪、江青反革命集团的极度愤慨，写下了《金缕曲》两阕。不久，即被扣上八项罪名，遭受批斗。

1970年　1月，吉林省革委会政治部对张伯驹问题做了"敌我矛盾，按人民内部矛盾处理"结论，并送往吉林省舒兰县朝阳公社劳动改造。

1月，又一次提出退职申请。

3月，获吉林省博物馆同意退职。

3月，与夫人潘素被送往舒兰县朝阳公社双安大队第三生产队插队。当地以不合插队规定，拒收落户。数日后，张伯驹夫妇返京。

5月，向吉林省博物馆革委会写信，要求改变插队安排，允许留京。

下半年，赴西安住女儿张传綵家，重游大雁塔、灞桥、华清池,过杜工部祠,登骊山,游秦始皇陵,均留有词作,集为《秦游词》。

1971年　10月,托章士钊先生致函周恩来总理,言及自己一生爱党爱国之心,并请求中央解决其在北京落实户口和生活困难问题。

11月,章士钊致函周总理,提议聘张伯驹为中央文史研究馆馆员,并转张伯驹信函。

12月,周总理批示,要求具体研究落实聘任一事。

12月,中央文史研究馆向国务院有关部门呈交聘任张伯驹先生为馆员的"请示"报告。国务院有关部门负责同志批示:同意张伯驹为中央文史研究馆馆员。

12月,写诗祝贺毛泽东主席七十八岁寿诞。

1972年　1月,中央文史研究馆拟就聘任张伯驹先生为馆员的聘书,待发。

1月,陈毅元帅逝世,临终前嘱咐家人将自己心爱之物、玉质围棋送与张伯驹。张伯驹托来送围棋的秦力生带回挽联。

为纪念陈毅,由夫人潘素取其曾在北戴河观海意境,绘青绿山水《海思图》,张伯驹作悼诗四首以奠。

1月10日,毛主席在参加陈毅追悼会时看到张伯驹所送的挽联,问及陈毅夫人张茜,才略知张伯驹的近况,嘱周总理关照张伯驹的工作和生活。

1月,张伯驹被聘为中央文史研究馆馆员,并正式落户北京。

1973年　因患白内障眼疾,赴西安治疗,年底返京。

将本年所作之词,集为《雾中词》。

赋《莺啼序》一阕,贺毛主席八十大寿。

1974年　眼疾白内障初愈,在家休养,回忆自七岁以来所观乱弹昆曲和其他地方戏，并戏曲之佚闻故事，写七绝一百七十七首（后补遗二十二首），并自作注，名《红毹纪梦诗注》。

1975 年　将 1974 年词作集为《无名词》。是年词作则集为《续断词》。

1976 年　1 月 8 日，周总理逝世。张伯驹撰写挽联："奠山河于磐石，登人民于衽席，反殖反霸反帝反修，劳瘁一生当大任；建社会以繁荣，措政治以修明，不息不骄不卑不亢，勋名千古仰先知。"

9 月 9 日，毛主席逝世。张伯驹撰写挽联："覆地翻天，纪元重开新史；空前绝后，人物且看今朝。"

1978 年　9 月，中共吉林省委宣传部批准吉林省文物局上报对张伯驹的复查结论，予以平反，恢复名誉。

《红毹纪梦诗注》由香港中华书局出版。

吴德铎向上海古籍出版社提出整理、出版《洪宪纪事诗》，张伯驹知道后，寄去《续洪宪纪事诗补注》一稿。

1980 年　3 月，"张伯驹、潘素夫妇书画展"在北海公园画舫斋举行。

3 月，北京古琴会复会。会前张伯驹书贺："玉轸金徽传失响，高山流水聚知音。"

4 月，应天津市文化局戏研室邀请，赴津为京剧演员及京剧研究者作京剧讲座，内容包括京剧的起源和演变的基本理论，以及京朝派和外江派的不同等问题。随后，又应天津市古典小说戏曲研究会和天津南开大学中文系明清戏曲小说研究室邀请，作关于京剧理论的讲座，并写了名为《京剧音韵与身段概论》的文章。

与词友黄君坦合编《清词选》，并在前言中介绍了清词的浙派与常州派的词风及其影响。

开始编纂《唐五代宋金元明清词选集评》，惜因病未能完成。

10 月，由张伯驹执笔，夏承焘、张伯驹、周汝昌就成立"中国韵文学会"联名致函文化部黄镇部长（"中国韵文学会"于

1984 年在长沙正式成立）。

11 月 12 日，北京中山书画社正式成立，王昆仑为名誉社长，张伯驹为社长，陆鸿年、王遐举、孙墨佛为副社长，黄翔、黄苗子、邵恒秋为顾问。

1981 年　5 月 5 日至 9 日，中国书法家第一次代表大会在京举行，张伯驹、赵朴初、启功等一起参加，并当选为中国书法家协会名誉理事。此后，又先后担任北京中国画研究会名誉会长、京华艺术学会名誉会长、北京戏曲研究所研究员、北京昆曲研习社顾问、民盟北京市委文史资料委员会委员等职。

11 月，所著《丛碧词话》在《词学》第一辑上发表，并任《词学》编委。

1982 年　因感冒住进北大医院。后从感冒转成肺炎，一直处于昏迷状态。

2 月 26 日，上午 10 时 43 分，张伯驹去世，享年八十五岁。